Autori Vari

Il Diritto del Web
Rete, Intelligence e Nuove Tecnologie

Manuale giuridico-operativo di Internet

A cura di

Federica Federici
Angela Allegria
Michelangelo Di Stefano

pe

Primiceri Editore

Finito di stampare nel mese di luglio 2017
presso Universal Book Srl
per conto di Primiceri Editore Srls
Via Savonarola 217, 35137 Padova
Prima Edizione
ISBN 978-88-3300-011-4
www.primicerieditore.it

Prefazione
Prof. Paolo Galdieri

Il giurista, che opera in una società caratterizzata dall'uso delle tecnologie, si muove su due strade parallele.
La prima, individuata da studiosi quali Mario Giuseppe Losano (*Corso di informatica giuridica*, Einaudi, Torino, 1985), Ettore Giannantonio (*Introduzione all'informatica giuridica*, Giuffrè, Milano, 1984) e Renato Borruso (*Computer e Diritto*, I tom., Giuffrè, Milano 1988), è quella dove si riflette sull'impiego dell'informatica nei diversi settori di interesse giuridico, cosiddetta Informatica giuridica, le cui principali sfere applicative sono: la pubblica amministrazione; l'amministrazione della Giustizia; il Parlamento, la Legislazione; la ricerca e l'insegnamento del Diritto; le libere professioni.
La seconda, valorizzata in Italia dal mio Maestro, Vittorio Frosini (*Il diritto nella società tecnologica*, Giuffrè, Milano, 1981; *Informatica, diritto e società*, Giuffrè, Milano, 1992, 2° ed. ampl; *Il giurista e le tecnologie dell'informazione*, seconda ediz., Bulzoni, Roma, 2000), è quella riferibile a tutte le questioni giuridiche poste dall'informatica, cosiddetto Diritto dell'informatica.
Il duplice rapporto che lega le tecnologie al diritto è stato approfondito nel tempo, privilegiando prima l'una, poi l'altra disciplina. Nel corso degli anni settanta, l'interesse degli studiosi verteva principalmente sulle nuove possibilità di ricerca intellettuale e di applicazione pratica, aperte agli operatori del diritto dal nuovo strumento tecnologico, il computer , e dalla sua metodologia funzionale, l'informatica (G. Caridi, *Metodologia e tecniche dell'informatica giuridica*, Giuffrè, Milano, 1989; V. Frosini, D. A. Limone, (a cura di), *L'insegnamento dell'informatica giuridica*, Liguori, Napoli, 1990; G. Taddei Elmi, *Dimensioni dell'informatica giuridica – dall'informatica intelligente all'informatica cosciente?*, Liguori, Napoli, 1990). È questa l'epoca in cui si approfondiscono gli studi sui sistemi esperti, le cui potenzialità possono essere sfruttate nei diversi settori di interesse legale.
Successivamente, l'attenzione si sposta sulle nuove prospettive di elaborazione dottrinale degli istituti giuridici e degli aspetti giurisprudenziali, scaturiti dal nuovo mondo sociale degli elaboratori, e produttivi di una crescente importanza e complessità dei problemi del diritto. Ecco che assume maggior rilievo il Diritto dell'informatica, essendo crescente l'esigenza di rispondere alle istanze poste dal nuovo contesto.
Verso la metà degli anni ottanta si osserva in particolare come la società sia radicalmente mutata, in quanto basata sempre di più sulla circolazione di un bene immateriale, l'informazione, non inquadrabile all'interno delle categorie giuridiche note (R. Borruso, *Computer e diritto*, II tom., Giuffrè, Milano, 1988; V.Frosini, *Informatica, diritto e società*, op.cit.; E. Giannatonio, *Manuale di diritto dell'informatica*, Cedam, Padova, 1994). Parimenti si sottolinea come le potenzialità delle nuove tecnologie, in particolare la capacità di acquisizione e memorizzazione dei dati, costituisce una minaccia per la riservatezza dell'individuo.
Per la prima volta, se da un lato ci si accorge che le tecnologie iniziano ad essere impiegate con una certa frequenza, dall'altro si registra un'inadeguatezza della

normativa preesistente e, quindi, una difficoltà della giurisprudenza ad intervenire in assenza di specifica regolamentazione.
In questa fase l'Unione Europea prima, ed i Paesi Membri a seguire, si concentrano su temi specifici quali quello della *privacy*, della tutela del *software* e della criminalità informatica. Tale riflessione conduce all'emanazione di importanti provvedimenti normativi tra cui: il decreto legislativo 518/92 *Attuazione della direttiva 91/250/CEE relativa alla tutela giuridica dei programmi per elaboratore* (modificato con la legge 248/2000), la legge 547/93 (modificata ed integrata attraverso la legge 48/2008 , che ha ratificato la convenzione di Budapest sulla criminalità informatica), la legge 675/1996 *Tutela delle persone e di altri soggetti rispetto al trattamento dei dati personali* (sostituita dal d.lgs n.196/2003, che ha introdotto il *Codice in materia di protezione dei dati personali*).
In un secondo momento, a seguito dell'utilizzo del personal computer su vasta scala, della conseguente crescente alfabetizzazione e, soprattutto, del passaggio dalle reti chiuse a quelle aperte, di cui Internet rappresenta la massima espressione, la riflessione giuridica allarga il suo piano di azione alla natura dei nuovi mezzi ed alla loro mutevolezza nel tempo, allo spazio digitale, che, privo di barriere fisiche, pone ad esempio questioni in ordine al momento del perfezionamento del contratto telematico ed, in ambito penale, in relazione all'individuazione del luogo del commesso reato.
La lente di ingrandimento viene rivolta verso il nuovo tipo di società venutosi a consolidare, definita società dell'informazione e caratterizzata dallo scambio di dati in un contesto totalmente immateriale. Partendo da ciò gli organismi internazionali, prima, e le legislazioni interne in un secondo momento, sono costretti ad affrontare le diverse tematiche giuridiche in modo unitario, atteso che esiste una vera e propria comunità di soggetti, destinata a crescere, che vive in un territorio privo di barriere spaziali e temporali e che quindi ha una dimensione transnazionale.
Ciò porta a sollecitare un'omogeneità delle normative di diritto positivo e processuale, posto che diversamente, stante la natura immateriale e, quindi, "sovranazionale" del nuovo contesto, qualsiasi legislazione si rivelerebbe inefficace.
Allo stesso tempo si comprende come le tecnologie vengano utilizzate in tutti i settori della vita sociale e che, quindi, la loro regolamentazione non può più essere frammentaria e parcellizzata, ma totale.
Nel nostro Paese, seppur in ritardo, viene varato il Codice dell'amministrazione digitale (introdotto dal decreto legislativo n.82/2005) ed inserite disposizioni sul processo telematico (previste dal decreto legge n.179/2012, convertito con modificazioni dalla legge n.221/2012 e dal decreto legge n.83/2015, convertito con modificazioni dalla legge n.132 /2015), sul commercio elettronico (introdotte dal decreto legislativo n.70/2003, che recepisce la direttiva comunitaria n.2000/31/Ce) e, per quanto concerne l'ambito penale, in materia di pedofilia telematica, *cyberterrorismo* e *cyberstalking*.
Venendo ai giorni nostri, originariamente si era privilegiata la riflessione sulle possibilità applicative delle tecnologie ai settori del diritto, per poi concentrarsi prevalentemente sulle questioni giuridiche poste dalle stesse, oggi tale alternanza pare, invero, superata. I campi di indagine dell'Informatica giuridica e del Diritto dell'informatica finiscono per essere perfettamente complementari e quindi suscettibili di studi inevitabilmente congiunti. Se, ad esempio, non si può più

immaginare una pubblica amministrazione non automatizzata, al contempo non si può pensare di realizzare ciò senza adeguata regolamentazione. Stesso discorso per quanto concerne l'automazione degli studi legali, strettamente collegata al processo telematico e quindi alla conseguente sua codificazione. Informatica giuridica e Diritto dell'informatica diventano due facce della stessa medaglia, oggetto di valutazione da parte del giurista e di conoscenza per qualsiasi cittadino.
In siffatta situazione mutano, inevitabilmente, le priorità del Diritto dell'informatica e, quindi, le questioni dallo stesso poste. Non si dibatte più sulla necessità o meno di norme specificatamente riferite alle tecnologie dell'informazione, considerato che tutti i Paesi, compresa l'Italia, si sono dotati di una legislazione dell'informatica riferibile ai diversi settori dell'ordinamento giuridico (civile, penale, amministrativo). Così come minor interesse riveste il dibattito dottrinario sulla possibilità o meno di considerare il nuovo complesso di norme, Diritto dell'informatica, come una branca autonoma dell'ordinamento o piuttosto una semplice formula descrittiva in grado di raccogliere disposizioni aventi natura e miranti a perseguire finalità differenti (E. Giannantonio, *Manuale di diritto dell'informatica*, op. cit., p.3 e ss.). Per quanto concerne l'ambito universitario, attualmente le tematiche giuridiche correlate all'uso delle tecnologie dell'informazione sono insegnate all'interno di cattedre, per lo più a contratto, di Informatica giuridica o di Diritto dell'informatica, ma anche nelle materie tradizionali (Diritto civile, Diritto penale, Diritto amministrativo) per le questioni di loro pertinenza.
A fronte di una legislazione ampia ed articolata, il tema centrale è oggi quello della individuazione di soluzioni idonee a rimuovere gli ostacoli che impediscono un corretta applicazione delle norme emanate, ed in corso di emanazione.
Se si rivolge ad esempio lo sguardo alle norme penali, è agevole comprendere che la loro efficacia, sempre in considerazione della natura transazionale del reato telematico, dipende dal consolidarsi di un'effettiva cooperazione internazionale e da un'omogeneizzazione dei mezzi di ricerca della prova. Sotto tale profilo importanti indicazioni provengono dalla Convezione di Budapest sulla criminalità informatica, in gran parte recepite dalla legge 48 del 2008. In quest'ambito si registra, tuttavia, ancora la mancanza di protocolli universalmente riconosciuti per quanto attiene l'acquisizione, conservazione ed analisi della prova informatica. cosiddetta *digital evidence*.
Inoltre, considerata la rilevanza dei soggetti che consentono al singolo utente di navigare all'interno della rete e, quindi, di produrre effetti nel mondo reale attraverso condotte digitali, necessita un maggior approfondimento giuridico in ordine agli obblighi del provider, che tenga conto di tutti gli interessi, anche economici, in gioco.
Per quanto concerne l'inevitabile passaggio ad un'amministrazione pubblica totalmente digitalizzata, amministrativa e giudiziaria, occorre riflettere sul fatto che il consolidamento della stessa non dipende tanto dalle norme, che in gran parte ormai ci sono, quanto dalle resistenze prevalentemente culturali, che impediscono di raggiungere gli obiettivi perseguiti.
Dalla corretta regolamentazione delle tecnologie dipende anche la tenuta stessa delle libertà fondamentali. L'attenzione è oggi rivolta verso i rischi di una

limitazione della *privacy* dell'utente della rete, sollecitata in particolare dall'emergenza terrorismo.
Senza entrare nel merito delle recenti iniziative legislative, volte a sacrificare le libertà in favore della sicurezza, si osserva come in tale situazione la riflessione giuridica non deve esse tanto concentrata sul comprendere se ciò sia necessario, quanto piuttosto se sia proporzionato al fenomeno che si intende contrastare ed adeguato al conseguimento degli obiettivi prefissati. Se i fautori delle nuove disposizioni, atte a rafforzare l'esigenza di sicurezza, evidenziano la pericolosità di molte informazioni che passano attraverso la rete, gli oppositori di tale impostazione rilevano come la rete sia ormai un indispensabile strumento per lo svolgimento delle attività umane, nonché estrema garanzia del comporsi democratico delle odierne società civili.
A dar corpo alle ragioni di chi sostiene fortemente la necessità di adottare misure più rigorose, che vadano a limitare la libertà fondamentale e fino ad ora insindacabile di ciascuno, c'è l'utilizzo di Internet e delle tecnologie dell'informazione da parte di soggetti le cui condotte esprimono una sicura pericolosità sociale. Di contro, i fautori delle ragioni che considerano necessario tutelare la rete e rifiutano ogni possibile demonizzazione della stessa, ritengono necessario soffermarsi sulla valenza reale di Internet, ovvero di un mezzo che non va confuso con colui che del mezzo fa uso e che merita di essere colpito.
Due impostazioni diverse, che si traducono in proposte differenti, comportanti a beneficio della sicurezza il sacrificio della libertà e, ovviamente, a beneficio della libertà il sacrificio della sicurezza.
Ovviamente particolare interesse riveste la riflessione sul cosiddetto diritto vivente, ovvero sulla concreta applicazione delle norme riferite alle tecnologie, considerata punto di partenza per eventuali ulteriori interventi legislativi.
Si registrano, sovente, decisioni eterogenee dovute a diversi fattori, tra i quali il linguaggio tecnico utilizzato nelle nuove disposizioni, il diverso contesto in cui la norma trova applicazione, la rete, lo stesso entroterra culturale dell'organo giudicante. Il giudice è un uomo e in quanto tale soggetto con una propria visione del mondo e inevitabilmente con un suo sentire "politico". Piaccia o non piaccia, la sua storia può influenzare le sue decisioni, e ciò sovente senza che lo stesso se ne accorga. Emblematica in tal senso quella sentenza con la quale è stato assolto un extracomunitario sorpreso a vendere cd contraffatti, ritenendosi applicabile al caso di specie l'esimente dello stato di necessità, e ciò dopo aver criticato apertamente i regimi di oligopolio esistenti ed aver rilevato le difficoltà di adattamento in una società siffatta (Tribunale di Roma, sentenza 15 febbraio 2001). In un recente passato le tecnologie dell'informazione hanno messo in crisi il "mito" della completezza dell'ordinamento giuridico, imponendo la previsione di nuove regole adatte a regolamentare nuove realtà. Oggi che le norme ci sono, occorre osservare l'impatto effettivo delle nuove e preesistenti disposizioni, rilevandone le contraddizioni interne e quelle direttamente riconducibili ai differenti punti di vista degli organi giudicanti.
Se questi sono i temi *de iure condito*, *de iure condendo* occorre riflettere sul fatto che il dinamismo insito nello sviluppo accelerato e costante delle nuove tecnologie non consente, tal volta, al legislatore di prevedere norme pienamente affidabili, così come agli operatori giuridici di fornire adeguata interpretazione, e

conseguentemente applicazione univoca, alle disposizioni che hanno per oggetto quelle tecnologie. Pensiamo a tutte le questioni giuridiche poste dai telefonini di ultima generazione, dal *cloud*, e dal diffondersi su scala mondiale dei *social networks*.
Ne deriva che il diritto, inesorabilmente sottoposto al giogo dell'evoluzione delle tecnologie, per evitare di essere sottoposto a continui correttivi ed aggiustamenti deve essere pensato accedendo ad una dimensione temporale diversa e di maggiore portata, utilizzando all'interno delle singole disposizioni elementi descrittivi più ampi possibili.
Le tecnologie hanno lanciato la sfida, sta adesso al giurista coglierla e dimostrarsi all'altezza del suo compito.

Introduzione

La presente opera nasce da molteplici valutazioni ed esigenze, maturatesi nel tempo da parte di alcuni degli autori e dalla sottoscritta. La complessità e trasversalità del tema, la difficoltà di fotografarne i rapidissimi e schizofrenici mutamenti e gli sviluppi, le criticità continue su tutti i fronti scientifico, sociale, etico, di comunicazione, tecnico, giuridico, politico, internazionale, culturale, economico, la sensazione del "fuori controllo" ci hanno portato a proporci e proporre un'opera che fosse anch'essa un lavoro "aperto", eterogeneo, interdisciplinare con l'ambizione di renderlo attuale e ad uso e consumo di varie tipologie di lettori ed operatori, senza la pretesa di renderlo esaustivo né scientifico al punto tale di appesantirlo eccessivamente rendendolo fruibile solo agli "esperti" del settore.
Quanto sopra è emerso fin dal momento in cui occorreva predisporre un indice e con la manualistica e l'ampia bibliografia in circolazione si percepiva l'estrema difficoltà nel renderlo logico dal punto di vista argomentativo, sensato dal punto di vista sostanziale e utile per chi si avvicina alla materia o chi deve estrarne contributi, spunti e approfondimenti specifici. Di certo si è tentata l'impresa di trattare tutti gli aspetti di attuale normativa o novella legislativa e di richiamo non solo giuridico, con uno sguardo anche a temi che timidamente si stanno evolvendo (distorcendo?) in epoca recentissima.
Ma la sensazione del "fuori controllo" ed "irrisolto", del non adeguatamente affrontato resta e ci lascia - in parte - insoddisfatti di non poter fare di più. Per questo abbiamo scelto di mandare in stampa questo primo lavoro, ripromettendoci costante approfondimento e studio in un'ottica di cultura giuridica al servizio di chi legge e ringraziamo l'Editore per la generosità e sensibilità mostrata verso la nostra proposta editoriale.
La Rete era, è e resta un'altissima forma ed espressione di partecipazione che richiede garanzie e regolamentazione costanti, puntuali ed attente ad opera di risorse, strumenti e menti competenti, eticamente solide e "neutre" affinché le tutele e l'accesso coniughino correttamente le esigenze delle libertà di utenti ed operatori privati e pubblici, della concorrenza e dell'aumento esponenziale del traffico in rete con il valore della c.d. *neutrality* se con risultati non a vantaggio della presente generazione, quantomeno di quelle future, che magari potranno godere di un *Internet Bill of Rights.*
L'opera come tradizione di qualsivoglia compendio o manuale giuridico apre con le fonti del diritto dell'informatica ed entra subito nel vivo della rete e delle nuove tecnologie e del loro monitoraggio ai fini di giustizia e di sicurezza. Tutti gli elementi – se così vogliamo definirli - della rete seguono nei capitoli successivi: Cyberspazio, Tempo, Diritto di accesso, diritti e doveri nell'uso di Internet, i beni e la loro tutela, i soggetti, la responsabilità, la tutela della persona, la regolamentazione, libertà e censura nella Rete.
Si entra poi nel vivo degli aspetti penali con i crimini informatici da quelli della vecchia generazione ai più recenti. Vi è poi una parte tecnica sui *bit coin, ransomware,* le modalità di "riscatto" per la *decriptatio* e le macchine infettate, i big data e la c.d. captazione.

Sotto il profilo legato alla comunicazione e media vengono trattati il fenomeno del terrorismo, le perquisizioni informatiche, la comunicazione in Rete, il commercio elettronico, la contrattazione informatica, telematica e virtuale e il controllo internazionale ed europeo sull'esportazione di software per intrusioni, scenario di estrema attualità che getta un ponte oltre i confini nazionali.

Tematiche specifiche e settoriali, ma anche più strutturate e normate, chiudono l'opera con i capitoli in materia di *privacy* e tutela dei dati personali, il diritto all'oblio, i giochi on line, il telelavoro, la Pubblica Amministrazione Digitale e il documento informatico e le firme elettroniche.

Nell'augurarVi ed augurarci di aver apportato un contributo utile e chiaro alla materia, riteniamo che uno sguardo all'ampia bibliografia riportata a fine dell'opera possa essere di valido ausilio per chi necessitasse di ulteriori e più specifici approfondimenti.

Roma, Ragusa, Reggio Calabria, maggio 2017

Avv. Federica Federici

Avv. Angela Allegria

Dott. Michelangelo Di Stefano

Le fonti del diritto dell'informatica

Avv. Aurora Di Mattea

Il diritto dell'informatica è una disciplina che studia le questioni giuridiche in relazione agli strumenti informatici.
L'avvento dell'era digitale ed il ricorso massiccio ai nuovi strumenti di comunicazione ha cambiato il volto del diritto, ha rivoluzionato il modello di interazione, introducendo nuove sistemi di scambio e di incontro della volontà, aggiungendo nell'alveo dei rami dell'ordinamento giuridico nuove aree di studio e di interesse.
Diversi sono i profili giuridici profondamente modificati dalla tecnologia. Dalla tutela del soggetto giuridico, a quella di bene si profila un contesto sociale sempre più legato al mondo della cibernetica e sempre meno materiale.[1]
L'ingresso degli elaboratori elettronici e la loro evoluzione è stato considerato dagli operatori del diritto, oggetto di esame, non solo nella misura in cui incide sui rapporti sulle relazioni contrattuali e sulle diverse modalità di esternazione del pensiero, ma ancor prima, come strumento di veicolazione e raccolta delle norme, dei dati giurisprudenziali e dottrinari. Tale approccio nello studio dell'informatica dagli operatori del diritto ha dato luogo all'informatica giuridica.
L'informatica del diritto è una materia interdisciplinare, dove le questioni giuridiche affrontate involgono istituti del diritto privato, del diritto pubblico e internazionale.
La mancanza di sovranazionalità della Rete Internet ha ampliato la diffusione delle problematiche e con esse dello spazio giuridico connesso.
Pertanto la nozione di fonti del diritto con riferimento alla materia qui in esame, esce fuori dai principi tradizionali. Essa non contempla solo l'esame delle fonti promanate solo da chi è deputato a legiferare all'interno dello Stato, ma richiama altresì le forme di autoregolamentazione che si sono dati i privati. Si tratta delle regole di comportamento adottate nella prassi commerciale e destinate a risolvere i primi quesiti in ordine ai nuovi strumenti di negoziazione, in cui la rete diventa non solo strumento di veicolazione della volontà ma anche il mezzo attraverso cui viene eseguita la prestazione.
Allo stato attuale, la nozione di e-commerce è stata introdotta nel nostro ordinamento, a livello legislativo, solo con il recepimento delle direttive comunitarie, che si collocano all'interno di una politica legislativa europea, informata alla creazione di un mercato unico digitale.
Ma lo straripamento del fenomeno e dei suoi effetti non trova sempre una facile armonizzazione a livello nazionale. È questo uno dei limiti e dei punti di riflessione che oggi spinge i giuristi a risolvere il contrasto tra la tutela approntata a livello interno e quanto previsto in ambito europeo.
Per comprendere appieno come la legislazione interna abbia assorbito nel tempo i nuovi strumenti di contrattazione, comunicazione e produzione di nuovi beni giuridici, occorre esaminare come proggressivamente l'ingresso delle nuove tecnologie ha dato luogo ad una continua esigenza del legislatore di regolamentare il

---

[1] E. GIANNANTONIO, *Manuale del diritto dell'informatica,* Padova, 2001.

loro utilizzo in determinati settori.[2]
Viene così affidata agli elaboratori elettronici la funzione di conservazione e memoria di determinati dati. Con il d.p.r. 1973 n.600 e 1972 n. 633 compare in materia tributaria l'utilizzo delle macchine elettroniche quale valido strumento su cui trasferire i registri IVA contabili.
Ma il trattamento automatizzato non è stato circoscritto solo alla materia tributaria. In materia di pubblica sicurezza. Ai sensi della l. 1981 n. 121, i dati e le informazioni raccolte e archiviate della forze di polizia all'interno del Centro di elaborazione dati istituito presso il Ministero dell'Interno, vengono conservati in un archivio elettronico.
Ma il timido ingresso degli elaboratori informatici nella gestione di dati pubblici ha sollevato un dibattito giuridico non marginale sulla compromissione del diritto alla riservatezza derivante dall'accesso ad una rete informatica che rende fruibile e disponibile la conoscenza di dati personali di diversi soggetti. Il controllo dei dati personali e la gestione da parte di terzi non può non causare un ridimensionamento della riservatezza di alcuni dati e con esso la necessità di una normativa che disciplini il contemperamento delle opposte esigenze. Ma la tutela della privacy troverà la sua prima disciplina nel 1996 con l. n. 675, e successivamente verrà sostituita dal dlg 2003 n.196.
Quest'ultimo corpo normativo, in ossequio alla direttiva comunitaria 2002/58/CE, contiene numerose definizioni tipiche del mondo informatico, tra cui posta elettronica, autenticazione informatica e strumenti elettronici.
L'impulso a tutelare la riservatezza dei dati personali ed il loro trattamento è stata comunque adeguata ai principi del diritto comunitario, che in ossequio al principio della libera circolazione dei beni e dei servizi, e della libertà di espressione, ha escluso un obbligo generale del provider di sorveglianza sui dati trattati o di attivazione nella ricerca di condotte illecite in rete. Questo limite di imputabilità all'intemediario di servizi in rete è espressione di un difficile quanto delicato contemperamento di esigenze di natura differente, che trovano nel diritto europeo una risoluzione non sempre coerente e conforme alle iniziative legislative interne.
Rimanendo sempre in materie di codice della privacy, il legislatore italiano ha tuttavia previsto sanzioni civili e penale nei confronti del provider che non comunica al Garante ed agli utenti le violazioni della sicurezza che mettono in pericolo i dai personali, causandone la perdita o la modifica (art. 32, 32 bis d.lgs 196/03).
Si evidenzia come l'ingresso delle normative europea, a seguito della loro recezione, lascia aperte problematiche di non poco momento, che risentono di una scarsa elasticità temporale del legislatore italiano di regolamentare il settore dell'informatica e delle sue evoluzioni tecnologiche.[3]
La tutela della privacy non è infatti l'unica materia in cui il legislatore ha registrato un ritardo nel procedere alla sua regolamentazione. Altro settore rimasto inizialmente privo di tutela è quello della proprietà industriale del cd software e con

---

[2] E. TOSI, *Manuale del diritto dell'informatica*, Milano, 2006.
[3] G. CIACCI, *L'ordinamento giuridico e le fonti del diritto dell'informatica*, in *A.A.V.V.*, *Manuale del diritto dell'informatica*, Valentina Daniele, a cura di, Roma, 2011.

esso della contrattualistica legata ai microcomponenti quali harware. Si tratta di beni privi di materialità e come tali per essere tutelati devono esseri riconosciuti come opere dell'ingegno e soggetti alla disciplina del diritto di autore.
Questo riconoscimento giuridico affonda le sue radici nella legislazione d'oltre oceano. Nel 1980 gli Stati Uniti d'America hanno introdotto "Computer Software Amendment Act, che ha gettato le fondamenta delle normative europee e nazionali.
La natura internazionale degli scambi commerciali legati all'uso ed alla diffusione della microelettronica ha favorito una omogeneizzazione delle discipline normative tra i vari Stati. Non a caso anche l'allora Comunità Economica Europea, nel solco segnato dalla normativa americana, ha inquadrato la tutela del software nell'ambito del diritto d'autore, con la direttiva 91/250/CEE, con conseguente recezione nel diritto interno in seno al d.lgs n. 518 del 1992.
E' evidente come il disavanzo temporale del nostro ordinamento nelle tematiche di diritto dell'informatica viene colmato dallo sforzo del legislatore europeo di rendere uniforme all'interno della Comunità Europea la tutela del diritto d'autore e delle altre tematiche interessate dall'evoluzione in ambito elettronico.
Su questo versante, infatti va precisato che la protezione dei dati personali è approdata nel nostro ordinamento con il recepimento della 95/46/CE del 24/10/1995 e delle dir. 97/66 CEE, in materia di telecomunicazione e la 96/9/ CEE, relativa alla tutela giuridica delle banche dati.
L'art. 1 della direttiva del 96/9 dà una definizione di banche dati.
Per banche dati si "*si intende una raccolta di opere, dati o altri elementi indipendenti sistematicamente o metodicamente disposti ed individualmente accessibili grazie a mezzi elettronici o in altro modo.*"
Viene introdotta una duplice nozione di banche dati che «per la scelta o la disposizione del materiale costituiscono una creazione dell'ingegno propria del loro autore» (art. 3.1 dir.) e riguarda esclusivamente la forma stessa dalla banca di raccolta; e una tutela sui generis per quelle banche dati che non sono in sé un'opera dell'ingegno ma che diventano tali nella misura in cui per la loro stessa costituzione è stato operato investimento rilevante per il conseguimento, la verifica e la presentazione delle informazioni. In questo caso è tutelato il diritto di vietare non solo l'estrazione il trasferimento e la copia del contenuto stesso.
La sottodistinzione ha generato alcune riflessioni che verranno affrontati nei capitoli che seguono.
La normativa comunitaria ha consentito al nostro ordinamento di recuperare l'arretramento giuridico e di adottare le nuove tecnologie sia nel settore pubblico sia in quello privato con una nuova funzione, quella di sostituire il documento cartaceo e creare il cosiddetto documento informatico.
Con l'articolo 15, comma 2 della Legge 15 marzo 1997, n. 59 viene introdotta la nozione di documento informatico. "Gli atti, dati e documenti formati dalla pubblica amministrazione e dai privati con strumenti informatici o telematici, i contratti stipulati nelle medesime forme, nonché la loro archiviazione e trasmissione con strumenti informatici sono validi e rilevanti a tutti gli effetti di legge."
Con la legge viene conferita delega al Governo per l'emanazione di specifici regolamenti di attuazione, il D.P.R. 10 novembre 1997, n. 513 (G.U. 13 marzo 1998, n. 60) e il D.P.C.M. 8 febbraio 1999 (G.U. 15 aprile 1999, n. 87).
A distanza di poco tempo è seguita la direttiva 1999/93/CE relativa a un quadro

comunitario per le firme elettroniche (G.U.C.E. n. L 013, 19 gennaio 2000). L'obiettivo era quello di sostituire il documento cartaceo con quello elettronico, nell'ottica di un alleggerimento e accelerazione della pubblica amministrazione.
Diversamente, l'iniziativa europea prende le mosse dall'obbiettivo principale di garantire il commercio elettronico sulla base di regole comuni tra gli Stati.
Si avverte la necessità di colmare il vuoto normativo che per sua stessa natura Internet tende a generare.
La mancanza di territorialità della rete ha in passato indotto una parte della dottrina a definire Internet uno spazio senza legge, soprattutto con riferimento a tutte quelle attività che si sviluppano all'interno della rete e che non hanno una provenienza territoriale esatta. Lo spazio giuridico in cui prendono luogo le trattative commerciali è privo di territorialità.
Con il d.p.r. 2005 n.82, vengono introdotti le nozioni di firma elettronica, firma elettronica avanzata, qualificata e firma digitale.
L'apposizione della firma elettronica qualificata su un documento informatico rende quest'ultimo valido ed equivalente a quello cartaceo dal punto di vista giuridico.
L'ingresso della firma digitale faceva recuperare al nostro ordinamento un livello di adeguamento alle nuove tecnologie di comunicazione, adottando per prima il criterio della crittografia a chiavi asimmetriche.
Il documento informatico acquisisce la stessa natura della scrittura privata, senza che ne occorra anche la riproduzione e stampa. Il decreto legislativo 2005 n. 82, cosiddetto "Codice dell'Amministrazione Digitale", ha definito il valore del documento informatico, gli effetti civilistici e processualcivilistici.
Il suo valore era però delimitato, senza comprendere gli atti pubblici. Prima dell'intervento legislativo del 2010 con il dlgs 2010 n. 110, era previsto che solo le copie degli atti pubblici potevano essere tradotte in formato elettronico per la registrazione, trascrizione, annotazione e ed iscrizione.
Ma il primo quesito posto dall'ingresso del documento informatico concerne il valore giuridico della firma elettronica e di seguito della riconducibilità della stessa al suo autore. Si esprimevano perplessità, in ambito dottrinario, a riconoscere al documento informatico lo stesso valore di quello cartaceo, nella misura in cui non può essere soggetto al disconoscimento o alla querela di falso. L'art. 21 co 2 del CAD, prevede che il documento informatico realizzato con le regole tecniche che garantiscono l'identificabilità dell'autore, dell'integrità e della immodificabilità del documento ha la stessa efficacia della scrittura privata. Viene altresì previsto che il documento informatico deve essere sottoscritto con le firme elettroniche qualificate o digitali a pena di nullità. L'accreditamento del valore giuridico del documento informatico viene consacrato con il d.lgs 2010 n. 110 che ha stabilito l'obbligo per il notaio di munirsi di firma digitale con la possibilità anche per le parti di sottoscrivere l'atto con firma elettronica.[4]
Ma il crescente ricorso alla firma elettronica nelle sue varie declinazione ha favorito la creazione di una identità virtuale, che si relazione nel mondo dei contratti nella pubblica amministrazione e nelle relazioni interpersonali con strumenti immateriali. Si pensi ai pagamenti elettronici, alle fatture elettroniche e ai contratti telematici.

---

[4] G. FINOCCHIARO, *Documento informatico e firma digitale, CeI,* 1998, 956.

La moneta elettronica è uno strumento ampiamente utilizzato nella contrattualistica trova la sua prima definizione nella direttiva del 97/489 che lo ha qualificato come "strumento di pagamento ricaricabile sia con accesso a distanza, sia con carta con valore immagazzinato o memoria di elaboratore elettronico sul quale è caricato il valore elettronico. Successivamente con le direttive 2000/28 CE e 2000/46 CE, sono stati inseriti in seno al Testo Unico Bancario d.lgs 1993 n. 385, le definizione di Istituto emittente moneta elettronica e la definizione di moneta elettronica.[5]
Gli sviluppi normativi non hanno interessato solo questo settore, ma hanno riguardato in parallelo anche il diritto penale. In particolare, con riferimento alla moneta elettronica, la l. 1991/197 ha previsto il reato di indebito utilizzo della carta di credito, ora disciplinato dall'art. 55 d.lgs 231/2007. Le moderne tecniche di clonazione da una parte e le funzionalità di un software capaci di decifrare la password sono sempre riconducibili alla fattispecie, ma inducono il legislatore a ricercare comunque nuove risposte sanzionatorie. La necessità di prevedere una disciplina penalistica della criminalità informatica ha trovato attuazione con la l. 1993 n. 547[6]. Essa fu emanata a seguito delle continue sollecitazioni europee. Con la Raccomandazione del 13/09/1989, il Consiglio D'Europa ha invitato gli Stati Membri ad introdurre le nuove fattispecie penali da punire, quali la frode informatica, il falso, il danneggiamento di dati o programmi, il sabotaggio, l'accesso non autorizzato con violazione delle regole di sicurezza, l'intercettazione di comunicazione telematica, spionaggio, alterazione di dati o programmi senza autorizzazione.
La prima definizione di documento informatico viene introdotta all'interno del codice penale dove ai sensi dell'art. 491 bis c.p. si definisce "qualunque supporto informatico contenente dati o informazioni aventi efficacia probatoria o programmi specificamente destinati a elaborarli". Il concetto di documento informatico, già all'indomani della sua entrata in vigore, è stato ritenuto erroneo. Esso richiama anche il programma destinato ad elaborarlo, che in realtà è solo uno strumento di produzione e non esso stesso documento.
La sperimentazione in ambito giuridico di interpretare e comprendere le nuove tecnologie non è un compito svolto esclusivamente dal legislatore, se si pensa che, anche la giurisprudenza ha provato a definire la nozione di sistema informatico (Cass. pen. sez. VI 14/12/2009 Cerbone, n. 3067). Il quadro delineato spesso dal legislatore rimane impreciso e frammentario. Compito della giurisprudenza è quello di armonizzare i dati normativi con un contesto sociale dinamico, e sempre più impregnato di strumenti di comunicazione digitale.
Il primo processo di armonizzazione è stato attuato in materia di commercio telematico, dove si è passati dall'uso delle regole non scritte di condotta, all'uso dei modelli uniformi di accordi e dei principi elaborati a livello internazionale dalla Commissione ONU per il commercio internazionale UNCITRAL. A queste prime forme di autoregolamentazione si è dato seguito all'utilizzo dei principi generali applicabili al commercio internazionale e tratti dalla Convenzione di Vienna del 11/04/1980.

---

[5] Relazione governativa al Codice, *Gdir,* f. 8, 2005, 44ss.
[6] G. PICA, *Reati informatici e telematici, Dig. Pen. Agg.* , 2000, 521, ss.

Questa prima fase di regolamentazione ha preso il posto della disciplina comunitaria che ha introdotto con la direttiva 2000/31/CE la disciplina del commercio elettronico, recepita nel nostro ordinamento con il decreto legislativo 2003 n. 70. Esso non risolve tutte le problematiche sottese al commercio elettronico. Ne consegue come alle fonti normative tradizionali si contrappongono delle regole non scritte, ancora oggi adottate nella risoluzione delle controversie, che rende ancora oggi il diritto dell'informatica una materia, sempre più slegata dai principi tradizionali.

Bibliografia

G. CIACCI, *L'ordinamento giuridico e le fonti del diritto dell'informatica,* in *A.A.V.V., Manuale del diritto dell'informatica,* Valentina Daniele, a cura di, Roma, 2011.

G. FINOCCHIARO, *Documento informatico e firma digitale, CeI,* 1998.

E. GIANNANTONIO, *Manuale del diritto dell'informatica,* Padova, 2001.

G. PICA, *Reati informatici e telematici, Dig. Pen. Agg.* , 2000.

Monitoraggio della rete per fini di giustizia e sicurezza

Dott. Michelangelo Di Stefano

Un approccio sociologico: da *Woodstock* al *web*

Negli anni '60, mentre i due grandi blocchi politici si contrapponevano in una fase che sarebbe stata ricordata con il termine di "*guerra fredda*", i sociologi avrebbero iniziato ad investigare alcuni aspetti socio comunicativi strettamente legati al galoppante processo mediatico[7] che, di lì a poco, si sarebbe evoluto in una sorta di "*villaggio globale*"[8].

In detto periodo, per ragioni squisitamente strategico militari, sarebbe nato un ambizioso progetto portato avanti dal Dipartimento della Difesa degli Stati Uniti d'America[9], l' *Advanced Research Project Agency Network* (c.d. ARPANET).

Parallelamente, il centro di ricerca americano *Bell Laboratories*, di proprietà di AT&T, avrebbe avviato lo sviluppo del sistema operativo *Unix* che, negli anni a seguire, sarebbe diventato il punto di riferimento nel settore della ricerca e dell'universo accademico, travasando i propri applicativi per la fruibilità anche nel settore militare[10].

Il modello di convogliamento dei dati attraverso ARPANET utilizzato dai ricercatori americani si rifaceva ad un protocollo già sperimento in Europa da alcuni centri di ricerca inglesi[11] e francesi[12], la c.d. "*commutazione a pacchetto*" [13], negli anni successivi adottato quale protocollo standardizzato di moltissimi sistemi di comunicazione.

"[...] *Mediante questa tecnica, i messaggi e le informazioni vengono suddivisi in pacchetti di lunghezza fissa e ogni singolo pacchetto diventa un'entità a se stante, capace di viaggiare sulla rete in modo completamente autonomo perchè dotata al proprio interno dell'indirizzo sia di provenienza sia di destinazione.*

Non è importante che tutti i pacchetti che compongono un determinato messaggio rimangano uniti durante il percorso e non è nemmeno indispensabile che arrivino nella sequenza giusta. Le informazioni che essi convogliano al proprio interno sono sufficienti per ricostruire, una volta arrivati a destinazione, l'esatto messaggio originale, indipendentemente dal percorso seguito da ciascuno dei suoi frammenti. Grazie a questo sistema si ottengono due benefici immediati: qualunque sia lo stato della rete, il pacchetto può sempre trovare una via alternativa per giungere alla

---

[7] M. Mc Luhan, *Understanding media: the extensions of man*, Gingko Press (1964)

[88] M. Mc Luhan, B. R. Powers, *The global village*, Oxford University Press (1989)

[9] C.d. D.A.R.P.A.

[10] Università Roma tre, Dipartimento di Informatica ed Automazione, *Storia di Internet*, http://www.dia.uniroma3.it/~necci/storia_internet.htm

[11] *National Physics Lab*

[12] *Sociètè Internationale de Tèlècommunications Aeronatiques francese*

[13] Nella multiplazione statistica (o commutazione di pacchetto) il flusso di informazioni è segmentato in più pacchetti di lunghezza limitata o fissa, contenenti le informazioni necessarie per definire la destinazione del pacchetto e contrassegnati da un preambolo ed un epilogo al fine di consentirne identificazione e riconoscimento all'interno del flusso di dati trasmessi.

propria destinazione (requisito utile per gli obiettivi militari e per chiunque desideri avere un impianto il più possibile resistente ai guasti, anche a quelli accidentali).
Inoltre i vari pacchetti provenienti da fonti diverse possono essere convogliati tutti assieme su una singola linea ad alta velocità anzichè dover ricorrere a tante linee separate, usate solo parzialmente. Si riesce in questo modo a condensare il traffico su una linea collegata in permanenza che ripartisce dinamicamente la propria capienza tra i vari computer collegati e che, in ogni caso, è quasi sempre attraversata da qualche tipo di traffico e perciò giustifica il proprio costo.
Se la linea venisse usata da una singola macchina o da poche macchine, resterebbe quasi sempre inattiva visto che anche l'utente più veloce passa la maggior parte del tempo a lavorare in locale (leggendo quello che gli è arrivato dalla rete o preparando una risposta) e solo molto sporadicamente trasmette o riceve qualcosa.
In effetti Internet usata con un modem su linea commutata, cioè la linea normale telefonica, non è molto efficiente poichè esistono numerosi tempi morti dovuti al nostro personale modo di lavorare e al ritardo di reazione dei server con cui chiediamo di collegarci.
Il primo protocollo sviluppato per la commutazione di pacchetto su arpanet si chiamava ncp (Network Control Protocol), ma non era particolarmente efficiente.
Col passare del tempo i progettisti di arpanet definirono un insieme di circa 100 protocolli per regolare il trasferimento dei pacchetti e questo insieme si è evoluto in quella che noi oggi conosciamo con il nome di Internet Protocol Suite: una raccolta di standard trasmissivi che verte su due protocolli primari, il Transmission Control Protocol (tcp) e l'Internet Protocol (ip), più molti altri secondari che consentono la comunicazione tra computer e reti molto diverse.
La prima definizione di tali protocolli risale al 1973 e nel 1974 Vincent Cerf e Robert Kahn ne stilarono le caratteristiche su un documento intitolato IEEE Transactions on Communications (l'Institute of Electrical and Electronics Engineers è l'associazione di categoria che riunisce tutti gli ingegneri americani).
Quello stesso anno fu pubblicata la prima specifica per i protocolli da utilizzare su Internet. Si dovette attendere fino al 1 gennaio 1983 per l'adozione ufficiale dell'intera Internet Protocol Suite […]”[14].
Quello degli anni ’60 sarebbe stato un periodo convulso e pieno di elementi di significatività sociologico comunicativa che avrebbe trovato cassa di risonanza attraverso protocolli di comunicazione di massa veicolati dalla *Beat Generation*, con una evoluzione mediatica che avrebbe individuato il suo *start up* nel noto concerto di *Woodstock*, tra *rock music, flash* subliminali e modelli di controcultura pilotati da *businesses* spregiudicati; una *escalation* che, più avanti, con l’avvento del *world wide web*, si sarebbe involuta nei raduni *rave*.
Un periodo che avrebbe segnato una nuova modalità di comunicazione, quella della subliminalità del messaggio, celata in quei brani storici di cui gelosamente custodiamo il vinile, come ad esempio *Yellow sub marine*[15] o *Mary Jane*[16], in una

[14] Università Roma tre, Dipartimento di Informatica ed Automazione, *Storia di Internet*, cit.
[15] www.ambientalismodirazza.blogspot.it, *The Beatles, il rock e l’avvento della droga*. Parte I°, pubblicato il 22 luglio 2008: “[…] Le canzoni dei Beatles spesso nascondo significati simbolici, e questa più di ogni altra. Sembra semplice ma in realtà è la più complessa e ricca di

scena d'insieme fatta di fucili con un fiore alla volata e la parola "*peace*" sugli elmetti dei reduci del Vietnam.

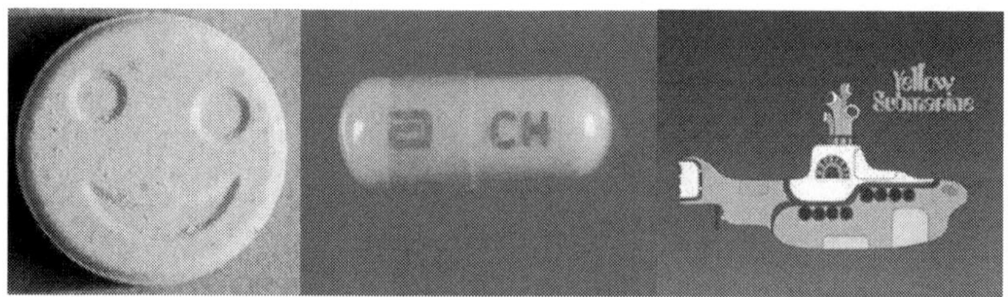

Ai tempi dei "*figli dei fiori*", quando gli annunci pubblicitari avvenivano attraverso la carta stampata[17], i produttori *John P. Roberts* e *Joel Rosenman* si erano rivolti al *New York Times* ed al *Wall Street Journal*, per lanciare un provocatorio quanto allettante annuncio commerciale: "*Uomini giovani con capitale illimitato cercano interessanti opportunità, legali, di investimento e proposte d'affari*".
Sarebbe nata, da lì a poco, la "*Woodstock Ventures*", una proposta imprenditoriale avanzata ai due produttori da *Michael Lang* e *Artie Kornfeld*, intesa a trasformare la tre giorni di "*Peace & Rock Music*" in un evento colossale, con una prevendita di circa 186 mila biglietti, così da indurre gli organizzatori a rimodulare l'ingresso in forma gratuita e da qui accogliere una fiumana di 400 mila giovani che, da ogni dove, avevano aderito al "*tam tam*" mediatico assiepandosi sui prati di *Woodstock*.
Si trattò di un evento musicale unico nella storia, fatto di una passerella di artisti d'eccellenza resa fruibile grazie ad un dispositivo acustico fior d'ingegneria, abilmente sistemato tra le colline della piccola cittadina della Contea di Ulster

---

significati nascosti fra le canzoni dei Beatles. Fu pubblicata dai Beatles (accreditata a Lennon/McCartney, ma scritta solo da McCartney) prima nel loro settimo album Revolver e poi come singolo "Doppio Lato A" assieme ad Eleanor Rigby il 5 Agosto 1966. E' anche il titolo della colonna principale di quello che poi diventerà il loro omonimo film d'animazione nel 1968. Paul McCartney l'ha ammesso almeno due volte che Yellow Submarine fu influenzata da quello che talvolta Ringo diceva quando Paul, John e Ringo assumevano insieme LSD. La prima volta fu quando gli fu chiesto circa i significati nascosti della canzone, negli anni '70, e la seconda volta nella Anthology (1995-1996). Ecco una interpretazione plausibile dei versi: "Nella città in cui sono nato vive un uomo che ha navigato nel mare"si tratta di Bob Dylan che mostrò il mondo della droga ai Beatles "e lui ci ha raccontato la sua vita nella terra dei sommergibili"che ci ha raccontato le sue esperienze con la droga "così abbiamo navigato sopra il sole finche abbiamo trovato un mare verde"Questo verso è si riferisce all'assunzione dell'LSD finchè non si è "in viaggio" "e abbiamo potuto vivere sotto le onde nel nostro sommergibile giallo"Quando si è "fatti" i problemi, cioè le onde, sono lontani "tutti viviamo in un sommergibile giallo" Tutti prendiamo l'LSD […]".

[16] Ivi: 2[…] Nel secondo si può ascoltare What's the New Mary Jane, canzone scritta da John Lennon e registrata dai Beatles nel 1968 per l'album "White" ma poi non vi è stata inserita. Mary Jane" è termine colloquiale per marijuana. Nel terzo si vede un'intervista a Paul McCartney sull'LSD […]".

[17] M. Mc Luhan,*The Gutenberg galaxy: the making of typography man,* Toronto University (1962)

dall'ingegnere *Bill Hanley*[18], alimentando l'imponente sistema di audio diffusione con una serie di amplificatori da fantascienza per quel periodo[19].
Il resto è storia: *tra hippies* completamente nudi, fiumi di *alcool, cannabis* ed acido lisergico a *gogo*, mentre sul palco si sarebbe susseguito tutto il *ghota* della *Rock Music* degli anni '60, a partire dalle prime note di introduzione di *Richie Havens*, agli arpeggi della *Fender Stratocaster* di *Jimi Hendrix*, alla voce squillante di *Janis Japlin*, agli accordi di *Jo Kocker*, alla coralità di *Crosby, Stills, Nash & Young*, ai pezzi più forti come "*Acid Queen*" degli *Who*, o quell'armonica a bocca dei *Canned Heat*, fino alla melodica *Joan Baez* e tanti altri ancora.
Ma la sintesi di quell'evento avrebbe trovato colorita descrizione in un fortunato motivetto che avrebbe reso famoso, qualche tempo dopo, *Ian Dury* quando, nel 1977, compose *Sex & Drug & Rock 'N' Roll,* palesando le proprie "necessità", attraverso quei, *very good*, stereotipi: "*Sex and drugs and rock and roll is all my brain and body need. Sex and drugs and rock and roll. Are very good indeed*".
In effetti, si tratta di una sorta di miscela "*esplosiva*" in grado di coinvolgere le società giovanili con il susseguirsi di modelli comportamentali rivolti ad "*entusiasmare*" generazioni dopo generazioni; di uno strumento di aggregazione sociale che avrebbe fatto delle droghe il più grosso affare criminale in tutto il pianeta.
Detta accezione, "*entusiasmare*", trova esplicazione semantica nel verbo inglese "*to rave*", termine che, a partire dagli anni '80, avrebbe trovato compendio in un nuovo lessico descrittore di una controcultura giovanile, quella dei "*rave party*".
Originariamente, con *rave party*, si intendevano feste di gruppo rese più "allettanti" con l'ausilio della musica elettronica e di nuove tecnologie, opportunamente sincronizzate per coinvolgere i partecipanti non solo con il ritmo della *hacid house* o della *tekno*, ma anche con l'impiego di imponenti diffusori audio sulle basse frequenze da "*pugno allo stomaco*", tali da provocare nausea e vomito[20] che,

---

[18] "Andò molto bene. Avevo costruito sulle colline delle strutture speciali per gli altoparlanti, e avevo sedici gruppi di altoparlanti su una piattaforma quadrata, che saliva sulla collina su torri di settanta piedi. Il tutto era stato settato per poter accogliere da 150.000 a 200.000 ascoltatori. Ne arrivarono 500.000".

[19] Jerry Hopkins, *Festival! The Book of American Music Celebrations,* Macmillan Publishing, New York (1970).

[20] http://tuttoquantoforum.forumcommunity.net/?t=1384629, *Il subwoofer*:"[...] E' il componente che più da spettacolarità [...] l'enorme energia meccanica richiesta per generare onde a bassa frequenza, che risultino ben udibili dall'orecchio umano, molto meno sensibile a questo tipo di sollecitazioni (non per caso, nell'abbassare il volume dell'amplificatore durante l'ascolto musicale, i bassi sono i primi a non essere piu' percepiti). Da cio' consegue la necessità di utilizzare casse dotate di driver dalle dimensioni molto grandi, che possono arrivare anche a più di 30 cm. di diametro, contenuti a loro volta in mobili dal volume ben piu' elevato rispetto a quello dei diffusori tradizionali.[...] i suoni gravi, sono percepiti con tutto il corpo e non solo con l'orecchio, un'esposizione prolungata a suoni, al di sotto di una certa frequenza puo' portare dolore fisico, nausea e vomito, 80 Hz per gli uomini e 60 Hz per le donne ,essendo dotate di petto a proteggere il torace dalle vibrazioni[...]".

abbinati a giochi di fonti stroboscopiche e luci psichedeliche[21], avrebbero creato un sofisticato *cocktail* di coinvolgimento (e di sconvolgimento) di base.
Una "involuzione" quella dei raduni *rave*[22] che avrebbe beneficiato, con l'avvento dei *social media*, dello strumento del *tam tam* anonimo, con la frenetica occupazione delle c.d. TAZ[23], (*Temporary Autonomous Zone).*[24]
Riprendendo la cronologia evolutiva fissata dalla *Beat Generation*, ai processi comunicativi registratisi a metà degli anni '70, con la fine della guerra nel Vietnam nel 1975 si sarebbe assistito, anche in Italia, ad una evoluzione socio comunicativa di portata storica: la radiodiffusione circolare riservata dalla legge allo Stato in regime di esercizio esclusivo avrebbe trovato una prima apertura al privato nel 1974, con una sentenza[25] della Corte Costituzionale che avrebbe concesso ai privati la facoltà di trasmettere via cavo in ambito locale.
Un approccio di liberalizzazione dell'etere che sarebbe stato perfezionato due anni dopo, con la nascita delle prime "*radio libere*", a seguito della decisione del Giudice delle Leggi[26] di aprire lo spettro di concessione ai privati per tutte le trasmissioni radio in ambito locale e l'esplosione dei primi *social media.*
L'evoluzione dei sistemi di comunicazione avrebbe registrato un nuovo traguardo l'anno successivo, quando presso l'università di *Chicago* sarebbero stati sperimentati i primi *modem* ed il sistema di trasmissione BBS (*Bullettin Board System*), una sorta di *software* che, attraverso la linea telefonica, sarebbe stato in grado di mettere in relazione più utenti con l'utilizzo di elementari sistemi di messaggistica e di *file sharing.*
I protocolli BBS, costituiti da sterili stringhe di testo mancanti delle più elementari connotazioni sociolinguistiche della "*faccia*", sarebbero stati rivisitati nel 1979 da Kevin Mackenzie, con l'introduzione delle prime *emoticons* per la messaggistica BBS; un linguaggio, quello delle "*faccine*", oggi diffusa opzione di inserimento sulle tastiere *qwerty,* e quale applicazione sui profili di *chat* sul *web* o di messaggistica telefonica, che trova rappresentazione scientifica attraverso la nota "*teoria della faccia*", cioè quel qualcosa che ci viene concesso e che, vicendevolmente, determina un nostro *input* di risposta, di adesione, individuando una caratteristica della "*solidarietà*" o del "*potere*" rappresentati dalla *faccia*[27].

---

[21]Dal greco: ψυχή, psyché, "anima" e δηλῶ., dēlô, "rivelo", rivolto a descrivere esperienze di alterazione della coscienza attraverso l'assunzione di sostanze allucinogene o stupefacenti, attraverso cui sarebbe possibile individuare livelli profondi e altrimenti non rilevabili della psiche.
[22] V. Santoni, *Muro di casse*, Laterza editore, Milano (2015).
[23] acronimo introdotto dallo scrittore anarchico Hakim Bey per descrivere modelli di autogestione e controcultura, ed oggi inteso ad inquadrare quegli eventi improvvisati senza il rispetto di alcuna norma, sia essa di ordine pubblico, di sanità, di igiene, di carattere amministrativo o quant'altro.
[24]Hakim Bey, *TAZ: Temporary Autonumus Zone, ontological anarchy, poetic terrorism, Autonomedia new autonomy series*, paperback (2003).
[25] N. 226 del 10 luglio 1974.
[26] Sentenza n. 202 del 28 luglio 1976.
[27] Richard A. Hudson, *Sociolinguistics II ed.*, Cambridge University press (1996) - Sociolinguistica, Editore Il Mulino (1998).

"[...] *La faccia* – annota Richard Hudson - *è qualcosa che ci viene concessa dagli altri, ed è per questo che dobbiamo essere così solleciti a concederla a nostra volta agli altri, (eccetto che non scegliamo consapevolmente di insultarli, ma questo è un comportamento fuori dal comune) [...]". Secondo Brown e Levinson si distinguono due tipi di faccia, positiva e negativa, continua Hudson "[...] tali termini possono essere fuorvianti, qui li chiameremo invece <<faccia di solidarietà>> e << faccia di potere>>, per mostrare lo stretto rapporto con le importanti nozioni di <<potere>> e <<solidarietà>>*[...]."[28]

In quegli anni, nel riprendere l'evoluzione della "*ragnatela*", accanto alla riservata rete ARPANET per fini militari, sarebbe nata in Inghilterra la rete commerciale *National Physical Laboratory*, ed in Francia la rete scientifica *Cyclades,* primi strumenti di comunicazione simili al moderno *internet.*

La fine degli anni '70 avrebbe registrato una nuova "*rivoluzione culturale*" attraverso la musica *rock*: *Roger Water, David Gilmour, Richard Wright* e *Nick Mason* in *Another brick in the wall*[29], avrebbero, ad esempio, utilizzato lo slogan *We don't need no education*[30], intendendo evidenziare, con quella doppia negazione[31], il disagio di una generazione che, reduce dei conflitti bellici, sarebbe rimasta senza una guida sociale, in un contesto globalizzante appannaggio delle *lobbies* multinazionali.

---

[28] Ivi, pag. 121.

[29] Pink Floyd, *The wall (*1979).

[30] "[...] Non abbiamo bisogno di educazione. Non abbiamo bisogno di controllo del pensiero. Nessun cupo sarcasmo in classe. Insegnanti lasciate stare i ragazzi. Ehi, insegnante, lascia stare i ragazzi! Dopotutto è solo un altro mattone nel muro. Dopotutto siete solo un altro mattone nel muro. Non abbiamo bisogno di educazione. Non abbiamo bisogno di controllo del pensiero. Nessun cupo sarcasmo in classe. Insegnanti lasciate noi ragazzi. Ehi, insegnante, lascia stare noi ragazzi! Dopotutto siete solo un altro mattone nel muro. Dopotutto siete solo un altro mattone nel muro [...]".

[31] www.diario.randone.com, *Il mondo di Art, The wall: Analisi critica . The Wall: Another brick in the wall pt. 2*:"[...] La doppia negazione presente nel testo delle prime strofe rivela una interessante e nuova interpretazione della canzone che potrebbe seguire due strade, la prima è quella delle "negazioni che si annullano producendo un'affermazione": "noi non abbiamo bisogno di nessuna educazione" diverrebbe quindi "noi abbiamo bisogno di educazione"; la seconda produce una figura retorica, detta litote, che consiste nel fare un'affermazione adoperando la negazione di un'espressione di senso contrario, in questo caso la frase diventa "noi non abbiamo bisogno di quel tipo di educazione"; qualunque sia l'intenzione entrambe portano a sottolineare l'aspetto esclusivo dell'esperienza di Pink nei confronti del sistema educativo e di quel sistema scolastico in particolare che è la scuola degli anni 50, ancora influenzata dal potere e dalle logiche della guerra[...]".

La scelta del plurale (noi non abbiamo bisogno...), presente anche nel brano precedente (quando siamo cresciuti e andavamo a scuola), sminuisce la funzione del singolo a favore di quella collettiva, essenziale per operare cambiamenti importanti. Non è un caso che nel video Pink sia del tutto assente, egli è solo un semplice osservatore che sul margine sogna quella lotta ingaggiata da tutti gli altri per la conquista dell'indipendenza. Da questo si evince la bassa considerazione che il ragazzo aveva di sè stesso come anche l'evidente contraddizione che si ricava dalla necessità di conquistare la propria individualità attraverso un'azione di massa: come a dire che l'anticonformismo abbia bisogno del conformismo per potersi affermare.

I temi dei *Pink Floyd* avrebbero trovato, spesse volte, ispirazione negli scritti letterari di alcuni intellettuali tra cui, sembrerebbe, *George Orwell*, impegnato a criticare con le sue favole la condizione di controllo indotto dalle superpotenze sulla società, da *Animal Farm* (1945)[32] a *Big brother is watching you* (1984)[33].
Una anticipazione, quella di "*The wall*", al "*disgelo*" tra USA ed URSS e lo storico crollo del muro di Berlino avrebbe fatto venir meno anche gli interessi di *intelligence* statunitense nel settore della comunicazione strategica, declassando il progetto ARPANET alle mere esigenze dell'esercito americano, con il nuovo acronimo MILNET, che si sarebbe esaurito nel 1990.
Gli Stati Uniti nel 1991 aprirono, poi, per la prima volta i confini della ricerca in un campo così riservato come quello della ricerca nel settore strategico della comunicazione al *know how* del privato, con la pubblicazione dell' *High Performance Computing Act*, una legge che avrebbe introdotto il concetto di "*autostrada elettronica*" con la nascita della N.R.E.N. (*National Research and Education Network*) rivolta alla costituzione di reti ad alta velocità in grado di interconnettere atenei e centri di ricerca ed, al tempo stesso, realizzare la costruzione di infrastrutture di comunicazione fruibili nel settore commerciale americano.
Una evoluzione seguita dalla pubblicazione di *Tim Berners Lee*, presso il CERN di Ginevra, del primo sito *world wide web*, con la nascita del protocollo http (*Hyper Text Transfer Protocol*) un sistema di lettura ipertestuale non sequenziale dei documenti con rimando agli *hyper link*.
Ecco la nascita del moderno *internet*, reso fruibile nel 1993 dal CERN con la pubblicazione dei protocolli utilizzati nella tecnologia w.w.w., seguito dalla nascita del primo *browser* detto *MOSAIC*.

Il processo di *intelligence* e la *privacy* come merce di scambio
L'acquisizione di informazioni in uno scenario complesso trova compendio attraverso una serie di sofisticate discipline d'*Intelligence*, standardizzate dalla comunità internazionale secondo i criteri di acquisizione e le sfere di applicazione dei singoli protocolli di interesse, come di seguito richiamato:
la **HUMINT** (*HUMan INTelligence*) concerne l'acquisizione dei dati strategici è svolta da risorse umane che hanno il compito di raccogliere notizie attraverso relazioni interpersonali (agenti e informatori) o l'osservazione diretta (osservatori); **IMINT** (*IMagery INTelligence*) è la disciplina che cura la raccolta e analisi di immagini aeree o satellitari; **MASINT** (*MeAsurement and Signature INTelligence*) attiene all'acquisizione di immagini non visibili con sensori elettrici o radar; **COMINT** (*COMmunication INTelligence*) raggruppa l'intercettazione, selezione e interpretazione dei contenuti inerenti al traffico delle telecomunicazioni (perlopiù flussi di traffico che transitano per i satelliti e i cavi internazionali); **ELINT** (*ELectronic INTelligence*) studia la ricezione e analisi di segnali elettronici, come ad esempio l'emissione dei sistemi radar; **SIGINT** (*SIGnal INTelligence*) si interessa della raccolta di dati mediante l'intercettazione di mezzi di comunicazione

---

[32] Pink Floyd, *Animals* (1977).
[33] Tema recentemente rispreso nelle apparizioni di Roger Waters nei tours di "*The wall live*".

(ad esempio radio, mail, telefono, ecc); **TECHINT (*Scientific and TECHnical INTelligence)*** riguarda l'attività d'intelligence nel settore delle armi ed equipaggiamenti, nonchè di acquisizione informazioni a livello strategico; **OSINT** (*Open Source INTelligence*) riguarda l' acquisizione e l'analisi dei contenuti messi a disposizione dalle fonti aperte (stampa, *internet*, *social networks*, *database* pubblici, ecc.)[34].

Il più noto e "*sconosciuto*" sistema di monitoraggio globale di intercettazione delle comunicazioni private e pubbliche è il progetto ECHELON, elaborato da Stati Uniti, assieme ai paesi del trattato UKUSA[35] o AUS.CA.NN.Z.UK.US, da intendersi l'acronimo dei paesi che aderiscono al progetto (Australia, Canada, Nuova Zelanda, Regno Unito, Stati Uniti).

La rete ECHELON, quale strumento di *Signal intelligence* in ambito strategico, sarebbe in grado di monitorare ed intercettare il traffico dei satelliti commerciali in orbita. L'argomento scottante è stato recentemente commentato per l'*Avanti!* da Carlo Correr : *"[…] In principio – come ha scritto Ugo Intini nel suo libro del 2002 'La politica globale' – il sistema di Comint (communications intelligence) e successivamente il SIGINT (signal intelligence), ovvero la raccolta e l'analisi dei dati relativi a ogni sorta di comunicazione, nato alla fine della seconda guerra mondiale, poggiava su due alleati, o meglio sugli Usa più i cugini inglesi, più i sub alleati australiani, canadesi e neozelandesi, insomma sui Paesi anglofoni legati da un trattato comune che si chiamava UkUsa o anche 'Auscannzukus' o 'cinque occhi'. Gli sviluppi della tecnologia, tutti saldamente in mani americane, hanno portato a una costante evoluzione del sistema che negli anni '70 ha anche mutato nome in 'Echelon', che era il nome in codice della rete di computer della NSA, la National Security Agency, che da sola assorbe un decimo del bilancio del Pentagono. Cavi sottomarini, trasmissioni radio e naturalmente internet, tutto da allora è sotto controllo. Il dominio nella tecnologia elettronica, sia nell'hardware che nel software, e l'imposizione di standard di crittografia per i programmi destinati all'uso civile e soprattutto per quelli destinati ai Paesi extra Usa, come i browser, unitamente alla localizzazione dei server della rete nel territorio statunitense, hanno permesso alla NSA di ascoltare, collazionare, analizzare, utilizzare qualunque genere di informazione senza di fatto renderne conto ad alcuna autorità se non a quella del governo americano […]"*[36].

---

[34] GNOSIS, Rivista Italiana di Intelligence, anno XII n.2/2006, pagg. 21 e ss.

[35] www.marcostefaneli.com, *Echelon e il controllo elettronico*, Articolo tratto da Cover Action Quarterly #59 di Nicky Hager: "[…] Il trattato UKUSA (acronimo di United kingdom-United States) Strategy Agreement, un patto di collaborazione nella raccolta di "Signal Intelligence" stretto nel 1948, la cui stessa esistenza non è mai stata ufficialmente confermata dai suoi cinque aderenti: l'americana NSA, GCSB (Government Communications Security Bureau) della Nuova Zelanda, l'inglese GCHQ (Government Communications Headquarters) , la canadese CSE (Communications Security Establishment) e l'australiana DSE (Defence Signals Directorate). L'alleanza è nata dallo sforzo cooperativo per intercettare trasmissioni radio durante la Seconda Guerra Mondiale e orientato essenzialmente contro l'Unione delle Repubbliche Socialiste Sovietiche […]".

[36] www.avantionline.it, *In principio era 'Auscannzukus', UkUsa, poi Echelon. Il Datagate fa infuriare di nuovo l'Europa*, di Carlo Correr, pubblicato il 24 ottobre 2013.

ECHELON a parte, l'intercettazione di comunicazioni satellitari è comunque un'attività d'*intelligence* molto seguita da tutti i governi, si voglia per ragioni tattiche che strategiche, con il monitoraggio, sempre più stringente, dei tre sistemi di telefonia satellitare commercialmente noti, *Thuraya, Iridium* ed *Inmarsat*, ciò a causa dell'ormai straripante commercializzazione di apparati di comunicazione satellitare a basso costo[37] con tariffazione attraverso schede prepagate quantificate in *unità/minuto* di conversazione[38].

Roberto Origli, in un recente approfondimento tecnico per *Sicurezza e Giustizia*, ha descritto che: "*[...] Passando ad analizzare nello specifico le modalità d'intercettazione delle comunicazioni satellitari, è possibile affermare che, in base alle condizioni operative dei diversi sistemi, esse possono essere realizzate in una delle due modalità: 1.tattica, 2. strategica. Prendendo in esame in particolare Thuraya ed Iridium, va sottolineato che la prima tecnologia può essere intercettata in entrambe le modalità, mentre Iridium può essere gestito solamente attraverso un approccio tattico. Relativamente alla tecnologia Thuraya, i sistemi di monitoraggio intercettano passivamente i segnali in downlink dai satelliti Thuraya, sia in banda C che in banda L. Il sistema di monitoraggio strategico necessita di due antenne. Per attivare il monitoraggio della trasmissione del downlink in banda C tra il satellite e la stazione di Terra, il sistema necessita di una grande antenna parabolica di circa sette metri di diametro. Per il monitoraggio della trasmissione del downlink in banda L dal satellite al dispositivo è invece sufficiente un'antenna di dimensioni più contenute. La soluzione tattica di monitoraggio opera solamente in banda L ed è tipicamente un sistema portatile che può essere installato su un veicolo ed utilizzato sul campo, utilizzando una piccola antenna polarizzata circolare. I sistemi di monitoraggio strategico utilizzano sofisticate tecniche di DSP (Digital Signal Processing) e hardware avanzato per assicurare che le chiamate di interesse siano monitorate e registrate*[...]"[39].

In un contesto meno complesso di *Communication Intelligence*, l'attività di monitoraggio di vaste aree geografiche è oggi possibile attraverso l'applicazione di particolari filtri parametrici sulle *backbone* di comunicazione.

Con il termine *backbone* o dorsale parametrica si intende una linea di connessione che, a sua volta, è interconnessa con linee più piccole e che è utilizzata per trasferire i dati a grandi distanze in maniera efficiente.

---

[37] Anche sotto gli 800 euro.

[38] Esempio di tariffazione Thuraya con il costo di una sim prepagata contenente 30 "unità" al costo di circa 95 euro, che prevede 0.99 unità/minuto su rete Thuraya; 1,49 unità/minuto su rete fissa e mobile; 0,49 unità/minuto per SMS, 8,1 unità/minuto per chiamate Iridium ed Inmarsat, ecc. (fonte Thuraya Italia).

[39] www.sicurezzaegiustizia.it, *L'intercettazione delle comunicazioni sulle reti satellitari*, di Roberto Origli, Numero II/MMXIII, pagg.44-45.

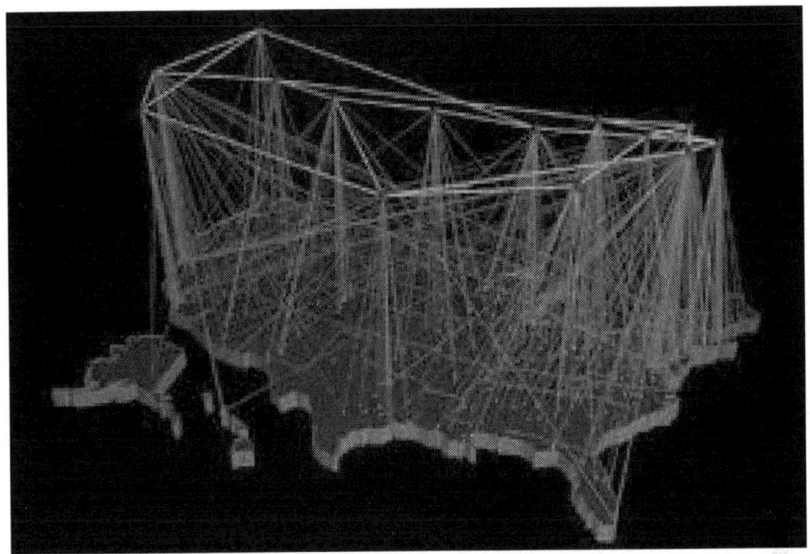

Le dorsali parametriche di una macroarea

In una *LAN*, o *Local Area Network*, la *backbone* è una linea in fibra ottica che connette parti di rete a grandi distanze, mentre in internet il termine indica percorsi tra nodi che garantiscono interconnessioni a lunga distanza a reti locali e regionali.
L'obiettivo dei filtraggi parametrici è quello di identificare sessioni di traffico generate da un punto imprecisato all'interno di una macro area, cercando di individuare alcune parole di particolare significatività[40] o anche in chiave criptica c.d. *keyword* ed, ancora, il flusso di dati verso determinati numeri telefonici o gruppi di numeri attestati in una determinata zona, o identificabili una certa organizzazione[41].

[40] L'Espresso, n- 39 anno LVIII, 27 settembre 2012, FACE BOSS, pagg. 36-39, cit., *A ogni cosca il suo clic*: "[...] Il fascino della parola 'mafia' non conosce confini: in tutto il mondo ogni mese 13 milioni e mezzo di persone la cercano so Google. E finiscono a navigare 262 milioni di pagine che richiamano le cosche siciliane. [...] I siciliani però hanno il primato su You Tube, con più di 30 mila video dedicati al tema. Informazione, documentazione, ma anche l'ultima frontiera della propaganda dei clan[...]".
[41] Come, ad esempio, monitorare il traffico verso le utenze 0965/59.... che identificano una porzione di una macroarea o, ancora, individuare tutto il traffico generato o diretto verso le utenze 331/3708....., che individua una determinata organizzazione.

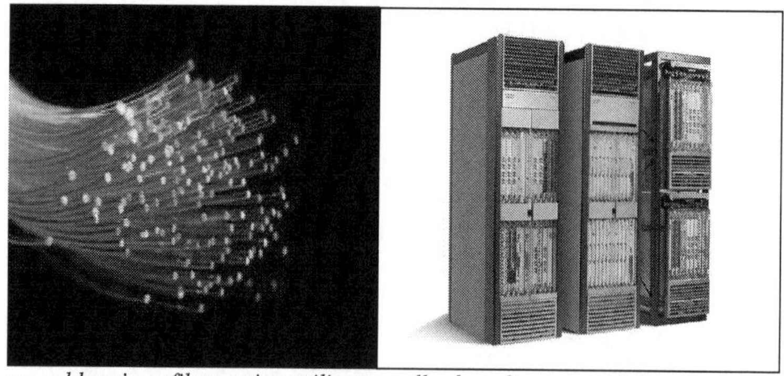

un cablaggio a fibra ottica utilizzato sulle dorsali parametriche ed un sistema di server dorsali di smistamento

Una volta definito il criterio di filtraggio dei dati fonici o dei pacchetti, si procede all'ispezione del cablaggio tramite particolari sonde di intercettazione in ingresso al *Front End* o sul *Back End*[42].
Nel monitoraggio di macroaree, per esigenze di *Intelligence* e di sicurezza internazionale è spesso necessario ricorrere parallelamente all'ispezione di risorse libere sul *web*, con un approccio OSINT[43].
Leonida Reitano nel suo manuale di investigazioni digitali, spiega che l'analisi delle "[...] *fonti aperte [...] comprende diversi àmbiti disciplinari combinati tra loro: gli strumenti di hacking della rete per ottenere informazioni sulle identità digitali, l'uso avanzato dei motori di ricerca, l'utilizzo dei portali di investigazioni digitali (dove ottenere le informazioni istituzionali su persone fisiche o giuridiche, proprietà immobiliari, partecipazioni azionarie o societarie, etc.) e infine le tecniche di analisi investigative per valutare il materiale informativo acquisito ed elaborato attraverso strumenti di visualizzazione grafica dei dati*[...]"[44].

---

[42] www.marcomattiucci.it, "... *intercettare è ascoltare possibilmente senza essere ascoltati...*"articolo di Corrado FEDERICI, pubblicato il 6 marzo 2007, cit.: "...Intercettazioni su dorsali: nel caso di intercettazioni parametriche su dorsali di comunicazione si è più spesso interessati ad identificare sessioni di traffico generate da un punto imprecisato di un'area geografica che contengono tipicamente parole o frasi chiave. Viene quindi impostato un filtro c.d. applicativo e tutti i pacchetti che compongono la comunicazione del canale vengono ispezionati. Se il traffico in ingresso al Front End non è troppo elevato da impedire lo storage in tempo reale nel sistema dischi della sonda si attiva il filtraggio sul Back End. In caso contrario, il filtro può avvenire sul Front End, con tutti i rischi connessi alla mancata cattura di pacchetti precedenti o successivi a quelli individuati che potrebbero risultare determinanti per una ricostruzione corretta e completa della comunicazione. [...]".

[43] Open Suorce Intelligence.

[44] L. Reitano, *Esplorare Internet. Manuale di investigazione digitale e Open Source Intelligence*, Minerva edizioni, Bologna (2014), pag. 9.

Ricerche di tipo giornalistico sulle fonti aperte che possono trovare applicazione con l'ausilio di strumenti di analisi e di *software*[45] in grado di trasformare informazioni, apparentemente slegate tra loro, in un quadro d'insieme di elevata significatività investigativa.
A queste vanno aggiunti quegli aspetti più complessi che riguardano il *Deep Web*[46], cioè quella parte della ragnatela non indicizzata dai motori di ricerca.[47]
Così come le tante informazioni nascoste dentro una stringa di caratteri, o tra i *bit* meno significativi di un' immagine[48], attraverso sistemi più o meno evoluti di stegano/criptografia.
All'interno delle *Open Sources*, l'attività di *Intelligence* prosegue, infatti, con l'impiego di sofisticatissimi *software*[49] di analisi semantica[50] che, con il supporto di tecnologie TAL[51], si interessano dello *Speech Processing (SP)* o elaborazione del parlato, e del *Natural Language Processing (NLP)* o elaborazione del testo[52].

---

[45] Ivi, pagg. 37-38.
[46] www.repubblica.it, *Tutti i segreti del Deep Web. Sotto la rete in cui navighiamo esiste un mondo sconosciuto. E' cinquecento volte più grande e dentro c'è davvero di tutto*, di Arturo Di Cortinto, pubblicato il 20 aprile 2014. *"[...]* Il cosiddetto Deep Web, l'Internet nascosto considerato il luogo di ogni orrore, però non è solo questo. Sono sempre di più infatti le Ong, i dissidenti e i blogger che hanno individuato proprio nel Deep Web un nuovo luogo dove incontrarsi, scambiarsi dati e informazioni, o sostenere una "giusta causa" usando il Bitcoin come moneta. Nel Deep Web sono stati clonati i documenti di Wikileaks sulle atrocità della guerra in Iraq e Afghanistan, e sempre qui i whistleblowers, le "talpe" che denunciano governi e funzionari corrotti, proteggono le loro rivelazioni. E dunque, che cos'è il Deep Web? Detto anche Invisible Web, è la parte non indicizzata dai motori di ricerca. Una parte fatta di pagine web dinamiche, non linkate, generate su richiesta e ad accesso riservato, dove si entra solo con un login e una password: come la webmail. Questo accade perché i motori di ricerca funzionano con i crawler, i raccoglitori di link. Li categorizzano, li indicizzano, e li restituiscono in pagine ordinate quando digitiamo una parola sul motore preferito. Ma se i link non ci sono, non possono farlo. Un altro motivo per cui non riescono a trovarle potrebbe essere perché quelle pagine sono inibite ai motori di ricerca con il comando norobots. txt . [...]".
[47] L. Reitano, *Esplorare Internet. Manuale di investigazione digitale e Open Source Intelligence*, cit., pagg. 161 e ss.
[48] *Least Significant Bit.*
[49] GNOSIS, Rivista Italiana d'Intelligence, *Fra dati abbondanti ed informazioni scarse.Dall'analisi di lingue e parole nuove chiavi per la sicurezza*, di Andrea Melegari, n.2/2006, [...] IN-Q-TEL (www.inqtel.com) è un fondo di investimento finanziato dalla CIA, operativo dal 1999, che ha come missione "investire e incoraggiare la produzione e la ricerca delle tecnologie più innovative e promettenti", a supporto dell'attività dell'US Intelligence Community [...]".
[50] www.saperi.forumpa.it, *Obama e Romney analizzati col web semantico. Il primo parla di governo e lavoro, l'altro di presidenza e tasse. Entrambi di persone e sanità*, pubblicato il 5.10.2012: "[...]Cosa hanno detto i due candidati alle prossime elezioni presidenziali degli Stati Uniti nel primo dibattito TV. Grazie alla tecnologia semantica abbiamo un report preciso su quali sono stati i temi affrontati da ciascuno, e come hanno impostato il proprio discorso. L'analisi che ne viene fuori è davvero interessante[...]".
(Cfr. anche: http://www.expertsystem.net/images/media/report_USAPolitics_20121005.pdf).
[51] GNOSIS, Rivista Italiana d'Intelligence, *Fra dati abbondanti ed informazioni scarse.Dall'analisi di lingue e parole nuove chiavi per la sicurezza*, cit.: "[...] Con il termine TAL (Trattamento Automatico della Lingua), si definiscono le discipline che trattano di

Più articolato è poi impiego di protocolli di analisi semantica approfondita, *definiti Intelligence Data Mining*, finalizzati all'individuazione di informazioni nascoste. Rispetto alle tecnologie tradizionali (a *keyword* e statistiche), che possono solo cercare di indovinare il senso di un testo, i *software* di analisi semantica approfondita leggono ed interpretano tutta la conoscenza potenzialmente interessante e identificano in automatico le relazioni concettuali fra le varie informazioni.
Individuano all'interno dei documenti i concetti più rilevanti, le entità, gli eventi e specifiche informazioni utili per l'analisi, individuando i dati principali, in qualunque modo siano espressi.
Normalizzano e ordinano i contenuti e generano la mappatura dei *metadata* per migliorare l'utilizzo delle informazioni disponibili e supportare gli analisti nelle attività di *Intelligence*.
Gli algoritmi sviluppati *ad hoc* sono in grado di formulare alcune interessanti analisi dei dati, tramite l'applicazione di particolari sistemi intelligenti in grado di scoprire le regole nascoste nei dati strutturati.[53]

---

modelli, metodi, tecnologie, sistemi e applicazioni concernenti l'elaborazione automatica della lingua, sia scritta sia parlata. Il TAL comprende dunque sia lo "Speech Processing" (SP), o elaborazione del parlato, sia il "Natural Language Processing" (NLP), o elaborazione del testo. Le tecnologie impiegate per il parlato sono tese ad elaborare la parola per la codifica del segnale vocale e la sintesi del testo, tramite macchine in grado di leggere, e per il riconoscimento del parlato, tramite macchine capaci di scrivere. Per lo scritto, l'elaborazione automatica del testo mira a riprodurre la capacità umana di comprendere la lingua, attraverso analizzatori sintattici e semantici, basati per lo più su algoritmi o moduli statistici oppure modelli di rappresentazione della conoscenza e metodologie di apprendimento automatico [...]".

[52] Ivi: "[...] Nell'elaborazione full-text il testo viene esaminato in base alle parole-chiave (keyword), dove una parola-chiave è una stringa di caratteri, lettere e/o numeri, separata dalle altre stringhe del testo mediante separatori come lo spazio e la punteggiatura. Con questo sistema non viene tentata alcuna interpretazione del testo: le parole-chiave vengono considerate letteralmente, cioè non per quello che esprimono ma per la forma grafica che hanno. Nell'elaborazione a livello lessicale il testo viene sottoposto ad analisi grammaticale. Ogni elemento della frase, anche composto da più parole, viene ricondotto ad un lemma del lessico della lingua di riferimento: le forme flesse dei verbi sono ricondotte all'infinito del verbo stesso, i plurali dei nomi e degli aggettivi al singolare e così via. Sono quindi analizzati i lemmi, vale a dire le "voci del dizionario" espresse nel testo. Ad esempio, nella frase "La nave è entrata nel porto" viene elaborato il lemma "porto" (sostantivo), mentre nella frase "Oggi porto l'auto in officina" viene analizzato il lemma "portare" (verbo) [...]".

[53] Ibidem: "[...] Il criterio di valutazione dell'efficacia di un motore di ricerca di informazioni è la qualità del rapporto segnale/rumore della risposta, intendendo per "segnale" le informazioni che si vogliono reperire e per "rumore" tutto ciò che viene comunque incluso ma che non è realmente attinente. Effettuando un'interrogazione all'interno di un vasto archivio di testi, non tutto il segnale presente verrà estratto, e alcune informazioni non appropriate saranno invece incluse. L'obiettivo di ogni sistema di ricerca è quindi ottimizzare il rapporto segnale/rumore.[...] Andando, invece, oltre la "forma" della keyword (sequenza di caratteri) e arrivando al "contenuto" (entità concettuale), si ottengono risultati più soddisfacenti in termini di recall (capacità di trovare più informazioni possibile attinenti a ciò che si sta cercando), precision (capacità di individuare con maggiore precisione le informazioni utili) e ranking

L'acquisizione di informazioni per ragioni strategiche è sempre stata al centro degli interessi di ogni potenza politico militare, andando sempre più frequentemente a collidere con qualsivoglia esigenza di *privacy*, da ritenersi soccombente rispetto alle necessità di contesto in uno scenario geopolitico complesso.
"*La privacy* – secondo Zygmunt Bauman - *è talvolta collegata all'anonimato, al desiderio di passare inosservati e non farsi riconoscere in pubblico. Solitamente, quando si considera «privato» qualcosa, è perché ciò ha per noi un'importanza intrinsecamente speciale, o ci tocca personalmente.*"
"*Ogni uomo* – ha osservato Fëdor Michajlovič Dostoevskij -*ha dei ricordi che racconterebbe solo agli amici. Ha anche cose nella mente che non rivelerebbe neanche agli amici, ma solo a se stesso, e in segreto. Ma ci sono altre cose che un uomo ha paura di rivelare persino a se stesso, e ogni uomo perbene ha un certo numero di cose del genere accantonate nella mente* [...]".
Ma le opportunità "*globali*" di informazione diventano, altrettante volte, disinformazione allorquando organizzazioni parallele e variegate *lobbies* di interesse più o meno "*glocale*"[54] commistionano i loro obiettivi con quelli governativi e sovranazionali, così manipolando il flusso informativo in modo tale da modulare ad arte l'influenza dell'opinione pubblica.
Con il terremoto di *Wikileaks*: "*La domanda che dobbiamo porci è quale tipo di informazione sia importante nel mondo, quale tipo di informazione può realizzare le riforme. Esiste una montagna di informazioni. Le informazioni che le organizzazioni con un grosso sforzo economico stanno cercando di occultare, è un segnale molto positivo che dice che quando l'informazione viene a galla, c'è una speranza di fare qualcosa di buono*", aveva affermato qualche anno addietro *Juliane Assange*.

(capacità di ordinare i risultati nel modo più corretto: all'inizio i documenti più rilevanti e alla fine quelli meno interessanti perché più "lontani" da quanto cercato). [...]".

[54] Z. Bauman, *Globalizzazione e glocalizzazione*, Armando editore, Roma (2005), pag.337: " [...] Nessuno sembra ormai sotto controllo. Peggio ancora, non è chiaro a cosa potrebbe somigliare, in queste circostanze, l' <<essere sotto controllo>>. Come prima, ogni tentativo di porre ordine è locale e determinato da qualche problema, ma non vi è luogo che possa pronunciarsi per l'umanità nel suo insieme, né un problema che possa affrontarsi per la totalità degli affari del globo. Proprio questa nuova e spiacevole percezione è stata espressa (con scarso beneficio per la chiarezza intellettuale) nel concetto attualmente alla moda di globalizzazione. Il significato più profondo trasmesso dall'idea di globalizzazione è quello del carattere indeterminato, privo di regole e dotato di autopropulsione degli affari del mondo: l'assenza di un centro, di una stanza dei bottoni, di un comitato di direttori, di un ufficio amministrativo. La globalizzazione è un nuovo disordine del mondo di cui parla Jowitt sotto un altro nome. In questo, il termine <<globalizzazione>> differisce radicalmente da un altro termine, quello di <<universalizzazione>>, una volta costitutivo del discorso moderno sugli affari globali, ma ormai caduto in disuso e più o meno dimenticato. Insieme a certi concetti come <<civiltà>>, <<sviluppo>>, <<convergenza>>, <<consenso>> e molti altri termini usati nel dibattito appena iniziato e classico-moderno, l'universalizzazione trasmetteva la speranza, l'intenzione, la determinazione di creare ordine[...]".

Ma il più noto e recente *scoop* sul *datagate* è certamente quello del *Guardian* sulla violazione della *privacy* all'interno del colosso *Verizon*[55], con la parallela assegnazione del premio *Pulitzer* ai *reporters* del caso di *Edward Snowden*, che vede in conflitto *best pratices* nel comparto delle *Human Intelligence* contrapposte a quelle più sofisticate della *Communication Intelligence.*[56]
Ed è di qualche tempo addietro la rivelazione del gestore telefonico Vodafone, sulla circostanza che alcuni governi abbiano "*accesso alle telefonate e ai dati*" dei clienti di quella società, attribuendo all'Italia una sorta di record nell'attività di monitoraggio[57].
Probabilmente, almeno nel caso in questione, si potrebbe parlare di una equivoca interpretazione mediatica del dettaglio fornito da Vodafone, attesa la rigida applicazione nel nostro sistema giudiziario dei protocolli di acquisizione dei dati

---

[55] www.america24.com, *Caso Verizon, senatore democratico: Oltraggiosa violazione. Critiche all'amministrazione per la raccolta dei dati telefonici di milioni di persone svelata dallo scoop del Guardian*, pubblicato il 6 Giugno 2013. "[...] La raccolta da parte di un'agenzia di intelligence statunitense dei dati telefonici di milioni di utenti di Verizon, uno dei principali operatori statunitensi - venuta alla luce con uno scoop del Guardian - è "un'oltraggiosa violazione della privacy degli americani", secondo il senatore democratico Jeff Merkley. Lo riporta The Hill. Secondo il senatore dell'Oregon, le azioni della National Security Agency (Nsa) fanno parte di uno sforzo più ampio, portato avanti in segreto dall'amministrazione, per ottenere un numero massiccio di informazioni sulle persone. Merkley ha messo in dubbio la necessità di Fbi e Nsa di raccogliere i dati di milioni di persone e ha spiegato di aver votato, per questo, contro la proroga del Patriot Act, la legge federale concepita dopo gli attentati dell'11 settembre 2001 per rinforzare i poteri dei corpi di polizia e di intelligence statunitensi. "Sono seriamente preoccupato dell'eccessiva raccolta da parte dell'intelligence di telefonate, email e altri dati personali degli americani" ha spiegato. Il Patriot Act ha ottenuto nel 2011 una proroga di quattro anni. La Casa Bianca, attraverso un suo funzionario, ha difeso l'operato della National Security Agency e la necessità di raccogliere i dati telefonici "per proteggere gli Stati Uniti dalla minaccia terroristica"[...]".
[56] www.ilgiornale.it, *Un Pulitzer imbarazzante ai reporter del caso Snowden,* pubblicato il 16 aprile 2014: "[...]Premiato chi ha reso un simbolo l'uomo che ha dato un duro colpo ai servizi per cui lavorava. E che vive ospite di Putin, pubblicato il 16 aprile 2014. Da giorni si rincorrono analisi sul flop dei servizi segreti americani: gli 007 che secondo il Datagate sanno tutto di tutti, spiano ogni nostra mail e le nostre foto su Facebook, non si sono accorti che i servizi russi si erano infiltrati in Ucraina preparando l'azione che in poche settimane ha portato all'annessione della Crimea e ai moti nel Sud-Est del Paese. Le critiche di oggi sono giuste: la Cia, concentrata sul terrorismo islamico e sullo spionaggio telematico, ha perso presa su altri fronti, in particolare la «human intelligence», l'azione sul terreno in cui i russi si sono dimostrati maestri. Ma l'America progressista non sembra avere le idee chiare su come correggere il tiro. [...]".
[57] www.lastampa.it, *Vodafone: alcuni governi hanno accesso alle telefonate e ai dati dei nostri clienti*, di Stefano Rizzato, pubblicato il 6 giugno 2014: "[...] L'allarme del gestore di telefonia mobile: «In questi Paesi non serve l'autorizzazione dell'operatore per poter ascoltare le conversazioni». L'Italia leader delle richieste "legali": oltre seicentomila nel 2013. Dopo le rivelazioni di Snowden molti Paesi hanno deciso una stretta sulla possibilità di intercettare e acquisire informazioni dei cittadini. Cavi segreti e diretti, per ascoltare le telefonate dei cittadini. Senza bisogno di avere un mandato, di avvertire un giudice, di farne richiesta alla compagnia. [...]".

sensibili sotto la ferrea autorizzazione dell'Autorità Giudiziaria[58] e secondo i parametri fissati dal Garante della *Privacy* in materia di conservazione del dato[59], seguìta dall'attività di intercettazione vera e propria garantita, quantomeno in materia di *lawful interceptions* ex art. 266 e ss. cpp, dal distinguo tra "*remotizzazione*" dell'ascolto ed operazioni di registrazione sui *server* delle Procure della Repubblica mandanti.
Le Sezioni Riunite della Suprema Corte[60], nel disciplinare le modalità di "*remotizzazione*", hanno infatti operato un analitico distinguo, segmentando l'attività di intercettazione in singoli momenti operativi, autonomamente rilevanti sotto il profilo giuridico, così delineando una fase di captazione[61], una di registrazione[62], di ascolto e, da ultimo, di verbalizzazione[63].

---

[58] Che, seppur non soggetta a convalida da parte del GIP, è comunque sottoposta al regime autorizzativo del P.M. ai sensi dell'art 132 3° comma del D.lgs.196/2003 in materia di Tutela della Privacy.

[59] D.lgs.196/2003, *Art. 132. Conservazione di dati di traffico per altre finalità:* 1. Fermo restando quanto previsto dall'articolo 123, comma 2, i dati relativi al traffico telefonico, sono conservati dal fornitore per ventiquattro mesi dalla data della comunicazione, per finalità di accertamento e repressione dei reati, mentre, per le medesime finalità, i dati relativi al traffico telematico, esclusi comunque i contenuti delle comunicazioni, sono conservati dal fornitore per dodici mesi dalla data della comunicazione. 1-*bis*. I dati relativi alle chiamate senza risposta, trattati temporaneamente da parte dei fornitori di servizi di comunicazione elettronica accessibili al pubblico oppure di una rete pubblica di comunicazione, sono conservati per trenta giorni [...]".

[60] Cass., sez. un, 26 giugno 2008, n. 17, Carli; si vedano inoltre, in senso conforme, Cass. pen., sez. IV, 12 luglio 2007, n. 30002, Cass. pen., sez. II, 24 aprile 2007, n. 35299 e Cass. pen., sez. IV, 28 febbraio 2005, n. 20130

[61] Cfr. www.Treccani.it, *Remotizzazione delle intercettazioni e nuove tecnologie*, articolo di Gianmichele Pavone, pubblicato il 19.10.2010: <<[...] Il primo segmento rappresenta l'intercettazione in senso stretto e non può che essere effettuata presso l'operatore telefonico il quale "devia" la comunicazione verso gli uffici della Procura, dove il segnale viene registrato per l'ascolto. [...]>>.

[62] Ivi: <<[...] È stato necessario, pertanto, ricorrere all'utilizzazione di sistemi di registrazione digitale computerizzata che hanno sostituito gli apparati meccanici. Ad oggi, per la registrazione vengono utilizzati apparati multilinea, collegati cioè a più linee telefoniche, che registrano dati trasmessi in forma digitale, successivamente decodificati in file vocali, immagazzinati in memorie informatiche centralizzate. I dati così memorizzati vengono poi di regola trasferiti su supporti informatici (CD-ROM o DVD) per renderli fruibili all'interno dei singoli procedimenti. [...]>>.

[63] Ibidem: <<[...] Le Sezioni Unite (Cass. pen., n. 17/2008, Carli, cit.), sul punto, ritengono di dover privilegiare l'orientamento maggioritario favorevole alla irrilevanza del luogo di verbalizzazione ai fini della utilizzabilità delle intercettazioni. La sanzione di inutilizzabilità, infatti, è prevista solo per i casi tassativamente previsti dall'art. 271 c.p.p., atteso che tale articolo fa esclusivo rinvio solamente al primo e terzo comma del citato art. 268 c.p.p. e non anche alle disposizioni di cui all'art. 89 disp. att. c.p.p.(sul punto, si vedano: Cass. pen., sez. fer., 02 settembre 2008, n. 38370; Cass. pen., sez. IV, 28 febbraio 2005, n. 20130, Littera bis; Cass. pen., sez. IV, 14 gennaio 2004, n. 17574, Vatinno; Cass. pen., sez. I, 6 dicembre 2000, n. 11241, Ammutinato; Cass., Sez. VI, 26 ottobre 1993, n. 11421, Carapucchi). Inoltre, agli adempimenti successivi alla registrazione (tra cui rientra la verbalizzazione) non sarebbe

Tornando alla violazione della *privacy*, nel corso di un'intervista rilasciata al *Guardian* dalla sua dimora "*privilegiata*" all'interno dell'ambasciata ecuadoriana nel cuore di Londra, Assange qualche tempo addietro aveva affermato, ancora, che: "[...] *Gli ultimi dieci anni hanno visto una rivoluzione nella tecnologia delle intercettazioni, dove siamo passati dalla intercettazioni tattiche alle intercettazioni strategiche. L'intercettazione tattica è quella che tutti conosciamo, dove alcuni soggetti diventano oggetto dell'interesse dello Stato o dei suoi amici: attivisti, trafficanti di droga, eccetera. I loro telefoni vengono intercettati, le loro mail vengono intercettate, i loro amici vengono intercettati, e via di questo passo. Siamo passati da questa situazione alla intercettazione strategica: dove qualunque cosa entra o esce da un paese, e per alcuni paesi anche le comunicazioni interne, viene intercettato e immagazzinato automaticamente e permanentemente. Permanentemente. É più efficace immagazzinare tutto che andare alla ricerca di chi vuoi intercettare [...]. Così siamo arrivati al punto di congiunzione critico dove è possibile intercettare chiunque - ogni sms, ogni mail, ogni telefonata. Un kit prodotto in Sudafrica può immagazzinare e indicizzare l'intero traffico annuale di comunicazione di un paese di media grandezza a meno dieci milioni di dollari all'anno*[...]".[64]

Una *escalation* di infiltrazione nella *privacy* agevolata dalle vetrine dei *social networks*[65], ove tra album fotografici e scadenziari di ricorrenze ha trovato posto un nuovo termine linguistico, il *selfie*[66], parola dell'anno 2013.

Certamente, quello dei multimedia a portata di taschino è uno strumento di comunicazione eccezionale anche da una focale criminale, così da meritare, secondo L'Espresso, l'acronimo di *Face Boss*: " [...] *Danno ordini. Vendono droga. Minacciano. Così i mafiosi hanno imparato a comunicare sfruttando Facebook. Dove ora la giustizia dà loro la caccia*[...]"[67].

Così come per i ricercati che, attraverso le tecnologie *VoIP*[68], comunicano con sodali e parenti: [...] *Criminali e ricercati possono dunque parlare e inviare messaggi attraverso il web senza essere scoperti? Purtroppo tutto ciò accade. Ma quando la polizia giudiziaria riesce ad identificare il canale Facebook allora tutto cambia: quello che si fa per le intercettazioni oggi può essere realizzato anche per i*

---

riferibile il termine "operazioni", utilizzato nel medesimo art. 268 (Cass. pen., n. 30002/2007, Valeri, cit.; Cass. pen., sez. VI, 14 gennaio 2005, n. 7245, Sardi).

[64] www.ilgiornale.it, *Intercettazioni, l'allarme di Assange: «Con 10 milioni intercettano un paese».In una intervista al Guardian, rilasciata dall'ambasciata ecuadoriana a Londa dove vive rinchiuso, il fondatore di Wikileaks racconta come cambia il Grande Fratello. Fantasie? Mica tanto*, di Luca Fazzo, pubblicato il 9 dicembre 2012.

[65]Ivi, "[...] Senza contare, ricorda Assange, i danni di Facebook: «Nella Germania Est la Stasi aveva arruolato il 10 per cento della popolazione. In Islanda la penetrazione di Facebook è arrivata all'88 per cento della popolazione». Ma questo già si sapeva. [...]".

[66] www.panorama.it, *"Selfie" è la parola dell'anno secondo l'Oxford Dictionary.Il più celebre dizionario in lingua inglese consacra l'uso dell'autoscatto social anche a livello terminologico*, di Barbara Pepi, pubblicato il 19 novembre 2013: "[...] Alzi la mano colui che non ha mai preso uno smartphone, girato l'obiettivo perso il proprio volto e fatto un autoscatto da postare sui social network [...]" .

[67] L'Espresso, n- 39 anno LVIII, 27 settembre 2012, *FACE BOSS*, pagg. 36-39.

[68] *Voice over internet protocol.*

social network. Le indagini hanno svelato che i mafiosi utilizzano Facebook anche per comunicare con soggetti che hanno difficoltà di movimento come i latitanti, soprattutto se si trovano fuori dal territorio nazionale. Mafiosi e camorristi devono essere dunque al passo con la tecnologia per sfuggire all'arresto? Mentre i giovani sono naturalmente preparati all'uso dei social network, sfruttando questi strumenti, i vecchi mafiosi no. Ma la necessità di un latitante, di un vecchio criminale di operare sul territorio è tanta e dunque è costretto ad assorbire i mezzi di funzionamento di Facebook o Skype e utilizzarli[...]"[69].
Si percepisce un indice risibile di percezione della *privacy* che pare sia divenuta, più che un diritto, "*una merce di scambio*", dalla lettura di un breve saggio pubblicato da Panorama: "[...] *La privacy non è un diritto ma una merce di scambio. Per questo la sua difesa a livello statale non funziona: perché spesso siamo proprio noi a non volerla. Pensate a Facebook. Si dice sempre che Zuckerberg e soci sanno tutto di noi ma ci sta bene. Rendere pubblica la nostra data di nascita ci farà avere tanti messaggi d'auguri dagli amici, condividere la nostra posizione geografica durante un viaggio ci permetterà di sapere quali amici sono nei dintorni e magari incontrarli per un drink. Un altro esempio è Google. Entrare nel mondo di Big G significa consegnarli la nostra vita. Visto che poi ha i server negli States, significa anche dare la licenza di spionaggio al governo più spione del mondo. D'altro canto però abbiamo una suite di applicazioni gratuite che ci consentono di leggere le email in tutto il mondo, di trovare luoghi, di avere gli obiettivi raggiunti nei videogiochi su qualsiasi device. La privacy insomma è una moneta, si cedono dei dati per avere in cambio dei servizi. È internazionale, comoda e sopratturo non soggetta a svalutazione. Anzi, più se ne produce e più vale, soprattutto se estesa ai dati di amici e parenti. Ancora un esempio. I tracker e i cookie che tracciano tutte le nostre attività online sono l'equivalente di un investigatore che ci pedina senza sosta. Eppure quando ci arriva un banner di Amazon che reclamizza quel particolare modello di scarpe che cercavamo da tempo a un prezzo stracciato non possiamo nascondere di essere soddisfatti e felici* [...]"[70].
Un contesto globale che ci vede "*tutti spiati*" attraverso aziende in grado di inoculare *trojan* invisibili, così da trasformare gli accessori elettronici di più ampio utilizzo quotidiano in postazioni silenti di intercettazione[71].

---

[69] Ibidem.
[70] www.società.panorama.it, *L'indice di percezione della privacy*, di Alessio Lana, pubblicato il 7 marzo 2014.
[71] L'Espresso, n-49 anno LVII, 8 dicembre 2011 pagg. 40 e ss: *SIAMO TUTTI SPIATI decine di aziende private controllano il mercato delle intercettazioni, dispongono di miliardi di dati, ecco come entrano nella nostra vita*: [...] una ditta di Milano ha creato un'arma cibernetica che penetra in pc e cellulari, trasformandoli in microspie all'insaputa dei proprietari [...] parenti stretti del trojan d'attacco sono già finiti in mani spregiudicate. La Procura di Napoli ne ha scoperto uno utilizzato da Bisignani, considerato il faccendiere principe nell'ultimo decennio, che poteva sfruttarlo per spiare a piacimento [...] le stesse ditte al lavoro per conto di magistratura e servizi segreti, rendendo confusi i confini legali delle operazioni [...] il confine tra intercettazioni legali, regolarmente autorizzate dai magistrati in base a precise leggi nazionali, e quelle dei servizi segreti, usate per lo spionaggio e quindi sottrarre il controllo ad un giudice, sembra sottile [...]".

Uno spaccato mantenuto in sordina per anni anche se, per gli esperti del settore di nicchia, si tratta di una problematica già datata, tra *spyware*[72], *rootkit*[73] e *tracker* in azione un po' per tutto il globo.
L'esempio forse più noto di monitoraggio d'*intelligence* è quello noto con la sigla *INTERCEPTOR SS8*: il colosso delle telecomunicazioni ETISALAT (*Emirates Telecommunications Corporation*) nel 2009 aveva inviato un messaggio ai suoi utenti, raccomandando loro di installare un aggiornamento che avrebbe potuto migliorare le prestazioni del 3G sulla piattaforma *Black Berry*[74].
Il *software*, uno *spyware* sviluppato dalla società Californiana specializzata in sorveglianza elettronica SS8, sarebbe stato a quanto sembra utilizzato per monitorare gli utenti connessi su ETISALAT [75].
Più recente è il caso di un *rootkit*, denunciato sul *web* da un ricercatore statunitense, *Trevor Eckhart*[76].

---

[72] www.ehiweb.it: "Lo spyware è un s.w. spia il cui scopo è quello di leggere informazioni presenti nel Personal Computer di un utente e inviarle attraverso Internet ad un sito o ad un computer remoto sulla rete. Tipicamente, lo Spyware viene installato sui computer degli utenti senza che essi ne siano a conoscenza, da altri software (spesso gratuiti), scaricati da Internet".

[73] www.notrace.it "I rootkit sono s.w. che permettono di ottenere il controllo di un computer da locale o da remoto, in maniera nascosta, ossia non rilevabile dai più comuni strumenti di amministrazione e controllo. Oltre ad installare spesso delle backdoor, il suo utilizzo più comune è quello di nascondere file e cartelle".

[74] www.wired.com, Sheran A. Gunasekera, *Analizzando il SS8 Interceptor Application per il palmare BlackBerry*, ABSTRACT: "[...] Questo documento fornisce informazioni su BlackBerry spyware conosciuto come "Interceptor." Il software è stato sviluppato dalla società Intercettazione legale SS8 ed è stato distribuito agli abbonati del gestore delle telecomunicazioni degli Emirati Arabi Uniti, Etisalat come un aggiornamento. [...] Intorno l'8 luglio 2009, BlackBerry abbonati della base di telecomunicazioni UAE ricevuto Messaggio push WAP avevano richiesto loro di scaricare un aggiornamento. [...].

[75] www.blog.armandoleotta.com, *BlackBerry: Update con spyware?*, 28 luglio 2008 by ArMyZ: " [...] La piattaforma BlackBerry non è nuova a situazioni in cui si mette in discussione il rispetto della privacy. Questa volta la situazione è un po' diversa e riguardo un aggiornamento software. Spedito come un WAP PUSH MESSAGE, l'aggiornamento in questione istalla un file java sul dispositivo mobile. Tutto normale se questo aggiornamento, spedito agli utenti blackberry sulla rete ETISALAT negli Emirati Arabi, altro non fosse che un'applicazione in grado di intercettare sia mail che sms, spedirne una copia ad un server Etisalat, il tutto all'insaputa dell'ignaro utente che notava solo un degrado della durata della batteria. Pare che proprio questo aspetto abbia insospettito alcuni utenti e sviluppatori che ad un controllo più approfondito si sono ritrovati di fronte a questa sorpresa. L'aggiornamento era così etichettato: "Etisalat network upgrade for BlackBerry service. Please download to ensure continuous service quality." Il file JAR, firmato, faceva riferimento ad una applicazione nel percorso /com/ss8/interceptor/app [...].

[76] www.hwupgrade.it, *Carrier IQ, l'applicazione che spia gli utenti*, articolo di Davide Fasola pubblicato l'1.12.2011: "[...]Secondo quanto diffuso da un ricercatore statunitense, numerosi produttori di smartphone installerebbero nativamente su alcuni dei popri modelli Carrier IQ, un'applicazione che permette agli operatori e alle stesse case produttrici di tracciare alcune informazioni private relative all'utilizzo fatto dagli utenti del terminale sul quale è installato il software. [...] Secondo il ricercatore statunitense Trevor Eckhart, questi produttori avrebbero, ovviamente, violato il diritto alla privacy degli utenti tramite l'utilizzo di questo software, il quale estrapola dai cellulari una serie di informazioni altrimenti impossibili da ottenere e le

Secondo *Eckhart* diversi produttori di *smartphone* di ultima generazione avrebbero installato nativamente, su alcuni dei propri modelli, un'applicazione nascosta in grado di consentire agli operatori, ed alle stesse case produttrici, il monitoraggio di alcune informazioni private relative all'utilizzo del telefono[77].

Socialità, *web* e processo penale: il disordine di approccio alle intercettazioni

La tensione tra verità fattuale e verità processuale[78], ha inizio nel corso delle indagini preliminari, ove è individuato ogni elemento di pregnanza che sia idoneo a stabilire se sussistano gli estremi di rinvio a giudizio nel processo penale.

---

invia ai produttori stessi e agli operatori di telefonia. Stando alla spiegazione fornita da operatori e produttori si tratterebbero di dati necessari per il miglioramento del servizio e dei propri prodotti. Rimane comunque il fatto che, l'utente è inconsapevole di quello che accade con i propri dati e, nel caso di intercettazione da parte di malintenzionati, queste informazioni potrebbero essere utilizzate a scopi fraudolenti. Eckart ha anche pubblicato un video dove viene mostrato il programma in questione all'opera. [...]".

[77] www.punto informatico.it, *Carrier IQ, scandalo senza fine,* di Alfonso Maruccia, pubblicato il 2.12.2011; " [...] L'impatto del rootkit spione per smartphone si estende e coinvolge anche la politica, le autorità di controllo e i prevedibili avvocati. Tutti provano a smarcarsi: noi non spiamo, analizziamo le performance [...] Roma - Lo scandalo Carrier IQ è esploso e ora è più che mai inarrestabile: la scoperta del rootkit installato su "150 milioni" di dispositivi mobile (smartphone e tablet) - come orgogliosamente dichiarato dalla società produttrice - sta scatenando un putiferio, e che la faccenda sia di quelle parecchio serie lo dimostra la gara tra le aziende mobile a chi si smarca prima dalla presunta opera di spionaggio onnicomprensivo messa a disposizione dal software. [...] Anche in Europa il fronte istituzionale si fa caldo: il Garante per la Privacy italiano Francesco Pizzetti conferma di aver aperto "un'istruttoria per analizzare meglio le segnalazioni relative ai software spia" con tanto di verifica sui cellulari commercializzati nel Belpaese, in Germania il garante Thomas Kranig ha convocato Apple per sapere di più sulla faccenda. Ultima, prevedibile ciliegina sulla torta dello scandalo Carrier IQ sono le cause legali multi-milionarie, già in arrivo a soli pochi giorni dalla scoperta dell'esistenza del rootkit per smartphone: la prima lista di società trascinate alla sbarra comprende naturalmente Carrier IQ, Samsung e HTC, chiamate a rispondere dell'accusa di violazione della legge federale USA sulle intercettazioni (Federal Wiretap Act). Il rischio è dipagare 1000 dollari per ogni giorno in cui la violazione ha avuto luogo. Ed è solo l'inizio [...]".

[78] P. Bellucci, *A onor del vero. Fondamenti di linguistica giudiziaria*, Ed. Utet, Torino (2002), pag 39: "[...] La tensione fra verità fattuale e verità processuale comincia proprio nelle indagini preliminari. Le indagini devono accertare, per quanto possibile, ogni elemento utile per stabilire se esistano gli estremi di rinvio a giudizio e gli investigatori ricercano le prove perché poi sia possibile ricostruire al meglio in dibattimento la cronaca della storia e dei fatti. Di conseguenza, gli errori e le imperizie di questa fase condizionano, con gradi di rilevanza diversi, tutto ciò che segue. Come abbiamo visto, il legislatore stabilisce un'equipollenza fra le dichiarazioni raccolte nella fase delle indagini preliminari e la loro documentazione scritta. Tale equipollenza deve richiamare l'attenzione generale sulla complessità – e responsabilità – anche linguistica che, di conseguenza, investe tutte le attività di conversione dall'oralità alla scrittura attuate nella fase delle indagini preliminari. A questo si aggiunge un'altra constatazione, che aumenta il rilievo della documentazione raccolta in questa prima fase. Abbiamo già messo in evidenza la distinzione tra il fascicolo del pubblico ministero e del difensore e quello del dibattimento, tesa a garantire che la formazione del convincimento del giudice avvenga in dibattimento. D'altra parte, però, tutti gli operatori del diritto sanno bene

In questo contesto, una cospicua porzione dell'attività investigativa trova esplicazione attraverso le intercettazioni, sempre affannosamente alla rincorsa delle tecnologie che, a partire dagli anni '80, hanno sconvolto lo scenario tecnico-investigativo, evolvendosi dapprima con la multiplazione determinisitica[79] delle comunicazioni, dalla telefonia RTMS a quella GSM, per implementare parallelamente le applicazioni della commutazione a pacchetto[80], che dal progetto ARPANET, si sono perfezionate fino alla ragnatela del *word wide web*[81], e delle tecnologie cellulari di terza e quarta generazione a portata di taschino, continuando giorno per giorno a modificare modelli e protocolli di investigazione nel settore della comunicazione, sempre più ricchi di richiami sociolinguistici.
La socialità del *web* è descritta da *Tim Berners-Lee*[82] secondo due livelli: il primo, di comunicazione orizzontale tra pari, a cui consegue la diffusione di un sistema di relazioni indifferente rispetto alla natura sociale, economica, culturale ed ideologica degli utenti.
Un secondo livello, diretta conseguenza della diffusione del vettore di comunicazione *web*, che investe, poi, le abitudini degli utenti; la crescita esponenziale del suo impiego determina l'erosione degli altri spazi quotidiani disponibili per altre attività giornaliere, modificando attitudini e culture, sempre più ridondanti di *link*, *tag*, *post* ed "*i like*".
In questo scenario, tutte le diverse modalità di comunicazione sincrona e asincrona che l'accoppiata *computer* e *Internet* mettono oggi facilmente a disposizione – come la posta elettronica, i *newsgroup*, le *mailing list,* le *chat rooms* o gli straripanti *social network* - hanno generato nuove forme di interazione e spazi inediti di socializzazione, ove non è più richiesta la presenza fisica degli interlocutori[83].

---

che le parti preparano la propria strategia di accusa e difesa e i propri interventi in dibattimento a partire dal primo fascicolo. Per di più, le parti hanno l'obiettivo di far trasmigrare nel secondo ciò che già esiste a supporto della propria tesi e si trovano nella necessità di confutare ciò che invece le si oppone[...]".

[79] C.d. commutazione di circuito, caratterizzata dalla stabile capacità trasmissiva totale in uscita al multiplatore, ed allocata a ciascun canale tributario in ingresso. Ciascun utilizzatore ha a disposizione un canale trasmissivo dedicato con la garanzia di poter utilizzare sempre tutta la sua capacità ad ogni richiesta di servizio.

[80] RTMS è l'acronimo di *Radio Telephone Mobile System*, GSM indica invece il Global System for Mobile Communication. Nella multiplazione statistica (o commutazione di pacchetto) il flusso di informazioni è segmentato in più pacchetti di lunghezza limitata o fissa, contenenti le informazioni necessarie per definire la destinazione del pacchetto e contrassegnati da un preambolo ed un epilogo al fine di consentirne identificazione e riconoscimento all'interno del flusso di dati trasmessi.

[81] Termine coniato dagli informatici Tim Berners-Lee e Robert Cailliau.

[82] Tim Berners-Lee: *L'architettura del nuovo Web*, Editore Feltrinelli, Milano (2001).

[83] www.apogeonline.com: *La rete riflette su se stessa*, articolo di Vincenzo Bitti, pubblicato il 14.5.1998: "[...]La CMC (Computer Mediated Communication), la comunicazione mediata dal computer, va sempre più assumendo i contorni di un nuovo oggetto di ricerca per le scienze sociali. Posta elettronica, newsgroup, mailing list, chat rooms solo testo e/o multimediali, MUD, MOO; - tutte le diverse modalità di comunicazione sincrona e asincrona che l'accoppiata computer e Internet mettono oggi facilmente a disposizione - hanno creato nuove forme di interazione, inediti spazi di socializzazione che non richiedono la presenza fisica degli interlocutori. E poiché la dove c'è comunicazione c'è cultura, antropologi e

Da qui la costituzione delle *communities*, in antitesi al concetto spaziale dei confini, descritto dai *cyber-antropologi* delle comunità virtuali[84] con lo slogan "*decostructing the boundaries, costructing the communities*"[85], ed ove la comunicazione mediata dal computer[86], va sempre più assumendo i contorni di un nuovo oggetto di ricerca per le scienze sociali.
Un contesto ove, nel prendere contezza che il *medium* non *è* solo *il messaggio*, ma anche *il massaggio* in grado di saturare, plasmare, e trasformare *ogni rapporto sensoriale*[87], trovano ampio spazio i nuovi *linguaggi globali*, fatti di acronimi e di *smiles* "iconizzate" sulle tastiere *qwerty*, secondo un modello autonomamente coniato dai giovani che sempre più frequentemente si confrontano con le comunicazioni a distanza, per nulla intimoriti da quel *New World Disorder* descritto da *Ken Jowitt*[88], dimostrando abilità ed intuito nel veicolare flussi di informazioni nel disordine globale della crisi, ormai da intendersi non soltanto economica[89].

---

sociologi si stanno dando da fare nel tentativo di comprendere (e spiegare) come tutto ciò vada dipanandosi. Sono già numerose le risorse disponibili nei relativi siti Web: raccolte di saggi, collezioni di corsi universitari, interviste a studiosi del settore, dichiarazioni programmatiche, bibliografie, progetti di ricerca. Come pure crescono i gruppi di ricerca, i centri studi, le riviste accademiche, spesso emanazioni di dipartimenti di sociologia, antropologia, mass media e cultural studies, soprattutto negli Stati Uniti ma anche altrove. Alcuni propongono anche vere e proprie indagini etnografiche, pezzi di vita vissuta online passati sotto la lente delle scienze sociali. Qualche esempio lo troviamo su Cybersoc: Sociological and Ethnographic Study of Cyberspace, dove Robert Hamman, aspirante Phd dell'università di Liverpool ci propone One Hour in the E-world Hot Tub, un progetto di ricerca basato sul metodo dell'osservazione partecipante tra i frequentatori dei canali chat di AOL. […]".

[84] Ivi: "[…] Anche i lavori intorno alle dinamiche su Internet Relay Chat (IRC) e i MUD di Elizabeth Reid, dottoranda alla University of Melbourne, si accostano al tema della socialità in rete con un approccio empirico e descrittivo. Così l'etnografia, ancella empirica dell'antropologia, per definizione osservazione e analisi in loco di popoli esotici e lontani, avvolta dall'alone romantico dell'antropologo viaggiatore, viene ora condotta online, rimanendo seduti alla propria scrivania. Unici mezzi necessari un computer e un modem: persino il vecchio taccuino sembra inutile in uno spazio in cui testo e contesto coincidono. Basta registrare quanto scorre sul monitor, meglio se partecipando interattivamente, per poi analizzare con calma più tardi quanto è accaduto […]".

[85] Elizabeth M. Reid, *Electropolis: Communication and Community on Internet Relay Chat*, paper (1991).

[86] CMC (Computer Mediated Communication).

[87] Marshall Mc Luhan, *Understanding Media: The Extensions of Man*, Gingko Press (1964): "[...] il medium è il messaggio […] I più, inconsapevoli degli effetti pervadenti dei *media* sull'uomo, non si rendono conto anzitutto che lo stesso medium è il messaggio, non il contenuto, e inoltre ignorano che il medium è il massaggio, si perdoni il bisticcio, poiché esso intride, satura, plasma e trasforma ogni rapporto sensoriale. Il contenuto o messaggio di un qualsiasi *medium* ha tanta importanza quanta ne ha la stampigliatura sulla cassa d'imballaggio di una bomba atomica[...] Affermando che il *medium* è il messaggio, piuttosto che il contenuto, io non voglio affermare che il contenuto non giochi nessun ruolo, ma piuttosto che il suo ruolo è di natura subordinata [...] ".

[88] K. Jowitt, *The New World Disorder: The Leninist Extincion*, University of California Press, (1992).

[89] Riprendendo il concetto di Jowitt, ha scritto Ezio Mauro su la REPUBBLICA: "[…] Il nuovo disordine mondiale, oggi, nasce proprio da qui. La prima reazione alla crisi è il timore

Confronto che, sempre più spesso, avviene affrontando tematiche "forti" a cui i giovani non intendono rinunciare, ed ove gli interessi delle piccola comunità vanno quotidianamente a confliggere con gli interessi della geopolitica[90] dei "grandi"[91] e della "finanza anonima"[92] che sottobanco governa le sorti dei paesi[93], trovando

---

di rimanere coinvolti nella perdita improvvisa di ricchezza dovuta all'inganno di prodotti finanziari avariati, o alla speculazione sulla perdita di credibilità universale delle banche, o alla paura irrazionale che diventa panico e fuga [...]. La credenza, prima di tutto, di una ricchezza e di una crescita senza il lavoro, senza una comunità di riferimento, dunque senza una responsabilità pubblica e le regole che ne conseguono. La riduzione della complessità della globalizzazione alla sola dimensione economica, anzi finanziaria. Lo scarto tra economia reale e realtà dei mercati finanziari, tra le transazioni valutarie e le transazioni commerciali, tra le merci, la moneta e il clic che invia l'ordine di comprare o di vendere in base a indicatori computerizzati. Il divario tra ricchi e poveri, che il boom tecnologico e finanziario ha accentuato, anche dentro gli stessi Paesi in via di sviluppo. Le nuove, improvvise gerarchie sociali che sono nate da questo sommovimento con una forza culturale che pretende il riordino di competenze, saperi, professioni, gruppi sociali, comunità, quartieri, aree del mondo e Paesi [...]".

[90] Nel descrivere l'importanza degli strumenti di comunicazione di massa, aveva precisato Yves Lacoste: "Viene considerata geopolitica quella situazione nella quale due o più attori politici, si contendono un territorio. In questo contendere, le popolazioni che abitano il territorio conteso, o che sono rappresentate dagli attori che se lo contendono, devono essere coinvolte in questo conflitto, attraverso l'uso degli strumenti di comunicazione di massa".

[91] www. Rainews24.it: trasmissione "In ½ ora" di Lucia Annunziata del 4.3.2012, intervistato commissario straordinario per la TAV Mario Virano: << [...] "Sicuramente c'è la consapevolezza che se si vuole evitare conflittualità bisogna evitare di cominciare a discutere con le comunità locali quando il progetto è già fatto". Lo ha detto alla trasmissione "In 1/2 ora" il commissario straordinario del Governo per la Tav, Mario Virano Prima c'è stato "un approccio non sufficientemente attento a come si è evoluto il rapporto fra globale e locale". Il mondo, come dicono i sociologi, "è diventato glocal e bisogna elaborare misure che consentano di anticipare il dialogo fra le ragioni del generale e quello del locale". "Se uno si siede al tavolo dicendo questo è il progetto - ha aggiunto - magari il progetto definitivo, che è costato qualche milione di euro e due o tre anni di lavoro e poi si dice ora discutiamo, al di là dell'apertura mentale degli interlocutori c'è una rigidità oggettiva">>.

[92] www.centroriformastato.org: *Hollande e la Francia. La sinistra e l'Europa,* articolo pubblicato il 14.2.2012, di Nicola Genga: " [...] 2. Economia, produzione, lavoro: L'analisi della crisi è la chiave di lettura del progetto di Hollande. Nell'imputare le responsabilità dei processi recessivi che investono l'economia globale dal 2008 il candidato socialista assume una posizione tranchant. Nel discorso di Le Bourget l'avversario contro cui combattere ha la sagoma anonima del "mondo della finanza". "Sotto i nostri occhi", ha detto il candidato Ps, "in vent'anni la finanza ha preso il controllo dell'economia, della società e anche delle nostre vite. Le banche, salvate dagli Stati, mangiano ormai la mano che le ha nutrite. Le agenzie di rating, criticate giustamente per non essersi accorte della crisi dei subprime, decidono della sorte dei debiti sovrani dei principali paesi, giustificando così dei piani di rigore sempre più dolorosi (...) La finanza si è svincolata da ogni regola, da ogni morale, da ogni controllo". Di qui l'intenzione, espressa negli engagements, di vietare alle banche francesi qualsiasi operazione speculativa[...]".

[93] The Economist: *The Greek Run and the GREXIT*, 19 maggio 2012: "[...] GREXIT è un termine brutto per quello che potrebbe presto diventare una realtà ancora più brutta: partenza della Grecia dalla zona euro. Come furia ad Atene corre contro la frustrazione con riluttanza greca nel resto dell'Unione europea, più travagliata economia dell'UE potrebbe voce fuori della

attraverso i *social networks* una inimmaginabile cassa di risonanza, da qui dando voce a quel concetto sociologico che *Zygmunt Bauman* aveva definito con l'ossimoro di *glocalizzazione*[94].
In questo panorama - dove sociologia, comunicazione, devianze, sub/contro culture, *cyber* tecnologie e protocolli d'*intelligence* si commistionano - trovano spazio nel processo penale i variegati aspetti delle intercettazioni e delle contro misure nella loro più recente e complessa evoluzione tecnologica.
Si tratta di uno scenario investigativo dove, piatti della bilancia sempre più squilibrati si confrontano in un contesto tecnologico ormai troppo spesso appannaggio delle narco[95] mafie[96] e della criminalità transnazionale[97] - ancor prima

---

moneta unica nel giro di settimane. Se banche greche subiscono una massa di eseguire, come i depositanti ritirare euro per paura che essi saranno convertiti forzatamente in nuovi dracme, il destino della Grecia poteva essere risolte anche prima. Politici ascendente della Grecia, in particolare Alexis Tsipras, leader del partito Syriza sinistro radicale, vogliono a ripudiare l'affare di salvataggio della Grecia con i creditori europea e fondo monetario internazionale. I creditori, in particolare in Germania, sono in piedi fermi, giustamente, rendendo chiaro che sarà non ricattati in ripetutamente riscrittura salvataggi. Se in nuove elezioni il 17 giugno gli obiettori dispone di una maggioranza, come suggeriscono i sondaggi, e se essi si ritira su deal cauzione fuori della Grecia, il mondo taglierà l'alimentazione dei fondi di salvataggio. È difficile vedere Grecia poi restare nell'euro[...]".

[94] Z. Bauman, *Globalizzazione e glocalizzazione*, Armando editore, Roma (2005), pag.337: " [...] Nessuno sembra ormai sotto controllo. Peggio ancora, non è chiaro a cosa potrebbe somigliare, in queste circostanze, l' <<essere sotto controllo>>. Come prima, ogni tentativo di porre ordine è locale e determinato da qualche problema, ma non vi è luogo che possa pronunciarsi per l'umanità nel suo insieme, né un problema che possa affrontarsi per la totalità degli affari del globo. Proprio questa nuova e spiacevole percezione è stata espressa (con scarso beneficio per la chiarezza intellettuale) nel concetto attualmente alla moda di globalizzazione. Il significato più profondo trasmesso dall'idea di globalizzazione è quello del carattere indeterminato, privo di regole e dotato di autopropulsione degli affari del mondo: l'assenza di un centro, di una stanza dei bottoni, di un comitato di direttori, di un ufficio amministrativo. La globalizzazione è un nuovo disordine del mondo di cui parla Jowitt sotto un altro nome. In questo, il termine <<globalizzazione>> differisce radicalmente da un altro termine, quello di <<universalizzazione>>, una volta costitutivo del discorso moderno sugli affari globali, ma ormai caduto in disuso e più o meno dimenticato. Insieme a certi concetti come <<civiltà>>, <<sviluppo>>, <<convergenza>>, <<consenso>> e molti altri termini usati nel dibattito appena iniziato e classico-moderno, l'universalizzazione trasmetteva la speranza, l'intenzione, la determinazione di creare ordine[...]".

[95] D.P.R. N. 309/1990, T*esto Unico delle leggi in materia di disciplina degli stupefacenti e sostanze psicotrope, prevenzione, cura e riabilitazione dei relativi stati di tossicodipendenza, art.* 74. Associazione finalizzata al traffico illecito di sostanze stupefacenti o psicotrope: "1. Quando tre o piu' persone si associano allo scopo di commettere piu' delitti tra quelli previsti dall'articolo 73, chi promuove, costituisce, dirige, organizza o finanzia l'associazione e' punito per cio' solo con la reclusione non inferiore a venti anni. 2. Chi partecipa all'associazione e' punito con la reclusione non inferiore a dieci anni. 3. La pena e' aumentata se il numero degli associati e' di dieci o piu' o se tra i partecipanti vi sono persone dedite all'uso di sostanze stupefacenti o psicotrope. 4. Se l'associazione e' armata la pena, nei casi indicati dai commi 1 e 3, non puo' essere inferiore a ventiquattro anni di reclusione e, nel caso previsto dal comma 2, a dodici anni di reclusione. L'associazione si considera armata quando i partecipanti hanno la disponibilita' di armi o materie esplodenti, anche se occultate o tenute in luogo di deposito.

di essere conosciuto ed applicato sotto il profilo istituzionale giudiziario, di prevenzione e di contrasto – rilevando, per un verso, la spasmodica necessità delle *lobbies* criminali di mantenere impermeabile il proprio *modus operandi*[98], pronto ad investire in tecnologie avanzate[99], con richieste sofisticate rivolte ad un comparto di ricerca sempre più spregiudicato nelle politiche di economia aziendale.

---

5. La pena e' aumentata se ricorre la circostanza di cui alla lettera e) del comma 1 dell'articolo 80. 6. Se l'associazione e' costituita per commettere i fatti descritti dal comma 5 dell'articolo 73, si applicano il primo e il secondo comma dell'articolo 416 del codice penale. 7. Le pene previste dai commi da 1 a 6 sono diminuite dalla meta' a due terzi per chi si sia efficacemente adoperato per assicurare le prove del reato o per sottrarre all'associazione risorse decisive per la commissione dei delitti. 8. Quando in leggi e decreti e' richiamato il reato previsto dall'articolo 75 della legge 22 dicembre 1975, n. 685, abrogato dall'articolo 38, comma 1, della legge 26 giugno 1990, n. 162, il richiamo si intende riferito al presente articolo".

[96] Art. 416 bis C.P. "Chiunque fa parte di un'associazione di tipo mafioso formata da tre o più persone, è punito con la reclusione da sette a dodici anni [.....] Le disposizioni del presente articolo si applicano anche alla camorra, alla 'ndrangheta e alle altre associazioni, comunque localmente denominate, anche straniere, che valendosi della forza intimidatrice del vincolo associativo perseguono scopi corrispondenti a quelli delle associazioni di tipo mafioso".

[97]L. 16 marzo 2006, n.146, Ratifica ed esecuzione della Convenzione e dei Protocolli delle Nazioni Unite contro il crimine organizzato transnazionale, adottati dall'Assemblea generale il 15 novembre 2000 ed il 31 maggio 2001, , art. 3 definizione di reato transnazionale: "1. Ai fini della presente legge si considera reato transnazionale il reato punito con la pena della reclusione non inferiore nel massimo a quattro anni, qualora sia coinvolto un gruppo criminale organizzato, nonche': a) sia commesso in piu' di uno Stato; b) ovvero sia commesso in uno Stato, ma una parte sostanziale della sua preparazione, pianificazione, direzione o controllo avvenga in un altro Stato; c) ovvero sia commesso in uno Stato, ma in esso sia implicato un gruppo criminale organizzato impegnato in attivita' criminali in piu' di uno Stato; d) ovvero sia commesso in uno Stato ma abbia effetti sostanziali in un altro Stato".

[98] L'Espresso, n- 39 anno LVIII, 27 settembre 2012, *FACE BOSS,* pagg. 36-39: " [...] Danno ordini. Vendono droga. Minacciano. Così i mafiosi hanno imparato a comunicare sfruttando Facebook. Dove ora la giustizia dà loro la caccia[...]". Latitanti su Skype: [...] Criminali e ricercati possono dunque parlare e inviare messaggi attraverso il web senza essere scoperti? Purtroppo tutto ciò accade. Ma quando la polizia giudiziaria riesce ad identificare il canale Facebook allora tutto cambia: quello che si fa per le intercettazioni oggi può essere realizzato anche per i social network. Le indagini hanno svelato che i mafiosi utilizzano Facebook anche per comunicare con soggetti che hanno difficoltà di movimento come i latitanti, soprattutto se si trovano fuori dal territorio nazionale. Mafiosi e camorristi devono essere dunque al passo con la tecnologia per sfuggire all'arresto? Mentre i giovani sono naturalmente preparati all'uso dei social network, sfruttando questi strumenti, i vecchi mafiosi no. Ma la necessità di un latitante, di un vecchio criminale di operare sul territorio è tanta e dunque è costretto ad assorbire i mezzi di funzionamento di Facebook o Skype e utilizzarli[...]"

[99] O.c.c.c. N. 46229/08 R.G.N.R. mod. 21 e N. 10464/08 R.G.GIP Tribunale di Milano, GIP dr. Giuseppe Gennari, del 10.11.2011, pagg. 80 e ss. " [...] I L., sempre impegnati a sottrarsi a indagini che temevano in corso, si procureranno anche uno scanner per individuare eventuali strumenti di intercettazione. Dei numerosi casi in cui gli indagati si sono espressi in termini ermetici, si evidenzia quello in cui i sodali L. G. e il medico G. V. si sono mostrati assai ambigui e guardinghi rispetto a eventuali attenzioni dell'Autorità giudiziaria e di Polizia. Più precisamente, la coppia è stata lungamente impegnata a procacciare un rilevatore elettronico idoneo ad individuare la presenza di apparati di captazione, che i due si sono ben guardati dal menzionare esattamente, preferendo esprimersi in termini di "documenti" e/o "telefono", come

Per altro verso appare, invece, sempre più evidente che l'offerta tecnologica rivolta dalle tante aziende di *intelligence*[100] all'apparato giudiziario dello Stato sia di sovente antieconomica e non praticabile, per via del disordinato ricorso a "scelte" di ausiliari, di consulenze e di tecnologie a noleggio[101], con "spese di giustizia"

---

ricostruito nel seguente riepilogo fondato sui servizi tecnici ed operativi esperiti.[…] In piena notte del 26.9.09, in merito ai "documenti" ricevuti, L. G. si è rivolto a G. V. come segue: "dovevi vedere M. [...] mentre li compilava stanze per stanze", facendo intendere che si trattava di un rilevatore che la cognata V. M. aveva testato nei loro uffici alla ricerca di microspie[….]al prog. 17218 […] utenza […] di L. G., costui è stato richiesto dalla cognata V. M., che stava aspettando il corriere per l'invio del plico: "per quella spedizione [...] se spedisce zio P., se il mittente è zio P.", ossia il noto zio L. G.. Il L. ha approvato tale mittente; Alla conferma che V. M. aveva spedito tramite corriere TNT un pacco, con mittente "zio P.", ovvero L. G., gli operanti hanno individuato, nel pertinente deposito di Rho (MI), due pacchi dei L. aventi i seguenti parametri: - con mittente M. G. srl, destinato alla "A. srl" di Pomezia (RM); - con mittente L. G. […], Milano, destinato a P. P., via […], Gallina (RC). Accertato che il predetto P. P.o, titolare del sito internet WWW.[...].net – con rivendita all'indirizzo di invio del pacco – era specializzato in elettronica e commercio di specifici prodotti per le bonifiche ambientali e intercettive, si è verificato che il plico in parola conteneva effettivamente un frequenzimetro per la rilevazione di microspie denominato "RIVLOC 2", idoneo alla captazione di radiofrequenze idonee al funzionamento di microspie ambientali e telefoniche, trasmettitori audio-video ecc.. Quindi, la confezione è stata riconsegnata per il regolare inoltro ai destinatari calabresi […]".

[100] L'Espresso, n-49 anno LVII, 8 dicembre 2011 pagg. 40 e ss: " *SIAMO TUTTI SPIATI decine di aziende private controllano il mercato delle intercettazioni, dispongono di miliardi di dati, ecco come entrano nella nostra vita*: […] una ditta di Milano ha creato un'arma cibernetica che penetra in pc e cellulari, trasformandoli in microspie all'insaputa dei proprietari […] parenti stretti del trojan d'attacco sono già finiti in mani spregiudicate. La Procura di Napoli ne ha scoperto uno utilizzato da Bisignani, considerato il faccendiere principe nell'ultimo decennio, che poteva sfruttarlo per spiare a piacimento […] le stesse ditte al lavoro per conto di magistratura e servizi segreti, rendendo confusi i confini legali delle operazioni […] il confine tra intercettazioni legali, regolarmente autorizzate dai magistrati in base a precise leggi nazionali, e quelle dei servizi segreti, usate per lo spionaggio e quindi sottrarre il controllo ad un giudice, sembra sottile […]".

[101] Alcune Procure della Repubblica, tra cui Palermo e Reggio Calabria, per contenere il fenomeno hanno uniformato i costi massimi di noleggio nel settore delle intercettazioni audio/video, così evitando il lievitare oltre soglia dei costi complessivi di giustizia (vedasi, tra le altre, Procura della Repubblica di Reggio Calabria, circolari n.1477del 17.5.2011 e s.n. del 16.4.2012: "indicazione prezzi massimi praticabili per i servizi di noleggio al supporto delle attività di intercettazione di telecomunicazioni di conversazioni tra presenti, c.d. ambientali, video e localizzazione").

esageratamente esponenziali[102] ed incompatibili secondo un'ottica di costo/beneficio[103].

Protocolli *high-cost,* ancor prima che *high-tech,* oggi sempre più gettonati per esigenze di spettacolarizzazione mediatica[104], ove il distinguo tra presunzione d'innocenza e giudizio di colpevolezza[105] lascia il posto ad altalenanti necessità di ordine collettivo e di *"ansie giustizialiste"*[106].

---

[102] La scelta aziendale di alcune imprese di piccolo cabotaggio è spesso condizionata dal modesto capitale investibile che, ormai di sovente, collide con le lunghe prassi burocratiche della pubblica amministrazione nella liquidiazione dei pagamenti. Parallelamente, le grosse aziende dell'intelligence riescono, con sforzi manageriali ed esposizione economica inferiori, ad acquisire in regime di monopolio alcuni settori del mercato, tagliando fuori concorrenze ed investimenti mirati nella ricerca scientifica e tecnologica. Da qui, almeno in parte, l'appannaggio verso clientele immediatamente solvibili, seppur in odor di mafia, in assenza di una precisa legislazione in materia.

[103] Altra questione attiene allo scarso interesse, in campo internazionale, che è stato rivolto ad oggi verso i protocolli L.I. (Lawful Intercpetion) sulle intercettazioni legali, con blande iniziative comunitarie per il coordinamento procedurale della telefonia mobile nel campo delle intercettazioni per motivi di giustizia, e la conseguente mancanza di standards che hanno determinato una serie di criticità del sistema, in quanto le aziende non hanno interesse a fornire, a proprie spese, servizi ed applicazioni non espressamente previsti e codificati. Per contro, gli organismi comunitari hanno prestato particolare attenzione ai protocolli ETSI, sulle trasmissioni mobili sotto il profilo commerciale e d'impresa, che ha trovato ampia applicazione, rendendo i vari sistemi adottati dai gestori assolutamente interfacciabili e compatibili, con una standardizzazione del sistema di telefonia radiomobile internazionale.

[104] Fonte: www.tgcom24.mediaset.it: "Il filmato, ricorda Repubblica, fu proiettato in aula durante la requisitoria della procura, ma non fu mai reso disponibile come copia agli avvocati della difesa. La scelta fu motivata dagli inquirenti che precisarono di voler "evitare le speculazioni dei media e l'utilizzo televisivo del filmato". Il video - rimasto dal primo grado in poi nei cassetti della procura di Perugia - dura circa venti minuti e ricostruisce il delitto partendo dal pomeriggio del primo novembre 2007. La scena dell'aggressione è stata riprodotta al rallentatore e per realizzarla sono state utilizzate anche diverse foto scattate sul luogo del delitto. Ora il procuratore della Corte dei conti, Agostino Chiappiniello, con questa istruttoria sui costi del processo Meredith vuole capire se la fattura da 182mila euro per il video in 4D sia stata una spesa "congrua" e necessaria per le casse pubbliche, o se si sia trattato di spreco di denaro pubblico. Certo è che se la Cassazione dovesse confermare la sentenza d'appello, il costo del video (182 mila euro) resterà a carico dello Stato".

[105] P.P. Paulesu, *La presunzione di non colpevolezza dell'imputato*, Giappichelli Editore, Torino (2008), pag. 2: "[...] 'L'imputato non è considerato colpevole sino alla condanna definitiva', recita sinteticamente l'art. 27 comma 2 Cost. Un assunto apparentemente ovvio, si sarebbe tentati di dire sul filo dell'antìfrasi, stante la palese illogicità di qualsiasi affermazione di segno contrario: infatti, come ritenere colpevole colui che nessun giudice ha ancora considerato tale con una sentenza irrevocabile [...]".

[106] Ivi, pag. 3: "[...] In realtà, basta volger lo sguardo alla complessa 'quotidianità del processo penale, alla sua intrinseca valenza sanzionatoria, al suo essere, in ogni caso, per colui che vi è sottoposto, 'fonte autonoma di mali', al problema del corretto uso degli strumenti cautelari, alle difficoltà dell'accertamento in ordine a particolari tipologie delittuose, al rischio dell'errore giudiziario, oppure al modo in cui la giustizia penale è intesa (rectius, fraintesa) da una collettività pervasa da 'ansie giustizialiste', dove il diaframma tra il processo e la pena tende sempre più ad assottigliarsi , per convincersi della necessità di quell'enunciato. Una conclusione avvalorata dalla circostanza che il riferimento alla presunzione di non

"Disordine" investigativo che traspare già nelle fasi di coordinamento delle indagini, assistendo a banali, quanto frequenti, errori di valutazione in fase di *input,* con continue sovrapposizioni istituzionali, conflitti di "competenza giornalistica", improvvisazioni "fai da te", inquinamenti irreversibili della *crime scene* ed, alle volte, grotteschi *flop* giudiziari.

Il terrorismo: un modo di comunicare

Ai tempi in cui il "*villaggio globale*" [107] non conosceva ancora la commutazione a pacchetto, *Marshall Mc Luhan* aveva già affermato che "*Il terrorismo è un modo di comunicare. Senza comunicazione non vi sarebbe terrorismo*".[108]

Del resto, che la sociologia nelle comunicazioni di massa sia un raffinato e devastante grimaldello psicologico utilizzato nell' "*arte della guerra*" sin dai tempi di Sun Tzu[109], è cosa ben nota, a partire dalle "[...] *grida e colori di guerra, abbigliamenti aggressivi, inni, rulli di tamburi* (che) *hanno sempre fatto da cornice ai conflitti in tutte le civiltà con un unico obiettivo: intimorire il nemico* [...]"[110].

---

colpevolezza è presente, sia pur con accenni lessicali diversi, in tutti i più importanti testi internazionali[...]".

[107] M. Mc Luhan, Bruce R. Powers, *The global village*, Oxford University Press (1989): "[...] L'era elettronica è letteralmente un'epoca di illuminazione [...]", la natura stessa dell'elettricità è " [...]pura informazione che, nella sua applicazione pratica, illumina tutto ciò che tocca. Qualsiasi processo che si avvicini all'azione reciproca istantanea di un campo totale tende ad elevarsi al livello della consapevolezza[...]" .

[108] M. McLuhan, *Gli strumenti del comunicare*, Il Saggiatore editore, Milano (1967).

[109] A. Bomberini, *Lezioni di cultura strategica e psicologica dei mercati per managers e traders: una rilettura critica de L'arte della guerra di Sun Tzu,* Borsari editore, Desenzano (2003).

[110] http://francescopulpito.it/psyops-strategie-di-comunicazione-militari-e-jtrig-tools-2/. *Psyops, strategie di comunicazione militari e Jtrig tools*, pubblicato l'11 agosto 2014: "[...]Le strategie psicologiche hanno accompagnato l'"arte militare" fin dai suoi albori: grida e colori di guerra, abbigliamenti aggressivi, inni, rulli di tamburi hanno sempre fatto da cornice ai conflitti in tutte le civiltà con un unico obiettivo: intimorire il nemico. Con l'avvento delle nuove tecnologie, ovviamente, le tecniche si sono perfezionate e le rivelazioni dell'ex analista della CIA, Edward Snowden hanno aiutato a fare luce, seppure in maniera parziale, su quale sia la natura specifica di tali pratiche. Tuttavia sarebbe sciocco credere che certe informazioni possano avere indebolito i servizi segreti, soprattutto quelli inglesi e americani, i più coinvolti dalle rivelazioni dell'ex agente, è logico pensare che una tale ipotesi fosse stata presa in considerazione prima ancora che ci fosse quella clamorosa fuga di notizie e comunque, anche se difficilmente noi piccoli esseri umani potremmo essere protagonisti diretti di una spy-story, conoscere, anche se in maniera non approfondita, quali siano i nuovi strumenti di spionaggio e le relative strategie psicologiche messe in atto dalle varie agenzie di intelligence, ci permette di renderci conto come la nostra vita sia continuamente sorvegliata e manipolata [...]una collezione di tools informatici, alcuni operativi, alcuni in fase di sviluppo ed altri in fase di implementazione. Il Jtrig, messo online da Glenn Greenwald, il giornalista del "The Guardian" a cui per primo Snowden rivelò i suoi documenti, era classificato come documento di massima segretezza, una vera e propria guida di hackeraggio a disposizione dei servizi di spionaggio[...]".

Una strategia al centro delle *best practices* nei moderni protocolli militari di comunicazione massiva, nota con l'acronimo *psyop (psycological operation),* rivolta ad "[…] *influenzare opinioni, emozioni e comportamento delle persone per favorire il raggiungimento di un obiettivo* […]" sostiene Beatrice Guzzardi. "[…] *Ma cos' hanno in comune queste tecniche di persuasione con il terrorismo? Come molti hanno potuto constatare, questo ultimo periodo è stato caratterizzato da tutta una serie di fatti che sembrano aver smosso anche il più disinteressato degli animi. Le stragi in Nigeria, le decapitazioni su YouTube, l'attacco a Charlie Hebdo e molte altre tragedie, hanno avuto un fortissimo impatto sull'Europa e sul mondo, forse più di quanto ci si potesse immaginare. Fino ad oggi, in molti sottovalutavano gli effetti della comunicazione mentre i terroristi ne facevano la loro arma migliore. Infatti, se ancora molti credono che gli atti compiuti da Isis, Al Qaida o Boko Haram siano fine a se stessi, che questa "guerra" non ci riguardi poi così da vicino, dovrebbero invece dare un'occhiata agli smartphone, perché è da questi che si evince il loro successo. Sempre di più abbiamo un accesso veloce ed immediato ai mezzi di informazione: se l'11 settembre 2001 sembrava una novità assistere in diretta ad un attacco terroristico, oggi è un'attività quasi all'ordine del giorno* […]"[111].
Dalla nascita del tubo catodico ci si interroga se, nel rispetto del diritto all'informazione, sia opportuno o meno "rilanciare" le rappresaglie terroristiche attraverso gli strumenti di comunicazione di massa, così da far divenire la TV il volano di enfatizzazione mediatica del terrore.
"[…] *Trent'anni fa negli Stati Uniti* – documenta Marino D'amore - *ci si domandava se i media dovessero o meno fornire una copertura dettagliata degli atti del terrorismo: il 93 % dei capi delle polizie locali era convinto che il terrorismo traesse incoraggiamento dalla trasmissione in diretta tv delle sue gesta e dei tremendi risultati del suo operato, accompagnato dalla relativa impreparazione professionale di molti giornalisti televisivi nei confronti di un fenomeno invisibile ma terribilmente letale .*
Questo spiega con sufficiente chiarezza un dato che oggi ci è familiare, ma che forse negli anni Settanta non lo era ancora abbastanza: la crescente "spettacolarizzazione" del terrorismo. Spettacolarizzazione con riferimento alle sue dinamiche, alle sue tecniche e ai suoi obiettivi. Progressivamente il terrorismo diventa, nel tempo, una sorta di format televisivo a disposizione di pubblici sempre più numericamente consistenti […]. L'attacco alle Torri Gemelle e al Pentagono è stato il più grave attentato terroristico della storia, quanto a numero di morti, tuttavia le conseguenze politiche e sociali innescate sono immensamente più vaste, drammatiche e durevoli. Tutto questo è dovuto alla conduzione registica e alla spettacolarizzazione del gesto terroristico, secondo tempi e gestione dettagliata dello spazio che hanno molto a che fare con l'entertainment, turpe, sanguinoso, inumano ma comunque intrattenimento. Secondo Umberto Eco, sin dalla nascita dei grandi circuiti dell'informazione, gesto simbolico e trasmissione delle notizie sono diventati fratelli gemelli: l'industria delle notizie ha bisogno di gesti eccezionali per

---

[111] http://arroccolarivista.blogspot.it/2015/02/il-potere-della-comunicazione-siamo-cio.html, *Il potere della comunicazione. Siamo ciò che leggiamo, ascoltiamo, vediamo,* pubblicato il 12 febbraio 2015

da loro visibilità e ricevere in cambio consenso di pubblico, mentre i produttori di "contents terroristici" hanno bisogno dell'industria della notizia, che dà senso alla e la medesima visibilità alla loro azione e alla loro causa[...].
Il terrorismo va al di là dell'uso manipolativo della tv, lo amplifica secondo dinamiche iperboliche e ridondanti. Un attentato, grazie ai mass media, diventa una guerra mondiale, che si consuma in quell'atto; anzi diventa una vittoria schiacciante ripresa dalle telecamere e riportata dai titoli dei giornali: attacco all'America, atto di forza, attacco alla Spagna; in questo modo la comunicazione giornalistico-televisiva e oggi internettiana trasforma un attentato terroristico in quello che viene poi definito l'evento assoluto, esacerbandone la tragicità. Tale visibilità è l'enzima catalizzatore che permette la nascita e la percezione di quella sorta di onnipotenza invisibile di cui godono i terroristi. Non importa quanto sforzo economico, quante risorse umane e logistiche richieda un atto del genere, i media daranno comunque visibilità al suo sviluppo e al suo climax di morte distruzione.[...]"[112].
In questo scenario del terrore, sempre più frequentemente, tra i *frames* delle tante *fictions* dedicate sullo schermo alle investigazioni scientifiche[113], ricorre il termine *profiling*, una raffinata branca investigativa, altamente specializzata, rivolta a tratteggiare il profilo psico-comportamentale[114] di un soggetto attenzionato in contesto investigativo o forense[115].

Una attività di analisi[116] che, gioco forza, all'indomani dell'attentato alle torri gemelle, ha trovato sempre più articolato compendio nell'attività di *intelligence* sulle *open sources*, impegnata a monitorare focolai terroristici[117] a macchia di leopardo su tutto il globo, così operando descrizioni psicologico comportamentali

---

[112] M. D'Amore, *Il terrorismo mediatico*, Università di Lugano L.U. de S., in www.nuovefrontieredeldiritto.it
[113] A. Verdi e C. Barbieri, *Narrative del male, dalla fiction alla vita, dalla vita alla fiction*, Franco Angeli Editore (2010).
[114] R. M. Holmes, *Profiling Violent Crimes, Sage*, Thousand Oaks (1996), definisce con l'attività di profiling la descrizione del profilo socio-psicologico, ove accanto ad ipotesi riguardo i tratti della personalità, sono incluse anche informazioni socio-demografiche quali l' età, il sesso, la razza, il livello di istruzione, l'impiego, ed altri fattori similari.
[115] G. Massaro, *La figura del Serial Killer tra diritto e criminologia*, in www.altrodiritto.unifi.it, Cap. III 1.2. Profilo psicologico. Applicazione del profilo psicologico all'omicidio seriale: "[...] Il profilo psicologico può esser definito come l'elaborazione delle principali caratteristiche comportamentali e di personalità di un individuo, ottenibili dall'analisi dei crimini che il soggetto stesso ha compiuto. R.H. Holmes preferisce chiamarlo profilo socio-psicologico, dato che non si limita ad ipotizzare tratti della personalità, ma deve includere anche informazioni socio-demografiche come età, sesso, razza, occupazione, istruzione ed altri fattori simili. La costruzione di un profilo si basa sulla premessa fondamentale che una corretta interpretazione della scena del delitto può indicare il tipo di personalità del soggetto che ha compiuto il crimine [...]".
[116] Relazione sulla politica dell'informazione per la sicurezza - Italia - Presidenza del Consiglio dei Ministri anni 2007- 2010.
[117] F. Heisbourg, *Sugli aspetti sociali e sulle strategie di contrasto al terrorismo: la nuova guerra*, Meltemi Editore (2002).

finalizzate a tracciare, ad esempio, il *profiling* del "*terrorista fondamentalista tipo*"[118], a partire da una classificazione sulla base della sua *scolarizzazione, età* e *grado di fede*.
Nel mondo del fondamentalismo islamico, sostiene Marco Cannavicci, i giovani terroristi evidenziano "[...] *un livello medio-basso di cultura, una famiglia molto solida ed unita alle spalle e la pericolosa tendenza al fanatismo religioso. In tutti i terroristi si è sempre osservato che più si chiudevano ed isolavano rispetto alla società più diminuiva il loro senso di realtà, alimentando così dichiarazioni sempre più farneticanti da rendere quindi ogni loro delirio come giusto e possibile. In tutti i terroristi si è anche sempre osservato che la molla che li ha spinti ad agire è sempre l'odio* [...]"[119].

Secondo la Fondazione I.C.S.A.[120] una più articolata classificazione[121] concerne il rapporto esistente tra ideologia e religione, attraverso cui sarà possibile rilevare diversi modelli terroristici.
Quella che segue è una delle tante sintesi di profilazione rivolte a catalogare il dilagante fenomeno secondo dei modelli tipizzati:
"[...] - ***i seguaci della casa madre***[122] (i seguaci della casa madre sono da intendersi gli irriducibili fedeli ad *Osama Bin Laden* ed *Al Zawahiri* nel teatro afghano-pakistano)*;* - ***gli affiliati*** (organizzazioni regionali che si richiamano ad *Al Qaeda* seppur con legami variabili)*;* - ***gli ibridi*** (simili agli "affiliati" e tra costoro *qaedisti yemeniti*, separatisti di *Lashkar-e-Taiba,* hanno obiettivi locali il c.d. "nemico vicino" e obiettivi globali, il c.d. "nemico lontano" o l'Occidente e l'America)*;* - ***gli ispirati*** (cellule isolate ma molto determinate, scarsamente organizzate e preparate, che si ispirano ad *Osama Bin Laden*)*;* - ***i lupi solitari*** (si assimilano agli "ispirati", ma si tratta di cellule assolutamente isolate che agiscono singolarmente, scollegati da qualsiasi altro disegno terroristico organizzato)[123]*;* - ***gli emiri dagli occhi blu*** (si

---

[118] www.crimelist.it: Il Terrorismo internazionale di "matrice islamica fondamentalista". Analisi Investigativa e modalità di contenimento – Michele Avino, Intel - Analisys on Global Terrorism - Aprile 2009.
[119] www.cepic-psicologia.it, Marco Cannavicci.
[120] Intelligence Culture and Strategic Analysys.
[121] fondazione I.C.S.A., primo rapporto sul terrorismo internazionale, relazione del 14.06.2010.
[122] Magdi Allam, Sul terrorismo islamico in Italia: Bin Laden in Italia , Mondadori Editore (2002).
[123] G.Olimpo, *Dall'autobomba di Oklahoma City alla strage di Utoya,* in GNOSIS on line N. 3/2011*: "[...]* Li chiamano lupi solitari. Spuntano all'improvviso, colpiscono con grande violenza e si lasciano dietro una scia di vittime e di interrogativi. Azioni che sono terrorismo puro. Perché i protagonisti usano sistemi e modus operandi eversivi, finalizzati a provocare molti danni, come a incutere timore nella società. Un problema in più per le Forze di sicurezza, concentrate, in questi anni, nel parare la minaccia di organizzazioni strutturate[...] Breivik ha spedito 1003 email ad altrettanti indirizzi di posta elettronica sparsi per l'Europa (Italia compresa). Messaggi che contenevano una sola cosa: il suo manifesto di 1500 pagine. Questo non significa che tutti coloro che hanno ricevuto l'email sono dei supporters del killer. Inoltre, alcuni dei destinatari erano ben lontani dal mondo estremista. Però è evidente che il norvegese ha sviluppato dei rapporti, alla ricerca di eventuali seguaci per il suo progetto di

tratta di cellule non identificabili, per tratti somatici e/o cittadinanza e documenti di identità a categorie "a rischio"; dette cellule reclutate spesso oltre oceano, alle volte rimangono "dormienti" in attesa di incarico o di semplice supporto informativo e logistico)[124]; - ***i nomadi della jihad*** (sono cellule sprovviste di una vera struttura che vantano del sistema di comunicazione attraverso il *web* ed i *social network); -* ***gli omegrown*** (solitamente figli di immigrati che vivono stabilmente in Occidente, resi vulnerabili dal fanatismo religioso per via del disagio sociale in cui si trovano)*; -* ***i convertiti*** *(*si identificano, di solito, in cittadini occidentali che hanno lasciato le tradizioni d'origine convertendosi alle fede islamica al contempo assumendo posizioni fanatiste ed estremistiche proprie dei *mujaheddin.* Il volano di reclutamento è soventemente quello dei predicatori itineranti, come i *Tabligh); -* ***lo sparatore solitario*** (L'esempio tipico è quello del maggiore *Nidal Hasan,* autore della strage compiuta nella caserma di *Fort Hood* in *Texas* il 5 novembre 2009)*; -* ***l'attentatore suicida;***[125] *-* ***le jihadiste*** (le attentatrici che si ispirano allo jihadismo, sono spesso mosse da ragioni di tipo personale, come un legame affettivo ad un

---

guerra. Lui stesso ha sostenuto che vi erano cellule pronte a portare altri attacchi: una vanteria che è tuttavia legata al modo di pensare del "lupo solitario". Non si considera tale e proprio le relazioni stabilite con dei simpatizzanti lo portano a pensare di far parte di un disegno più ampio. Uno scenario emerso anche per i "terroristi fai da te" ispirati da Bin Laden. Come per i qaedisti anche per Breivik l'accesso a Internet si è tramutato in uno spazio virtuale (ma anche reale) dove trovare persone che la pensavano come lui. Il killer esegue un'azione individuale ma può essere espressione di un gruppo. E non è isolato come appare a prima vista. In talune situazioni, infatti, non è da escludere la presenza di complici. Magari nella fase iniziale del progetto, oppure semplicemente con un ruolo di fiancheggiatori. A legarli, lacci ideologici o logistici. Gli esperti ritengono che non vi sia un profilo "preciso" del terrorista solitario[...]".

[124] S. Dambruoso, G. Olimpio, *Milano Bagdad*, Mondadori Editore (2004), in Il Sole 24 ORE.com, Il terrorismo islamico secondo Dambruoso: " [...] può celarsi dietro a "figure anonime", venditori di cibi speziati agli angoli delle strade, ex calciatori che hanno investito i propri miliardi nella causa della jihad, occidentali convertitisi all'islamismo più radicale, quegli "emiri dagli occhi blu", spesso colti e agiati, che incarnano il sogno estremo del fanatismo integralista: gli "occidentali che assassinano altri occidentali". Una guerra dove non esistono armi, perché " la vera arma è il mujahid, spinto dalla volontà di colpire e dall'accettazione del martirio". Che sia cellula di un gruppo organizzato o pericoloso "lupo solitario ". Né esistono confini: Iraq, Afghanistan, Cecenia, ma anche Amburgo, Madrid, Milano. E l'insospettabile ma strategica provincia: Cremona, Parma, Reggio Emilia. Sotto l'ombrello ideologico dell'ennesimo "ismo" giunto a segnare la storia dell'umanità, il qaedismo, che riunisce gruppi indipendenti, nazionali o locali, nel comune intento di destabilizzazione e distruzione del Grande Satana occidentale. Un "network", dunque, che alla più grottesca e sanguinaria follia accosta le sofisticate e capillari tecnologie moderne: " Internet è diventata un formidabile centro di propaganda, proselitismo e perfino d'addestramento". Nella Rete, infatti, passano immagini di massacri, nutrimento di anime esaltate, o "ricette per la bomba" fai da te, che si può assemblare con materiali acquistabili in qualsiasi mercato civile e nascondere addirittura in "involucri in plastica con la forma e i colori delle rocce, usati per abbellire i giardini [...]".

[125]www.cepic-psicologia.it, Marco Cannavicci, *Su attentati suicidi e kamikaze*, CEPIC – appunti lezioni sul terrorismo, fonte: Khosrokhavar Farhad I nuovi martiri di Allah,Mondadori Editore (2003): " [...]Nel contesto degli attentatori suicida si inseriscono i kamikaze semplici che utilizzano ordigni rudimentali e quelli "speciali" dotati di materiale di derivazione militare ad alto potenziale e particolarmente efficiente e preciso [...]".

terrorista, una tragedia familiare, o la morte di una persona cara legata al contesto conflittuale che ha determinato uno stimolo alla vendetta).[126] [...]"[127].

Il concetto di intercettazione giudiziaria

In queste pagine, nel trattare il monitoraggio della rete per ragioni istituzionali correlate alle esigenze di sicurezza interna e di giustizia, si parlerà diffusamente delle varie tecniche di "*intercettazione tattica*" così descritta, tra i tanti, da *Juliane Assange*: "*L'intercettazione tattica è quella che tutti conosciamo, dove alcuni soggetti diventano oggetto dell'interesse dello Stato [...] attivisti, trafficanti di droga, eccetera. I loro telefoni vengono intercettati, le loro mail vengono intercettate*".

Oggi l'istituto delle intercettazioni istituzionali trova sistematica applicazione attraverso una infinità di applicativi che utilizzano il *web* quale volano comunicativo e di trasmissione dei dati, ciò in quanto alla tradizionale modalità di comunicazione telefonica attraverso l'ormai vetusta Rete Telefonica Generale o "*Rete telefonica commutata pubblica*" (PSTN)[128] attraverso il c.d. "*doppino*" in rame[129], messa in crisi dalle connessioni di rete a "*banda larga*", con l'avvento del più fluido ed economico protocollo VoIP (*Voice over Internet Protocol*).

---

[126]In Repubblica.it, *Donna mestosa, il femminile per jihadiste*, "[...] Consigli di bellezza, di moda, di cuore: come su Cosmopolitan, o su Elle, o Amica. Ma Al Shamikha (Donna Maestosa), una nuova pubblicazione in arabo, non è una normale rivista patinata destinata al pubblico femminile. L'editore infatti è il braccio mediatico di al Qaida: in copertina c'è una donna avvolta dalla testa ai piedi nel niqab che imbraccia un mitragliatore. Una trentina di pagine di suggerimenti per la donna di al Qaida, per cui trovare il principe azzurro significa "sposare un mujaheddin". Sul fronte della bellezza, ad esempio, come fare ad avere una carnagione perfetta? "Restate in casa con il volto coperto". Al Shamikha mischia moda e consigli di lifestyle in articoli scritti in molti casi da donne: "Non uscire se non quando è necessario" e, una volta fuori, indossare sempre il niqab per proteggere la pelle dal sole. "La Nazione dell'Islam ha bisogno di donne che conoscono la verità sulla loro religione, la battaglia e le sue dimensioni e sanno cosa ci si aspetta da loro", ha scritto il direttore Saleh Youssef nella presentazione del 'numero zero', che propone interviste con "mogli di martiri" della jihad e elogia chi ha dato la vita per difendere l'interpretazione di al Qaida del Corano: "Dal martirio il credente riceverà sicurezza e felicita". Secondo James Brandon, portavoce del centro britannico anti-estremisti , 'Donna Maestosa' è "la versione jihadista di Cosmopolitan[...] (ANSA).

[127] M. Di Stefano, B. Fiammella, *Profiling. Tecniche e colloqui investigativi*, Altalex editore, Montecatini Terme (2013), pagg. 18 e 19.

[128] Cioè la rete telefonica a cui sono attestate le utenze telefoniche nazionali non radiomobili contraddistinte da un prefisso teleselettivo corrispondente alla provincia geografica di riferimento; oggi sempre con maggiore frequenza detta telefonia sta migrando, per contenere i costi commerciali dei singoli gestori, verso collegamenti virtuali utilizzando la tecnologia VoIP (voice over internet protocol).

[129] M. Di Stefano, B. Fiammella, *Intercettazioni, remotizzazione e diritto di difesa nell'attività investigativa. Profili d'intelligence*, Altalex editore, collana professionale, Montecatini terme (2015), pag.13: "[...] Con il termine "Rete telefonica commutata pubblica" (PSTN), si intende il sistema di reti che collega assieme la telefonia "fissa" su cablaggio fisico, meglio conosciuto con l'acronimo RTG. Le linee telefoniche viaggiano su cavi in rame, detti *doppini,* che formano un circuito tra l'abbonato telefonico e l'interfaccia con la linea dell'abbonato. I cavi

Ciò avviene non solo nell'architettura di comunicazione domestica, ma, anche, in quella cellulare, con una serie di applicativi che consentono all'utente di utilizzare la commutazione a pacchetto per conversare attraverso il *web*, piuttosto che ricorrere ai protocolli ordinari che si incanalano sulle stazioni BTS[130] della telefonia GSM (*Global System for Mobile Communications*, già *Groupe Spècial Mobile*) appoggiandosi, invece, a connessioni di rete sempre più veloci[131] su protocolli VoIP che utilizzano sistemi di criptatura proprietari, fino ad arrivare alla tecnologia di comunicazione in HQ (*High Quality)* di ultima generazione, detta VoLTE (*Voice over Long Term Evolution*).
Detto ultimo vettore comunicativo, la rete detta L.T.E., utilizza il protocollo IP per tutti i tipi di comunicazione, compresa quella vocale, cosicchè la fonia intercettata sarà rappresentata da "*pacchetti IP*", per il cui ascolto sarà necessario utilizzare un "*tunnel VPN".*[132]
Succede, oggi, che le tre tecnologie nel tempo evolutesi – il protocollo GSM (2G), quello UMTS (3G) e quello LTE (4G) su cui viaggia la fonia voce a pacchetti di dati – si trovino a convivere nelle dinamiche di comunicazione cellulare, spesse volte interagendo nello stesso frangente comunicativo, cosicchè nel corso di una singola conversazione telefonica, iniziata ad esempio sul protocollo GSM, il protocollo possa, ad un certo momento, spostarsi autonomamente e senza preavviso su uno dei più recenti applicativi 3G o VoLTE.

---

delle linee telefoniche sono attestate ad una serie di *coppie* allineate su un sistema di *pettini* all'interno di *armadi*, ubicati sulla sede stradale, a *scatole* (box) e *conchiglie*, che possono essere posizionate su palificazione o fissate a muro. Il dispositivo di raccolta delle utenze è definito *Stadio di Linea* (SL), la vera e propria centrale telefonica è poi definita *Stadio di Gruppo Urbano* (SGU) o *Stadio di Gruppo di Transito* (SGT). Altri ripartitori più piccoli, detti *chiostrine,* sono collocati in prossimità dell'utenza dell'abbonato. Il cablaggio telefonico in rame del "doppino" è generalmente attorcigliato per aumentarne la schermatura contro possibili disturbi; sul doppino viaggia la tensione di alimentazione in corrente continua che alimenta i dispositivi telefonici dal lato utente. L'alimentazione sui circuiti telefonici è telefonia è di tipo *ridondante*; detta peculiarità fa sì che in caso di *black out* di energia elettrica, sia garantita la funzionalità della rete, alimentata dalle centrali con appositi accumulatori tampone [...]".

[130] Ivi, pag. 27, "[...]Una rete di comunicazione GSM è formata da una Stazione Mobile (o *Mobile Station – MS*), corrispondente al terminale mobile dell'abbonato; una Stazione radio base (*o Base Transceiver Station – BTS*), che identifica l'apparato radio ricetrasmittente presente in ogni cella. Ed, ancora, una Stazione di controllo centrale (*o Base Station Controller – BSC*) che coordina l'attività di più stazioni radio base (BTS) e rappresenta il "cervello" della rete GSM, gestendo, ad esempio, l'*handover*, cioè il settaggio dei canali di comunicazione nel passaggio tra una cella all'altra[...]".

[131] Dallo standard WAP (*Wireless Application Protocol*), a quello GPRS (*General Packet Radio Services*), al protocollo UMTS (*Universal Mobile Telecommunications System),* HSPA (*High Speed Packet Access*), LTE (*Long Term Evolution*) fino al 4G (LTE Advanced).

[132] La V.P.N. (*Virtual Private Network*) è rete privata che sfrutta una rete pubblica, ovvero il *web*, per consentire a più *personal computers* connessi di comunicare tra loro come se fossero tutti fisicamente collegati allo stesso *router*.

Da qui, in termini prettamente tecnici, la necessità di disporre in fase intercettiva di due distinti canali di ricezione: uno ISDN[133], rivolto alla ricezione della fonia sotto la rete GSM/UMTS, il secondo, invece, definito "*tunnel VPN*"[134] interessato alla

---

[133] ISDN (*Integrated Services Digital Network*) è una linea telefonica completamente digitale che consente l'utilizzo di alcuni servizi non disponibili sulle tradizioni linee analogiche, solitamente composta da due canali: uno per la ricezione ed uno per l'invio.

[134] www.fastweb.it, *VPN cos'è e come funziona*, pubblicato il 10 aprile 2013: "[...] Il termine virtuale si riferisce al fatto che i computer non sono effettivamente collegati tra loro come accade in una LAN (Local Area Network) o in una rete aziendale dedicata, ma sfrutta un'altra infrastruttura fisica, sulla quale viene creato il cosiddetto tunnel VPN. L'obiettivo? Proteggere i dati scambiati e garantire i livelli di sicurezza informatica attraverso una connessione remota. Cerchiamo ora di capire bene cos'è e come funziona una VPN. Le VPN sono utilizzate soprattutto da aziende e istituzioni pubbliche: piuttosto che realizzare infrastrutture fisiche proprietarie, questi soggetti preferisco sfruttare un'infrastruttura già esistente per abbattere i costi di realizzazione e gestione. Un network del genere permette di usufruire di tutti i vantaggi di una rete privata dedicata (primo fra tutti la riservatezza dell'accesso e dei dati scambiati) a costi decisamente più bassi. Ma le aziende e le PA non sono le uniche a utilizzare questa tipologia di connessione: molti utenti privati preferiscono connettersi alla rete tramite una rete VPN "casalinga", così da poter navigare su Internet in maniera sicura e protetta. Una Virtual Private Network può quindi essere considerata come un'estensione su scala geografica di una LAN, sia per struttura sia per funzioni. Grazie a un'infrastruttura virtuale di questo tipo, infatti, i dipendenti possono connettersi all'intranet aziendale anche se non si trovano fisicamente in azienda. Se un agente di commercio, ad esempio, non è in ufficio per un viaggio di lavoro e ha bisogno di connettersi alla rete locale aziendale per scaricare l'ultima versione del listino prezzi, è molto probabile che utilizzi una connessione remota VPN per avere la certezza di non essere "intercettato". Generalmente una VPN è composta da due parti: una interna (generalmente più sicura) e una esterna (generalmente meno sicura) utilizzata per interconnettere tra loro i vari nodi della rete. Come funziona e come vengono garantiti i livelli di sicurezza in una VPN? Attraverso un meccanismo a tre livelli: un sistema di autenticazione, che permette l'accesso alla VPN solamente a utenti registrati; un metodo di cifratura, che consente di schermare i dati scambiati tra i vari nodi della rete; un firewall, che filtra gli accessi alle porte della rete. La cifratura è affidata a protocolli come l'IPsec, il Transport Layer Security (TLS/SSL), PPTP e il Secure Shell (SSH). Le reti VPN si dividono tra reti ad accesso remoto, che connettono un individuo a un network, e reti site-to-site, che consentono la connessione tra due network differenti. La prima tipologia dà l'opportunità a un dipendente "fuori sede" o in telelavoro di connettersi all'intranet della propria azienda o ai documenti che condivide con gli altri colleghi; la seconda, invece, permette a differenti sedi di una stessa azienda o società di condividere una rete virtuale. All'interno di questa distinzione, possiamo riscontrare tre tipologie di reti VPN: la Trusted VPN, la Secure VPN e la Hybrid VPN. Nella Trusted VPN un cliente affida a un ISP (Internet Service Provider) la creazione di una serie di percorsi dotati di caratteristiche di sicurezza particolari, così da avere la certezza che i dati viaggino sempre al riparo da occhi discreti. La Secure VPN, invece, garantisce la creazione di un tunnel VPN (grazie a protocolli di cifratura e di sicurezza come quelli citati precedentemente) tra due nodi della rete o tra due segmenti di rete: i dati che viaggiano all'interno del tunnel sono inaccessibili (o indecifrabili) a qualsiasi utente esterno alla VPN che provasse a entrarne in possesso. La Hybrid VPN è invece una tipologia di rete recentemente introdotta sul mercato che garantisce gli stessi livelli di sicurezza di una Secure VPN unita alla certezza dei percorsi della Trusted VPN. Una rete ibrida di questo genere può essere messa in piedi se, ad esempio, una società dotata di Trusted VPN avesse bisogno anche di una Secure VPN. Fortunatamente, le applicazioni VPN più diffuse non impediscono questo

ricezione dei "record IRI fonia 2G/3G e VoLTE e contenuti della comunicazione VoLTE (i pacchetti relativi alle fonie dei *target*)"[135].

La moderna definizione di intercettazione giudiziaria trova compendio in uno dei tanti approfondimenti che gli indimenticati Loris D'Ambrosio e Pier Luigi Vigna ci hanno regalato, inquadrando l'istituto come "*atto d'indagine mediante il quale, quando è indispensabile ai fini investigativi e ricorrano indizi*[136] *in ordine alla sussistenza di reati a particolare allarme sociale, è effettuabile la captazione di comunicazioni o conversazioni riservate mediante l'ausilio di mezzi meccanici ed elettronici. Le intercettazioni sono disposte con decreto motivato del pubblico*

---

tipo di aggiornamento e molte software house stanno distribuendo sistemi che prevedono esplicitamente la possibilità di costruire reti Hybrid [...]".

135 Fonte: Telecom Italia, *Judicial Authorities Services – Domestic Services Delivery*, 13 dicembre 2016.

136 Suprema Corte di Cassazione, Uff. del Massimario, Serv. Penale Rel. N. 55/2005 Orientamenti sulle linee interpretative della Giurisprudenza e della dottrina in materia di intercettazioni, p. 5: "Gravi indizi di reato (art. 267 comma 1 c.p.p.). Punto di partenza della analisi è che i gravi indizi che, ai sensi dell'art. 267, comma 1, cod. proc. pen. costituiscono presupposto per il ricorso alle intercettazioni, attengono all'esistenza del reato e non alla colpevolezza di un determinato soggetto; per procedere ad intercettazione non è pertanto necessario che i detti indizi siano a carico dei soggetti le cui comunicazioni debbano essere, a fine di indagine, intercettate (Sez. VI, 18 giugno 1999, n. 9428, Patricelli F., rv 214127; sez. V, 7 febbraio 2003, n. 38413, Alvaro e altri, rv 227413). Ancor meglio precisa sez. V, 8 ottobre 2003, n. 41131, Liscai, rv 227053, che i presupposti della intercettazione sono la sua indispensabilità ai fini delle indagini e la sussistenza dei gravi indizi di reato. Tale secondo requisito va inteso non in senso probatorio (ossia come valutazione del fondamento dell'accusa), ma come vaglio di particolare serietà delle ipotesi delittuose configurate, che non devono risultare meramente ipotetiche, con la conseguenza che è da ritenere legittimo il decreto di intercettazione telefonica disposta nei confronti di un soggetto che non sia iscritto nel registro degli indagati. Da tale principio si è fatto discendere il corollario che "la mancata individuazione dell'autore dell'illecito in relazione al quale è disposta la intercettazione influisce sulla utilizzabilità dei suoi effetti nello stesso procedimento ai fini di prova di condotte criminose collegate". (Sez. I, 3 dicembre 2003, n. 16779, Prota ed altro, rv 227914). Si registra un contrasto in giurisprudenza sulla possibilità di utilizzare, quale indizio di reato ai fini della autorizzazione alla intercettazione, le dichiarazioni spontanee dell'indagato rese a norma dell'art. 350 c.p.p. non verbalizzate nelle forme dell'art. 357 ma annotate sommariamente in forma libera. Da un lato, sez. VI, 22 gennaio 2004, n. 14980, Picano, rv 229398, ha rilevato che queste possono essere utilizzate erga alios quali indizi nella fase delle indagini preliminari ai fini dell'autorizzazione dell'intercettazione di conversazioni o comunicazioni telefoniche nell'ambito di un procedimento per delitti di criminalità organizzata, non ricorrendo alcuna ipotesi di inutilizzabilità generale di cui all'art. 191 dello stesso codice ovvero di inutilizzabilità specifica. Dall'altro, per sez. I, 12 ottobre 1994, n. 4480, Savignano, rv. 200226, la mancata verbalizzazione, da parte della polizia giudiziaria, di atti che, ai sensi dell'art. 357, comma secondo, cod. proc. pen., dovrebbero essere verbalizzati comporta che tali atti, in quanto privi di documentazione, siano da considerare inesistenti e, come tali, indipendentemente da ogni riferimento alle categorie della nullità e della inutilizzabilità, inidonei ad essere assunti a base anche della semplice adozione di misure cautelari".

ministero[137]*, previa autorizzazione da parte del giudice per le indagini preliminari [...]. Quando si tratta di indagini per delitti di criminalità organizzata o di minaccia telefonica l'autorizzazione è invece subordinata a presupposti meno rigorosi*[138]*. Essa è data, infatti, quando l'intercettazione è necessaria in ordine ad un reato per il quale sussistono sufficienti indizi*"[139].

---

[137] Ivi, i decreti del P.M. p. 55: «Il decreto del PM nei casi di urgenza (art. 267, commi 2 e 3 c.p.p.). Le questioni di inutilizzabilità dei risultati delle intercettazioni disposte con decreto emesso dal PM in via di urgenza nascono dalla previsione, contenuta nell'art. 271, che la detta sanzione processuale si applica se non sono osservate, tra le altre, le disposizioni previste dall'art. 267, comprensive di quelle che disciplinano, per l'appunto, i poteri in materia del PM. Temperamenti alla apparente ampiezza del rinvio, sono stati posti dalla giurisprudenza. Questa ha rilevato, ad esempio, come all'eventuale mancata specificazione, nel decreto del P.M. emesso in via di urgenza, della durata delle operazioni a norma dell'art. 267, comma 3, cod. proc. pen., sopperisce l'indicazione legislativa del termine massimo di quindici giorni ivi previsto, sicché non si determina l'inutilizzabilità dei relativi risultati, che l'art. 271 stesso codice ricollega alla violazione dell'art. 267, da ritenere configurabile solo nel caso in cui sia stato superato quel termine massimo. Si è anche osservato che il termine per la trasmissione al giudice della convalida del decreto con il quale il P.M. abbia disposto d'urgenza l'intercettazione stessa (immediatamente e comunque non oltre le ventiquattro ore, secondo il disposto dell'art. 267 comma 2 cod. proc. pen.) presenta carattere meramente ordinatorio, di talché la sanzione di inutilizzabilità delle risultanze acquisite si determina solo nel caso che il provvedimento di convalida del giudice non intervenga entro quarantotto ore dall'adozione del decreto in questione (Sez. I, 4 novembre 2003, n. 6875, Carbonaro, rv 228429). Ad ogni buon conto poiché la sanzione di inutilizzabilità degli esiti di intercettazioni disposte in via d'urgenza con decreto del pubblico ministero è prevista dall'art. 267 cod. proc. pen. solo nel caso di mancata convalida da parte del Gip, una volta intervenuta tale convalida, resta sanato ogni vizio formale del citato decreto, compresa l'eventuale mancanza del requisito dell'urgenza (Sez. I, 22 aprile 2004, n. 23512, Termini, rv 228245)».

[138] Ivi, Sufficienti indizi di reato e nozione di "criminalità organizzata", p. 6: "Problematiche sono nate attorno alla ipotesi derogatoria per la quale bastano «sufficienti indizi». È noto che il legislatore del 1991 (art. 13 d.l. 13 maggio 1991 n. 152 conv. in l. 12 luglio 1991, n. 203, successivamente modificato dall'art. 3-bis d.l. 8 giugno 1992, n. 133 conv. in l. 7 agosto 1992, n. 356 e da ultimo dall'art. 23 l. 1° marzo 2001, n. 63) ha attenuato le condizioni di legittimazione dei decreti di intercettazione richiesti per indagini su «delitti di criminalità organizzata o di minaccia col mezzo del telefono», prevedendo, tra l'altro, che a tale fine il mezzo sia non «indispensabile» ma semplicemente «necessario» per le indagini e richiedendo indizi di quei reati non «gravi» ma solo «sufficienti». La disciplina in esame è stata estesa ai procedimenti per i delitti di cui all'art. 407 comma 2 lett. a) n. 4 cod. proc. pen. (delitti con finalità di terrorismo o di eversione dell'ordinamento costituzionale con pena non inferiore nel minimo a 5 anni o nel massimo a 10 anni, delitti di cui all'art. 270 comma 3, 270 bis comma 2, 306 comma 2, cod. pen.) e per il delitto ex art. 270-ter cod. pen. (Assistenza agli associati nei reati di associazione sovversiva e di associazione con finalità di terrorismo anche internazionale o di eversione dell'ordine democratico). I principi in parola si applicano poi ai procedimenti per i delitti previsti dagli artt. 600-604 cod. pen. (Riduzione in schiavitù, Prostituzione minorile, Pornografia minorile, Detenzione di materiale pornografico, Iniziative turistiche volte allo sfruttamento della prostituzione minorile, Tratta e commercio di schiavi, Alienazione e acquisto di schiavi) e per i delitti di cui all'art. 3, l. 20 febbraio 1958, n. 75 (c.d. legge Merlin). Sulla nozione di criminalità organizzata si è soffermata (sia pure a fini diversi e cioè nella disamina della eccezione alla regola posta dall'art. 266 comma 2 cod. proc. pen. dal

La questione sulle intercettazioni giudiziarie nel nostro Paese - ancor prima che in uno scenario comunitario - è stata da sempre al centro di accese dispute; lo si voglia per la "*spinosa*" materia che va prepotentemente ad incidere su quei diritti fondamentali a puntello della nostra Carta; lo si consideri, ancora, per le interminabili esigenze di contrasto al crimine interno o, in uno scenario geopolitico più articolato, per questioni transnazionali e di lotta al terrorismo.
Ed è qui che i parametri di garanzia fissati dalla nostra Costituzione[140] in materia di inviolabilità della libertà e della segretezza delle comunicazioni - fatto salvo per atto motivato dell'Autorità Giudiziaria competente[141] - trovano adeguata disciplina nel Codice Penale, prevedendo pesanti sanzioni nei confronti di chi si procura indebitamente[142], mediante l'uso di riprese visive o sonore, notizie attinenti alla vita privata; prende conoscenza, in modo fraudolento di comunicazioni o conversazioni comunque a lui non dirette, ovvero le interrompe o le impedisce[143]; installa apparecchiature tecniche[144], fuori dai casi previsti dalla legge, al fine di intercettare

---

citato art. 13 comma 1, secondo inciso, d.l. 152/1991) la sentenza delle SS. UU. Policastro (31 ottobre 2001, n. 32, dep. 28 novembre 2001, n. 42792), dando conto, senza prendere posizione per difetto di rilevanza della questione, del contrastante orientamento giurisprudenziale: da un lato, la interpretazione estensiva che ricomprende nella nozione tutte le attività criminose poste in essere da una pluralità di soggetti costituitisi in apparato organizzativo e, dall'altro, l'orientamento più rigoroso che fa riferimento agli elenchi contenuti negli artt. 407, comma 2 lett a), 372 comma 1-bis, 51 comma 3-bis c.p.p. Da ultimo, la questione è stata affrontata nella sentenza delle Sezioni Unite 22 marzo 2005, Petrarca, dep. 11/5/05 n. 17706. Dalla informazione provvisoria sulla decisione si desume che la Corte ha ritenuto che nel procedimento penale rimesso al suo esame, relativo fra l'altro ad imputazione ai sensi dell'art. 416 cod. pen., l'appello che il P.M. aveva presentato al Tribunale della libertà (così dando luogo alla ordinanza oggetto di ricorso per cassazione) fosse inammissibile, in quanto per la fattispecie associativa non operava la sospensione dei termini nel periodo feriale a norma dell'art. 2 comma 2 l. n. 742 del 1969. Si deduce pertanto che, poiché la sospensione dei termini delle indagini preliminari nel periodo feriale non opera nei processi per «reati di criminalità organizzata», la decisione della suprema Corte si sia fondata sull'assunto che il procedimento sottoposto al suo esame, instaurato anche per il reato di cui all'art. 416 cod. pen., dovesse fruire del regime previsto dall'art. 2 comma 2 l. cit., ossia quello derogatorio per il quale non opera la sospensione dei termini, essendo anche l'associazione per delinquere «semplice» fattispecie rientrante nella nozione di "reato di criminalità organizzata".

139 L. D'ambrosio, P.L. Vigna, *La pratica di Polizia Giudiziaria*, Cedam editore, Milano (1998), pp. 287, 288.

140 Art. 15 Costituzione: " La libertà e la segretezza della corrispondenza e di ogni altra forma di comunicazione sono inviolabili. La loro limitazione può avvenire soltanto per atto motivato dell'Autorità giudiziaria con le garanzie stabilite dalla legge".

141 Art. 266 c.p.p. Intercettazioni di comunicazioni e conversazioni. Limiti di ammissibilità; Art. 266-bis c.p.p. Intercettazioni di comunicazioni informatiche o telematiche.

142 Art. 615-bis c.p. Interferenze illecite nella vita privata.

143 Art. 617 c.p. Cognizione interruzione o impedimento illeciti di comunicazioni o conversazioni telegrafiche o telefoniche.

144 Art. 617-bis c.p. Installazione di apparecchiature atte ad intercettare od impedire comunicazioni o conversazioni telegrafiche o telefoniche.

Art. 617-quinquies c.p. Installazione di apparecchiature atte ad intercettare, impedire o interrompere comunicazioni informatiche o telematiche.

comunicazioni e conversazioni; falsifica, altera o sopprime il contenuto di conversazioni.[145]

La legislazione "*d'emergenza*" antimafia

L'insidioso, quanto indispensabile ed insostituibile, strumento delle intercettazioni ha comportato negli anni, senza una ben definita soluzione di continuità, una legislazione speciale d'emergenza rivolta ad impacchettare speditivi strumenti giudiziari, non sempre in grado di attendere alle complessive esigenze di bilanciamento tra quel piatto striminzito dove trovano collocazione la libertà di comunicazione, il diritto all'informazione, quello alla *privacy* dell'individuo, il diritto di difesa e la parità di ogni cittadino rispetto alla legge, rispetto a quell'altro piatto, logoro e tarlato, dove sono elencate tutte le esigenze di Giustizia e di tutela della *res publica.*

Il legislatore, nel riporre in soffitta il vecchio codice di procedura, con il nuovo "*codice Vassalli*" aveva ritenuto di rendere più rigido l'istituto delle intercettazioni[146], attribuendo prioritariamente al pubblico ministero l'onere di procedere "*personalmente*" all'insidioso istituto di ricerca della prova[147], previa l'autorizzazione del giudice per le indagini preliminari.

Nel nuovo scenario avrebbe preso posto un nuovo strumento di ricerca, quello delle "*comunicazioni tra presenti*", da qui introducendo anche il concetto legato al "*luogo*" [148] in cui le attività di monitoraggio si sarebbero svolte[149].

Di lì a poco, nell'ottica della c.d. "*legislazione d'emergenza*", l'istituto avrebbe beneficiato di una importantissima deroga, introdotta dalla legislazione speciale in materia di "*provvedimenti urgenti in tema di lotta alla criminalità organizzata e di trasparenza e buon andamento dell'attività amministrativa*"[150].

---

[145] Art. 617-ter. c.p. Falsificazione, alterazione o soppressione del contenuto di comunicazioni o conversazioni telegrafiche o telefoniche.

[146] Recitava il preesistente art. 226 bis cpp (facoltà relative alle comunicazioni o conversazioni): "Previa autorizzazione del magistrato, gli ufficiali di polizia giudiziaria, nell'ambito delle funzioni ad essi assegnate dall'art. 219, possono impedire, interrompere o intercettare comunicazioni o conversazioni telefoniche o telegrafiche [...]"

[147] "ovvero avvalendosi di un ufficiale di polizia giudiziaria", prosegue l'art. 267 comma 4.

[148] Art. 614 c.p. Violazione di domicilio: «Chiunque s'introduce nell'abitazione altrui, o in un altro luogo di privata dimora, o nelle appartenenze di essi, contro la volontà espressa o tacita di chi ha il diritto di escluderlo, ovvero vi s'introduce clandestinamente o con inganno, è punito con la reclusione fino a tre anni. Alla stessa pena soggiace chi si trattiene nei detti luoghi contro l'espressa volontà di chi ha il diritto di escluderlo, ovvero vi si trattiene clandestinamente o con inganno. Il delitto è punibile a querela della persona offesa. La pena è da uno a cinque anni, e si procede d'ufficio, se il fatto è commesso con violenza sulle cose, o alle persone, ovvero se il colpevole è palesemente armato».

[149] Art. 266 comma 2 cpp "Negli stessi casi è consentita l'intercettazione di comunicazioni tra presenti. Tuttavia, qualora queste avvengano nei luoghi indicati dall'articolo 614 del codice penale, l'intercettazione è consentita solo se vi è fondato motivo di ritenere che ivi si stia svolgendo l'attività criminosa".

[150] D.L. 13 maggio 1991, n. 152, convertito con modifiche nella L. 12 luglio 1991, n. 203. Cfr. anche art. 3-bis, D.L. n. 306/1992, conv. in L. n. 356/1992 e successivamente dall'art. 23,

In detto nuovo, emergente, contesto i presupposti e forme del provvedimento previsti dall'art. 267 c.p.p.[151] avrebbero trovato nuova definizione, in relazione alla durata complessiva delle operazioni, con una elevazione della durata da 15 a 40 giorni[152] con proroghe successive di 20 giorni (in luogo di quelle ordinarie di 15 giorni).
Ma il dettaglio più rilevante sarebbe stato quello di conferire facoltà al pubblico ministero ed agli ufficiali di polizia giudiziaria di farsi coadiuvare nell'attività intercettiva da "*agenti di polizia giudiziaria*"[153]; si tratta di un dettaglio non di poco conto se correlato al lessico originario con cui il legislatore aveva ritenuto di

---

co. 1, L. 1 marzo 2001, n. 63), ed art. 9, L. 11 agosto2003, n. 228 (Misure contro la tratta di persone).

151 Art. 267 c.p.p. Presupposti e forme del provvedimento: «I. Il pubblico ministero richiede al giudice per le indagini preliminari l'autorizzazione a disporre le operazioni previste dall'art. 266. L'autorizzazione è data con decreto motivato quando vi sono gravi indizi di reato e l'intercettazione è assolutamente indispensabile ai fini della prosecuzione delle indagini. 1-bis. Nella valutazione dei gravi indizi di reato si applica l'articolo 203. II. Nei casi di urgenza, quando vi è fondato motivo di ritenere che dal ritardo possa derivare grave pregiudizio alle indagini, il pubblico ministero dispone l'intercettazione con decreto motivato, che va comunicato immediatamente e comunque non oltre le ventiquattro ore al giudice indicato nel comma 1. Il giudice, entro quarantotto ore dal provvedimento, decide sulla convalida con decreto motivato. Se il decreto del pubblico ministero non viene convalidato nel termine stabilito, l'intercettazione non può essere proseguita e i risultati di essa non possono essere utilizzati. III. Il decreto del pubblico ministero che dispone l'intercettazione indica le modalità e la durata delle operazioni. Tale durata non può superare i quindici giorni, ma può essere prorogata dal giudice con decreto motivato per periodi successivi di quindici giorni, qualora permangano i presupposti indicati nel comma 1. IV. Il pubblico ministero procede alle operazioni personalmente ovvero avvalendosi di un ufficiale di polizia giudiziaria. V. In apposito registro riservato tenuto nell'ufficio del pubblico ministero sono annotati, secondo un ordine cronologico, i decreti che dispongono, autorizzano, convalidano o prorogano le intercettazioni e, per ciascuna intercettazione, l'inizio e il termine delle operazioni».

152 Per i delitti di criminalità organizzata o di minaccia col mezzo del telefono.

153 D.L. 13 maggio 1991 n. 152, Modifiche alla disciplina delle intercettazioni di conversazioni o comunicazioni, Art. 13: «In deroga a quanto disposto dall'articolo 267 del codice di procedura penale, l'autorizzazione a disporre le operazioni previste dall'articolo 266 dello stesso codice è data, con decreto motivato, quando l'intercettazione è necessaria per lo svolgimento delle indagini in relazione ad un delitto di criminalità organizzata o di minaccia col mezzo del telefono in ordine ai quali sussistano sufficienti indizi. Nella valutazione dei sufficienti indizi si applica l'articolo 203 del codice di procedura penale. Quando si tratta di intercettazione di comunicazioni tra presenti disposta in un procedimento relativo a un delitto di criminalità organizzata e che avvenga nei luoghi indicati dall'articolo 614 del codice penale, l'intercettazione è consentita anche se non vi è motivo di ritenere che nei luoghi predetti si stia svolgendo l'attività criminosa. 1. Nei casi di cui al comma 1, la durata delle operazioni non può superare i quaranta giorni, ma può essere prorogata dal giudice con decreto motivato per periodi successivi di venti giorni, qualora permangano i presupposti indicati nel comma 1. Nei casi di urgenza, alla proroga provvede direttamente il pubblico ministero; in tal caso si osservano le disposizioni del comma 2 dell'articolo 267 del codice di procedura penale. 2. Negli stessi casi di cui al comma 1 il pubblico ministero e l'ufficiale di polizia giudiziaria possono farsi coadiuvare da agenti di polizia giudiziaria».

disciplinare l'istituto prevedendo che: "*Il pubblico ministero procede all'operazione* ***personalmente*** *ovvero avvalendosi di un ufficiale di polizia giudiziaria*".
Una sorta di contraddizione in termini laddove si pensi che per le ipotesi ordinariamente tipizzate dal codice - come ad esempio per talune contravvenzioni punite con l'arresto fino e mesi 6 o l'ammenda fino a 516 euro e dove siano sussistenti "*gravi indizi*" - **debba** procedere alle operazioni di intercettazione personalmente il P.M. "*ovvero*" un U.P.G., a dispetto delle più delicate e complesse intercettazioni in materia di contrasto alla criminalità organizzata - a cui è possibile ricorrere qualora siano sussistenti "*sufficienti indizi*"- che **potranno** essere effettuate, in ausilio, dagli agenti di polizia giudiziaria.
Sul tema, il Procuratore della Repubblica di Milano ha recentemente dichiarato che "*c'è la necessità che i pubblici ministeri tornino a una cultura antica delle investigazioni e della loro centralità rispetto alle indagini: abbiamo delegato tutto alla polizia giudiziaria*"[154].

Il passaggio dall'analogico al digitale e la Comunità Europea

Il successivo passaggio dall'analogico al digitale avrebbe, ancora, indotto il legislatore[155] ad introdurre un articolo *bis* in materia di intercettazioni, dedicato alle neofite comunicazioni informatiche e telematiche[156].
L'analisi di contesto originaria non aveva previsto che si sarebbe trattato, di lì a poco, dello strumento giuridico innovativo più importante, ed oggi sistematicamente richiamato nello scenario delle investigazioni tecniche, ove la Polizia Giudiziaria, nel fare i conti con flussi telematici sempre più complessi, si trova a monitorare miriadi di *chat rooms* all'interno dei *social networks* e dei sistemi di messaggistica multimediale istantanea.
Alle desuete intercettazioni su "*doppino telefonico*" previste dalle vecchie procedure di intercettazione *ex* art. 266 c.p.p., si sarebbero man mano sostituite quelle telematiche, con l'avvento delle modalità di comunicazione telefonica –lo si è anticipato - attraverso protocolli internet VoIP dotati di algoritmi proprietari, spesse volte invulnerabili, da *Skype, WhatsApp*, a *Viber*, con il parallelo abbandono anche nella telefonia domestica, soppiantata dalle connessioni ADSL (*Asymmetric Digital Subscriber Line*) ed a fibra ottica.
Sotto un'ottica comunitaria, il 17 gennaio 1995 il Consiglio Europeo avrebbe, poi, adottato una risoluzione sulle intercettazioni legali delle comunicazioni, comunemente denominata con l'acronimo L.I. (*Lawful Interceptions*), rivolta a prevenire e contrastare il terrorismo e la criminalità all'interno degli stati membri,

---

[154] Quotidiano IL DUBBIO, *Intercettazioni, il dubbio di Greco sul codice interno*, di Giovanni M. Jacobazzi, pubblicato il 25.6.2016.

[155] Legge 23 dicembre 1993 n. 547 Modificazioni ed integrazioni delle norme del codice penale e del codice di procedura penale in tema di criminalità informatica.

[156] Art. 266 bis cpp "Nei procedimenti relativi ai reati indicati nell'articolo 266, nonché a quelli commessi mediante l'impiego di tecnologie informatiche o telematiche, è consentita l'intercettazione del flusso di comunicazioni relativo a sistemi informatici o telematici ovvero intercorrente tra più sistemi".

attraverso la predisposizione di un sistema di *gateways* (L.I.G.)[157] sulle dorsali parametriche di comunicazione (L.I.N.)[158], a cura dei gestori telefonici.
Parallelamente, secondo una focale geopolitico/commerciale comunitaria sarebbe nato l' Istituto Europeo per gli *Standard* nelle Telecomunicazioni (E.T.S.I.), un organismo internazionale responsabile della definizione e dell'emissione di *standard* nel campo delle telecomunicazioni in Europa e che, in buona sostanza, si occupa, invece, dei vari protocolli commerciali che riguardano i vari gestori, cioè del colossale *business* che ruota attorno alle comunicazioni moderne.
A dispetto del *Lawful Interceptions*, ad oggi scarsamente standardizzato, il protocollo ETSI ha trovato ampia applicazione, rendendo i vari sistemi adottati dai gestori assolutamente interfacciabili e compatibili, con una standardizzazione del sistema; al contrario il blando interesse di uniformare i protocolli L.I. ha prodotto frequenti criticità, che riguardano soprattutto la fruibilità dei dati di supporto alle intercettazioni, c.d. *metadati*[159].
Una questione, quella dei dati esterni, che avrebbe trovato interesse giuridico nella parallela legiferazione "*d'emergenza*" per il contrasto al terrorismo: dal "*pacchetto Pisanu*"[160], in risposta alle stragi di Madrid e Londra; alle attività di carattere "preventivo" riconosciute agli agenti delle nuove Agenzie di Informazione[161], per

---

[157] Legal Interception Gateway

[158] Legal Interception Nodes

[159] M. Di Stefano, B. Fiammella, *Intercettazioni, remotizzazione e diritto di difesa nell'attività investigativa. Profili d'intelligence*, cit., pagg. 95, 96: "[...]La Comunità Europea, al riguardo, ha mantenuto ad oggi un blando interesse nell'impartire direttive rigide ai gestori di telefonia mobile. ETSI è l'acronimo del protocollo europeo sulle trasmissioni mobili che ha trovato ampia applicazione, rendendo i vari sistemi adottati dai gestori assolutamente interfacciabili e compatibili, con una standardizzazione del sistema. Al contrario il protocollo LI, attinente le intercettazioni legali e che riguarda le iniziative comunitarie per il coordinamento procedurale della telefonia mobile nel campo delle intercettazioni per motivi di giustizia, non ha trovato riscontro univoco, e la conseguente mancanza di standards ha generato una serie di criticità del sistema, che riguardano soprattutto la fruibilità dei dati di supporto alle intercettazioni: ci si riferisce, ad esempio, ai pacchetti dati che veicolano informazioni sulla durata della conversazione, sui ponti ripetitori agganciati, sugli utenti in connessione. Le compagnie telefoniche, per scelte di economia commerciale, ed in assenza di una rigida standardizzazione dei protocolli delle Lawful Interceptions, non si sono ancora uniformate nella gestione dei dati, alle volte determinando una serie di criticità del sistema. Può succedere, in pratica, che il reperto fonico canalizzato alle postazioni di ascolto arrivi a destinazione privo di identificazione riguardo l'utenza in collegamento, il ponte telefonico di aggancio e l'orario di connessione, e che i relativi "pacchetti dati" siano convogliati in netto ritardo o siano alle volte mai acquisiti dal sistema, conseguentemente pregiudicando parte del corredo di informazioni utili all'investigazione nell'immediato. Anche la ricezione di SMS ed MMS può rilevare criticità nell'acquisizione del dato dalla postazione di intercettazione; è necessario, in linea di massima, soprattutto per le messaggistica multimediale MMS, richiedere al gestore del sistema di intercettazione interessato l'attivazione dell'applicazione richiesta. Altre problematiche attengono alla trasmissione dei dati dal gestore telefonico ai server di intercettazione ove avviene la compressione dei dati ed il rilancio degli stessi verso i server di remotizzazione dedicati all'ascolto delle forze di polizia [...]".

[160] Legge 31.7.2005 n. 155

[161] Legge 7 agosto 2012 n. 133

poi trovare analitica classificazione dopo la strage del museo del Bardo, allorquando, anche in regime di intercettazioni preventive *ex* art. 226 att. Cpp, in deroga alla norma, i dati acquisiti, anche relativi al traffico telematico, avrebbero potuto essere conservati fino a 24 mesi.[162]
Qualche anno dopo, in aderenza alle direttive comunitarie[163] in materia di comunicazioni elettroniche, l'Italia avrebbe adottato il "*CODICE DELLE COMUNICAZIONI ELETTRONICHE*"[164], recante nuove disposizioni in materia di accesso al mercato, regime di autorizzazioni su infrastrutture e trasmissioni e obblighi di servizio universale nel settore delle comunicazioni, in sostituzione del preesistente *Testo Unico delle disposizioni legislative in materia postale, di bancoposta e di telecomunicazioni*, disciplinato dal D.P.R. n. 156 del 29 marzo 1973.
Il nuovo codice, all'art. 96, avrebbe introdotto un nuovo concetto giuridico, quello della "*prestazione obbligatoria per fini di Giustizia*" [165], da parte dei gestori telefonici; si tratta, in estrema sintesi di quelle attività che i gestori di telefonia[166] - tra i tanti, da *TIM,* a *Reti Ferroviarie Italiane*, fino a *Coop* e *Carrefour* - sono tenuti a rendere per esigenze investigative e giudiziarie.
In questo *bailamme*, con un accordo sulle L.I. fermo a venti anni addietro, trova contesto, tra le innumerevoli criticità, il protocollo di identificazione degli indirizzi IP utilizzati dagli utenti nelle strabordanti connessioni sul *web,* con uno *standard* che prevede l'impiego dell'usurata *classe IP V4*, da un bel po' saturata, con la

---

[162] L. 17.4.2015 n. 43, art. 3 bis

[163] n. 2002/19/20/21/22 CE

[164] Decreto Legislativo 1 agosto 2003, n. 259

[165] Art. 96 Prestazioni obbligatorie: 1. Le prestazioni a fini di giustizia effettuate a fronte di richieste di intercettazioni e di informazioni da parte delle competenti autorità giudiziarie sono obbligatorie per gli operatori; i tempi ed i modi sono concordati con le predette autorità fino all'approvazione del repertorio di cui al comma 2. Le prestazioni relative alle richieste di intercettazioni sono individuate in un apposito repertorio nel quale vengono stabiliti le modalità ed i tempi di effettuazione delle prestazioni stesse, gli obblighi specifici, nonche' il ristoro dei costi sostenuti. La determinazione dei suddetti costi non potrà in nessun caso comportare oneri aggiuntivi a carico del bilancio dello Stato rispetto a quelli derivanti dall'applicazione del listino di cui al comma 4. Il repertorio e' approvato con decreto del Ministro delle comunicazioni, di concerto con i Ministri della giustizia e dell'interno, da emanarsi entro centottanta giorni dall'entrata in vigore del Codice. 3. In caso di inosservanza degli obblighi contenuti nel repertorio di cui al comma 2, si applica l'articolo 32, commi 2, 3, 4, 5 e 6. 4. Fino all'emanazione del decreto di cui al comma 2, continua ad applicarsi il listino adottato con decreto del Ministro delle comunicazioni del 26 aprile 2001, pubblicato nella Gazzetta Ufficiale della Repubblica italiana n. 104 del 7 maggio 2001. 5. Ai fini dell'erogazione delle prestazioni di cui al comma 2 gli operatori hanno l'obbligo di negoziare tra loro le modalità di interconnessione allo scopo di garantire la fornitura e l'interoperabilità delle prestazioni stesse. Il Ministero può intervenire se necessario di propria iniziativa ovvero, in mancanza di accordo tra gli operatori, su richiesta di uno di essi.

[166] tra i tanti: Telecom, TIM, VODAFONE, WIND, H3G, Lica Mobyle, PosteMobile, NOVERCA, SPARKLE, BT Italia, Carrefour, Coop, dayli Telecom mobile, DG Mobile Italia, DG Tel, Erg Mobile, Fastweb, Green ICN, Noi Tel, Teletu, Bip Mobile, Ok Com, Message Net, Ehiweb, Cloud Italia, Colt, Cable e wireless, NGI, Infracom, RFI, Uno Communication, Vox Bone, Fast Phone, Pluscom Telecomunicazioni, Welcom Italia.

conseguente possibilità che uno stesso indirizzo IP possa essere assegnato a più utenti nello stesso frangente comunicativo, così da rendere ancor più complicata la già difficile analisi e la discriminazione dei traffici telematici d'interesse investigativo e giudiziario.
Ma la *quaestio* più complessa riguarda il concetto di "*gestore telefonico*" e, quindi, dell'onere su questi ricadente in materia di "*prestazione obbligatoria*" *ex* art. 96, in quanto a detto *status* sono al momento sottratti tutti quegli applicativi degli sviluppatori che, seppur utilizzando le connessioni di rete attraverso uno dei gestori di telefonia noti, o appoggiandosi ad uno dei tanti *hot spot wi-fi* di cortesia, navigano su *internet* per veicolare i propri protocolli comunicativi, divenuti strumenti *social* indispensabili nelle moderne *communities,* senza alcun onere.
Non sarebbero, quindi, soggetti a "*prestazione obbligatoria*" i tanti applicativi VoIP, di messaggistica e di video *chat* presenti sul *web*, in modalità *free*: un "*villaggio globale*"[167], direbbe *Marshall Mc Luhan*, di acronimi e nomignoli con cui è possibile comunicare dall'altra parte del globo, a costo zero, in modalità riservata, attraverso l'utilizzo di sistemi di cifratura proprietari che rendono difficoltosa, ed alle volte indecifrabile, la relativa captazione per fini di Giustizia.
Ad onor del vero, ed in controtendenza, merita di essere menzionata l'iniziativa assunta da *Microsoft,* all'indomani dell'acquisto del più noto sistema di comunicazione VoIP, il colosso *SKYPE*, registrando un brevetto[168] per fini di Giustizia, a disposizione del *Bureau* investigativo americano, in grado di intercettare[169] quei *Codec* proprietari, da iLBC (*Internet Low Bitrate Codec*) a SILK (*Super Wideband Audio Codec*).
Va, però, ulteriormente evidenziato che la comunicazione negli ultimi anni è stata veicolata sul *web* ed attraverso l'etere da altri soggetti - non inquadrabili quali "*gestori telefonici*"- che producono apparati radiomobili di fascia alta, con l'impiego di *software* proprietari che consentono, già in modalità di *default,* la fruibilità di applicativi con algoritmi di cifratura coperti da *copy right*, idonei alla video chiamata utilizzando una connessione *Wi Fi* di cortesia, o l'invio di messaggi *end to end,* da *client* a *client,* dello stesso *brand.*
A ciò vanno aggiunti i comparti di nicchia dedicati alla realizzazione di apparati di comunicazione cellulare segreta, i c.d. *crypto phone*, che - secondo le recenti rivelazioni di un collaboratore siciliano - sarebbero anche merce appetibile per l'imprendibile (speriamo ancora per poco) "*capo dei capi*"[170].
Altri moduli operativi sono quelli tanto graditi ai *narcos* - ben informati sulle tecniche captative attraverso l'impiego di apparati portatili di intercettazione tattica (c.d. *IMSI Catcher*) oggi in grado, non solo di catturare gli accoppiamenti IMSI - IMEI (cioè il codice della scheda telefonica e quello dell'apparato telefonico) ma,

---

[167] Marshall Mc Luhan, Bruce R. Powers, *The global village*, Oxford University Press (1989).
[168] Patent application number 20110153809.
[169] Il brevetto consiste nell'installazione, in modalità nascosta, di alcuni "agenti di registrazione" sul computer del target, cioè colui che si vuole intercettare legalmente, e sugli elementi della rete a pacchetto dove avviene la comunicazione VoIP.
[170] Il Fatto Quotidiano, *Messina Denaro e il telefono imprendibile da 4.000 euro*, di Giuseppe Lobianco, 19.4.2016.

anche, di emulare le celle delle BTS - che dalle foreste sud americane, a Toronto, *Miami, Amsterdam* o *Duinsburg*, preferiscono chiamare i compari del "*triangolo d'oro di Platì*", ricorrendo alla tecnologia satellitare.
Infatti, la straripante commercializzazione di apparati di comunicazione satellitare a basso costo[171] con tariffazione attraverso schede prepagate quantificate in *unità/minuto* di conversazione[172], rende particolarmente appetibile l'utilizzo dei sistemi di telefonia *low cost*, da *Thuraya,* ad *Iridium* ad *Inmarsat*, vettori che - *ECHELON*[173] a parte - risultano di complessa intercettazione tattica.
Ultimo distinguo è quello del contrasto agli *Jihadisti* ed ai *foreign fighters* che, pare, non disdegnino le comunicazioni segrete sulle *chat party* della *Play Station* ed attraverso gruppi con autodistruzione dei messaggi a tempo su *Telegram*, imparando anche ad immergersi agevolmente negli abissi del *deep web*, con l'utilizzo di applicativi da 89 centesimi di euro, che consentono ai loro *smart phone* di consultare anonimamente *TOR* e *Hidden Wiki*, con gli applicativi *Onion Browser* per il sistema operativo iOs ed *Orbot* per i più vulnerabili *Android.*
Il tema, forse poco conosciuto nel dettaglio ai più, si trova al centro di un avviluppato *brain storming* di ricerca nella *Communication Intelligence,* interessata anche ai correlati aspetti scientifico/forensi, che vede uno stato dell'arte incerto quanto instabile: si tratta di una materia così complessa e sempre in continua evoluzione, che vede le comunicazioni e le nuove tecnologie quali *status simbol* delle nuove generazioni, siano esse civili che criminali, tra *touch screen* miniaturizzati, accessori di robotica e tecnologie da fantascienza che ci vedono indossare (W.Y.O.D.)[174], utilizzare a lavoro (B.Y.O.D.)[175] o sul nostro mezzo di locomozione (*car to car*) i sempre più disparati ed innovativi *devices* di comunicazione.
Una sorta di arena sociale fatta da "*extensions of man*" [176] sempre nuove ed inaspettate che delineano, nel complesso, un macroscopico *vulnus* normativo nelle L.I. comunitarie ed interne che sta condizionando, giorno dopo giorno, sforzi investigativi ed anni di indagine, di fatto *bypassando* gli intendimenti comunitari rivolti a controllare, *secundum* o *praeter legem*, le comunicazioni per fini di Giustizia e di sicurezza pubblica.

---

[171] Anche sotto gli 800 euro.
[172] Esempio di tariffazione Thuraya con il costo di una sim prepagata contenente 30 "unità" al costo di circa 95 euro, che prevede 0.99 unità/minuto su rete Thuraya; 1,49 unità/minuto su rete fissa e mobile; 0,49 unità/minuto per SMS, 8,1 unità/minuto per chiamate Iridium ed Inmarsat, ecc. (fonte Thuraya Italia).
[173] M. Di stefano, *Intelligence e privacy nella macroaree:un approccio COMINT/OSINT*, Altalex, articolo del 20.11.2014: "[...]il progetto ECHELON, elaborato da Stati Uniti, assieme ai paesi del trattato UKUSA o US.CA.NN.Z.UK.US, da intendersi l'acronimo dei paesi che aderiscono al progetto (Australia, Canada, Nuova Zelanda, Regno Unito, Stati Uniti). La rete ECHELON, quale strumento di Signal intelligence in ambito strategico, sarebbe in grado di monitorare ed intercettare il traffico dei satelliti commerciali in orbita[...]".
[174] Wear your own device
[175] Bring your own device
[176] M. Mc Luhan, *Understanding media: the extensions of man*, Gingko Press (1964).

Lawful interception nel sistema comunitario: l'instradamento[177]

Dopo il conio del "*crimine transnazionale*"[178], nello scacchiere operativo europeo accade sempre più frequentemente che le "*macroaree*" siano oggetto di intercettazioni c.d. "tattiche" a cura degli organismi di polizia giudiziaria comunitaria.

Nel nostro sistema giuridico l'istituto trova due differenti modalità operative: la prima, di portata generale, è quella regolata dal principio delle rogatorie all'estero *ex* artt.727 e ss. c.p.p., in base al criterio giurisprudenziale di fondo secondo cui il ricorso alla rogatoria internazionale è imposto solo allorché l'attività captativa sia diretta a percepire contenuti di comunicazioni o conversazioni che transitino unicamente su territorio straniero[179].

La seconda, riguardante la c.d "*tecnica di instradamento*"[180], presuppone invece il convogliamento delle chiamate partenti da una certa zona all'estero in un "*nodo*" posto in Italia, e non comporta la violazione delle norme sulle rogatorie internazionali, atteso che la complessiva l'attività di intercettazione, ricezione e registrazione delle telefonate, viene compiuta esclusivamente sul territorio italiano[181].

Ancora, l'intercettazione di telefonate in partenza dall'Italia e dirette all'estero non comporta violazione delle norme sulle rogatorie internazionali, dal momento che la complessiva attività di intercettazione, ricezione e registrazione delle telefonate viene compiuta integralmente sul territorio italiano.

In tale caso non è, comunque, necessaria la tecnica dell'istradamento[182], poiché l'intercettazione inerisce una comunicazione che non solo transita, ma ha origine sul territorio nazionale e, conseguentemente, il contatto con un'utenza straniera è da ritenersi del tutto occasionale e non prevedibile[183].

La giurisprudenza si è anche soffermata sulle intercettazioni compiute da altra Autorità di polizia collaterale in ambito all'accordo di *Shengen*, e trasmesse d'inziativa alle Autorità italiane; annota in proposito l'Ufficio del Massimario[184]: "

---

[177] Il presente approfondimento è richiamato nell'articolo, Intelligence e privacy nelle macroaree: un approccio COMINT/OSINT, pubblicato da Altalex i 20.11.2014, nonché nel capitolo "Macroaree, geolocalizzazione ed analisi dei metadati" a compendio del testo Intercettazioni: remotizzazioni e diritto di difesa nell'attività investigativa (profili d'intelligence), cit., che la casa editrice Altalex ha gentilmente reso fruibile sul web come estratto della pubblicazione.

[178] Legge 16 marzo 2006, n. 146, art. 9.

[179] È invece utilizzabile il contenuto intercettivo di una conversazione telefonica disposta, secondo le garanzie ex artt. artt. 266 e segg. cod. proc. pen., su un' utenza ubicata nel territorio dello Stato, a nulla rilevando che l'altra utenza intercettata si trovi all'estero (Cass. Sez. IV, 13 giugno 2003, n. 37751, Lengu, rv 226174).

[180] La procedura di istradamento è considerata una tecnica di esecuzione e non una modalità, sicchè non deve essere precisata nel decreto autorizzativo del PM (Sez. IV, 29 maggio 2002, n. 24351, Vercani rv 225532).

[181] Cass. Sez. IV, 14 maggio 2004, n. 32924, Belforte, rv 229103.

[182] Convogliamento delle chiamate in partenza dall'estero in un "nodo" posto in Italia.

[183] Cass. Sez. IV, 30 giugno 2004, n. 37646, Romeo, rv 229149.

[184] Suprema Corte di Cassazione, UFFICIO DEL MASSIMARIO Servizio Penale REL. N. 55/2005 cit, pagg. 21 e ss.

[...] *le intercettazioni telefoniche ritualmente compiute da un'autorità di polizia straniera e da questa trasmesse di propria iniziativa, ai sensi dell'art. 3, comma 1, della Convenzione Europea di assistenza giudiziaria firmata a Strasburgo il 20 aprile 1959, ratificata con l. 23 febbraio 1961 n. 215, e dell'art. 46 dell'Accordo di Schengen, ratificato con l. 30 settembre 1993 n. 388, senza l'apposizione di 'condizioni all'utilizzabilità', alle Autorità italiane interessate alle informazioni, rilevanti ai fini dell'assistenza per la repressione di reati commessi sul loro territorio, possono essere validamente acquisite al fascicolo del pubblico ministero, ai sensi dell'art. 78, comma 2, disp. att. c.p.p., trattandosi di atti non ripetibili compiuti dalla polizia straniera* [...]"[185].
La dottrina si è spesso dibattuta sulla questione della tecnica di instradamento; così Filippi[186] ha affermato che la giurisprudenza elude la disciplina delle rogatorie internazionali, sostenendo la legittimità delle operazioni di intercettazione secondo il criterio spaziale che individua l'area geopolitica d'interesse nel "*nodo*" posto in Italia - su cui sono "*istradate*" tutte le comunicazioni dirette all'estero – e che, conseguentemente, attribuisce all' autorità giudiziaria italiana la relativa competenza.
Al riguardo, avrebbe rilevanza soltanto il Paese di appartenenza dell'IMSI/utenza, determinando il difetto di giurisdizione dell'autorità giudiziaria italiana nei confronti di una utenza straniera.
Inoltre, la tecnica del c.d. "*instradamento*" utilizzato per le intercettazioni internazionali, si rileverebbe incostituzionale in quanto contrastante con il diritto alla segretezza delle comunicazioni, atteso che la procedura comporta la necessità di intercettare tutte le telefonate delle utenze con numeri contraddistinti dalle prime cifre identiche.
Quindi, detto provvedimento autorizzativo di portata generale, non solo ometterebbe l' indicazione degli incroci e sequenze delle innumerevoli e individuabili utenze intercettate, ma difetterebbe, gioco forza, di qualsiasi motivazione in proposito[187].
Anche Tiberi, nell'analizzare "*L'istradamento delle telefonate straniere: una prassi discutibile*"[188], ha argomentato perplessità riguardo il criterio utilizzato dalla Cassazione per escludere ogni illegittimità della intercettazione, cioè quello relativo al luogo ove si sono tenute le operazioni di captazione, sostenendo che: "[...] *quando ad essere intercettata è una utenza straniera, sia pure con la tecnica dell'istradamento, si produce comunque l'effetto che un soggetto sottoposto alla giurisdizione di altro Stato viene ad essere limitato nell'esercizio di un diritto riconosciuto come inviolabile non solo dalla normativa interna ma anche da quella internazionale. Inoltre, con la tecnica in parola, manca la conoscenza, durante lo*

---

[185] Cass. Sez. I, 31 ottobre 2002, n. 42478, Moio, rv 222984.
[186] L. Filippi, *in Codice procedura penale commentato*, a cura di Giarda e Spangher, IPSOA, II ed. 2001, art. 266, p. 1391.
[187] Suprema Corte di Cassazione, UFFICIO DEL MASSIMARIO Servizio Penale REL. N. 55/2005 cit, pagg. 21 e ss.
[188] M. Tiberi, *L'istradamento delle telefonate straniere: una prassi discutibile*, in Cass. pen. 2004, p. 312.

svolgimento delle operazioni, della utenza che verrà ad essere sottoposta a controllo.
Accade, invero, che conoscendo il numero di una determinata utenza estera, con la tecnica citata è possibile intercettare un fascio di telefonate in uscita dal territorio nazionale, intestate ad utenti ignoti che vengono ad essere identificati solo nel corso delle operazioni.
Sono così raccolte, dal tecnico Telecom, su autorizzazione del giudice, tutte le telefonate Italia-estero e deviate alla centrale di ascolto, ove un ufficiale di polizia giudiziaria procede alla selezione dopo il relativo ascolto.
Con la conseguenza che ogni intercettazione realizzata non può essere preceduta validamente autorizzata da un provvedimento motivato della autorità giudiziaria procedente come invece richiesto dall'art. 267 c.p.p. e 15 Cost. [...]"[189].
Sul punto l'orientamento giurisprudenziale è ormai da tempo consolidato, con richiamo alla datata sentenza della *V Sezione n. 4401 del 2.7.1998 dep. 21.10.1998 rv 211520.*
Più recentemente la II Sezione della Suprema Corte, in relazione ad un ricorso per "*violazione di legge in relazione all'acquisizione ed utilizzazione di intercettazioni di utenze estere senza ricorso a procedure di assistenza giudiziaria internazionale, con conseguente inutilizzabilità delle stesse*", ha argomentato che: " [...] *Le operazioni di intercettazione telefonica devono essere effettuate attivando le procedure di assistenza giudiziaria internazionale soltanto se richiedono il compimento di attività all'estero. Nel caso in cui le stesse possano invece essere effettuate dal territorio nazionale nessuna assistenza da parte di altri Stati è necessaria.*
Nella specie non vi è ragione di ritenere (e neppure è allegato) che siano state compiute attività di intercettazione all'estero, ma solo che le utenze intercettate non erano italiane.
Del resto questa Corte ha affermato (ed il Collegio condivide l'assunto) che <<l'art. 266 cod. proc. pen., autorizzando l'intercettazione di conversazioni o comunicazioni telefoniche nel corso di indagini relative a determinati reati, consente il controllo sia delle telefonate in arrivo su utenze italiane, sia delle telefonate che partono dall'Italia verso utenze straniere. Nè il ricorso alla procedura del cd. istradamento - convogliamento delle chiamate partenti da una certa zona all'estero in un nodo posto in Italia - comporta la violazione delle norme sulle rogatorie internazionali, in quanto in tal modo tutta l'attività di intercettazione, ricezione e registrazione delle telefonate, viene compiuta completamente sul territorio italiano. (Cass. Sez. 5 sent. n. 4401 del 2.7.1998 dep. 21.10.1998 rv 211520)>> [...]"[190].
Un ultimo, significativo, inciso riguarda una recentissima sentenza della Suprema Corte[191], sempre più interessata ad analizzare questioni riguardanti l'utilizzo di

[189] Suprema Corte di Cassazione, UFFICIO DEL MASSIMARIO Servizio Penale REL. N. 55/2005 cit, pagg. 21 e ss.
[190] Cassazione Penale, Sez. II, 17 aprile 2007 n. 16655.
[191] Laleggepertutti.it, *Intercettazioni telefoniche: per evitarle è inutile procurarsi una scheda estera*, pubblicato il 13 maggio 2014.

schede telefoniche cellulari di nazionalità straniera, quale *escamotage* per eludere le intercettazioni giudiziarie in Italia.
Hanno annotato gli Ermellini lo scorso 13 maggio: "[...] *se un apparecchio cellulare italiano si trovi in territorio estero, ma il flusso comunicativo si registri in Italia e non all'estero, non rileva il luogo dove sia in uso il relativo apparecchio, bensì esclusivamente la nazionalità dell'utenza.*
Allo stesso modo, se un'utenza straniera sia in uso in territorio italiano e il flusso delle comunicazioni avviene interamente nel territorio dello Stato italiano, l'intercettazione dell'apparecchio è legittima senza necessità che sia dia corso a una rogatoria internazionale [...] la materia è regolata da un principio di fondo secondo il quale la rogatoria internazionale è richiesta solo quando l'attività captativa sia diretta a percepire contenuti di comunicazioni o conversazioni che transitino unicamente su territorio straniero [..]"[192]

Gli agenti *spyware* e gli interessi della giurisprudenza

Un frequente espediente tecnico/investigativo per aggirare le comunicazioni VoIP, *client to client*, quelle *end to end* così come quelle *peer to peer,* trova applicazione nell'inoculazione sui *client* di interesse del captatore informatico, c.d. "*troiano*", un s*oftwar*e spia il cui scopo è quello di leggere informazioni presenti sul dispositivo di un utente e inviarle attraverso *Internet* al soggetto monitorante.
Un sistema insidioso che rincorre la tecnologia dei sistemi operativi, così da dover aggirare le blindature di *Knox* (una piattaforma impermeabile da intrusioni esterne) sui più recenti *Android*, o riuscire a *Jailbreakkare* (cioè di evadere dal sistema nativo) gli impenetrabili *iOS* con gli aggiornamenti più recenti, fino a poter inoculare quel *virus* malevolo ed invisibile.
Tanto che alcuni *managers* e faccendieri della politica dai "*colletti grigi*", secondo alcune fonti giornalistiche[193], avrebbero iniziato a collezionare telefonini "*bibanda*" di vecchia generazione, magari con vetusta tecnologia *Symbian OS*, troppo vecchia per supportare *spyware* e consumi di batteria in *upload* silente.
Lo *spyware* concerne, sotto il profilo privatistico, un invasivo protocollo di spionaggio in grado di insinuarsi nell'intimità dell'individuo.
Riguarda, sotto la focale giuridica, uno strumento di ricerca della prova che fa ricorso sia all'art. 266 che all'art. 266 bis del codice di rito, in quanto il *trojan* è in grado di monitorare, una volta insinuatosi nel *client* bersaglio, non solo le comunicazioni in senso classico ma anche i flussi informatici e telematici generati e ricevuti da quella piattaforma operativa.
Ma, ancora, in grado di "*infiltrarsi*" nei registri di impostazione di sistema, abilitare i privilegi di utilizzo del microfono, della videocamera, e così via; ecco, quindi, la configurabilità dell'ipotesi autonoma disciplinata dal comma due dell'art. 266: una forma di intercettazione di comunicazioni tra presenti e, da qui, le conseguenti limitazioni previste in relazione alla violabilità del domicilio *ex* art. 614 cp.

---

[192] Cass. sent. n. 19424 del 12.05.2014.
[193] La Repubblica, *Politici e manager ora usano vecchi cellulari - come lo Startac - per non essere intercettati. Pare funzioni*, di Giuliano Foschini, 29 aprile 2016.

Potrebbe, pertanto, accadere che il microfono del *target* investigato venga attivato da remoto mentre il bersaglio si trova a spasso con il suo nuovo *smart phone*, al bar, magari alle poste, o anche nella privata dimora.
Inevitabile, allora, l'intervento degli ermellini anche su un tema così tecnologico, cosicchè al quesito riguardante la possibilità che "*anche nei luoghi di privata dimora ex art. 614 cod. pen., pure non singolarmente individuati e anche se ivi non si stia svolgendo l'attività criminosa - sia consentita l'intercettazione di conversazioni o comunicazioni tra presenti, mediante l'installazione di un captatore informatico in dispositivi elettronici portatili*", come *personal computer, tablet, smartphone ecc.*, le Sezioni Unite[194] hanno risposto affermativamente "*limitatamente a procedimenti relativi a delitti di criminalità organizzata, anche terroristica (a norma dell'art. 13 d.l. n. 152 del 1991), intendendosi per tali quelli elencati nell'art. 51, commi 3-bis e 3-quater, cod. proc. pen., nonché quelli comunque facenti capo a un'associazione per delinquere, con esclusione del mero concorso di persone nel reato*".
La questione, in verità, ha rilievo di ben più ampia portata, potendosi traslare detto principio nel contesto di altra attività di intercettazione dinamica, come quella ove è presente il distinguo tra *agente attrezzato per il suono*[195] con l'impiego di sistemi di intercettazione c.d. *bodycell*, e l'attività *undercover* svolta, dall'agente o dall'interposto, in contrasto al narco traffico[196], alla lotta al terrorismo[197] ed al crimine transnazionale.[198]
Ed, ancora, il ricorso al c.d "*captatore informatico*" fa sì che l'agente riesca ad insinuarsi nel *target* non soltanto al fine di monitorarne le comunicazioni foniche, le *chat* sui *social*, la tabulazione di quanto scritto sul *display* con applicativi *keylogger*[199] o la ripetizione sistematica di *screenshots* rivolti a fotografare ogni singolo frammento della quotidianità dell'utente.

---

[194] Cass. pen., Sez. Un., sent. 28 aprile 2016,dep. 1 luglio 2016, n. 26889, Pres. Canzio, Rel. Romis, Imp. Scurato

[195] M. Di Stefano, *Sociologia della comunicazione come strumento d'indagine*, Altalex, articolo del 2.5.2013: "[...] Sullo status della persona partecipante ad una situazione comunicativa, ed al relativo utilizzo delle memorizzazioni effettuate, recentemente il Tribunale di Milano - nel contesto di una estorsione - ha inquadrato due distinte fattispecie: una prima delineante la figura "dell'agente attrezzato per il suono", individuato nella presunta vittima, microfonato dalla polizia giudiziaria per documentare il contenuto fonico di un incontro con l'estortore.

Una seconda ipotesi attinente, invece, la figura dell' "agente sotto copertura", impiegato in parallela attività svolta nei confronti dello stesso soggetto da altro organismo investigativo specializzato, utilizzando un mezzo di trasporto adibito fittiziamente a vendita ambulante di alimenti, ed in verità "attrezzato per il suono", nel quadro di una articolata "operazione sotto copertura" ex L. 16 marzo 2006, n. 146, art. 9 [...]".

[196] D.P.R. 9.10.1990n.309, art. 97.

[197] L. 15.12.2001, n. 438, art. 4.

[198] Legge 16 marzo 2006, n. 146, art. 9.

[199] Sicurezza e Giustizia, *La perquisizione on line tra esigenze investigative e ricerca atipica della prova*, di Luca Battineri: "[...] Nella sentenza "Virruso" (Cass. sez. 5, Sentenza n. 16556 del 14/10/2009), la Suprema Corte ha finito per conferire legittimazione indiretta ai mezzi atipici di ricerca della prova, pur avendo risolto il problema non tanto dalla prospettiva

Ma, anche, quella di infiltrarsi nella sua più intima *privacy*, clonandone il profilo degli *account cloud* sulle tante nuvole virtuali di *back up*, dei dati di registrazione *Google*[200] attraverso cui sarà possibile inseguire ogni spostamento, attività ed interesse dell'utente, od osservarne, *ictu oculi*, ogni atto quotidiano della vita attraverso l'attivazione occulta della *webcam*[201] o, ancora, procedere ad una

---

dello strumento di "cattura" utilizzato, quanto dal legittimo ingresso nel processo dell'elemento probatorio così raccolto, ai sensi dell'art. 189 c.p.p. In particolare, ha escluso che il ricorso al captatore informatico, espediente tecnico in grado di intercettare e clonare in tempo reale il flusso unidirezionale di informazioni (presenti e future) veicolato dall'utilizzatore sul proprio computer attraverso i comuni software di videoscrittura, potesse ritenersi in conflitto con le tutele garantite dagli artt. 14 e 15 della Costituzione. Tuttavia, se non desta perplessità alcuna il rigetto delle censure di violazione al diritto di segretezza delle comunicazioni, trattandosi di apprensione di flussi d'informazione non certo a contenuto comunicativo, non altrettanto convincente appare l'argomento utilizzato per negare sede alle possibili censure relative all'art. 14 in tema d'inviolabilità del domicilio. Limitandosi a respingere il profilo sulla base del mero luogo fisico di ubicazione dell'apparato informatico attinto dalla captazione ("Invero, l'apparecchio monitorato con l'installazione del captatore informatico non era collocato in un luogo domiciliare ovvero in un luogo di privata dimora, ancorché intesa nella sua più ampia accezione, bensì in un luogo aperto al pubblico. Il personal computer, infatti, "si trovava nei locali sede di un ufficio pubblico comunale, ove sia l'imputato sia gli altri impiegati avevano accesso per svolgere le loro mansioni ed ove potevano fare ingresso, sia pure in determinate condizioni temporali, il pubblico degli utenti ed il personale delle pulizie, insomma una comunità di soggetti non particolarmente estesa, ma nemmeno limitata o determinabile a priori in ragione di una determinazione personale dell'imputato"), la Corte sembra sovvertire la prospettiva forse più corretta dalla quale inquadrare la questione, confondendo il luogo ove è collocato il sistema informatico con il sistema informatico quale luogo o comunque proiezione di un luogo, ascrivendo rilevanza al primo anziché al secondo e, così facendo, entrando in conflitto con il concetto stesso di domicilio informatico inteso quale spazio ideale – ma anche fisico – in cui sono contenuti i dati informatici di pertinenza della persona (Cassazione penale sez. V, sentenza 26.10.2012 n° 42021) [...]".

[200] Indispensabile, ad esempio, per l'attivazione di un dispositivo su piattaforma *Android*, ciò a prescindere da un successivo reale utilizzo di un indirizzo di posta elettronica con la stringa "*gmail.com*".

[201] Sicurezza e Giustizia, *La perquisizione on line tra esigenze investigative e ricerca atipica della prova*, cit.: "[...] Nella sentenza "Prisco" del 2006 (Cass. S.U. 26975/2006), la Suprema Corte aveva associato le videoriprese di comportamenti a contenuto non comunicativo alla atipicità dei mezzi di prova di cui all'art. 189 c.p.p., qualificando illecito lo strumento istruttorio innominato allorquando acquisito mediante la violazione di diritti di rango costituzionale effettuata oltre i limiti imposti. Ecco perché, a detta della Corte, quando la videoripresa "fotografa" luoghi tali da ingenerare aspettativa di riservatezza in chi vi si intrattiene (priveé piuttosto che toilette di un locale pubblico), pur essendosi al di fuori delle stringenti guarentigie che tutelano la inviolabilità del privato domicilio non per questo l'attività investigativa può sfuggire alla riserva di giurisdizione, da leggersi nel provvedimento autorizzativo emesso dalla Autorità Giudiziaria. Verrebbe da dire, tuttavia, che la soluzione di compromesso adottata (non essendo intercettazioni, non occorre il liquet del giudice ma neppure è ammissibile l'iniziativa autonoma della polizia giudiziaria, ergo basta il decreto motivato del PM) non poggia in maniera del tutto convincente sul quadro di riferimento costituzionale, posto che il diritto alla privacy, pacificamente riconosciuto tra quelli inviolabili

"*perquisizione informatica*"[202] silente spulciando il contenuto di ogni cartella ove sono stati allocati i dati dell'utente su quel dispositivo elettronico.
Si tratta, in buona sostanza, di un sistema di spionaggio in continua evoluzione le cui potenzialità – quale insidioso espediente di ricerca atipica della prova - vanno graduate *cum grano salis*, per un verso affinchè siano rispettati i presupposti giuridici a fondamento del decreto che dispone/autorizza il compimento dell'atto/attività, per altro verso al fine di non violentare, oltre modo e senza una reale esigenza, una serie di diritti costituzionalmente garantiti che, in assenza di analitiche cautele adottate dal giudice in fase autorizzatoria, si potrebbero trovare esposti ad una intromissione massiva, in alcuni casi incontrollabile, talune volte sottratta al diritto di difesa ed altre volte, ancora, non documentabile, sotto il profilo forense, quale attività genuina, inalterata o, viepiù, quale modalità irripetibile.
Di particolare rilievo, a commento della recentissima sentenza delle Sezioni Unite[203] sul tema prima richiamata, è l'*abstract* di Giulia Lasagni per Diritto Penale Contemporaneo, di cui si richiama un breve frammento ove è abilmente descritta la polivalenza dei captatori informatici nel nostro sistema giuridico:
"[…] L'ingresso della tecnologia digitale nel processo penale rappresenta ormai un dato di fatto. Negli ultimi anni e già in numerose occasioni, la giurisprudenza di merito e quella di legittimità si sono espresse sulle indagini effettuate grazie ad

---

dell'uomo di cui all'art. 2, non prevede espressamente le stringenti limitazioni alla compressione che il Costituente ha riservato ad altre sfere di estrinsecazione della personalità. Di conseguenza, posto che è solo l'intrusione nel domicilio a richiedere il rispetto della riserva di legge, ogni qualvolta l'attività di osservazione non intacca l'ambito costituzionalmente protetto dall'art. 14 non si capisce bene quale sia l'addentellato sul quale agganciare il previo controllo giudiziario. Anche l'art. 8 della C.E.D.U.,(1) più volte invocato in tema, non pare legittimare la tesi in oggetto. Anzi, a voler essere del tutto coesi con la tutela dei diritti fondamentali imposta dalla Convenzione, neppure l'intervento autorizzativo della A.G. andrebbe ritenuto sufficiente presupposto di legittimazione, atteso che la norma sovranazionale prescrive che l'ingerenza dello Stato nella riservatezza del privato debba essere normativamente prevista.

202 *Ivi*: "[…] Dal punto di vista operativo, per perquisizioni online vanno intesi quegli espedienti tecnici (come ad esempio, i c.d. trojan) che consentono agli organi inquirenti di accedere a sistemi informatici o telematici al fine di effettuare un occulto monitoraggio della attività ivi realizzata, accompagnato, all'occorrenza, dalla clonazione in tempo reale dei dati aggiornati dall'utilizzatore e si distinguono dalle intercettazioni telematiche avendo ad oggetto non la captazione di un flusso comunicativo ma il mero contenuto (eventualmente dinamico) del sistema. Gli interpreti che hanno per primi affrontato il problema della perquisizione online non hanno esitato a ritenere che, siffatto modus procedendi, della perquisizione conserverebbe solo il nome, trattandosi, in realtà, di una attività investigativa del tutto avulsa dallo schema disegnato dagli artt. 247 e ss. c.p.p. Pertanto, essendosi in presenza di uno strumento atipico di ricerca della prova, la sua legittimazione processuale andrebbe vagliata valutando la compatibilità con le garanzie che limitano la compressione dei diritti costituzionalmente tutelati, di cui agli artt. 14 e 15 Cost., vale a dire le riserve di legge e di giurisdizione […]".

203 Cass. pen., Sez. un., sent. 28 aprile 2016,dep. 1 luglio 2016, n. 26889, Pres. Canzio, Rel. Romis, Imp. Scurato

alcune tipologie di c.d. "captatori informatici", quali navigatori satellitari[204] o programmi di clonazione degli *hard disk* (ad esempio "*ghost*")[205].
Rispetto a tali mezzi, tuttavia, l'uso di *software* informatici di controllo da remoto, come i *Trojan*, presenta indubbie peculiarità, come riconosciuto dalle Sezioni unite nella sentenza in commento.
In primo luogo, a differenza di altri strumenti intrusivi, questi *software* possono essere installati ed attivati sul dispositivo da intercettare in modo occulto ed a distanza (ad esempio tramite una e-mail, un'applicazione di aggiornamento, un sms).
In secondo luogo, questi captatori permettono una gamma molto ampia di operazioni intrusive, che comprendono: l'accesso (con facoltà di copia) ai dati memorizzati nel dispositivo, la registrazione del traffico dati in arrivo o in partenza (incluso quanto digitato sulla tastiera), la registrazione delle telefonate e delle videochiamate e, soprattutto, l'attivazione delle funzioni microfono e/o telecamera indipendentemente dalla volontà dell'utente.
In questo ultimo caso, il dispositivo può quindi essere utilizzato come strumento per registrare tutto ciò che avviene entro il proprio raggio di azione, sfruttando l'abitudine, ormai comune, di portare sempre con sé certi tipi di apparecchi digitali – quali *tablet* o *smartphone*, ma anche e sempre più orologi o occhiali che includono sistemi operativi c.d. *smart*, come gli *Apple watch* o i *Google glass*. Proprio queste attività di *surveillance*, non più limitate ad uno specifico luogo fisico, costituiscono l'oggetto della pronuncia in esame, con la quale le Sezioni unite ne riconoscono la legittimità alla luce dell'ordinamento interno.
Il fatto che solo recentemente[206] la Corte di Cassazione abbia preso posizione per la prima volta in merito all'uso di *software* in grado di captare sia flussi di dati che di comunicazioni, tuttavia, non deve trarre in inganno circa l'entità dell'impiego di questi strumenti nella prassi investigativa. Dubbi sulla disciplina applicabile a questo tipo di intercettazioni erano già stati sollevati in diverse pronunce dei giudici

---

[204] Cass., Sez. I, 7 gennaio 2010, dep. 9 marzo 2010, n. 9416, Pres. Fazzioli, Rel. Cassano, Imp. Congia e a., C.E.D. 246774.

[205] Cass., Sez. V, sent. 14 ottobre 2009, dep. 29 aprile 2010, n. 16556, Pres. Calabrese, Rel. Pizzuti, Imp. Virruso e a., C.E.D. 246954, già commentata da ATERNO, *Le investigazioni informatiche e l'acquisizione della prova digitale, in Giur. merito*, 2013, p. 955 ss. e da TORRE, *Il virus di Stato*, cit., p. 1164.

[206] Nei casi precedenti in cui la Cassazione si era espressa in merito all'uso di captatori informatici, infatti, le potenzialità degli strumenti utilizzati a scopo di sorveglianza (ad esempio c.d. *ghost*) erano limitate prevalentemente alla captazione di dati, cfr. Cass., sent. 14 ottobre 2009, n. 16556, Virruso, cit.; Cass., Sez. IV,
17 aprile 2012, dep. 24 maggio 2012, n. 19618, Pres. Sirena, Rel. Massafra (meglio conosciuto come caso *Ryanair*) in *Cass. pen.*, 2013, p. 1523 ss. con nota di BONO, *Il divieto di indagini ad explorandum include i mezzi informatici di ricerca della prova*, commentato anche da CORRIAS, *Perquisizione e sequestro informatici: divieto di inquisitio generalis*, in *Dir. informaz.*, 2012, p. 1146.
Per una accurata ricostruzione del tema delle perquisizioni online nel nostro ordinamento si veda anche IOVENE, *Le c.d. perquisizioni online tra nuovi diritti fondamentali ed esigenze di accertamento penale*, in *Dir. Pen. Cont. – Riv. Trim.*, 3-4/2014, p. 329.

di merito (fra cui i noti provvedimenti emanati dal Tribunale di Palermo[207], o dal Tribunale di Napoli nel famigerato caso *Bisignani* concernente l'associazione di stampo massonico P4[208]), a
testimonianza di un'operatività ormai diffusa di questi captatori informatici "polivalenti" nel nostro ordinamento [...]"[209].

La memorizzazione fonica di un fatto storico ex art. 234 c.p.p[210]

Gli *smart phone* ed i *tablet*, giusto per citare gli strumenti tecnologici di più larga diffusione, sono diventati ormai da diversi anni sofisticati "contenitori" di reperti video fonici memorizzati sui tanti sistemi di archiviazione sulle nuvole del protocollo di *cloud computing*[211], spesso confluendo quali prove documentali in giudizio.
Il loro largo utilizzo anche da parte della polizia giudiziaria, degli investigatori privati e degli studi legali nel contesto di indagini difensive, ha ingenerato più volte riserve e perplessità interpretative, in parte dovute alla omessa o equivoca precisazione riguardo l'autore della registrazione, le modalità di effettuazione delle operazioni, la collocazione del soggetto che detiene il dato fonico nel contesto comunicativo oggetto di repertazione storica, ed ancora lo *status* giuridico rivestito da colui che produce la prova documentale.
Da qui la presunzione, alle volte, di trovarsi di fronte ad una "*intercettazione illegale*" o, ancora, l'ipotesi di un utilizzo improprio del reperto fonico in contrasto ai più elementari principi di *privacy*.

---

[207] Trib. Palermo, Sez. riesame, ord. 11 gennaio 2016, Pres. est. Gamberini, pubblicata in *questa Rivista*, 24 marzo 2016, con commento di LORENZETTO, *Il perimetro delle intercettazioni ambientali eseguite mediante "captatore informatico"*.
[208] Proc. pen. n. 39306/2007 R.G.N.R., mod. 21, già commentato da TESTAGUZZA, *I sistemi di controllo remoto: fra normativa e prassi*, in *Dir. pen. e proc.*, 2014, p. 759 e ss., e da TORRE, *Il virus di Stato nel diritto vivente tra esigenze investigative e tutela dei diritti fondamentali*, in *Dir. pen. e proc.*, 2015, p. 1167.
[209] Diritto Penale Contemporaneo, *L'uso di captatori informatici (trojans) nelle intercettazioni "fra presenti"*, di Giulia Lasagni, pubblicato il 7 ottobre 2016.
[210] Il presente approfondimento è compendiato nell'articolo, *Sociologia della comunicazione come strumento d'indagine*, cit.
[211] M. Di Stefano, B. Fiammella, *Intercettazioni, remotizzazione e diritto di difesa nell'attività investigativa. Profili d'intelligence*, cit. pag. 72: "[...] Prima di parlare di remotizzazione è necessario introdurre un concetto ormai diffuso sul *web*, quello della c.d. "*nuvola*": sono, infatti, sempre più frequenti gli utenti che, attraverso la tecnologia del *cloud computing*, gestiscono esternamente, *on line*, le applicazioni, le attività e le proprie risorse di memoria, invece che all'interno delle mura domestiche. I vantaggi sono dovuti ad una semplificazione nella gestione dei macro dati da parte di un *hosting service provider* capace di reggere tutta l'architettura informatica dell'utente, così rendendo una postazione internet fluida, veloce, immediatamente accessibile e versatile, per di più non appesantita da archivi personali che l'utente può tranquillamente conservare presso il servizio di *cloud* senza la necessità di procedere a continue copie su memorie esterne e *back up*. Quindi, si abbia un PC, un *netbook*, un *tablet* o uno *smart phone*, sarà sufficiente accedere al *provider* preferito, con una spesa contrattuale irrisoria, e da lì gestire documenti, foto, filmati, cineteche, raccolte discografiche e programmi in tempo reale via Internet [...]".

La problematica è stata più volte oggetto di disquisizione giurisprudenziale, univocamente concorde nell'affermare che non è da intendersi attività illecita la registrazione effettuata da un partecipante nel contesto di una situazione comunicativa, sia essa tra presenti che a mezzo del telefono o di altri vettori comunicativi, perchè "*chi conversa accetta il rischio che la* ***conversazione*** *sia documentata mediante registrazione*", fermi restando i limiti previsti a tutela e riservatezza della *privacy*, nonché le eventuali violazioni delle relative restrizioni, qualora si diffonda il contenuto del reperto per scopi diversi dalla tutela di un diritto proprio o altrui[212].
Quindi, laddove la registrazione fonografica di un colloquio, svoltosi tra soggetti presenti o attraverso l'utilizzo di apparati di comunicazione, sia eseguita da uno dei soggetti partecipanti o comunque lecitamente ammesso ad assistervi, seppur eseguita in modo clandestino, non può essere assimilata alla nozione di intercettazione, costituendo, bensì, "*forma di memorizzazione fonica di un fatto storico, della quale l'autore puo' disporre legittimamente, anche a fini di prova nel processo secondo la disposizione dell'art. 234 cod. proc. penale*"[213], fatti salvi i possibili obblighi di riservatezza ed i divieti divulgazione "*del contenuto della comunicazione che si fondino sul suo specifico oggetto o sulla qualita' rivestita dalla persona che vi partecipa*"[214].

L'agente attrezzato per il suono ed il sotto copertura

Sullo *status* della persona partecipante ad una situazione comunicativa in un contesto giudiziario, ed al relativo utilizzo delle memorizzazioni effettuate, si richiama il significativo distinguo che il Tribunale di Milano[215] – nel contesto di una estorsione – ha operato inquadrando due distinte fattispecie: una prima delineante la figura "*dell'agente attrezzato per il suono*", individuato nella presunta vittima, microfonato dalla polizia giudiziaria per documentare il contenuto fonico di un incontro con l'estortore.
Una seconda ipotesi attinente, invece, la figura dell' "*agente sotto copertura*", impiegato in parallela attività svolta nei confronti dello stesso soggetto da altro organismo investigativo specializzato, utilizzando un mezzo di trasporto adibito fittiziamente a vendita ambulante di alimenti, ed in verità "*attrezzato per il suono*", nel quadro di una articolata "*operazione sotto copertura*" ex L. 16 marzo 2006, n. 146, art. 9.
Quel Tribunale, nel ripercorrere alcune argomentazioni in precedenza vagliate al riguardo dalla Consulta[216], richiamando, poi, altro orientamento giurisprudenziale annotato dalla Corte di Cassazione nel 2006[217], ha chiarito che "*l'attività di captazione eseguita da uno degli interlocutori d'intesa con la polizia giudiziaria e*

---

[212] Cass., Sez. III, sentenza 13 maggio 2011, n. 18908.
[213] Cass., Sez. un. 28 maggio 2003, n. 6747, Torcasio, rv 225465-468.
[214] Cass., Sez. II, 25 settembre 2003, n. 45622, Versaci, rv 227153. In detta sentenza è riconosciuto, al riguardo, l' ammissibilità della deposizione testimoniale dell'interlocutore di una conversazione sul contenuto della medesima.
[215] Tribunale di Milano, Sez. VII penale, ud. 13 marzo 2012, Pres. est. Barazzetta.
[216] Corte Costituzionale, sentenza 320/2009, decisione del 30/11/2009.
[217] Cass., Sez. un. 28 marzo 2006 n. 26795, Prisco.

con strumenti da essa forniti non costituisce più un «documento», ma «la documentazione di un'attività di indagine», dichiarando, per un verso, l'inutilizzabilità delle registrazioni audio riferite agli incontri memorizzati dalla presunta vittima *attrezzata per il suono* dalla polizia giudiziaria, al contempo ammettendo l'acquisizione al fascicolo per il dibattimento delle registrazioni dei colloqui captati dagli agenti "*sotto copertura*" del reparto investigativo specializzato[218].
In dottrina, Filippi aveva commentato l'espediente investigativo dell'agente microfonato successivamente alla pronuncia della nota "*sentenza Torcasio*" [219], con un articolo intitolato "*La morte dell'agente segreto attrezzato per il suono*".[220]
In un contesto comunitario a tutela dei diritti dell'uomo, l'utilizzabilità di una memorizzazione fonica fatta da un conversante *ex* art. 234 c.p.p. ha trovato in taluni contesti favorevole orientamento[221]; altre volte è emersa l'inutilizzabilità in quanto da ritenersi "*prova illegittimamente acquisita*" *ex* art. 191 c.p.p. [222] in ragione del "*diritto al rispetto della vita privata e familiare, del domicilio e della corrispondenza*" previsto dall'art. 8 della CEDU[223].
Con richiamo al "*diritto probatorio*", ed alla tutela della "*libertà morale della persona nell'assunzione della prova*" [224], la sentenza Torcasio ha trovato ampia condivisione in dottrina; l'Ufficio del Massimario annota che la dottrina evidenzia "[...] *la simmetria della sentenza con le pronunzie della Corte costituzionale che hanno interpretato il principio del contraddittorio nella formazione della prova introdotto dall'art. 111 Cost., nel senso di negare valore di prova alle dichiarazioni raccolte unilateralmente dagli organi investigativi*[225] *o di riconoscere la impermeabilità del processo, quanto alla formazione della prova stessa, rispetto al materiale raccolto in assenza della dialettica delle parti*[226].

---

[218] www.altalex.com, Sociologia della comunicazione quale strumento d'indagine", cit.
[219] Cass., SS.UU., 28 maggio 2003, n. 36747, Torcasio, rv 225465-468.
[220] FILIPPI, *Le Sezioni unite decretano la morte dell'agente segreto "attrezzato per il suono"*, in Cass. Pen., 2004, p. 2094.
[221] CARMONA, *L'inutilizzabilità delle registrazioni telefoniche alla luce del diritto al rispetto della corrispondenza sancito dalla Convenzione europea dei diritti dell'uomo*, in Cass. Pen., 2000, p. 3455.
[222] BOLOGNASI, *La disciplina delle intercettazioni a fronte della Convenzione per la salvaguardia dei diritti dell'uomo*, in *Dir. pen. e proc.*, 1996, p. 1528.
[223] Art. 8. *Diritto al rispetto della vita privata e familiare*: «I. Ogni persona ha diritto al rispetto della sua vita privata e familiare, del suo domicilio e della sua corrispondenza. II. Non può esservi ingerenza di una autorità pubblica nell'esercizio di tale diritto a meno che tale ingerenza sia prevista dalla legge e costituisca una misura che, in una società democratica, è necessaria per la sicurezza nazionale, per la pubblica sicurezza, per il benessere economico del paese, per la difesa dell'ordine e per la prevenzione dei reati, per la protezione della salute o della morale, o per la protezione dei diritti e delle libertà altrui».
[224] Art. 188 c.p.p. *Libertà morale della persona nell'assunzione della prova*: «I. Non possono essere utilizzati, neppure con il consenso della persona interessata, metodi o tecniche idonei a influire sulla libertà di autodeterminazione o ad alterare la capacità di ricordare e di valutare i fatti».
[225] Corte Cost., sentenza 26 febbraio 2002, n. 32.
[226] Corte Cost., sentenza 26 febbraio 2002, n. 36.

Infine ha segnalato come le conclusioni raggiunte dalle Sezioni unite in relazione alla attività investigativa della polizia giudiziaria debbano valere anche nell'ipotesi in cui le dichiarazioni siano state registrate[227]*, all'insaputa dell'interlocutore, nell'ambito delle indagini difensive delle parti private*[228](Filippi) [...]" [229].

---

[227] D.M. 1 dicembre 2010, n. 269. Art. 5 *Qualità dei servizi di investigazione privata e di informazione commerciale*: «[...] Per lo svolgimento delle attività di cui ai punti da a.I), a.II), a.III) e a.IV) i soggetti autorizzati possono, tra l'altro, svolgere, anche a mezzo di propri collaboratori segnalati ai sensi dell'articolo 259 del Regolamento d'esecuzione TULPS: attività di osservazione statica e dinamica (c.d. pedinamento) anche a mezzo di strumenti elettronici, ripresa video/fotografica, sopralluogo, raccolta di informazioni estratte da documenti di libero accesso anche in pubblici registri, interviste a persone anche a mezzo di conversazioni telefoniche, raccolta di informazioni reperite direttamente presso i locali del committente. b) informazioni commerciali: b.I): attività, richiesta da privati o da enti giuridici pubblici e privati, di raccolta, analisi, elaborazione, valutazione e stima di dati economici, finanziari, creditizi, patrimoniali, industriali, produttivi, imprenditoriali e professionali delle imprese individuali, delle società anche di persone, persone giuridiche, enti o associazioni nonché delle persone fisiche, quali, ad esempio, esponenti aziendali, soci, professionisti, lavoratori, parti contrattuali, clienti anche potenziali dei terzi committenti, nel rispetto della vigente normativa nazionale e comunitaria in materia di tutela della *privacy*. Per lo svolgimento delle attività di cui al punto b.I) i soggetti autorizzati possono, anche a mezzo di propri collaboratori segnalati ai sensi dell'articolo 259 del Regolamento d'esecuzione, raccogliere informazioni provenienti sia da pubblici registri, elenchi, atti o documenti conoscibili da chiunque (ad es. visure camerali, visure ipocatastali, bilanci, protesti, atti pregiudizievoli di conservatoria, fallimenti e procedure concorsuali, certificati o estratti anagrafici) o pubblicamente accessibile a chiunque (ad es. elenchi categorici, notizie internet), sia provenienti da fonti private (ad es. lo stesso committente, l'interessato ed altri soggetti privati), acquisite e trattate per finalità di natura economica o commerciale ovvero di valutazione sulla solvibilità, affidabilità o capacità economica dell'interessato e di relativa valutazione, in forma anche di indicatori sintetici, elaborati mediante l'opera intellettuale/professionale dell'uomo od anche attraverso procedure automatizzate ed informatiche [...]».

[228] *Ivi*: «I. Ai fini della definizione delle tipologie di attività, di cui all'articolo 4, comma 2, e dei requisiti minimi di qualità dei servizi, sono individuate le seguenti tipologie di attività d'indagine, esercitata nel rispetto della legislazione vigente e senza porre in essere azioni che comportino l'esercizio di pubblici poteri, riservate agli organi di Polizia ed alla magistratura inquirente: a) investigazione privata: a.I): attività di indagine in ambito privato, volta alla ricerca ed alla individuazione di informazioni richieste dal privato cittadino, anche per la tutela di un diritto in sede giudiziaria, che possono riguardare, tra l'altro, gli ambiti familiare, matrimoniale, patrimoniale, ricerca di persone scomparse; a.II): attività di indagine in ambito aziendale, richiesta dal titolare d'azienda ovvero dal legale rappresentante o da procuratori speciali a ciò delegati o da enti giuridici pubblici e privati volta a risolvere questioni afferenti la propria attività aziendale, richiesta anche per la tutela di un diritto in sede giudiziaria, che possono riguardare, tra l'altro: azioni illecite da parte del prestatore di lavoro, infedeltà professionale, tutela del patrimonio scientifico e tecnologico, tutela di marchi e brevetti, concorrenza sleale, contraffazione di prodotti; a.III): attività d'indagine in ambito commerciale, richiesta dal titolare dell'esercizio commerciale ovvero dal legale rappresentante o da procuratori speciali a ciò delegati volta all'individuazione ed all'accertamento delle cause che determinano, anche a livello contabile, gli ammanchi e le differenze inventariali nel settore commerciale, anche mediante la raccolta di informazioni reperite direttamente presso i locali del committente; a.IV): attività di indagine in ambito assicurativo, richiesta dagli aventi diritto,

Da ultimo, sull' "*agente attrezzato per il suono*"[230], la Corte Costituzionale è stata recentemente investita in relazione alla consuetudine interpretativa, quale '*diritto vivente*'[231], assunta dalla giurisprudenza di legittimità, ritenendo le memorizzazioni di reperti fonici quali documenti *ex* art 234 c.p.p.
"[...] Il Giudice delle Leggi[232] ha esaminato, in riferimento agli artt. 2, 15, 24 e 117, co. 1, Cost., la questione di legittimità costituzionale degli artt. 234, 266 ss. c.p.p., laddove – «secondo l'interpretazione della giurisprudenza di legittimità, assunta quale '*diritto vivente*' – includono tra i documenti, piuttosto che tra le intercettazioni di conversazioni o comunicazioni, sottraendole così alla disciplina dettata per queste ultime o comunque non subordinandole ad un provvedimento

---

privati e/o società di assicurazioni, anche per la tutela di un diritto in sede giudiziaria, in materia di: dinamica dei sinistri, responsabilità professionale, risarcimenti sul lavoro, contrasto dei tentativi di frode in danno delle società di assicurazioni; a.V): attività d'indagine difensiva, volta all'individuazione di elementi probatori da far valere nell'ambito del processo penale, ai sensi dell'articolo 222 delle norme di coordinamento del codice di procedura penale e dall'articolo 327-bis del medesimo Codice". a.VI): attività previste da leggi speciali o decreti ministeriali, caratterizzate dalla presenza stabile di personale dipendente presso i locali del committente.

229 Suprema Corte di Cassazione, Uff. del Massimario, Serv. Pen., Rel. n. 55/2005, *op. cit.*, p. 13 ss.

230 A. VELE, *Le intercettazioni nel sistema processuale penale. Tra garanzie e prospettive di riforma*, CEDAM Editore, Padova (2011), pp. 57-58: "*[...]* Rebus sic stantibus, *dalla normativa vigente appare irrazionale estrapolare una classificazione di discrimine tra la registrazione dell'agente segreto attrezzato per il suono che consenta alla polizia giudiziaria di ascoltare (ed eventualmente registrare) all'insaputa dell'interlocutore la conversazione e l'ipotesi in cui lo stesso agente segreto (su «delega» della polizia giudiziaria) proceda alla registrazione. Secondo un orientamento, nel primo caso si configurerebbe un'ipotesi di intercettazione, ricorrendone sostanzialmente i presupposti: la clandestinità della captazione rispetto all'ignaro interlocutore, la violazione della libertà e segretezza della comunicazione – che, com'è noto, l'art. 15 Cost. riconosce sia al mittente che al destinatario – e infine l'attuazione ad opera di un terzo, vale a dire della polizia giudiziaria, la quale è messa così in condizione di poter ascoltare la conversazione segreta. Nel secondo caso, invece, si rimarrebbe al di fuori dell'intercettazione, giacché mancando un terzo captante (è il medesimo dialogante a registrare la conversazione) non vi sarebbe una captazione della comunicazione in atto, difettando altresì l'impiego di congegni di percezione del suono, dato che il registratore ha soltanto una funzione di documentazione. In questi casi, a ben vedere, non si pone il problema di intercettazione di comunicazioni, in quanto il legislatore, pur utilizzando una formula aperta «altre forme di comunicazioni», non ha disciplinato l'ipotesi specifica; per cui, pur apprezzabile la creatività dell'interpretazione e il contributo che ne offre in tema, allo stato non pare possa discendere l'inutilizzabilità della registrazione per effetto della violazione della disciplina delle intercettazioni, bensì, e più semplicemente, l'inutilizzabilità per violazione delle norme previste per il compimento di atti di polizia giudiziaria [...]*".

231 Nel caso in cui una interpretazione della legge è consolidata, trovando costante orientamento da parte dei giudici suffragato dalla Cassazione, si indica che sul punto esiste un "*diritto vivente*", cioè una adeguata certezza sul significato della disposizione considerata, che trova "*consuetudine interpretativa*" nella giurisprudenza.

232 Corte Cost., sentenza n. 320/2009, decisione del 30novembre 2009.

motivato dell'autorità giudiziaria, le registrazioni di conversazioni (telefoniche o tra presenti) effettuate da uno degli interlocutori o dei soggetti ammessi ad assistervi, all'insaputa degli altri, *di intesa con la polizia giudiziaria, eventualmente utilizzando mezzi messi a disposizione* da quest'ultima, *e, in ogni caso, nel contesto di un procedimento penale già avviato*»[233].
L'Alta Corte, nel ripercorrere l'esegesi giurisprudenziale, che ad avviso del giudice rimettente sarebbe stata in contrasto con plurimi parametri costituzionali, ha ritenuto inammissibile la questione.
A tal riguardo, la premessa fondante atteneva all'asserita esistenza di "*un* «diritto vivente», *in forza del quale la registrazione occulta di una conversazione, effettuata da uno degli interlocutori o con il suo consenso, costituisse documento utilizzabile nel processo ai sensi dell'art. 234 cod. proc. penale, anche quando la registrazione fosse stata operata d'intesa con la polizia giudiziaria e con mezzi tecnici da essa forniti; e ciò, benché la stessa polizia giudiziaria, o qualsiasi terzo, potessero ascoltare contemporaneamente il colloquio*".
In verità, quanto assunto a premessa risulta essere smentito sia dall'esistenza di contrarie decisioni della giurisprudenza di legittimità, sia con riguardo ai principi generali in materia processuale, richiamati dal giudice rimettente nel motivare le proprie censure [...]."[234]

---

[233] Oggetto della questione riguardava il processo nei confronti di due persone, imputate del delitto di tentata estorsione aggravata, nel cui contesto, all'esito dell'istruzione dibattimentale e nel corso della discussione finale, il difensore di uno degli imputati aveva eccepito l'inutilizzabilità della registrazione su audiocassetta di una conversazione tra presenti, acquisita al fascicolo del dibattimento e trascritta mediante perizia. Ad avviso della difesa, detta registrazione – eseguita dalla persona offesa d'intesa con la polizia giudiziaria e tramite strumenti da questa forniti – doveva ritenersi inutilizzabile, in quanto effettuata senza il rispetto delle forme previste dagli artt. 266 ss. c.p.p. e, in particolare, senza alcun decreto autorizzativo dell'autorità giudiziaria. In proposito, il giudice a quo aveva riferito che, secondo quanto emerso in dibattimento, la persona offesa – successivamente deceduta – dopo aver ricevuto richieste estorsive telefoniche, in relazione alle quali aveva presentato denuncia ai Carabinieri, era stata nuovamente contattata dagli ignoti estorsori, che avevano preannunciato la visita di un loro inviato «per definire la faccenda». Di ciò la persona offesa aveva riferito alla polizia giudiziaria, su indicazione della quale era stato quindi predisposto un servizio investigativo volto a registrare il colloquio con l'inviato. Riguardo alle modalità della registrazione, le risultanze probatorie erano contrastanti. Secondo un ufficiale di polizia giudiziaria, sentito come teste, la persona offesa avrebbe utilizzato un registratore fornito dai Carabinieri, mentre questi ultimi, appostati nelle vicinanze, ascoltavano in modo diretto la conversazione. Stando, invece, al figlio dell'offeso, presente anch'egli nel luogo dell'incontro, i due sarebbero stati muniti di microfoni, occultati sulle loro persone, tramite i quali la polizia giudiziaria avrebbe ascoltato e registrato la conversazione in un luogo appartato. Era pacifico, in ogni caso, che il colloquio fosse stato registrato da uno degli interlocutori, o attraverso uno degli interlocutori e con il suo consenso. La registrazione risulterebbe, inoltre, decisiva ai fini della prova della responsabilità degli imputati. La persona offesa, in quanto deceduta, non aveva potuto essere infatti sentita in dibattimento, mentre i testi escussi avevano riferito della conversazione in termini «estremamente generici», tali da non consentire, neppure alla luce delle altre prove acquisite, una compiuta ricostruzione della vicenda.
[234] M. Di Stefano, B. Fiammella, *Intercettazioni, remotizzazione e diritto di difesa nell'attività investigativa. Profili d'intelligence*, cit., pagg. 193-198.

Queste le precisazioni della Consulta sul tema: "*Anteriormente alla pronuncia delle sezioni unite della Corte di Cassazione, indicata dal giudice a quo come generativa dell'asserito «diritto vivente»*[235]*, la giurisprudenza di legittimità era, in effetti, consolidata nel senso che la registrazione occulta di una conversazione, effettuata di propria iniziativa da un privato interlocutore, non costituisse intercettazione, ma prova documentale. Formavano invece oggetto di contrasto le ipotesi in cui la registrazione fosse eseguita da un operatore di polizia giudiziaria, ovvero anche da un privato, ma su indicazione della polizia giudiziaria e avvalendosi di strumenti da questa approntati.*
Con la citata sentenza del 2003 – relativa a fattispecie di registrazione occulta, da parte di operatori di polizia, di colloqui con loro informatori – le sezioni unite della Corte di cassazione hanno affermato due principi. Da un lato, il carattere di prova documentale – e non di intercettazione – delle registrazioni effettuate da uno dei soggetti partecipanti o ammessi a presenziare alla conversazione, quali essi siano (ivi compreso, dunque, l'operatore di polizia giudiziaria): ciò in quanto mancherebbe, in simile ipotesi, uno dei requisiti tipici dell'intercettazione, ossia l'estraneità al colloquio del captante occulto. Dall'altro lato, l'inutilizzabilità come prova della registrazione fonografica effettuata clandestinamente da personale di polizia giudiziaria, rappresentativa di colloqui intercorsi tra lo stesso ed i suoi confidenti o persone informate sui fatti o indagati, in quanto l'utilizzazione aggirerebbe i divieti espressi dagli artt. 63, comma 2, 191, 195, comma 4, e 203 cod. proc. penale e volti a rendere impermeabile il processo da apporti probatori unilaterali degli organi investigativi.
Detta sentenza non prende, peraltro, specificamente in considerazione né il caso il cui la registrazione non venga effettuata direttamente dalla polizia giudiziaria, ma da un soggetto da essa 'attrezzato'; né, correlativamente, l'ipotesi in cui l'agente 'attrezzato' non si limiti a registrare la conversazione, ma trasmetta il suono ad una stazione esterna di ascolto gestita dalla polizia; né, infine e soprattutto, il problema della compatibilità della qualificazione come prova documentale della registrazione fonografica effettuata dalla polizia giudiziaria con il concetto di «documento» accolto dal vigente codice di procedura penale".
Nello stesso contesto l'Avvocatura generale dello Stato in una memoria aveva richiamato l'orientamento della Corte di Cassazione[236] *sulla disciplina di garanzia in materia di intercettazioni da ritenersi applicabile, quanto meno, nel caso in cui "il partecipante alla conversazione non si limiti a registrarla, ma utilizzi apparecchi radiotrasmittenti mediante i quali terzi estranei – e, in particolare, la polizia giudiziaria – siano posti in grado di ascoltare il colloquio in tempo reale. In tale ipotesi, difatti, ricorrerebbe pienamente l'elemento tipico dell'intercettazione, rappresentato dalla captazione occulta simultanea della comunicazione da parte di un estraneo*".

[235] Cass., sentenza 28 maggio 2003-24 settembre 2003, Torcasio, n. 36747.
[236] Cass., sentenza 7 novembre 2007-12 dicembre 2007, n. 46724.

La remotizzazione nello scenario giuridico

Nella preesistente disciplina, il codice Rocco prevedeva agli artt. 226, ultimo comma e 339, che le intercettazioni avessero luogo "*presso impianti telefonici di pubblico servizio*"; attività che, nella pratica, veniva effettuata con il presidio dell'operatore telefonico ove venivano installate le apparecchiature di registrazione relative[237].

"[...] *L'attività di ascolto, facilmente effettuabile anche in assenza di debita autorizzazione, aveva dato luogo a ripetuti abusi, determinando l'intervento della Corte Costituzionale*[238] *che, nel richiamare i principi di riservatezza delle comunicazioni, impartì disposizioni in materia di intercettazioni, effettuabili esclusivamente in caso di espressa autorizzazione della competente autorità giudiziaria.*

Il Legislatore, recepita la sentenza della Suprema Corte Costituzionale, aveva quindi introdotto[239] *l'obbligatorietà di convogliare tutte le operazioni di intercettazione*[240] *presso gli impianti installati nelle sale ascolto delle singole procure.*

La canalizzazione delle intercettazioni dal gestore telefonico alle sale ascolto presso l'A.G. determinò l'impiego di un deviatore[241] *in grado di smistare la fonia oggetto di captazione dalla centrale telefonica competente alle apparecchiature negli uffici delle procure.*

Il nuovo codice di procedura penale ricalca, all'art. 268, quanto già compendiato all'art. 226-quater del codice del 1930, introducendo anche il principio della sommaria trascrizione delle comunicazioni captate a cura della P.G. incaricata all'ascolto[242] [...]"[243].

Successivamente, i processi di digitalizzazione del dato e la veicolazione delle comunicazioni sul *web* hanno indotto gli uffici delle Procure ad affidare, man mano, il sistema delle intercettazioni ad imprese qualificate avviando, dal 2003, il processo di remotizzazione.

Si è, quindi, passati dalle singole postazioni per operatore con apparati di registrazione magnetici analogici[244], a moderne postazioni *multitasking*, in grado di gestire molteplici bersagli di intercettazione, monitorarne gli spostamenti con la georeferenziazione, gestire una consolle di microfoni e di filtraggio audio, brandeggiare un sistema di sorveglianza passiva, interrogare, interfacciare ed analizzare metadati e banche dati, e tanto altro ancora.

L'attività di intercettazione, in materia di *lawful interceptions* ex art. 266 e ss. cpp (non anche nelle intercettazioni "*preventive*"), è caratterizzata dal distinguo tra

---

[237] Cfr. www.treccani.it, *Remotizzazione delle intercettazioni e nuove tecnologie*, articolo di G. Pavone, pubblicato il 19 ottobre 2010.

[238] Con la sentenza 6 aprile 1973, n. 34.

[239] L. 8 aprile 1974, n. 98.

[240] Art. 226-quater.

[241] Il c.d. traslatore di segnale.

[242] Art. 268, co. 2, e art. 89 att. c.p.p.

[243] M. Di Stefano, B. Fiammella, *Intercettazioni, remotizzazione e diritto di difesa nell'attività investigativa. Profili d'intelligence*, cit. pag. 64.

[244] La serie Huer 4000, RT 2000, e l'evoluzione digitale su nastri DAT della serie RT 6000.

"*remotizzazione*" dell'ascolto ed operazioni di registrazione sui *server* delle Procure della Repubblica mandanti.
Le Sezioni Riunite della Suprema Corte[245], nel disciplinare le modalità di "*remotizzazione*", hanno al riguardo operato un analitico distinguo, segmentando l'attività di intercettazione in singoli momenti operativi, autonomamente rilevanti sotto il profilo giuridico, così delineando:
una fase di captazione, dove"[...] *Il primo segmento rappresenta l'intercettazione in senso stretto e non può che essere effettuata presso l'operatore telefonico il quale "devia" la comunicazione verso gli uffici della Procura, dove il segnale viene registrato per l'ascolto.* [...]") [246];
una di registrazione, ove è stato necessario "[...] *ricorrere all'utilizzazione di sistemi di registrazione digitale computerizzata che hanno sostituito gli apparati meccanici. Ad oggi, per la registrazione vengono utilizzati apparati multilinea, collegati cioè a più linee telefoniche, che registrano dati trasmessi in forma digitale, successivamente decodificati in file vocali, immagazzinati in memorie informatiche centralizzate. I dati così memorizzati vengono poi di regola trasferiti su supporti informatici (CD-ROM o DVD) per renderli fruibili all'interno dei singoli procedimenti* [...]"[247];
di ascolto e, da ultimo, **di verbalizzazione;** sul punto "[...] *Le Sezioni Unite (Cass. pen., n. 17/2008, Carli), ritengono di dover privilegiare l'orientamento maggioritario favorevole alla irrilevanza del luogo di verbalizzazione ai fini della utilizzabilità delle intercettazioni. La sanzione di inutilizzabilità, infatti, è prevista solo per i casi tassativamente previsti dall'art. 271 c.p.p., atteso che tale articolo fa esclusivo rinvio solamente al primo e terzo comma del citato art. 268 c.p.p. e non anche alle disposizioni di cui all'art. 89 disp. att. c.p.p.[...]. Inoltre, agli adempimenti successivi alla registrazione (tra cui rientra la verbalizzazione) non sarebbe riferibile il termine "operazioni"*[248]*, utilizzato nel medesimo art. 268* [...]"[249].

Il codice di autoregolamentazione e l'art. 268 del codice di procedura

Recentemente diverse Procure hanno adottato delle analitiche circolari in materia di intercettazioni delle comunicazioni rivolte ad assicurare l'efficienza dell'attività dell'ufficio, con la definizione di "*criteri generali da seguire per l'impostazione delle indagini in relazione a settori omogenei di procedimenti*", secondo i parametri fissati, tra l'altro, dal D.Lgs 106/2006, che disciplina le "*Disposizioni in materia di riorganizzazione dell'ufficio del pubblico ministero*".
L'ottica delle direttive è, certamente, quella di esaminare le tante criticità che ruotano attorno all'insidioso istituto delle intercettazioni, così da poter sensibilizzare

---

[245] Cass., sez. un, 26 giugno 2008, n. 17, Carli; si vedano inoltre, in senso conforme, Cass. pen., sez. IV, 12 luglio 2007, n. 30002, Cass. pen., sez. II, 24 aprile 2007, n. 35299 e Cass. pen., sez. IV, 28 febbraio 2005, n. 20130
[246] Cfr. www.treccani.it, *Remotizzazione delle intercettazioni e nuove tecnologie*, cit.
[247] Ivi.
[248] Cass. pen., n. 30002/2007, Valeri, cit.; Cass. pen., sez. VI, 14 gennaio 2005, n. 7245, Sardi.
[249] Cfr. www.treccani.it, "Remotizzazione delle intercettazioni e nuove tecnologie", cit.

gli addetti ai lavori e, parallelamente, fornire delle "*linee guida*" rivolte ad uniformare le modalità operative.
In questo scenario trovano contesto dati sensibili, esigenze di segreto preliminare e di quelle di informazione, opportunità di tutela della *privacy*, rispetto delle garanzie della difesa, applicazione puntuale della norma, correttivi promossi dalla giurisprudenza, *discoveries* investigative e fughe di notizie riservate, garanzie dei dettami costituzionali, inviolabilità assolute e quanto altro.
In precedenza gli uffici di Procura - a seguito della pronuncia di parziale incostituzionalità[250] dell'art. 268, laddove "*non prevede che, dopo la notificazione o l'esecuzione dell'ordinanza che dispone una misura cautelare personale, il difensore possa ottenere la trasposizione su nastro magnetico delle registrazioni di conversazioni o comunicazioni intercettate, utilizzate ai fini dell'adozione del provvedimento cautelare, anche se non depositate*", seguita dall' ulteriore intervento della Suprema Corte a garanzia del diritto della difesa, che aveva obbligato il pubblico ministero a provvedere in tempo utile alla consegna dei reperti fonici di interesse alla parte al fine di consentirne l'esercizio difensivo[251] - avevano già impartito una prima direttiva in materia di intercettazioni, sensibilizzando la polizia giudiziaria alla contestuale trasmissione, con le comunicazioni *ex* art. 347 cpp, anche dei reperti fonici relativi alle intercettazioni utilizzate nelle informative di reato, e poi confluite nei dispositivi custodiali.
Nelle più recenti circolari, la focale di alcune Procure ha riguardato, tra i tanti temi di sensibilizzazione, l'applicazione dell'art. 268 del codice di rito, con richiamo alla trascrizione del contenuto delle intercettazioni ed alla contestuale valutazione della pertinenza e rilevanza delle conversazioni esaminate; ancora, alla non menzione delle intercettazioni manifestamente irrilevanti e di quelle inutilizzabili.
Altri temi di direttiva hanno focalizzato le intercettazioni delle conversazioni con i difensori, le intercettazioni del Presidente della Repubblica, quelle dei Parlamentari ed, anche, le modalità di deposito e rilascio di copie riguardanti le intercettazioni.
Sulla questione dell'utilizzabilità delle intercettazioni con i difensori si richiama brevemente, quale profilo *border line*, il principio enunciato dalla II Sezione della Suprema Corte, ove è stato distinto il rapporto tra assistito e difensore in un contesto

---

[250] Corte Costituzionale, Sentenza del 10 ottobre 2008, n. 336, cit.: va dichiarata l'illegittimità costituzionale dell'articolo 268 del codice di procedura penale, nella parte in cui non prevede che, dopo la notificazione o l'esecuzione dell'ordinanza che dispone una misura cautelare personale, il difensore possa ottenere la trasposizione su nastro magnetico delle registrazioni di conversazioni o comunicazioni intercettate, utilizzate ai fini dell'adozione del provvedimento cautelare, anche se non depositate

[251] Corte di Cassazione Sezioni Unite Penale- Sentenza del 27 maggio 2010, n. 20300, cit.: in tema di riesame, la richiesta del difensore volta ad accedere, prima del loro deposito ai sensi del quarto comma dell'art. 268 cod. proc. pen., alle registrazioni di conversazioni o comunicazioni intercettate e sommariamente trascritte dalla polizia giudiziaria nei c.d. brogliacci di ascolto, utilizzati ai fini dell'adozione di un'ordinanza di custodia cautelare, determina l'obbligo per il pubblico ministero di provvedere in tempo utile a consentire l'esercizio del diritto di difesa nel procedimento incidentale "de libertate", obbligo il cui inadempimento può dar luogo a responsabilità disciplinare o penale del magistrato del P.M.

"di natura professionale", rispetto a quello di *"mera natura consolatoria ed amicale a fronte delle confidenze ricevute":*
"[...] in tema di garanzie di libertà dei difensori previste dall'art. 103 c.p.p., il divieto di intercettazioni di conversazioni o comunicazioni non riguarda indiscriminatamente tutte le conversazioni di chi rivesta la qualità di difensore e per il solo fatto di tale qualifica, ma solo le conversazioni che attengono alla funzione esercitata [...].
Nell'ipotesi in cui venga intercettato un colloquio fra l'indagato ed un avvocato legati da uno stretto rapporto di amicizia e familiarità, il giudice, al fine di stabilire se quel colloquio sia o no utilizzabile, all'esito di un esame globale ed unitario dell'intera conversazione, deve valutare: a) se quanto detto dall'indagato sia finalizzato ad ottenere consigli difensivi, o, non sia, piuttosto, una mera confidenza che potrebbe essere fatta a chiunque altri con cui si trovi in stretti rapporti di amicizia; b) se quanto detto dall'avvocato sia di natura professionale (e, quindi, rientrante nell'ambito del mandato difensivo) oppure abbia una mera natura consolatoria ed amicale a fronte delle confidenze ricevute[...]*"*[252].

In linea generale, è noto che - da Palermo a Milano - le questioni di interesse giudiziario alla base di un dispositivo di intercettazione, abbiano più volte - senza una ragione apprezzabile - lasciato il posto a pettegolezzi scandalistici sulla vita privata dei soggetti monitorati o, addirittura, di terze persone che, incidentalmente, sono state identificate nel contesto delle intercettazioni.

Da qui, in virtù di un discutibile principio del diritto di informazione, è stata troppe volte violentata la *privacy* di un cittadino, spesso non sottoposto ad indagini, altre volte non ancora venuto esso stesso a conoscenza delle investigazioni a suo carico, sottoposto *in vinculis* mentre sull'etere e tra le agenzie di stampa già viaggiavano *files* audio e filmati che immortalavano fatti a questi contestati, tantissime volte ancora messo alla berlina in una fase processuale antecedente al verdetto inappellabile del giudice, in spregio a quel principio che, nella nostra martoriata Carta, fa timido richiamo alla "*presunzione d'innocenza*".

Vere e proprie gogne mediatiche che hanno, non solo, esacerbato le proteste degli "*attori*" sotto i riflettori, bensì inflitto pesantissime lesioni psicologiche ai singoli, alle loro famiglie o ad intere comunità, siano esse religiose, etniche, di tendenza sociale, sessuale o quant'altro ancora.

Una intollerante mediaticizzazione della Giustizia fatta, vieppiù, da ridondanti dediche del dopo telegiornale, tanto più enfatizzate ogni qual volta l'oggetto di contesa siano stati i minori e le donne.

Una cantilena quasi stereotipata fatta di azzeccagarbugli tuttologi, in cui si disquisisce, nel bel mezzo di un plastico della *crime scene* virtuale, tra *iter criminis*, *iter victimae*[253] e personalità del *serial killer:* una sorta di lezione di medicina legale, piuttosto che un varietà di prima serata.

Scompare, dal primo piano, il volto di quell'adolescente sorridente per lasciare il palcoscenico a quei fenomeni da baraccone, come l'autopsia psicologica su una

---

[252] Cass. Pen. II Sez., sentenza 18 giugno 2014, n. 26323.

[253] M. Di Stefano, B. Fiammella, *Profiling: tecniche e colloqui investigativi. Appunti d'indagine*, cit., pag. 14.

bimba morta di freddo dopo aver provato il disgusto di essere considerata, già a dieci anni, il desiderio proibito dell'orco[254].
O dove trovano contesto le tante conversazioni da *gossip*, intercettate tra ipotetici *bunga bunga* e sesso a *gogo* che, violentato al diritto alla *privacy*, trovano spazio altisonante nelle copertine delle riviste scandalistiche.
È, quindi, evidente che di fronte alla miopia di quanti dovrebbero disciplinare la materia riordinando o novellando norme desuete - forse attendendo il responso autorevole di "*un giudice a Berlino*" che non arriverà mai- il solo strumento delle direzioni di Procura sia quello di porre rimedio, in una fase, ancora una volta di emergenza, con un provvedimento contingente, affinchè gli addetti ai lavori effettuino *motu proprio* una meticolosa scrematura delle captazioni esitate.
La questione, nel suo insieme, trova però interpretazioni diverse; scrive, ad esempio Alberto Cisterna su Archivio Penale:
"[...] *La fonte di prova rappresentata dalle intercettazioni com'è noto - per la sua natura di "atto a sorpresa" - non prevede un contraddittorio anticipato per la sua assunzione.*
E, infatti, il contraddittorio si concentra per intero sulla fase successiva quando il complesso delle acquisizioni investigative scorre sotto il controllo del giudice (quanto al contenuto) e della difesa (quanto, anche, all'iniziale provvedimento autorizzativo dello stesso gip).
La centralità di questa fase è resa del tutto evidente dal confronto con il diverso regime delle intercettazioni preventive di cui all'art. 226 disp. att. c.p.p. (valevole ai sensi della legge n. 124 del 2007 anche per i servizi di intelligence), ove la totale inutilizzabilità del materiale raccolto esclude il controllo giurisdizionale sia nella fase dell'autorizzazione (rilasciata dal pubblico ministero o dal procuratore generale della Corte d'appello di Roma) che in quella del deposito dei risultati delle captazioni[255].
Quindi la selezione delle conversazioni rilevanti per il procedimento, secondo il codice, non può subire alcun intervento anteriormente all'incardinarsi di questo contraddittorio che l'art.268 c.p.p. descrive in modo minuzioso e, in apparenza, insuscettibile di deroghe: ai difensori delle parti è immediatamente dato avviso che entro il termine fissato dal pubblico ministero (co.4) o entro quello prorogato dal giudice (co.5), hanno facoltà di esaminare gli atti e ascoltare le registrazioni ovvero di prendere cognizione dei flussi di comunicazioni informatiche o telematiche.

---

[254] M. Di Stefano, *La sociologia giuridica ed i bambini*, Altalex, articolo del 28.10.2013.
[255] Cfr. Corte eur. dir. Uomo Grande Camera, 4 dicembre 2015, Roman Zakharov c. Russia che ha accertato la violazione del diritto al rispetto della vita privata in riferimento a una legge russa legittimante un sistema di intercettazione di telefonia mobile funzionale allo svolgimento di attività di indagine da parte del servizio di sicurezza federale. In particolare, la violazione è stata ritenuta dalla CEDU essendo risultata lacunosa e non fornendo adeguate garanzie procedurali, la legge che, come tale, non soddisfa il requisito della «qualità della legge» e non consente di configurare le misure di intercettazione da essa previste come «necessarie in una società democratica».

Scaduto il termine, il giudice dispone l'acquisizione delle conversazioni o dei flussi di comunicazioni informatiche o telematiche indicati dalle parti, che non appaiano manifestamente irrilevanti, procedendo anche di ufficio allo stralcio delle registrazioni e dei verbali di cui è vietata l'utilizzazione. Il pubblico ministero e i difensori hanno diritto di partecipare allo stralcio e sono avvisati almeno ventiquattro ore prima.

Compete, quindi, in esclusivo al giudice – in contraddittorio con le parti – escludere dal compendio delle conversazioni da acquisire e, poi, trascrivere, quelle che «appaiano manifestamente irrilevanti» e quelle «inutilizzabili» (ad 8 es. perché intercorse con il difensore).

Si badi bene: questo controllo non è onnicomprensivo, ma è circoscritto alle conversazioni «indicate dalle parti» cui compete – ciascuna secondo la propria prospettiva – la segnalazione al giudice delle conversazioni ritenute utili ai fini di causa.

Nel caso del pubblico ministero questo compito è, quasi sempre, affidato alla polizia giudiziaria che estrapola la comunicazioni indicate nell'informativa di reato.

La questione è, invece, problematica sul versante della difesa che potrebbe avere interesse all'acquisizione e trascrizione di altre conversazioni che la polizia giudiziaria non ha censito nei propri atti.

Spesso, ma non sempre, ciò accade in buona fede, perché l'operatore addetto all'ascolto (che nei procedimenti di criminalità organizzata può essere anche solo un agente di polizia giudiziaria in deroga all'art. 267, co. 4, c.p.p.) non ha inteso la rilevanza di quella conversazione o perché non ne può percepire, in anticipo, l'efficacia dirimente per la posizione dell'imputato.

Per evitare che la difesa si sobbarchi il compito immane di ascoltare le conversazioni (come pure ha facoltà di fare, come visto), l'art.268, co.1 e 2, c.p.p. prevede che «le comunicazioni intercettate sono registrate e delle operazioni è redatto verbale.

Nel verbale è trascritto, anche sommariamente, il contenuto delle comunicazioni intercettate».

Questa trascrizione, anche sommaria, consegue il risultato di consentire un controllo sull'attività di intercettazione e di abilitare la difesa alla selezione di cui si è detto. In sé il meccanismo procedurale è perfetto (cfr. anche le guarentigie di custodia dell'art.89 disp. att. c.p.p.). Sennonché il problema è rappresentato dalle conversazioni che coinvolgono terzi ignari e/o gli stessi indagati per profili carenti di qualunque rilevanza e meritevoli di protezione (il provvedimento di Napoli prende correttamente in esame la tipologia dei "dati sensibili" previsti dall'art. 4 lett. d d.lgs. 30 giugno 2003. n. 196 c.d. "Codice della Privacy", in particolare dati personali relativi a opinioni politiche o religiose, sfera sessuale, stato di salute).

È evidente che, stando al tenore letterale ed inequivoco della norma, la trascrizione anche di queste comunicazioni sia dovuta e debba essere posta a disposizione delle parti: l'art.268 c.p.p. è chiaro ed inderogabile sul punto. Ma è altrettanto chiaro che devono escludersi da una trascrizione integrale (spesso quella più imbarazzante e lesiva) le conversazioni che lo stesso articolo qualifica come «manifestamente irrilevanti» e quelle «inutilizzabili».

La locuzione «anche sommariamente» è direttamente correlata agli adempimenti successivi scanditi dall'art. 268 c.p.p. Il codice, nella sua lettera e nella sua ratio, abilita la (o impone alla) polizia giudiziaria ad una trascrizione meramente sommaria, ossia sintetica, di quelle captazioni che non sopravvivrebbero al vaglio di cui al co.6.
In questi termini le disposizioni non necessitano di alcuna eterointegrazione da parte del pubblico ministero, rappresentando un minimum prescrittivo di natura inderogabile.
Il precetto è chiaro: si trascriva, ma solo sommariamente, l'inutilizzabile o il manifestamente irrilevante in modo da consentire comunque un controllo alla difesa. La trascrizione integrale deve intendersi in questi casi interdetta alla polizia giudiziaria, poiché non conducente a nessuno degli adempimenti previsti dal codice di rito.
L'esaurimento dell'illegittima prassi di trascrivere per intero conversazioni irrilevanti o inutilizzabili naturalmente comprimerebbe drasticamente la lesione della privacy dell'imputato o di terzi, atteso – come dire – lo scarso appeal mediatico di striminzite sintesi di polizia. [...]"[256].
La complessa tematica, che sarà affrontata più avanti secondo l'ottica dell'investigatore e sulla oggettiva difficoltà di discriminare, *ab origine*, il contenuto di talune intercettazioni, è stata così commentata dal quotidiano *IL DUBBIO* che, nel riassumere il pensiero del nuovo Procuratore della Repubblica di Milano sulla questione del c.d. "*codice interno*", ha fatto ricorso ad un lessico dai contenuti semantici quantomeno sgradevoli, nel rispetto di quanti, ogni giorno, adempiono con coscienza ai loro doveri prestando fedeltà a quell'antico giuramento di difesa della Patria e di salvaguardia delle libere istituzioni[257]:

---

[256] Archivio Penale, Fascicolo n. 2 maggio-agosto 2016 (web), *L'autoregolamentazione delle intercettazioni nelle linee guida delle procure*, di Alberto Cisterna; vds. Anche, Il Sole 24 Ore - Guida al Diritto, Sulle intercettazioni autoregolamento uniforme e condiviso, di Alberto Cisterna, pubblicato il 3 maggio 2016.

[257] M. Di Stefano, *Il concetto di "Patria e del giuramento di fedeltà"*, pubblicato dal periodico Corriere della Piana del Tauro, n. 36 anno 2015: <<[...] Il concetto moderno di "*educazione civica*" ha lasciato in soffitta quegli appunti in cui si parlava di "*Commissione dei 75*", cioè di quello sparuto gruppo di illustri giuristi e politologi che avrebbe "*dipinto*" la nostra adorata, quanto martoriata, Carta, e di quel "*preambolo*" apparentemente invisibile e che, agli occhi di Meuccio Ruini, sarebbe apparso in tutto il suo splendore.Quell'opera architettonica che "[...] *costituisce, per dirla con La Pira, la 'casa di tutti', con molte e diverse stanze, di cui nessuno può considerarsi in esclusiva 'proprietario' (ovvero di cui nessuno possiede l'unica chiave ermeneutica). Per continuare la metafora dell'abitazione, essa non è affatto , ne può essere – come forse qualcuno vorrebbe – 'sbarrata e inospitale', dovendo rimanere aperta e accogliente (come la dinamica società di cui è espressione). E neppure è – come forse altri presume, nel timore 'vuota', contenendo invece beni preziosi e destinati a durare nel tempo (valori formali e sostanziali); né può essere surrettiziamente svuotata (modificazioni tacite), nella presunzione che quel che conta è solo il sistema murario (procedure). Essa piuttosto può, anzi deve, essere arricchita di nuovi arredi (integrazione interculturale), senza che per questo ne venga violato/stravolto lo stile di fondo che la caratterizza (nucleo duro)* [...]". Nelle parole di Ruini all'Assemblea Costituente traspare l'essenza ma, soprattutto, l'imponenza di quel preambolo nascosto ed impolverato: "[...] *eccolo l'edificio che abbiamo*

costruito: la casa comune, come la chiama La Pira. Vi è un atrio, ***che è quasi un preambolo,*** *con quattro colonne: le disposizioni generali sul carattere della Repubblica, nella sua disposizione internazionale, sui rapporti con la Chiesa, sui grandi principi di libertà e di giustizia che animano la Costituzione. Questo è l'atrio. Poi comincia la Costituzione vera e propria, divisa in due parti; la prima, dei diritti e dei doveri, è ripartita anch'essa in quattro parti: rapporti civili, rapporti etico-sociali, rapporti economici, rapporti politici. Si passa poi alla parte più costituzionale della Costituzione, all'orientamento istituzionale. Ecco i grandi organi dello Stato: il Parlamento, il Capo dello Stato, il Governo, la Magistratura. Vengono in seguito gli organi dell'autonomia locale. Ed infine le garanzie costituzionali. Non è certo l'architettonica da Michelangelo o da Bramante; è una cosa modesta. Ma io voglio rivolgere un invito cordiale ai valorosi colleghi della nostra Assemblea. Mi dicano una Costituzione straniera che abbia una struttura più logica, più quadrata, più semplice di questa che è nel testo che vi abbiamo presentato*[...]". Certo, i nostri Padri Costituenti mai avrebbero potuto immaginare che quell'imponente edificio sarebbe stato oggetto di rivisitazione criminalistico sociologica negli anni a venire, per trovare ridondante riscontro in quella "*teoria delle finestre rotte*", giorno dopo giorno, dilagante a macchia d'olio. Ciò in quanto la "*cultura*" del concetto di Patria e del bene comune trova sempre meno spazio nelle mentalità occidentali capitalistiche, rivolte ad una modalità dell' "*avere*", piuttosto che dell' "*essere*", nell'arena di una "*società avida*" che fonda i suoi pilastri "*sulla proprietà privata, sul profitto e sul potere*". In verità, il concetto di "*cultura*", nella sua più profonda accezione dell'essere, ci è stato sapientemente illustrato da quei giovani che, derubati dalle loro aspettative ed alle volte "*stanchi di diventare giovani seri, o contenti per forza, o criminali, o nevrotici*", avrebbero voluto semplicemente "*ridere, essere innocenti, aspettare qualcosa dalla vita, chiedere, ignorare, non ... essere subito già così senza sogni*", dovendosi poi svegliare bruscamente e trovare la forza per rivendicare il diritto ad un futuro. Ciò, al contrario dei "*grandi*", in modo semplice e disarmante ma oltremodo vigoroso, al punto di riuscire a sbarrare il passo, in Piazza Tienanmen, ai carri armati del regime o, con le armi appuntite di *Malala*, fatte di una matita ed un quaderno, avere il coraggio di affrontare i *kalashnikov* dei fanatici talebani, spiegandoci, mentre a sedici anni dedica il premio *Sakharov* a tutte le donne che lottano per difendere la cultura, che "*vera superpotenza è un Paese pieno di talenti, non quello che ha migliaia di soldati*". Ed, allora, come spiegare ai nostri figli che, nel rispetto della nostra Patria, il più significativo concetto di Cultura ci è stato regalato con l'esempio di quanti – come i nostri nonni - hanno sacrificato la loro vita per la "*sublime Madre nostra*", insegnandoci che, dietro ogni articolo della Costituzione, i giovani dovranno vedere giovani come loro "*che hanno dato la vita perché la libertà e la giustizia potessero essere scritte su questa Carta*". Quanti son morti, hanno patito, o si trovano ristretti per prestare fede a quel solenne impegno che recita " ***Giuro di essere fedele alla Repubblica Italiana, di osservarne la Costituzione e le leggi e di adempiere con disciplina ed onore tutti i doveri del mio stato per la difesa della Patria e la salvaguardia delle libere istituzioni*** ", hanno conosciuto a fondo il significato di quel lessico e dell'interpretazione semantica riguardante l'accezione "*con disciplina ed onore... per la difesa della Patria e la salvaguardia delle libere istituzioni*". Meno pomposa, e disadorna da linguismi complicati, è l'assunzione d'impegno prevista per i componenti di quel potere dello Stato, a monte dei nostri soldati, tenuto, più semplicemente, nella sua funzione esecutiva, ad un principio di fedeltà e lealtà, giurando "*di essere fedele alla Repubblica, di osservarne lealmente la Costituzione e le leggi e di esercitare le ... funzioni nell'interesse esclusivo della Nazione*", anche se, alle volte, quel lessema "*onore*", qui mancante, ha trovato –comunque- ridondante menzione nelle aule del Parlamento, come allorquando il capo della Farnesina, Giulio Terzi, si assunse l'onere di rinunciare al proprio mandato dichiarando: "***Mi dimetto*** *perché per 40 anni ho ritenuto e ritengo oggi in maniera ancora più forte che* ***vada salvaguardata l'onorabilità del Paese, delle forze armate e della diplomazia italiana****. Mi dimetto perché solidale con i nostri due marò e con le loro*

"[...] *In uno dei suoi primi interventi, il neo procuratore di Milano ha dichiarato che «c'è la necessità che i pubblici ministeri tornino a una cultura antica delle investigazioni e della loro centralità rispetto alle indagini: abbiamo delegato tutto alla polizia giudiziaria». Un mea culpa tardivo ma, sicuramente, di buon auspicio, per porre finalmente fine all'incontinenza d'ascolto del maresciallo, oggi dominus indiscusso delle indagini. Colui che, celato dietro un paio di cuffie, a sua personale discrezione decide cosa trascrivere e cosa no. Quali telefonate sono utili alle indagini e quali no. Infatti, prosegue Greco, «la mia preoccupazione principale è che il pm non conosca tutte le intercettazioni che fa».* ***Codice rovesciato:*** *Il nuovo capo della Procura milanese conferma nei fatti che è la polizia giudiziaria e non il magistrato oggi a condurre le indagini. Un rovesciamento di ciò che il legislatore aveva previsto con il codice di procedura penale del 1989, quando le forze di polizia vennero poste «sotto la diretta direzione del pubblico ministero». A differenza di quello che va affermando il presidente dell'Anm Piercamillo Davigo, e cioè che bisognerebbe trascrivere tutte le intercettazioni, anche quelle non rilevanti, porre dei seri paletti alla polizia giudiziaria ricondurrebbe il Paese nell'alveo dello Stato di diritto. Solo nei regimi totalitari, infatti, la polizia intercetta senza alcun controllo dell'Autorità. O, come dice Greco, sottoposta a un controllo solo sulla "carta", avendo ormai i pm disimparato l'abilità di condurre le indagini, ed essendosi ridotti ad affidarsi esclusivamente all'operato della polizia giudiziaria. Considerando le intercettazioni per quello che sono, quindi mezzo di ricerca della prova e non prova come nella sostanza è adesso, si eviterebbe la gogna mediatica che attualmente accompagna la fase delle indagini preliminari. Dove anche conversazioni insignificanti finiscono in pasto all'opinione pubblica, quasi sempre in occasione dell'applicazione di misure cautelari. E ciò accade, certamente, non per mano del difensore dell'indagato, come vogliono far credere gli inquirenti quando si verificano "fughe di notizie". Se ciò fosse vero, sarebbe utile che venisse spiegato qual è l'interesse del legale nel vedere il proprio assistito esposto al pubblico ludibrio.*

La premessa di metodo fatta da Greco all'indomani della sua nomina a procuratore di Milano andrà verificata su un piano concreto. Quello milanese è ad oggi il solo

---

famiglie...Ero contrario al loro ritorno in ***India...*** *ma la mia voce è stata inascoltata...Ho aspettato a presentare le mie dimissioni qui in parlamento per esprimere pubblicamente la mia posizione: non posso più far parte di questo governo*". Altra, distinta, formula di giuramento è osservata dal potere giudiziario - seppur erroneamente espunta dalla norma qualche anno addietro- ove un legislatore attento aveva inserito l'accezione, non di poco conto, "*coscienza*"; recita la formula prevista per i magistrati: "*Giuro di essere fedele alla Repubblica italiana e al suo Capo, di osservare lealmente le leggi dello Stato e di* ***adempiere con coscienza i doveri*** *inerenti al mio ufficio*". Un distinguo cromatico dove, avrebbe suggerito Piero Calamandrei, la poesia è forse in grado, finanche, di battere il diritto, ciò in quanto "*anche se il giudice potesse riuscire a dimenticarsi, mentre giudica, delle sue opinioni e della sua condizione personale, egli avrebbe sempre il dovere, per applicare fedelmente la legge, di interpretarla; ma interpretarla vuol dire risalire alla ratio da cui è nata, cioè in sostanza alla ispirazione politica che circola in essa e la rende socialmente attuale. Il che porta a ritenere che in ogni interpretazione giuridica vi sia un certo margine di scelta politica*". [...] >>.

grande ufficio inquirente d'Italia in cui il capo non abbia di recente adottato un "codice interno" sull'uso delle intercettazioni. Lo hanno fatto nei mesi scorsi i capi delle Procure di Torino (Spataro), Roma (Pignatone), Napoli (Colangelo) e Firenze (Creazzo). Se anche Greco seguirà l'esempio dei colleghi e metterà un limite all'uso degli ascolti, da una parte darà un contributo al rispetto dei principi costituzionali, dall'altra si metterà in "conflitto" con Davigo, suo ex collega del pool Mani pulite e attuale leader dell'Anm. Una svolta d'altronde è inderogabile. I giornali che basano la loro linea editoriale sul fango nel ventilatore, copiosamente prodotto grazie alle bobine fornite da pm e marescialli amici, venderebbero qualche copia in meno e l'Italia farebbe però un passo in avanti verso la civiltà giuridica rispettando i propri cittadini e il loro diritto costituzionale alla riservatezza delle conversazioni [...]"[258].

Le intercettazioni: profili investigativi

In queste pagine riassumeremo brevemente alcune delle tante focali investigative utili ad uniformare le *best practices* sul tema, presupposto indispensabile affinchè le intercettazioni abbiano una ricaduta produttiva sui capitoli delle spese di giustizia. Nelle sale ascolto gli operatori dovranno interfacciarsi in attività tecniche alle volte lunghe anni, dove – dentro le loro cuffie - vivranno l'alterità del soggetto investigato, come una sorta di *consonanza intenzionale*", cioè dell'intersoggettività[259] che riuscirà a far comprendere loro ogni emozione e sensazione del soggetto monitorato, seppur distante centinaia di chilometri; una dimensione virtuale che isolerà l'operatore dal mondo esterno[260].

Va però doverosamente premesso che, nonostante l'uso esponenziale dello strumento delle intercettazioni nella ricerca della prova, non esiste ad oggi un protocollo operativo omogeneo a disposizione degli addetti ai lavori, così da poter consentire la consultazione di un *vademecum* della pratica di polizia giudiziaria contenente linee guida e modalità operative standardizzate.

Non esiste, inoltre, un protocollo di formazione professionale *ad hoc* per gli operatori, in quanto il tema non risulta essere analiticamente disciplinato nelle procedure formative d'accesso e di successiva formazione professionale.

Ecco, quindi, alcuni dei tanti *steps* che la polizia giudiziaria ripercorre nella complicata attività tecnica di ricerca della prova:

---

[258] Quotidiano IL DUBBIO, *Intercettazioni, il dubbio di Greco sul codice interno*, cit.

[259] D. COPPOLA, *Parlare, comprendersi, interagire. Glottodidattica e formazione interculturale*, Felici editore, San Giuliano Terme (2009): "[...] già sulla base del concetto di «consonanza intenzionale» (Gallese 2006), vale a dire la dimensione esperienziale dell'intersoggettività che consente di cogliere direttamente il senso delle azioni eseguite dagli altri, le emozioni e le sensazioni in un ambiente; risulta evidente che l'intersoggettività e la cognizione sociale sono direttamente coinvolti nello sviluppo cognitivo così come nell'acquisizione del linguaggio. Da qui emerge, inevitabile, la dimensione interculturale dell'abitare l'alterità, propria e altrui, in cui entrano prepotentemente in gioco le emozioni [...] (relazione di Luciana Brandi, *Tra lingue, culture e formazione della soggettività*)".

[260] V. GALLESE, *Intentional attunement: a neuropsycological perspective on social cognition and its diruption in autism*, Brain research, 2006.

a. L'individuazione e localizzazione del bersaglio

Una prima esplorazione investigativa avviene attraverso tecniche convenzionali di *human intelligence*, ad esempio "radiografando" il bersaglio mediante la scansione con apparati di *IMSI Cather*, da qui rilevando una serie di accoppiamenti di numeri (IMSI) e di apparati telefonici (IMEI) di interesse investigativo a questi in uso, seppur intestati a soggetti terzi o fittizi.

Altre volte attraverso il c.d. "*pedinamento elettronico*"[261], monitorando gli spostamenti dell'obiettivo con l'ausilio di apparati di localizzazione satellitare; si tratta di una metodologia operativa che si traduce in una forma di pedinamento che non necessita di un avallo preventivo del Giudice per le indagini preliminari[262].

L'attività di localizzazione può, ancora, avvenire con applicativi d'*intelligence*[263] in grado di monitorare sulla rete telefonica GSM globale un' utenza "bersaglio" fino a localizzarne, all'interno di una macro area geografica, la relativa posizione[264].

Alla localizzazione di precisione può, infine, trovare compendio anche l'identificazione del bersaglio di cui, alle volte, si sconosce il reale profilo connotativo, procedendo alla sua identificazione biometrica[265] con diversi sistemi silenti come, ad esempio, quello del riconoscimento, dopo una fase di *enrollment*[266], della geometria del volto.

b. I tabulati telefonici

L'attività captativa vera è propria viene solitamente preceduta dall'acquisizione dei tabulati telefonici riconducibili ai bersagli investigativi che si intende monitorare; si tratta di una pratica investigativa che può trovare interesse per svariate ragioni, ed alle volte determinante nel complessivo scenario d'indagine.

L'analisi dei tabulati è utile, ad esempio, per documentare una richiesta di intercettazione ex art. 267 c.p.p. all' attenzione del giudice per le indagini preliminari; per effettuare un primo *screening* sul soggetto; per disegnare una sua iniziale profilazione; il suo volume di traffico telefonico, e così via.

---

[261] M. Di Stefano, B. Fiammella, *Intercettazioni, remotizzazione e diritto di difesa nell'attività investigativa. Profili d'intelligence*, cit. pag. 107.

[262] Cass. Pen. sez. I, 7 gennaio 2010, n. 9416 e in senso conforme si veda Cass. Pen. 15 dicembre 2009, n. 9667; Cass. Pen. n. 15396/2008; Cass. Pen. n. 3017/2008; Cass. Pen., sez. V, 7 maggio 2004, n. 24715, Massa, rv 228731.

[263] Come il sistema di localizzazione geografica mondiale Carro GWP.

[264] M. Di Stefano, B. Fiammella, *Intercettazioni, remotizzazione e diritto di difesa nell'attività investigativa. Profili d'intelligence*, cit. pag. 103.

[265] La biometria è il settore della biologia che misura e studia i dati osservati sugli esseri viventi. Scopo della biometria è quello di classificare statisticamente i diversi tipi in un determinato momento ed in un precisato ambiente. In questo senso, un sistema è detto biometrico quando è in grado di riconoscere una persona (cioè verificare se un individuo è veramente colui che dichiara di essere) sulla base di caratteristiche fisiologiche (impronta digitale, forma del volto o della mano, retina, iride, timbro di voce, vene …) e/o comportamentali (calligrafia, stile di battitura …).

[266] si definisce la fase di registrazione iniziale, durante la quale vengono acquisiti più campioni della caratteristica biometrica e viene creato il modello che verrà usato per i confronti successivi.

Nel nostro sistema giudiziario ricorre una rigida applicazione dei protocolli di acquisizione dei dati sensibili concernenti i metadati delle comunicazioni monitorate per fini di Giustizia[267], e tra questi i tabulati telefonici, la cui acquisizione, seppur non soggetta a convalida da parte del GIP, è sottoposta al rigido regime autorizzativo del P.M.[268], secondo i parametri fissati dal Garante della *Privacy* in materia di conservazione del dato[269].
Si tratta di un'analisi complessa, che riguarda non solo il traffico prodotto da un certo IMSI (il codice abbinato alle sim telefoniche), ma anche del c.d. "*traffico di cella*", come nel caso in cui, dopo un grave evento delittuoso, l'attività investigativa si diparte dalla *crime scene* per analizzare l'etere e da qui le *Base Transceiver Stations* (BTS), quelle antenne ripetitrici a cui la telefonia radiomobile della zona si appoggia.
Già in questa fase embrionale sarà, ad esempio, possibile, attraverso banali stringhe di codici numerici, individuare utenze apparentemente "*irrilevanti*", intestate a soggetti fittizi o ignari ultraottantenni, recapiti internazionali che comunicano da una pare all'altra del globo facendo ponte con utenze nazionali, ecc.
I tanti metadati acquisiti, che in determinate circostanze possono riguardare un'analisi massiva di elementi (come, ad esempio, nel caso di analisi delle BTS in occasione di "grandi eventi"), verranno, quindi, normalizzati su particolari *software* di analisi (come *TETRAS* o SFERA tra i tanti), mettendo in relazione numeri di telefoni, apparati telefonici, antenne BTS e coincidenze temporali oggetto di articolata analisi, per poi essere integrati su piattaforme di analisi d'*intelligence*, come il noto *IBM i2 Analyst's Notebook.*
Il prodotto finale (o meglio iniziale), consisterà nella rappresentazione su una mappa relazionale e concettuale di una infinità di metadati e dettagli investigativi in grado di documentare, di primo acchito, lo *start up* di quell'indagine.

c. L'attività di *profiling* del bersaglio: *open sources* e *dark web*

Sempre a monte delle intercettazioni particolare rilievo assume il *criminal profiling*[270], cioè la definizione del profilo psicologico criminale del soggetto

---

[267] M. Di Stefano, *Intelligence e privacy nella macroaree:un approccio COMINT/OSINT*, cit.
[268] ai sensi dell'art 132 3° comma del D.lgs.196/2003 in materia di Tutela della Privacy.
[269] D.lgs.196/2003, Art. 132. Conservazione di dati di traffico per altre finalità: 1. Fermo restando quanto previsto dall'articolo 123, comma 2, i dati relativi al traffico telefonico, sono conservati dal fornitore per ventiquattro mesi dalla data della comunicazione, per finalità di accertamento e repressione dei reati, mentre, per le medesime finalità, i dati relativi al traffico telematico, esclusi comunque i contenuti delle comunicazioni, sono conservati dal fornitore per dodici mesi dalla data della comunicazione. 1-bis. I dati relativi alle chiamate senza risposta, trattati temporaneamente da parte dei fornitori di servizi di comunicazione elettronica accessibili al pubblico oppure di una rete pubblica di comunicazione, sono conservati per trenta giorni [...]".
[270] Bibliografia di riferimento: M. CENTINI, *I Serial killer*, Xenia Edizioni, Milano (2001); G. DE LEO, G. e P. PATRIZI, *Psicologia della devianza*, Carocci Editore, Roma (2002); J.E. DOUGLAS e M. OLSHAKER, *MINDHUNTER*, Arow books, London (1995); G. GULOTTA, *L'investigazione e la cross-examination. Competenze e sfide per il processo penale moderno*, Giuffrè Editore, Milano (2003); C. LUCARELLI e M. PICOZZI, *Serial killer. Storie di ossessione omicida,* Mondadori Editore, Milano (2003); A. NUCARA, *Ovunque io vada*

investigato, attraverso "[...] *un'attività investigativa, altamente specializzata, atta a descrivere un possibile* profilo psico-comportamentale[271] di un soggetto che si è reso *responsabile di un crimine o, più genericamente, al fine di definire il profile dell'obiettivo particolarmente sensibile che si intende investigare*[272][...]" [273].
Ma accanto a questa metodologia convenzionalmente riconosciuta dalla comunità scientifica internazionale, vi è quella *routinaria* eseguita – senza un protocollo operativo standardizzato – dagli investigatori a monte di un dispositivo di intercettazione, così da ricostruire, accanto al profilo criminale, un profilo professionale, sociale, *cybernetico,* parentale, imprenditoriale, societario o quanto altro ancora, attraverso cui acquisire ogni utile dettaglio investigativo che nel corso dell'attività verrà man mano implementato e definito in ogni suo contorno.
Si tratta di un'attività alle volte dettata dall'inventiva, andando oltre la ricerca di notizie sulle banche dati convenzionali, si tratti di quelle istituzionali, o commerciali fino alle tante fonti private e quelle di libera fruizione c.d "*open sources*".
Nell'attività di profilazione di soggetti investigati sulle "*fonti aperte*" potrebbe, allora, risultare necessario addentrarsi nelle parti più remote del *web* che non sono raggiungibili, con le procedure ordinarie, dal c.d. "*clear web*" (o *surface web*) attraverso l'utilizzo dei tradizionali motori di ricerca (come ad esempio *Google* o *Bing*), ove è presente circa il 5% dei contenuti *online* indicizzati.
E' il caso in cui l'investigatore dovrà spingersi nella ragnatela del *deep web*[274] (detto anche *invisible web*), più grande di circa 600 volte rispetto al *clear web,* ed

---

muore qualcuno, Luca Rossella Editore, Roma (2003); M. PICOZZI e A. ZAPPALÀ, *Criminal profiling. Dall'analisi della scena del delitto al profilo psicologico del criminale*, Mondadori Editore, Milano (2002); M. G. SIMON, *I buoni lo sognano, i cattivi lo fanno*, Editore Cortina, Milano (1996).

[271] R. M. HOLMES, *Profiling Violent Crimes, Sage*, Thousand Oaks (1996), definisce con l'attività di *profiling* la descrizione del profilo sociopsicologico, ove accanto ad ipotesi riguardo i tratti della personalità, sono incluse anche informazioni socio demografiche quali l'età, il sesso, la razza, il livello di istruzione, l'impiego, ed altri fattori similari.

[272] G. MASSARO, *La figura del Serial Killer tra diritto e criminologia*, in www.altrodiritto.unifi.it, Cap. III 1.2. Profilo psicologico. Applicazione del profilo psicologico all'omicidio seriale: "[...] Il profilo psicologico può esser definito come l'elaborazione delle principali caratteristiche comportamentali e di personalità di un individuo, ottenibili dall'analisi dei crimini che il soggetto stesso ha compiuto. R.H. Holmes preferisce chiamarlo profilo socio-psicologico, dato che non si limita ad ipotizzare tratti della personalità, ma deve includere anche informazioni socio-demografiche come età, sesso, razza, occupazione, istruzione ed altri fattori simili. La costruzione di un profilo si basa sulla premessa fondamentale che una corretta interpretazione della scena del delitto può indicare il tipo di personalità del soggetto che ha compiuto il crimine [...]".

[273] M. Di Stefano, B. Fiammella, *Profiling: tecniche e colloqui investigativi. Appunti d'indagine*, cit., pag. 11.

[274] www.repubblica.it, *Tutti i segreti del Deep Web. Sotto la rete in cui navighiamo esiste un mondo sconosciuto. E' cinquecento volte più grande e dentro c'è davvero di tutto*, di Arturo Di Cortinto, pubblicato il 20 aprile 2014. *"[...]* Il cosiddetto Deep Web, l'Internet nascosto considerato il luogo di ogni orrore, però non è solo questo. Sono sempre di più infatti le Ong, i dissidenti e i blogger che hanno individuato proprio nel Deep Web un nuovo luogo dove incontrarsi, scambiarsi dati e informazioni, o sostenere una "giusta causa" usando il Bitcoin

ove sono disponibili *bit* che rimandano a *queries* dai *database*, operazioni di *login* e transazioni protette da *password*, pagine di consultazione a pagamento, pagine non *linkate* o rimandi a tecnologie CAPTCHA[275], fino a raggiungere il sottolivello del *dark web* - che non utilizza il classico protocollo nato al CERN di Ginevra con *Tim Berners Lee*, c.d. *http*[276] e caratterizzato da una lettura ipertestuale non sequenziale dei documenti con rimando agli *hyper link* – la cui consultazione potrà avvenire attraverso il *browser* "cipolla" *The Onion Router*, noto con l'acronimo di T.O.R., o ancora con la rete anonima *Invisible Intenet Project* detta *I2P.*

Il principio di *Onion* si basa sulla segretezza delle comunicazioni, i quanto i dati non transitano direttamente da *client* a *server* (in tal caso intercettabili con le attività *standard* di *sniffing* con l' intercettazione passiva dei dati attraverso una sonda dedicata), ma passano attraverso i *server* di *Tor* che agiscono come un complesso *router* che costruisce un circuito crittografato per strati, come una sorta di "*cipolla virtuale*".

In questo scenario l'investigatore (ma sarebbe più corretto utilizzare il termine "*analista investigativo*") potrà ricorrere a diverse modalità di interrogazione per raggiungere i servizi nascosti di *Tor*, come ad esempio con l'impiego del motore di ricerca *ahmia.fi* o, ancora, i "*search engine*" *onion.to* e *hiddenwiki.*

Il *Cyber* spazio ha trovato un incremento esponenziale negli ultimi anni, soprattutto da una focale terroristica, con una proliferazione di siti *jihadisti* che da n. 12 nel 1998, sono lievitati a n. 2650 nel 2003, fino alla presenza di oltre 9800 siti nell'anno 2015[277], che rimandano alle più importanti organizzazioni terroristiche del globo[278].

---

come moneta. Nel Deep Web sono stati clonati i documenti di Wikileaks sulle atrocità della guerra in Iraq e Afghanistan, e sempre qui i whistleblowers, le "talpe" che denunciano governi e funzionari corrotti, proteggono le loro rivelazioni. E dunque, che cos'è il Deep Web? Detto anche Invisible Web, è la parte non indicizzata dai motori di ricerca. Una parte fatta di pagine web dinamiche, non linkate, generate su richiesta e ad accesso riservato, dove si entra solo con un login e una password: come la webmail. Questo accade perché i motori di ricerca funzionano con i crawler, i raccoglitori di link. Li categorizzano, li indicizzano, e li restituiscono in pagine ordinate quando digitiamo una parola sul motore preferito. Ma se i link non ci sono, non possono farlo. Un altro motivo per cui non riescono a trovarle potrebbe essere perché quelle pagine sono inibite ai motori di ricerca con il comando norobots. txt . [...]".

[275] *Completely Automated Public Turing Test To Tell Computers And Humans Apart.*

[276] *Hyper Text Transfer Protocol.*

[277] Atti del convegno su "Innovazione tecnologica e terrorismo nell'attuale contesto geopolitico", Napoli 28.1.2016, relazione di Pierluigi Paganini.

[278] Ad esempio: Hamas, the Lebanese Hizbollah (Party of God), the Egyptian Al-Gama'aal Islamiyya (Islamic Group, IG), the Popular Front for the Liberation of Palestine (PLFP), the Palestinian Islamic Jihad, the Peruvian Tupak-Amaru (MRTA) and 'The Shining Path' (Sendero Luminoso), the Kahane Lives movement, the Basque ETA movement, the Real IRA (RIRA), Supreme Truth (Aum Shinrikyo), the Colombian National Liberation Army (ELN-Colombia), the Liberation Tigers of Tamil Eelam (LTTE), the Armed Revolutionary Forces of Colombia (FARC), the Popular Democratic Liberation Front Party in Turkey (DHKP/C), the Kurdish Workers' Party (PKK), the Zapatista National Liberation Army (ELNZ), the Japanese Red Army (JRA), the Islamic Movement of Uzbekistan (IMU), the Mujahedin, the Chechens, Pakistan-based Lashkar-e-Taibaand Al-Qaeda.

Uno spazio virtuale ove sono presenti, all'interno di una ragnatela di siti di propaganda *jihadista*[279], porzioni dedicate al *narrowcasting* di addestramento, proselitismo e tattico, all'attività di *hackers job,* fino alla presenza di molteplici applicativi cifrati di comunicazione, dal *mojahedeen secrets*, al *Tashfeeral-Jawwal,*[280] al *Asraral-Ghurabaa*[281], fino al *Amnal-Mujahid*, un *software* sviluppato dal gruppo *Al-Fajr Technical Committee* nel Dicembre 2013.
Si tratta di uno spazio che può essere, ormai, raggiunto con applicativi *low cost*[282] anche dagli *smartphone*, siano essi equipaggiati con tecnologia *iOS* (attraverso *onion browser*), sia che utilizzino protocolli *Android* (con l'applicativo *orbot*).
Modalità comunicative, sempre in continua evoluzione, che – a seguito degli attentati di Brusselles e Parigi – sembrerebbero aver trovato interesse, anche, attraverso le *chat party* del noto sistema multimediale di gioco costruito dalla *Sony*: si tratta di un protocollo di comunicazione VoIP *multi client* che viaggia sul *web* per connettere giocatori da una parte all'altra del mondo[283].
Leonida Reitano, nel suo manuale di investigazioni digitali, spiega che l'analisi delle "[...] *fonti aperte [...] comprende diversi àmbiti disciplinari combinati tra loro: gli strumenti di hacking della rete per ottenere informazioni sulle identità digitali, l'uso avanzato dei motori di ricerca, l'utilizzo dei portali di investigazioni digitali (dove ottenere le informazioni istituzionali su persone fisiche o giuridiche, proprietà immobiliari, partecipazioni azionarie o societarie, etc.) e infine le tecniche di analisi investigative per valutare il materiale informativo acquisito ed elaborato attraverso strumenti di visualizzazione grafica dei dati*[...]"[284].
Attraverso le fonti OSINT, potrebbe risultare necessario, anche, tracciare un profile seguendo tecniche investigative più capillari, a partire dall'identificazione – attraverso il "*domine name*" – della persona fisica che ha effettuato la registrazione di un determinato dominio sulla rete (detta procedura è agevolmente effettuabile con lo strumento *DNS tools*.
L'investigatore potrebbe, però, dover implementare la profilazione ricostruendo a ritroso sistemi di "scatole cinesi" che hanno mascherato un certo dominio, alle volte utilizzando una "macchina del tempo", detta *wayback machine*, in grado di recuperare siti *web* chiusi attraverso la consultazione di un contenitore di dati realizzato da una organizzazione *no profit* e raggiungibile dall'indirizzo *archive.org*.

---

279 come ad esempio memrijttm.org.
280 applicazione mobile sviluppata dal gruppo Global Islamic Media Front (GIMF) e rilasciata nel Settembre 2013
281 programma per la cifratura delle informazioni sviluppato dal gruppo Islamic State of Iraq and Al-Shame rilasciata nel Novembre 2013.
282 Ad un prezzo medio di 0,98 euro.
283 L'Unità, *L'Isis e la Playstation 4: terroristi mimetizzati tra i giocatori*, di Matteo Scirè, pubblicato il 16 novembre 2016: "[...] secondo le informazioni in possesso dall'intelligence belga i terroristi avrebbero utilizzato il servizi odi messaggistica della console per pianificare gli attacchi. Lo ha rilevato sabato scorso il ministro degli interni del Belgio, Jan Jambon[...]".
284 L. Reitano, *Esplorare Internet. Manuale di investigazione digitale e Open Source Intelligence*, Minerva edizioni, Bologna (2014), pag. 9.

Ben più complessa, sul *web,* è la profilazione di conti bancari cifrati, operazioni attraverso i circuiti di *money transfer*, o nelle modalità di *e-commerce* con la moneta elettronica, laddove il portafoglio del soggetto interessato al *business* è identificato, in modo del tutto anonimo, da una lunga stringa alfanumerica o da un QR Code che costituiscono il codice di *wallet bitcoin*, fruibile "*al portatore"*.
Il bitcoin è "*like an air guitar, the ultimate form of intangible alienable property*"[285]; si tratta,nel complesso, di quella parte del c.d. *soft law* ove alla *lex mercatoria* si sta, man mano, sostituendo la *lex criptographica*, imperniata sul principio fiduciario della criptovaluta c.d. *proof of work,* in luogo dei sistemi tradizionali di pagamento basati sul concetto di *trust* o di stretta fiducia.
Tra gli strumenti di profilazione sulle *open sources,* un ulteriore contributo è offerto dalle nuove tecniche di social media intelligence (SOCMInt), nata per ragioni commerciali rivolte all'andamento dei *brand* commerciali e per effettuare monitoraggi nel settore della c.d. *sentiment analysis.*
Il modello si è evoluto da una focale di *intelligence* e sicurezza al fine di attenzionare reti e canali sociali per identificare profili, relazioni, organizzazioni e tracciare reti di conoscenze utili alla ricostruzione di un profilo relazionale e di un diagramma di contesto.
"*Tramite la SOCial Media INTelligence* – precisa Paolo Dal Checco[286] - *è possibile reperire informazioni utili al ciclo di intelligence tramite il monitoraggio e l'analisi dei contenuti scambiati attraverso i Social Media. La tecnica SOCMINT risulta ancora decisamente legata alla disciplina OSINT, Open Source INTelligence, e in modo più lieve agli altri approcci di ricerca d'informazioni come TechINT, GeoINT, SIGINT, HumINT, MasINT. E' importante precisare che la SOCMINT si basa sulle informazioni acquisite tramite i Social Media senza limitarsi ai Social Network come Facebook, Twitter, Instagram e simili*".
La SOCMINT, spiega Alessandro Burato, "*si è concentrata sui processi di data mining rivolti a due principali aspetti degli ambienti "social": i contenuti e le relazioni. I primi hanno dato origine a diversi studi sui cosiddetti motori semantici utili nell'analizzare e filtrare grandi stringhe di dati come sono quelle delle comunicazioni che "scorrono" sui social, i secondi si concentrano maggiormente sulle relazioni virtuali che intercorrono tra i diversi user avvalendosi delle moderne tecniche di visualizzazione dei dati per darne una visione più ampia ed immediata. Evidentemente, tali visualizzazioni non esauriscono la ricchezza di informazioni e significato dei dati che rappresentano e dal punto di vista delle scienze sociali si rendono necessari dei sistemi di verifica di affidabilità ed efficienza di tali strumenti*"[287].

---

[285] J.Matonis, *Lex Mercatoria: The Emergence Of A Self-Regulated Bitcoin,* in www.forbes.com, 28 maggio 2012: "[…] Lex merctoria is Latin for "merchant law" and it is the body of commercial law used by merchants throughout Europe during the medieval period emphasizing contractual freedom and alienability of property. Like an air guitar, bitcoin is arguably the ultimate form of intangible alienable property. The difference being, of course, that air guitar transactions are not publicly recorded on a distributed and enforced ledger […]".
[286] www.dalchecco.it
[287] www.itstime.it, *Social Media Intelligence: dalla pratica alla disciplina,* di Alessandro Burato, pubblicato il 18.3.2015.

Quando l'investigatore utilizza metodologie SCOMINT, dovrà - spesse volte – insinuarsi nella rete sociale del soggetto d'interesse (quindi in una fase antecedente o parallela a forme di intercettazione dei flussi ex art. 266 bis del codice di rito), attraverso la condivisione di una o più "*amicizie*", requisito indispensabile per avere accesso, nella fase prodromica ad un provvedimento autorizzatorio di captazione, alle notizie presenti sui *social media*.
L'attività solitamente avviene, per scongiurare ovvie *discoveries* investigative, con un accesso, indiretto, monitorando (oltre ai collegamenti pubblici) la rete sociale del bersaglio o, qualora possibile ed opportuno, attraverso richieste dirette di "amicizia" con l'utilizzo di un profilo *fake*[288] di copertura, con il soggetto investigato.
E qui che entrano in gioco motori di ricerca semantica approfondita, come *graph.tips*, attraverso cui sarà possibile esaminare *Facebook* selezionando molteplici *query* di filtro ricerca (vds. applicativi a pagamento di investigazione OSINT come *inteltechiniques.com*).
Una modalità di rappresentazione relazionale che si sta, man mano, diffondendo tra gli analisti esperti è, infine, quella della profilazione delle relazioni sociali attraverso l'applicativo *facelink* - un *software* che richiama il ben noto *i2 Analyst's Notebook* - dedicato al colosso dei *social media* fondato da *Mark Zuckenberg*.

d. La strategia di attacco delle comunicazioni

Individuato il bersaglio ed analizzate criticità e fattibilità operative, segue lo studio tecnologico di attacco alle comunicazioni; questa è, certamente, la fase più complessa di tutta l'attività, in uno scenario dove lo stato dell'arte evolve giorno dopo giorno.
Qui, tra presupposti di fattibilità giuridica, *discoveries*, opportunità, criticità delle contromisure, ostacoli passivi ed attivi da contrastare, gli investigatori proveranno – alle volte per mesi – a "*cogliere l'attimo*", trovare lo strumento idoneo, le fattibilità di acquisizione, rilancio e trasmissione delle fonie sui *server* delle procure, il *camouflage* dei sistemi, il *jailbreak* o il *root* dei sistemi operativi, l'inoculazione di *virus* spia con un espediente sempre diverso, rispetto a quello proposto nella *fiction* televisiva della sera prima.
Si tratta di dinamiche i cui profili tecnico giuridici vanno a configgere, alle volte, con le ordinarie esigenze di *privacy* e di intimità personale che, gioco forza, si troveranno degradate rispetto all'interesse superiore di Giustizia: si pensi, ad esempio, ai sistemi di audio/video ripresa in uno studio professionale dove si ha fondato motivo di ritenere che si stia svolgendo l'attività criminosa; o alle tante telecamere che, nelle stanze di un ospedale, riprendono contesti ritenuti, nell'alveo del concetto di *privacy*, quali dati a contenuto supersensibile; o un'aula di una scuola per l'infanzia, dove l'innocenza dei bambini diventa la focale d'interesse delle telecamere che dovranno ovattarne l'incolumità da mostri insospettabili; il

[288] Sul tema dei falsi profili, interessante è la sentenza della Sezione V della suprema Corte, n.9391 del 26 febbraio 2014, ove viene individuata la configurabilità del delitto di sostituzione di persona laddove venga utilizzato un nickname inesistente per occultare la propria identità al fine di molestare altre persone in chat. Ipotesi, certamente, non rientrante nel caso di specie, atteso l'impiego di un falso account da parte della polizia giudiziaria, non "al fine di procurare a sé o ad altri un vantaggio o arrecare ad altri danno".

tutto dopo aver raccolto indizi a sufficienza, il tutto sempre prima che sia troppo tardi.
In questo scenario – così come nella *crime scene* virtuale, desumibile dalla presenza di un apparato elettronico potenzialmente interessato alle dinamiche investigative – può trovare riscontro anche l'attività di analisi del contenuto, ad esempio, di uno *smart phone* o di un altro dispositivo elettronico portatile, o indossabile[289], di comunicazione.
La comunità internazionale utilizza ormai in forma standardizzata alcuni evoluti strumenti di analisi forense rivolti all'estrazione, ripetibile e genuina, dei dati presenti su un apparato elettronico, dal conosciutissimo *EnCase forensic*[290], ai più generici *tableau* forensi di duplicazione, ai più noti apparati e software di nicchia come *Cellebrite-UFED Physical Analyzer*[291], *XRY Forensic Mobile Phone Forensic Tool* [292]o *Oxygen Forensic*[293].

---

289 *Wear your own device*

290 Che, in generale, consente di acquisire dati da un'ampia varietà di dispositivi ; effettua un'indagine completa a livello del disco; produce report completi sui risultati di analisi forense, mantenendo l'integrità dell'attività senza alterare il dispositivo.

291 Fonte, cellebrite.com: "[...] UFED Physical Analyzer consente il controllo dei dati più approfondito nella esami del settore delle scienze forensi mobili: decodificazione della più grande quantità di dati grezzi dalla più ampia gamma di dispositivi mobile; arricchimento delle informazioni dei casi con i dati integri e memorizzati all'interno dei dispositivi mobili; ricerca, filtraggio e analisi approfondita dei dati più importanti per l'indagine; visualizzazione di dati mobili con strumenti di rilevazione analitica e cronologica dei progetti; integrazione con gli strumenti di analisi dei dati di Cellebrite per un'analisi approfondita; riduzione del carving manuale delle strutture dei dati utilizzando un processo di decodificazione automatica; decodificazione altamente affidabile mediante l'evidenziazione HEX; visualizzazioni di estratti di posizioni utilizzando mappe online e offline; risparmio di tempo nella qualificazione del dispositivo; facilità di condivisione delle informazioni; generazione e condivisione di rapporti dei risultati con colleghi, autorità di vigilanza e/o clienti [...]".

292 fonte, cfi.co.th: "[...] XRY Complete è l'all-in-one sistema forense mobile di Micro Systemation; combinando entrambe le nostre soluzioni logiche e fisiche in un unico pacchetto. XRY Complete consente agli investigatori l'accesso completo a tutti i possibili metodi per recuperare i dati da un dispositivo mobile. XRY è una soluzione basata su software appositamente costruito, completo di tutto l'hardware necessario per il recupero dei dati da dispositivi mobili in modo sicuro forense. Con XRY Complete si può ottenere di più e approfondire un dispositivo mobile per recuperare i dati vitali. Con una combinazione di strumenti di analisi logiche e fisiche disponibile per i dispositivi supportati; XRY completa in grado di produrre un rapporto combinato contenente sia i dati in tempo reale e cancellate dal telefono stesso. Il sistema XRY è la prima scelta tra le forze dell'ordine di tutto il mondo, e rappresenta un sistema forense cellulare completo fornito con tutte le attrezzature necessarie è necessario eseguire un esame medico-legale di un dispositivo mobile - direttamente fuori dalla scatola. L'applicazione software XRY fornito funziona su Windows ed è abbastanza potente per affrontare con tutte le moderne esigenze di ispettori legali. L'interfaccia utente è semplice da navigare, con una procedura guidata facile da usare progettato per guidare l'utente attraverso l'intero processo dall'inizio alla fine, in modo da poter iniziare immediatamente a recuperare i dati in tutta sicurezza [...]".

Si tratta di *software* in grado di estrarre dati di traffico telefonico, dei contatti di rubrica, dei file multimediali presenti sul *device* ed, ancora, di correlare tutte le informazioni acquisite con altre fonti di informazione, così da comprendere relazioni tra persone, ricostruire eventi di significatività investigativa, tracciare analitici *profiles* ivi evidenziando criticità e potenziali comportamenti a rischio, ricostruire reti di vario livello e genere, siano esse riferite ad organizzazioni criminali, cellule terroristiche o articolati gruppi eversivi.
Analisi relazionali che possono trovare interfaccia con i più noti sistemi di analisi dei dati nel settore mondiale dell'intelligence, come i già cennati *IBM i2 Analyst's Notebook* a *Tetras 2 HPG*, in grado di rappresentare in modalità relazionale operazioni di *link analysis*[294], di *social network analysis*[295] o di *cluster analysis*[296].

e. L'avvio delle intercettazioni sulle piattaforme di *grid computing*

Ecco, adesso, l'inizio dell'attività vera e propria, quando le linee di intercettazione sono state remotizzate presso gli uffici della polizia giudiziaria attraverso una rigida maglia di *grid computing*, consentendo ad ogni singolo operatore di ascoltare, da una singola postazione, decine di utenze, monitorare postazioni ambientali, selezionarne i microfoni, brandeggiare le microtelecamere di supporto, attivare i filtri antirumore su una autovettura attrezzata per il suono, annotare sintesi delle conversazioni su un brogliaccio digitale, creare una rubrica telefonica, localizzare un bersaglio e georeferenziarne la posizione, interrogare la banca dati delle intercettazioni con una "*keyword*", filtrare contatti e soggetti, interfacciare il sistema con i *software* di analisi relazionale, e così via.
L'attività di intercettazione, affascinante quanto complicata, non ha –almeno nelle prime fasi – una soluzione di continuità, in quanto riguarda un'attività in continua evoluzione, dove l'investigatore, man mano, riesce a ricostruire contatti, interessi, falsi scopi, sotterfugi, e dove è difficile effettuare una scrematura *a priori*, tale da poter ritenere "*irrilevante*" quanto sta accadendo ora dopo ora.

---

293 Fonte, forensicshop.it: "[…] Oxygen Forensic Suite è un software completo per l'analisi dei dispositivi mobile (cellulari, tablet, dispositivi GPS) per un totale di 6700 diversi dispositivi. Il supporto per i dispositivi è molto esteso e comprende Android, Apple iOS, Blackberry, Symbian OS, Windows Mobile, Bada, dispositivi a chipset chinese. In base al dispositivo sotto analisi, Oxygen è in grado di estrarre: rubrica, lista chiamate, SMS, Email, navigazione web, file multimediali e non presenti in memoria, posizioni GPS, applicazioni specifiche in base al sistema operativo (skype, facebook, twitter, dropbox). Lo strumento dispone anche di funzionalità di reporting molto avanzate che permettono all'operatore di generare report in breve tempo […]".

[294] Cioè rivolte a valutare relazioni tra nodi (soggetti/oggetti) d'interesse investigativo.

[295] (S.N.A.) metodologia di analisi delle relazioni sociali; già si fatto cenno alle tecniche di Social Media Intelligence e la conseguente possibilità di analisi del relativo contesto, effettuabile con sistemi di collegamento relazionale.

[296] Cioè quelle tecniche esplorative intese a raggruppare unità statistiche di una popolazione sulla base di similarità in termini di valori assunti dalle variabili oggetto di analisi e campionamento.

Accade, ad esempio, che l'utenza intestata al bersaglio, sia di fatto un'utenza "morta" o di scarso rilievo, riuscendo solo con il senno del poi ad individuare un recapito di reale interesse.
Così come accade che il bersaglio possa avere contatti – di primo acchito banali – con soggetti noti all'investigatore che sta effettuando il monitoraggio: alle volte uno stesso collega, un conoscente, un congiunto, l'uomo politico scortato qualche tempo prima, o l'amministratore pubblico che abita nello stesso condominio.
Ed allora come discriminare la rilevanza di un contatto o di una conversazione; come interpretare l'opportunità di ometterne il contenuto?
Diverso è, poi, l'approccio investigativo laddove i temi di ricerca non rilevino *a priori* un modello operativo e strategico omogeneo, come nel caso della cattura dei latitanti, o dell'individuazione della maglia di fiancheggiatori che hanno procurato l'inosservanza di pena di un "*bandito*".
Qui, al contrario delle altre tipologie di approccio investigativo, i *briefings* operativi tenuti costantemente in osmosi con il *team* esterno di cattura avranno come oggetto, noiosamente ridondante, la ricerca di tutti gli elementi apparentemente insignificanti.
Esattamente tutti quegli spunti "*irrilevanti*" che, in un'ottica di economia investigativa secondo i protocolli convenzionali, sarebbero "*carta straccia*".
Altra residuale tipologia captativa, "*secondo le modalità previste dall'articolo 268 del codice di procedura penale*", ed ove gli interessi degli investigatori potrebbero riguardare sfumature di primo acchito apparentemente irrilevanti, concerne le intercettazioni ex art. 78 del Decreto legislativo 06.09.2011 n. 159, rivolte a "*controllare che i soggetti nei cui confronti sia stata applicata una delle misure di prevenzione di cui al libro I, titolo I, capo II non continuino a porre in essere attività o comportamenti analoghi a quelli che hanno dato luogo all'applicazione della misura di prevenzione*".
Va aggiunto, ancora, da una focale criptografica in linea generale, che nella generica attenzione prestata dagli individui nel comunicare (ed a maggior ragione da chi ritiene di poter essere oggetto di monitoraggio giudiziario), trova contesto un ultimo aspetto: è noto, infatti, che per prassi inconscia molte comunicazioni avvengano con modalità idonee a rendere non intellegibile il contenuto ad un ascoltatore esterno.
Tutti noi, nel parlare al telefono, siamo propensi ad essere riservati, a parlare per sottintesi, con fare criptico; si tratta di una abitudine che non è semplice filtrare e che indìce l'investigatore a cristallizzare ogni evento relazionale assunto nel corso dell'interazione comunicativa a cui assiste in modo clandestino.
Un dettaglio che potrà essere rivisitato a futura memoria, con una chiave di lettura diversa; dove fatti, circostanze e contatti appariranno sotto una nuova luce investigativa non intuibile *prima facie*.
Non va poi dimenticato che alla comunicazione per così dire "convenzionale", vanno aggiunte le modalità offerte dalle nuove tecnologie e dalle nuove modalità di interazione comunicativa, attraverso le *emoticons* e gli allegati con immagini, di cui si dirà nei successivi approfondimenti.

f. La cripto e la steganografia nelle comunicazioni

Una comunicazione apparentemente ininfluente può recare, infatti, contenuti "nascosti" che non sempre, *ictu oculi,* sono rinvenibili nell'immediatezza; si tratta di tecniche, lo si è anticipato, spesse volte utilizzate, in modalità elementare, dai detenuti per veicolare messaggi con la corrispondenza epistolare ordinaria verso l'esterno dei penitenziari.

Un esempio di scuola molto noto è quello della steganografica delle c.d. "*cifre nulle*", attraverso cui è possibile nascondere il testo in un altro, in modo che possa essere estratto selezionando solo alcuni caratteri del messaggio originale, come ne caso che segue, relativo ad una comunicazione inviata nella seconda guerra da una spia tedesca, ed intercettato dalle potenze alleate:

"Apparently neutral's protest is thoroughly discounted and ignored. Isman hard hit. Blockade issue affects pretext for embargo on by products, ejecting suets and vegetable oils."

Se si estrae dal saggio solo la seconda lettera di ogni parola, sarà possibile evidenziare il testo steganografato:

*"A***p***parently n***e***utral's p***r***otest i***s** *t***h***oroughly d***i***scounted a***n***d i***g***nored. I***s***man h***a***rd h***i***t. B***l***ockade i***s***sue a***f***fects p***r***etext f***o***r e***m***bargo o***n** *b***y** *products, e***j***ecting s***u***ets a***n***d v***e***getable o***i***ls."*

"Pershing sails from NY (r) June 1"

Altri esempi scolastici rimandano all'Antica Roma: *"[...] Il metodo più comune ed antico di criptatura è il "cifrario di Cesare"; si tratta di un cifrario a sostituzione monoalfabetica ove ogni lettera del testo in chiaro viene sostituita nel testo cifrato (cioè nelle lettere evidenziate all'interno dello scritto) dalla lettera che si trova un certo numero di posizioni dopo nell'alfabeto.*

Nel caso pratico, utilizzando quale chiave di criptatura lo spostamento, ad esempio, di tre posizioni rispetto all'alfabeto, avremo il seguente schema di cifra/decifratura:

Testo in chiaro A B C D E F G H I L M N O P Q R S T U V Z[297]
Testo cifrato D E F G H I L M N O P Q R S T U V Z A B C

Per cifrare un messaggio sarà necessario, quindi, sostituire ogni lettera (abilmente evidenziata) del testo in chiaro e sostituirla con la corrispondente lettera dell'alfabeto cifrato con chiave "tre"[298]*; di seguito un esempio, ove è utilizzata anche la tecnica della steganografia:*

---

[297] Nel presente esempio non sono elencate le lettere j-k-w-x-y, in quanto la loro presenza all'interno di uno scritto in lingua italiana renderebbe particolarmente difficoltosa e facilmente intuibile la presenza di un messaggio criptografato.

[298] O qualsiasi altra chiave numerica convenuta.

*Cara **P**aola, **h**o ripreso a mangiare, cerco di essere forte e di non pensare a cosa succede fuori, ai parenti, ai ragazzi , a Voi tutti, e ciò **no**nostante la **d**epressione mi assale tutte le notti. Anche **Ie**ri **s**e**r**a, messomi a letto, sono stato **pre**so **d**alla sma**n**ia di abbracciarti, **q**uando ho visto **qu**ella fotog**r**a**f**ia del vi**a**ggio in **U**mbria davanti al como**d**ino.*

Esportate dal testo le lettere poste in evidenza, avremo il seguente messaggio criptato:

phzznoderpednqsurfaud

Procedendo, adesso, alla decrittatura con chiave "tre" cioè spostando di tre lettere la frase ottenuta, potremo leggere in chiaro il messaggio nascosto:

***metti la bomba in procura** [...]"*[299].

Più articolate chiavi di cifra sono quelle con sistema polilfabetico, dove un determinato carattere del testo in chiaro verrà cifrato con modalità diverse in base alla regola convenuta tra i soggetti interessati all'interazione comunicativa, con l'individuazione di una *keyword* riservata che sarà utilizzata quale "*chiave*" di cifratura; dalla tavola di *Vigenère*[300], al disco cifrante di Alberti[301] fino al cifrario di *Vernam*[302].

299 M. Di Stefano, B. Fiammella, *Profiling. Tecniche e colloqui investigativi*, cit., pagg. 42-43.

300 Per semplificare la cifratura, Vigenère propose l'uso di una tavola quadrata, composta da alfabeti ordinati spostati. Volendo ad esempio cifrare la lettera R si individuerà la colonna della R, quindi si scenderà lungo la colonna fino alla riga corrispondente della relativa lettera del verme; la lettera trovata all'incrocio è la lettera cifrata. Nel 1863 il maggiore prussiano Friedrich Kasiski, ideò un sistema di crittanalisi in grado di decifrare agevolmente la criptatura di Vigenère.

301 Il sistema si compone di due dischi concentrici, rotanti uno rispetto all'altro e contenenti un alfabeto ordinato per il testo in chiaro da cifrare ed un alfabeto disordinato per il testo cifrato, detto testo risultante. Il disco permette la sostituzione polialfabetica con periodo irregolare. Lo scorrimento degli alfabeti avviene attraverso lettere chiave che vengono opportunamente inserite nel corpo del crittogramma.

302 Detto anche Vigenère a chiave lunga o OTP, aggiunge a quel metodo il requisito che la chiave sia lunga quanto il testo e non riutilizzabile (OTP acronimo di One Time Pad , cioè blocco monouso).

A	B	C	D	E	F	G	H	I	J	K	L	M	N	O	P	Q	R	S	T	U	V	W	X	Y	Z
B	C	D	E	F	G	H	I	J	K	L	M	N	O	P	Q	R	S	T	U	V	W	X	Y	Z	A
C	D	E	F	G	H	I	J	K	L	M	N	O	P	Q	R	S	T	U	V	W	X	Y	Z	A	B
D	E	F	G	H	I	J	K	L	M	N	O	P	Q	R	S	T	U	V	W	X	Y	Z	A	B	C
E	F	G	H	I	J	K	L	M	N	O	P	Q	R	S	T	U	V	W	X	Y	Z	A	B	C	D
F	G	H	I	J	K	L	M	N	O	P	Q	R	S	T	U	V	W	X	Y	Z	A	B	C	D	E
G	H	I	J	K	L	M	N	O	P	Q	R	S	T	U	V	W	X	Y	Z	A	B	C	D	E	F
H	I	J	K	L	M	N	O	P	Q	R	S	T	U	V	W	X	Y	Z	A	B	C	D	E	F	G
I	J	K	L	M	N	O	P	Q	R	S	T	U	V	W	X	Y	Z	A	B	C	D	E	F	G	H
J	K	L	M	N	O	P	Q	R	S	T	U	V	W	X	Y	Z	A	B	C	D	E	F	G	H	I
K	L	M	N	O	P	Q	R	S	T	U	V	W	X	Y	Z	A	B	C	D	E	F	G	H	I	J
L	M	N	O	P	Q	R	S	T	U	V	W	X	Y	Z	A	B	C	D	E	F	G	H	I	J	K
M	N	O	P	Q	R	S	T	U	V	W	X	Y	Z	A	B	C	D	E	F	G	H	I	J	K	L
N	O	P	Q	R	S	T	U	V	W	X	Y	Z	A	B	C	D	E	F	G	H	I	J	K	L	M
O	P	Q	R	S	T	U	V	W	X	Y	Z	A	B	C	D	E	F	G	H	I	J	K	L	M	N
P	Q	R	S	T	U	V	W	X	Y	Z	A	B	C	D	E	F	G	H	I	J	K	L	M	N	O
Q	R	S	T	U	V	W	X	Y	Z	A	B	C	D	E	F	G	H	I	J	K	L	M	N	O	P
R	S	T	U	V	W	X	Y	Z	A	B	C	D	E	F	G	H	I	J	K	L	M	N	O	P	Q
S	T	U	V	W	X	Y	Z	A	B	C	D	E	F	G	H	I	J	K	L	M	N	O	P	Q	R
T	U	V	W	X	Y	Z	A	B	C	D	E	F	G	H	I	J	K	L	M	N	O	P	Q	R	S
U	V	W	X	Y	Z	A	B	C	D	E	F	G	H	I	J	K	L	M	N	O	P	Q	R	S	T
V	W	X	Y	Z	A	B	C	D	E	F	G	H	I	J	K	L	M	N	O	P	Q	R	S	T	U
W	X	Y	Z	A	B	C	D	E	F	G	H	I	J	K	L	M	N	O	P	Q	R	S	T	U	V
X	Y	Z	A	B	C	D	E	F	G	H	I	J	K	L	M	N	O	P	Q	R	S	T	U	V	W
Y	Z	A	B	C	D	E	F	G	H	I	J	K	L	M	N	O	P	Q	R	S	T	U	V	W	X
Z	A	B	C	D	E	F	G	H	I	J	K	L	M	N	O	P	Q	R	S	T	U	V	W	X	Y

La tavola di Vigenère [303]

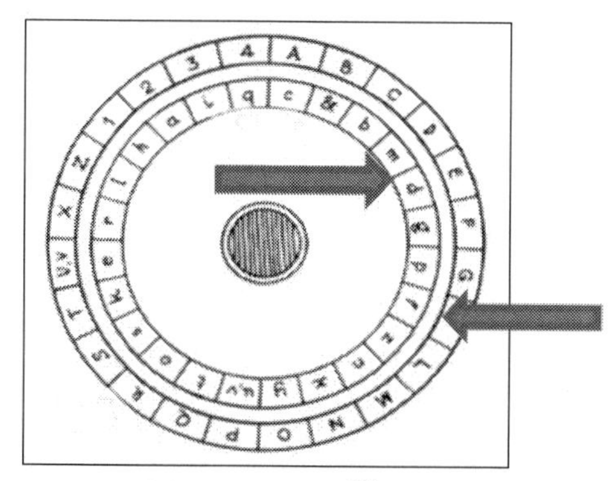

Il disco di Alberti[304]

Altri esempi riguardano la steganografia nelle immagini, ove il messaggio viene occultato tra i "*bit*" meno significativi (*least significant bit*), non distinguibili ad occhio nudo, come nel noto film "*nella morsa del ragno*".

---

[303] Fonte: www. istitutobellotti.it

[304] Fonte: www.critto.liceofoscarini.it/critto/alberti.htm.

Immagine normale

Immagine Steganografata

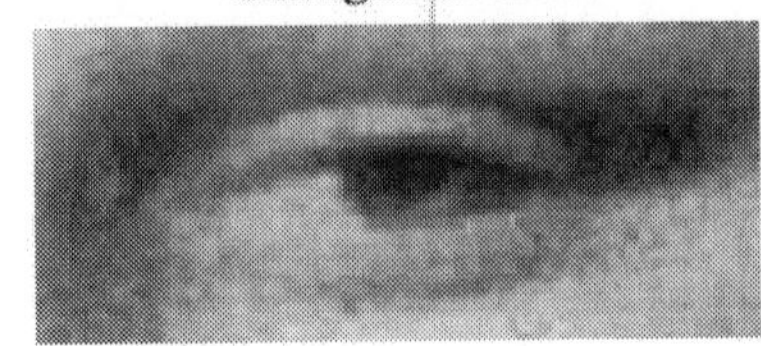

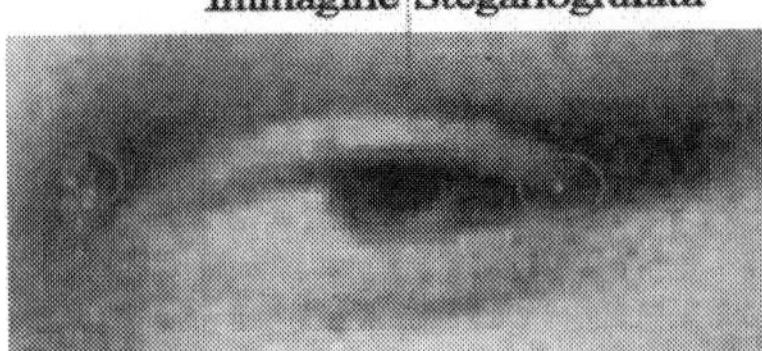

Ciò avviene, ad esempio, attraverso il formato *Jpeg*: in pratica, una immagine a 24 bit contiene 8 *bits* per ciascun colore; qualora venisse eliminato un *bit* di informazione da ogni *pixel*, sarà possibile "risparmiare" un certo numero di *bit* senza un abbassamento di risoluzione significativo dell'immagine.
Tra le varie leggende connesse al 11 settembre, si suppone che questa tecnica sia stata utilizzata come forma di comunicazione segreta.
Altro *escamotage* analogo è praticabile attraverso il sistema *RGB (R=Red, G=Green, B=Blue)*, utilizzato dai *personal computer* per visualizzare i colori.

g. Lo *speech processing* e la fonetica forense

L'attività di ascolto, trascrizione e revisione della polizia giudiziaria, sistematicamente sottoposta al giudizio critico del "perito" nominato dal giudice[305], consiste in una procedura complessa che non riguarda la mera trasposizione del parlato in una sintesi di testo[306], bensì l'elaborazione semantica di un contenuto comunicativo ricco di reperti, spesso smarriti, che trovano compendio scientifico nel c.d. *speech processing*[307]: a partire dall'attività di *speech recognition*[308], a quella di *speech synthesis*[309], di *speech understanding*[310], fino a quella di *speaker recognition*

---

[305] M. Di stefano, *Il perito trascrittore nelle intercettazioni giudiziarie* Altalex, articolo del 26 febbraio 2014.
[306] M. Di Stefano, *La verbalizzazione complessa di dichiarazioni,* Altalex, articolo del 16 gennaio 2014.
[307] www.ghostcomputerclub.it, *Introduzione allo speech processing*, di G. Pellegrinetti, settembre 2001.
[308] le informazioni acustiche (a mò di esempio, i comandi vocali impartiti ad una macchina, come un pc o un telefono) vengono convertite in informazioni di tipo linguistico, descrivibile attraverso trascrizione in un formato di testo o comprese dal sistema informatico.
[309] consiste nella capacità di un determinato sistema di elaborazione dati, in grado di sintetizzare, quindi simulare, la voce umana con tutte le possibili inflessioni ed aspetti prosodici.

(SR), di sovente oggetto di disputa nei dibattimenti, e concernente il riconoscimento, biometrico o pragmatico, del parlatore con l'impiego di metodiche di analisi di tipo automatico, semiautomatico e soggettivo[311]*; ed ancora a quella di vocal dialog*[312]*.*

Così Andrea Paoloni, descrive l'identificazione del parlante:

"[...] *I più diffusi metodi di identificazione del parlante proposti dalla letteratura scientifica possono essere ricondotti ai quattro seguenti: i metodi d'ascolto o uditivi; i metodi basati sul confronto dei sonogrammi; i metodi basati sull'analisi dei parametri acustico-fonetici; i metodi automatici basati su codifiche del segnale vocale.*

I metodi di ascolto possono essere ulteriormente suddivisi [Nolan 1997] in un primo criterio basato su un reiterato ascolto, da parte di un esperto, dei campioni di voce in esame al fine di individuare eventuali elementi di natura linguistica, fonatoria o acustica comuni alle due voci.

Queste ultime possono essere ascoltare sia sequenza sia alternativamente a discrezione dell'operatore che, sulla base degli elementi recepiti, esprimerà un giudizio sulla attribuzione o meno ad uno stesso parlatore delle voci ascolta te. Un secondo criterio è quello basato sul confronto delle voci effettuato da una squadra di ascoltatori, anche non esperti.

Il materiale fonico in questo caso è costituito da un insieme di voci comprendenti la voce da identificare, le voci sospette ed eventualmente alcune voci estranee prelevate da parlatori aventi caratteristiche fonatorie simili a quelle delle voci in esame; si formano così dei veri propri test vocali costituiti da coppie di frasi ottenute raggruppando due a due, in tutte le possibili combinazioni, le voci dell'insieme.

Ciascun operatore dopo l'ascolto di ogni coppia dovrà esprimere un giudizio di attribuzione o meno delle voci uno stesso parlante.

L'elaborazione statistica dei giudizi espressi degli ascoltatori consente di giungere a conclusioni di tipo sostanzialmente qualitativo [Anil 2005].

Un secondo metodo è quello che fa uso di una tecnica un tempo diffusa di identificazione parlante, tecnica che prevede il confronto tra sonogrammi ovvero tra quei particolari diagrammi tridimensionali (vedi figura 3) che forniscono una rappresentazione grafica dell'andamento temporale della frequenza e dell'intensità del segnale vocale.

Il tempo è riportato sull'asse delle ascisse, la frequenza su quello delle ordinate mentre le diverse gradazioni di grigio od un'opportuna scala di colori forniscono la misura del livello energetico il segnale.

---

[310] concerne la comprensione semantica delle frasi che compongono il "parlato", con l'ausilio di speciali algoritmi di intelligenza artificiale e di reti neurali dedicati.

[311] L. Romito, R. Lio, P. F. Perri, S. Giordano, *Stabilità dei Parametri nello Speaker Recognition: la variabilità intra e inter parlatore F0, durata e articulation rate.* Atti del convegno "5° Convegno AISV", pp. 646-648.

[312] attraverso il v.d. è possibile riprodurre in un sistema informatico le caratteristiche dialogiche fra due parlanti. Un calcolatore si occuperà al riconoscimento dell'interlocutore, all' identificazione delle singole parole ed alla comprensione del lessico nel suo insieme. Il sistema dovrà poi saper elaborare una risposta, a sua volta tradotta da un sintetizzatore vocale.

Questi sonogrammi contengono sia informazioni di carattere linguistico comuni alle emissioni verbali di tutti i parlanti una data lingua, sia informazioni sulle caratteristiche acustiche e fono articolatorie individuali di ciascun parlante.
L'analisi spettrografica ha avuto un notevole sviluppo d'impiego in ambito giudiziario a opera soprattutto di Kersta [Kersta1962] e Tosi [Tosi 1979] i cui nomi, specialmente per le clamorose polemiche sollevate dalle loro perizie per i tribunali Nord americani, sono divenuti famosi anche al di fuori della ristretta cerchia degli studiosi del campo.
Si deve peraltro osservare che lo spettrografo non è altro che un analizzatore spettrale di segnale, e pertanto per un suo impiego nel riconoscere il parlatore è necessario definire un'opportuna metodica.
L'impiego giudiziario della spettrografo è possibile solo se si può disporre di campioni di voci anonime e saggi di comparazione aventi lo stesso contenuto linguistico (stessa frase).
In questo caso i relativi sonogrammi consentono lo studio delle somiglianze mediante la comparazione visiva dei tracciati. Viene sfruttata la capacità umana di cogliere somiglianze tra figure anziché tra suoni [Koening 1993]. Nei riguardi di questo metodo sono comunque da tenere in debita considerazione alcuni punti importanti: la circostanza che i sonogrammi non sono affatto assimilabili alle impronte digitali, che restano immutabili
per la stessa persona durante il corso della vita. Infatti anche la medesima parola pronunciata dalla stessa persona in tempi immediatamente successivi non da luogo a rappresentazioni grafiche sovrapponibili.
La circostanza che il rilevamento e la classificazione degli eventi caratterizzanti il sonogramma sono affidate all'esperienza e alla capacità critica dell'esperto; la circostanza che alcune prove di confronto hanno evidenziato che, nell'identificazione del parlatore, il semplice ascolto è comunque superiore al rispetto l'uso dei sonogrammi.
Un terzo metodo è quello basato sull'analisi acustico fonetica [falcone 1995],[Paoloni 1998]: si tratta di estrarre dai campioni di voce a confronto particolari caratteristiche acustiche, quali la durata delle occlusive, le formanti delle vocali, la velocità di articolazione, la frequenza fondamentale, che si ritengano maggiormente rappresentative della voce l'individuo e meno influenzate dal canale di trasmissione.
Il metodo parametrico assume come elementi di caratterizzazione della voce alcuni parametri spettrali e temporali che presentino al contempo piccole variabilità nello stesso individuo (variabilità intra parlante) e variabilità notevole tra individui diversi (variabilità inter parlanti) [Wolf 1972], [Federico 1987].
Il metodo può essere descritto in tre diverse fasi operative: una prima fase riguarda la scelta dei campioni di voce da analizzare.
Questa operazione è assai delicata perché occorre selezionare, tra il materiale fonico disponibile, parole o frasi che oltre a essere effettivamente rappresentative della popolazione di riferimento, devono anche possedere caratteristiche qualitative (rapporto segnale rumore, larghezza di banda e durata) tali da consentire l'estrazione corretta delle misure strumentali.
La seconda fase riguarda misura dai suddetti campioni dei parametri spettrali e temporali atti a caratterizzare la voce.

La terza fase infine, la fase di decisione, pone a confronto le misure effettuate al fine di stabilire la identificabilità o meno dei campioni di voce a confronto[Paoloni 1998]. Il quarto metodo infine è quello cosiddetto automatico [Drygajlo 2003], [Drygajlo 2007].
I parametri utilizzati nel riconoscimento del parlante sono di due tipologie: quelli acustico- fonetici, correlati con la percezione dell'ascoltatore e con aspetti fonetici come le frequenze formanti o la durata dei foni; quelli di tipo spettrale originati da una qualche codifica del segnale audio come i coefficienti LPC e i coefficienti cepstrali che vengono calcolati ad intervalli regolari utilizzando finestre di ampiezza opportuna.
I parametri del primo tipo presentano il vantaggio di poter essere facilmente valutati dall'esperto, che li può validare o meno e di essere, anche per questo motivo, meno influenzati dal canale di trasmissione.
Lo svantaggio di questi parametri che la loro misura avviene manualmente o, quanto meno in modo semiautomatico con l'ausilio di un esperto.
Al contrario i parametri di tipo spettrale provenienti da una qualche codifica, sono di facile veloce stima, perché la loro misura può essere completamente automatizzata.
Di contro è impossibile giudicare la validità del dato con una semplice osservazione dei suoi valori. Questi ultimi parametri sono influenzati in modo sensibile dalle caratteristiche del canale.
I metodi automatici fanno uso di questo secondo tipo di parametri.
Si tratta di elaborare un modello statistico dei parametri cepstrali in cui il segnale da riconoscere è stato codificato e mettere confronto i modelli statistici dei diversi campioni.
È evidente che tanto più i modelli statistici sono simili tra loro, tanto più probabilmente il campione proverrà dalla stessa persona.
Principale limite di questi metodi è quello che abbiamo sottolineato, il fatto che risentono in maniera significativa dell'influenza del canale di trasmissione, inteso in senso lato, i ovvero sia del rumore dell'ambiente di emissione sia del tipo di codifica alla quale il segnale stato già sottoposto [...]"[313].
Luciano Romito ed altri esperti, distinguendo i vari protocolli di *Speaker Recognition,* fanno richiamo ai sistemi di tipo automatico, semiautomatico e soggettivo, precisando che:
"[...] *I metodi di SR utilizzati oggi in ambito forense, vengono suddivisi in automatici, semiautomatici e soggettivi. In questa tassonomia, l'attenzione è rivolta all'intervento dell'operatore sull'analisi e sulla estrapolazione dei parametri utili alla comparazione. In questa sede si è scelto, invece, di basare la categorizzazione sui parametri utilizzati definiti 'statici', 'dinamici' e 'dinamico-selettivi';*
un tentativo di avvicinare i metodi automatici con il controllo dell'operatore.

[313] A. Paoloni, *Le indagini foniche*, cit.

Metodi che utilizzano dati statici

In questa sezione possono essere sicuramente annoverati tutti i metodi semiautomatici e manuali definiti parametrici ed alcuni metodi automatici come quello basato sulla funzione dissipativa (functional dissipation).

Per la maggior parte dei metodi semiautomatici e parametrici oggi utilizzati in ambito forense, i dati definiti statici sono identificati nelle porzioni stazionarie delle vocali (in genere quelle toniche). La scelta è giustificata dalla relativa facilità della misura e del trattamento di un ristretto numero di parametri (cfr Barlow & Wagner, 1998). Inoltre la misura delle parti stazionarie delle vocali toniche (dati statici) è la naturale evoluzione di una tradizionale analisi linguistica/dialettologica (cfr. McDougall, 2006), basti pensare al concetto già presentato di isoglosse e isofone o alle mappe tematiche basate su singole variabili o su inventari fonologici, e sistemi vocalici di derivazione latina (v., ad esempio, Tagliavini, 1982). Altro motivo invece riguarda la correlazione, anche questa di tradizione linguistico-fonetica (cfr. Fant, 1960), tra l'impostazione articolatoria e il relativo effetto acustico (nel nostro caso il parametro da estrapolare). Così, ad esempio, il valore acustico della prima formante vocalica corrisponderà (con una relazione inversamente proporzionale) all'altezza della lingua lungo un asse basso-alto all'interno dell'apparato boccale, ecc.

Nel nostro esperimento le misure vengono effettuate solo sulla porzione stazionarie delle vocali caratterizzate da accento frasale e meglio rispondenti al concetto di target articolatorio.

Metodi che utilizzano dati dinamici

I metodi che utilizzano esclusivamente dati (acustici) dinamici sono quelli automatici o semiautomatici.

Questi, molto diversi tra loro, si basano essenzialmente su spettri a lungo termine (LTS) o su coefficienti Melcepstrali e al momento non vengono utilizzati in ambito forense.

Esiste però la possibilità di associare a metodi che utilizzando dati statici un dato dinamico come la stima della velocità di eloquio o meglio di articolazione (Articulation Rate; cfr. Künzel, 1997; Zavattaro, 2005).

Altri metodi

Un discorso differente deve essere effettuato per i metodi soggettivi come i voiceprints (o confronto dei sonogrammi) e i metodi percettivi uditivi. Vengono entrambi utilizzati in ambito forense in Italia, nonostante la comunità scientifica internazionale ne sconsigli l'uso

(soprattutto per il confronto dei sonogrammi) visto l'alta probabilità di errore. Per quanto riguarda il confronto dei sonogrammi in ambito forense (v. Tosi, 1979), la comunità scientifica si è più volte pronunciata sulla sua inaffidabilità (cfr. Gruber & Poza, 1995: 54-71). Tale metodo si basa essenzialmente su due protocolli: il primo protocollo è stato sviluppato da VIAAS (Voice Identification and Acoustic Analysis SubCommittee, della International Association for Identification) ed è stato pubblicato negli atti dell'associazione VCS 1991; il secondo protocollo schematizzato dell'FBI è stato pubblicato in Koenig (1986: 2089-90).

I protocolli sono molto simili, entrambi sono soggettivi e basati sull'esperienza dell'esperto. Le critiche mosse a tale metodo riguardano l'identificazione degli elementi minimi utilizzati per la comparazione (Hollien, 1990: 215), l'impossibilità di presentare le evidenze dell'esaminatore o le caratteristiche numerabili e, infine, l'utilizzo di parametri qualitativi (Aitken, 1995: 14-15). Al momento il metodo sembra essere più intuitivo che analitico.
Il metodo Percettivo-Uditivo sfrutta la capacità del singolo individuo a riconoscere la similitudine o la differenza tra due voci. Alcuni tra i metodi utilizzati sono; il Panel Approach (comparazione di coppie di frasi anche di diversa durata e tipo; le risposte sono in percentuale e si basano su caratteristiche stilistiche, linguistiche e acustiche); il Direct Processing (un ascoltatore esperto ascolta un intero brano e ne identifica la voce) e l'Aural-PerceptualApproach o Aural-Spectographic Method (che prevede una combinazione del Metodo Percettivo-Uditivo e del confronto dei Voiceprints o sonogrammi; cfr. Hollien, 1990: 215; McDermott et al. , 1996).Il metodo è quello di più facile comprensione per un giudice e una Corte [...]"[314].

Con richiamo ai protocolli di riconoscimento della voce (SR)[315], si richiamano di seguito i sistemi di rilevamento semi automatico più utilizzati dall'*intelligence* nell'emisfero occidentale:

- ***IDEM* in Italia (RACIS)**
- ***SMART* utilizzato da Italia (Polizia Scientifica), Francia e Spagna**
- ***SIVE* impiegato da Lituania, Polonia, Estonia, Finlandia e Repubblica Ceca**
- ***DIALECT phonexi*, utilizzato da Russia, Bielorussia, Ucraina, Kazakistan, Uzbekistan.**

Ed, ancora, i sistemi di rilevamento automatico:

- ***LVIS Loquendo*, in Italia (RACIS)**
- ***IDENTIVOX* in Spagna**
- ***MEUWLY* in Svizzera**
- ***SIS* in Francia**
- ***TRAWL* in Russia**

Altre problematiche correlate all'attività di *speech processing* riguardano la "*variabilità*", sia essa di tipo acustico[316], del parlato[317], del parlante[318], linguistico[319] o fonetico[320].

---

[314] L. Romito, R. Lio, P. F. Perri, S. Giordano, *Stabilità dei Parametri nello Speaker Recognition: la variabilità intra e inter parlatore F0, durata e articulation rate.* Atti del convegno "5° Convegno AISV", cit. pp. 646-648.

[315]La comunità internazionale ritiene che, mediamente, il reperto fonico oggetto di comparazione S/R debba essere ricompreso in una disponibilità temporale oscillante tra i 12 secondi (in Italia) ed i 30 secondi (secondo gli esperti francesi).

[316] i fonemi sono soggetti alla c.d. coarticulation effect, differenziandosi in base al contesto di pronuncia, producendo effetti acustici diversi tra loro. In buona sostanza, l'impronta sonora è fortemente condizionata dall'ambiente di produzione del suono.

In questo contesto l'operatore si cimenterà ad identificare problematiche acustiche ed isolare i vari disturbi di acquisizione dovuti al *fading* (cioè l'amplificazione del sistema di registrazione), al *muffling* (l'ovattamento del microfono occultato), ai rumori convolutivi del riverbero ambientale[321] ed ai rumori di fondo, da quelli additivi[322] a frequenze definite[323], a frequenze continue[324] o variabili nel tempo[325]

Una fase a cui seguirà quella trascrittiva ed, ancora dopo, quella interpretativa del reperto, ove la trasformazione del parlato allo scritto sarebbe meritevole di indispensabili precisazioni di tipo etnolinguistico.
Ciò in quanto la situazione comunicativa viene spesso acquisita in forma esclusivamente dialettale, con frequenti *code swiching*, salti linguistici, cambi d'argomento, sott'intesi ed espressioni gergali.
La sua documentazione, a prescindere da possibili precisazioni extralinguistiche sulla cinesica, mimica e postura, non trova, solitamente, adeguata rappresentazione paraverbale, in quanto difficilmente la trasposizione, dal parlato allo scritto[326], di una conversazione di interesse giudiziario reca anche dettagli di tipo prosodico (la cui esposizione scientifica è sconosciuta alla maggior parte degli operatori), come

---

[317] i suoni sono pesantemente condizionati dallo stato emozionale del parlante, ed emessi con tonalità diverse; il parlante in condizioni stressorie ed emozionali modifica fisiologicamente il proprio pattern abituale ed, in particolare, quello vocale, determinando delle forme di microtremore.
[318] i sistemi di riconoscimento vocale devono essere rodati al fine di riuscire a riconoscere l'impronta vocale di un parlante.
[319] con riguardo al significato, il relativo riconoscimento è condizionato dal fatto che concetti analoghi possono trovare esplicazione attraverso frasi diverse, ed ancora differente interpretazione.
[320] una stessa parola trova rappresentazione fonetica differente, diversificandosi nella pronuncia a seconda della provenienza geografica del soggetto parlante.
[321] I rumori definiti di tipo "convolutivo", sono a loro volta quelle riflessioni o risonanze che vanno ad interagire in modo dinamico con la struttura del segnale, come nel caso del riverbero ambientale e dell'eco.
[322] Gli additivi sono dei rumori generati da sorgenti indipendenti che vanno a sommarsi con il segnale fonico di interesse investigativo; nell'attività di filtraggio di un reperto fonico esistono alcuni particolari software in grado di annullare il disturbo generato dalla fonte additiva. Come nel caso di un "contro filtro" effettuato intercettando, parallelamente all'attività di investigazione, il "rumore" generato da un televisore, un impianto Hi-Fi, un elettrodomestico, la ventola di aerazione di un'autovettura, per poi "tagliare" dal reperto di interesse con il "contro filtro" i rumori captati.
[323] es. ronzio di rete (hum), toni telefonici.
[324] Marrone, rosa, bianco. Questi tipici rumori ambientali sono espressi come colore per similitudine con lo spettro della luce visibile, dove appunto il colore determina una banda di frequenza; il cosiddetto rumore bianco è costituito da tutte le frequenze percepibili, quando vengono espresse in egual misura. Rosa e marrone contengono invece una quantità maggiore di basse frequenze.
[325] traffico, voci sovrapposte, eventi atmosferici, ecc.
[326] P. Bellucci, *A onor del vero. Fondamenti di linguistica giudiziaria*, Ed. Utet, Torino (2002).

l'enfasi, le pause, il ritmo, l'intonazione, o ancora quei microtremori significativi di una situazione di *distress* tra i conversanti.
Inoltre, la forma dialettale negli ambienti criminali, sostituendosi all'italiano *standard*, presupporrebbe una prima trascrizione attraverso la forma dialettofona originaria.
Successivamente, in fase di rivisitazione, dovrebbe essere effettuata la traduzione della stessa trascrizione vernacolare in italiano *standard*, interpretando, ove possibile, i tanti aspetti gergali, le frequenti metafore del luogo, i detti e le espressioni proverbiali, le parlate identificative di ristrette comunità linguistiche, nonchè i particolarissimi significati semantici dei lessemi delle tante comunità individuabili in quelle aree geografiche contraddistinte dalle isoglosse di riferimento allo studio linguistico.
La rappresentazione nel processo dei reperti video fonici, in mancanza di un approccio scientifico come descritto in queste pagine, potrebbe determinare conseguentemente pesanti distorsioni interpretative[327], mortificando in tal caso le esigenze di "*garantismo*" della riproduzione di "*ciò che viene detto/fatto*"[328] nel corso di una interazione tra conversanti investigati, gioco forza incidendo sulla qualità ed attendibilità complessiva del materiale acquisito nel corso delle intercettazioni.
È evidente che una fase di filtraggio, di prima trascrizione dialettale, di traduzione in italiano *standard,* di interpretazione di *item* dialettali e lessici gergali, di compendio dei tratti soprasegmentali e di tutti gli indicatori extralinguistici, può trovare applicazione secondo più *steps* di ascolto e rappresentazione che impongono una attenta ed accurata cristallizzazione di tutti i dettagli a corredo, seppure in forma riassuntiva ex art. 268 secondo comma c.p.p.

h. Le difficoltà trascrittive

L'attività trascrittiva nel corso dei monitoraggi di ascolto evidenzia difficoltà che comprendono criticità ***foniche*** dovute alle problematiche acustiche di acquisizione e rilancio del reperto, ***fonetiche*** determinate dalla estrazione geolinguistica dei parlanti, ***sociolinguistiche*** concernenti l'interpretazione di tratti extralinguistici delle interazioni oggetto di disamina, soffermandosi il perito, piuttosto, sulla consistenza complessiva di reperti da esaminare, quantificata nel numero di "*progressivi*"[329] presenti per singolo RIT[330], spesso senza considerare, ancora, il "peso specifico" di ogni singolo reperto, cioè la sua durata temporale, la sua complessiva intellegibilità, la necessità di procedere ad una preliminare trascrizione letterale nella lingua parlata dai conversanti, ecc.

---

[327] Loredana Cerrato e Andrea Paoloni, *La situazione comunicativa nelle intercettazioni ambientali*, Fondazione Ugo Bordoni Roma.
[328] P. Bellucci, *A onor del vero. Fondamenti di linguistica giudiziaria*, cit. pag. 65.
[329] Progressivo, seguito da un numero, è il termine utilizzato nel gergo giuridico investigativo per identificare un determinato reperto fonico.
[330]Con l'acronimo RIT si intende il numero identificativo del registro delle intercettazioni autorizzate dalla Procura e comprendente le singole captazioni per utenza telefonica o postazione ambientale o audio/video.

L'attività comprende, spesse volte anche competenze foniche[331] che, in determinati contesti, saranno necessarie per manipolare un reperto al fine di migliorarne l'intellegibilità, o analizzare i profili biometrici al fine per identificare un parlatore[332], la cui disamina rientra in un contesto scientifico ancor più complesso,

---

[331]A. Paoloni, *Le indagini foniche*, Fondazione Ugo Boldoni, Roma: "[...] I compiti che un fonetico forense è chiamato a svolgere nell'ambito di un processo penale sono numerosi, tra questi il più frequente è relativo alla trascrizione delle intercettazioni telefoniche o ambientali. Sempre in questo ambito vi è la trascrizione delle cosiddette "disputedutterances" ossia delle frasi di difficile comprensione per le quali vengono proposte dalle parti interpretazioni diverse [Paoloni 2006]. Altro tema molto significativo è quello dell'identificazione del parlante, che comprende, oltre al riconoscimento propriamente detto, anche la preparazione di un confronto all'americana tra più voci e, in assenza di un sospettato, la caratterizzazione del parlante anonimo. Altri compiti spesso richiesti sono il filtraggio del segnale vocale o comunque il miglioramento della qualità di un segnale degradato e la verifica dell'autenticità di un segnale per escludere che sia il risultato di una manipolazione. Infine segnaliamo il tema dell'analisi di un segnale audio per identificare quale sia la sorgente di un rumore o suono che intervenga nel corso di una registrazione. Questo elenco di compiti, alcuni certamente di competenza del linguista, altri più adatti ad un esperto di ingegneria del suono, non rappresentano certamente tutti gli incarichi che possono essere di volta in volta assegnati nell'ambito di questo la tematica [Hollien 1990]. Tra i compiti sopra elencati ci limiteremo, nel presente lavoro, ad alcuni cenni sul problema della trascrizione delle intercettazioni per approfondire il tema della identificazione del parlante[Braun 1995]. Riteniamo utile rappresentare che l'elenco delle richieste appena presentato non fa altro che dettagliare quello che la Corte in generale chiede quando una registrazione sonora è al centro di un dibattito processuale. La Corte infatti chiede: che venga esclusa ogni possibile manipolazione del segnale; che ne venga trascritto correttamente il contenuto, mettendo in chiaro eventuali termini gergali o dialettali ed eventuali frasi in lingua diversa dall'italiano; che vengano identificate le voci dei parlanti; che siano identificati i singoli suoni che via via si ascoltano; ecc. Ciascuno dei precedenti punti di interesse della Corte richiede un lavoro non semplice, a volte impossibile da svolgere con sufficiente attendibilità. Le difficoltà dell'esperto incontra nel rispondere alle richieste della Corte sono nella maggior parte dei casi dovuti alla scarsa qualità del materiale all'audio reso disponibile. Per lo più le intercettazioni sono relative a comunicazioni tra telefoni cellulari, che fanno uso di una codifica (GSM) a tasso variabile con caratteristiche di banda passante e dinamica molto limitate, inferiori nettamente a quelle della telefonia fissa (cosiddetta terrestre). Un'altra importante percentuale di segnali intercettati, oltre a essere trasmessi con la stessa codifica GSM, provengono da intercettazioni ambientali, dove l'aleatorietà della distanza tra la sorgente e microfono e la presenza di numerosi rumori di fondo, origina una qualità ancora inferiore a quella ottenibile nella situazione precedente e spesso tale da non consentire non solo la corretta identificazione delle voci e dei suoni, ma addirittura la corretta comprensione delle parole dando origine a dispute giustificate sulla trascrizione del segnale reso disponibile. Riteniamo che da questa premessa sia possibile comprendere quanto sia arduo il compito di chi voglia rispondere, almeno in parte, a quelle che sono le esigenze manifestate dai Magistrati [...]".

[332]www.acsss.it, *Nuove indagini computerizzate sulle voci paranormali*, di D. GULLA' e G. LENZI : "[...] La metodologia di riconoscimento di un parlatore, o meglio, il confronto tra una voce ignota (solitamente d'origine telefonica o da intercettazione ambientale) e la voce di un parlatore noto, anch'essa acquisita tramite una registrazione, nacque nel 1937, relativamente al procedimento contro il presunto sequestratore del figlio del trasvolatore atlantico Lindberg: era condotta, al tempo, mediante la sola prova uditiva. Successivamente, mediante il prelievo del cosiddetto Saggio Fonico, fu introdotto il metodo di L. Kersta, del

demandato ad un livello superiore demandato a consulenti ed ausiliari della polizia giudiziaria o a reparti di investigazioni scientifiche competenti in materia.

i. L'analisi etnolinguistica

I momenti di analisi andrebbero, ove possibile, integralmente distinti, partendo da una prima trascrizione dialettale del reperto, per poi procedere ad una traduzione letterale del testo, ancora corroborandone i contenuti con una descrizione esplicativa di tutte quelle espressioni gergali che, in un determinato contesto, assumono una significatività unica, e da ultimo, fornire una complessiva interpretazione semantica del reperto nel suo complesso.

L'operatore, così come il perito o i consulenti, deve essere abile[333] nel trasferire, dal parlato allo scritto, quanto assunto dalle captazioni, cercando di non alterare il contenuto semantico della sintesi trascritta[334], ivi mantenendo un linguaggio asettico e poco burocratico.

È evidente che la trascrizione[335] e la successiva traduzione di reperti acquisiti da parlanti dialettofoni, ed ove sono presenti espressioni gergali[336], deve essere

---

1962, con successive evoluzioni, consistente nell'analizzare una traccia grafica, detta sonagramma, eseguita da apparecchi quale il Sonagraph della ditta KAY Elemetrics, o analoghe metodologie di analisi implementate su calcolatore con scheda di acquisizione, come utilizzate nella perizia in questione. La traccia rappresenta un grafico tridimensionale riportante nell'ascissa (asse orizzontale) il tempo, nell'ordinata (asse verticale) la frequenza, e come terza dimensione, rappresentata come maggiore o minore annerimento della carta, l'energia su scala logaritmica del segnale contenuto entro una banda di frequenza pari a 300 Hz, centrata sulla frequenza indicata dall'ordinata (atti del XV° Convegno Internazionale del "MOVIMENTO DELLA SPERANZA"!, Cattolica, 21 - 23 Settembre 2001).[...]".

[333] R. Simone, *La terza fase*, Editore Laterza, Bari (2000), pag. 15: "[...] nella scrittura, ben più che nel parlato, si intrecciano abilità di basso e di alto livello. Chi scrive deve controllare, ad esempio l'ortografia, gli accordi tra le parole, la punteggiatura, e una varietà di altri aspetti di dettaglio, che contribuiscono molto a fare di un testo scritto un testo di buona qualità. Ad un livello più alto deve controllare dimensioni più astratte e elaborate, come la scelta degli argomenti, il loro montaggio, la lingua con cui esprimerli, e così via. L'aspetto incomodo di questa distinzione è che normalmente le abilità di basso livello interferiscono sulle altre, disturbandole e facendo da barriera alla piena padronanza di quelle ad alto livello, e impiegando l'attenzione dello scrivente in modo esclusivo[...]".

[334]B. Mortara Garavelli, *Le parole e la giustizia. Divagazioni grammaticali e retoriche su testi giuridici italiani*, Editore Einaudi, Torino (*2001*), pag. 429: "[...]Per discorso riportato si intendono i vari modi [discorso diretto; discorso indiretto; discorso, o stile, indiretto libero, detto anche semi-indiretto; discorso semi-diretto, propri odi stili informali o negligenti; discorso diretto libero, prevalentemente letterario] in cui si possono citare enunciati prodotti o da produrre in un atto di enunciazione diverso da quello che dà luogo alla citazione. Qualificazioni equivalenti a riportato sono, riferito, citato, riprodotto; tutte devono essere intese come neutre rispetto ai modi della citazione/riproduzione. La riproduzione o rappresentazione di un discorso è un evento linguistico distinto dalla produzione originale del medesimo[...]".

[335] P. Bellucci, *A onor del vero. Fondamenti di linguistica giudiziaria*, cit., pag. 106: "[...] il verbalizzante si trova a dover compiere operazioni complesse, quasi sempre con competenze linguistiche inadeguate. Si comprende bene, allora come e perché quell'italiano burocratico formulaico – così ridicolo e fuorviante agli occhi di chi è linguisticamente abile – diventi l'unica àncora disponibile per chi abile non è, per chi non possiede <<un uso ricco e vario

effettuata non semplicemente da operatori che hanno esperienza nello specifico settore investigativo, ma che abbiano adeguata conoscenza etnolinguistica di quello specifico contesto geografico[337].

Si vedrà avanti, infatti, quanto siano importanti alcuni *item* linguistici[338] che caratterizzano la parlata di una determinata comunità linguistica[339].

Inoltre, la forma dialettale negli ambienti criminali, sostituendosi all'italiano *standard*, in una miscellanea tra *status* e *funzione* all'interno dell'interazione comunicativa, presupporrebbe la rappresentazione dell'enunciato attraverso una transcodifica asettica del segnale acustico all'attenzione della parte richiedente, e quindi cristallizzato nella trascrizione attraverso la forma dialettofona originaria.

Necessariamente, in una seconda fase dovrebbe essere effettuata la traduzione della stessa trascrizione vernacolare in italiano *standard*, interpretando, ove possibile, i tanti aspetti gergali, le frequenti metafore del luogo, i detti e le espressioni proverbiali, le parlate identificative di ristrette comunità linguistiche, nonchè i particolarissimi significati semantici di alcuni lessemi che, nel calabrese ad esempio, hanno origini etimologiche dal greco, latino, francese, tedesco, arabo e spagnolo[340].

Trattando le problematiche dialettofone secondo un approccio della sociologia del linguaggio, va operata una preliminare precisazione riguardo lo ***status*** come potenziale (o *de jure*) e la ***funzione*** come attuazione (o *de facto*) della lingua[341].

Si tratta di due concetti fortemente interrelati tra loro e che delineano, all'interno di un sistema linguistico, i rapporti esistenti nel sistema con i parlanti, anche in relazione alla collocazione di costoro all'interno della società, ma "*anche con*

---

della lingua, per chi scelte non ha per superare il proprio parlato popolare e regionale (e talvolta anche una marcata abitudine alla dialettofonia), per chi non ha avuto una sicura e prolungata educazione alla lingua scritta[...]".

336 A. Paoloni, D. Zavattaro, *Intercettazioni telefoniche e ambientali,* Centro Scientifico Editore, Torino (2007), pag. 138: "[...] Un altro fattore che pone l'ennesima difficoltà al trascrittore è il problema dell'interpretazione, comprensione ed eventuale traduzione della produzione di parlanti dialettofoni e gergali [...]".

337 Ibidem: "[...] Il trascrittore ideale dovrebbe possedere nel proprio bagaglio culturale, oltre ovviamente a un buon udito e una specifica esperienza in questo compito, conoscenze relative a: [...] il modo di parlare, ovvero lo specifico idioma delle persone di cui si sta trascrivendo la conversazione [...] Per conoscere da vicino il gergo –intendendo con questo termine il particolare idioletto utilizzato dai parlanti di cui si opera la verbalizzazione – si dovrebbe far parte dello stesso ambito linguistico, anche se ciò non sarebbe comunque sufficiente a garantire la conoscenza fonetica e le modalità di trasposizione adeguate [...]".

338 Secondo G. Berruto si intendono item linguistici "i singoli pezzetti di linguaggio ai quali alcune asserzioni sociolinguistiche debbono far riferimento, quando non sono più possibili asserzioni globali".

339 D. Hymes, *Verso un'etnografia della comunicazione: l'analisi degli eventi comunicativi*, in P. Giglioli, Linguaggio e società, Editore il Mulino Bologna (1972), pag. 65.

340 G.Rohlfs, *Studi e ricerche su lingue e dialetti d'Italia*, Firenze (1972); J. C. Eustace, *Classical tour throughItaly*, Vol. III, London, (1814); D. Rodà, *La lingua mozzata . Gli ultimi grecanici della vallata dell'Amendolea*, Keleidon Editore, Reggio Calabria (2006);E. Lear , *Diario di un viaggio a piedi: Reggio Calabria e la sua provincia,* Parallelo 38 (1973); C. Lombroso, *Tre mesi in Calabria*, in "Rivista contemporanea"(1863), pag. 11.

341 G. Berruto, *Fondamenti di sociolinguistica*, Editori Laterza, Roma (2003), pag.170.

l'organizzazione della vita sociale e l'articolazione socio-politica ed amministrativa di una comunità"[342], divenendo la risultante incrociata di un insieme di variabili e dimensioni sociali.
La cromaticità dei due concetti in esame, lo *status* e la *funzione*, se nel sistema linguistico generale trovano netta differenziazione, assumeranno diversa tonalità con una commistione dei ruoli qualora il modello sociolingiustico di riferimento sia il pianeta della criminalità organizzata.
Se per *status* si intende "*ciò che con esso si può fare, dal punto di vista pratico, legale, culturale, economico, politico e sociale*" e per funzione, invece, "*ciò che effettivamente con un certo sistema linguistico viene fatto, ciò a cui un sistema linguistico serve in una società*"[343], è possibile osservare che nell'emisfero criminale, lo *status* di lingua ufficiale è assolto dalla "parlata" della comunità sociolinguistica interessata, che allo stesso tempo lì assolve anche alla *funzione* ufficiale[344], educazionale[345], tecnica[346] ed internazionale[347].
Quanto appena riassunto è di particolare importanza nel presente contesto di analisi in quanto parlare di "*funzione tecnica*" della lingua dialettale implica in un àmbito di studio giuridico e forense l'indispensabilità di cristallizzare il reperto fornito nella sua genuina intierezza semantica, difficilmente "traducibile" letteralmente nella lingua italiana, la cui trasposizione è da intendersi non tanto una traduzione letterale, quanto una interpretazione del trascrittore.

l. La traduzione del reperto

Alla luce di quanto appena riassunto, gli interpreti ed i traduttori (perché in tal caso non si può parlare semplicemente di trascrittore), avranno il compito di comprendere il testo per poi renderlo -quale forma di *interpretazione soggettiva*- in italiano quale traduzione semantica.
Sotto il profilo della giurisprudenza, l'esigenza di distinguere in due momenti operativi la trascrizione di reperti fonici in forma dialettale trova riscontro, come compendiato tra l'altro in alcune pronunce della Suprema Corte[348], attraverso una prima "*riproduzione integrale degli elementi fonetici raccolti nella registrazione*", ed una successiva fase di "*vera e propria traduzione in lingua italiana*"[349].

---

[342]Ibidem.
[343]Ibidem.
[344] Il dialetto è la lingua parlata all'interno del modello giuridico normativo e regola le interazioni tra gli amministrati del pianeta 'ndrangheta.
[345] Il dialetto è il modello linguistico adoperato nell'istruzione degli associati e di quanti orbitano nel sistema a vario titolo.
[346] Le espressioni dialettali e gergali sono dettagli tecnici, spesso di difficile esplicitazione semantica nella lingua italiana.
[347] L'internazionalizzazione del modello 'ndrangheta, tra contesti globali e glocali, trova esplicitazione nelle tantissime risultanze processuali.
[348]Cass. Pen., 1 sez., 24 aprile 1982, n. 805. Pres. Fasani, est. Picininni; Cass. Pen., 1 sez., 19 luglio 1988, n. 8193. Pres. Carnevale, est. Serianni.
[349] Cfr. atti del convegno "Utilizzabilità dell'intercettazione per la trascrizione del parlato", cit.

Detto obiettivo dovrà essere raggiunto attraverso una prodromica transcodifica asettica del segnale acustico, cioè di quanto "*viene detto/fatto*"[350] nella situazione comunicativa intercettata, all'attenzione del P.M. per una successiva valutazione autonoma dell'A.G., abbinando poi l'interpretazione soggettiva abbinata alla traduzione semantica dei tratti dialettali e gergali nonché di trascrizione dei tratti soprasegmentali.[351]
Una corretta rappresentazione sarebbe quella dell'alfabeto fonetico internazionale IPA[352], che permette di rappresentare graficamente, per iscritto, la forma fonica di qualsiasi enunciato, in quanto i simboli fonetici dell'alfabeto consentono di trascrivere consonanti, vocali e caratteristiche prosodiche come intensità, durata e altezza tonale.
Si tratta, in verità di uno strumento di compendio trascrittivo di solito inintellegibile ai giudici e quindi inutilizzabile se non è interpretata da un tecnico,[353] conseguentemente suggerendo all'operatore l'abbinamento al testo trascrittivo di note specificative di richiamo ove andrà annotato quell'aspetto prosodico utile a chiarificare il contesto.[354]

Nel trattare, a titolo esempliciativo, le difficoltà trascrittive incontrate da un interprete interpellato per la traduzione di un testo dall'arabo, si riporta di seguito uno specchio riepilogativo dei tanti dialetti presenti in quello scenario linguistico:

---

[350] P. Bellucci, *A onor del vero. Fondamenti di linguistica giudiziaria*, cit., pag. 65: "[...] Un fondato garantismo esige [...] (che l'operazione di trascrizione) si configuri come riproduzione, il più fedele possibile, di « ciò che viene detto/fatto » e sia tesa ad assicurare che l'interpretazione resti di competenza degli operatori del diritto, e non di chi ricava dalla registrazione sonora un testo scritto. Il prodotto finale non deve essere un esempio di bello scrivere bensì uno strumento di accertamento della verità e il perseguimento di questo obiettivo implica competenze alte e varie. L'onestà è un prerequisito, ma da sola in questo caso porta poco lontano. Le operazioni di sbobinatura e trasformazione del 'parlato' in 'scritto' sono tecnicamente complesse e tutt'altro che neutre, come i linguisti vanno dimostrando da anni, senza però riuscire a far penetrare, e radicare, i loro risultati nella cultura diffusa. Queste difficoltà sono reali perfino quando il parlato è chiaro e la registrazione buona – come sa chiunque abbia provato a sbobinare una conversazione – e crescono in modo esponenziale con l'ingresso di variabili di disturbo o di complicazione (pur escludendo a priori ogni intento di manipolazione).

[351]www.altalex.com, *Sociologia della comunicazione quale strumento d'indagine*", cit.:"[...] Ciò in quanto la situazione comunicativa viene spesso acquisita in forma esclusivamente dialettale, con frequenti code swiching, salti linguistici, cambi d'argomento, sott'intesi ed espressioni gergali. La sua documentazione, a prescindere da possibili precisazioni extralinguistiche sulla cinesica, mimica e postura, non trova, solitamente, adeguata rappresentazione paraverbale, in quanto difficilmente la trasposizione, dal parlato allo scritto, di una conversazione di interesse giudiziario reca anche dettagli di tipo prosodico, come l'enfasi, le pause, il ritmo, l'intonazione, o ancora quei microtremori significativi di una situazione di distress tra i conversanti [...]".

[352] International PhoneticAlphabet.

[353]Ibidem.

[354] Ad esempio: ore 13.42 il parlante "A" con timbro di voce elevato intimorisce il parlante "B" profferendo: " se parli ti finisce male".

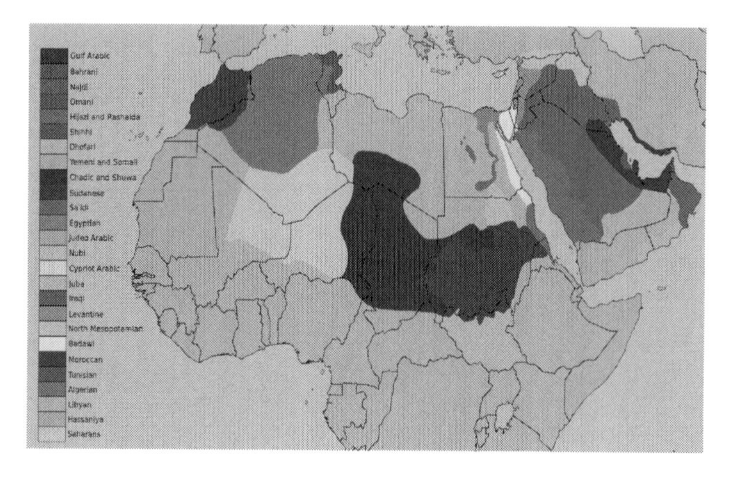

Un contesto dove, il breve lessico "*non capisco*" potrebbe trovare, ad esempio, le seguenti interpretazioni traduttive:

"Non capisco"

- **1) Arabo Moderno Standard ---> là àfhamu** (لا أفهَمْ)
- **2) Arabo del Golfo ---> mà fàhim** (ما فاهِم)
- **3) Arabo del Levante ---> mà fahimet** (ما فهِمتْ)
- **4) Arabo Egiziano ---> mìsh fàhim** (مِش فَاهِم)
- **5) Arabo Marocchino ---> mà fhamtesh** (ما فهَمْتَشْ)
- **6) Arabo Tunisino ---> mà fahimtish** (ما فَهِمْتِشْ)

m. La *cognitive phonetics*

Alla luce di quanto complessivamente esposto in queste pagine, particolarmente attagliate sono da ritenersi le "*raccomandazioni*" attraverso la *cognitive phonetics* di Helen Fracer[355]:

---

[355]www.helenfraser.com.au, pubblicazioni di Helen Fraser: manuscript. Teaching teachers to teach /r/ and /l/ to Japanese learners of English: An integrated approach; Fraser, Helen. 2011. Speaking and listening in the multicultural university: A reflective case study. Journal of Academic Language and Learning. 5(1) A110-128; Fraser, Helen. 2011. Phonetics and phonology. In Routledge Handbook of Applied Linguistics, ed. James Simpson. New York: Routledge; Fraser, Helen. in press. Speaking of speech: Developing metalanguage for effective communication about pronunciation between English language teachers and learners. In Proceedings of the International Conference on English Pronunciation: Issues and Practices, Chambéry, France 3–5 June 2009, ed. Alice Henderson. Chambéry: Université de Savoie; Fraser, Helen. 2010. Teaching suprasegmentals like the stars. Speak Out! (IATEFL) 43; Fraser, Helen. 2010. Transcripts in the legal system. In Expert Evidence (Chapter 100), eds. Ian Freckelton and Hugh Selby. Sydney: Thomson Reuters; Fraser, Helen. 2010. Cognitive Phonology as a tool for teaching pronunciation. In Fostering Language Teaching Efficiency through Cognitive Linguistics, eds. Sabine De Knop, Frank Boers and Teun De Rycker. Berlin: Mouton de Gruyter; Fraser, Helen. 2009. The role of 'educated native speakers' in

HELEN FRASER[356]

1. La trascrizione di materiale sonoro di bassa qualità non dev' essere affidata a chi ha, o potrebbe avere, un interesse nell'interpretarne il contenuto.

2. Quando la trascrizione potrebbe essere contestata, la trascrizione deve essere affidata a persona con esperienze linguistiche fonetiche.

---

providing language analysis for the determination of the origin of asylum seekers. International Journal of Speech Language and the Law 16:113-138; Fraser, Helen, and Andrea Schalley. 2009. Communicating about communication: Intercultural communication as a factor in interdiscplinary collaboration. Australian Journal of LInguistics (part of a special issue on Conceptualising Communication) 29:135-155; Fraser, Helen. 2009. Pronunciation as categorization: The role of contrast in teaching English /r/ and /l/. In Studies in Applied Linguistics and Language Learning, eds. AhmarMahboob and Caroline Lipovsky, 289-306. Newcastle upon Tyne: Cambridge Scholars Publishing; Buckland, Corinne, and Helen Fraser. 2008. Phonological literacy for teachers: Preparing teachers for the challenge of a balanced approach to literacy education. Australian Journal of Language and Literacy 31:59-73; Fraser, Helen. 2008. Pronouncing on the right side of the brain. Teacher Trainer Journal 22; Fraser, Helen. 2007. Categories and Concepts in Phonology: Theory and Practice. In Mental States. Vol.2: Language and Cognitive Structure (Papers from the International Language and Cognition Conference Sept 2004), eds. Andrea Schalley and Drew Khlentzos. Amsterdam: Benjamins; Fraser, Helen. 2006. Phonological Concepts and Concept Formation: Metatheory, Theory and Application. International Journal of English Studies 6:55-75; Fraser, Helen. 2006. Helping teachers help students with pronunciation. Prospect: A journal of Australian TESOL 21:80-94; Hannam, Rachel, Helen Fraser, and Brian Byrne. 2006. The sbelling of sdops: Preliterate Children's Spelling of Stops After /s/. Reading and Writing: An Interdisciplinary Journal; Fraser, Helen. 2004. Constraining abstractness: Phonological representation in the light of color terms. Cognitive Linguistics 15:239-288; Fraser, Helen. 2003. Issues in Transcription: Factors affecting the reliability of transcripts as evidence in legal cases. International Journal of Speech Language and the Law 10:203-226; Fraser, Helen. 2004. Teaching Pronunciation: A guide for teachers of English as a second language (CD-ROM, updated). Canberra: Commonwealth of Australia, Department of Education Training and Youth Affairs. Available from the author Fraser, Helen. 2001. Teaching Pronunciation: A handbook for teachers and trainers. Sydney: TAFE NSW Access Division; Fraser, Helen. 2000. Tips for teaching pronunciation: Recording students' voices. ATESOL Journal (Canberra, ACT); Fraser, Helen. 2000. Coordinating improvements in pronunciation teaching for adult learners of English as a second language. Canberra: Commonwealth of Australia, Department of Education Training and Youth Affairs (Available from the author); Fraser, Helen. 1997. Dictionary pronunciation guides for English. International Journal of Lexicography 10:181-208; Fraser, Helen. 1996. Guy-dance with pro-nun-see-ay-shun. English Today 12:28-37; Fraser, H. 1996. Identifying Taped Voices – What phonetic science can and can't do. Policing Issues and Practices Journal 4:39-43; Fraser, Helen. 1992. The Subject of Speech Perception: An analysis of the philosophical foundations of the information-processing model of cognition. (Chapter 3) London: Macmillan.

[356] Fonte: atti del convegno "Utilizzabilità dell'intercettazione per la trascrizione del parlato", Camera Penale di Roma, intervento di Andrea Paoloni, cit.

3. Quando vi sono dubbi su una particolare parola o frase della trascrizione, questi non possono essere risolti sulla base della sola analisi acustica ma richiedono di esaminare il contesto con attente analisi linguistiche fonetiche da parte di esperti.

4. In una trascrizione di materiale di bassa qualità il trascrittore deve indicare il livello di confidenza e le possibili interpretazioni alternative per ciascuna parte del trascritto.

5. Quando il livello di confidenza è molto basso, ad esempio quando la registrazione è sia di bassa qualità sia molto corta, o la parola contestata risulta isolata o anche se la qualità complessiva non è uniformemente bassa ma sono presenti inconsistenze nella registrazione, è opportuno dichiarare il materiale audio non trascrivibile.

6. Nessuna trascrizione dovrebbe essere presentata ad una giuria prima che la sua attendibilità sia stata controllata da un esperto adeguatamente qualificato nella fonetica e nella linguistica.

7. In generale l'indizio "trascrizione" di una registrazione di bassa qualità non è sufficiente a supportare da solo una condanna; si tratta di indizi che si usano solo insieme ad altre evidenze.

Così come assolutamente attagliato è il "*decalogo*" del "*gruppo di lavoro presso la Polizia Scientifica*":

Decalogo[357]
Gruppo di lavoro presso la Polizia scientifica

1. I tempi necessari alla trascrizione sono in funzione della qualità del segnale, oltre che alla durata dello stesso (si riportino i dati sulla qualità).

2. Consegnare, con la trascrizione, una relazione che riguardi la qualità del segnale, le modalità utilizzate per l'eventuale trattamento dello stesso (es:filtraggio) e tutte le informazioni disponibili.

3. Trascrivere nella stessa lingua o dialetto che si ascolta, eventualmente fornendo una interpretazione in italiano.

4 . La lingua o dialetto deve essere nota al trascrittore.

5. Dichiarare, nella relazione, le informazioni utilizzate per la trascrizione dei nomi.

---

[357]Fonte: ibidem

6. Inserire una legenda con la descrizione della simbologia adottata per segnalare le principali caratteristiche sovra segmentali, tratti incomprensibili, dubbi ed altro.

7. Temporizzare accuratamente l'intera trascrizione, con quantificazione delle pause e dei tratti incomprensibili. Segnalare e descrivere i fenomeni acustici ambientali.

8. Procedere alla trascrizione solo se la qualità del segnale supera i requisiti minimi di accettabilità.

9. Segnalare nella trascrizione quando sono presenti inconsistenze linguistiche nel messaggio.

10. Descrivere le procedure di trattamento del segnale (tra cui il filtraggio) per renderle esattamente riproducibili.

Gli approfondimenti fin qui trattati, in astratto *best practices* alla base di qualsiasi analisi trascrittiva etno-linguistica risultante da una intercettazione, concernono tematiche demandate a tecnici qualificati, presupponendo adeguate risorse temporali per l'evasione del quesito; tempistiche che non sempre collimano con le esigenze di sintesi fissate dal dibattimento, gioco forza svilendo il compito peritale.
La necessità di una perizia sarebbe quella di "*svolgere indagini o acquisire dati o valutazioni che richiedono specifiche competenze tecniche, scientifiche o artistiche*"[358], che vanno ben oltre la documentazione delle operazioni di intercettazione attraverso i c.d. "*brogliacci*" di ascolto e le relative "*trascrizioni*" a cura della p.g.
Inoltre l'attività trascrittiva peritale è espressamente prevista dalla norma al comma 7 dell'art. 268 c.p.p., indicante che "*Il giudice dispone la trascrizione integrale delle registrazioni ovvero la stampa in forma intellegibile delle informazioni contenute nei flussi di comunicazioni infromatiche o telematiche da acquisire, osservando le forme, i modi e le garanzie previsti per l'espletamento delle perizie. Le trascrizioni o le stampe sono inserite nel fascicolo per il dibattimento*".
Le trascrizioni della p.g. debbono distinguersi dai c.d. *brogliacci*, consistenti nella sommaria trascrizione delle conversazioni intercettate, effettuata ai sensi dell'art. 268 comma 2 c.p.p. nei verbali delle operazioni.
Con riguardo alla significatività processuale dei *brogliacci* nel dibattimento, in precedenza, gli orientamenti della giurisprudenza erano risultati difformi, in alcuni casi prevedendo l'impossibilità di uno loro utilizzo ai fini della decisione[359], in altri contesti, al contrario, ritenendo pienamente utilizzabili anche i soli brogliacci[360].

---

[358] Art. 220 c.p.p.
[359] Cassazione, Sez. IV, 28 settembre 2004, n. 47891, Mauro, rv 230569 - Sez. I, 13 luglio 1995, n. 9820, Pappalardo, rv 202464.
[360] Cassazione, Sez.VI, 26 novembre 2002, Brozzu, rv 226148.

I più recenti orientamenti hanno richiamato il concetto di "***prova***" e di "***trasposizione grafica***" delle intercettazioni, precisando che " *in materia di intercettazioni la prova è costituita dalle bobine e dai verbali, mentre i brogliacci e la trascrizione, disposta mediante perizia, costituiscono la mera trasposizione grafica del contenuto delle stesse, tant'è che il giudice del dibattimento può utilizzarle indipendentemente dalla trascrizione, procedendo direttamente all'ascolto o disponendo perizia*"[361].
Il contenuto delle conversazioni intercettate, peraltro, si ritiene documetabile ai fini della prova anche "*mediante deposizione testimoniale, non essendo necessaria la trascrizione delle registrazioni nelle forme della perizia, atteso che la prova è costituita dalla bobina o dalla cassetta*", atteso che tra i divieti di utilizzazione ex art. 271 cod. proc. pen., comma primo, non figura la previsione indicata dal successivo art. 268, comma settimo; ed, ancora, che "*la mancata trascrizione non è espressamente prevista, né come causa di nullità, né è riconducibile alle ipotesi di nulità di ordine generale tipizzate dall'art. 178 cod. proc. pen.*"[362].
Laddove si potesse configurare una possibile nullità della perizia va, comunque, precisato che detta evenienza con configurerebbe una inutilizzabilità delle risultanze captative, nel caso in cui la censura non investa la difformità tra il contenuto dell'intercettazione e la sua trasposizione grafica.
Nel descrivere l'istituto delle trascrizioni delle registrazioni captative, gli ermellini hanno anche precisato che "*la trascrizione delle registrazioni telefoniche si esaurisce in una serie di operazioni di carattere meramente materiale, non implicando l'acquisizione di alcun contributo tecnico-scientifico e l'attività trascrittiva è attinente ad un mezzo di ricerca della prova e non rappresenta un mezzo di assunzione anticipata della prova stessa; pertanto, il rinvio dell'art. 268 , comma 7, cod. proc. pen. all'osservanza delle forme, dei modi e delle garanzie, previsti per le perizie, è solo funzionale ad assicurare che la trascrizione delle registrazioni avenga nel modo più corretto possibile.*
Di conseguenza, non può essere sollevato alcun problema di utilizzabilità delle trascrizioni, ma si può unicamente eccepire la mancata rispondenza tra il contenuto delle registrazioni e quello risultante dalle trascrizioni come effettuate"[363].
Altra precisazione è stata formulata in relazione ai principi del diritto della difesa in materia di comunicazioni di rito dell'avvio delle attività peritali e delle relative operazioni, indicando che "*l'avviso dato al difensore dell'inizio o del prosieguo delle operazioni peritali soddisfa le esigenze di tutela dell'assistenza dell'imputato prevista dall'art. 178 lett. C) cod. proc. pen.; conseguentemente l'omessa analoga comunicazione al consulente di parte non comporta nullità alcuna*" [364].

---

[361] Cass. Pen. Sez. VI n. 45672 del 27/09/2016

[362] Sez. 2, n.13463 del 26/02"/2013, P.G. in proc. Lagano e altri, Rv.254910

[363] Sez. 6, n. 3027 del 20/10/2015, dep. 2016, Ferminio e altri, Rv. 266497; Sez. 1 n. 7342 del 06/02/2007, Rv. 236361

[364] Sez. 5 n. 25403 del 15/02/2013, Savona, Rv. 256319, conf. Sez. 3 n. 40260 del 17/02/2015, Rv. 265035

Come descritto, però, nelle pagine che precedono, il trascrittore (sia esso un operatore della polizia giudiziaria o un perito) che analizza un reperto fonico dialettale – a prescindere dalle tante problematiche già esposte in tema di *speech processing* e di approccio alla fonetica forense, siano esse di disturbo, di interpretazione nella complicata interazione focalizzata "*faccia a faccia*", o della traduzione a cui andrà incontro – si troverà soventemente a dover investigare attraverso livelli di analisi sempre più ampi[365]; spesso confrontandosi con uno spettro di indagine man mano più complesso e caratterizzato da *code swiching* e miscellanee di varietà linguistiche.

Ecco, allora, che quell'inciso dei giudici di legittimità sulla trascrizione delle registrazioni quale sterile *"operazione di carattere meramente materiale"*, che non implica *"l'acquisizione di alcun contributo tecnico-scientifico"*, troverà ben diversa interpretazione con la necessità di un affidamento d'incarico a soggetti di comprovata copetenza tecnico-scientifica.

n. La sociolinguistica giudiziaria e la giurisprudenza sulle immagini

Ultima considerazione riguarda le scienze che ruotano attorno alla sociologia della comunicazione in un contesto forense.

Accade, infatti, sempre più spesso, che gli operatori, seppur non riuscendo a rappresentare al giudice le risultanze in termini scientifici, si forzino di proporre elementi di rilevanza sociolinguistica acquisiti nel corso delle intercettazioni audio/video.

Nella sociolinguistica particolare rilievo assumono, in proposito: la situazione comunicativa[366], che descrive l' insieme di circostanze in cui viene prodotto un atto linguistico; la tassonomia dei componenti che delinea il contesto ambientale, scena, parlante, mittente, ascoltatore, destinatario, scopi risultati, scopi fini, forma del messaggio, contenuto del messaggio, chiave, canali di comunicazione, forme di parlate, norme di interazione, norme di interpretazione; ed all'interno della situazione comunicativa di particolare importanza sono alcuni elementi riconducibili agli interlocutori, come lo *status* (cioè la posizione assunta all'interno di una struttura sociale), il ruolo sociale (cioè l'insieme di ciò che ci si aspetta da un certo *status)* ed il ruolo comunicativo assunto da uno dei partecipanti nel corso dell' interazione verbale.

Ed ancora, nel corso dell'interazione alcuni dettagli, come gli indicatori di relazione (la mimica, il contatto e la prossemica), gli indicatori si struttura (convenzionali, i turni) e di contenuto (postura, gesti e movimenti cinesici), assumono particolare significatività in quei contesti culturali e geografici ove è più diffuso il rispetto della distanza sociale (la prossemica) tra i conversanti e dove, gestualità, mimica facciale e postura, sono molto descrittivi in ambito criminale, consentendo di investigarne più approfonditamente gli aspetti interattivi.

---

[365] G. Berruto, *Corso elementare di linguistica generale*, UTET Editore, Torino (1997), pag. 84.

[366] G. Berruto, *Fondamenti di sociolinguistica,* cit.

Si tratta, nel complesso, di una serie di dettagli spesso smarriti nel corso delle intercettazioni audio video[367], al centro delle ricerche scientifiche dei massimi esponenti internazionali del settore, da *Helen Fracer*, ad Andrea Poloni a Loredana Cerrato; elementi che potrebbero, alle volte, confutare le ipotesi investigative originarie ribaltandone i contenuti o, nella maggior parte dei casi, corroborarne le risultanze già assunte.

Ma attraverso la sociologia della comunicazione è possibile, ancora, analizzare i dettagli di un evento di particolare pregnanza all'interno di una comunità basata sul *familismo*[368] criminale, dando interpretazione alle caratteristiche di quelle *sub culture* sociali che sono rigidamente palesate nel corso delle cerimonie più significative.

Il modo di stringere la mano, la gestualità del "bacio", il riverente tenere le mani dietro la schiena parlando con il superiore gerarchico nella piramide delle gerarchie criminali, ed ancora il tenere la barba incolta nel periodo di lutto, le fasi di "*licenziamento*" dopo il funerale, con donne da un lato e gli uomini dall'altro, sono tutti elementi di particolare rilievo che, spesse volte, sfuggono alle parti tecniche nel corso delle analisi dei reperti.

Gestualità e codici sociolinguistici che, in altri contesti geopolitici, potrebbero palesare significati diametralmente opposti nell'intepretazione semiologica dello spazio[369], descritta da Edward Hall nella sua "*dimensione nascosta*" illustrando ogni dettaglio percettivo.

Ciò in quanto, descrive Hall nei suoi studi, "*tutti gli individui sono avvolti da una bolla che regola il proprio spazio personale; nelle culture occidentali vi è una cultura del non contatto, all'estremo opposto troviamo la cultura araba, in cui lo spazio personale non esiste sconfinando nell'aderenza all'altro*"[370].

Dettagli percettivi che inseguono finanche la base chimica su cui si basa l'olfatto, così come gli spazi uditivi e visivi; ma, anche, attraverso la dimensione interculturale, ad esempio mettendo a confronto gli arabi e gli americani:

---

[367] Loredana Cerrato e Andrea Paoloni, *Sulla trascrizione di intercettazioni ambientali*, Fondazione Ugo Bordoni, Roma.

[368] E.C. Banfield, *The Moral Basis of a Backward Society*, (1958), traduzione italiana Le basi morali di una società arretrata, Editore il Mulino, Milano (1976).

[369] E.T. Hall, *La dimensione nascosta. Vicino e lontano: il significato delle distanze tra le persone*, Editore Bompiani, Milano (2002), pagg. V e VI: "[...] l'esperienza quotidiana di un osservatore acuto e sensibile [...] e riesce ad attirare il lettore perché lo costringe a rileggere la propria esperienza quotidiana [...] la dimensione nascosta ci parla della vita di tutti i giorni, solo che di colpo ce la presenta in una luce nuova. In altre parole ci parla di una dimensione in cui viviamo da sempre, senza accorgercene [...] la ricerca di Hall si inserisce nel discorso che oggi sta facendo la semiologia. Hall ribadisce il suo concetto di cultura come comunicazione. I vari comportamenti culturali sono sistemi di comunicazione che gli esseri umani elaborano all'interno dei vari gruppi, su una gamma talmente vasta da superare di gran lunga l'àmbito ristretto che eravamo abituati ad assegnare ai fenomeni di comunicazione propriamente detti, come il linguaggio verbale, la comunicazione per immagini, le segnaletiche formalizzate, ecc.

[370] Ivi, pag. 201

"[...] *L'olfatto gioca un ruolo eminente nella vita araba: costituisce non solo uno dei meccanismi mediante cui viene stabilita la distanza dall'altro, ma addirittura un fulcro vitale di tutto il sistema di comportamento.*
Gli arabi respirano sempre in faccia all'interlocutore; e questa abitudine non è soltanto dovuta ad un diverso galateo; ma discende dal fatto che essi apprezzano i buoni odori altrui, e li considerano utili a stabilire un rapporto più coinvolgente.
Odorare un amico è un atto non soltanto simpatico, ma quasi necessario, perché negargli la sensazione del proprio respiro sarebbe il segno che ci si vergogna di qualcosa.
Gli americani, invece, educati come sono ad evitare di respirare in faccia alle persone, proprio volendo essere cortesi, comunicano automaticamente agli interlocutori arabi l'impressione di avere qualcosa da nascondere.
Chi andrebbe mai a pensare che i nostri diplomatici migliori, mentre cercano di fare sfoggio di tutta la loro cortesia, comunichino anche l'impressione di una vergognosa diffidenza?
Eppure questa situazione si verifica costantemente, perché nei colloqui diplomatici non ci si guarda soltanto in faccia, ma si sorveglia tutto il comportamento altrui, anche il modo di respirare [...]"[371].

Un contesto, quello appena descritto, fatto da una miscellanea di sfumature sociolinguistiche, etnografiche ed antropologiche, come una sorta di "*istituto polemogeno*"[372], ove trova esemplare richiamo quel celeberrimo scritto di Piero Calamandrei secondo cui: "*non basta che i magistrati (ma anche gli operatori di polizia giudiziaria n.d.r.) conoscano a perfezione le leggi come sono scritte; sarebbe necessario che altrettanto conoscessero la società in cui queste devono vivere. Il tradizionale aforisma iura novit curia non ha alcun valore pratico se non si accompagna a quest'altro: mores novit curia*" [373] o, addirittura, all'aforisma "*omnia novit curia*"[374], ha recentemente ipotizzato Ilenia Riggiu parlando del "*giudice antropologo*"[375].
Si palesa, cioè, uno sfondo culturale variegato, con autonome modalità interpretative del modo di vivere e di comprendere la realtà[376]; uno scenario che, visto dalla focale antropologica di *Edward Hall*, denota "*dimensioni nascoste"*[377] e

---

[371] Ivi, pagg. 201-211;
[372] G. Fiandaca, C. Visconti, *Il concorso esterno come persistente istituto "polemogeno"*, Archivio Penale, maggio–agosto 2012 fascicolo 2 anno LXIV, pag. 487.
[373] P. Calamandrei, *Elogio dei giudici scritto da un avvocato*, Ponte alle Grazie editore, Firenze (1959), pag. 177.
[374] I.Riggiu, *Dis-eguaglianza e identità culturale: tolleranza e multiculturalismo*, in www.gruppodipisa.it
[375] I. Riggiu, *Il giudice antropologo. Costituzione e tecniche di composizione dei conflitti multiculturali*, Franco Angeli editore, Milano (2012).
[376] G. Vattimo, *Oltre l'interpretazione*, Laterza editore, Roma (1994), pagg. 113-114.
[377] E.T. Hall, *La dimensione nascosta. Vicino e lontano: il significato delle distanze tra le persone*, Editore Bompiani, Milano (2002).

"linguaggi silenziosi"[378] a sé stanti o, secondo *Clifford Geertz,* una *"web of meanings"*[379].

"[...] *La cultura risulta allora essere un sistema semiotico, un sistema di segni dotato di un proprio codice: chi vi appartiene sa come orientarsi nella rete perché conosce le modalità interpretative dei segni riferiti a quella cultura ed è in possesso del codice ermeneutico necessario per comprenderli; mentre chi appartiene ad una cultura esterna potrebbe fraintendere del tutto certi segni riferiti ad una determinata cultura.*

Di qui va data l'opportuna rilevanza alla "traduzione culturale", ossia alla capacità di riportare, sul piano semantico, un comportamento, ovvero un segno, nel contesto culturale di provenienza[...][380].

Nel trattare, adesso, le riprese video-filmate nella giurisprudenza, queste costituiscono, ai sensi dell'art 189 c.p.p., prove documentali non disciplinate dalla legge; ne discende che possono essere liberamente disposte ed effettuate[381], non applicandosi la disciplina prevista dagli artt. 266 c.p.p. e segg., fermo restando il limite della tutela della libertà domiciliare di cui all'art. 14 Cost., che va valutato di volta in volta[382].

Le stesse, quando hanno ad oggetto atti non comunicativi, non necessitano dell'autorizzazione del G.i.p., costituiscono prova atipica e, come tale, legittima e pienamente utilizzabile[383]. Documentando, poi, attività investigative non ripetibili, possono essere allegate al relativo verbale ed inserite nel fascicolo per il dibattimento.

---

[378] E.T. Hall, *The silent language*, 2^ ed. Facwcett World Library, New York (1966), traduzione italiana, Il linguaggio silenzioso, Garzanti editore, Milano, (1972).

[379] C. Geertz, *The interpretation of cultures: Selected Essays*, Basic Books, New York (1973), pag. 11.

[380] G. Rossini, *Il tramonto dei costituzionalismi e la tentazione del giudizio antropologico*, Altalex rivista giuridica, articolo dell'11 maggio 2016.

[381] Cassazione 21 gennaio 2004, Flori, Riv pen. 06, 776.

[382] Cfr. Cass. pen. Sez. V, 7 Maggio 2004, n. 24715 (rv. 228732) Massa e altri Arch. Nuova Proc. Pen., 2005, 526CED Cassazione, 2004Riv. Pen., 2005, 637.

[383] Cassazione Sez. 1, Sentenza n. 4422 del 18/12/2008 Cc. (dep. 02/02/2009): "Sono legittime e pertanto utilizzabili, senza che necessiti l'autorizzazione del giudice per le indagini preliminari, le videoriprese dell'ingresso e del piazzale di un'impresa eseguite a mezzo di impianti installati dalla polizia giudiziaria sulla pubblica via, non configurandosi, in tal caso, alcuna indebita intrusione nell'altrui domicilio".

Cassazione Sez. 3, Sentenza n. 37197 del 07/07/2010 Ud. (dep. 19/10/2010) "Le videoriprese di atti non aventi contenuto comunicativo effettuate, nel corso del procedimento penale, all'interno del domicilio lavorativo dell'autore delle stesse, costituiscono una prova atipica ex art. 189 cod. proc. pen., non necessitando quindi, ai fini dell'utilizzabilità, di autorizzazione del giudice.

Cassazione Sez. 2, Sentenza n. 35300 del 24/04/2007 Cc. (dep. 21/09/2007) Rv. 237848 "Le videoregistrazioni operate in luoghi pubblici ovvero aperti od esposti al pubblico, se eseguite dalla polizia giudiziaria nell'ambito del procedimento penale, costituiscono prova atipica che non necessita dell'autorizzazione del G.i.p., e, documentando attività investigative non ripetibili, possono essere allegate al relativo verbale ed inserite nel fascicolo per il dibattimento".

Nel caso in cui le riprese avvengono in luoghi di privata dimora, ben potranno "*configurarsi quali forma di intercettazione di comunicazioni tra presenti, che si differenzia da quella operata tramite gli apparati di captazione sonora solo in rapporto allo strumento tecnico di intervento, come nella ipotesi di riprese visive di messaggi gestuali*". Per tale fattispecie "*già ora è applicabile in via interpretativa la disciplina della intercettazione ambientale in luoghi di privata dimora*".[384]
Un ulteriore distinguo riguardo la definizione di "*privata dimora*", è stato operato in relazione all'ambiente carcerario, sia esso la cella o la sala colloqui dell'istituto di detenzione, che non è da ritenersi assimilabile al "*concetto di privata dimora nel possesso e nella disponibilità dei detenuti, in quanto è pur sempre un luogo sottoposto ad un diretto controllo dell'Amministrazione penitenziaria che su di esso esercita la vigilanza ed a cui soltanto compete lo ius excludendi*"[385].
Per definire più compiutamente la nozione di comunicazione extralinguistica[386], gli ermellini già nel 1997 con la sentenza Greco[387] avevano indicato che "*la nozione di comunicazione consiste nello scambio di messaggi fra più soggetti, in qualsiasi modo realizzati (ad esempio, tramite colloquio orale o anche gestuale)*" e che "*l'attività di intercettazione è appunto diretta a captare tali messaggi*", distinguendo, dall'attività intercettativa, quella di "*captare immagini relative alla mera presenza di cose o persone o ai loro movimenti, non funzionali alla captazione di messaggi*".
Anche il linguaggio attraverso le *emoticons*, oggi diffusa opzione di inserimento sulle tastiere *qwerty*, e quale applicazione sui profili di *chat* sul *web* o di messaggistica telefonica, trova rappresentazione scientifica sociolinguistica attraverso la nota *teoria della faccia*[388] coniata da *Richard Hudson.*
Nel contesto dialogico tra presenti sono compendiati quei tratti soprasegmentali e quelle indicazioni extralinguistiche che arricchiscono e completano la situazione comunicativa, rendendone comprensibili ed interpretabili alcuni contenuti, fatte salve tutte le problematiche connesse ad una conversazione del tipo *faccia a faccia.*
Nelle comunicazioni scritte, come nelle *chat*, dette indicazioni interpretative possono, quantomeno in parte, essere offerte dalle *emoticons* che rappresentano quegli stati d'animo non visibili nella comunicazione, secondo un fantasioso formulario spontaneamente ed autonomamente abbozzato negli ultimi anni dai giovani, ricorrendo alla punteggiatura ed alle parentesi tonde presenti tra i caratteri di scrittura del testo, simulando una *faccina* rovesciata[389].

---

[384] Corte costituzionale, sentenza del 24 aprile 2002 n. 135.
[385] Cfr. Cass. pen. Sez. VI, 23 Febbraio 2004, n. 36273 (rv. 229808), Agate, Arch. Nuova Proc. Pen., 2005, 717, CED Cassazione, 2004.
[386] Vds. Altalex, *Videoregistrazioni di comportamenti non comunicativi in ambito domiciliare*, articolo di Carlo Alberto Zaina, pubblicato il 20 ottobre 2006.
[387] Cass. pen. Sez. VI, 10 Novembre 1997, n. 4397, in Cass. Pen., 1999, 1188 nota di CAMON, Dir. Pen. e Processo, 1998, 10, 1265, Studium juris, 1998, 542.
[388] Richard A. Hudson, *Sociolinguistics II ed.*, Cambridge University press (1996) - Sociolinguistica, Editore Il Mulino (1998).
[389] Ivi, pag. 121: "[...] La faccia è qualcosa che ci viene concessa dagli altri, ed è per questo che dobbiamo essere così solleciti a concederla a nostra volta agli altri, (eccetto che non scegliamo consapevolmente di insultarli, ma questo è un comportamento fuori dal comune)

È quindi evidente che anche la "*teoria della faccia*" ed il mondo delle *emoticons* debbano inserirsi nello scenario forense delle intercettazioni, così da poter offrire al giudice, ed alle parti, una disamina esaustiva – e scientificamente documentata – di tutte le risultanze captative assunte.

Bibliografia

E. C. BANFIELD, *The Moral Basis of a Backward Society,* 1958, traduzione italiana *Le basi morali di una società arretrata*, Editore il Mulino, Milano 1976.

P. BELLUCCI, *A onor del vero. Fondamenti di linguistica giudiziaria,* Ed. Utet, Torino 2002.

H. BEY, *TAZ: Temporary Autonumus Zone, ontological anarchy, poetic terrorism,* Autonomedia new autonomy series, paperback 2003.

G. BERRUTO, *Corso elementare di linguistica generale*, UTET Editore, Torino 1997.

G. BERRUTO, *Fondamenti di sociolinguistica*, Editori Laterza, Roma 2003.

P. CALAMANDREI, *Elogio dei giudici scritto da un avvocato*, Ponte alle Grazie editore, Firenze 1959.

M. CENTINI, *I Serial killer*, Xenia Edizioni, Milano 2001.

P. CORBETTA, *Metodologia e tecniche della ricerca sociale*, Il Mulino editore, Bologna 1999.

L. CERRATO, A. Paoloni, *La situazione comunicativa nelle intercettazioni ambientali*, Fondazione Ugo Bordoni Roma.

L. CERRATO, A. PAOLONI, *Sulla trascrizione di intercettazioni ambientali,* Fondazione Ugo Bordoni, Roma.

E. CICONTE, V. MACRÌ, F. FORGIONE, *Osso, Mastrosso e Carcagnosso. Immagini, miti e misteri della 'ndrangheta*, Rubettino editore, Catanzaro 2010.

D. COPPOLA, *Parlare, comprendersi, interagire. Glottodidattica e formazione interculturale*, Felici editore, San Giuliano Terme 2009.

L. D'AMBROSIO, P. L. VIGNA, *La pratica di Polizia Giudiziaria*, Cedam editore, Milano 1998.

G. DE LEO, P. PATRIZI, *Psicologia della devianza*, Carocci Editore, Roma 2002.

M. DI STEFANO, *Sociologia della comunicazione come strumento d'indagine*, Altalex quotidiano di informazione giuridica, articolo del 2.5.2013.

M. DI STEFANO, *La sociologia giuridica ed i bambini*, Altalex quotidiano di informazione giuridica, articolo del 28.10.2013.

M. DI STEFANO, *La verbalizzazione complessa di dichiarazioni*, Altalex quotidiano di informazione giuridica, articolo del 16 gennaio 2014.

M. DI STEFANO, *Il perito trascrittore nelle intercettazioni giudiziarie*, Altalex quotidiano di informazione giuridica, articolo del 26 febbraio 2014.

[...]". Secondo Brown e Levinson si distinguono due tipi di faccia, positiva e negativa, continua Hudson "[...] tali termini possono essere fuorvianti, qui li chiameremo invece <<faccia di solidarietà>> e << faccia di potere>>, per mostrare lo stretto rapporto con le importanti nozioni di <<potere>> e <<solidarietà>>[...]".

M. DI STEFANO, *Intelligence e privacy nella macroaree:un approccio COMINT/OSINT*, Altalex quotidiano di informazione giuridica, articolo del 20.11.2014.
M. DI STEFANO, B. Fiammella, *Profiling: tecniche e colloqui investigativi. Appunti d'indagine*, Altalex editore, Montecatini Terme 2013.
M. DI STEFANO, B. FIAMMELLA, *Intercettazioni, remotizzazione e diritto di difesa nell'attività investigativa. Profili d'intelligence*, Altalex editore collana professionale, Montecatini Terme 2015.
M. DI STEFANO, *Il concetto di "Patria e del giuramento di fedeltà"*, pubblicato dal periodico Corriere della Piana del Tauro, n. 36 anno 2015.
M. DI STEFANO, L. REITANO, E. SACCHI, *Terrorismo e comunicazione: introduzione alla bioetica, alle investigazioni open sources e alle Geoscienze Forensi*, Altalex quotidiano di informazione giuridica, articolo del 21.03.2016.
J. E. DOUGLAS, M. OLSHAKER, *Mindhunter,* Arow books, London 1995.
C. EUSTACE, *Classical tour throughItaly*, Vol. III, London, 1814.
G. FIANDACA, C. VISCONTI, *Il concorso esterno come persistente istituto "polemogeno"*, Archivio Penale, maggio–agosto 2012 fascicolo 2 anno LXIV.
L. FILIPPI, *in Codice procedura penale commentato*, a cura di Giarda e Spangher, IPSOA, II 2001.
A. GAITO, A. BARGI, *Codice di Procedura Penale annotato con la giurisprudenza*, UTET Giuridica editore, Torino 2007.
V. GALLESE, *Intentional attunement: a neuropsycological perspective on social cognition and its diruption in autism*, Brain research 2006.
C. GEERTZ, *The interpretation of cultures: Selected Essays*, Basic Books, New York 1973.
GNOSIS, *Rivista Italiana di Intelligence*, anno XII n.2/2006.
N. GRATTERI, F. NICASIO, *Fratelli di sangue*, Luigi Pellegrini Editore, Cosenza 2007.
G. SIMON, *I buoni lo sognano, i cattivi lo fanno*, Editore Cortina, Milano 1996.
G. GULOTTA, *L'investigazione e la cross-examination*. Competenze e sfide per il processo penale moderno, Giuffrè Editore, Milano 2003.
E.T. HALL, *The silent language*, 2^ ed. Facwcett World Library, New York 1966, traduzione italiana, *Il linguaggio silenzioso*, Garzanti editore, Milano, 1972.
E.T. HALL, *La dimensione nascosta. Vicino e lontano: il significato delle distanze tra le persone*, Editore Bompiani, Milano 2002.
F. HEISBOURG, *Sugli aspetti sociali e sulle strategie di contrasto al terrorismo: la nuova guerra*, Meltemi Editore 2002
D. Hymes, *Verso un'etnografia della comunicazione: l'analisi degli eventi comunicativi,* in P. GIGLIOLI, *Linguaggio e società*, Editore il Mulino Bologna 1972.
R. M. HOLMES, *Profiling Violent Crimes, Sage, Thousand Oaks* 1996.
J. HOPKINS, *Festival! The Book of American Music Celebrations,* Macmillan Publishing, New York 1970.
R. A. HUDSON, *Sociolinguistics* II ed., Cambridge University press 1996 - *Sociolinguistica,* Editore Il Mulino 1998.
G. LASAGNI, *L'uso di captatori informatici trojans nelle intercettazioni "fra presenti",* in Diritto Penale Contemporaneo 2016.

E. LEAR, *Diario di un viaggio a piedi: Reggio Calabria e la sua provincia*, Parallelo 38 1973.
C. LOMBROSO, *Tre mesi in Calabria*, in "Rivista contemporanea"1863.
C. LUCARELLI, M. PICOZZI, *Serial killer. Storie di ossessione omicida*, Mondadori Editore, Milano 2003.
M. MC LUHAN, *The Gutenberg galaxy: the making of typography man*, Toronto University 1962.
M. MC LUHAN, B. R. Powers, *The global village, Oxford University* Press 1989.
M. MC LUHAN, *Understanding media: the extensions of man*, Gingko Press 1964.
B. MORTARA GARAVELLI, *Le parole e la giustizia. Divagazioni grammaticali e retoriche su testi giuridici italiani*, Editore Einaudi, Torino 2001.
A. NUCARA, *Ovunque io vada muore qualcuno*, Luca Rossella Editore, Roma 2003.
A. PAOLONI, D. ZAVATTARO, *Intercettazioni telefoniche e ambientali*, Centro Scientifico Editore, Torino 2007·
A. PAOLONI, *Le indagini foniche*, Fondazione Ugo Boldoni Roma.
M. PICOZZI, A. ZAPPALÀ, *Criminal profiling. Dall'analisi della scena del delitto al profilo psicologico del criminale*, Mondadori Editore, Milano 2002.
L. REITANO, *Esplorare Internet. Manuale di investigazione digitale e Open Source Intelligence*, Minerva edizioni, Bologna 2014.
I. RIGGIU, *Il giudice antropologo. Costituzione e tecniche di composizione dei conflitti multiculturali,* Franco Angeli editore, Milano 2012.
D. Rodà, *La lingua mozzata. Gli ultimi grecanici della vallata dell'Amendolea*, Keleidon Editore, Reggio Calabria 2006.
G. ROHLFS, *Studi e ricerche su lingue e dialetti d'Italia*, Firenze 1972.
L. ROMITO, R. Lio, P. F. Perri, S. Giordano, *Stabilità dei parametri nello Speaker Recognition: la variabilità del parlatore F0, durata e articulation rate.* Atti del convegno "5° Convegno AISV.
G. ROSSINI, *Il tramonto dei costituzionalismi e la tentazione del giudizio antropologico*, Altalex rivista giuridica, articolo dell'11 maggio 2016.
V. SANTONI, *Muro di casse*, Laterza editore, Milano 2015.
R. SIMONE, *La terza fase*, Editore Laterza, Bari 2000.
M. TIBERI, *L'istradamento delle telefonate straniere: una prassi discutibile*, in Cass. pen. 2004.
Università Roma tre, Dipartimento di Informatica ed Automazione, *Storia di Internet.*
G. VATTIMO, *Oltre l'interpretazione*, Laterza editore, Roma 1994.
A. VELE, *Le intercettazioni nel sistema processuale penale. Tra garanzie e prospettive di riforma*, CEDAM Editore, Padova 2011.
A. ZAINA, *Videoregistrazioni di comportamenti non comunicativi in ambito domiciliare*, Altalex quotidiano di informazione giuridica, articolo del 20 ottobre 2006.

Cyberspazio: aspetti giuridici e criticità della rete digitale

Avv. Valentina Filippini

Con il XXI secolo si è ufficialmente aperta l'era della globalizzazione, che ha come emblema per eccellenza la rete informatica e digitale, in tutti i suoi aspetti: è l'epoca nella quale si sviluppa internet, si diffonde l'uso dei cellulari, nascono i primi siti web interattivi dove è possibile anche fare acquisiti, cresce l'uso dei social network che – in qualche caso – sostituiranno completamente i rapporti umani.
Sicuramente la comunicazione del secolo attuale vede aperti nuovi scenari, grazie anche all'accessibilità della rete a basso costo e alla pervasività di essa, che la rendono uno strumento veloce e di portata universale.
Tali caratteristiche, tuttavia, hanno anche aspetti critici che meritano considerazione: infatti, l'eccessivo anonimato del web, la facilità di intessere relazioni e carpire la fiducia altrui, il notevole dinamismo con il quale la tecnologia avanza rispetto alla legislazione di tutela delle persone contribuiscono anche alla proliferazione di minacce ai diritti e alle libertà individuali.
Il mondo della dottrina giuridica si trova, pertanto, dinanzi a nuove tematiche e problemi da affrontare: come tutelare l'individuo (sotto il profilo dell'identità digitale) che si affaccia alla rete come utente? Come sviluppare la consapevolezza dei suoi diritti alla riservatezza e alla conservazione e trattamento adeguati dei propri dati personali? Quali responsabilità per i contenuti illeciti immessi nella rete? Che tipo di tutela per le truffe online? Quali pericoli per la sicurezza informatica e dei sistemi tecnologici condivisi?
Sotto questa luce, il cybermondo rischia di essere il luogo della *grande opportunità persa* e del *caos assoluto*, a meno che esso sia adeguatamente governato da regole universalmente condivise ed efficaci.
Molti nuovi interrogativi giuridici necessiteranno, negli anni successivi al 2000, di pronta risposta e soluzione; verranno aperte tante nuove aree di interesse regolamentare.
Tra le altre, in questo contesto, vede i natali la branca giuridica del diritto delle nuove tecnologie, con tutto il bagaglio di studi che il giurista telematico è chiamato ad affrontare: la tutela delle minacce cibernetiche diviene una nuova (e forse la più importante) sfida da raccogliere e vincere.[390]

Cosa si intende per cyberspazio

Il punto di vista filosofico classico

Per poter analizzare le maggiori criticità legali che si palesano nel nuovo contesto digitale nato nel secolo attuale, è di primaria importanza definire compiutamente il "luogo" (lo spazio) in cui questa nuova concezione della realtà delle relazioni sociali si muove e cresce: il cyberspazio.
Dare una compiuta definizione del concetto non è però compito semplice e implica sofisticati ragionamenti anche di tipo filosofico-culturale.

---

[390] G. ANSALONE, *Minacce alla sicurezza: cyberspazio e nuove sfide*, saggio, in Rivista italiana di intelligence, vol. 3, anno 2012, p. 37 e ss.

Alcuni studiosi della storia e del diritto hanno cercato di avvicinare l'idea dello *spazio virtuale* a quella di una c.d. "noosfera", ossia una parte della biosfera terrestre che avvolge il mondo vivente.
La biosfera, evolvendosi e declinandosi verso il digitale, nel corso della storia ha portato alla formazione dell'esistenza umana e sociale nello stato in cui ci troviamo attualmente.[391]
E' divenuta la "sfera vivente e relazionale dell'era moderna".[392]
Di questo spazio, simbolicamente creato dalle teorie dottrinali della filosofia, della scienza e della storia, lo studioso Popper ha fatto un suo approfondimento, identificando la noosfera in un vero e proprio mondo autonomo, che trova una sua specifica collocazione all'interno del sistema complessivo dei "tre mondi":

1. il mondo degli oggetti fisici o degli stati fisici;
2. Il mondo degli stati di coscienza o degli stati mentali;
3. Il mondo dei contenuti oggettivi di pensiero, specialmente dei pensieri scientifici e poetici e delle opere d'arte.

I primi due mondi, quello della realtà esterna e quello della coscienza dell'io, sono quelli che esistono dal tempo primordiale; il terzo di stampo " *platonico*", invece, si innesta sui primi due in un momento successivo, quando la mente umana ha potuto dare vita alle idee e alle concezioni di pensiero trasformando la realtà secondo le possibilità o potenzialità al momento presenti: è un mondo, cioè, dove pensieri e idee, in larga misura, influenzano i primi due pur rimanendo autonomi rispetto ad essi[393].
Ed è proprio il terzo mondo, nel quale gli "oggetti" sono idee, immagini, suoni, storie, dati, numeri (cioè costrutti di informazione pura) a costituire la base per la

---

[391] M. NOVAK, *Architetture liquide nel cyberspazio,* in M. BENEDIKT, a cura di, *Cyberspace,* tr. it., ed. Muzzio, Padova, 1993, pag. 233; S. TAGLIAGAMBE, *Epistemologia del cyberspazio, ed.* Demos, Roma, 1993, p. 2 e ss.; V.I. VERNADSKIJ, *Pensieri filosofici di un naturalista*, trad, it. a cura di S. Tagliagambe, Roma, 1994, p. 208.

[392] W. VERNADSKY, *La biosphère,* Librairie Félix Alcan, Paris, 1929, pag. IX-X, richiamato da S. Tagliagambe, *Epistemologia del cyberspazio*, cit.. Come noto, la biosfera si riferisce alla zona della crosta terrestre che si trova alla superficie del nostro pianeta e accoglie tutto l'insieme della materia vivente; esso è, per un verso, profondamente correlato con l'ambiente che lo circonda (per cui non può essere studiato prescindendo dal contesto globale, planetario, nel quale si colloca) e, per l'altro, risulta caratterizzato dalla stretta interconnessione di tutti gli organismi viventi, legati da uno scambio continuo che si attua attraverso la respirazione, la nutrizione, i processi che si sviluppano a livello subatomico. Biosfera equivale a dire, dunque, ciclo di vita interconnesso. Se questo scambio tra esseri viventi si interrompe, la vita non può continuare e viene a mancare. La biosfera è il "grande sistema" al di fuori del quale non è possibile la vita di nessun organismo e che ha, quindi, un valore necessariamente prioritario.
Lo sviluppo della biosfera avviene verso l'alto e verso il basso:

- verso il basso, essa sfocia nelle geosfere (la terra);
- verso l'alto, essa sfuma progressivamente in un terzo grande sistema (la noosfera, appunto) nel quale all'uomo e al suo pensiero si aprono orizzonti di nuova scienza e tecnica, e ardui problemi di trasformazione della natura e di conquista del cosmo.

[393] K.R. POPPER, *Conoscenza oggettiva. Un punto di vista evoluzionistico*, ed. Armando, Roma, 1975, pp. 162-164.

comprensione della natura del cyberspazio come noi oggi lo intendiamo, seppure in via di approssimazione.

Il cyberspazio come *realtà di confine*
La realtà virtuale e il cyberspazio, secondo la concezione classica, costituiscono non già un "ambiente" a cui si "assiste", condizionati dalla tradizionale linea di demarcazione tra soggetto e oggetto, tra attore e pubblico, bensì contesti in cui "ci si immerge", ai quale cioè si partecipa, e non solo cognitivamente, ma anche emotivamente.[394]
La tecnologia digitale rende possibile la separazione tra *dati, informazione e forma.*
In essi la vita dell'utente è in grado di sperimentare e "percepire" le relazioni in modo nuovo rispetto al passato.
La tecnologia digitale orienta verso un'idea innovativa di percezione sociale, e ogni singolo soggetto è spinto a intervenire nel *nuovo mondo* in modo energico, volontario. Ciascun utente del web interagisce con gli altri costruendo una serie di rapporti che non sono affatto diversi rispetto a quelli costruiti nella realtà fisica.
Il cyberspazio non è, quindi, un *elemento precostituito,* non è uno spazio solamente *assorbito* dall'esterno e posto su un piano asettico e separato rispetto all'individuo, ma è un'area di relazioni *in costruzione e costruite* sin dal momento nel quale il cybernauta vi fa ingresso: ogni soggetto della rete ha dunque a disposizione uno spazio "arbitrario" che lo mette nella potenziale condizione di esaltare la propria capacità costruttiva e ricostruttiva dei rapporti umani.
Chi si interfaccia con questo mondo e la sua realtà è consapevole, quindi, che, proprio perché lo spazio operativo è in continua costruzione e ricostruzione, non esiste mai la stacità. Un oggetto (immagine, suono, testo), non è fermo nel tempo, memorizzato in modo immutabile, bensì continuamente *ridefinito (o ridefinibile)* in tempo reale, combinando e ricombinando le componenti tecniche e sociali dello spazio web secondo il mutamento dell'interesse e delle aspettative degli internauti.[395]
Il cyberspazio è così, nella sua costituzione e struttura, una realtà tipicamente liminare, di confine:[396] è, in sintesi, un luogo di incontro e di mediazione tra stati diversi, in continua trasformazione uno verso l'altro.

---

[394] Sottolinea R. MARAGLIANO, in *Ringiovanire la scuola dentro la multimedialità,* Intervento al seminario Telecom sulla scuola in rete, Venezia, 1997: "*un bambino che videogioca comunica tutto se stesso e con tutto se stesso: e si mette in gioco. Vive il cyberspazio come liquido amniotico. Attraverso il canale dell'ascolto fa suo il mondo: se lo costruisce e se lo legge quasi come udendolo, cioè standoci dentro, partecipandolo, respirandolo. Senza distinguersi da esso*".

[395] M. NOVAK, *Architetture liquide nel cyberspazio,* op. cit., p. 234.

396 Un'ampia e approfondita analisi di questi "territori di confine" è disponibile in S. TAGLIAGAMBE, *Epistemologia del confine*, ed. Il Saggiatore, Milano, 1997.

Il punto di vista sociologico

Nell'epoca moderna, sempre più evidentemente, le tecnologie dell'informazione sono fattori strategici di sviluppo sociale e culturale; in essa nuovi strumenti sono resi disponibili e contribuiscono alla continua re-invenzione del modo di operare ed interagire fra esseri viventi.

La società, inoltre, sta diventando sempre più un *libro-labirinto* in cui si muovono gli individui che la compongono, in continua evoluzione fra spazi nuovi, sconosciuti, complessi, intricati e non sempre comprensibili a priori.[397]

Le reti di telecomunicazione e le grandi autostrade informatiche ne sono un esempio: esse cambiano molto rapidamente, continuamente, in modo sempre più significativo, e così facendo modificano irrimediabilmente la realtà sino ad oggi conosciuta creandone una nuova, dove anche le idee di *spazio* e *distanza* assumono nuovi connotati.

Lo *spazio* non possiede più caratteri predefiniti per diventare, invece, sempre più omogeneo e indifferenziato: il potere delle telecomunicazioni e delle tecnologie dell'informazione ha reso del tutto inattuale ogni distinzione tra centro e periferia, tra nord e sud, tra est ed ovest.

Inoltre, con la inarrestabile globalizzazione dei processi economici, delle interazioni sociali e degli scambi culturali, acquista sempre più corpo e sostanza uno spazio virtuale senza confini, in cui ogni punto del mondo – se connesso alla rete globale - può essere raggiunto, presso che, istantaneamente.

La conoscenza umana si sta, quindi, pian piano, planetarizzando.[398]

Il cyberspazio, a livello morfologico, costituisce uno spazio complessivo dove tutto è in rete, interconnesso, senza barriere e dinamico.[399]

L'affermazione dello spazio virtuale come nuova realtà culturale e sociale, pur avendo il suo apice di sviluppo nel XXI secolo, ha le sue radici negli ultimi anni del secolo precedente ed, in particolare, nel 1993 quando si registra storicamente l'avvento del World-Wide Web.

Con internet si assiste ad una nuova organizzazione delle informazioni che avviene su scala "virtuale", dove la struttura della comunicazione non è più "canalizzata" nello spazio fisico (giornali, radio, televisione, ecc.) ma è strutturata in modo complesso e a distanza, senza limiti e barriere spaziali, geofisiche, ma tradotta in impulsi elettronici che danno vita, per l'utente, a testi web, immagini, suoni e video. Nel mare del "*WWW*" ci si può spostare, si naviga velocemente scegliendo la rotta da seguire e l'interazione è immediata.

Nella sua accezione più immediata, il *cyberspazio* (che deriva dal termine greco antico *Kubernao*, ossia "navigare", o meglio "dirigere, governare la nave") indica un nuovo universo, una realtà artificiale, virtuale, multidimensionale, generata, alimentata e resa accessibile dal computer attraverso le reti globali di comunicazione. Un universo padroneggiato e percorribile da tutti coloro che ne

---

397 Ne parla J.L. BORGES, *Finzioni,* Milano, 1974, p. 75.

398 S. TAGLIAGAMBE, *Epistemologia del cyberspazio,* op. cit., p. 8.

399 T. MCFADDEN, *Note sulla struttura del Cyberspazio e sul modello balistico ad attori*, a cura di M. BENEDIKT, *Cyberspace*, op. cit., pp. 351-352.

conoscano i percorsi, ma tuttavia libero dai vincoli fisici dello spazio e del tempo. Una realtà fatta di "cose" che si vedono e si sentono, ma che non sono oggetti fisici né, necessariamente, rappresentazioni di oggetti fisici, bensì costrutti di dati, di pura informazione provenienti in parte dalle operazioni del mondo fisico, ma in misura ben maggiore dall'accumulazione e dallo scambio di conoscenze che scaturisce dall'iniziativa umana nella cultura, nella scienza, nell'arte.
Così concepito, lo spazio nella rete ha caratteri ben definiti, ed è un tutt'uno con Internet e il web.
La sua struttura è il risultato, in costruzione e in continuo sviluppo, dei grandi sforzi che le tecnologie dell'informazione e della comunicazione stanno facendo per rendere disponibili dati tridimensionali, per effettuare animazioni in tempo reale, per implementare reti a banda larga sulle quali è destinata a circolare una grande varietà di informazioni, per fornire visualizzazioni scientifiche di sistemi dinamici, per sviluppare software multimediale, per ideare interfacce per sistemi di realtà virtuale e per rendere disponibile la televisione digitale interattiva.
Queste componenti, collegate sinergicamente fra loro e incanalate verso un obiettivo comune – l'interazione globale a distanza - concorrono a formare lo spazio nel quale le leggi, la fisica e la natura sono a disposizione dell'uomo che ne usufruisce e che li governa.[400]
Sotto la pressione congiunta degli sviluppi degli studi evoluzionistici e delle tecnologie digitali, si è dunque progressivamente accolta e affermata – anche sotto i profili strettamente sociologici e culturali - la concezione filosofica illustrata più sopra, secondo la quale il cyberspazio non è un luogo predefinito (già strutturato, nei confronti della quale ci si pone come spettatori), ma un mondo in continua espansione, trasformazione e rivoluzione.
In esso il tempo, normalmente rappresentato come una successione di esperienze caratterizzata dalla continuità dove si esclude (o comunque si prescinde) da qualunque intervento attivo del soggetto coinvolto, è costituito invece da "frammenti" che si compongono, in modo discontinuo, per formare elementi provvisoriamente strutturati ma senza dubbio non duraturi.
Lo spazio, di conseguenza, è anch'esso non più passivo, semplice e vuoto bensì attivo, dinamico, complesso e pieno.
La tradizionale concezione dello spazio fisico è soppiantata dall'idea di uno spazio *virtuale esteso e in espansione.*
Il cyberspazio è sempre più una rete di interscambio e di cooperazione, nel quale gli utenti si organizzano per comunicare fra loro a distanza.
Telefonate, invio di telefax, interrogazioni di banche dati, operazioni commerciali e finanziarie si intrecciano lungo le reti di telecomunicazione, originando transazioni

---

[400] Secondo S. TAGLIAGAMBE, *Epistemologia del cyberspazio,* op. cit., p. 13: "*Raccogliendo tutti questi elementi e cercando di sintetizzarli possiamo dire che il cyberspazio è una visualizzazione spazializzata delle informazioni disponibili in sistemi globali di elaborazione di esse, lungo percorsi forniti da reti di comunicazioni, che permette la compresenza e interazione tra più utenti, e rende possibile la ricezione e la trasmissione di informazioni attraverso l' insieme dei sensi umani, la simulazione di realtà reali e virtuali, la raccolta e il controllo di dati lontani attraverso la telepresenza e l'integrazione e intercomunicazione con prodotti e ambienti intelligenti nello spazio reale.*"

sempre più evolute (trasmissioni di immagini fisse e in movimento, teleconferenze, ricerche in comune da parte di operatori remoti, e così via), mano a mano che le telecomunicazioni si coniugano con l'informatica, rendendo disponibile il vasto campo delle applicazioni telematiche.
L'incremento dei processi informatici e dei servizi ormai disponibili su scala globale sta facendo progressivamente perdere importanza al concetto di "localizzazione", come ambito spaziale specifico di riferimento di un sistema sociale ed economico. Quest'ultimo diventa piuttosto il protagonista di un luogo dove il sistema di interrelazioni è sempre più fitto e si innesta nel "sistema mondo".
Dall'altro lato, quasi in contraddizione, all'espandersi dello spazio virtuale in cui compiere svariate operazioni informatiche e di comunicazione, si riducono i margini spaziali di interazione fra utenti: senza più necessità di spostamenti reali, il cibernauta tratta la maggior parte dei suoi affari e mansioni direttamente da casa sua o dall'ufficio.
Nonostante l'apparenza, tuttavia, questo aspetto della rivoluzione informatica non si pone in contrasto con il primo, ma ne costituisce solo l'altra faccia della medaglia: laddove, nella precedente organizzazione dello spazio fisico, tutto si basava su principi quali la *sincronizzazione del lavoro, l'unità di tempo e di luogo* (regole imposte dalle reali esigenze della produzione di serie), nella moderna concezione di economia di mercato le imprese non esigono più il rispetto di questi principi (considerati un impaccio) per optare a favore di nuove modalità organizzative, più dinamiche, efficienti e comode: il "tutto in rete" consente, infatti, di evitare dispendio di energie con un guadagno in termini di presenza della propria attività in qualunque momento e in qualunque luogo.
I sempre più frequenti rapporti "on-line" sono alla base di nuove e sofisticate forme di contrattualistica e di transazioni commerciali; in certi casi intere funzioni aziendali sono state sostituite dalle tecniche di subappalto ed esternalizzazione virtuale dove il rapporto di lavoro avviene su base virtuale, con un semplice coordinamento di committente e appaltatore "in rete".
La fabbrica si miniaturizza progressivamente e si specializza, diventa più agile e leggera: meno scorte, meno magazzini, meno ingombri, meno procedure inutili.
La produzione diventa snella e il flusso di merci, prodotti e servizi essenziale.
Nasce l'era della new economy.[401]

Il punto di vista giuridico

Dal punto di vista tecnico, il *mondo virtuale* del cyberspazio si fonda su impulsi elettrici trasmessi da un computer ad un altro, in forma digitale.
Da un punto di vista filosofico e sociologico, lo spazio cibernetico indica invece, come visto, un nuovo approccio culturale e coincide con la globalizzazione dell'informazione e la nascita di un nuovo spazio in rete, su internet.
Per il diritto, invece, il cyberspazio rappresenta una nuova realtà che coinvolge le relazioni umane e che, per poter funzionare, ha bisogno di *regole* che disciplinino le modalità di interazioni tra gli agenti all'interno di esso.

---

[401] Riflessione tratta da S. TAGLIAGAMBE, *Epistemologia del cyberspazio,* op. cit.

Tali regole, al fine di essere davvero efficaci e con il solo obiettivo di dare un ordine a questo nuovo "spazio" dove regna il mutamento continuo, devono essere però specifiche, proporzionate alle nuove tecnologie, non eccessivamente rigide al fine di non bloccare l'evoluzione scientifica ma, soprattutto, chiare e semplici, in modo da poter essere conoscibili e conosciute o conoscibili da chiunque, in qualsiasi momento di interazione dell'utente in questo nuovo scenario.

Cyberspazio e diritto: internet a servizio della new economy tra questioni giuridiche e temi attuali

L'accesso alla rete: il servizio *dell'Internet Service Provider* e la sua responsabilità

Quando si parla comunemente di Internet ci si riferisce alla rete costituita da un insieme di computer connessi tra loro attraverso sistemi di telecomunicazioni o mediante collegamenti via etere.

Inoltre Internet, collegando più computers e, potenzialmente, anche reti di computer diverse fra loro, è in grado di creare un reticolo di connessioni informatiche complesso: per questo viene definita la "Rete delle Reti".

Essa è uno spazio aperto, nel quale chiunque rispetti determinati standard tecnici può fare ingresso.

Da un punto di vista tecnico, i soggetti della rete trasmettono i dati per mezzo di un insieme di protocolli informatici denominati in gergo specialistico "TCP/IP".

La trasmissione in rete è chiamata *Dial-up*, e avviene grazie ad un dispositivo (modem) che si aggancia ad un computer connesso alla linea telefonica. Con un meccanismo di semplice "telecomunicazione", il primo dispositivo ne chiama un secondo collegato ed instaura con esso una *connessione*.

Questo consente all'utente connesso di chiamarne un secondo, anch'esso in rete.

Il sevizio di fornitura degli "accessi" è in genere, reso disponibile da un soggetto che fa di questo il suo mestiere (imprese di telecomunicazioni et similia), poiché comporta una organizzazione di mezzi non indifferente: tali soggetti, deputati esclusivamente all'implementazione di queste attività, sono gli *internet service providers.*

a. <u>La responsabilità civile dell'ISP</u>

L'ISP, su base contrattuale, a fronte del pagamento di un corrispettivo, si fa garante nei confronti dell'utente di particolari obblighi: il principale è proprio quello di conferire agli utenti la possibilità di accesso alla rete nelle modalità tecniche più efficienti possibili e necessarie allo scopo.

Tuttavia, fino a che limiti il servizio dell'ISP debba essere fornitonon è questione del tutto chiara ai giuristi.

Infatti, se da un lato, nelle clausole del contratto stipulato con l'utente del servizio vi sono prescrizioni in tal senso (ad esempio, esclusioni dall'obbligo per forza maggiore o limiti oggettivi del servizio correlati alla potenza della linea di telecomunicazione il cui prezzo è, evidentemente, correlato), si rivela comunque necessario stabilire, d'altro lato, che cosa l'utente debba legittimamente aspettarsi come "servizio idoneo" e qualitativamente conforme al contratto sottoscritto.

Appare evidente che, per regolare questi casi, da un punto di vista tecnico, la logica imponga di riferirsi al limite coincidente con la migliore tecnica e scienza

disponibile al momento della fornitura del servizio in correlazione al corrispettivo pagato.
Dunque, accanto all'obbligo "astratto" di mero accesso alla rete, nei fatti, l'obbligo "concreto" del Service Provider è di garantire tale servizio nel migliore dei modi possibili.
Per tale motivo, questi dovrà necessariamente ottenere dal gestore dell'infrastruttura di telecomunicazioni a cui si appoggia le linee ed i servizi di base necessari per operare la trasmissione dei dati, e dovrà altresì predisporre l'ambiente di sistema (ed i servizi eventualmente aggiuntivi) che consentiranno agli utenti di avere le porte di accesso a Internet.
Sotto il profilo più di merito, invece, a prescindere dal modello contrattuale scelto dall'ISP per regolare i rapporti con gli utenti, oggetto del contratto del servizio di accesso sarà la fornitura dei servizi telematici *tout court*: quindi l'ISP sarà responsabile delle eventuali limitazioni di accesso al web che sono direttamente dipendenti dalla propria condotta (es. censure arbitrarie o mancanza di accorgimenti tecnici che consentono la visualizzazione delle pagine web).
I contratti di fornitura dei servizi di accesso sono, generalmente, contratti di durata, dove peculiarità dell'obbligazione di chi fornisce il servizio è di garantire alla controparte la possibilità di ottenere un risultato (spesso dipendente dal *facere* dell'utente) attraverso la predisposizione di tutti i mezzi idonei al raggiungimento dello scopo (nella fattispecie l'accesso ai servizi di Internet).
In tal senso l'obbligazione dell'ISP consiste in una obbligazione di mezzi e non di risultato.[402]

b. La responsabilità penale dell'ISP

Una ricerca sui profili di responsabilità penale dell'*internet service provider* nell'ordinamento italiano, costringe a fare i conti con le peculiarità tipiche delle forme di manifestazione del reato: l'eventuale condotta illecita, infatti, avverrebbe in uno spazio che è un *non luogo*, da un *soggetto non fisico* e in un contesto dove sono diversi i diritti fondamentali degli individui, contesto nel quale la disciplina legislativa non è ancora compiutamente ed esaustivamente intervenuta nella regolamentazione.[403]

---

[402] Sul punto vedi V. R. D'ORAZIO - V. ZENO-ZENCOVICH, *Profili di responsabilità contrattuale e aquiliana nella fornitura di servizi telematici*, in *Riv. Dir. Inf*, 1990, p. 421 e segg. Inoltre, per una attenta disamina delle posizioni sulla tematica in esame vedi l'attenta ricostruzione operata da B. DONATO, *La responsabilità dell'operatore di sistemi telematici*, in *Dir. Inf.*, 1996, pp. 135 e segg.

[403] Tratto da A. INGRASSIA, *Il ruolo dell'isp nel ciberspazio: cittadino, controllore o tutore dell'ordine? Risposte attuali e scenari futuribili di una responsabilità penale dei provider nell'ordinamento italiano,* saggio pubblicato nel volume internet provider *e giustizia penale. Modelli di responsabilità e forme di collaborazione processuale*, L. LUPÁRIA (a cura di), Milano, Giuffrè, 2012. Tra la bibliografia più rilevante sul tema: D. DE NATALE, *Responsabilità penale dell'*internet service provider *per omesso impedimento e per concorso nel reato di pedopornografia*, in G. GRASSO - L. PICOTTI - R. SICURELLA (a cura di), *L'evoluzione del diritto penale nei settori d'interesse europeo alla luce del Trattato di Lisbona*, Milano, Giuffrè, 2011, pag. 295 e ss.; R. FLOR, *Tutela penale e autotutela tecnologica dei diritti d'autore nell'epoca di* internet, Milano, Giuffrè, 2010, pag. 417 e ss.; G.

La responsabilità penale dell'ISP, infatti, ha il proprio ambientamento nel cyberspazio – il *non luogo* –, che è privo di confini e di distanze: nella rete delle reti i dati in essa immessi raggiungono ogni parte del mondo; in questo mondo virtuale, è sempre più difficile controllare l'accesso degli utenti che fruiscono del servizio e monitorarne le attività, né si rivela possibile prevedere quali percorsi essi seguiranno per ricongiungersi infine sullo schermo degli altri internauti.
Conseguentemente, anche i classici concetti di *azione ed evento* mutano, in questo ambiente, i loro connotati tipici.
L'ISP, cui infatti, è un *soggetto non fisico:* nella gran parte dei casi, non si tratta di una persona in carne ed ossa, cui muovere direttamente un rimprovero sulla condotta, quanto di un'organizzazione che svolge tale attività professionalmente, all'interno della quale si dovrà rinvenire (non senza difficoltà) un diverso e specifico destinatario del rimprovero penale e dei precetti di legge, autore e responsabile dell'azione lesiva.
Richiamare a responsabilità penale l'ISP, inoltre, vuol dire interfacciarsi anche con delicate scelte di politica criminale e tutela dei diritti dell'uomo tra cui la libertà, l'onore, la reputazione, la sicurezza pubblica, la riservatezza e la protezione dei minori.
Il fatto di essere *non luogo,* rende il cyberspazio un moltiplicatore esponenziale di possibilità di reato: la comunicazione e gli scambi tra soggetti sono estesi a miliardi di destinatari e, al contempo, essendo un ambiente dove si prescinde dal contatto personale tra utenti, grazie all'uso di accorgimenti tecnici esso consente di agire e interagire nel pieno anonimato.[404]
Nel cyberspazio reati come la diffamazione e la diffusione di materiale coperto dal diritto d'autore sfociano in veri e propri reati *di massa*, illeciti commessi frequentemente, i cui autori appartengono ad ogni classe sociale.
La rete, senza identità, blocca e inibisce la percezione del disvalore sociale delle condotte al punto che la disapprovazione da parte dei consociati sta subendo, via via, un calo patologico, lasciando il posto alla rassegnazione e – nei casi più gravi – alla partecipazione all'illegalità di un sempre maggiore numero di utenti.
La difficoltà di allocare le responsabilità penali a seguito della realizzazione di fatti illeciti ha suggerito ad alcuna dottrina[405] di suggerire una responsabilizzazione di

---

FORNASARI, *Il ruolo della esigibilità nella definizione della responsabilità penale del* provider, in *Il diritto penale dell'informatica nell'epoca di* internet, L. PICOTTI (a cura di), Padova, Cedam, 2004, 423 e ss.; A. MANNA, *Considerazioni sulla responsabilità penale dell'*internet provider *in tema di pedofilia*, in *Riv. Dir. inf.*, 2001, pp. 145 e ss; ID., *I soggetti in posizione di garanzia*, in *Dir. Inf.*, 2010, p. 779 e ss; D. PETRINI, *La responsabilità penale per i reati via internet,* Napoli, Jovene, 2004, pp. 121 e ss.; V. SPAGNOLETTI, *La responsabilità del* provider *per i contenuti illeciti in* internet, in *Giur. mer.*, 2004, pp. 1922 e ss.; V. ZENO ZENCOVICH, *I rapporti fra responsabilità civile e responsabilità penale nelle comunicazioni su* internet *(riflessioni preliminari)*, in *Riv. Dir. inf.*, 1999, pp. 1049 e ss.

[404] Si veda per le distinzioni tra i concetti e per i richiami bibliografici l'originale trattazione di G. ZICCARDI, *Hacker: il richiamo della libertà*, ed. Marsilio, Milano, 2010.
[405] U. SIEBER, *Responsabilità penali per la circolazione di dati nelle reti internazionali di computer*, in *Riv. trim. dir. pen. eco.*, 1997, pp. 755 e ss.. Si veda più di recente D. PETRINI, *La responsabilità penale*, op. cit., pp. 121 e ss.

coloro che, seppure diversi dagli autori del reato, possono essere in qualche modo connessi a tali attività: gli ISP.
Quest'ultimo sarebbe coinvolto nell'illecito perché, oltre a consentire l'*anonimato in rete*, ricoprirebbe il ruolo fondamentale di "controllore" della rete che gli permetterebbe di intervenire attivamente nella fase di ingresso degli utenti nel ciberspazio (*access* e *network provider*), bloccandolo in caso di reato.
Sul punto, si registrano però visioni discordanti.
Infatti, per alcuni studiosi, l'ISP sarebbe sul medesimo piano degli altri utenti di *internet*, senza doveri di controllo ma con soli oneri contrattuali di tipo civilistico: sotto questa luce, esattamente alla pari di chiunque altro, egli avrebbe meri obblighi di denuncia dei reati da altri commessi qualora ne venga a conoscenza o, comunque, oneri di collaborazione con le autorità nella repressione degli illeciti.
Sul piano penalistico la sua responsabilità sarebbe, pertanto, limitata alle ipotesi di concorso commissivo doloso nell'altrui condotta criminosa o alle ipotesi di rimprovero in qualità di autore del reato.
In tale paradigma l'ISP è un *comune cittadino.*
Una seconda tesi, contraria alla prima, sposta tuttavia il *riflettore* dell'approfondimento, più che sulla condotta dell'ISP e sui suoi doveri di controllo, sulla tutela dei soggetti terzi e della comunità ad avere ingresso in un luogo dove i propri diritti fondamentali non siano messi in pericolo: l'Internet Service Provider, in questo senso, sarebbe dunque rimproverabile per qualunque condotta omissiva che lo vede responsabile per non aver impedito il compimento di un reato altrui con una condotta di tipo attivo.
Il ruolo sociale di *controllore*, diventa ruolo di *censore*, di colui che decide ciò che si può e ciò che non si può fare nel cyberspazio.[406]
Infine, una terza tesi, che si colloca a metà tra le precedenti, coinvolge l'ISP come "soggetto interveniente attivo" nella collaborazione alla rimozione degli effetti dannosi del reato: il provider, così, si vede imposto l'obbligo non già di controllo o censura preventiva dei contenuti immessi nella rete, non solo di denuncia del reato e collaborazione con le forze di polizia alla stregua di un utente comune bensì, più stringente, di denuncia degli illeciti di cui viene a conoscenza con conseguente onere di impegno nell'individuazione degli autori con ulteriore dovere di rimozione dal web – per quanto possibile - dei contenuti che sono giudicati illeciti.
L'ISP, in conclusione, non ha l'obbligo di verificare all'ingresso il materiale presente in rete, ma di attivarsi solo in via eventuale per ridurre le conseguenze di reati già commessi e per agevolare la punizione degli autori.
A questa stregua, l'ISP è inquadrabile come *tutore dell'ordine* nel cyberspazio e rimproverabile esclusivamente se non si attiva per limitare le conseguenze dell'azione altrui.[407]

---

[406] Viene plasticamente richiamato dalla dottrina il paradigma del "Grande Fratello" descritto in C.E. PALIERO, *Il principio di effettività del diritto penale*, in *Riv. it. dir. proc. pen.*, 1990, pp. 475 e 476.

[407] In sintesi, se dovessimo riassumere le tre posizioni dottrinali si avrebbe che:

Delle teorie esposte, l'ordinamento italiano pare respingere completamente le prime due: l'attribuzione del ruolo di *controllore* del ciberspazio all'ISP non è suffragata dalla possibilità di addebitare ad un soggetto il mancato impedimento di un reato da altri realizzato in assenza di una norma che fondi tale obbligo; inoltre, non esisterebbe, allo stato, un potere giuridico-fattuale del provider idoneo a scongiurare con certezza l'illecito altrui.
Ugualmente, non si può accogliere il paradigma del provider quale *mero cittadino:* il legislatore non ha tipizzato reati aventi quali specifici destinatari i *provider*, introducendo una disciplina per i reati informatici che contempla solamente alcune ipotesi (furto di identità, acceso illecito a una banca dati, ecc.).
Di questo si dà evidenza anche sotto altro profilo, laddove in tema di comunicazioni e commercio elettronico – dove il ruolo dell'ISP è più pregnante nell'introduzione di contenuti nel web – è stata prevista l'esenzione pressoché totale dell'ISP da obblighi di prevenzione (D. Lgs. 70/2003) introducendo solamente un obbligo di tipo cooperativo.
Il legislatore appare quindi più orientato ad accogliere il terzo modello dottrinale di responsabilità, ossia l'attribuzione all'ISP del ruolo di *tutore dell'ordine.*
Il giusto bilanciamento tra il diritto di manifestazione del pensiero e la tutela dei diritti fondamentali di terzi non impone una censura preventiva, ma solo un obbligo civico – prima che giuridico - del *provider* di dare il proprio contributo utile verso la riduzione delle conseguenze dell'illecito e verso l'individuazione degli autori.

Le minacce alla sicurezza nello spazio virtuale

Internet, come visto, ha rivoluzionato la vita degli Stati, delle imprese e dei cittadini, al punto che oggi non è addirittura possibile immaginare un mondo senza la Rete.
Lo spazio virtuale è cresciuto nel tempo, si è espanso ed ha accolto sempre nuovi attori al suo interno: ma questa rivoluzione e *inclusione totale* non è stata di solo beneficio all'evoluzione e allo sviluppo digitale.
Il web, purtroppo, mette quotidianamente in pericolo numerosi diritti dell'individuo per via della presenza nel cyberspazio di criminali transnazionali, hackers, terroristi o, più semplicemente, di soggetti (imprese e governi) che, in modo scorretto, si appropriano di informazioni e dati altrui al fine di rubare i vantaggi competitivi sul mercato globale.
Lo spazio cibernetico diventa così un campo di battaglia.

---

1. nell'ipotesi di ISP *cittadino* questi risponderebbe solo dei reati di cui è autore o in cui ha offerto un contributo concorsuale attivo, senza obblighi di controllo o di collaborazione alla cui violazione consegua una sanzione penale;
2. nella fattispecie di ISP *controllore e censore* costui risponderebbe non solo come cittadino, a titolo commissivo, ma anche a titolo omissivo (*improprio*, per non aver impedito il reato degli utenti della rete su cui ha doveri di controllo; *proprio*, ove, a seguito della consumazione del reato che non ha impedito, egli non abbia cooperato con l'autorità nella repressione dell'illecito);
3. nel caso di ISP *tutore dell'ordine* egli risponderebbe ove ometta la collaborazione con gli inquirenti più sopra descritta, oltre che, ovviamente, nei casi di autoria e di concorso attivo.

Da un lato si registra lo sviluppo delle tecnologie criminali che muovono guerra ai diritti, dall'altro la scarsa alfabetizzazione informatica e digitale degli utenti è la causa principale della relativa facilità con cui hackers ben addestrati penetrano i sistemi informatici ancorché protetti.
I dati personali, inoltre, sempre più in un'ottica di condivisione universale a ampia accessibilità, vengono costantemente trasferiti su 'nuvole" virtuali che sono i principali punti di dispersione e ottimi bersagli di potenziali attacchi.
A peggiorare il panorama di sicurezza della rete contribuisce, purtroppo, la disomogeneità regolamentare fra nazioni; avere norme uniformi, infatti, potrebbe essere una pratica soluzione alla repressione generalizzata degli illeciti grazie a prassi uniformi che eviterebbero differenze ingiustificate nell'applicazione della legge penale nei vari continenti.[408]
Il contributo di decisori politici, apparati di intelligence, industrie e giuristi dovranno quindi essere alla base degli interventi normativi di riassetto organico e tematico della materia, al fine di rafforzare l'operatività e il pieno equilibrio tra la natura delle nuove minacce e la regolamentazione del cyberspazio.[409]

La persona e il web: alla ricerca della cyber-identità

La radice "cyber" è stata spesso associata non solo al mondo digitale e virtuale, bensì anche alla piena espressione di *tecnologia delle macchine*: gli automi e i robot, capaci di autoregolarsi e autodeterminarsi, sono da sempre il frutto principale della scienza detta *cibernetica*.
Tuttavia, il prefisso "cyber" di cui trattasi è stato con il tempo sempre più associato al "*cyberspace*", ossia al luogo dell'incontro fra utenti grazie all'uso della tecnica informatica, il luogo immateriale dove avvengono incontri e dove si condividono esperienze o si depositano informazioni e dove, in sintesi, si svolgono le interazioni rilevanti anche per il diritto.[410]
Il cyberspazio, come visto, non ha distanze geografiche, così che punti lontanissimi fra loro nella geografia materiale possono, invece, essere facilmente raggiunti in pochi secondi con un click di mouse.
Eliminando progressivamente la fatica dell'attraversamento dei luoghi, si è anche abolita la differenza fra i luoghi stessi: internet ha riportato l'intero mondo alla condizione di una vecchia comunità premoderna, fondando il "villaggio globale" senza categorie, suddivisioni, regionalizzazioni e stratificazioni sociali.
Se, tuttavia, per i luoghi, questa tendenza all'eliminazione delle differenze è la regola, non può dirsi lo stesso relativamente all'utenza: infatti, più la rete si ingrandisce e più il cyberspazio si espande alla fornitura di servizi on web, più aumenta la frammentazione dell'identità dei singoli che si moltiplica in più personalità, anche non controllabili.

---

[408] NYE J. JR, *The Future of Power,* Public Affairs, New York, 2011.

[409] G. ANSALONE, *Cyberspazio e nuove sfide,* in *Rivista Italiana di Intelligence*, (3/2012).

[410] S. DI STEFANO, *La tecnologia, la realtà virtuale e la donna*, Quaderni Collegio Ludovicianum, Milano, pp. 67-80.

La comunicazione mediata dallo schermo di un computer può liberare i soggetti da molti vincoli di natura sociale e culturale, essendo esclusivamente (o quasi) una comunicazione testuale, in cui è possibile fingere di essere chiunque.
Svelare l'identità di un soggetto in rete non è compito facile, a meno che alcuni di essi volontariamente non si siano già costruiti una reputazione con un numero più o meno ristretto di utenti o abbiano caratteristiche ricorrenti in tutti i profili web che utilizzano per la comunicazione.[411]
Anche a livello psicologico, nelle reti le persone si trasformano in "maschere" [412] che nascondono individui in carne ed ossa ma la cui identità reale viene appositamente celata per far posto alla finzione divenendo, talvolta, reticolare.[413]
Quando in una conversazione si sceglie, infatti, un determinato nome, si compie un passo decisivo verso la creazione di un'identità nuova e di una nuova personalità, grazie alla quale esplorare nuove esperienze e nuove relazioni.
Il cyberspazio "senza luogo e senza tempo" è, per questo, il terreno privilegiato di sperimentazione delle tecniche di hackeraggio dei criminali informatici, dove l'atto di rivestire un ruolo viene compiuto con il fine di carpire la fiducia di ignari utenti e ottenere vantaggi da questo con modalità che, normalmente, sarebbero vietate.
Basti fare cenno alla tematica della contraffazione delle merci vendute online.
Il business del falso, come noto, ha effetti collaterali nefasti: oltre che essere violazione del brand (e dunque di un diritto) esso comporta la perdita di posti di lavoro, la chiusura di aziende e nei casi gravi anche danni alla salute degli acquirenti.
Internet, purtroppo, moltiplica in modo esponenziale le possibilità di azione dei falsari, perché il web consente di agire con un basso rischio di essere "scoperti".
Se le autorità locali, ad esempio, cercano di rendere più difficile l'acquisto di una borsa falsa in spiaggia mediante retate quotidiane nei luoghi di villeggiatura, in rete è sempre più facile smerciare i beni contraffatti coperti dall'anonimato più totale.

---

[411] E. SULLEROT, *Desiderio e tecnologia. Il problema dell'identità nell'era di Internet*, Feltrinelli, Milano, 1995.

[412] Il caso emblematico è rappresentato dai giochi di ruolo, di cui in rete esistono molteplici versioni, nei quali i partecipanti possono ricoprire la parte di personaggi inventati, come cavalieri, fate, gnomi, dame di corte o viaggiatori spaziali. Anche in altri ambienti di comunicazione, come le chat-rooms o i muds, ciascuno può scegliere un nome qualsiasi e crearsi l'identità che più preferisce. Cfr C. GIACCARDI, M. MAGATTI, *La globalizzazione non è un destino. Mutamenti strutturali ed esperienze soggettive nell'età contemporanea*, Laterza, Roma/Bari, 2001.

[413] S. TURKLE, *La vita sullo schermo*, a cura di B. PARRELLA, Apogeo, Milano, 1997. In esso si legge: "*Nel web, l'idioma per costruire l'identità di una casa [si intende di un soggetto – N.d.A.] consiste nell'assemblare una home page di oggetti virtuali corrispondenti ai propri interessi. La home page viene realizzata componendovi oppure incollandovi parole, immagini, suoni e indi collegandola ad altri siti Internet o sul web. [...] L'identità emerge grazie a coloro che conosciamo, dalle reciproche associazioni e connessioni. Si collega la propria home page ad altre pagine su argomenti quali musica, pittura spettacoli televisivi, vignette comiche e modelli di moda*".

E anche quando le autorità scoprono i responsabili, nulla impedisce ad essi (o ai collaboratori di questi) di continuare la loro attività illecita sotto altro falso nome, aprendo altri canali di comunicazione.
Come sottolinea l'Ocse nel rapporto "*The Economic Impact of Counterfeiting and Piracy*"[414], è palese il fatto che internet offra ai professionisti della contraffazione benefici considerevoli: l'assenza di identificazione, la flessibilità (i server dei siti possono essere spostati in brevissimo tempo da un Paese a un altro, a seconda delle leggi più favorevoli), la più ampia grandezza del mercato, il target illimitato di consumatori interessati (internet si rivolge a un'audience globale 24 ore su 24, la maggior parte dei siti sono in inglese così da essere comprensibili da tutti).
E' evidente, allora, che la regolamentazione non basta più.
Per sconfiggere la tendenza al cybercrime e aumentare il livello di tutela dei singoli non è possibile affidarsi agli strumenti repressivi ma si deve agire in via preventiva, adottando uno strumento più efficace: la diffusione della cultura della legalità fra i consumatori e la formazione dell'utente verso le buone prassi di nell'uso del web.

Conclusioni: verso un vero diritto di internet? (cenni)
Nel 2002, in occasione di un congresso del diritto tenutosi a Macerata (il XXIII Congresso nazionale della Società Italiana di filosofia giuridica e politica, 2-5/10/2002), il giurista e filosofo Giovanni Sartor ha svolto una riflessione sul tema del diritto e del suo rapporto con la digitalizzazione nel panorama del cyberspazio.
La tesi[415] parte dal presupposto che Internet sia, ormai, un fenomeno globale inarrestabile e irreversibile.
Esso, come visto, è ormai a disposizione di una porzione significativa e crescente della popolazione ed è raggiungibile in ogni paese del mondo.
Grazie ad Internet le distanze diventano irrilevanti, le interazioni personali e le strutture organizzative possono essere allocate dovunque e può essere reso "digitale" ogni aspetto – o quasi – dell'attività umana.
Il cyberspazio fornisce, dunque, il terreno ad un nuovo tipo di organizzazione sociale.
Ma, proprio per questa sua globalità, si è recentemente assistito alla nascita di una tesi dottrinale che evidenzia una enorme criticità: il cyberspazio ha davvero bisogno di una disciplina giuridica che lo regolamenti? Oppure è un fenomeno a sé, che non ammette vincoli se non vuole correre il rischio di rimanere imbrigliato a uno stadio immaturo?
La legge è un volano per la crescita o un ostacolo all'evoluzione?
Per dare risposta al quesito, Sartor ha compiuto una disamina delle più significative posizioni dottrinali a riguardo.
Ad esempio, il filosofo del diritto John Perry Barlow, nella sua celebre *Dichiarazione di indipendenza del cyberspazio*, ha rivendicato con slancio poetico l'autonomia della rete e la sua estraneità alla politica e al diritto.

---

[414] Reperibile all'indirizzo: www.oecd.org/dataoecd/11/38/38704571.pdf.

[415] G. SARTOR, *Il diritto della rete globale*, in *Cyberspazio e Diritto*, 2002.

Egli afferma l'originarietà dell'ordinamento del cyberspazio che non dipende (e non può dipendere) dalle istituzioni del mondo fisico essendo un *fenomeno naturale*, che "*cresce spontaneamente attraverso le azioni collettive*" dei suoi membri.
Il mondo virtuale è dotato di una propria cultura, di una propria etica, di un *codice non scritto* che – a suo dire - già fornisce più ordine di quanto possa essere realizzato dalle imposizioni dei governi e delle leggi.
Quindi, secondo Barlow, il cyberspazio non ha bisogno della politica né del diritto: esso è capace di autoregolarsi, di risolvere da solo i propri conflitti con i propri mezzi.[416]
Alla posizione libertaria di Barlow, si oppongono però le numerose critiche degli utenti della rete e di altre voci autorevoli del mondo digitale, giuridico e politico che, al contrario, vedono l'autarchia come un pericolo concreto per la stabilità del sistema.
Il controllo della la rete è utile a fini di polizia (prevenzione del crimine e in particolare del terrorismo), per la censura di alcuni tipi di informazioni (come materiali attinenti la pedofilia, la pornografia, l'incitazione all'odio etnico o razziale, la propaganda nazista, ecc.), per il controllo del dissenso politico e sociale che – se non monitorato – porterebbe a battaglie civili.
Anche le imprese, che richiedono facilitazioni per il commercio elettronico, sono propense a regolamentare la rete in modo utile ai fini di protezione di marchi e segni distintivi.
Infine, dato non trascurabile, la regolamentazione della rete è richiesta da chi è preoccupato per voci i diritti di protezione della privacy on-line.
Più in generale, quindi, si uniscono le voci di chi vuole il diritto di internet a garanzia di un ambiente nel quale esercitare in sicurezza le facoltà costituzionali civili, sociali e culturali.

---

[416] Estratto: "*Governments of the Industrial World, you weary giants of flesh and steel, I come from Cyberspace, the new home of Mind. On behalf of the future, I ask you of the past to leave us alone. You are not welcome among us. You have no sovereignty where we gather. We have no elected government, nor are we likely to have one, so I address you with no greater authority than that with which liberty itself always speaks. I declare the global social space we are building to be naturally independent of the tyrannies you seek to impose on us. You have no moral right to rule us nor do you possess any methods of enforcement we have true reason to fear. Governments derive their just powers from the consent of the governed. You have neither solicited nor received ours. We did not invite you. You do not know us, nor do you know our world. Cyberspace does not lie within your borders. Do not think that you can build it, as though it were a public construction project. You cannot. It is an act of nature and it grows itself through our collective actions. You have not engaged in our great and gathering conversation, nor did you create the wealth of our marketplaces. You do not know our culture, our ethics, or the unwritten codes that already provide our society more order than could be obtained by any of your impositions. You claim there are problems among us that you need to solve. You use this claim as an excuse to invade our precincts. Many of these problems don't exist. Where there are real conflicts, where there are wrongs, we will identify them and address them by our means. We are forming our own Social Contract. This governance will arise according to the conditions of our world, not yours. Our world is different.*"

Sartor, nel suo intervento, ha ripreso da più profili anche il pensiero del giurista e filosofo Lawrence Lessig,[417] del quale condivide le tesi e che – sul tema – ha un'idea precisa: è possibile regolamentare Internet tenendo conto di quattro fattori:

1. la necessità di *norme di comportamento,*
2. la conseguente imprescindibilità di sanzioni e coercizione,
3. la consapevolezza del fatto che il mercato influenzi il comportamento degli attori di Internet, assegnando prezzi ai beni e alle opportunità accessibili nel ciberspazio,
4. la necessità di un codice *(code)* per le regole dell'*hardware* e del *software* che operano nel cyberspazio.

Secondo l'idea di Lessig, i quattro fattori sopra indicati, e in particolare il *"codice"*, sono essenziali per plasmare il comportamento degli attori e degli utenti nel cyberspazio, e possono svolgere funzioni analoghe a quelle di vere e proprie norme giuridiche e sociali, talvolta sostituendosi a queste come loro equivalente funzionale.

Lessig riassume la sua tesi asserendo che, come lo spazio reale è caratterizzato dall'inevitabile primato delle leggi fisiche, così il cyberspazio è caratterizzato dal primato delle regole virtuali che, adeguate alle peculiarità del mezzo, contribuiscono all'evoluzione delle infrastrutture del web.

Sicuramente il diritto può intervenire nell'imporre nuove regole, ad esempio, circa l'uso di certi algoritmi per la sicurezza informatica: si pensi alla crittografia, alla firma digitale, ai protocolli per i pagamenti sicuri (SSL), alla protezione dei dati online.[418]

In tutti questi casi, le legge introduce obblighi che devono passare necessariamente da un "disegno politico sociale" e che difficilmente sarebbero imposte da un mero comportamento condiviso degli utenti del web che autonomamente impongono tali prescrizioni.

Ma, a parere di Lessig, questo non significa che, se il diritto rimane silenzioso, non vi siano altri strumenti che nel cyberspazio provvedano a regolare il tessuto delle relazioni interattive.

Infatti, nel cyberspazio la normatività esiste comunque in chiave diversa: essa coincide non più con un obbligo imposto dall'alto di adozione di un determinato comportamento ritenuto lecito ma con una volontaria scelta del singolo di adeguarsi alla regola che si ritiene criterio valido di comportamento: non più conflitti da "senso del dovere" ed interesse personale, tra collettività e individuo, ma possibilità di libera scelta individuale all'interno dell'infrastruttura informatica.

Le tesi di Barlow e Lessig sono state poi oggetto di altri interventi da parte della dottrina che, in vario modo, le ha criticate o esaltate.

Senza ulteriormente proseguire nell'approfondimento di esse, basti qui fare una breve riflessione conclusiva: pare infatti doveroso affermare che la prospettiva di

---

[417] L. LESSIG, *Code and Other Laws of Cyberspace,* New York, 1999.

418 Una disamina più esaustiva è fatta da G. GIUDICI, Giovanni Sartor, Il diritto digitale come prova generale di un diritto post-liberale, saggio consultabile all'indirizzo: http://gabriellagiudici.it/minority-report/

sostituire le regole giuridiche con norme virtuali richieda, soprattutto al giurista, un importante studio che sia in grado di rilevare se vi siano ragioni per ritenere che l'assenza di una normativa imposta dall'alto comporti il sacrificio di importanti valori.
Solo in caso di risposta positiva sulla possibile carenza di tutela in assenza di regole giuridiche dovrà portare alla rinuncia di un governo fatto solo di comportamenti imposti dal comune sentire virtuale.
Nel caso opposto, invece, l'interesse collettivo preminente sarà quello di far sì che Internet resti un luogo dove possano essere esercitate le libertà di comunicazione, informazione, associazione e iniziativa economica senza che il diritto, anziché assicurare l'equilibrio degli interessi contrapposti, aggravi gli squilibri senza alcun beneficio al progresso scientifico e tecnologico.[419]

Bibliografia

G. ANSALONE, *Minacce alla sicurezza: cyberspazio e nuove sfide,* saggio, in *Rivista italiana di intelligence,* vol. 3, anno 2012.
G. ANSALONE, *Cyberspazio e nuove sfide*, in Rivista Italiana di Intelligence, n. 3, 2012.
J. L. BORGES, *Finzioni*, Milano, 1974.
R. D'ORAZIO, *Profili di responsabilità contrattuale e aquiliana nella fornitura di servizi telematici,* in *Riv. Dir. Inf.,* 1990.
D. DE NATALE, *Responsabilità penale dell'internet service provider per omesso impedimento e per concorso nel reato di pedopornografia*, in G. GRASSO, L. PICOTTI, R. SICURELLA (a cura di), *L'evoluzione del diritto penale nei settori d'interesse europeo alla luce del Trattato di Lisbona*, Giuffrè, 2011.
S. DI STEFANO, *La tecnologia, la realtà virtuale e la donna*, in *Quaderni Collegio Ludovicianum,* Milano, 2003-2010.
B. DONATO, *La responsabilità dell'operatore di sistemi telematici*, in *Riv. Dir. Inf.,* 1996.
R. FLOR, *Tutela penale e autotutela tecnologica dei diritti d'autore nell'epoca di internet,* Milano, Giuffrè, 2010.
G. FORNASSARI, *Tutela penale e autotutela tecnologica dei diritti d'autore nell'epoca di internet*, Milano, Giuffrè, 2010.
C. GIACCARDI, *La globalizzazione non è un destino. Mutamenti strutturali ed esperienze soggettive nell'età contemporanea,* Laterza, Roma/Bari, 2001.
G. GIUDICI, *Giovanni Sartor, Il diritto digitale come prova generale di un diritto post-liberale*, saggio consultabile all'indirizzo: gabriellagiudici.it.
A. INGRASSIA, *Il ruolo dell'isp nel ciberspazio: cittadino, controllore o tutore dell'ordine? Risposte attuali e scenari futuribili di una responsabilità penale dei provider nell'ordinamento italiano,* saggio pubblicato nel volume internet provider e giustizia penale. Modelli di responsabilità e forme di collaborazione processuale, L. LUPÁRIA (a cura di), Milano, Giuffrè, 2012.
L. LESSING, *Code and Other Laws of Cyberpsace,* New York, 1999.

419 La riflessione riprende il pensiero di Platone, opera: Repubblica I, 13, 338 c.

M. MAGATTI, *La globalizzazione non è un destino. Mutamenti strutturali ed esperienze soggettive nell'età contemporanea*, Laterza, Roma/Bari, 2001.
A. MANNA, *Considerazioni sulla responsabilità penale dell'internet provider in tema di pedofilia,* in *Riv. Dir. Inf.*, 2001, pag. 145 e ss;
A. MANNA, *I soggetti in posizione di garanzia*, in *Riv. Dir. Inf.*, 2010.
R. MARAGLIANO, *Ringiovanire la scuola dentro la multimedialità*, Intervento al seminario Telecom sulla scuola in rete, Venezia, 1997.
T. MCFADDEN, *Note sulla struttura del Cyberspazio e sul modello balistico ad attori*, a cura di M. Benedikt, Cyberspace, tr. it., ed. Muzzio, Padova, 1993.
M. NOVAC, *Architetture liquide nel cyberspazio*, in M. BENECIKT, a cura di, *Cyberspace,* tr. it., ed. Muzzio, Padova, 1993.
J. JR NYE, *The Future of Power*, Public Affairs, New York, 2011.
C.E. PAGLIERO, *Il principio di effettività del diritto penale*, in Riv. it. dir. proc. pen., 1990.
D. PETRINI, *La responsabilità penale per i reati via internet*, Napoli, Jovene, 2004.
K. R. POPPER, *Conoscenza oggettiva. Un punto di vista evoluzionistico*, ed. Armando, Roma, 1975.
G. SARTOR, *Il diritto della rete globale*, Cyberspazio e Diritto, 2002.
U. SIEBER, *Responsabilità penali per la circolazione di dati nelle reti internazionali di computer*, in *Riv. trim. dir. pen. eco.,* 1997.
V. SPAGNOLETTI, *La responsabilità del provider per i contenuti illeciti in internet*, in Giur. mer., 2004.
E. SULLEROT, *Desiderio e tecnologia. Il problema dell'identità nell'era di Internet,* Feltrinelli, Milano, 1995.
S. TAGLIAGAMBE, *Epistemologia del cyberspazio*, ed. Demos, Roma, 1993.
S. TAGLIAGAMBE, *Epistemologia del confine*, ed. Il Saggiatore, Milano, 1997.
S. TURKLE, *La vita sullo schermo*, a cura di B. Parrella, Apogeo, Milano, 1997.
V. I. VERNADSKIJ, *Pensieri filosofici di un naturalista*, trad, it. a cura di S. Tagliagambe, Roma, 1994.
V. I. VERNADSKIJ, *La biosphère*, Librairie Félix Alcan, Paris, 1929.
Z. ZENCOVICH, *I rapporti fra responsabilità civile e responsabilità penale nelle comunicazioni su*
internet (riflessioni preliminari), in Riv. Dir. inf., 1999.
Z. ZENCOVICH, *Profili di responsabilità contrattuale e aquiliana nella fornitura di servizi telematici*, in *Riv. Dir. inf.,* 1990.
G. ZICCARDI, *Hacker: il richiamo della libertà*, ed. Marsilio, Milano, 2010.

Natura giuridica e aspetti critici del tempo nella rete

Avv. Giustino Valeriano Agostinone

Il tempo n(d)el diritto

Il termine "tempo" assume un'importanza notevole in merito a qualsiasi fatto che riguardi il comportamento umano; ovviamente il taglio del presente approfondimento, e più in generale l'approccio del giurista, sono del tutto avulsi dall'approfondimento del monumentale problema della definizione del "tempo" (assai più congeniale a speculazioni di tipo filosofico).

Sulla base di tale opportunità pare appropriato seguire l'ammonimento dell'Engish di "*non cadere nella profondità delle fauci della problematica del tempo*"[420].

In realtà in questa sede può essere conveniente rievocare, in via preliminare, alcuni concetti di ordine generale che potrebbero risultare utili per il successivo sviluppo del presente lavoro. In tale ottica, possiamo rilevare il tempo come una entità suscettibile di misura; definiamo, ancora, il tempo come una realtà continua[421], che scorre in modo ininterrotto. Esso scaturisce in senso lineare ed unidirezionale; ecco la *ratio* della sua ulteriore connotazione in termini di irreversibilità. Il tempo viene idealmente frazionato nelle tre categorie del passato, del presente e del futuro[422].

Questi confini strutturali, tuttavia, sono convenzionali e fanno parte della "storicità" del tempo, ossia "*alla sua relazione con la vita dell'uomo e con gli eventi, ma non coincidono con una segmentazione della realtà*"[423].

Se si vuole sostenere una pseudo unità di misura che possa misurare il tempo vale quella generale che si articola poi "*nelle varie unità in cui per generale accettazione viene calcolato il suo decorso*"[424].

Effettuando un'analisi propriamente giuridica, sono emerse diverse categorie, le più frequenti delle quali possono individuarsi in quelle di tempo oggettivo e tempo storico[425]. Rilevando *in primis* il tempo oggettivo (talora denominato anche tempo fisico o tempo naturale) questo costituisce un tempo vuoto in quanto "*fa astrazione da ciò che avviene in esso, e pertanto è anche un tempo astratto*"[426]; il tempo

---

420 K. ENGISH, *Die Zeit im Recht*, in *Vom Weltbild des Juristen, Heidelberg*, 1965, p. 67.

421 M. LEONE, *Il tempo nel diritto penale sostantivo e processuale*, Napoli, 1974, p. 19.

422 A proposito delle tre forme in cui viene esperito il tempo, l'Husserl parla di "struttura tridimensionale". Secondo l'Autore, però, "*non si tratta di una «successione», paragonabile alla «giustapposizione» delle cose nello spazio. Certamente anche il tempo può essere scomposto in tratti misurabili. Tale articolazione non ha però affatto il carattere di un ordinamento secondo dimensioni di tempo ... Passato, presente e futuro sono dimensioni dell'esperienza umana. Ogni*
cosa del mio mondo circostante mi è data in uno di questi tre modi dell'esperienza. Non è che in qualche maniera io, colui che fa una data esperienza, imporrei o attribuirei «dall'esterno» ed arbitrariamente alla cosa una determinata forma temporale. Affinché la cosa entri nel campo visuale della mia coscienza, essa deve essere esperita in questo modo temporale" (G. HUSSERL, *Diritto e tempo. Saggi di filosofia del diritto*, tr. it., Milano, 1998, p. 37).

423 M. LEONE, *Il tempo nel diritto penale sostantivo e processuale, cit.*, p. 19.

424 M. LEONE, *Il tempo nel diritto penale sostantivo e processuale, cit.*, p. 23.

425 M. LEONE, *Il tempo nel diritto penale sostantivo e processuale, cit.*, p. 14.

426 G. HUSSERL, *Diritto e tempo. Saggi di filosofia del diritto, cit.*, p. 25.

oggettivo viene "*misurato con metri che trascurano ciò che di volta in volta è nel tempo*"[427].
La dottrina richiamata in precedenza si è interrogata sull'esistenza di una cosa fra due poli del tempo oggettivo ossia se ci fosse una sussistenza "da – a"; e se essa, tuttavia, può insinuare i significati più disparati.
Il tempo storico, invece, è "*un tempo riempito da contenuti umani, da accadimenti storici. Esso si articola sulla base di ciò che di volta in volta è stato prodotto di bene e di male nelle comunità umane, in ambiti temporali che hanno il carattere di epoche storiche – Medioevo, epoca della Riforma, Illuminismo, XIX secolo –, e che non possono affatto essere misurati in anno, giorno e ora*"[428].
Alcuni giuristi hanno poi cercato di enucleare un concetto di tempo giuridico; ma gli esiti sono sinceramente infausti. Il tempo giuridico consterebbe "*come tempo storico ma anche relativamente vicino al tempo naturale*"[429]; esso esprimerebbe "*una funzione mediatrice tra norma e conseguenza giuridica per mezzo del suo indefettibile elemento costitutivo: il fatto tipico*"[430]. In realtà, poiché nel diritto positivo non esiste una disciplina omogenea del fattore temporale, risulta "*arduo, per non dire impossibile, dare una definizione unitaria del tempo in senso giuridico*"[431]. In realtà l'importanza del tempo nelle singole fattispecie risulta troppo differenziata: l'unica circostanza comune è data dal fatto che "*la realizzazione degli effetti previsti dalla legge è subordinata al decorso del tempo od al compimento dell'atto in un determinato momento storico*"; tale circostanza non sembra però idonea a realizzare una ricostruzione unitaria delle varie figure[432].

I rapporti tra tempo e rete

Il progresso tecnologico prima, la diffusione di Internet poi, pur se non velocissimi come si pensava qualche tempo fa, hanno tracciato una inarrestabile e coinvolgente partecipazione di gruppi di persone sempre più vasti e indifferenziati, fino a far considerare non lontano il momento in cui la "Rete delle reti" potrà essere ritenuta un mezzo di comunicazione di massa, come la televisione.
Con il passare del tempo Internet si è evoluta in forme sempre più lontane dalla sua struttura originaria di mezzo di scambio di informazioni destinate a gruppi specifici di utilizzatori.

---

[427] G. HUSSERL, *Diritto e tempo. Saggi di filosofia del diritto, cit.*, p. 25. Secondo l'Autore per impadronirsi concettualmente del tempo oggettivo, "*l'uomo deve mettere da parte e fuori validità ciò che egli esperisce volta per volta nell'ambito della sua esperienza naturale. Un intervallo di tempo oggettivo è lo stesso, sia che si tratti della durata di una migrazione, di una seduta di affari, di una prova teatrale o di una festa di compleanno. Il tempo oggettivo non scorre più velocemente o più lentamente a seconda che in questo decorso temporale sia coinvolto un bimbo, un uomo anziano, un paziente dal dentista, un oratore durante una riunione pubblica oppure un soldato sul campo di battaglia*".
[428] G. HUSSERL, *Diritto e tempo. Saggi di filosofia del diritto, cit.*, p. 25.
[429] K. ENGISH, *Die Zeit im Recht , cit.*, p. 108-109.
[430] G. CAPOZZI, *Temporalità e norma nella critica della ragione giuridica*, Napoli, 1968, p. 291.
[431] E. MOSCATI, voce *Tempo (Diritto civile)*, in *Noviss. dig. it.*, vol. XVIII, Torino, 1971, p. 1116.
[432] E. MOSCATI, voce *Tempo (Diritto civile), cit.*, p. 1116.

La società odierna, la cultura dei media e l'effetto del progresso tecnologico, hanno cambiato la concezione e la percezione del tempo. Il rapporto con il computer e Internet ha ulteriormente evidenziato il fenomeno.
Tant'è che si distingue adesso il tempo reale e il tempo virtuale, assecondando anche una fondante ricostruzione storica del concetto stesso.
Il tempo reale è la simultaneità, o meglio l'assenza di ritardo (anche se c'è sempre un minimo di ritardo fra il mio dito che batte un tasto e l'evento corrispondente che appare sullo schermo). Paradossalmente il tempo reale è il tempo che viviamo senza averne coscienza, come il pesce non ha coscienza dell'acqua in cui vive. Ce ne accorgiamo solo quando manca, quando si rompe la simultaneità e si genera un ritardo. In sostanza è una inconsapevolezza genetica che genera una consapevolezza funzionale.
Nell'era della c.d. "*new technology*" fondata su apparati dell'informazione e della comunicazione, il tempo reale può essere talmente veloce da non essere percepito talché può essere rappresentato solo con perifrasi (milioni di operazioni al secondo).
Il tempo virtuale è l'accelerazione o rallentamento di eventi rispetto alla loro durata normale. Un esempio è rappresentato dal cinema, che basa molta parte del suo linguaggio sul tempo: rallenti, accelerazioni, *flash back*, montaggio con tagli o dissolvenze. Il tempo virtuale è la coscienza del tempo che non può limitarsi ad un presente, quindi è anche memoria, previsione, concezione del passato e del futuro, comunicazione differita, ritardo (percezione del ritardo fra fulmine e tuono, o tra un desiderio e il suo soddisfacimento).
Se si dovesse rintracciare la prima criticità del rapporto tra il tempo e la rete, si dovrebbe per onestà intellettuale riconoscere a Kant una proiezione infinita ossia tempo e spazio sono le condizioni da cui non possiamo uscire. Tutto ciò che è concepibile agli occhi del cittadino del mondo è rintracciabile solo dentro le categorie dello spazio e del tempo. Ebbene concepire tempo e spazio come continuo spazio temporale alcuni considerano il grande flusso del "*panta rei*" di Eraclito o come porzioni definite di spazio (figure) e di tempo (eventi).
Ad esempio si considerano come "figure" solo le porzioni definite che interessano, tutto il resto diventa "sfondo" e si protende a non percepirlo più (rumore di fondo) o a percepirlo solo come ambiente, come contesto.
Qualsiasi evento temporale può essere visto nella sua continuità o può essere sezionato in *frame* sempre più piccoli, come i fotogrammi di un film o i movimenti congelati da un flash o da una luce stroboscopica.
Un *frame* temporale è quello che nel linguaggio comune viene definito "istante", è l'impronta che si ottiene con lo scatto di una fotografia "istantanea".
Il tempo può essere oggettivo e soggettivo e cambia il suo parametro di misura. Se è qualcosa di oggettivo, esiste al di fuori di noi, è tecnico e misurabile. La tecnica lo misura con strumenti diversi in base all'ordine di grandezza della durata da misurare. I radioisotopi misurano i millenni geologici, il calendario misura un anno, l'orologio misura un giorno, il cronometro misura un minuto[433].
In realtà sussiste anche un tempo soggettivo, ossia quello percepito di volta in volta da ognuno di noi. Ad esempio quando si deve consegnare un lavoro il tempo passa

---

[433] U. SANTUCCI, *Tempo reale e tempo virtuale*, in *www.apogeonline.com*.

sempre troppo in fretta. Quando si aspetta una persona che è in ritardo o non si riesce a prendere sonno, il tempo non passa mai.
A tal riguardo si può sostenere che la soggettività personale si amplia ad una soggettività culturale del tempo. In Occidente si considera il tempo un valore economico (il tempo è denaro). In Oriente il tempo resta sospeso, si svuota (il tempo è "maia", illusione).
La storia cambia la concezione del tempo. In tempi non certo recenti spazio e tempo erano più limitati, oggi abbiamo una concezione del tempo che va dall'anno luce al nanosecondo.
Il tempo viene considerato come durata fra l'inizio e la fine di un evento.
In informatica si definisce come *time sharing* che si basa sulla durata dell'accesso o della condivisione di risorse. La durata ha a che fare con il tempo di *download*, di *rendering*, di elaborazione, di trasferimento di dati.
Il tempo come memoria, come concezione di ciò che è passato, va dal culto dei morti alle memorie informatiche. La sequenza degli eventi nel *software* si basa sul *time code*. Per esempio in un programma come *Macromedia Director* la base di tutto è il *time code*, su cui si dispongono gli eventi in successione. Il pulsante "Cronologia" del *browser* ci dà l'elenco cronologico dei siti che abbiamo visitato nelle ultime settimane.
Il tempo come previsione è la cultura del progetto, del vedere avanti, dagli antichi *augures* fino ai nostri futurologi o ai *project manager* o agli sviluppatori di *software*. Il tempo come attesa va dall'attesa per un appuntamento all'attesa di fronte al computer. C'è un'attesa oggettiva e misurabile e un'attesa soggettiva. Oppure il *benchmarking* di confronto fra le prestazioni di diverse CPU, con i relativi tempi. Internet è il regno delle attese. Dal *download* di una pagina leggera a quello di un video o di un *software* da 15 Mb, non facciamo altro che passare da miniattese ad attese più consistenti.
La nostra società va sempre più in fretta e richiede sempre maggiore velocità.
L'urgenza è un altro grande problema di oggi. Si è tentato di rimediare con metodi e strumenti di *time managing*, dall'agenda *Filofax* ai *palmtop*. Tuttavia la maggior parte delle persone si fa travolgere dalle urgenze e stenta a passare dalla cultura dell'emergenza alla cultura del progetto. Il tempo diventa allora un mostro minaccioso e implacabile. Il computer ha aggravato questa situazione, perché tutti pensano che con il computer "si fa presto", invece il computer ha i suoi tempi spesso irriducibili. Basti pensare alla durata di certe operazioni *batch*, come il *rendering* di grafica e animazione tridimensionale.
A ben vedere il tempo come figura è la personale percezione della parte di tempo che interessa. Il tempo come sfondo è la personale percezione del resto del tempo di fronte al quale si mette in evidenza la parte del tempo che interessa. Le due percezioni possono essere molto diverse. Per esempio si percepisce con molta evidenza un tempo di elaborazione per *download*, stampa, copia di file (tempo "figura"), e non ci si accorge che è arrivata l'ora di colazione (tempo di sfondo).
La percezione del tempo di fronte al computer è tutta particolare. Spesso si ha nello stesso momento una doppia percezione del tempo: una lunga attesa di 4 secondi (!) e dopo un attimo accorgersi che sono passate 4 ore (!!).
Altro problema è il ritardo nel *feedback*. Spesso quando navighiamo nel *web* clicchiamo su qualche elemento ma per un po' non succede niente.

In una pagina *web*, e in qualsiasi interfaccia grafica, è essenziale che ci sia un feedback visivo immediato: un effetto di *rollover* o di *mouse clic*, la freccia del puntatore che cambia nella manina, il risultato della propria scelta.
A tutti è capitato di provare un sottile senso di angoscia di fronte alla freccia del *mouse* che diventa la clessidra, stiamo lì ad aspettare e non succede niente. Anche se questo tempo di attesa in sé è abbastanza breve (30-40 secondi), di fronte al *monitor* - mentre siamo collegati - ci sembra lunghissimo.
Anche nei programmi grafici come quelli di fotoritocco il ritardo nel *feedback* fra il gesto e l'effetto sul *monitor* non fa sentire la pennellata, specialmente quando si lavora con la tavoletta grafica.
Nella realtà virtuale il ritardo si avverte fra il movimento del capo e della mano e i relativi effetti nella rappresentazione grafica del mondo virtuale. Nella teleconferenza con *webcam* c'è il ritardo dovuto allo *streaming* del video, e cioè al trasferimento dei blocchi di video durante il collegamento.
Infine il tempo può essere rappresentato sul *monitor* in modo grafico con il *time code* e con eventi temporali che appaiono come rettangoli più o meno lunghi. Questa è la rappresentazione usata in programmi come quelli per montaggio audio e video, o per animazione 2D e 3D. L'interfaccia di questi programmi mostra un time code per esempio in SMPTE (ore: minuti: secondi: decimi) e una griglia su cui si posizionano gli elementi da montare: suoni, immagini, voci, animazioni, clip video.
Gli elementi disposti l'uno sull'altro saranno eseguiti contemporaneamente, quelli messi l'uno dietro l'altro saranno eseguiti in sequenza. In tal modo il tempo viene rappresentato graficamente. La scala della rappresentazione grafica è variabile, e mi permette di vedere tutta insieme sul monitor una sequenza di dieci minuti o di due secondi. Questa è una ulteriore percezione del tempo, del tutto astratta e virtuale, perché con lo *zoom* può essere allargata e stretta la porzione di tempo su cui si vuole intervenire.
Ecco dunque come il tempo, nella sua oggettività o nella percezione soggettiva dell'utente, nel suo essere reale o virtuale, costituisce croce e delizia nell'interazione fra uomo e computer.

Il documento informatico ed il fattore tempo

In merito ai documenti informatici ed alle sottoscrizioni elettroniche, il fattore temporale e della datazione acquista rilevanza sotto due profili concettualmente distinti ma tecnicamente e giuridicamente connessi.
In primis, rileva la data del documento considerata come ordine temporale del momento formativo del documento stesso, con un'efficacia eventualmente opponibile ai terzi (la c.d. "data certa"). In caso di documenti provenienti da un pubblico ufficiale, rappresenterà "data certa", opponibile *erga omnes*, l'attestazione operata dal pubblico ufficiale stesso e contenuta nel documento, non contrastabile se non con la querela di falso.
In secondo luogo, la datazione del documento informatico, ed in particolare della sottoscrizione informatica, individua quale strumento tecnico, complementare e funzionale al perfezionamento di un'efficacia probatoria stabile e duratura del documento informatico stesso, risolvendo i limiti connaturati alla "scadenza" delle firme elettroniche, secondo quanto si chiarirà appresso.

Evidentemente, la datazione finalizzata alla nuova esigenza della stabilità probatoria del documento informatico non potrà non ripercuotersi sulla datazione intesa nel senso tradizionale, quale data efficace tra le parti oppure opponibile ai terzi ed eventualmente attestata da un pubblico ufficiale.

La data certa

L'intercambiabilità degli effetti giuridici degli attuali documenti cartacei con i nuovi documenti informatici ipotizza che questi ultimi diano garanzie di sicurezza per lo meno equivalenti, se non anche superiori, ai primi. A tal riguardo assume rilevanza tra i profili probatori del documento l'assegnazione della cosiddetta "data certa" e cioè la prova con validità *erga omnes* della formazione del documento in un certo arco temporale o, comunque, della sua esistenza anteriormente ad un dato evento (art. 2704 codice civile). Un documento informatico del quale non fosse riconoscibile il tempo della sua formazione avrebbe ben poca rilevanza dal punto di vista giuridico e non potrebbe servire a quelle soluzioni di conflitti che si ispirano al noto brocardo *prior in tempore potior in jure*.

In mancanza di un sistema sicuro e pratico per assegnare la data certa, il documento informatico non sarebbe efficacemente utilizzabile per la stragrande maggioranza delle applicazioni aventi rilevanza giuridica[434].

Nel classico sistema di documentazione cartacea, l'attribuzione della data certa (efficace nei confronti dei terzi e non solo tra le parti) dipende principalmente dal riscontro di un'attestazione fatta da un soggetto terzo ed imparziale depositario di pubbliche funzioni (ad es. notaio, ufficiale giudiziario, ufficio del registro, ecc.). Questa attestazione può essere esplicata al momento della formazione del documento stesso (ad es. nell'atto pubblico notarile), oppure dipendere dalla conservazione (in un momento successivo alla sua formazione) di un documento in un pubblico registro (ad es. per la storica funzione degli uffici del registro - ora delle entrate). In assenza di tale attestazione di carattere pubblicistico (autenticazione del pubblico ufficiale o registrazione), una "data certa" efficace nei confronti dei terzi è controllabile in presenza di "un altro fatto che preveda in modo egualmente certo l'anteriorità della formazione del documento", tra cui, l'art. 2704 c.c. individua, non in modo esclusivo, il "giorno della morte o della sopravvenuta impossibilità fisica di colui o di uno di coloro che l'hanno sottoscritta o dal giorno in cui il contenuto della scrittura è riprodotto in atti pubblici".

L'art. 2704 c.c. individua una serie di ipotesi specifiche, ed una clausola generale che diano "certa" (i.e. opponibile) la datazione nei confronti dei terzi. Inoltre la semplice dichiarazione in ordine alla data contenuta in una scrittura privata non assume titolo di prova nei confronti dei terzi, ma solo tra le parti, nei limiti e con gli effetti delle altre dichiarazioni del documento.

Per il documento informatico, sottoscritto con firma elettronica, si tiene conto della criticità se la data certa possa essere desunta secondo i metodi previsti dall'art. 2704, comma 1, c.c.

---

[434] Es. riguarda le trasmissioni telematiche di atti e documenti nei rapporti con i pubblici uffici, quando si tratta di rispettare termini e scadenze o, comunque, delle priorità temporali.

In realtà quest'ultimo non pare attuabile direttamente alla documentazione informatica in quanto non sussiste un rinvio espresso a tale norma da parte delle disposizioni sul documento informatico, inoltre, il documento informatico con firma elettronica non è una scrittura privata, anche se ne possiede un'efficacia probatoria simile o addirittura superiore (art. 10, d.p.r. n. 445/2000, come modificato dal d.lgs. n. 10/2002).
Ciò nondimeno, un'applicazione analogica dell'art. 2704, comma 1, c.c. alla documentazione informatica pare possibile, in ragione della identità di *ratio* e similitudine di fattispecie.
Ecco perchè la data certa di un documento informatico potrebbe essere acquisita mediante le seguenti presunzioni poste dall'art. 2704, comma 1, c.c.: a) autenticazione della firma digitale (*ex* art. 24, d.p.r. n. 445/2000); b) registrazione fiscale (art. 18, d.p.r. n. 131/1986); c) giorno in cui il contenuto del documento informatico (con firma elettronica) è riprodotto in atti pubblici; d) altro fatto che stabilisca in modo egualmente certo l'anteriorità della formazione del documento[435].
Nel caso di autenticazione, la data certa è opponibile fino a quando è valida la firma digitale del pubblico ufficiale autenticante, la quale può di conseguenza essere garantita da una validazione temporale, secondo il sistema che verrà appresso esaminato, o dagli stessi sistemi previsti dall'art. 2704 c.c.
Viceversa, nei casi di riproduzione del documento informatico in atto pubblico (cartaceo), la data certa è opponibile senza limiti temporali.
Appare difficilmente attuabile l'ipotesi "*della morte o della sopravvenuta impossibilità fisica di colui o di uno di coloro che l'hanno sottoscritta*", prevista sempre dall'art. 2704 c.c.
Difatti, dato che l'apposizione della firma elettronica è riconducibile all'utilizzo di un mezzo tecnico, non è escluso che esso venga utilizzato anche dopo la morte del suo titolare da parte di persona diversa.
Quando l'apposizione di una firma elettronica è accompagnata da una timbratura marca ai sensi del d.p.r. n. 445/2000, si diminuiscono, ma non si escludono del tutto, i margini operativi per l'applicazione analogica dell'art. 2704, comma 1, c.c., in quanto la data certa risulterebbe già dalla stessa marca temporale apposta alla firma[436].

Il tempo e i documenti informatici

L'impianto italiano dell'infrastruttura a chiave pubblica, si è posto l'ambizioso obiettivo di disciplinare il documento informatico quale mezzo che potesse sostituire il documento cartaceo nei rapporti con la pubblica amministrazione e tra i privati, non potendo ovviamente trascurare l'aspetto della assegnazione di "data

---

[435] R. ZAGAMI, *Il fattore tempo: la marcatura temporale. Firme Elettroniche*, in *Questioni ed esperienze di diritto privato*, Milano, 2003. Secondo l'autore la stessa procedura di validazione temporale prevista dal d.p.r. n. 445/2000 potrebbe già, di per sé, rientrare in questa clausola generale.
[436] In realtà non è escluso che la marca temporale sia apposta successivamente all'apposizione della firma (purché durante il periodo di validità della relativa chiave), e si voglia far valere una data certa *ex* art. 2704 c.c. anteriore alla detta marca temporale (ad es. riproduzione in un atto pubblico o registrazione fiscale).

certa" e, quindi, basandosi sulla tecnologia oggi disponibile e sui documenti internazionali in materia, ha dato agli operatori un sistema sicuro, rapido, efficace ed economico per conseguire anche questo importante risultato.
Ecco che si inizia a parlare di marca temporale (*digital time stamp*) che certifica l'esistenza di un documento informatico (o meglio di un file informatico) ad una determinata data ed ora ("validazione temporale").
L'apposizione di una marca temporale realizza l'effetto giuridico di attribuire "*ad uno o più documenti informatici una data ed un orario opponibili ai terzi*" (art. 22, comma 1, lettera g, d.p.r. n. 445/2000) e, dunque, non solo efficaci tra le parti. La veridicità ed esattezza di una marca temporale, come per i certificati delle chiavi pubbliche, dovrebbe supporsi fino a prova contraria, senza però il bisogno di attivare la querela di falso perché non rappresenterebbe fede privilegiata[437].
A ben vedere sarebbe oggetto di validazione temporale qualunque file informatico e, pertanto, non solo testi, ma anche immagini, suoni, filmati, *software*, ecc., con il solo limite delle informazioni digitalizzabili[438].
Dal punto di vista tecnico, una marca temporale (similmente ad una firma digitale) a sua volta consta in un piccolo file informatico[439] (un pacchetto di informazione digitale), contraddistinto da un titolo identificativo, che può essere preservato unitamente al documento cui si riferisce (ad es. nella stessa cartella informatica) o anche in modo separato, dato che comunque è ad esso connesso univocamente[440].

---

[437] I certificati delle chiavi pubbliche, come i certificati amministrativi, sono delle dichiarazioni di scienza, ma non provengono da pubbliche autorità. Sulla certificazione amministrativa vedi A. Stoppani, *Certificazione*, in *Enc. dir.*, vol. VI, Milano, 1969, p. 793 ss.
[438] Nelle regole tecniche (art. 52, comma 1, d.p.c.m. 8 febbraio 1999) si legge che oggetto della validazione temporale è una "evidenza informatica", intesa nel senso precisato dall'art. 1, lettera e), e non solo un documento informatico. L'ottenimento di una validazione temporale potrebbe costituire un'efficace prova nell'eventualità di controversie sulla spettanza di diritti d'autore e brevetti o, comunque, in ogni altro caso in cui è necessario dimostrare l'anteriorità temporale di un certo dato informatico. La marca temporale può essere generata, sul file risultante dall'applicazione di una firma elettronica (documento + firma), precostituendo in tal modo la prova dell'esistenza di una firma elettronica anteriormente ad un certo momento temporale, agli effetti del mantenimento della sua efficacia probatoria secondo il meccanismo di cui appresso.
[439] Concretamente la marca temporale consiste in un piccolo file informatico, identificato nel nome da apposita estensione, da conservare alla stregua di qualunque altra informazione digitale. Poiché la marca temporale è generata sulla base dell'impronta del documento, ne deriva che il relativo file sarà sempre della stessa lunghezza, indipendentemente dalla lunghezza del documento oggetto di validazione temporale.
[440] Una marca temporale deve contenere almeno le seguenti informazioni (art. 53, d.p.c.m. 8 febbraio 1999): a) identificativo dell'emittente; b) numero di serie della marca temporale; c) algoritmo di sottoscrizione della marca temporale; d) identificativo del certificato relativo alla chiave di verifica della marca; e) data ed ora di generazione della marca (con riferimento al Tempo Universale Coordinato UTC); f) identificatore dell'algoritmo di *hash* utilizzato per generare l'impronta dell'evidenza informatica sottoposta a validazione temporale; g) valore dell'impronta dell'evidenza informatica. Tale struttura deve essere sottoscritta digitalmente da apposito sistema elettronico sicuro (art. 53, d.p.c.m. 8 febbraio 1999). Non è invece, contenuta alcuna informazione circa il soggetto richiedente la validazione temporale, perché irrilevante. L'identificazione del richiedente potrebbe rilevare solo al momento della richiesta della

Fattori essenziali del contenuto di una marca temporale sono l'impronta identificativa del file cui si riferisce, la data ed ora, il tutto sottoscritto con la firma digitale del certificatore.
Questo perché trattasi di un'attestazione, ancorché automatica, ma sempre un'attestazione, come per la certificazione delle chiavi, è necessario naturalmente l'intervento ancora una volta imprescindibile di una terza parte fidata ed imparziale che operi tale attestazione.
Il servizio è effettuato, normalmente dallo stesso soggetto che attesta le chiavi pubbliche[441] e, quindi, nel sistema italiano, un soggetto privato, non necessariamente interessato di pubbliche funzioni[442].
In sostanza, l'operazione per apporre una marca temporale ed ottenere così la validazione temporale di un documento informatico è molto semplice e si effettua normalmente in via telematica mediante una connessione tra l'elaboratore dell'utente e quello del certificatore[443]. Difatti *«attraverso apposito programma,*

---

marcatura, in relazione a profili di tariffazione del servizio. La marca temporale può, inoltre, contenere un identificatore dell'oggetto a cui appartiene l'impronta sottoposta a validazione temporale, per poterlo più facilmente individuare (ad es. il titolo del file).

[441] Si pone un problema di coordinamento tra la liberalizzazione dell'attività di certificazione disposta dal d.lgs. n. 10/2002, in attuazione della direttiva comunitaria del 13 dicembre 1999, n. 1999/93/CE, ed i requisiti che devono rivestire i soggetti che rilasciano marche temporali con effetti di opponibilità della data *erga omnes*.
Non è, infatti, stabilito alcun collegamento tra i diversi livelli di certificatori (semplici, qualificati ed accreditati) ed il valore delle marche temporali da questi emesse. Non si distinguono, infatti marche temporali qualificate da marche non qualificate. Anzi, la direttiva comunitaria trascura totalmente il profilo della validazione temporale dei documenti: la validazione temporale rientrerebbe tra gli "altri servizi connessi alle firme elettroniche" che il certificatore può offrire (art. 2, n. 11 direttiva CE; nuovo art. 1, lettera n), d.p.r. n. 445/2000, come modificato dal d.p.r. n. 137/2003). Pertanto, sembra che il servizio di marcatura temporale potrebbe essere svolto da chiunque (certificatore qualificato o meno).
Tuttavia, per il raggiungimento degli effetti probatori di opponibilità ai terzi, come previsto dal d.p.r. n. 445/2000, sembra difficile ammettere marche temporali provenienti da certificatori non qualificati o non accreditati, che operano secondo le regole tecniche di cui al d.p.c.m. 8 febbraio 1999. Peraltro, essendo le marche temporali basate su certificati e su firme elettroniche, valgono per esse le stesse regole della direttiva CE applicabili alle firme ed ai certificati in generale.

[442] Nel sistema tradizionale codicistico, l'attestazione di data certa poteva provenire esclusivamente da un soggetto pubblico. Il fatto che un soggetto privato, quale un certificatore, possa operare un'attestazione opponibile *erga omnes* suscita qualche perplessità. D'altra parte non sono regolate eventuali ipotesi di conflitto di interessi in cui potrebbe trovarsi il soggetto che genera le marche temporali.

[443] Le procedure per l'inoltro della richiesta di validazione temporale sono stabilite dal certificatore nel manuale operativo (art. 58, comma 1, d.p.c.m. 8 febbraio 1999). Ad es., secondo il manuale operativo del servizio di certificazione del Consiglio Nazionale del Notariato (CNN), la richiesta di validazione temporale è inviata telematicamente al CNN, via World Wide Web utilizzando il protocollo http o mediante *software client* distribuito dal CNN che supporta tale protocollo o mediante posta elettronica o altro metodo coerente con i dettami dello *standard* (punto 12.2); la marca temporale generata è trasmessa telematicamente al richiedente con comunicazione dell'avvenuta ricezione; l'eventuale esito negativo della

selezionato il documento su cui apporre la marcatura temporale, si genera apposita richiesta di validazione temporale[444]*, la quale viene trasmesso al servizio di marcatura temporale che in automatico (senza diretto intervento umano) appone la marca temporale (data ed ora)*[445]*, la sottoscrive con firma digitale*[446] *e restituisce il relativo file all'utente*[447]»[448].

In realtà non viene normalmente trasmesso telematicamente il documento nella sua interezza, ma soltanto un suo estratto digitale (impronta) di dimensione fissa, che lo riproduce in modo sintetico ed univoco, generato mediante apposite funzioni matematiche (funzioni di *hash*)[449]. In tal modo si accelerano le operazioni e si conserva la riservatezza del documento, dato che il servizio di marcatura temporale dalla conoscenza dell'impronta non può risalire al contenuto del documento sottoposto. Il tutto si effettua in pochi secondi ed in modo trasparente per l'utente[450].

---

richiesta è parimenti comunicato al richiedente con l'indicazione della motivazione (Manuale operativo, versione 1.0.1, punto 12.3).

[444] Non è richiesto l'impiego di un sistema di comunicazione sicuro (in particolare quello previsto dall'art. 25, d.p.c.m. 8 febbraio 1999), dato che chiunque potrebbe richiedere una marca temporale, anche se non registrato presso il certificatore. D'altra parte, nella marca temporale non è richiesta l'indicazione del richiedente (art. 53, d.p.c.m. 8 febbraio 1999). L'autenticità della marca temporale trasmessa (in un sistema di comunicazione insicuro) è verificabile con la chiave pubblica di marcatura temporale (art. 4, comma 4, lettera c, d.p.c.m. 8 febbraio 1999).

[445] Sono richiesti stringenti requisiti di sicurezza e precisione cronometrica dei sistemi di validazione temporale (artt. 55 e 56, d.p.c.m. 8 febbraio 1999).

[446] La generazione (e la verifica) della marca temporale avviene applicando una specifica chiave di marcatura temporale, oggetto di specifica certificazione, e diversa dalle chiavi utilizzate per la certificazione delle chiavi di sottoscrizione (art. 4, comma 4, lett. c e art. 54, comma 3, d.p.c.m. 8 febbraio 1999), i cui requisiti e ciclo di vita sono oggetto di specifica disciplina (art. 6, comma 1, art. 54, comma 1 e art. 11, comma 5, d.p.c.m. 8 febbraio 1999).
Al fine di limitare il numero di marche temporali generate con la medesima coppia [e, quindi, ridurre i potenziali danni in caso di loro compromissione], le chiavi di marcatura temporale debbono essere sostituite dopo non più di un mese di utilizzazione, indipendentemente dalla durata del loro periodo di validità e senza revocare il corrispondente certificato (art. 54, comma 2, d.p.c.m. 8 febbraio 1999).

[447] Tutte le marche temporali emesse da un sistema di validazione debbono essere conservate in un apposito archivio digitale fino alla scadenza della chiave pubblica della coppia utilizzata per la loro generazione (art. 57, d.p.c.m. 8 febbraio 1999). A seguito di tale scadenza, la marca temporale non sarà più verificabile. Peraltro, la perdita di validità di una marca temporale può essere compensata da altre marche apposte sullo stesso documento (art. 58, comma 4, d.p.c.m. 8 febbraio 1999).
Si può così risalire a marche temporali non più custodite dagli interessati. L'identificatore dell'oggetto cui appartiene l'impronta (e, quindi, la marca) agevola il collegamento di marca temporale e documento (art. 53, comma 2, d.p.c.m. 8 febbraio 1999).

[448] R. ZAGAMI, *op. cit.*, in *Questioni ed esperienze di diritto privato*, Milano, 2003.

[449] Allo stesso modo, anche la firma digitale non è generata sul documento nella sua interezza, bensì sulla sua impronta generata dalla funzione di *hash*.

[450] Secondo le regole tecniche emanate con d.p.c.m. 8 febbraio 1999, la generazione delle marche temporali deve garantire un tempo di risposta, misurato come differenza tra il momento della ricezione della richiesta e l'ora riportata nella marca temporale, non superiore al minuto primo (art. 58).

A tal riguardo la susseguente analisi della data di un documento informatico oggetto di validazione temporale può essere realizzata velocemente e facilmente da chiunque possiede il documento e della relativa marca temporale.
In sostanza sarà necessario avere sempre un elaboratore elettronico con un apposito programma di verifica che, analogamente alla verifica di una firma digitale, in modo del tutto automatico e trasparente per l'utente, svolge le necessarie operazioni e ridà all'utente l'informazione della data e dell'ora di apposizione della marca temporale[451].
Nello stesso modo che per la verifica delle firme digitali, anche per la verifica della marca temporale è necessario che il processo si svolge con l'interrogazione telematica dei registri dei certificatori al fine di mostrare eventuali revoche o sospensioni che possano invalidare la costante validità della validazione temporale.
Difatti, dal punto di vista tecnico la marcatura temporale non è altro che un'attestazione di data ed ora effettuata in automatico da un elaboratore e firmata digitalmente dal certificatore che ne accetta la responsabilità con una specifica chiave di marcatura temporale appositamente certificata.
Di conseguenza, la verifica si svolge come la verifica di una qualsiasi firma digitale, mediante l'analisi del relativo certificato ed è soggetta agli stessi limiti e rischi (scadenza, revoca o sospensione del certificato).

Il tempo e le firme elettroniche

Una questione importante concerne la datazione del documento informatico, con riferimento specifico alla sottoscrizione informatica, che costituisce un fattore fondamentale per la conservazione della sua efficacia probatoria, in ragione dei limiti connaturati al sistema delle firme elettroniche. Tale problematicità si pone in modo indipendente rispetto alla specifica esigenza di collocazione temporale del documento che, in molti casi, potrebbe anche non esistere, oppure, comunque, dipendere da una attestazione del pubblico ufficiale autore del documento[452].
Mentre una sottoscrizione su carta, con il trascorrere del tempo, preserva in via di principio lo stesso valore probatorio[453], diversamente una firma digitale, invece, è fin dall'inizio indirizzata a perdere sicurezza ed efficacia probatoria in breve tempo a seguito della sua necessaria scadenza (predeterminata) o per eventuale revoca o sospensione (anteriori alla scadenza).
Il termine di scadenza di una chiave di firma, infatti, non può essere superiore a tre anni (art. 22, comma 1, lettera f, d.p.r. n. 445/2000), in quanto si suppone che nell'arco di tempo considerato, l'inarrestabile progresso nella potenza di calcolo degli elaboratori ed il maggior tempo a disposizione per i truffatori, consentirebbe

---

[451] In quanto la marca temporale è generata sulla base dell'impronta del documento, ne consegue che per la verifica occorre disporre di entrambi i file (marca temporale e documento nella sua interezza) per operare il relativo confronto, che presuppone la decifratura della marca temporale (i.e. della firma digitale del certificatore) e la generazione dell'impronta del documento.
[452] Sul punto ancora R. ZAGAMI, *op. cit.*, in *Questioni ed esperienze di diritto privato*, Milano, 2003.
[453] Anzi, con il trascorrere del tempo, dopo la morte del suo autore, una sottoscrizione viene assistita anche dalla "data certa" (art. 2704 c.c.).

attacchi e frodi sui codici delle firme già apposte, potendosi perpetrare falsi non riconoscibili. In realtà, anche prima della scadenza, la chiave di firma può essere compromessa (ad es. smarrita o sottratta) e, quindi, revocata o sospesa.
Questo perché, in tutti questi casi, l'effetto della cessazione di validità della chiave (e del relativo certificato) si rivolge direttamente sulle firme digitali apposte successivamente, per cui è espressamente stabilito che "*l'apposizione ad un documento informatico di una firma elettronica basata su un certificato elettronico revocato, scaduto o sospeso equivale a mancata sottoscrizione*" (nuovo art. 23, comma 3, d.p.r. n. 445/2000, come modificato dal d.p.r. n. 137/2003)[454].
Difatti la perdita di validità della chiave e del certificato non comporta però solo le firme apposte successivamente ma travolge anche le firme apposte anteriormente, con un meccanismo e delle conseguenze che sono avulse al tradizionale modo di intuire la documentazione cartacea e possono sembrare sconcertanti a chi non abbia ben chiaro l'attuale meccanismo tecnico della sottoscrizione elettronica fondata sulla cifratura asimmetrica dei dati ed i suoi connaturati limiti[455].
Una firma elettronica, infatti, di per sé non racchiude alcuna connotazione di carattere temporale opponibile[456] e, pertanto, una firma apposta dopo la scadenza (o revoca o sospensione) della chiave non sarebbe tecnicamente identificabile e distinguibile da una firma apposta validamente in un momento anteriore. Pertanto, a seguito della cessazione di validità del certificato, per tutte le relative firme, indistintamente, scatta l'applicazione della disposizione prima citata dell'art. 23, comma 3, d.p.r. n. 445/2000. Inoltre, il nuovo art. 29 *quater* del d.p.r. n. 445/2000 (come introdotto dal recente d.p.r. n. 137/2003), prevede che "*La firma elettronica, basata su un certificato qualificato scaduto, revocato o sospeso non costituisce valida sottoscrizione*", senza discernere tra firme apposte prima o dopo la perdita di validità del relativo certificato.
Per rendere piena l'efficacia giuridica delle firme digitali apposte anteriormente alla cessazione di validità del relativo certificato, e di conseguenza mantenere l'efficacia probatoria del relativo documento, occorre che la firma in considerazione sia stata

---

[454] Il comma 2 dello stesso art. 23 del d.p.r. n. 445/2000 (sempre come modificato dal d.p.r. n. 137/2003), con riferimento alle firme apposte successivamente alla perdita di validità del certificato, precisa ulteriormente che "*Per la generazione della firma digitale deve adoperarsi una chiave privata la cui corrispondente chiave pubblica sia stata oggetto dell'emissione di un certificato qualificato che, al momento della sottoscrizione, non risulti scaduto di validità ovvero non risulti revocato o sospeso*".
[455] Sul problema della scadenza della firma vedi U. BECHINI, *Contiene atto notarile: per la data di scadenza vedere sul tappo*, in *Federnotizie*, maggio 2001.
[456] Non può ritenersi di nessuna attendibilità l'individuazione della data riportata nelle proprietà del file di sistema del documento, in quanto collegata ad un orologio interno del computer, regolabile a piacimento dall'utente, in modo del tutto analogo alla data riportata in un messaggio telefax. In realtà, nemmeno sono attendibili ed utilizzabili ai fini dell'opponibilità, le individuazioni temporali riportate in appositi campi eventualmente inseriti nella struttura di dati della firma digitale. Tali indicazioni strutturate, prescindendo dalla loro efficacia probatoria, potrebbero, peraltro, risultare utili ai fini del trattamento automatizzato dei documenti con riferimento al momento di apposizione della firma, in quanto la marca temporale è un file diverso ed ulteriore rispetto al relativo documento.

oggetto di validazione temporale, in un momento anteriore rispetto alla scadenza o revoca (o al di fuori del periodo di sospensione) del relativo certificato. In altri termini, occorre che la firma sia stata oggetto di una marcatura temporale apposta durante il periodo di validità (*operational period*) del relativo certificato.
In applicazione di tali principi, è stabilito espressamente dalle regole tecniche che "*la validità di un documento informatico, i cui effetti si protraggano nel tempo oltre il limite della validità della chiave di sottoscrizione, può essere estesa mediante l'associazione di una o più marche temporali*" (art. 60, comma 1, d.p.c.m. 8 febbraio 1999); con riferimento alla revoca o sospensione, "*la presenza di una marca temporale valida associata ad un documento informatico ... garantisce la validità del documento anche in caso di compromissione della chiave di sottoscrizione, purché la marca temporale sia stata generata antecedentemente a tale evento*" (art. 60, comma 3, d.p.c.m. 8 febbraio 1999). Si deduce a contrario che, in mancanza di una marca temporale, la validità del documento non è garantita, né a seguito di scadenza, né di revoca o sospensione della chiave. Non potrebbe essere escluso il rischio che il documento sia stato falsificato o sottoscritto abusivamente (da chi ha decifrato chiavi non più sicure o si è impossessato di chiavi altrui); né, possono essere esclusi comportamenti fraudolenti di revoca della chiave (da parte dello stesso titolare), finalizzati al ripudio di precedenti firme digitali.
La validazione temporale dei documenti informatici costituisce, pertanto, uno mezzo essenziale per la conservazione e gestione degli archivi di documenti informatici sottoscritti con firma elettronica. Per il mantenimento dell'efficacia probatoria propria dei documenti informatici sottoscritti con firma elettronica e, quindi, per consentire anche a distanza di anni la loro verifica, non sarebbe sufficiente procedere ad una semplice archiviazione informatica del documento, ma occorre la conservazione dell'archivio con l'apposizione di marche temporali e la loro rinnovazione periodica, come si chiarirà appresso[457]. Il risultato essenziale da raggiungere consiste nel consentire che una firma elettronica possegga la stessa efficacia, in modo univoco e certo, valida nel tempo, indipendentemente dal momento in cui venga effettuata la sua verifica, allo stesso modo come si è sempre intesa la verifica della sottoscrizione cartacea.
La firma elettronica allorquando perde validità viene meno l'efficacia di piena prova attribuita al documento dall'art. 10, comma 3, d.p.r. n. 445/2000 (come modificato dal d.lgs. n. 10/2002) ed il documento degrada all'efficacia *ex* art. 2712 c.c. (comma 1)[458]. Se perde validità la firma digitale del pubblico ufficiale autenticante *ex* art. 24 d.p.r. n. 445/2000, il documento degrada alla efficacia *ex* art.

---

[457] Anche in caso di copie autentiche, l'art. 2716 c.c., stabilisce, infatti, che "*in mancanza dell'originale scrittura privata, le copie di essa spedite in conformità dell'articolo 2715 fanno egualmente prova; ma se presentano cancellature, abrasioni, intercalazioni o altri difetti esteriori, è rimesso parimenti al giudice di apprezzarne l'efficacia probatoria. Resta in ogni caso salva la questione circa l'autenticità dell'originale mancante*".

[458] In caso di documenti sottoscritti con molteplici firme elettroniche (anche dello stesso soggetto), la perdita di validità solo di alcune di esse, non inficia anche la validità delle altre. Per questo motivo può essere opportuna la richiesta contestuale di più marche sullo stesso documento presso lo stesso certificatore o anche presso certificatori diversi.

10, comma 3, d.p.r. n. 445/2000 (come modificato dal d.lgs. n. 10/2002), purché siano ancora valide le firme digitali delle parti.
La perdita di efficacia della firma non inficia però la forma dell'atto, quale attività storicamente compiuta. Infatti, ciò che viene meno è solo la firma elettronica quale risultato dell'attività di documentazione, ma resta il fatto avvenuto del compimento dell'atto secondo la sua forma originaria. La perdita di validità della firma potrebbe intendersi come distruzione del documento.
La "*distruzione non fa venire meno la dichiarazione che nel documento era stata rappresentata. Ciò che viene meno è infatti la rappresentazione materiale della dichiarazione, ma non l'esistenza della dichiarazione*"[459]. Se la forma è richiesta *ad substantiam*, storicamente ciò non toglie che tale forma sia stata a suo tempo integrata. Il problema diventa allora quello della forma per la prova (forma *ad probationem*), o meglio la prova della forma.
Tenendo conto di ciò, la legge ammette la prova per testimoni "*quando il contraente ha senza sua colpa perduto il documento che gli forniva la prova*" (art. 2724, n. 3, c.c.) e disciplina la ricostruzione di documenti andati distrutti (ad es. r.d.l. 15 novembre 1925, n. 2071).
Secondo l'attuale normativa in materia, non è stabilito che le firme elettroniche debbano essere obbligatoriamente sottoposte a marcatura temporale, né si prevede come obbligatoria la marcatura temporale della firma digitale del notaio autenticante *ex* art. 24 del d.p.r. n. 445/2000. Si tratta, quindi, di un onere (in senso tecnico) a carico degli interessati che intendono tutelarsi - anche in relazione all'ammontare dei possibili ed eventuali danni - contro la scadenza della chiave o contro eventuali e future revoche. Viceversa la validazione temporale, unitamente alla firma digitale è richiesta obbligatoriamente per la presentazione o il deposito di un documento per via telematica o su supporto informatico ad una pubblica amministrazione (art. 24, comma 6, d.p.r. n. 445/2000).
Per mantenere l'efficacia di una validazione temporale e delle firme digitali da questa garantite, occorre procedere ad una periodica rinnovazione, da operare prima dell'ultima scadenza della marca temporale. In tal senso, è stabilito che "*prima della scadenza della marca temporale, il periodo di validità può essere ulteriormente esteso associando una nuova marca all'evidenza informatica costituita dal documento iniziale, dalla relativa firma e dalle marche temporali già ad esso associate*" (art. 60, comma 2, d.p.c.m. 8 febbraio 1999).
La rinnovazione della marca temporale non vuol dire anche rinnovazione del contratto o del rapporto giuridico documentato, dato che la rinnovazione della marca temporale serve solo a conservare l'efficacia probatoria del documento originario, considerato quale mezzo di prova e non ripropone l'atto come fatto storicamente compiuto.
Giacché al documento possono essere apposte più marche temporali (anche in tempi diversi e da soggetti diversi), "*la cessazione di validità di una di esse può essere compensata dalla persistente validità di un'altra*"[460]. Anzi, proprio per la

---

[459] S. PATTI, *Documento*, in *Dig. disc. priv. – sez. civ.*, Torino, 1991, p. 7.

[460] R. ZAGAMI, *op. cit.*, in *Questioni ed esperienze di diritto privato*, Milano, 2003.

conservazione di documenti particolarmente importanti è più opportuno apporre più marche temporali, in modo che la revoca (per sua natura imprevedibile) di una delle marche non pregiudichi la validità del documento[461]. L'importante è che la rinnovazione avvenga prima della scadenza (o, comunque, della cessazione di validità) dell'ultima delle marche temporali apposte.

La rinnovazione delle marche temporali può essere operata per singolo documento o per gruppi di documenti unitariamente considerati. Una sola marca temporale, in breve tempo, potrebbe essere apposta all'archivio degli atti notarili e dei documenti di un intero anno[462].

Bibliografia

U. Bechini, *Contiene atto notarile: per la data di scadenza vedere sul tappo*, in *Federnotizie*, maggio 2001.

G. Capozzi, *Temporalità e norma nella critica della ragione giuridica*, Napoli, 1968.

K. Engish, *Die Zeit im Recht*, in *Vom Weltbild des Juristen, Heidelberg*, 1965.

G. Husserl, *Diritto e tempo. Saggi di filosofia del diritto*, tr. it., Milano, 1998.

M. Leone, *Il tempo nel diritto penale sostantivo e processuale*, Napoli, 1974.

E. Moscati, voce *Tempo (Diritto civile)*, in *Noviss. dig. it.*, vol. XVIII, Torino, 1971.

S. Patti, *Documento*, in *Dig. disc. priv. – sez. civ.*, Torino, 1991.

U. Santucci, *Tempo reale e tempo virtuale*, in *www.apogeonline.com.*

A. Stoppani, *Certificazione*, in *Enc. dir.*, vol. VI, Milano, 1969.

R. Zagami., *Il fattore tempo: la marcatura temporale. Firme Elettroniche*, in *Questioni ed esperienze di diritto privato*, Milano, 2003.

---

[461] A tal riguardo se specificato nella richiesta, possono essere emesse anche più marche temporali per la stessa evidenza informatica, così che in caso di perdita di validità di una di esse restano valide le altre; evidentemente, in tal caso, le diverse marche temporali non possono essere generate con la stessa chiave (art. 58, comma 4, d.p.c.m. 8 febbraio 1999).

[462] Le marche temporali possono essere generate non direttamente sui documenti ma sulle loro impronte. Inoltre, la rinnovazione della marca temporale dal punto di vista tecnico potrebbe avere ad oggetto il file della sola marca in prossimità di scadenza, indipendentemente dal relativo documento, dato che è comunque a quest'ultimo univocamente collegato. Tuttavia, forse per evitare il periodico rinnovo di marche temporali scollegate da documenti con cui diventerebbe difficile ricostituire un'associazione, le regole tecniche stabiliscono che il rinnovo deve avere ad oggetto una "*evidenza informatica costituita dal documento iniziale, dalla relativa firma e dalle marche temporali già ad esso associate*" (art. 60, comma 2, d.p.c.m. 8 febbraio 1999).

Diritto d'accesso, diritti e doveri nell'uso di Internet

Avv. Angela Allegria

Il diritto di accesso a Internet

In Rete ha ancora una certa fortuna l'idea che Internet non abbia bisogno di regole, ma si tratta di una posizione smentita dai fatti. Siamo pieni di regole, molte delle quali rappresentano delle vere e proprie limitazioni della libertà. È necessario riequilibrare i diritti. In questo senso è importante ribadire che Internet è un diritto fondamentale.[463]

Internet, infatti, nella sua accezione di *open work* è percepito come lo spazio della libertà per eccellenza in quanto privo di mediazioni, costantemente aggiornato e privo di ostacoli spazio-temporali ed è altresì inteso come un vettore di cittadinanza, come nel caso, ad esempio, dell'uso dei *social networks* durante le rivolte che hanno portato alla c.d. primavera araba. Inoltre, blog, forum, sondaggi, appelli a raccolta, siti web dei candidati e dei politici eletti, rendono ad oggi l'ambiente digitale uno spazio di espressione pubblica.

Per queste caratteristiche la rete viene inserita nella categoria dei *global common goods,* sottoposti al regime di *res communis omnium,* che presuppone l'inappropriabilità del bene e la sua libertà d'uso. L'accesso al web potrebbe, quindi, essere qualificato come servizio universale, che le istituzioni nazionali devono garantire ai propri cittadini gratuitamente o a costi sostenibili.[464]

Dal punto di vista costituzionale si può constatate come Internet abbia esteso i tradizionali diritti: dalla libertà di espressione o di riunione e associazione, al diritto alla salute, all'iniziativa economica privata, al lavoro, allo studio, ai diritti politici e molti altri ancora. In particolare, l'avvento di Internet ha dato piena attuazione all'endiadi *"diritto di esprimersi liberamente e diritto di utilizzare ogni mezzo"* che si può rinvenire nell'art. 21 Cost. Internet, infatti, estende la portata dell'art. 21 Cost. perché permette a tutti ed a costi bassissimi di esprimere il proprio pensiero non solo con riferimento al titolare del diritto *("tutti hanno il diritto...")* e l'oggetto del pensiero *("di manifestare liberamente il proprio pensiero...")* ma anche con riferimento alle modalità e soprattutto all'accesso del mezzo. In tal senso Internet si presenta come un diritto rivoluzionario in quanto per la prima volta permetterebbe di parlare di un vero e proprio diritto al mezzo e, quindi, del c.d. diritto di accesso ad Internet.[465]

L'avvento di Internet ha, infatti, comportato il sorgere di una nuova società, la c.d. *pay-per-use society,* nella quale ciò che è importante non è più il possesso di un bene, bensì la possibilità di avervi accesso in qualunque momento e da qualunque luogo. Il diritto di accesso acquisisce in tal modo sempre più rilevanza in termini di inclusione.

---

463 Queste le parole di Stefano Rodotà per illustrare la Carta dei Diritti e Doveri di internet in M. PRATELLESI, *Ecco la Carta dei nostri diritti nell'era di Internet,* Espresso, 28.7.2015.

464 R. PISA, *L'accesso ad internet: un nuovo diritto fondamentale?*, 7.1.2010, in *Enciclopedia Treccani.*

465 G. D'IPPOLITO, *La libertà informatica e il diritto di accesso ad internet,* 7.4.2014 in *Jei-Jus e Internet.*

Riconoscere l'accesso ad Internet come diritto sociale[466] (e, quindi, come pretesa del cittadino nei confronti dello Stato di accedere liberamente, a prezzi contingentati,[467] alla rete e, parallelamente, nell'obbligo dello Stato di garantire e rendere possibile a tutti e su tutto il territorio nazionale l'accesso) vuol dire tutelare l'esercizio di queste situazioni non solo da eventuali ingerenze degli Stati, che potrebbero avere interesse a restringere (se non addirittura censurare) l'uso del web, ma anche dalle ingerenze di altri utenti di Internet più forti e aggressivi come i cc.dd. *Over the Top,* ossia le grandi multinazionali quali *Apple, Microsoft, Google o Facebook* che, operando quasi come dei monopolisti, potrebbero imporre con la forza i loro interessi. Inserire Internet in Costituzione vorrebbe anche dire garantire e tutelare gli utenti, e quindi i cittadini, dalle asettiche regole economiche.
Riconoscere il diritto ad Internet in Costituzione, quindi, è una battaglia di civiltà[468] che creerebbe una società più istruita, consapevole e civile. L'accesso ad Internet vuol dire accesso per tutti dal luogo e nel momento scelti individualmente alla conoscenza universale, all'esercizio con modalità innovative dei diritti costituzionali, all'adempimento più agevole degli obblighi, al rilancio dell'economia e alla possibilità di usufruire di nuovi e rivoluzionari servizi.
Inoltre, il riconoscimento del diritto di accesso a Internet permetterebbe di rimuovere sia le vecchie forme di discriminazione, sia quelle nuove come l'analfabetismo informatico e, quindi, la persistente presenza di cittadini che non conoscono a sufficienza di meccanismi di funzionamento dei computer e il c.d. *digital divide,* ossia l'esclusione di fasce della popolazione, ancora piuttosto ampie, dalle tecnologie digitali. Due fenomeni che attualmente realizzano di fatto una discriminazione, in termini di accesso ai servizi, alla cultura, ai nuovi strumenti elettronici e in generale ai vantaggi portati dalla Rete, tra chi può permettersi l'accesso e la connessione a Internet e chi no.

---

[466] La dottrina, parlando di banda larga o super larga (le cc.dd. *next generetion networks),* arriva a codificare il diritto alla connessione veloce ossia "la pretesa nei confronti dello Stato perché provveda a coprire diffusamente e omogeneamente il territorio nazionale con la banda larga in modo da permettere al pretendente, ovunque risieda e a un prezzo abbordabile, di navigare in rete alla velocità idonea per partecipare alle comunità virtuali, telefonare tramite Internet e ricevere dall'amministrazione i servizi digitali". Così G. DE MINICO, *Internet Regola e anarchia,* Napoli, 2012, p. 127.

[467] Qualificare l'accesso ad Internet come un diritto, più specificamente inquadrato nella categoria dei diritti sociali, non significa certo che ogni cittadino avrà garantito l'accesso gratuito alla rete. Vuol dire che sarà obbligo dello Stato garantire e rendere possibile a tutti l'accesso alla Rete invogliando gli imprenditori e i gestori che forniscono servizi di accesso ad Internet a diffondere la banda larga uniformemente su tutto il territorio nazionale. L'accesso ad Internet diventerebbe un servizio garantito dallo Stato un po' come la sanità, la scuola pubblica e i servizi ferroviari. Ciò comporterebbe senza dubbio dei costi in più per lo Stato ma questi verrebbero compensati da un aumento delle attività commerciali che sfruttano il Web, dall'attrazione del capitale e degli investitori esteri e dall'aumento dei servizi su Internet in quanto tutti, sia cittadini che imprenditori, potrebbero accedere ad Internet a prezzi inferiori rispetto a quelli di mercato. Per una lettura più approfondita e un'analisi più dettagliata di quanto affermato si veda G. DE MINICO, *Internet Regola e anarchia,* cit.

[468] S. RODOTÀ, *Il diritto di avere diritti,* Roma – Bari, 2013, p. 105.

Riconoscere e costituzionalizzare il diritto di accesso a Internet vuol dire, quindi, adempiere e dare piena attuazione all'art. 3, comma secondo, Cost.[469]
In tale ottica ci si avvia verso un utilizzo consapevole della rete che diviene luogo all'interno del quale il cittadino è conscio dei propri diritti e agisce liberamente nel rispetto di regole precostituire che non limitano né la propria libertà né quella altrui.
Garantire tale libertà va oltre la libertà di espressione di cui all'art. 21 Cost., estendendosi alla libertà informatica intesa come diritto a diffondere le proprie idee nell'ottica della condivisione e dell'interazione sociale.
Al fine di garantire ciò sono nati non solo in Italia, ma anche in più parti del mondo, movimenti ed organizzazioni che mirano a diffondere e tutelare il diritto di accesso affinché sia reale e universale.
Vi sono, ad esempio, proposte di introdurre nella nostra Carta Costituzionale, un art. 3 *bis,* rubricato "Diritto di accesso ad Internet e Uguaglianza digitale" il cui contenuto potrebbe essere il seguente: *"Tutti i cittadini hanno pari diritto di accesso ad Internet, senza distinzioni di sesso, di razza, di lingua, di religione, di opinioni politiche, di condizioni personali e sociali. Essi, individualmente e collettivamente, devono disporre del concreto e paritario accesso alle tecnologie di informazione e di comunicazione in condizioni di eguaglianza per una partecipazione effettiva alla società dell'informazione libera, interculturale e inclusiva.*
Restrizioni a tale diritto possono essere imposte per legge solo se assolutamente necessarie e giustificate per la tutela di diritti di pari rilievo.
È compito della Repubblica combattere il digital divide favorendo l'accesso alle nuove tecnologie di informazione e comunicazione della Società dell'Informazione, per garantire a tutti i cittadini, compresi coloro che si trovano in svantaggiate condizioni economiche, sociali e geografiche, una reale accessibilità alla Rete mediante la progressiva disponibilità di infrastrutture a banda larga volte a promuovere l'alfabetizzazione digitale e rimuovere gli ostacoli di ordine economico e sociale che, limitando di fatto l'eguaglianza digitale dei cittadini, impediscono il pieno sviluppo della persona umana e l'effettiva partecipazione di tutti gli individui all'organizzazione politica, economica e sociale del Paese che si realizza con l'utilizzo di Internet".
Collegato a questo progetto si connette una proposta di modifica a livello dell'Unione Europea, con un articolo da aggiungere dopo l'art. 3 TUE. L'art. 3 *bis,* infatti, dovrebbe articolarsi in questo modo: *"L'Unione europea promuove la libertà e parità di accesso ad Internet, garantendo a tutti i cittadini europei la piena disponibilità delle infrastrutture di comunicazione e di informazione attraverso cui si realizza lo sviluppo della società dell'informazione. L'Unione europea incoraggia il perseguimento dei vantaggi offerti dalla "rivoluzione digitale" per assicurare la realizzazione del progresso sociale caratterizzato dal miglioramento della qualità di vita dei cittadini, delle condizioni dei lavoratori, della crescita economica e della competitività globale dell'industria e dei servizi europei. L'Unione europea assicura che ogni individuo abbia uguale diritto di accesso alle nuove tecnologie dell'informazione e della comunicazione (Information and Communication Technologies, ICT) per creare un ambiente favorevole nel quale si*

---

[469] G. D'IPPOLITO, *La libertà informatica e il diritto di accesso,* cit.

possano sviluppare abilità e servizi informatici. L'Unione europea promuove una società e un'economia basate su Internet per garantire una partecipazione attiva ed efficiente su e attraverso Internet. L'inclusione sociale implica la possibilità di accesso e l'uso effettivo delle tecnologie digitali. I cittadini europei devono avere accesso online diretto e interattivo a conoscenze, istruzione, formazione, amministrazione, servizi sanitari, cultura, attività ricreative, servizi finanziari. L'Unione europea costruisce e rafforza un modello sociale europeo caratterizzato dalle tecnologie dell'informazione e della comunicazione in modo che tutti abbiano accesso a servizi e contenuto nella propria lingua, per uno sviluppo sostenibile di una società basata sulla conoscenza più competitiva del mondo. L'accesso ad Internet può essere limitato solo per ragioni necessarie motivate e proporzionali al pericolo da evitare e che siano compatibili con il carattere aperto e globale di Internet. L'Unione europea combatte il digital divide e le disuguaglianze digitali, garantendo che donne e uomini abbiano parità di accesso rapido e sicuro a Internet per imparare, usare e organizzare gli strumenti tecnologici. Afferma e promuove un'Europa informaticamente alfabetizzata basata sull'inclusione sociale, diminuendo il divario tra ricchi e poveri nella società europea caratterizzata da un ampio accesso ai servizi a banda larga mediante infrastrutture di informazione sicure. Nelle relazioni con gli Stati membri l'Unione europea promuove e incoraggia la democrazia digitale e il voto online per consentire una democrazia partecipativa basata sulla cittadinanza attiva, evitando qualsiasi forma di censura o filtraggio, nel rispetto delle competenze che le sono attribuite dai trattati".[470]

Si sottolinea la necessità di un inquadramento a livello nazionale e sovranazionale che individui una disciplina comune che si possa estrinsecare nella cooperazione fra gli Stati membri per il pieno sviluppo dei diritti dell'uomo e della democrazia in Internet e per la creazione di una sinergia volta a dar vita ad un'azione univoca ed integrata per il contrasto a qualsiasi forma di abuso all'interno della Rete.

Altre proposte volte a riconoscere il diritto di accesso come diritto sociale vengono formulare mediante l'idea di introdurre, sempre a livello costituzionale, un nuovo art. 34 *bis* che dovrebbe così recitare: *"Tutti hanno eguale diritto di accedere alla rete Internet, in modo neutrale, in condizione di parità e con modalità tecnologicamente adeguate. La Repubblica promuove le condizioni che rendano effettivo l'accesso alla rete Internet come luogo ove si svolge la personalità umana, si esercitano i diritti e si adempiono i doveri di solidarietà politica, economica e sociale".*[471]

Nella relazione alla proposta di introduzione di tale articolo si evidenzia come riconoscere l'accesso ad Internet come un diritto costituzionale potrebbe, infatti, soddisfare le esigenze dell'uomo e del cittadino, ma anche delle formazioni sociali,

---

470 Queste le proposte di Generazione Y tramite la piattaforma Dirittodiaccesso.eu per promuovere il riconoscimento del diritto di accesso ad internet tra i principi fondamentali dell'ordinamento italiano e europeo.

471 La proposta è stata elaborata dal Think Tank Cultura Democratica, nell'ambito della seconda edizione dell'iniziativa "La tua idea per l'Italia" in collaborazione con l'Agenzia per l'Italia Digitale della Presidenza del Consiglio dei Ministri.

delle imprese, della P.A., delle moderne democrazie, permettendone sviluppi ulteriori e più efficienti modalità di partecipazione democratica.
Scopo dei disegni di legge costituzionale n. 1561/2014 e n. 2816/2015 è, infatti, la creazione di un diritto sociale all'accesso ad Internet: una pretesa soggettiva a prestazioni pubbliche, un servizio universale che le istituzioni devono garantire tramite investimenti, politiche sociali ed educative, al pari di quanto già avviene con l'accesso all'istruzione, la sanità o la previdenza, realizzando così un servizio sociale che lo Stato deve garantire ai cittadini.
Non a caso la collocazione proposta per questo diritto è l'art. 34 *bis* (dopo il 34 relativo al diritto all'istruzione) per sottolinearne la funzione sociale, di crescita e conoscenza, strettamente connessa al diritto all'istruzione. Non bisogna dimenticare, infatti, che in Italia il ritardo digitale non è solo strutturale ma anche culturale.
La portata innovativa dell'accesso ad Internet è chiara e il suo riconoscimento giuridico favorirebbe nuovi processi di partecipazione non solo alla politica nazionale ma anche a quella europea, avvicinando ancor più le istituzioni ai cittadini. In tal senso il diritto di accesso ad Internet inteso come diritto sociale crea "infrastruttura", ossia le basi affinché si possa ricostruire un'Italia nuova e competitiva, un'Italia *smart.* [472]
E ancora, c'è chi sostiene che si dovrebbe inserire un nuovo art. 21 *bis* che potrebbe recitare in questi toni: *"Tutti hanno eguale diritto di accedere alla rete internet, in condizioni di parità, con modalità tecnologicamente adeguate e che rimuovano ogni ostacolo di ordine economico e sociale".*
La proposta di un art. 21 *bis* va nella direzione di ribadire e espandere i principi costituzionali riguardanti l'eguaglianza e la libera costruzione della personalità. Non a caso alcune espressioni vengono mutuate dall'art. 3 Cost.
Non solo una proposta sul *digital divide,* dunque. Anzi, l'apertura verso un diritto ad Internet rafforza indirettamente, ma in modo evidente, il principio di neutralità della rete e la considerazione della conoscenza in rete come bene comune, al quale deve essere garantito l'accesso. Per questo è necessario affermare una responsabilità pubblica nel garantire quella che deve ormai essere considerata una precondizione della cittadinanza, dunque della stessa democrazia. E, in questo modo, si fa emergere anche l'inammissibilità di iniziative censorie. Solo se cresce la consapevolezza che siamo di fronte ad un diritto fondamentale della persona è possibile contrastare le logiche securitarie e mercantili che restringono il diritto a Internet.[473] [474]

---

[472] G. D'IPPOLITO, *Diritto di accesso a internet come diritto sociale,* in www.art34bis.it.
[473] S. RODOTA', *Un articolo 21 bis per internet,* 2.12.2010 in www.articolo21.org.
[474] Si veda G. AZZARITI, *Internet e Costituzione,* 6.10.2011 in *Costituzionalismo.it,* fascicolo 2, 2011, nel quale l'autore pone degli interrogative e delle perplessità a riguardo: "La formulazione indicate da Stefano Rodotà mi appare particolarmente felice. Devo solo dire che non capisco perché si voglia introdurla come articolo a sè (art. 21 *bis*) e non invece inserire come comma aggiuntivo all'interno dell'esistente art. 21. A me sembra che il diritto di accesso alla rete rappresenti una specificazione del più generale diritto alla libertà di manifestazione del pensiero. Meglio allora inserire l'emendamento proposto al secondo comma dell'art. 21, dopo l'enunciazione generale del principio di manifestazione del pensiero (espressa nel 1°

In Italia, attualmente, un primo passo a livello legislative è stato fatto con la Legge Stanca del 9 gennaio 2004, relativa alle disposizioni per favorire l'accesso dei soggetti disabili agli strumenti informatici. All'interno della stessa, per la prima volta, si riconosce e tutela il diritto di ogni persona ad accedere a tutte le fonti di informazione ed ai relativi servizi, compresi quelli che si articolano attraverso gli strumenti informatici e telematici. L'art. 1 di tale Legge fonda il diritto di accesso ad Internet sul principio di eguaglianza ai sensi dell'art. 3 Cost., qualificandolo come uno strumento di realizzazione dell'eguaglianza sostanziale dei cittadini.

La Risoluzione ONU del 27 giugno 2016

Il 27 giugno 2016 l'Assemblea Generale delle Nazioni Unite ha approvato la risoluzione su "Promozione, protezione e godimento dei diritti umani online". In essa, riconoscendo la natura globale e aperta di Internet come forza trainante per accelerare i progressi verso lo sviluppo nelle sue diverse forme, anche nel raggiungimento degli obiettivi di sviluppo sostenibile, si afferma che gli stessi diritti che le persone hanno nella vita reale devono essere protetti anche online, in particolare la libertà di espressione, applicabile indipendentemente dalle frontiere e attraverso qualsiasi mezzo di scelta, conformemente agli articoli 19 della Dichiarazione Universale dei diritti dell'uomo e il Patto Internazionale sui diritti civili e politici.

L'Assemblea Generale delle Nazioni Unite invita tutti gli Stati a promuovere e facilitare la cooperazione internazionale finalizzata allo sviluppo dei mezzi di informazione e delle infrastrutture e delle tecnologie dell'informazione e delle comunicazioni in tutti i Paesi e afferma che l'istruzione di qualità svolge un ruolo decisivo nello sviluppo. Alla luce di ciò invita gli Stati a promuovere l'alfabetizzazione digitale e a facilitare l'accesso alle informazioni su Internet, che può essere uno strumento importante per facilitare la promozione del diritto all'istruzione. Esorta, inoltre, gli Stati a colmare il divario digitale di genere e ad aumentare l'uso della tecnologia abilitante, in particolare delle tecnologie dell'informazione e della comunicazione, per promuovere l'*empowerment* di tutte le donne e le ragazze e incoraggia tutti gli Stati ad adottare misure adeguate per promuovere, con la partecipazione delle persone con disabilità, la progettazione, lo sviluppo, la produzione e la distribuzione di tecnologie e sistemi di informazione e di comunicazione, comprese le tecnologie di tipo assistenziale e adattivo accessibili alle persone con disabilità, invitandoli a prendere in considerazione la formulazione, attraverso processi trasparenti e inclusivi di tutte le parti interessate e l'adozione di

---

comma), come sua specificazione nel campo dell'informatica e nuove tecnologie (2° comma), prima delle più minute regolamentazioni relative alla stampa (attuali comma 2°-5°), anch'essa espressione di una modalità di manifestare il pensiero. Rimarrebbe – a mio modo di vedere – un'anomalia nell'articolato costituzionale.
Mancherebbe ogni riferimento alla comunicazione radiotelevisiva: si passerebbe dalle ultime tecnologie (internet) a quelle tradizionali (la stampa), mentre nulla si direbbe sulle televisioni. Un vuoto di regolazione costituzionale difficilmente spiegabile (e forse politicamente inquietante). Ma questo è un altro discorso".

politiche pubbliche nazionali connesse all'Internet che hanno l'obiettivo di far accedere universalmente gli utenti e di garantirne, nel suo interno, i diritti umani.
Allo stesso tempo nella Risoluzione viene affrontata la questione relativa alla sicurezza della Rete sottolineando come per garantirla non devono essere sacrificati la libertà di espressione, libertà di associazione, la *privacy* e i diritti umani.
Non bisogna, infatti, dimenticare che, per le Nazioni Unite, Internet è uno strumento importante per favorire la cittadinanza e la partecipazione della società civile, per la realizzazione dello sviluppo in ogni comunità e per l'esercizio dei diritti umani. Per questo viene posta la condanna nei confronti di tutte misure intese a prevenire o interrompere intenzionalmente l'accesso o la diffusione delle informazioni in linea in violazione del diritto internazionale in materia di diritti dell'uomo e si invitano tutti gli Stati ad astenersi e a cessare tali misure qualora già poste in essere.
In tale ottica viene formulata la condanna a tutte le violazioni e gli abusi dei diritti umani, come la tortura, gli omicidi extragiudiziali, le sparizioni forzate e la detenzione arbitraria, le espulsioni, le intimidazioni e le molestie, nonché la violenza di genere, commessa contro le persone per esercitare i loro diritti umani e le loro libertà fondamentali in Internet.
Accanto a questo viene sottolineata l'importanza di combattere la promozione dell'odio che costituisce l'incitamento alla discriminazione o alla violenza su Internet, anche promuovendo la tolleranza e il dialogo.
Già nel rapporto ONU del 2011 il diritto di accesso ad Internet è stato consacrato come diritto fondamentale dell'Uomo, riconoscendo al tempo stesso il diritto di cittadinanza digitale.
Ciò è possibile partendo dal presupposto che Internet è diventato uno strumento indispensabile per realizzare una serie di diritti umani, la lotta contro la disuguaglianza, e accelerare lo sviluppo e il progresso umano, garantire l'accesso universale a Internet dovrebbe essere una priorità per tutti gli Stati.
La risoluzione del 2016 segue il sentiero già battuto da tre recenti risoluzioni delle Nazioni Unite relative a Internet, ossia quella del 2012 e del 2014 che garantivano la libertà di parola online e quella del 2015 che affermava che la crittazione e l'anonimato online sono da considerarsi e da tutelare come diritti umani basilari.

La Dichiarazione dei diritti di Internet

Di diritto di accesso si parla anche nella Dichiarazione dei diritti di Internet elaborata dalla Commissione per i diritti e i doveri relativi ad Internet e approvata il 28 luglio 2015. Nell'art. 2, infatti, si definisce l'accesso a Internet diritto fondamentale della persona e condizione per il suo pieno sviluppo individuale e sociale.
L'accesso, che comprende la libertà di scelta per quanto riguarda dispositivi, sistemi operativi e applicazioni, è un diritto fondamentale della persona e deve essere assicurato nei suoi presupposti sostanziali dalle Istituzioni pubbliche garantendo tutti gli interventi necessari per il superamento di ogni forma di divario digitale tra cui quelli determinati dal genere, dalle condizioni economiche e da ogni situazione di vulnerabilità personale e/o disabilità.
Già dal preambolo della Dichiarazione si riconosce come Internet ha ampliato le possibilità di intervento diretto delle persone nella sfera pubblica, modificato l'organizzazione del lavoro e consentito lo sviluppo di una società più aperta e

libera. In tal senso deve Internet deve essere considerata come una risorsa globale e che risponde al criterio dell'universalità.
L'apertura verso un diritto a Internet rafforza il principio di neutralità della Rete e la considerazione della conoscenza in Rete come bene comune, al quale deve essere garantito l'accesso. Per questo è necessario affermare una responsabilità pubblica nel garantire quella che deve ormai essere considerata una precondizione della cittadinanza, dunque della stessa democrazia. In questo modo, si fa emergere anche l'inammissibilità di iniziative censorie.[475]
La Dichiarazione dei Diritti di Internet, strumento indispensabile per dare fondamento costituzionale a principi e diritti nella dimensione sovranazionale, è fondata sul pieno riconoscimento di libertà, eguaglianza, dignità e diversità di ogni persona, la cui garanzia è condizione necessaria affinché sia assicurato il funzionamento democratico delle Istituzioni e perché si eviti il prevalere di poteri pubblici e privati che possano portare ad una società della sorveglianza, del controllo e della selezione sociale.
La Dichiarazione italiana è caratterizzata da una scelta fondamentale. A differenza di quasi tutte le altre, in essa non si trova una specifica e dettagliata indicazione dei diversi principi e diritti già affermati da documenti internazionali e costituzioni nazionali. Questi sono richiamati in via generale come riferimento ineludibile. Ma lo sforzo di questa Dichiarazione è stato quello di individuare i principi e i diritti tipici della dimensione digitale, sottolineando non solo le loro specificità, ma il modo in cui essi contribuiscono in via generale a ridefinire l'intera dimensione dei diritti.[476]
Essa costa di 14 articoli nei quali si riconoscono e garantiscono anche online i diritti fondamentali dell'uomo.
L'art. 1 merita particolare attenzione per la sua formulazione. Già dal primo comma, infatti, si afferma che i diritti fondamentali di ogni persona riconosciuti dalla Dichiarazione Universale dei Diritti Umani delle Nazioni Unite, dalla Carta dei diritti fondamentali dell'Unione Europea e dalle Dichiarazioni Internazionali in materia sono riconosciuti anche all'interno di Internet.
Il riconoscimento dei diritti di Internet, si legge al comma 3, deve essere fondato sul pieno rispetto della dignità, della libertà, dell'eguaglianza e della diversità di ogni persona, che costituiscono i principi in base ai quali si effettua il bilanciamento con altri diritti.
L'interpretazione di tali diritti deve essere fatta in modo da assicurare l'effettività nella dimensione della Rete, come affermato nel comma 2.
Spetta alle Istituzioni assicurare la creazione, l'uso e la diffusione della conoscenza in rete intesa come bene accessibile e fruibile da parte di ogni soggetto. Esse promuovono, in particolare attraverso il sistema dell'istruzione e della formazione, l'educazione all'uso consapevole di Internet e intervengono per rimuovere ogni forma di ritardo culturale che precluda o limiti l'utilizzo di Internet da parte delle persone.

---

[475] S. RODOTA' in www.cittadinanzadigitale.it.
[476] S. RODOTÀ, *Verso una Dichiarazione dei diritti di Internet,* 2015, in www.camera.it.

Il comma 5 dell'art. 3 specifica che l'uso consapevole di Internet è fondamentale garanzia per lo sviluppo di uguali possibilità di crescita individuale e collettiva, il riequilibrio democratico delle differenze di potere sulla Rete tra attori economici, Istituzioni e cittadini, la prevenzione delle discriminazioni e dei comportamenti a rischio e di quelli lesivi delle libertà altrui.
Collegato al diritto di accesso è il diritto alla neutralità della rete, che consiste nella garanzia che i dati trasmessi e ricevuti in Internet non subiscano discriminazioni, restrizioni o interferenze in relazione al mittente, ricevente, tipo o contenuto dei dati, dispositivo utilizzato, applicazioni o, in generale, legittime scelte delle persone. Il diritto ad un accesso neutrale ad Internet nella sua interezza, infatti, costituisce condizione necessaria per l'effettività dei diritti fondamentali della persona.
Ancora si fa riferimento al diritto di accesso nel comma 7 dell'art. 5 che parla di tutela dei dati personali. È, infatti, espressamente previsto il divieto di accesso e il trattamento dei dati con finalità anche indirettamente discriminatorie.
L'art. 5 si occupa di trattamento dei dati personali e di consenso effettivamente informato anche accompagnato da specifiche autorizzazioni che la legge può prevedere nel caso di trattamento di dati sensibili.
Si prevede inoltre, al comma 3, la possibilità per ogni persona di accedere ai dati che la riguardano e di ottenerne la rettifica e la cancellazione per motivi legittimi.
L'accesso ai propri dati è riconosciuto dal diritto all'autodeterminazione informativa previsto dall'art. 6 che prevede che la raccolta e la conservazione dei dati devono essere limitare al tempo necessario, rispettando in ogni caso i principi di finalità e di proporzionalità e il diritto all'autodeterminazione della persona interessata.
Tali diritti sono collegabili al diritto all'oblio di cui all'art. 11 che prevede la possibilità per ogni persona di ottenere la cancellazione dagli indici dei motori di ricerca dei riferimenti ad informazioni che, per il loro contenuto o per il tempo trascorso dal momento della loro raccolta, non abbiano più rilevanza pubblica.
In ogni caso, si precisa, il diritto all'oblio non può limitare la libertà di ricerca e il diritto dell'opinione pubblica a essere informata e che in caso di accoglimento della richiesta di cancellazione chiunque può impugnare la decisione davanti all'autorità giudiziaria al fine di garantire l'interesse pubblico all'informazione.
Seguono il diritto all'inviolabilità dei sistemi, dei dispositivi e domicili informatici (art.7), salvo deroghe possibili solo nei casi e nei modi stabiliti dalla legge e previa autorizzazione motivata dell'autorità giudiziaria, il diritto all'identità (art. 9), inteso come diritto alla rappresentazione integrale e aggiornata delle proprie identità in rete, la protezione dell'anonimato (art. 10).
A garanzia dei soggetti che operano su internet è previsto che i responsabili delle piattaforme digitali sono tenuti a comportarsi con lealtà e correttezza nei confronti di utenti, fornitori e concorrenti. Ciò si esplicita nel dovere di fornire informazioni sul funzionamento della piattaforma in modo chiaro e semplificato, di non modificare in modo arbitrario le condizioni contrattuali, di non porre in essere comportamenti che potrebbero determinare difficoltà o discriminazione nell'accesso, di informare gli utenti dell'eventuale mutamento delle condizioni contrattuali. Inoltre, le piattaforme che si presentino come servizi essenziali per la vita e l'attività delle persone, devono assicurare, anche nel rispetto del principio di concorrenza, condizioni per una adeguata interoperabilità, in presenza di parità di

condizioni contrattuali, delle loro principali tecnologie, funzioni e dati verso altre piattaforme.
La sicurezza della Rete è vista come interesse pubblico e come interesse delle singole persone in quanto tale deve essere garantita attraverso l'integrità delle infrastrutture e la loro tutela da attacchi.
L'ultimo articolo afferma che il riconoscimento dei diritti individuali in rete deve avvenire sia a livello nazionale (tenendo conto dei diversi livelli territoriali) che internazionale. Al fine di garantire in maniera effettiva il rispetto di tali criteri tra i quali la valutazione dell'impatto sull'ecosistema digitale, il principio di trasparenza, la responsabilità delle decisioni, l'accessibilità alle informazioni pubbliche, la rappresentanza dei soggetti interessati, si rende indispensabile la costituzione di autorità nazionali e sovranazionali.
L'insieme dei diritti riconosciuti nella Dichiarazione non è volta a garantire una generica libertà in Rete, ma ha la specifica funzione di impedire la dipendenza della persona dall'esterno, l'espropriazione del diritto di costruire liberamente la propria personalità e identità, come può accadere con l'uso intenso di algoritmi e tecniche probabilistiche. L'autonomia nella gestione delle informazioni personali, allora, deve considerare anche nuovi diritti come quelli *not to be tracked* e *to keep silent the chip.*[477]
Una prima conclusione che si può trarre da uno "sguardo" generale alla Dichiarazione dei Diritti in Internet è che la tutela delle libertà fondamentali anche sulla rete internet passa, necessariamente dalle regole; o meglio, che è anche la stessa libertà di internet che postula dalla presenza di norme e paletti che impediscano l'arbitrio e la prevaricazione da parte di pochi, o da parte di interessi più forti, sui diritti fondamentali della persona. Altro ordine di considerazioni attiene, invece, all'efficacia di questa dichiarazione e alle politiche attive richieste affinché si registrino dei concreti passi in avanti verso l'effettiva realizzazione di internet quale spazio pubblico virtuale in cui esercitare libertà fondamentali. È di tutta evidenza come non dovrebbero più essere rinviati significativi interventi in ordine alle infrastrutture di accesso alla rete, di digitalizzazione dei servizi della Pubblica Amministrazione, di educazione scolastica ed extrascolastica all'accesso e all'uso di internet ed infine di un sistema di tutele che ne riconosca la specificità. Peraltro, il documento in esame, riveste l'indubbio pregio non solo di porre la rete internet al centro del dibattito, ma anche e soprattutto di rappresentare un elemento positivo e propositivo sia per politiche normative interne (molti, come visto, sarebbero gli spunti di riflessione ed intervento) sia affinché lo Stato italiano si ponga più attento e consapevole su questi temi anche sulla scena sovranazionale, dove molti di questi aspetti – per intrinseca natura dello stesso mezzo – troveranno sede di dibattito e, prima o poi, regolamentazione.[478] Per fare ciò non è possibile operare solo a livello nazionale, ma occorre far fronte comune tramite un coordinamento fra gli Stati al fine di regolamentare uno spazio senza frontiere,

---

[477] S. RODOTÀ, *Verso una Dichiarazione dei diritti di Internet,* cit.
[478] M. PANATO, *"Carta di Internet" e diritto alla comunicazione: il riconoscimento dell'accesso alla rete internet quale diritto fondamentale della persona e rapporto con gli enti pubblici,* 4.9.2015 in *Diritto.it.*

libero, nel quale garantire il rispetto dei diritti umani degli individui anche all'interno della Reta alla luce delle Convenzioni Internazionali.

Bibliografia

G. AZZARITI, *Internet e Costituzione,* 6.10.2011 in *Costituzionalismo.it,* fascicolo 2, 2011.

G. D'IPPOLITO, *La libertà informatica e il diritto di accesso ad internet,* 7.4.2014 in *Jei-Jus e Internet.*

G. DE MINICO, *Internet Regola e anarchia,* Napoli, 2012.

M. PANATO, *"Carta di Internet" e diritto alla comunicazione: il riconoscimento dell'accesso alla rete internet quale diritto fondamentale della persona e rapporto con gli enti pubblici,* 4.9.2015 in *Diritto.it.*

R. PISA, *L'accesso ad internet: un nuovo diritto fondamentale?*, 7.1.2010, in *Enciclopedia Treccani.*

M. PRATELLESI, *Ecco la Carta dei nostri diritti nell'era di Internet,* Espresso, 28.7.2015.

S. RODOTÀ, *Il diritto di avere diritti,* Roma – Bari, 2013.

S. RODOTÀ, *Un articolo 21 bis per internet,* 2.12.2010 in www.articolo21.org.

S. RODOTÀ, *Verso una Dichiarazione dei diritti di Internet,* 2015, in www.camera.it.

I Beni nella Rete

Avv. Valeria Rinaldi

Cose e beni. Attualità del dibattito e rivisitazioni

La nozione di "bene giuridico", in tutti i suoi aspetti, è nel diritto tra le più sensibili ai mutamenti sociali ed economici. Ed anche la più affascinante.
Il concetto di "bene", e la sua distinzione da quello di "cosa", pertiene al più ampio tema del rapporto tra l'uomo e le cose.
Depone in tal senso, la stessa ripartizione in libri che funge da architrave dell'attuale Codice civile.
Oggetto del Libro I è l'uomo, persona fisica e persona giuridica, - meritevole di tutela da parte dell'ordinamento sin dal momento della nascita[479] e persino nella sua fase di vita intrauterina (come dimostrano talune disposizioni codicistiche che attribuiscono diritti patrimoniali al concepito) - nonché le sue relazioni umane.
A seguire, nel Libro II vengono disciplinante le successioni, dal momento della dipartita dell'individuo (è l'art. 456 c.c. a statuire che "*la successione si apre al momento della morte*").
Le relazioni dell'uomo con le cose sono, invece, oggetto del Libro III, titolato "*Della proprietà*", rientrante, unitamente ad usufrutto, uso, abitazione, servitù, superficie ed enfiteusi, nel *genus* dei diritti reali (questi ultimi definiti, in tesi generale, "diritti reali di godimento").
Infine, i Libri IV e V sono deputati rispettivamente alla disciplina delle relazioni economiche tra gli uomini - l'obbligazione è nient'altro che una *species* del rapporto giuridico e, oltre a soddisfare il bisogno di collaborazione tra i consociati, è tesa a comporre il conflitto di interessi (attuale o potenziale) tra debitore e creditore[480] - e delle relazioni economiche di massa (impresa, lavoro).
Una prospettiva ascendente, insomma, tramite cui il Legislatore ha inteso assecondare la realtà, apprestando una disciplina che diviene tanto più penetrante quanto più l'individuo entra in rapporto con sfere giuridiche complementari.
Centrale (anche in senso numerico e figurato) è il Libro III, votato al diritto di proprietà, spia evidente di quanto la funzione da esso assolta all'epoca di gemmazione del Codice fosse fondamentale[481].
Per quel che qui rileva, l'art. 810 (*Nozione*) del Codice civile stabilisce che "*sono beni le cose che possono formare oggetto di diritti*".
Il Codice non definisce, bensì presuppone la nozione di cose e vi include i beni.

---

[479] Fatto-fonte dell'acquisto della capacità giuridica *ex* art. 1 c.c..

[480] Tra le fonti dell'obbligazione, l'art. 1173 c.c. menziona il contratto, strumento di razionalizzazione del conflitto di interessi tra le parti, il cui modello logico-formale è delineato dall'art. 1321 c.c. e i cui "*requisiti*" sono cesellati all'art. 1325 c.c..

[481] Il contratto finiva per funzionare principalmente da strumento di circolazione della ricchezza e le obbligazioni, che nel Codice previgente neppure godevano di una propria collocazione ed autonoma disciplina, serbavano una funzione ancillare rispetto a quella assolta dai diritti reali.

Sono "cose" quelle entità materiali atte a soddisfare un bisogno umano, con ciò significando che ad acquistare rilevanza giuridica non è la materia circostante, bensì quella porzione di realtà da essa separata.
Se la cosa rappresenta tutto ciò che è presente *in rerum natura*, il bene, per essere tale, richiede che la cosa, oltre ad esistere, formi oggetto di diritti. In tal senso, "*cosa è ogni entità che può essere oggetto di diritti, e quindi, ogni parte del mondo esterno capace di essere assoggettata al nostro potere e idonea a produrre un'utilità economica. Per siffatte entità, suscettibili di formare oggetto di diritti, il codice riserva la denominazione di beni*"[482].
Materialità ed oggettività di diritti sono, quindi, i due predicati all'interno dei quali muoversi per una compiuta analisi dei concetti di "cosa" e di "bene".
Secondo la tradizionale concezione materialistica non è cosa ciò di cui non si può avere la disponibilità reale. Le cose giuridicamente rilevanti sono, perciò, soltanto quelle che assolvono ad una funzione economica, che soddisfano un bisogno reale.
Sotto il primo profilo, la tradizione giuridica ci consegna una coincidenza tra bene in senso giuridico e le *res corporalis*, cioè la *res* che si poteva *manu capere*, afferrare, prendere, detenere.
Tale concezione è stata progressivamente abbandonata o, più schiettamente, non ha resistito alle evoluzioni sociali, economiche, scientifiche e tecnologiche. La stessa realtà delle cose muta col tempo sino ad allargare la nozione di "cosa" e a suggerire una rivisitazione strutturale del concetto di "bene".
A contraddire la nozione materialistica sono le stesse cose future nonché quei beni che non sono cose in senso materiale (fra tutte, l'aria quale indiscusso bene immateriale).
Sotto il secondo menzionato profilo, è sufficiente osservare che l'esistenza di una funzione economica è, semmai, il presupposto della rilevanza giuridica di una *res*, non già la sua giustificazione.
Ne consegue che, per quanto la nozione di cosa nella tradizione sia stata assunta in riferimento alle sole cose corporali, deve prediligersi un'interpretazione estensiva tale da ricomprendervi sia i beni comuni, a cui è estranea ogni logica appropriativa[483], che le stesse entità immateriali[484].
Per poter essere considerata "bene" la cosa non può limitarsi ad esistere. Deve formare oggetto di diritti.
Assunta dal diritto, la cosa quale elemento materiale cessa di essere tale e diviene bene in senso giuridico[485].

---

[482] M. DE RUGGIERO, *Istituzioni di Diritto Privato,* Principato, Roma, 1949, p. 496.
[483] Il riferimento è a quei beni che, per definizione, assolvono ad una funzione pubblica, non rispondente allo schema dello *ius excludendi omnes alios.* Si pensi alla tutela dell'ambiente, bene libero, fruibile dalla collettività come dai singoli.
[484] A titolo esemplificativo, il *software* quale creazione intellettuale.
[485] La cosa non è altro che un'entità del mondo fenomenico in attesa di riconoscimento da parte dell'ordinamento, il che avviene mediante un procedimento di qualificazione normativa, definendosi la qualificazione come l'assegnazione di un fatto ad una categoria giuridica o giuridicamente rilevante e la normazione come la destinazione di quel fatto di realtà, ormai giuridicamente qualificato, ad una data norma giuridica che ammanta quel fatto, fungendo da legge di copertura dello stesso.

Il concetto è decisamente più ampio e mobile.
Tutto ciò che desta un interesse meritevole di tutela da parte dell'ordinamento giuridico può essere oggetto di diritti attraverso il giudizio selettivo e tipizzante dell'ordinamento medesimo.
Le parti del corpo umano, ad esempio, sono beni giuridici in relazione a determinati interessi valutati come meritevoli di protezione dall'ordinamento giuridico; così il rene è un bene solo ai fini del trapianto, il cui effetto è un atto di destinazione ma anche di disposizione del proprio corpo, ponendosi, dunque, come oggetto di un diritto del donante ma anche, a prelievo eseguito, del donatario.
La valutazione ordinamentale risente chiaramente dell'evolversi dello stile di vita dell'uomo, della sua filosofia di vita, del suo approccio con le problematiche quotidiane, perché il diritto deve (sforzarsi di) essere in grado di intercettare nuove aree di protezione, aprendosi ad esigenze nuove, non solo economiche, ma anche inerenti alla sfera del sentimento.
Tale attualizzazione è quella che sta alla base del riconoscimento degli animali quali beni senzienti, dotati di una propria intelligenza e sensibilità, a tal punto da riconoscere loro diritti quali limiti alle azioni umane. Nello stesso solco, si colloca quel *trend* ermeneutico che ha riconosciuto come risarcibile il danno da perdita dell'animale da affezione[486].
Talvolta tale attualizzazione è il frutto di una vera e propria rivoluzione.
Non sconvolge oggi l'idea che oggetto di diritti possa essere anche un'entità ideale (il *software*, l'opera dell'ingegno, l'azienda).
Il tramonto della concezione tradizionale legata alla materialità del bene rende possibile creare sempre più nuove figure di beni oggetto di tutela.
È da condividersi la conclusione secondo cui, quando una qualsiasi entità ideale viene oggettivata, essa può divenire il punto di riferimento di molteplici interessi riconducibili a soggetti diversi[487].
Pensare al concetto di "bene" come a qualcosa di qualitativamente modulabile costituisce, senza dubbio, un'audace presa di coscienza, uno "strappo alla regola" se si considera il profondo bisogno che l'ordinamento privato ha di categorie ordinanti e di strutture categorizzanti[488].
Forse i tempi non sono ancora maturi per una rivisitazione normativa della figura di "bene giuridico", tuttavia nessuna rivoluzione è un letto di rose.

---

[486] Precedenti in tale direzione si registrano nella giurisprudenza di merito, fra tutte Trib. Rovereto del 18/10/2009 e Trib. Bari del 22/11/2011. Non v'è dubbio che la morte di un animale integri una lesione del diritto di proprietà del suo padrone, in quanto gli animali sono considerati nel nostro ordinamento semplici *res*, ossia comuni oggetti di proprietà. Ma la risarcibilità del danno non patrimoniale da morte dell'animale da affezione deriva dal riconoscimento del rapporto affettivo consolidato tra proprietario ed animale, quale valore munito di presidio costituzionale attraverso l'art. 2 della *Grundnorm*. Il rapporto uomo-animale va considerato espressione di una delle attività realizzatrici della persona umana, secondo una lettura evolutiva dei diritti costituzionalmente inviolabili.
[487] In tal senso, W. BIGIAVI, *La Proprietà*, Torino, 1968, p. 28.
[488] Tutto l'ordinamento civile è pervaso dal principio di categorizzazione, alla stregua del quale tutto ciò che risulta disciplinato è per questo dotato del requisito della giuridicità, *ergo* ordinato e normato secondo le esigenze della ragione umana.

Una rivoluzione in diritto è sempre una lotta, silente ma dirompente, tra futuro e passato.

Il processo di trasformazione dei beni in servizi fruibili mediante la Rete
L'evento che ha reso memorabile il 1969, oltre all'avvenuto sbarco dell'uomo sulla Luna, è stato la nascita di Internet.
All'iniziale diffidenza è seguita l'esaltazione. All'euforia è subentrata la normalità.
La cd. "rete delle Reti" non finisce di rappresentare ancora oggi una realtà economica interessante, robusta e tutt'altro che virtuale.
Ogni transazione economica all'interno della Rete è e presuppone anche una interazione sociale, sebbene effettuata elettronicamente; l'interconnessione tra i diversi mercati ed i suoi operatori economici rappresenta un notevole salto di qualità; le informazioni – soprattutto quelle inerenti a beni e servizi – sono alla portata di tutti e viaggiano più velocemente, abbattendo distanze e confini, così rendendo Internet la principale risorsa informativa di questi tempi.
Ma Internet è anche la frontiera in cui le regole del mercato che siamo abituati a conoscere subiscono violenza.
Non è più l'offerta a guidare il mercato, bensì la domanda.
Internet si rivolge ad un pubblico sempre più ampio, più adulto, più ricco e forte per livello di consumi. E decisamente più consapevole: il consumatore desidera acquistare e, a tal fine, si documenta e sceglie.
Il consumatore, che ha scoperto le opportunità di informazione che i *media* digitali gli riservano e che ha ormai imparato a sfruttarle, s'impone sul mercato, non più *locus* privilegiato dei *competitors.*
E' un consumatore sempre bisognoso di informazione e trasparenza (si pensi agli obblighi informativi posti a carico del professionista o al riconoscimento di una particolare forma di recesso fondata sul diritto di ripensamento), ma è meno debole ed in grado di condizionare, in mobilità ed in qualunque momento, il mercato con le proprie esigenze ed aspettative.
Nel panorama appena abbozzato, l'impresa non può permettersi di restare sideralmente lontana dai bisogni dei suoi destinatari. Deve saper intercettarli e trasformarli in domanda per generare un'offerta che colga ed anticipi i desideri dei clienti e degli utenti[489].
Anche l'industria, incentrata rigorosamente sul prodotto e sulla produzione dei beni materiali, ha subito cambiamenti epocali.
E' lo stesso concetto di bene a subire trasformazioni.
Anzitutto, il bene non s'identifica più solo in ciò che consente di soddisfare un bisogno di vita reale. Nella società contemporanea, digitalizzata ed interconnessa, l'acquisto di beni materiali non è più strettamente legato all'effettiva necessità; l'acquisto è spesso impulsivo, così frequente da diventare compulsivo[490].

---

[489] Si rinvia a E. GUIDOTTI, *Dove ci porta Internet. Una crisi annunciata e molte opportunità*, Franco Angeli, Milano, p. 34.
[490] La ricerca "*PwC Total Retail Survey 2014*" ha analizzato un campione di 15 mila *e-buyers* in 15 Paesi, tra cui oltre mille italiani, allo scopo di tracciare un *identikit* del consumatore-tipo che si avvale della rete per effettuare il proprio shopping. Dai dati raccolti è emerso gli italiani

Il bene s'identifica sempre meno con il prodotto.
"*L'enciclopedia che da prodotto cartaceo diventa servizio fruibile on-line, l'orario ferroviario in Rete, i quotidiani on-line, i sistemi di gestione dei dati aziendali erogati sottoforma di applicazioni sono solo alcuni esempi del passaggio dalla società caratterizzata dalla produzione e dallo scambio di beni alla società orientata all'accesso dei servizi*"[491].
Sono comparsi i primi carrelli virtuali, dei veri e propri carrelli della spesa con cui è possibile acquistare più beni contemporaneamente in una sola volta.
Gli stessi siti *e-commerce* sono in fibrillazione ed iniziano pian piano a dotarsi di *apps* (applicazioni *software*) mobili, da cui si possa comprare tramite uno *smartphone* mentre ci si reca al lavoro o con un *tablet* la sera davanti alla tv[492].
Un cambiamento così radicale del modo di produrre, vendere e distribuire reca con sé un cambiamento dell'interazione.
L'effetto collaterale più dirompente è, senza dubbio, la disintermediazione globale.
La Rete è diventata uno straordinario canale distributivo che annulla gli spazi tra l'azienda ed i clienti, accorcia la catena distributiva e riduce i costi ed abbrevia il *time to market.*
Il consumatore fa da sé, perché l'acquisto di un bene diventa sempre più gestione di un servizio.
Le nuove tecnologie consentono agli utenti della Rete di svolgere autonomamente tutta una serie di attività (di ricerca e non solo) che in passato richiedevano figure di mediazione, legate, in particolare, ai processi di distribuzione ed alla vendita di beni e servizi[493]. Chi acquista un biglietto dell'autobus o organizza una vacanza via Internet svolge un lavoro che sarebbe altrimenti stato a carico dell'offerta (bigliettaio o agenzia viaggi) o che comunque sarebbe stato intermediato da una persona fisica.
Al paradigma verticale è succeduto quello orizzontale, laddove non esiste più produttore/emittente/decisore da una parte e la massa indistinta ed amorfa dei consumatori dall'altra, bensì co-esistono una pluralità di attori sociali che interagiscono reticolarmente[494].
I risvolti in termini di costi sono patenti: la relazione diretta tra consumatore finale ed azienda permette di fare a meno, abbattendola, della costosa mediazione di figure intermedie. Parimenti evidenti sono i risvolti in termini di tagli occupazionali e di messa in discussione di talune figure professionali.

---

sono attivi nello shopping *on-line* tanto quanto gli utenti degli altri Paesi europei: il 25% degli intervistati compra *on-line* almeno una volta alla settimana.
Se lo shopping in Rete diventa più frequente, quasi un'abitudine irrinunciabile, il rischio di acquisti cd. consolatori e più alto, sì da generare comportamenti devianti.
[491] *Idem*, p. 73.
[492] Anche le *mobile apps* devono soddisfare, in termini di tecnologia ed affidabilità, gli utenti della Rete. Devono, altresì, risultare accattivanti nonché in linea con le preferenze degli utenti, affinché si traducano in un reale vantaggio competitivo per l'azienda.
[493] P. HAWKEN nel suo profetico *The Next Economy* del 1983.
[494] Tratto da *La Rete influenza chi non la vive*, di T. GIUNTELLA, in *L'Huffington Post* 23/04/2013

Sotto il primo profilo, il pensiero corre al comparto musicale, tra i primi settori ad essere investito dal fenomeno di disintermediazione. Pirateria, ascolto *on-line*, *download* gratuito di *file* musicali continuano a far registrare un calo degli utili da parte delle case discografiche, con drammatici tagli dell'occupazione.
Sotto il secondo profilo, si segnala la profonda "crisi d'identità" che l'editoria libraria sta vivendo. Non solo l'irrompere sulla scena dell'*e-book*, ma anche l'emergere del più recente fenomeno del *selfpublishing* (titoli autopubblicati)[495] sta mettendo a dura prova la funzione culturale stessa dell'editore, legata da sempre al libro cartaceo, alla stampa, alla distribuzione.
La tecnologia è anche questo.

Identikit del consumatore on-line

Nel linguaggio comune, il termine "identikit" designa il procedimento di "*ricostruzione approssimata di un tipo, di un carattere mediante accostamento di tratti psicologici, sociologici, ecc.*"[496].
Comprendere chi sia il consumatore attivo in tempi di sempre più crescente alfabetizzazione informatica e digitalizzazione, quali siano i suoi comportamenti, i suoi bisogni e le sue prospettive è fondamentale.
Esistono nell'ambito delle indagini di mercato tecniche di profilazione dell'utente telematico, che possono determinare il successo o l'insuccesso di un'impresa.
La cd. profilazione consente, infatti, sia di orientare i consumi adattando un certo prodotto ad una categoria di consumatori-tipo, determinata ed individuata in relazione ad una combinazione di parametri (quali, ad esempio, età, sesso, titolo di studio, professione, ecc.), sia di incentivare nuovi consumi tramite la creazione e commercializzazione di nuovi prodotti, funzionali al soddisfacimento dei bisogni dei consumatori. Ma, più incisivamente, la profilazione dell'*e-buyer* permette di calibrare il prodotto rispetto al mercato potenziale[497].

---

[495] Gli autori si auto-pubblicano in formato digitale senza passare attraverso l'intermediazione delle **case editrici**.

[496] **Dall'inglese** *identi-kit ‹aidènti kit›*, «identificazione» e *kit* «cassetta, attrezzatura». 1. Sistema d'identificazione personale usato dalla polizia, consistente nel ricostruire la fisionomia di un ricercato attraverso la sovrapposizione di diapositive in fogli plastificati contenenti ciascuna particolari somatici diversi per forma e dimensioni (sagome facciali, forme di occhi, di naso, di bocca, tipi di capigliatura), scelte in una serie assai varia e numerosa, seguendo le indicazioni fornite da testimoni oculari o dalla vittima stessa; l'identificazione può essere anche tentata attraverso disegni che vengono eseguiti da specialisti sulla base delle indicazioni testimoniali e riproposti via via ai testimoni per ottenere una sempre maggiore approssimazione; tali procedure vengono oggi sempre più spesso eseguite mediante appositi programmi informatici. **2.** Ricostruzione approssimata di un tipo, di un carattere mediante accostamento di tratti psicologici, sociologici, ecc.. Così, *Treccani.it*, Vocabolario *on-line*.

[497] Sul punto, G. MACCABONI, *La profilazione dell'utente telematico fra tecniche pubblicitarie on line e tutela della privacy*, in Riv. *Il diritto dell'informazione e dell'informatica*, Anno XVII, n. 3, Maggio-Giugno 2001, Giuffrè, pp. 425-426.

La tecnica di profilazione risponde all'attuale trasformazione del sistema di produzione e di distribuzione dei beni da sistema prevalentemente di *produzione di massa* a sistema di *personalizzazione di massa*[498].
Se la produzione di massa ha generalizzato i prodotti rendendoli largamente sostituibili e destinandoli a svolgere la loro unica funzione di assolvere bisogni standardizzati, la personalizzazione assume il consumatore a figura centrale su cui focalizzare l'attenzione[499].
Il consumatore *on-line* è sempre più qualcuno.
Può diventare il più stretto alleato dell'impresa, nel momento in cui commenta in termini neutrali o positivi, twitta o ritwitta il *link* del sito di un'impresa; viceversa, può demolirla sanguinosamente.
Il consumatore è visto come una variabile che è bene conoscere e controllare.
Di seguito si delineano i contorni del consumatore 2.0.
Ogni consumatore che acquista nel nuovo contesto digitale viene chiamato "utente".
Dai contenuti della ricerca "*E-commerce Consumer Behaviour Report 2012*", realizzata da ContactLab in collaborazione con Netcomm, si evince come il profilo di chi fa acquisti *on-line* sia molto simile a quello dei navigatori *standard:* una persona giovane di età (meno di 34 anni), istruita (in possesso di laurea), che lavora come impiegato o è ancora studente e con un reddito medio-alto (oltre 35 mila euro).
Lo scenario dipinto, invece, da Audiweb[500] allo IAB Forum 2016 ha mostrato un risultato del tutto inaspettato, rilevando un aumento della fruizione di Internet del 79% rispetto all'anno precedente nei per quanto riguarda la fascia compresa tra i 55-74 anni, sempre più incline a fruire dei servizi della Rete e del mercato digitale.
L'identikit abbozzato non è completo se non si evidenzia che il consumatore *on-line* è altresì: attore protagonista; mobile ed interconnesso; attento pianificatore; dettagliatamente informato; bisognoso di socialità.
Si è già visto come il mercato sia profondamente cambiato passando da una logica di produzione di massa ad una che si lascia guidare, più o meno consapevolmente, dalle reali necessità ed aspettative del consumatore finale. Egli non è più considerato un elemento passivo, il mero terminale di una promozione o di una

---

[498] La definizione di "mass customization" è di R. Samarajiva (*Interactivity As Tough Privacy Mattered*, in *Agre-Rotem-Berg, Technology and Privacy: The New Landscape*, Massachusetts, 1977, 277). E' Grippo (*Analisi dei dati personali presenti su Internet. La legge n. 675/1966 e le reti telematiche,* in Riv. crit. dir. priv., 1997, 641) a richiamare l'attenzione sul fenomeno della "personalizzazione di massa" come strategia che s'inserisce nella crescente personalizzazione dei consumi.

[499] In questo innovato contesto, il *database* clienti, inteso come contenitore dell'esperienza maturata con il cliente, è diventato uno strumento preziosissimo per un'efficace ed efficiente, nonché stabile e duratura, relazione con il cliente-utente. Il *Customer Relationiship Management* è l'insieme degli strumenti per la gestione dei rapporti con la clientela; è un approccio integrato che eleva il cliente a fulcro del *business* e la sua fiducia, fedeltà e lealtà a veri e propri obiettivi in grado di accrescere nel tempo la capacità competitiva e il valore di mercato dell'impresa.

[500] www.audiweb.it.

vendita o il fine del *marketing*, ma si è trasformato in elemento attivo, protagonista stesso del consumo.
Il consumatore di oggi non si limita ad acquistare un prodotto, bensì si informa sullo stesso e sfrutta le informazioni raccolte per condividere con gli altri la propria opinione, positiva o negativa che sia.
Diviene in tal modo protagonista attivo anche del processo di comunicazione e pubblicizzazione di un prodotto o di un servizio, vero e proprio *sponsor* a costo zero dell'impresa.
Il nostro consumatore 2.0 è continuamente in movimento ed interconnesso, e per questo ha più opportunità di acquisto rispetto al passato (siti *web*, *smartphone*, *mobile-apps*, comparatori di prezzo, *newsletter*, *social networks*, sfogliatori multimediali)[501]
Nuove opportunità di acquisto, nuove occasioni di contatto.
Il vero cambiamento portato dalla Rete non è stato meramente tecnologico, ma soprattutto sociale. Lo spazio fisico del luogo d'acquisto ha ceduto il passo ad uno spazio virtuale in cui l'utente s'impone anche nella fase di post-acquisto, condividendo la propria esperienza d'acquisto sui *social networks*.
Tutti sono concordi nel ritenere che il consumatore *on-line* sia un attento pianificatore rispetto al consumatore tradizionale. Lo stesso non agisce *sic et simpliciter* sulla base di un calcolo razionale, tenendo conto del reddito disponibile (o atteso) e delle variazioni dei prezzi, ma pianifica l'acquisto valutando tutto ciò che orbita intorno al bene o al servizio: dalla pubblicità all'influenza delle comunità virtuali, dalle caratteristiche del bene al suo prezzo, e finanche del suo valore emozionale e grado di gratificazione[502].
La tecnologia, come ovvio, condiziona non solo l'esito, ma ogni singola fase del processo di acquisto del consumatore, principiando dalla percezione del bisogno[503].
Questo fa del consumatore telematico un acquirente attento, informato, cauto e selettivo, sempre più in grado di valutare la convenienza dell'affare, non "contaminato" dalle influenze esterne generate dai personali di vendita.
Proprio le informazioni reperite sul sito del produttore piuttosto che attraverso i *social networks* fanno del nostro consumatore un acquirente consapevole.
Raccogliere informazioni riguardanti un prodotto o un servizio prima di procedere alla transazione è un fenomeno rilevante soprattutto tra gli utenti più giovani. Questi tendono a condividere virtualmente tanto l'interesse per determinate categorie di

---

[501] Il *mobile* rappresenta il canale pressoché ineludibile per connettersi alla Rete, in modo particolare attraverso lo *smartphone*.
L'indagine Nielsen "Dallo *smartphone* allo *smartshopper*" ha rivelato come il 30% degli italiani, grazie alla diffusione di *smartphone* e *connected device*, sta modificando il proprio processo d'acquisto. I nuovi consumatori sono caratterizzati dalla costante richiesta di nuove modalità di coinvolgimento come personalizzazione, geolocalizzazione, *gamification* dei processi di *loyalty* (fidelizzazione della clientela attraverso giochi e *contest* premianti sviluppati su piattaforme *web based*) e di una *shopping experience* multicanale, dentro e fuori dal punto di vendita[501] (tratto da www.nielsen.com).
[502] Mentre in passato l'acquisto era dettato esclusivamente dalla funzionalità, ora la scelta di un prodotto si fonda anche sulla gratificazione personale che esso rappresenta.
[503] *Ling et al.*, 2010, in *Riva* 2010.

beni o servizi, quanto il proprio acquisto *on-line*, talvolta ad ostentarlo quasi fosse il "vello d'oro".
Sono quei giovani utenti che vivono Internet come luogo in cui far rumore, in cui far parlare di sé anche attraverso ciò che si ha.
Sullo sfondo si staglia un dato di rilevanza generale: il consumo, nell'esperienza che tutti quotidianamente sperimentiamo, tende a diventare un effettivo strumento di socializzazione.
Nell'era di Internet tale dato si acutizza.
L'acquisto sul *web* tende ad identificarsi sempre più come una "esperienza sociale" di non secondario momento. Lo stesso negozio *on-line* può diventare un luogo in cui si relaziona, ci si diverte e ci si sente emotivamente coinvolti.
Il rapporto umano non è assente come si potrebbe pensare, ma veicolato attraverso immagini e suoni che scuotono l'utente al pari della possibilità materiale di toccare o gustare un prodotto.
Il "centauro" che i mercati hanno di fronte richiede un nuovo e diverso modo di approcciare. Egli stesso diventa un capitale su cui investire.
Non si nega che ciò richieda tempi lunghi e investimenti (sia commerciali che organizzativi) corposi, ma è l'unica strada percorribile per conquistare nuovi mercati e conseguire maggiori profitti.

L'aspetto telematico del contratto di compravendita di beni
Trattare dei contratti di compravendita di beni conclusi *on-line* significa trattare primariamente dell'*e-commerce*.
Trattare del commercio elettronico significa prioritariamente prendere atto della trasformazione dell'attività di commercio.
La locuzione "*e-commerce*" si presta a varie interpretazioni.
Una prima indicazione proviene dalla Commissione UE che, nella Comunicazione "*Un'iniziativa europea in materia di commercio elettronico*", definisce il "commercio elettronico" come "*lo svolgimento di attività commerciali e di transazioni per via elettronica e comprende attività diverse come a commercializzazione di beni e servizi per via elettronica, la distribuzione on-line di contenuti digitali, l'effettuazione per via elettronica di azioni finanziarie e di borsa, gli appalti pubblici per via elettronica ed altre procedure di tipo transattivo delle Pubbliche Amministrazioni*"[504].
La definizione offre, anche se a compasso allargato, un primo significativo elemento: il commercio elettronico non è solo quello relativo agli scambi realizzati tra *computers* collegati in una rete telematica, ma a tutte le fattispecie che implicano l'adozione di strumentazioni elettroniche, indipendentemente dalle modalità e dalle procedure seguite (videotext, televendite in radiodiffusione ecc.).
Se nella concezione di "commercio", secondo la tradizione della nostra legislazione commerciale, confluisce il rapporto intercorrente tra una impresa ed un'altra (commercio all'ingrosso) o tra un'impresa ed un consumatore finale (commercio al dettaglio), in quella di "commercio elettronico" refluiscono anche quelle fattispecie

[504] Comunicazione (97) 157 al Parlamento europeo, al Consiglio, al Comitato economico e sociale e al Comitato delle regioni, 15/04/97.

intercorrenti tra e con la pubblica amministrazione, a significare la trasformazione dei rapporti di matrice pubblicistica e delle regole di diritto privato.
Il nostro ordinamento impiega l'espressione "commercio elettronico" esclusivamente all'art. 21 D. Lgs. n. 114 del 31 marzo 1998, laddove prevede, a carico del Ministero dell'Industria, il compimento di azioni rivolte a promuovere l'introduzione e l'uso del commercio elettronico senza, però, che sia data nessuna ulteriore indicazione circa i confini giuridici di questa forma di commercio o sulle disposizioni ad esso riferibili. A questo si affianca la disciplina dettata dal D. Lgs. n. 50/1992 sulla vendita effettuata fuori dei locali commerciali, che non può certo dirsi esaustiva. La disciplina del commercio elettronico è regolamentata anche dalle norme in tema di *privacy* e dalle stesse norme codicistiche. Esistono poi discipline speciali, applicabili, se del caso, con i dovuti "adattamenti" interpretativi legati alla realtà informatica e telematica.
Questo il fronte delle regole applicabili a tale precipua modalità di contrattazione.
I vantaggi competitivi che essa comporta, soprattutto nell'acquisto di beni, sono innumerevoli.
Anzitutto, la comodità: i negozi *e-commerce* sono aperti tutti i giorni e sono accessibili ventiquattro ore al giorno. Valore aggiunto non indifferente è che la merce viene ricevuta direttamente a casa.
In secondo luogo, la convenienza che deriva dall'abbattimento di costi indiretti, come quelli generati dal posteggio e dal carburante.
Ancora, il risparmio in termini di energia fisica (si pensi agli spostamenti) e mentale (come l'intrattenere rapporti con il venditore o con il personale addetto alla vendita).
Da ultimo ma non per ultimo, la velocità di acquisto, con la possibilità di ottenere il bene in tempi spesso inferiori a quelli ai quali si andrebbe incontro ordinando lo stesso ad un rivenditore.
A seconda della modalità di conclusione, è possibile frazionare i contratti *on-line* in due grandi categorie: quelli conclusi mediante lo scambio di posta elettronica e quelli conclusi a seguito dell'accesso ad un sito *web* appositamente predisposto dall'offerente[505].
In riferimento ai primi, non sussistono apprezzabili differenze rispetto ai contratti perfezionati a distanza tramite fax o posta tradizionale. Secondo il combinato disposto artt. 1326 e 1335 c.c., il contratto si riterrà concluso nel luogo in cui si trova il *provider* (o il *server provider*) che ha stipulato il contratto di accesso alla rete, essendo questo equiparabile al luogo di domicilio del proponente quando riceve l'accettazione della controparte[506].
I contratti conclusi invece attraverso l'accesso ad un sito internet richiedono da parte dell'utente-acquirente un'attività ulteriore e successiva rispetto alla semplice manifestazione di volontà (*recte,* accettazione). Sul sito vengono descritte le caratteristiche del bene, il prezzo, le modalità di consegna e di pagamento; il sito impone di interagire con persone fisiche per conoscere la disponibilità dell'oggetto,

---

[505] G. FINOCCHIARO e F. DELFINI (a cura di), *Diritto dell'informatica*, Utet Giuridica, 2014, pp. 550-551.
[506] G. FINOCCHIARO e F. DELFINI (a cura di), *op. cit.*, p. 551.

i tempi di consegna ecc.. La stipulazione dell'accordo passa dall'accettazione dell'offerta (art. 1336 c.c.) ed il relativo contratto si ritiene concluso nel luogo in cui l'obbligazione è sorta, tale essendo quello ove si trova il *server* del *provider* che ha stipulato il contratto di accesso alla rete del sito[507].
Il tipo contrattuale normalmente impiegato nelle transazioni *on-line* per l'acquisto di beni è la compravendita, ma non è esclusa la possibilità di ricorrere a fattispecie negoziali diverse come, ad esempio, la locazione, la spedizione, il noleggio.
I contratti di compravendita appartengono alla categoria contratti consensuali ad effetti reali, *ex* art. 1376 del Codice civile, che si concludono con la semplice manifestazione del consenso[508].
Nel nostro ordinamento giuridico, il contratto è prima di tutto un incontro di consensi (l'accordo, il primo fra i requisiti di cui all'art. 1325 c.c., è il fatto nel quale s'identifica il contratto). La consegna della *res* rappresenta un elemento necessario ma non sufficiente ai fini del perfezionamento di alcune fattispecie contrattuali.
Ciò permette di distinguere la categoria dei contratti reali, ove la consegna assume rilievo nella fase di formazione del vincolo negoziale, dalla categoria dei contratti – qui al vaglio – consensuali, in cui la consegna concerne la fase dell'esecuzione delle prestazioni pattiziamente assunte.
I contratti reali, quindi, non rappresentano un diverso modello di formazione dell'accordo, bensì un diverso schema di formazione del contratto, caratterizzato da un elemento strutturale aggiuntivo (consegna del bene) che supplisce alla vacuità causale del modello negoziale.
Nei contratti di compravendita l'efficacia reale può essere differita o anche meramente eventuale[509], potendosi postergare, sul piano effettuale, il fatto della consegna.
Ai fini della nostra ricognizione, il contratto di compravendita *on-line* non trova alcuna disciplina specifica nel Codice del consumo, che si limita a rinviare al D. Lgs. 70/2003 relativo all'*e-commerce.*
A permeare la normativa sulla vendita *on-line* esistono dei principi fondamentali che possono essere così riassunti: libertà[510], non discriminazione degli strumenti

---

[507] G. FINOCCHIARO e F. DELFINI (a cura di), *op. cit.*, pp. 551-552.
[508] Recita l'art. 1376 c.c.: *"Nei contratti che hanno per oggetto il trasferimento della proprietà di una cosa determinata, la costituzione o il trasferimento di un diritto reale ovvero il trasferimento di un altro diritto, la proprietà o il diritto si trasmettono e si acquistano per effetto del consenso delle parti legittimamente manifestato".*
[509] Il trasferimento della proprietà, in questi casi, può avvenire in due modi: o la cosa oggetto di contratto passa nella titolarità del compratore solo a consegna avvenuta (ovvero con la consegna al vettore come) oppure l'effetto reale (trasferimento della proprietà) è subordinato alla individuazione (o specificazione) della merce, che avviene quando le parti hanno determinato già il bene (oppure quando la cosa viene consegnata al vettore)
[510] Il primo principio, di libertà, allude al fatto che, tendenzialmente, tutti i beni/servizi possono essere oggetto di *e-commerce* (salvo ovvia esclusioni, come quando si versa in materia di salute pubblica, ecc.).

telematici[511], principio del Paese d'origine (Mercato Interno)[512], tutela del consumatore.
Superato il Rubicone degli inquadramenti e delle definizioni, ci limitiamo in tale sede a tratteggiare i contorni di questo particolare tipo di contratto, senza anticipare quanto sarà trattato più dettagliatamente nei successivi capitoli.
Anzitutto, al contratto di compravendita *on-line* è applicabile la disciplina in tema di contratti conclusi attraverso moduli o formulari (art. 1342 c.c.), dettata per rispondere all'esigenza della rapida conclusione degli affari ed imposta dalla realtà economica moderna, di massa e globalizzata.
Si tratta, in sostanza, di prestampati che contengono l'intero regolamento contrattuale predisposto o da entrambe le parti del contratto (secondo lo schema del contratto normativo) oppure da una di esse (come nel caso delle polizze assicurative) o, ancora, da soggetti diversi dai contraenti.
Il sacrificio della libertà di trattativa in nome di una riconosciuta utilità sociale ed esigenza di uniformità.
In pratica, il contratto di compravendita di beni perfezionato sul *web* si conclude mediante la compilazione di un modulo (cd. *form*) elettronico di richiesta ed il suo invio al fornitore-venditore.
Una volta scelto il prodotto, al consumatore basterà acquistare con un "click". Esattamente, la conclusione del contratto *de quo agitur* avviene attraverso il meccanismo c.d. del "*point and click*".
Il fornitore dovrà riepilogare le condizioni generali di vendita e quelle particolari applicabili al contratto, applicandosi a questo punto la presunzione di conoscenza: l'ordine e la ricevuta si considerano pervenuti quando le parti alle quali sono indirizzati hanno la possibilità di accedervi (si tratta di una scelta peculiare del nostro legislatore).
Il pagamento da parte dell'acquirente può avvenire unicamente con uno dei metodi indicati nell'apposita pagina *web* dal fornitore. Le comunicazioni relative ai pagamenti devono avvenire su un'apposita linea del fornitore protetta da sistema di cifratura.
Il fornitore provvede, infine, a recapitare i prodotti selezionati e ordinati con le modalità scelte dall'acquirente o indicate sul sito *on-line* e confermate nella *e-mail* inviata al compratore.

---

[511] Il secondo principio allude al fatto che chi apre un negozio *on-line* non deve essere sottoposto a una disciplina più restrittiva di chi apre un negozio fisico: non sono pertanto richieste autorizzazioni diverse da quelle dei negozi fisici.

[512] I virtù di tale principio, nell'*e-commerce* la vendita è generalmente regolata dalla legge dello Stato ove si trova il domicilio/sede del venditore. Va subito evidenziato che questo terzo principio del Paese d'origine (Mercato Interno) si applica nelle vendite tra non-consumatore. Nel diverso caso di vendite effettuate ad acquirenti non professionali (i consumatori), il principio del Paese d'origine (Mercato Interno) è destinato a cedere il passo al quarto principio della tutela del consumatore, in forza del quale si applicano inderogabilmente alcune norme della legge dello Stato del domicilio del consumatore che prevedono precise obbligazioni in capo al venditore; questo perché si presume che il consumatore conosca meglio le normative di casa propria e si aspetti un certo genere di tutela.

Le modalità, i tempi e i costi di spedizione devono essere chiaramente indicati e ben evidenziati all'interno del pluricitato sito.
Agendo attraverso la Rete, compratore e venditore entrano in contatto diretto fra loro a prescindere dalla ubicazione geografica e dalla distanza fisica che li separa.
Si tratta del modo più rivoluzionario e democratico compravendere, facendo allo stesso tempo informazione.
Il commercio elettronico non si esaurisce nella compravendita *on-line*, ma la compravendita *on-line* è senza dubbio lo strumento contrattuale principale al servizio dell'*e-commerce*.

Il commercio dinamico dei beni: le aste on-line
Origini ed evoluzione del fenomeno
Pensare alle aste *on-line* come ad un fenomeno di moderna affermazione è, in parte, un errore.
L'utilizzo della Rete per realizzare (anche) finalità commerciali è certamente il portato della recente innovazione tecnologica ed informatica, da cui tutti siamo ormai attratti e stimolati. A ben vedere, però, le aste telematiche non sono altro che una originale versione del commercio tradizionale applicato al mondo delle transazioni telematiche.
Delle odierne forme d'asta si rinvengono impronte nel passato più o meno prossimo.
Di donne - quelle in età da marito - vendute all'asta scriveva nel 500 a.C. Erodoto[513], facendosi portavoce di un bizzarro quanto funzionale metodo che usavano i babilonesi per sposarsi.
Vere e proprie aste venivano indette nel tardo Medioevo per il disumano commercio degli schiavi.
Nei Paesi Bassi, tra il XVI e il XVII secolo, si svilupparono le prime aste di oggetti d'arte (dipinti e stampe): il prezzo dell'oggetto subiva variazioni al ribasso fino alla sua aggiudicazione. Questo tipo di asta è da allora nota come "asta olandese".

---

[513] "*E queste le leggi che vigono presso i Babilonesi. La più saggia, secondo la mia opinione. è questa che, sento dire, è in uso anche presso i Veneti di Illiria.*
Tutti gli anni, una volta all'anno nei singoli villaggi, si faceva questa cerimonia: tutte le fanciulle che erano quell'anno in età da marito erano radunate insieme e venivano fatte entrare tutte in un sol luogo. Intorno ad esse stavano in piedi gli uomini in gran numero. L'araldo pubblico, facendole alzare ad una ad una, le metteva in vendita a cominciare dalla più bella di tutte. Quando questa, trovato un ricco compratore, veniva venduta, il banditore ne metteva all'alta un'altra, la più bella dopo la prima. Naturalmente venivano vendute perché poi fossero sposate.
Tutti i facoltosi di Babilonia in età da prendere moglie, cercando di superarsi con le offerte, si assicuravano le donne più graziose; invece quelli del popolo che aspiravano al matrimonio del bell'aspetto non sapevano che farsene e prendevano in moglie le ragazze più brutte con una ricompensa in denaro.
Infatti, il banditore, quando aveva finito di vendere all'incanto le fanciulle più avvenenti, presentava la più brutta o, se c'era, una storpia e cercava di aggiudicarla a chi volesse convivere con lei, ricevendo il minor compenso, fino a che veniva assegnata a chi s'impegnava di sposarla per il minor prezzo" (Erodoto, *Storie*, Libro I, p. 196).

Anche in Cina, intorno al 1600, le aste erano diffuse, per lo più promosse in templi e monasteri buddisti; indette per raccogliere le offerte, esse avevano ad oggetto i beni dei monaci defunti.
In Inghilterra, le aste divennero popolari solo nel XVI secolo, allorquando si iniziò a vendere i beni provenienti dall'India Orientale. Fu elaborato il metodo d'asta cd. "a candela": la procedura prevedeva l'accensione di una candela alta circa 2,54 cm; colui che riusciva a fare l'ultima offerta prima che la candela si spegnesse si aggiudicava l'oggetto messo all'asta[514]. Non è affatto un caso che le maggiori case d'asta del mondo nacquero proprio in Inghilterra (si ponga mente a Sotheby's e a Christie's).
L'assenza di una tipizzazione legislativa si somma alla mancanza di una disciplina organica riferita a questa figura giuridica. Le uniche fonti che si riferiscono alla vendita all'asta sono l'art. 115 del Testo Unico delle leggi di pubblica sicurezza (Tulps)[515], la Circolare del Ministero dell'Interno n. 10.12331/12000.15.8 del 16 gennaio 1952 ed alcuni articoli del Codice di procedura civile sulle aste giudiziarie. Una disciplina di contorno che non stabilisce cosa sia da considerate tecnicamente asta.
Gli economisti definiscono l'asta come "*un meccanismo di allocazione delle risorse caratterizzato da un particolare insieme di regole che presiedono allo scambio*"[516].
Per ciò che concerne le aste *on-line*, esse possono essere considerate "*luoghi virtuali di scambio di beni dove si incontrano offerte di privati che generalmente senza professionalità, ovvero continuità, pongono in vendita il proprio bene attraverso il sito on-line*"[517]. La dottrina è unanime nel definire tali imprese *hosting providers,* i quali forniscono agli utenti interessati a compravendere i loro beni lo spazio tecnologico ove si realizza l'*e-marketplace*[518].
Sul tema, il panorama giuridico risulta affastellato e non sempre chiaro.
Ciò non ha, tuttavia, impedito che nella prassi proliferasse il fenomeno del corrispondente telematico della vendita all'asta.
Grazie all'avvento di Internet le aste tradizionali, con i loro limiti temporali e spaziali, hanno ceduto il passo alle aste telematiche, effettuate tramite l'inserzione di annunci sui siti *web*.
Alla possibilità di raggiungere un amplissimo bacino di utenti a costi ridotti, alla dinamicità dei prezzi, alla rapidità della modalità di vendita si aggiunge l'indiscutibile vantaggio dell'anonimato.

---

[514] D. AMOR, *Aste on line. Il commercio dinamico di beni e servizi,* Milano, 2001, p. 6.
[515] Sulla base dell'art. 205 del R.D. n. 635/1940 (Regolamento di esecuzione del Tulps, l'art. 115 del Tulps si ritiene applicabile alle imprese che optano per tal tipo di negoziazione. La norma dispone che "*non possono aprirsi o condursi agenzie di prestiti su pegno o altre agenzie di affari, quali che siano l'oggetto e la durata, anche sotto forma di agenzie di vendita, di esposizioni, mostre o fiere campionarie e simili, senza licenza del Questore*".
[516] Cfr., L. BRESSAN, *Le aste on line*, in AA. VV., (a cura di) *Commercio elettronico e tutela del consumatore*, Milano, 2003; L. PARISIO, *Meccanismi d'asta*, Roma, 1999, p.15.
[517] Vedasi E. FALLETTI, *La Corte di Cassazione alle prese con le cd. aste on-line: persa la prima occasione per fare chiarezza*, pubblicato in *Giurisprudenza italiana*, 2007, n. 1.
[518] L. BRESSAN, *op. cit.*, pp. 216 e 239.

Agevolmente intuibili sono i rischi, rappresentati dalla frequente messa in circolazione in tale circuito di beni di dubbia o illecita provenienza, con la conseguente formazione di un sistema economico parallelo a quello avente ad oggetto beni di certa e lecita provenienza.
Assai frequente è anche la compravendita di beni che violano la disciplina dei segni distintivi delle imprese e delle opere dell'ingegno o, più in generale, beni che favoriscono la concorrenza sleale.

Le aste *on-line* oggi: funzionamento, tipologie e forme
Il funzionamento delle aste telematiche riecheggia quello della vendita all'asta tradizionale, quest'ultimo definito giuridicamente come quello strumento negoziale che consente la determinazione dinamica del prezzo di vendita e dell'acquirente[519].
Prima della conclusione dell'operazione, infatti, non è dato sapere né il prezzo del bene né chi lo acquisterà.
La conclusione del contratto mediante l'aggiudicazione del bene al miglior offerente è il solo evento che permette la determinazione di tali elementi del contratto[520].
Il vantaggio di questa particolare forma di compravendita risiede nella possibilità di allocare il bene alle migliori condizioni economiche per entrambi i contraenti. Invero, per effetto del descritto dinamismo, l'acquirente è ben consapevole di non acquistare il bene ad un prezzo già fissato, ma di contribuire egli stesso a determinarlo in tempo reale; il venditore, dal canto suo, sa già che ricaverà il prezzo presumibilmente corrispondente alla cifra massima che i partecipanti sarebbero disposti a pagare per quel bene.
Venditore ed acquirente interagiscono incontrandosi nel punto più alto delle rispettive curve d'indifferenza. Entrambi sono protagonisti di un gioco cooperativo; il fine è comune: ottenere il prezzo a loro più conveniente.
Il gioco è, invece, competitivo tra i partecipanti all'asta (almeno due persone interessate), teso a strappare all'offerente concorrente il bene messo in vendita attraverso offerte sequenziali al rialzo.
Rispetto all'asta tradizionale (o fisica), raramente esiste un battitore, definibile come quel soggetto incaricato dello svolgimento dell'asta ed espressamente autorizzato a ricevere le offerte dei vari partecipanti; questi è sostituito dai calcolatori che meccanicamente registrano la sequenza delle offerte determinando, alla fine, il vincitore.
Le offerte vengono presentate da utenti del medesimo sito, che devono di regola essersi preventivamente iscritti allo stesso, fornendo i propri dati identificativi.
La registrazione automatica delle offerte fa sì che, a differenza del meccanismo tradizionale, le aste possano durare anche giorni.
La stessa contrattazione risulta alterata: non avviene più alla simultanea presenza delle parti, ma si svolge *inter absentes*, come avviene per tutte le negoziazioni telematiche[521].

---

[519] V. L. BRESSAN, *op. cit.*, p. 213.
[520] In tal senso, G. FINOCCHIARO, F. DELFINI (a cura di), *op. cit.*, p. 593.
[521] Cfr., G. FINOCCHIARO, F. DELFINI (a cura di), *op. cit.*, p. 594

Una sorta di "non luogo" che combina il meglio del commercio tradizionale con gli strumenti offerti dall'innovazione tecnologica.
Si è già preliminarmente avvertito che non esiste nel nostro ordinamento una regolamentazione specifica delle aste telematiche.
Per meglio inquadrare il fenomeno rispetto a quanto sarà detto nel prosieguo, risulta necessario individuare le tipologie d'asta *on-line* a seconda della qualità personale dei soggetti che vi operano.
Così, la circolare del Ministero dell'Industria (oggi Ministero dello Sviluppo Economico) n. 3547/C del 17 giugno 2002[522], al punto 3.2., distingue tra: a) aste tra professionisti (*business to business*), nelle quali i partecipanti all'asta, venditore ed acquirente, sono imprese; b) aste tra professionisti e consumatori (*business to consumer*), in cui il venditore è un'impresa che vende i propri prodotti o prodotti correlati ai propri, mentre l'acquirente è un consumatore; c) aste tra consumatori e professionisti (*consumer to business*), nelle quali si inverte il procedimento tradizionale, essendo il compratore/consumatore a formulare la richiesta per un dato prodotto ad un determinato prezzo; d) aste tra consumatori (*consumer to consumer*), ove si svolgono transazioni fra privati.
I fornitori d'aste che optano per l'ingresso nella Rete sono, anzitutto, le case d'asta tradizionali. Entrare in Internet significa ampliare la propria attività sfruttando la fiducia già acquisita dei clienti; talvolta, però, costituisce una scelta obbligata per non perdere la posizione guadagnata sul mercato.
Accanto a queste si muovono anche le imprese produttive e commerciali, intenzionate a liberarsi attraverso questo nuovo canale di vendita di merce invenduta, articoli in eccedenza, prodotti di seconda scelta. La gestione di tali beni rappresenta un problema per tali imprese e liberarsene rapidamente è fondamentale ai fini del risultato aziendale ottimale.
Infine, per le *start-up* operanti nel settore Internet le aste telematiche rappresentano l'unico ed esclusivo canale di vendita. Sono capaci di attirare un bacino esteso di utenti che, con le loro offerte, fanno salire progressivamente ed in brevissimo tempo il prezzo del bene.
Sulla base di quanto già esposto, può delinearsi ora il processo specifico per le aste condotte sul *web*. Esso consta di ben quattro attività: a) la registrazione dei partecipanti, b) l'allestimento dell'asta, c) la vendita all'asta, d) la conclusione dell'affare.
a) La registrazione o iscrizione dei partecipanti al sito d'asta avviene attraverso l'inserimento di tutti i dati anagrafici (nome, data di nascita, indirizzo ecc.) nonché dei dati che valgono anch'essi ad identificare il partecipante (recapito telefonico, indirizzo di posta elettronica).
Sono dati altamente confidenziali, perciò protetti da un "*login*" ed una "*password*". *Login* e *password* vengono poi inviati al partecipante all'indirizzo di posta elettronica fornito, così l'utente può completare il processo di registrazione.

---

[522] La Circolare in questione fornisce alcune indicazioni sulla disciplina applicabile alle aste realizzate tramite Internet, anche ai sensi delle azioni che, sulla base dell'art. 21 del D. Lgs. n. 114/1998, il Ministero può intraprendere con riferimento, alla crescita equilibrata del mercato elettronico ed alla tutela degli interessi dei consumatori e degli utenti.

Verificati i dati, il partecipante può prender parte alle aste già in corso e a quelle future nella qualità di offerente o, viceversa, di venditore.

b) L'allestimento dell'asta è di competenza del fornitore.

E' necessario che questi fornisca informazioni sia sul bene posto in vendita che sulla modalità di asta.

Funzionale alla correttezza della procedura d'asta è l'esatta identificazione del bene oggetto di detta procedura attraverso l'indicazione, per esempio, della marca, del modello, del numero di serie; la descrizione del bene, invece, si risolve nella enucleazione delle caratteristiche che lo contraddistinguono, dello stato in cui si trova, della sua provenienza, dell'utilità alla quale è deputato. Il bene può essere anche illustrato attraverso una foto digitalizzata.

Quanto più l' "oggetto del desiderio" è descritto nelle sue caratteristiche ed utilità, tanto più l'acquirente è attirato ed in grado di valutare la convenienza dell'affare.

Gli interessati alla partecipazione all'asta, siano essi venditori che acquirenti, devono essere posti in condizione di conoscere con esattezza anche la tipologia di asta, la procedura di svolgimento della stessa, le modalità di formazione del prezzo di acquisto o di vendita, le regole di aggiudicazione, le informazioni sulla consegna e pagamento del bene. In particolare, deve sempre essere indicato il limite temporale dell'offerta.

c) Nella fase di vendita i partecipanti interagiscono facendo ognuno la propria offerta; tutte le offerte dei concorrenti sono visibili, ma nessuno dei partecipanti sa quanto l'altro è disposto a pagare per l'oggetto messo all'asta.

Le più comuni forme d'asta che possono essere realizzate su Internet, distinte dalla circolare ministeriale n. 3547/C del 2002 a seconda della diversa modalità di fissazione del prezzo, sono le seguenti:

- l'asta al rialzo (c.d. asta inglese), in cui la vendita viene aggiudicata al miglior offerente, partendo dal prezzo minimo indicato dal venditore e nell'ambito dei limiti temporali dell'offerta;
- l'asta al ribasso (c.d. asta olandese), in cui la vendita viene aggiudicata al miglior offerente, partendo dal prezzo massimo indicato dal venditore e nell'ambito dei limiti temporali dell'offerta;
- l'asta segreta al prezzo massimo, nella quale ogni interessato al bene offre, per iscritto, un prezzo massimo. Le offerte vengono raccolte e rese pubbliche contemporaneamente con l'aggiudicazione all'offerta più elevata;
- l'asta con riserva, in cui la vendita viene aggiudicata solo se le offerte abbiano raggiunto e/o superato il prezzo minimo stabilito. Tale prezzo non viene comunicato durante la gara.
- l'asta con il metodo Vickrey, analoga all'asta al prezzo massimo; il tratto differenziale sta nel fatto che l'aggiudicazione è fatta al miglior offerente per il prezzo di acquisto del secondo migliore offerente.

d) L'asta si conclude con l'offerta più alta oppure con il superamento di un determinato intervallo temporale; a questo punto, il sito d'asta informa il venditore dell'esito dell'asta rendendogli noti i dati dell'acquirente.

Salvo che non sia diversamente stabilito, ai sensi di quanto scolpito dall'art. 1336 c.c., la vendita all'asta è una offerta al pubblico[523], *id est* un particolare tipo di proposta contrattuale caratterizzata, rispetto alla proposta semplice *ex* art. 1326 c.c., dal fatto di essere rivolta ad una generalità di destinatari indeterminata, anziché ad un soggetto determinato.
Non si ritiene che vi sia motivo per ipotizzare una deroga alla regola generale sublimata nel primo comma dell'art. 1326 c.c.: le modalità di formazione delle volontà sono espresse, condensate nelle dichiarazioni recettizie della proposta e dell'accettazione; il modello di formazione del consenso è dato dallo scambio fra proposta ed accettazione.
Il contratto sotteso alla vendita all'asta si conclude, dunque, nel precipuo momento in cui il proponente ha conoscenza dell'accettazione della proposta da parte di uno dei destinatari.
Sono le stesse dichiarazioni emesse dai partecipanti a completare il contratto con l'indicazione del corrispettivo rispetto al quale si obbligano.
La fase conclusiva dell'asta telematica comprende, oltre al pagamento del fornitore, la logistica per la spedizione del bene all'offerente ed i diritti per la casa d'asta *on-line.*
Non v'è remora nell'affermare che le aste effettuate su Internet sono una realtà destinata a diventare il principale ambito dell' *e-business.*
Una realtà ancora fibrillante.
Tra le nuove tendenze si segnalano le comunità d'acquisto, ossia la versione 2.0 dei tradizionali gruppi d'acquisto: i partecipanti all'asta si associano e cercano di ottenere il miglior prezzo da società fornitrici di beni (o servizi), acquistando lotti di maggiori quantità da suddividere poi in ragione delle quote previamente decise. Ma si pensi, ancora, ai negozi fisici per le aste *on-line*, presenti sul territorio e deputati ad occuparsi di tutto il processo per la vendita all'asta telematica di beni portati in negozio da privati che intendono vendere su Internet, ma che o non sono disposti ad

---

[523] L'offerta al pubblico non va confusa con la promessa al pubblico disciplinata dall'art. 1989 c.c., a mente del quale "*colui che, rivolgendosi al pubblico promette una determinata prestazione a favore di chi si trovi in una determinata situazione o compia una determinata azione , è vincolato dalla promessa non appena questa è resa pubblica*". Secondo l'opinione dominante, il criterio discretivo risiede nel fatto che mentre l'offerta al pubblico è una proposta contrattuale che non è vincolante per l'offerente finchè non interviene l'accettazione di uno dei destinatari, la promessa al pubblico è un negozio unilaterale che diviene vincolante non appena è reso pubblico. Ciò spiega perché, a differenza della promessa al pubblico che è essa stessa fonte del vincolo obbligatorio, l'offerta al pubblico richiede l'accettazione di uno dei destinatari per generare la nascita del rapporto obbligatorio.
L'offerta al pubblico si distingue anche dall'invito ad offrire, che ricorre o quando l'offerta è incompleta (non contenendo gli elementi essenziali alla cui conclusione è diretta) o quando, pur essendo completa, non possa valere come proposta perché ciò risulta "dalle circostanze o dagli usi" (art. 1336, co. 1, c.c.). Rispetto all'offerta al pubblico, l'invito ad offrire è insuscettibile di accettazione: chi risponde all'invito non accetta, ma propone la conclusione del contratto all'offerente iniziale. E' opinione consolidata che l'invito ad offrire, al ricorrere di determinati presupposti, può rilevare quale atto di avvio delle trattative contrattuali o come atto di concorrenza sleale.

accollarsi il processo oppure non sono capaci di gestirlo. Ciò, ricavando in cambio una percentuale sulla perfezionata vendita del bene.
Era il lontano 1979 quando in America hanno fatto la prima comparsa, nella loro struttura primordiale, le aste *on-line*. Da realtà ormai consolidata negli USA, si sono poi affermate ben al di là dei confini americani.
Ebay, Amazon, Yoox sono solo alcuni esempi di questo nuovo ed originale strumento di alienazione dei beni all'interno ed attraverso la Rete.
Internet ha reso possibile anche questo: che venditori ed acquirenti, professionisti e consumatori, operino in un mercato non più limitato né dallo spazio disponibile né dalla posizione geografica.
Un mercato "globalizzato".

Il divieto di cui al decreto cd. "Bersani"

È necessario a questo punto segnalare che il D. Lgs. n. 114 del 31.03.1998 (cd. "Bersani") dispone, all'art. 18, co. 5, che "*le operazioni di vendita all'asta realizzate per mezzo della televisione o di altri sistemi di comunicazione sono vietate*".
La violazione è punita con la sanzione amministrativa del pagamento di una somma da Euro 5.000 ad Euro 30.000, *ex* art. 22 D. Lgs. 114/1998 (da Euro 2.582 ad Euro 15.494, *ex* art. 51, D. Lgs. 213/1998), cui si aggiunge, in caso di particolare gravità o di recidiva[524], la sanzione della sospensione da parte del sindaco[525] dell'attività di vendita per un periodo non superiore a venti giorni, come previsto dall'art. 22 del ridetto decreto.
La *ratio* del divieto è chiara e resta attuale: evitare manifestazioni patologiche della negoziazione in danno dell'acquirente, che si realizzerebbero data l'assenza di contestualità e simultaneità delle offerte. Di fatto, i partecipanti all'asta non possono verificare la genuinità dei rilanci sul prezzo e neanche intervenire per evitare malizie nel rilancio.
Il pensiero corre alle aste televisive, in cui le offerte vengono presentate telefonicamente ed i rilanci sono talvolta solo tesi a far lievitare il prezzo finale, ma anche alle più comuni aste quando manchi un rapporto diretto ed immediato con la casa d'asta, con il bene, con il battitore nonché la possibilità materiale di verificare l'identità o il comportamento degli altri concorrenti[526].
Occorre, perciò, regolamentare tale ambiente virtuale, richiedendo, come si è già avuto modo di approfondire, che l'utente si registri (o iscriva) al sito *web* di aste. La registrazione o l'accesso potrebbero essere consentite solo con l'utilizzo di una firma elettronica qualificata.
In termini si sicurezza dei traffici e degli scambi commerciali, guadagnano quei sistemi che invitano il venditore o il compratore a lasciare un punteggio di *feedback*

---

[524] La norma precisa che "*La recidiva si verifica qualora sia stata commessa la stessa violazione per due volte in un anno, anche se si è proceduto al pagamento della sanzione mediante oblazione*".
[525] Il Sindaco è quello del Comune nel quale hanno avuto luogo le aste, *ex* art. 22, co. 7, D. Lgs. n. 114/1998. Nel caso della aste on-line, rileva il Comune che ospita la sede legale del soggetto autore della violazione.
[526] Si veda G. FINOCCHIARO e F. DELFINI (a cura di), *op. cit.*, p. 595.

o una valutazione della propria controparte "*espressa tramite una brevissima recensione e una valutazione numerica di vari aspetti dell'esecuzione della trattativa (facilità nel contattare l'utente, velocità delle operazioni di pagamento e spedizione, accuratezza della descrizione dell'oggetto, qualità dello stesso, ecc.)*"[527].
Problema che affatica gli interpreti è la riferibilità del divieto di cui al co. 5 del citato art. 18 alle aste *on-line*, atteso che la norma vieta espressamente le aste effettuate a mezzo di "*altri sistemi di comunicazione*".
In tale inciso normativo è sicuramente possibile farvi rientrare Internet, considerata un "*sistema di comunicazione*" (così si espressa più volte l'Autorità Garante per la Concorrenza ed il Mercato).
Dovrebbe dedursene che la prassi ormai consolidata delle aste sul *web* sia *contra legem*.
Ma le cose stanno davvero così?
Dal "Palazzaccio" romano pervengono segnali non univoci, dovuti anche alla scarsa confidenza, ancora presente, nei confronti dei contratti conclusi in ambiente elettronico
È stato osservato che "*Nei confronti di tale norma si riscontrano due opposte interpretazioni, destinate ad influenzare operativamente l'ambito di applicazione del divieto di aste on-line*"[528].
Una parte della dottrina compulsa la lettera della circolare del Ministero dell'Industria n. 3487/C dell'1 giugno 2000, della successiva circolare n. 3547/C del 17 giugno 2002 e della Risoluzione MISE n. 53574 del 19 maggio 2010 per escludere che il divieto sia rivolto alla generalità indistinta delle aste *on-line*.
Tale dottrina preferisce operare delle distinzioni[529].
In riferimento alle aste condotte da professionisti dettaglianti, il divieto è certamente inoperante.
Cospira in tal senso la collocazione sistematica della norma (nel Titolo VI, rubricato "*Forme speciali di vendita al dettaglio*"), che porta a ritenere che la stessa sia stata pensata a tutela del consumatore nei suoi rapporti con il dettagliante; la norma *de qua* disciplina, inoltre, "*la vendita al dettaglio per corrispondenza o tramite televisione o altri sistemi di comunicazione*" (co. 1, art. 18). Anche la circolare 3547/C è stata emanata dal MISE con il dichiarato obiettivo di tutelare gli "*interessi dei consumatori e degli utenti*".
Inapplicabile è il divieto anche alle aste tra professionisti e a tutti quei soggetti che non possono essere qualificati come dettaglianti, inclusi i privati che vendono direttamente ad altri privati (aste tra consumatori).
Non sono destinatari del divieto neppure gli operatori che si limitano a fornire gli spazi attraverso cui i privati o i professionisti offrono in vendita beni. Tali soggetti non sono qualificabili né come venditori né come case d'asta, bensì come semplici "*provider di un e-marketplace su cui poi le varie operazioni vengono eseguite in*

---

[527] Cfr., G. FINOCCHIARO e F. DELFINI (a cura di), *op. cit.*, p. 596.
[528] Prof. Fabio Bravo, Dipartimento di Sociologia e Diritto dell'Economia, Università di Bologna.
[529] Per approfondimenti, L. BRESSAN, *op. cit.*, p. 237.

autonomia da soggetti terzi rispetto al provider stesso"[530]. In tale ipotesi, l'operatore agisce più come un gestore e fornisce il servizio mediante il quale viene effettuata l'asta telematica.
Conclusivamente, il divieto portato dal D. Lgs. 114/'98 si applica soltanto agli operatori dettaglianti che svolgono l'attività di acquisto per la rivendita ai consumatori finali.
Dall'altra parte del guado si pone quella dottrina che suggerisce un'interpretazione almeno estensiva della norma in esame.
Si osserva che se, da un lato, nelle vendite tra professionisti il professionista acquirente non soffre di quelle asimmetrie informative di cui è vittima il consumatore, dall'altro le sue maggiori informazioni e la sua struttura imprenditoriale non lo pongono al riparo dai rilanci fraudolenti operati da un terzo compiacente, sicchè un'esclusione del divieto in tale caso sarebbe irragionevole.
Lo stesso, *mutatis mutandis*, dicasi per le aste tra consumatori: la minore organizzazione del consumatore-venditore non riduce in alcun modo i rischi che possono accanirsi sul consumatore-acquirente, rischi che, come visto, non dipendono tanto dal tipo di soggetti coinvolti nella negoziazione quanto dagli strumenti e dalle dinamiche tipiche di siffatta negoziazione.
Coerentemente con tale sottobosco dottrinale, la Suprema Corte di Cassazione (sent. nn. 19668/2005 e 18619/2006) interpreta il divieto in senso generale, affermando che la norma non distingue né tra le vendite per conto terzi ovvero per conto proprio, né in punto di mezzo utilizzato per la vendita.
La dottrina maggioritaria reagisce con perplessità.
L'art. 18 del decreto Bersani è inserito – si ripete – nel Titolo VI, dedicato alle "*Forme speciali di vendita al dettaglio*", ragion per cui non sarebbe consentito (né corretto) attribuire al divieto previsto dal quinto comma una portata generale se non "violentando" il dato positivo.
A ciò aggiungasi la spesso riottosa giurisprudenza di merito, che decide diversamente da quanto stabilito dalla Cassazione[531].
Ulteriore considerazione è quella per cui il divieto sancito dal D. Lgs. 114/'98 dilatato dal Giudice di legittimità finisce per contrastare con la libera prestazione dei servizi e la libera circolazione delle merci nel mercato unico, principi fissati dalla direttiva 2000/31/CE (artt. 3 e 4).
In tale complesso e variegato panorama normativo e giurisprudenziale, la questione dell'applicabilità del divieto di cui al decreto Bersani alle aste *on-line* è resa ancor più difficoltosa dall'assenza di una positiva definizione del concetto di "asta".
Guadate tali conclusioni, l'interpretazione corrente e prevalente, avallata dalla circolare del MISE n. 3547/C del 2002, propende per l'esclusione delle contrattazioni comunemente conosciute come aste *on-line* dall'ambito applicativo del pluricitato comma 5.

---

[530] Sul punto, G. FINOCCHIARO e F. DELFINI (a cura di), *op. cit.*, p. 597.
[531] Fra tutte, Trib. di Messina, sentenza del 6.07.2010, che, con riferimento alla sospensione comminata da *Ebay* nei confronti di una società che aveva ricevuto feedback negativi, ha riconosciuto quanto segue: "*per una società che ha ad oggetto l'e-trade, la presenza sulla piattaforma di Ebay appare indispensabile ai fini della sopravvivenza della società*", con ciò implicitamente escludendo quel divieto generalizzato invocato dalla Cassazione.

Rispetto all'asta tradizionale, tali operazioni rappresenterebbero delle vendite a prezzo dinamico, alle quali è applicabile la disciplina in materia di contratti conclusi a distanza.
A ben vedere, però, l'art. 2 del D. Lgs. n. 185 del 22 maggio 1999, alla lett. e), esclude l'applicazione della normativa sui contratti conclusi a distanza alle vendite all'asta; alla stessa conclusione dovrebbe giungersi per le aste effettuate attraverso la Rete.
Non è questa la sede per sciogliere tale "nodo gordiano".
Tirando le somme: illecite sarebbero le sole aste cd. *business to consumer*, ove un imprenditore o un commerciante utilizzi i servizi offerti dal sito d'asta virtuale per vendere al pubblico dei consumatori beni acquistati dal produttore o da altro commerciante all'ingrosso.
Ne risultano esclusi tutti i soggetti che non rientrano nella definizione di commercio al dettaglio, indicata dall'art. 4, co. 1, lett. b), del D. Lgs. n. 114/1998, come *"l'attività svolta da chiunque professionalmente acquista merci in nome e per conto proprio e le rivende, su aree private in sede fissa o mediante altre forme di distribuzione, direttamente al consumatore finale"*.
Al di là dello stato attuale della legislazione, le aste telematiche sembrano ormai essersi affermate come indiscusso modello di successo del commercio elettronico. E i più grandi siti d'aste *on-line* non sembrano nascondersi al controllo delle autorità.
Basti pensare al più emblematico *Ebay*, che, nel giro di poco più di dieci anni di attività nel nostro Paese, è passato da sito *web* d'asta a centro commerciale *on-line* più grande d'Italia[532].
Ne emerge un contrasto tra la norma giuridica e la prassi economica, tra la giurisprudenza di legittimità e quella di merito.
Tra Scilla e Cariddi l'interprete rischia di naufragare, salvo che intervenga il Legiferante a rimuovere i dubbi qualificativi che, ormai da troppo tempo, serpeggiano nel mondo delle aste *on-line*.

Sull'applicabilità della normativa comunitaria in tema di contratti a distanza e di commercio elettronico
La disciplina comunitaria sui contratti a distanza e sul commercio elettronico si condensa nelle due direttive nn. 97/7/CE sui contratti conclusi a distanza (recepita dal D. Lgs. n. 185/1999, poi confluito nel Codice del consumo agli artt. 50 ss.) e 2000/31/CE sul commercio elettronico (recepita con D. Lgs. n. 70/2003, solo richiamato dall'art. 61 del Codice del consumo).
Non esiste attualmente una specifica disciplina delle aste telematiche.
Volendo indagare la possibilità di applicare la disciplina innanzi citata alle aste *on-line*, deve preliminarmente cogliersi la *ratio* sottesa agli interventi normativi del legislatore comunitario.
Questi ha dovuto predere atto di un'amara verità: esiste sul mercato uno squilibrio di poteri economici e sociali, di informazione, di opportunità, di esperienza alla

---

[532] *"Ebay.it: la rotta è cambiata. Dalle aste a centro commerciale online più grande d'Italia"*, http://stampa.ebay.it/pressrelease/3948.

contrattazione ed attitudine agli affari tra imprenditori e consumatori che non può non essere rimediato.
Nell'ambito dei contratti tra consumatori ed imprese, l'assioma che l'autonomia contrattuale sia di per sé sola sufficiente a realizzare un'equilibrata composizione degli interessi contrapposti cade sotto l'obiezione per la quale il mercato è *locus* privilegiato dei *competitors*, il cui funzionamento rappresenta la vera vocazione teleologica del Codice del Consumo (il consumatore è protetto solo indirettamente).
Dato strutturale ed ineliminabile del mercato è, quindi, l'esistenza di asimmetrie informative tra le parti, il che giustifica – anzi, impone – uno sforzo maggiore verso la predisposizione di strumenti e tecniche di tutela più intense e specifiche del consumatore, in nome di una contrattazione tra soggetti che, se non nascono come "pari", possono almeno diventarlo.
Tale tutela passa, come risaputo, attraverso il peculiare regime cui è sottoposta la nullità delle clausole vessatorie, ma anche attraverso la previsione di una forma del contratto (art. 5 Cod. Consumo) che non è solo un requisito strutturale del medesimo, ma pure strumento atto a garantire esigenze di informazione e trasparenza.
Lo squilibrio rilevante in tale sede, tuttavia, resta confinato a quello giuridico (l'art. 33, co. 1, del Cod. Consumo parla di "*diritti*" e di "*obblighi*").
Le clausole che possono determinarne l'insorgenza di siffatto squilibrio sono quelle, per l'appunto, vessatorie.
A mente dell'art. 33, co. 1, "*si considerano vessatorie le clausole che, malgrado la buona fede, determinano a carico del consumatore un significativo squilibrio dei diritti e degli obblighi derivanti dal contratto*". Trattasi di clausole contrattuali che penalizzano in modo intollerabile il consumatore
Al co. 2 della norma *esaminanda* (nelle lettere che seguono) ritroviamo l'elencazione delle clausole presuntivamente vessatorie (presunzione *iuris tantum*, vincibile dal professionista mediante la dimostrazione che la clausola è stata oggetto di trattativa individuale con il consumatore), mentre all'art. 36, co. 2, sono riportate quelle reputate in ogni caso vessatorie (sono nulle anche se divenute oggetto di trattativa individuale)[533].
Da un punto di vista squisitamente formale, è statuito che le clausole devono essere redatte per iscritto e formulate in modo chiaro e comprensibile (art. 35, co.1); sotto il profilo interpretativo, in caso di dubbio sul senso di una clausola "*prevale l'interpretazione più favorevole al consumatore*" (cd. *interpretatio contra stipulatorem*, che evidenzia l'analogia tra l'art. 35, co. 2, Cod. Consumo e quanto disposto dall'art. 1370 c.c. con riguardo alle condizioni generali di contratto.
La sanzione che affligge le clausole cd. vessatorie è quella della nullità, definita, nel caso di specie, come "nullità di protezione". Il suo regime può essere in parte

---

[533] L'accertamento della vessatorietà di una clausola avviene "tenendo conto della natura del bene o del servizio oggetto del contratto e facendo riferimento alle circostanze esistenti al momento della sua conclusione ed alle altre clausole del contratto medesimo o di un altro collegato o da cui dipende" (così l'art. 34 Cod. Consumo, una delle prime norme che ha costituito il referente positivo del fenomeno del collegamento negoziale, prim'ancora che esso assurgesse al rango di vera e propria categoria normativa)

ricavato dall'art. 36 del Cod. Consumo, in parte per differenza con il tradizionale modo d'intendere la nullità.
Ne emerge una nullità per così dire "strabica", guardando essa un po' alla nullità (ricostruita, come noto, in negativo: imprescrittibile, insanabile, a legittimazione assoluta) ed un po' all'annullabilità (che, all'opposto, si prescrive nel temine di 5 anni, è sanabile attraverso la convalida, può essere sollevata solo dalla parte lesa dal vizio)[534].
Si tratta di una nullità necessariamente parziale, ossia incapace di "inquinare" l'intero contratto, che resta vincolante ed efficace *inter partes* ("*il contratto rimane valido per il resto*"); la legittimazione attiva appartiene al solo consumatore, salva la rilevazione d'ufficio da parte del giudice, sul quale incombe il dovere di accertare previamente quale vantaggio deriverebbe in concreto alla parte, in quanto la rilevazione *ex officio* non può ridondare a scapito del consumatore ("*La nullità opera soltanto a vantaggio del consumatore e può essere rilevata d'ufficio dal giudice*").
Come più innanzi accennato, anche la forma è veicolo per assicurare una tutela più intensa del contraente debole.
Si è parlato di "*neoformalismo di matrice comunitaria*", non soltanto in relazione ai contratti conclusi tra consumatore e professionista, ma anche a quelli recati dalla innovazione tecnica e tecnologica (si pensi ai contratti telematici), così come dalla moderna economia di massa e sempre più globalizzata (si vedano i contratti in serie).

---

[534] Le nullità cd. di protezione sono la testimonianza del mutamento che ha interessato anzitutto la nozione di interesse pubblico, non più trascendente alle parti, ma immanente ad esse: ordine pubblico cd. di protezione. Del pari, si è assistito alla posizione di norme imperative non più a tutela di interessi generali della collettività, bensì di interessi particolari, specifici di soggetti appartenenti a ceti o gruppi sociali e che, in talune circostanze, possono trovarsi in una condizione di debolezza o vulnerabilità contrattuale (si pensi al cliente di una banca o di una compagnia di assicurazione). Tanto ha comportato una frantumazione della categoria omogenea della nullità in molteplici e variegate forme di nullità, tra cui quelle, appunto, di protezione (una *species d*ella nullità virtuale).
Ad essere radicalmente mutata è stata anche la *ratio essendi* della nullità: non più rimedio distruttivo-demolitorio del regolamento di interessi delle parti, ma rimedio duttile di correzione e conservazione del contratto; questo spiega perché la nullità è sempre più "nel contratto" e non "del contratto", nel senso che colpisce soltanto una porzione di esso senza intaccare l'intero autoregolamento.
La nullità di protezione è, difatti, nullità necessariamente parziale.
Inoltre, proprio perché posta a protezione del contraente debole, la disciplina per essa dettata non poteva né ricalcare *tout court* quella generale, astratta e neutrale prevista per la sanzione della nullità, né quella apprestata per l'annullabilità, che presuppone l'autonoma attivazione di un soggetto dotato di forza e capacità contrattuali e, tra l'altro, nel breve termine di prescrizione fissato in 5 anni. Ne è derivata una nullità eccepibile dal solo contraente debole leso – sulla scorta di valutazioni di convenienza su cui non può incidere né la controparte né altro soggetto dell'ordinamento giuridico che pretenda di avervi interesse – nonché rilevabile d'ufficio dal giudice – non incondizionatamente, ma previa valutazione dell'utilità che dalla rilevazione officiosa può derivare alla parte (purchè emerga *ex actis*, ossia dal materiale probatorio legittimamente acquisito al processo).
Infine, il termine di prescrizione è fissato in dieci anni e la sentenza ha natura costitutiva.

Applicando quanto argomentato al contesto del commercio elettronico, è possibile leggere l'analitica previsione di norme relative ad obblighi di informazione ed alla possibilità di esercitare un diritto di recesso.
Principiando dagli obblighi informativi, essi, nel contesto dell'*e-commerce*, rispondono ad una triplice finalità.
In primis, sopperiscono alla mancanza di "fisicità" tipica di tale forma di contrattazione, ingenerando una maggior fiducia nel consumatore. Si ponga mente all'obbligo di indicare il numero di iscrizione al repertorio delle attività economiche o al registro delle imprese (art. 7, lett. d, D. Lgs. 70/2003)[535].
In secondo luogo, gli obblighi di informazione rispondo alla callida necessità di livellare le asimmetrie informative di cui si è detto poc'anzi; il richiamo è di nuovo all'art. 7 e, nello specifico, all'obbligo di indicare "*in modo chiaro ed inequivocabile dei prezzi e delle tariffe dei diversi servizi della società dell'informazione forniti, evidenziando se comprendono le imposte, i costi di consegna ed altri elementi aggiuntivi da specificare*"[536].
Infine, è indubbio che il legislatore comunitario abbia voluto inscrivere i contratti di cui si discetta nella tendenza riassunta con l'espressione "*neo-formalismo procedimentale*"[537].
Particolarmente pregnante è l'obbligo di informazione che grava sul professionista in tema di contratti stipulati fuori dei locali commerciali (D. Lgs. n. 50/1992) e di contratti a distanza (D. Lgs. n. 185/1990), la cui disciplina è poi confluita nel Codice del consumo.
L'obbligo di informazione dev'essere particolarmente pregnante, perchè in tali settori si assiste a modalità di contrattazione particolarmente intraprendenti ed aggressive da parte delle imprese: il consumatore è raggiunto nei luoghi in cui si trova (domicilio, posto di lavoro, per strada) tramite mezzi particolarmente invasivi (offerte telefoniche o televisive) e spesso è colto di sorpresa, così essendogli impedita *ab imis* la possibilità di effettuare scelte ponderate e riflessive, in uno, consapevoli.
Quanto lumeggiato spiega la riconosciuta facoltà al consumatore di sciogliersi unilateralmente (cd. ripensamento del consumatore, espressione di un vero e proprio *ius poenitendi*, atecnicamente definito come "recesso").
L'art. 64 Cod. Consumo detta le connotazioni tipiche di tale "ripensamento": è esercitabile senza giusta causa, senza obbligo di preavviso e senza versare alcun corrispettivo, purchè nel termine (di decadenza) di dieci giorni lavorativi dal ricevimento della merce.
Sull'esercizio del diritto di recesso il contraente deve essere adeguatamente informato. In caso di omessa o incompleta informazione, la pena consiste in una dilatazione del termine per esercitare il recesso (fino a sessanta giorni per i contratti

---

535 Per un ulteriore approfondimento, G.M. RICCIO, *Commercio elettronico, aste telematiche, ADR e tutela dei consumatori,* in www.comparqzionedirittocivile.it..
536 *Idem.*
537 Il riferimento è a S. SICA, *Atti che devono farsi per iscritto, Art. 1350*, Milano, 2003, *passim.*

stipulati fuori dei locali commerciali, fino a novanta giorni per i contratti a distanza).
Specularmente, la direttiva in materia di contratti *on-line* specifica che il termine entro cui deve esercitarsi tale diritto di recesso non può essere inferiore a sette giorni lavorativi.
Nessuna penalità può essere addebitata al consumatore, in virtù della posizione di debolezza in cui si trova rispetto al professionista; le uniche spese gravanti sullo stesso sono quelle "*dirette di spedizione dei beni al mittente*" (art.6, par. 1, direttiva 97/7)[538].
Si tratta, anche in questo caso, di recesso *ad nutum,* posto che il consumatore non è obbligato a specificare il motivo della propria scelta.
Venendo al *particulare*, la disciplina comunitaria su commercio elettronico e contratti a distanza non trova applicazione alle aste sul *web*. La ragione è perspicua: se l'acquirente/consumatore potesse esercitare il diritto di recesso, verrebbe a vanificarsi il meccanismo concorrenziale dell'asta, che prevede l'esclusione dei peggiori offerenti.
Anche nell'ambito del diritto comunitario manca una definizione di asta telematica e non è ben chiaro se sia possibile configurare una responsabilità a titolo contrattuale (da inadempimento o inesatto adempimento) in capo al gestore del sito d'asta.
Tuttavia, a rilevare dovrebbero essere le modalità con le quali si realizza la transazione, piuttosto che lo strumento impiegato per concluderla.
Nulla osta all'applicabilità anche a tali pratiche delle direttive sul commercio elettronico ed i contratti conclusi a distanza.
Una responsabilità di natura contrattuale per violazione degli obblighi di controllo e/o di protezione nei confronti degli utenti del sito potrebbe colpire il soggetto che, ad esempio, gestisce il servizio sul quale avviene l'asta; tale soggetto, pur non intrattenendo un diretto rapporto con gli utenti-acquirenti e con gli utenti-venditori, s'impegna a garantire a questi una prestazione *latu sensu* contrattuale, consistente nella messa a disposizione di un servizio di contatto che permette loro di eseguire in autonomia transazioni commerciali[539].
La giurisprudenza "domestica" è di contrario avviso[540].

---

[538] In argomento, assume importanza una recente sentenza resa dalla Corte di giustizia dell'Unione Europea nella causa C-511/08, decisa il 15 aprile 2010, con cui è stato chiarito che in capo al venditore sussiste un **obbligo generale di rimborso riguardante tutte le somme versate dal consumatore risultanti dal contratto, qualunque sia la causa del pagamento delle stesse.** Rimane, invece, pacifico, che spettano al consumatore le spese dirette di restituzione del bene al mittente (*merchant*), ma solo ove ciò sia espressamente previsto dal contratto.

[539] G.M. RICCIO, *op.cit.,* p. 9.

[540] Interessante è la sentenza resa dal Trib. di Lucca il 20.08.2007 con riguardo ai *news group*: "*Il provider si limita a mettere a disposizione degli utenti lo spazio virtuale dell'area di discussione e non ha alcun potere di controllo e di vigilanza sugli interventi che vi vengono man mano inseriti*". Ed ancora: "*Diversamente opinando, si verrebbe ad introdurre una nuova ed inaccettabile ipotesi di responsabilità oggettiva, in aperta violazione alla regola generale di cui all'art. 2043 c.c. che, com'è noto, fonda la responsabilità civile sulla colpa del danneggiante*".

Il gestore del sito sul quale avviene l'asta telematica non sarebbe gravato da alcun obbligo di garanzia, limitandosi a svolgere un'attività di mera intermediazione tecnica. Secondo siffatta ricostruzione, la sola messa a disposizione dello strumento tecnologico (sito *web*) non si risolve in alcun intervento diretto sulla gara; al contrario, viene in rilievo un'attività di mediazione ai sensi degli artt. 1754 ss. c.c.
Ne consegue che, qualora compratore o venditore si rivolgessero ad una casa d'asta *on-line* per concludere l'affare, essi non porrebbero in essere un'asta *strictu sensu* intesa, ma un altro tipo di contratto di compravendita a formazione progressiva e multimediale, che si conclude con l'aggiudicazione del bene al miglior offerente.
Provando a rassegnare delle conclusioni soddisfacenti sul punto, e prendendo atto dell'esiguità delle pronunce giudiziarie sul tema, può sostenersi che i gestori di servizi di aste i quali non agiscano come meri intermediari tecnici, ma assicurino il buon esito della transazione dovrebbero essere considerati responsabili sia della fase esecutiva (in particolare, della consegna del bene), sia per la corrispondenza delle qualità del bene a quelle promesse o essenziali o, ancora, per eventuali difetti inerenti ai processi di produzione, fabbricazione, formazione e conservazione del bene compravenduto[541].
Con riferimento ai venditori professionali, non v'è motivo di ritenere inapplicabile le due direttive comunitarie – e relative leggi di recepimento – su vendite a distanza e commercio elettronico: la loro posizione è del tutto assimilabile a quella di un professionista che effettua un'offerta al pubblico per mezzo di un sito internet.
Soluzioni definitive in questo specifico settore possono provenire solo dalla Giurisprudenza (di legittimità), che ancora oggi, purtroppo, fatica a confrontarsi con l'elevato tecnicismo delle questioni sottese e a districarsi all'interno di una lacunosa legislazione.

L'altra faccia delle aste on-line

Vi è un rovescio della medaglia necessario, anzi doveroso, da conoscere: la virtualità delle aste *on-line* rende più semplice il perpetrarsi di abusi ed illeciti.
La sfuggevolezza della Rete ed il vantaggio dell'anonimato, sommati alla facile manipolabilità degli strumenti di comunicazione, hanno di fatto incentivato l'ingresso di truffatori, e non solo.
I dati rivelano una vera e propria piaga sociale che coinvolge e danneggia migliaia di utenti.
A tal proposito, la panoramica degli abusi e degli illeciti più frequenti che accompagnano la conclusione di aste sul *web* può essere così riassunta:
- mancata consegna di oggetti pagati;
- identità clonate;
- falso di opere d'arte;
- contraffazione di prodotti di fama;
- automobili di lusso inesistenti;
- inserzioni improvvisamente rimosse;
- utenti immotivatamente sospesi;

[541] Nei casi appena evidenziati, è disposizione dell'utente l'armamentario di cui agli artt. 1497 e 1490 del Codice civile.

- articoli rubati e ricomparsi in rete;
- articoli rubati e ricomparsi *on-line;*
- prodotti spacciati come miracolosi per a salute;
- bagarinaggio, *software*-spia, sim anonime in offerta.

Saranno quivi esaminate le fattispecie maggiormente ricorrenti nella casistica giurisprudenziale.

La prima sulla quale soffermarsi è la messa in vendita di un bene per via telematica, attraverso un sito di *e-commerce*, senza alcuna intenzione di consegnarlo. L'acquirente si ritrova vittima non soltanto di un inadempimento contrattuale, ma di una vera e propria frode[542].

La frode diventa un'affare.

La giurisprudenza[543] non esita a ravvisare in casi come questo il reato di truffa stigmatizzato dall'art. 640 del Codice penale.

In un recente arresto giurisprudenziale, il Giudice nomofilattico ha ritenuto sussistere il delitto di truffa contrattuale[544] con riguardo alla prospettazione da parte del venditore di grandi vantaggi dall'acquisto, come un prezzo eccessivamente ridotto; il consumatore viene indotto a prestare il proprio consenso e a concludere la vendita, frutto di artifizi e raggiri[545]. La successiva inadempienza, pertanto, non costituisce un illecito civile, ma la conclusione dell'attività criminosa posta in essere dal venditore.

Gli artifizi e raggiri vanno ricavati dalla complessiva condotta del venditore, tenuto conto della particolare modalità delle compravendite che avvengono tramite Internet e del fatto che il compratore paga anticipatamente il bene che si è aggiudicato all'asta, con la speranza che il venditore poi glielo faccia pervenire[546].

Numerose truffe informatiche sono volte a indurre in errore la persona offesa per ottenere il pagamento mediante forme di bonifico telematico o su carte prepagate.

E' irrilevante il luogo nel quale il raggirato abbia effettuato il pagamento, assumendo rilievo ai fini della consumazione del reato esclusivamente il luogo nel quale l'autore della contestata truffa consegue la provvista.

In base agli ormai consolidati orientamenti della Procura generale della Cassazione, ai fini della determinazione della competenza, rileva: 1) nei casi di pagamento a mezzo vaglia postale, il luogo ove il vaglia viene materialmente riscosso; 2) nei casi

---

[542] Giova osservare che il contratto concluso per effetto di una truffa, penalmente accertata, di uno dei contraenti in danno dell'altro non è radicalmente nullo, bensì annullabile.

[543] Cass. Pen., n. 5922/2013; Cass. n. 47623/2008.

[544] La figura in questione individua una specifica condotta causativa dell'evento (depauperamento patrimoniale), costituita dalla induzione in errore del *deceptus* attraverso una *mise en scène* che lo persuade circa l'utilità e/o necessità di un atto negoziale, sì da indurlo a stipulare.

La più attenta giurisprudenza non ravvisa ostacoli nel ritenere integrato il delitto di truffa contrattuale anche in presenza del silenzio maliziosamente serbato su talune circostanze rilevanti sotto il profilo sinallagmatico. Viene qui in rilievo la regola del *clare loqui,* fissata dall'art. 1337 c.c. in materia di buona fede contrattuale.

[545] L'artificio è una manipolazione della realtà esterna mediante la simulazione di fatti o circostanze in realtà inesistenti. Il raggiro, invece, è un'attività simulatrice posta in essere con parole e argomentazioni che fanno scambiare il falso per il vero.

[546] Trib.Trento, sentenza del 05.05.2012.

di pagamento a mezzo bonifico, il luogo ove ha sede la filiale presso la quale l'autore della condotta ha acceso il conto corrente su cui sono state accreditate le somme; 3) nei casi di pagamento a mezzo ricarica di carta prepagata (*postepay* e simili), ove detta carta sia "appoggiata" su un conto corrente bancario o postale, il luogo ove hanno sede la filiale della banca o l'ufficio postale presso il quale è stato acceso il conto medesimo; 4) nei casi di pagamento a mezzo ricarica di carta prepagata (*postepay* e simili), ove detta carta non sia "appoggiata" ad alcun conto corrente, il luogo ove hanno sede l'ufficio o l'esercizio commerciale presso il quale la carta prepagata è stata attivata. Laddove le indagini non abbiano consentito di acquisire alcuno dei dati di cui ai punti precedenti, rilevano, *ex* 9 cpv. c.p.p., il luogo di residenza e di domicilio dell'indagato[547].

Talvolta, il rischio penale di imputazione in cui può incorrere colui che, professionista o consumatore, intenda acquistare un bene attraverso il meccanismo dell'asta telematica è un'imputazione per ricettazione *ex* art. 648 c.p.[548].

Per distinguere tra la condotta cosciente e volontaria ed il mero disinteresse tale da far refluire la fattispecie nella contravvenzione dell'incauto acquisto, il Giudice penale si rifarà alle massime di esperienza desumibili dalla realtà, applicando un criterio probabilistico che faccia collimare la certezza dell'illecita provenienza con la qualificata probabilità di conoscenza.

Si procede di seguito ad una rapida rassegna di pronunce giurisprudenziali (di legittimità e di merito) sugli "indici di sospetto" del delitto di ricettazione:

a) La palese impossibilità del venditore di permettersi l'acquisto della merce offerta (Trib. Reggio Calabria, 28.2.2008, n. 97);
b) L'impossibilità di fornire un'attendibile giustificazione sulle modalità di acquisizione di un oggetto rivelatosi poi rubato (Cass. Sez. II, 05.07.1991; Trib. Napoli, 11.03.2004);
c) L'impossibilità della cosa di essere nel legittimo possesso di un soggetto privato ed individuale (es., modulo di assegno bancario in bianco: Cass., Sez. II, 7.2.2013, n. 22120; assegno circolare in bianco: Cass., Sez. II, 30.6.1992; un modulo di carta d'identità in bianco: Cass., Sez. I, 23.1.1985);

---

[547] È appena il caso di aggiungere che tali criteri consentono una più agevole concentrazione delle indagini ed un più efficace esercizio dell'azione penale. La Procura generale, dunque, non aderisce all'impostazione interpretativa della sentenza n. 25230/2015 della Prima sezione penale della Cassazione, palesemente in contrasto con altra precedente giurisprudenza (v. Sez. II, n. 7749/2015), con l'auspicio che possano intervenire le Sezioni Unite, già allertate con la segnalazione di contrasto n. 68/2015 da parte del Massimario, a mettere ordine *in subiecta materia*.

[548] La *ratio* dell'art. 648 del Codice penale non è genericamente di tutela del patrimonio della vittima, bensì quella di bloccare la circolazione e commercializzazione di beni provenienti da reato sanzionando chiunque s'intrometti nella catena dello smistamento. Punita, quindi, è la condotta di chi tragga vantaggio dal già commesso da altri delitto presupposto, con pregiudizio definitivo al patrimonio della vittima. Invero, il fine preso di mira dal ricettatore – e penalmente stigmatizzato – è quello di garantirsi l'utilità del reato presupposto occultando l'illecita provenienza della *res*.

d) La consapevolezza della provenienza delittuosa, la circostanza che gli oggetti rechino ancora le etichette riconducibili agli esercizi commerciali dai quali sono stati asportati ed il loro occultamento all'interno di un borsone (Trib. Ivrea, 21.03.2011);

I Giudici di Piazza Cavour si sono occupati anche della partecipazione ad aste *on-line* con l'uso di uno pseudonimo.

Non si dubita della possibilità – e legittimità – di partecipare alle aste in Rete avvalendosi di uno pseudonimo; tuttavia, è obbligatoria la registrazione delle vere generalità di chi prende parte all'asta, affinchè possano aversi transazioni sicure, corrette e trasparenti.

Osserva la Suprema Corte che "*La partecipazione ad aste on-line con l'uso di uno pseudonimo presuppone necessariamente che a tale pseudonimo corrisponda una reale identità, accertabile on-line da parte di tutti i soggetti con i quali vengono concluse le compravendite*"[549].

La Corte conclude nel senso che rientra nel reato di sostituzione di persona "*la condotta di colui che crei ed utilizzi un account di posta elettronica attribuendosi falsamente le generalità di un diverso soggetto, inducendo in errore gli utenti della Rete internet, nei confronti dei quali le false generalità siano declinate e con il fine di arrecare danno al soggetto le cui generalità siano state abusivamente spese*".

Fenomeno tristemente noto alla cronaca è quello del falso di opere d'arte in Rete.

Il fenomeno è punteggiato da una vivida consapevolezza: il mercato delle aste non esisterebbe senza il mercato primario delle gallerie d'arte.

Sembra avviato al tramonto il modello classico di asta per collezionisti, e con esso il fascino della *location* prestigiosa; oggi le aste d'arte si fanno sul *web*.

Negli ultimi anni, il numero dei siti *web* per la compravendita di opere d'arte è aumentato in maniera esponenziale. Di riflesso, sono aumentati i reati di frode, ricettazione, falso e contraffazione di opere d'arte.

Particolarmente allettanti per gli utenti minorenni sono le aste sul *web*.

Si è già visto come i protagonisti di un'asta non intrattengono alcun contatto diretto con la controparte. Il venditore non può che affidarsi alle indicazioni dell'acquirente, non avendo nessuna possibilità di accertare *ex ante* l'età dell'interessato.

Nell'ipotesi in cui il minore dovesse, nonostante le indicazioni delle condizioni generali, dichiarare di essere maggiorenne o dovesse fornire, nelle informazioni relative all'età, un dato falso, il contratto concluso sarebbe annullabile. Tale possibilità è però preclusa dall'art. 1426 c.c. se il minore ha taciuto o falsificato la propria età attraverso comportamenti ingannevoli.

---

[549] Il riferimento è a Cass. Civ., Sez. III, n. 12479 del 2012. Nella fattispecie, la Suprema Corte ha confermato la condanna al pagamento di Euro 1140,00 di multa per il reato di sostituzione di persona nei confronti di un uomo colpevole d'aver utilizzato i dati anagrafici di una donna per aprire a suo nome un *account* ed una casella di posta elettronica, facendo così ricadere sull'ignara intestataria le morosità dei pagamenti di beni acquistati ad aste sul *web*.

Le lotta ai fenomeni innanzi descritti passa anzitutto dall'operato della Polizia Postale[550], l'organo preposto al controllo ed alla repressione dei reati sul *web*.
Nelle sue articolazioni, la Polizia Postale gode di uno specifico nucleo che si occupa dell'*e-commerce*. Il fine è reprimere gli illeciti commessi mediante l'uso fraudolento del mezzo telematico.
Altro importante impegno da segnalare è assolto dalle associazioni di categorie attraverso consigli e raccomandazioni. Il CODICI[551], ad esempio, ha stilato un utile *vademecum* con 10 regole rivolte all'*e-buyer* e tese a garantire transazioni consapevoli, sicure ed affidabili[552].

L'opera multimediale: qualificazione e tutela giuridica

L'evoluzione tecnologica ha portato con sé un nuovo bene giuridico: l'opera multimediale.
Per la specificità della questione si rende necessaria un'indagine di carattere etimologico.
Con il termine "*media*" si intendono, comunemente, i mezzi di comunicazione di massa: stampa, radio, televisione ed Internet. Mezzi di comunicazione (e divulgazione) che si avvalgono di diversi supporti informativi.
La cd. "multimedialità", invece, designa, in via di prima approssimazione, la compresenza di *media* diversi che si integrano per creare un unico messaggio veicolato da strumenti differenti in relazione interattiva con l'utente.
L'aggettivo "multimediale", se riferito ad un'opera dell'ingegno, evidenzia la coesistenza e combinazione, in un unico prodotto, di opere di generi diversi (immagini, testi, parole e suoni) e tradizionalmente fruite attraverso "*media*" differenti. Tale coesistenza è resa possibile dalla traduzione delle diverse opere in un formato omogeneo, quello digitale; la loro amministrazione simultanea è resa possibile da un programma applicativo cd. "*software* gestionale".
Il prodotto multimediale si presenta allora come un "*mix*" di opere varie classificabili nelle diverse categorie di prodotti dell'ingegno tutelate dal diritto d'autore (testi, grafica, *software*, video, film, musica, fotografia, pittura, animazione, mappe, giochi ed il relativo *software* di gestione).
Invero, la multimedialità identifica un genere di opere "strutturalmente e funzionalmente più complesse".

---

[550] Il Servizio centrale della Polizia Postale ha sede a Roma e coordina 19 compartimenti regionali e 77 sezioni territoriali. Ciò permette una presenza diffusa su tutto il territorio nazionale.

[551] Centro per i diritti del Cittadino, associazione dedita alla tutela dei diritti dei cittadini.

[552] 1) Usare un *browser* sicuro. 2) Utilizzare *password* non facilmente *crackabili*. 3) Controllare sempre la presenza del lucchetto sui siti *web* sicuri. 4) Dubitare di siti sconosciuti che promuovono sconti troppo allettanti. 5) Prediligere il pc di casa. 6) Controllare che il venditore, oltre all'indirizzo di posta elettronica, abbia anche una sede con un indirizzo reale e un numero di telefono a cui rivolgersi. 7) Prediligere l'uso di carte prepagate. 8) Verificare che sulla proposta di contratto siano presenti le informazioni sul diritto di recesso e sulle modalità per esercitarlo. 9) Ricordare che il diritto di recesso va esercitato entro sette giorni dalla data di consegna del bene o di sottoscrizione dell'ordine per beni immateriali. 10) Conservare la ricevuta di ciascun pagamento.

"Strutturalmente più complesse", poiché tali opere si caratterizzano per "*la presenza simultanea di opere tradizionalmente veicolate da media differenti, ma alla digitalizzazione di tutte le parti di opere che la compongono*"[553]; "funzionalmente più complesse", per il fatto che "*l'opera multimediale si è sviluppata - come bene autonomo e come nuovo concetto giuridico - con l'avvento di nuovi strumenti telecomunicativi i quali comportano l'implicazione di una specifica componente, ossia del software gestionale, che ne permette la creazione e la fruizione*"[554].
Ciò che distingue il prodotto multimediale dagli altri beni informatici appare quindi essere la modalità di fruizione, in uno l'interattività[555]: chi fruisce dell'opera multimediale interagisce con la stessa. Non si limita a visualizzarne il contenuto, ma si muove all'interno dell'opera.
Questo nuovo bene, indotto dall'evoluzione tecnologica in ambito informatico e nelle telecomunicazioni, sconvolge il classico concetto di "autore", soppiantato dalle nozioni di "assemblatore" e "contributore. Autore dell'opera multimediale è colui che ha reso possibile la coesistenza in un unico prodotto di opere diverse o chiunque interviene sull'opera preesistente trasformandola, rielaborandola, manipolandola.
Si è altresì osservato come l'opera multimediale è quasi sempre il frutto degli sforzi e delle energie di più e diversi soggetti; tale presa d'atto deve tradursi nella necessità di riconoscere e remunerare chiunque offra un proprio contributo creativo (purché fondamentale) alla venuta in essere del lavoro multimediale. Premiati devono altresì essere tutti coloro che, congiuntamente ai soggetti prima menzionati, effettuano gli investimenti indispensabili alla produzione dell'opera.
I riflessi in punto di disciplina sul diritto d'autore sono evidenti: nel caso in cui l'opera sia il risultato del contributo indistinguibile ed inscindibile di più persone, il diritto d'autore appartiene, in comune, a tutti i coautori; al contrario, se l'opera è costituita dalla riunione di opere o di parti di opere che hanno carattere di creazione autonoma, il diritto d'autore spetta al coordinatore dell'opera, indipendentemente e senza pregiudizio dei diritti di autore sulle opere o sulle parti di opere di cui sono composte.
La complessa struttura del multimedia costringe a rinunciare ad una definizione precisa ed univoca di "opera multimediale".
Qualsiasi definizione, peraltro, si rivelerebbe infeconda ed obsoleta, dati i rapidi ed impetuosi mutamenti tecnologici che interessano il settore delle telecomunicazioni.
Infine, l'esaminato connotato della multimedialità, configurando una convergenza e fruibilità di più *medium*, finisce per ostacolare ogni tentativo definitorio.

---

[553] B. CUNEGATTI, *La qualificazione giuridica dell'opera multimediale*, pp. 95-96.
[554] *Idem.*
[555] Sul punto la giurisprudenza è ondivaga. In alcuni casi, ha negato che il tipo di fruizione dell'opera costituisca un elemento sufficiente a discostare il multimedia dall'opera cinematografica; in altre circostanze è giunta a negare l'assimilabilità di queste due tipologie di opere proprio in virtù della differente tipologia di fruizione (Trib. di Monza, 12/12/1984; Trib. di Milano, 20/06/1988).

Gli stessi tentativi di qualificare l'opera multimediale, in base alle categorie di opere dell'ingegno, ora come *software*, ora come opera cinematografica, ora come banca di dati, ora opera letteraria non sono risultati risolutivi.

1) Qualificare l'opera multimediale come *software* significa ingenerare una scorretta quanto scomoda commistione concettuale tra la creazione multimediale ed il relativo *software* gestionale. Quest'ultimo, si rammenta, svolge un ruolo significativo (provvedendo a porre in connessione le diverse parti del multimedia), ma resta soltanto una delle componenti dell'opera. La Direttiva 96/9/CE in materia di banche dati esclude la possibilità di identificare la natura giuridica di un prodotto composito con il programma per elaboratore che ha la funzione di gestire il contenuto informativo.
2) L'accostamento tra opera multimediale e opera cinematografica (e audiovisiva) è suggestiva, ma non coglie nel segno. Vi è una coincidenza tra i mezzi espressivi impiegati così come nel ruolo assolutamente centrale di colui che sovrintende l'opera nel suo complesso (il regista cinematografico, da una parte, ed il regista multimediale, dall'altra); tuttavia, il contenuto dell'opera è qualitativamente diverso: l'opera multimediale è interattiva, quella cinematografica è sequenziale. Inoltre, la presenza del *software* di gestione reclama l'applicazione autonoma della normativa in materia di programmi per elaboratore.
3) Sussumere l'opera multimediale nel *genus* delle banche di dati impone di passare attraverso l'analisi dell'art. 2, co. 9, della Legge sul diritto di autore. Secondo la lettera della norma, le banche di dati sono raccolte di opere, dati o altri elementi indipendenti, sistematicamente o metodicamente disposti e individualmente accessibili mediante mezzi elettronici o altro. Qualora la strutturazione (cioè l'ordine, l'organizzazione, la sistemazione, il metodo di consultazione) dei dati presenta il carattere della originalità, la banca dati configura opera dell'ingegno, *ergo* una fattispecie meritevole di tutela da parte dell'ordinamento.

Sull'autostrada delle informazioni, l'opera multimediale si apprezza per proprie peculiarità: l'organizzazione del contenuto informativo risponde non alla fruizione individuale del dato, bensì all'ipermedialità ed interattività dell'opera finale, secondo il percorso tracciato dall'autore e reso possibile dalla struttura reticolare delle connessioni.

Pertanto, se la banca dati si caratterizza per la struttura, il prodotto multimediale si caratterizza per la modalità di utilizzazione e fruizione.

4) L' opera multimediale rispecchia quella letteraria nella sola misura in cui il fruitore, così come il lettore, è destinatario di dati che deve decifrare. Il contenuto dell'opera multimediale è, però, più variegato; il testo diventa attivo e chi ne fruisce è suggestionato perché dentro il flusso "narrativo".

Al di là dei tentativi di qualificazione giuridica dell'opera multimediale - tutti affascinanti, ma nessuno concludente -, è ora il tempo di attardarsi sul regime di tutela riconosciuto alla creazione multimediale.

Non si dubita, infatti, che l'opera multimediale assurga al rango di bene tutelabile dall'ordinamento, per il fatto di assemblare insieme e rendere fruibili intere opere o

parti di esse già esistenti e tutelate singolarmente. Conferma in tal senso giunge dall'art. 171 – *ter* della Legge n. 248/2000 (di modifica della Legge sul diritto d'autore), che eleva l'opera multimediale ad oggetto di tutela penale.
Un caso assolutamente isolato, cui non ha fatto seguito nessuna disposizione specificamente dedicata a tale tipologia di bene.
La necessità di offrire una tutela adeguata a queste opere è stata avvertita in ambito comunitario, con maggiore attenzione alla regolamentazione giuridica della diffusione *on-line* delle opere protette[556].
Ciò posto, deve osservarsi che la tutela della creazione multimediale è bifronte, avente ad oggetto tanto l'opera nel suo complesso quanto le singole opere che in essa coesistono e si combinano.
Un esempio che vale a rendere chiaro quanto detto è il sito *web*: un particolare tipo di opera multimediale, costituita da grafica, immagini, testi e suoni combinati fra di loro in modo da risultare interattivi. Il sito *web* è tutelato quale opera dell'ingegno autonomamente ed interamente considerata; la grafica del sito, se dotata di originalità, è meritevole di tutela come qualsiasi altra immagine artistica compresa nella elencazione dell'art. 2 della Legge n. 633/1941.
La realizzazione di opere multimediali a partire da opere o porzioni di opere preesistenti è l'ipotesi che si verifica più frequentemente.
Per siffatta ipotesi la tutela delle opere preesistenti è affidata alla normativa sul diritto d'autore.
Le diverse opere preesistenti, che si intendano far confluire nella raccolta multimediale, nella misura in cui fossero già precedentemente riconducibili a lavoro intellettuale creativo, rimangono tutelate dalle disposizioni previste dalla normativa in esame, in relazione sia all'opera "*nel suo insieme*", sia "*a ciascuna delle sue parti*" (art. 19, comma 2, L. 633/41).
Il *quantum* di porzione minima tutelabile corrisponde a quella che è in grado di identificare univocamente l'opera nel suo complesso.
Si deve concludere che "*chi voglia produrre un'opera multimediale utilizzando opere o parti di opere preesistenti deve procedere all'acquisizione dei diritti insistenti sulle singole opere anche nel caso ne vengano adoperate solo singole porzioni*"[557] nonché "*all'acquisizione del necessario consenso alla manipolazione dell'opera da parte dell'autore*"[558].
Venendo ora alla tutela dell'opera multimediale nel suo insieme, mancando una disciplina specifica, parte della dottrina, dopo aver provato a ricondurre l'opera telematica ai generi di opere già esistenti e classificate, vi ha esteso la tutela per

---

[556] Il primo documento ufficiale in cui sono presenti proposte concrete per una nuova disciplina delle comunicazioni digitali è stato il Libro Verde sul diritto d'autore e i diritti vicini nella società dell'informazione, presentato nel luglio 1995 dalla Commissione Europea.
Il Libro Verde ha definito l'opera multimediale come la combinazione di dati ed opere di forma differente, quali figure (statiche o animate), testo, musica e *software*, cui sono applicabili le Convenzioni internazionali in materia di diritto d'autore, oltre che la normativa comunitaria e nazionale dei singoli Stati.
[557] B. CUNEGATTI, *op. cit.*, p. 99.
[558] *Idem.*

queste ultime positivamente prevista (ad esempio, opera letteraria, cinematografica, *software*).
In replica, si dubita della legittimità di siffatte forzature interpretative, preferendosi un approccio ermeneutico ancorato al caso concreto, in tale materia decisamente più corretto. La soluzione è da ricercare, di volta in volta, nelle peculiarità della natura dell'opera e delle sue singole parti, determinando conseguentemente il tipo di tutela applicabile. Ma, soprattutto, non si ravvisa la necessità di un'estensione analogica, in quanto è possibile rinvenire una tutela specifica per l'opera multimediale ricorrendo alle qualificazioni tipiche delle opere dell'ingegno di cui previste alla Legge n. 633/1941.
Questo vuol dire che dell'opera multimediale, intesa quale prodotto "culturale", è protetta la sua forma espressiva, non l'idea in essa contenuta.
A compasso più allargato, l'attenzione deve traslare su quali requisiti deve possedere l'opera telematica per soggiacere alle nome diritto d'autore.
Queste ultime sono applicabili alle sole opere dell'ingegno, per tali intendendosi quelle che soddisfano i due requisiti della creatività ed originalità.
L'approccio definitorio che sorregge la Legge sul diritto d'autore e la regolamentazione più specifica fissata per generi, tipologie e categorie impongono di raffrontare le opere intellettuali già oggetto di disciplina con l'opera in discussione.
I parametri di raffronto individuati per determinare il regime giuridico di cui l'opera necessita sono: il contenuto dell'opera, la sua struttura, la sua configurazione soggettiva (attribuzione della titolarità del diritto) e le dinamiche sottese alla sua creazione.
Una volta realizzata ed immessa *on-line* o *off-line* sul mercato, l'opera multimediale si rivela estremamente difficile da tutelare, posta com'è alla *mercè* di interventi manipolativi e riproduttivi.
Va anche detto, di contro, che oggi è possibile proteggere i dati digitali criptandoli (rendendoli accessibili solo a chi sia in possesso di un decodificatore) oppure apporre a tali dati una chiave d'accesso (che inibisca l'uso non autorizzato agli utenti) o, ancora, apporre ai dati una sorta di "marchio" elettronico (in grado di accompagnare e l'opera nelle sue diverse utilizzazioni)[559].

La rete internet come "serbatoio" di informazioni

Il bene maggiormente scambiato ed acquistato in Rete è rappresentato dalle informazioni[560].
Si tratta non certo di una scoperta. La cd. "rete delle reti" è stata, infatti, capace di sviluppare un nuovo modo di relazionarsi e di comunicare.

---

[560] Per approfondimenti, V. ZENOVICH, *Informazione (Profili civilistici),* Estratto dal Digesto, IV Edizione, vol. IX Civile, Utet. In senso contenutistico, per informazione s'intende qualsiasi dato rappresentativo della realtà che viene conservato da un soggetto ovvero comunicato da un soggetto ad un altro; in senso funzionalistico, sotto il termine informazione devono si ricomprendono quelle attività di comunicazione al pubblico svolta da taluni mezzi, quali la stampa, la radio, la televisione.

Internet nasce negli Stati Uniti, durante la "guerra fredda", per scopi militari. Nasce ad opera di un'agenzia governativa incaricata di creare una rete di collegamento fra i diversi Stati e, ove si fosse verificata l'ipotesi di una guerra nucleare, per coordinare prontamente la risposta militare.
Ben presto, Internet viene offerta al pubblico, *in primis* agli enti governativi, militari ed universitari, per poi divenire rapidamente risorsa di massa.
Sotto il profilo tecnico, Internet può essere definita come la "rete delle reti".
Il senso etimologico della parola corrisponde tutt'ora all'abbreviazione delle due parole che la formano: "*interconnected*" (interconnesso) e "*network*" (rete).
Internet rappresenta, quindi, un sistema di connessione che consiste nel dialogare con qualsiasi dispositivo *on-line,* ovunque esso si trovi, grazie alla condivisione del medesimo sistema di linguaggio (TCP/IP, Trasmission Control Protocol)[561]. Ciò consente a tutti i sistemi connessi di interagire tra loro e di trasmettere informazioni.
Quando, negli anni Novanta, il *world wide web* (*www*) si è diffuso come fenomeno di rilevanza mondiale, si è assistito ad una profonda trasformazione di Internet da complessa infrastruttura tecnologica di accesso a *network* diffuso, che ha consentito alle comunità di tutto il mondo di connettersi e scambiare informazioni.
Oggi siamo tutti contemporaneamente spettatori e protagonisti, poiché il sistema ci permette di essere davvero e totalmente interattivi.
Internet, inoltre, funziona, come noto, su scala planetaria, nel senso che non conosce confini.
Le considerazioni elargite già rendono un'idea della portata di questa tecnologia.
Ma la rete internet non è soltanto questo, è molto di più: è un luogo di pensiero, il luogo dell'interazione e della comunicazione globale; possiede la capacità di ospitare qualunque cosa (testo scritto, immagine, suoni digitalizzati, video) e per questo rappresenta la prima realizzazione che l'umanità conosca del concetto di libertà.
Ogni contenuto possibile, pensato ed immesso nella Rete, diventa accessibile a tutti, è alla portata di chiunque.
L'umanità si è trovata tra le mani un sogno inaspettato, un universo parallelo in cui è possibile esistere in forme diverse da quelle reali, ma anche esistere attraverso le informazioni che di noi stessi vogliamo veicolare.
In tal senso, Internet è un formidabile "serbatoio" di informazioni.
Si tratta, a ben vedere, di dati che diventano informazioni digitali, sicchè può dirsi che è informazione tutto ciò che può essere digitalizzato (ovvero rappresentato come una sequenza di *bit*).
Le informazioni, a loro volta, diventano conoscenza allorchè giungono a destinazione e vengono interpretate dal destinatario[562].

---

[561] V. *Microsoft Corporativo*, Dizionario di Internet e delle reti portatili, Info Casa Editrice, 2003, *passim.*

[562] Il dati diventano informazione se il destinatario è in grado di interpretarli attraverso una chiave di interpretazione, detta metadato. Informazione è, allora, tutto ciò che riduca l'incertezza rispetto ad una questione determinata. Si rinvia, in proposito, a N. ROSSIGNOLI, *Appunti di cultura digitale. Informazione, Comunicazione, Tecnologie,* Lampi di stampa, Milano, 2008, p. 31.

Esistono "serbatoi" di informazione specifica ed organizzata come quella di una banca dati o di un sito fortemente strutturato, che consentono una fruizione agevole delle informazioni.
Esistono, tuttavia, "serbatoi" di informazione occasionale, non organizzata, dispersa. Sono questi a rappresentare la vera rivoluzione di Internet, ossia la possibilità per chiunque di immettere informazioni in rete[563].
Ognuno di noi è messo oggi nelle condizioni di diffondere le proprie personali recensioni, di realizzare pagine informative, di creare e curare un *blog,* di inserire riflessioni, segnalazioni, proposte di legge, messaggi propagandistici, articoli di denuncia, di cronaca, ecc..
Tutto ciò fa della rete Internet una straordinaria risorsa informativa.
Da lato la domanda, raccogliere informazioni; dall'altra, l'offerta informativa, la diffusione delle informazioni, in cui risiede l'essenza stessa della Rete.
Dietro le informazioni che circolano vorticosamente all'interno della Rete, le persone. Ogni scambio informativo è un contatto, una forma di interazione sociale.
L'informazione viaggia primariamente attraverso i siti World Wide Web, le ormai familiari pagine colorate che uniscono testo, grafica, animazioni e, talvolta, anche suoni e filmati; esse costituiscono il volto più noto di Internet e rappresentano una fonte di aggregazioni dalle notevoli valenze sociali. E' appena il caso di ricordare che attorno e dietro ad un sito *web* si raccolgono forte comunità di utenti che interagiscono tra loro.
Il trasferimento dell'informazione avviene altresì con lo scambio di posta elettronica[564], all'interno dei *newsgroup*[565] e attraverso le *chat* testuali[566].
Quelli citati sono solo alcuni esempi dei luoghi di incontro capillarmente distribuiti all'interno della Rete.
Ritornando al tema oggetto di questa breve (e necessariamente parziale) riflessione, deve indagarsi la possibilità di configurare l'informazione come bene giuridico.
Come evidenziato all'inizio della presente trattazione, la norma di cui all'art. 810, nel definire il concetto di bene, utilizza un'espressione particolarmente insidiosa.
Senza tornare sulla spinosa questione relativa al rapporto "bene" e "cosa", è sufficiente ricordare che una cosa, per divenire entità giuridica - e quindi bene - necessita di un riconoscimento di tutela da parte dell'ordinamento giuridico.
L'ordinamento giuridico attribuisce la qualifica di bene a tutte quelle entità che siano meritevoli di protezione[567].

---

563 Si ponga mete al fotografo *free lance* che utilizza Internet pubblicare i propri scatti, per farsi conoscere e diffondere il frutto del proprio lavoro.
564 Mittente e destinatario sono facilitati e favoriti nella interazione attraverso lo scambio di un messaggio elettronico che, rispetto alla mera telefonata, recupera la dimensione propria del testo scritto e, rispetto al testo scritto ed inviato attraverso il tradizionale servizio postale, ha il pregio dell'immediatezza della comunicazione e della semplicità nella preparazione del messaggio.
565 Sono luogo di incontro e scambio fra gruppi di persone che condividono un interesse comune su cui discutere in rete.
566 Permettono una comunicazione sincrona: i partecipanti sono collegati contemporaneamente a più ripetitori che rendono possibile una interazione in tempo reale.
567 Per tutti, S. PUGLIATTI, *Cosa (teoria generale)*, in Enc. dir., V, Milano, 1959, p. 28 ss..

Il suddetto processo di qualificazione giuridica non dipende dalle caratteristiche intrinseche dell'entità considerata, quanto piuttosto dalla possibile incidenza su di essa della qualificazione giuridica.
Deve necessariamente procedersi *case by case*, riferendosi ai singoli interessi sottostanti alla specifica fattispecie concreta.
Tralasciando l'opzione formalista, secondo cui l'informazione è un bene giuridico nei soli casi in cui il diritto positivo l'abbia riconosciuta come tale, la più autorevole dottrina ravvisa il fondamento normativo del riconoscimento giuridico del bene-informazione nei principi generali del nostro ordinamento. Il riconoscimento avverrebbe – il condizionale è d'obbligo – rifacendosi all'esigenza di conoscenza della collettività[568].
Il problema, invece, andrebbe affrontato alla radice, guardando all'informazione come ad una realtà intrinseca, oggetto di protezione in quanto tale[569].
In tal senso, superato lo stadio di idea relegata nella mente del suo creatore, l'informazione si configura come opera dell'ingegno. Attraverso la sua creazione, l'autore la rivendica a sé, divenendo l'unico soggetto legittimato a disporre di essa.
Vi sono, le cc.dd. informazioni nominative, relative a persone o a patrimoni, nelle quali non rileva la volontà del soggetto e che sono conseguenza della legge o di un atto giuridico.
Infine, i cc.dd. dati liberi, non appartenenti a nessuno e che si configurano come *res nullius* o come informazioni cadute in pubblico dominio.
In quest'ultimo caso parlare di "creazione" è fuori luogo: ci troviamo al cospetto di dati che non necessitano di una manifestazione di volontà né di un atto finalizzato all'acquisizione esclusiva.
De hoc satis.
Il mondo in cui viviamo ci trascina in un continuo susseguirsi di cambiamenti, alcuni dei quali in grado sconvolgere le nostre abitudini più consolidate.
Alla Rete sono attribuibili diversi primati. Fra tutti, quello di aver messo a disposizione una quantità smisurata di informazioni (sottoforma di dati, testi, immagini, *file* audio ecc.) è sicuramente il più apprezzabile.
L'esempio più altisonante è rappresentato da Wikipedia, l'enciclopedia *on-line* aperta e a contenuto libero che ha colmato una volta per tutte il divario fra quegli studenti le cui famiglie potevano permettersi l'acquisto di un'enciclopedia e tutti gli altri.
Internet appiattito le gerarchie sociali.
Ha democratizzato la conoscenza.

---

[568] Si rinvia in proposito a P. PERLINGIERI, *L'informazione come bene giuridico,* in *Rass. dir. civ.*, 1987, p. 33.
[569] S. SCHAFF, *La nozione di informazione e la sua rilevanza giuridica*, in *Dir. inf.*, 1987, p. 452.

Bibliografia

D. Amor, *Aste on line. Il commercio dinamico di beni e servizi,* Milano, 2001.

W. Bigiavi, *La Proprietà*, Torino, 1968.

L. Bressan, *Le aste on line*, in AA. VV., (a cura di) G. Cassano, *Commercio elettronico e tutela del consumatore*, Milano, 2003.

B. Cunegatti, *La qualificazione giuridica dell'opera multimediale.*

M. De Ruggiero, *Istituzioni di Diritto Privato,* Principato, Roma, 1949.

E. Falletti, *La Corte di Cassazione alle prese con le cd. aste on-line: persa la prima occasione per fare chiarezza*, in *Giurisprudenza italiana*, 2007, n. 1.

G. Finocchiaro, F. Delfini (a cura di), *Diritto dell'informatica*, Utet Giuridica, 2014.

T. Giuntella, *La Rete influenza chi non la vive*, in *L'Huffington Post.*

V. Grippo, *Analisi dei dati personali presenti su Internet. La legge n. 675/1966 e le reti telematiche,* in *Riv. crit. dir. priv.*, 1997.

E. Guidotti, *Dove ci porta Internet. Una crisi annunciata e molte opportunità*, Franco Angeli, Milano.

G. Maccaboni, *La profilazione dell'utente telematico fra tecniche pubblicitarie on line e tutela della privacy*, in Riv. *Il diritto dell'informazione e dell'informatica*, Anno XVII, n. 3, Maggio-Giugno 2001, Giuffrè.

L. Parisio, *Meccanismi d'asta*, Roma, 1999.

P. Perlingieri, *L'informazione come bene giuridico,* in *Rass. dir. civ.*, 1987, p. 33.

S. Pugliatti, *Cosa (teoria generale)*, in *Enc. dir., V*, Milano, 1959.

G.M. Riccio, *Commercio elettronico, aste telematiche, ADR e tutela dei consumatori,* in *www.comparqzionedirittocivile.it.*.

N. Rossignoli, *Appunti di cultura digitale. Informazione, Comunicazione, Tecnologie,* Lampi di stampa, Milano, 2008.

R. Samarajiva, *Interactivity As Tough Privacy Mattered*, in *Agre-Rotem-Berg, Technology and Privacy: The New Landscape,* Massachusetts, 1977.

S. Schaff, *La nozione di informazione e la sua rilevanza giuridica*, in *Dir. inf.*, 1987.

S. Sica, *Atti che devono farsi per iscritto, Art. 1350*, Milano, 2003.

V. Zenovich, *Informazione (Profili civilistici),* Estratto dal Digesto, IV Edizione, vol. IX Civile, UTET.

La tutela del software e delle banche dati

Avvocato Stabilito Giulio La Barbiera

Introduzione

Il diritto d'autore indica quel complesso di diritti di protezione delle opere d'ingegno umano.

L'opera quale creazione intellettuale è un bene immateriale, intendendosi come tale quello nel quale la creazione intellettuale si trasforma.

Secondo la definizione del nostro codice civile, l'art. 2575 (e seguenti, nonché quanto previsto dalla legge n. 633/1941, più volte modificata ed integrata, allo scopo di adeguare la normativa nazionale a quella comunitaria, come per esempio, con il "varo" del Dlgs 118/2006 e del d.l. 248/2007, conv. In L. 31/2008[570]), oggetto del diritto d'autore è il bene immateriale, cioè l'opera d'ingegno di carattere creativo relativo alla scienza, alla letteratura, alla musica, alle arti figurative, all'architettura, al teatro, alla cinematografia, qualunque sia il modo o la forma di espressione.[571]

Attraverso il riconoscimento del diritto d'autore sulle creazioni intellettuali, il legislatore tutela quelle opere di carattere creativo che appartengono alla scienza, alla letteratura, alla musica, alle arti figurative all'architettura, al teatro, alla cinematografia ed alla multimedialità, qualunque ne sia il modo e la forma di espressione.

Contenuto ed ambito di applicabilità.

Le opere dell'ingegno sono suscettibili di tutele se ed in quanto dotate del carattere del'originalità e della novità (Ascarelli, De Sanctis).

In particolare oggetto della tutela sono tutte le opere creative, indipendentemente dal valore intrinseco e dalla loro novità, purché sia originale la forma rappresentativa.

Per valutare la sussistenza del carattere creativo, di un'opera occorre far riferimento all'attitudine della stessa a distinguersi dalle 'recedenti, in qualche modo innovando ed apportando al mondo intellettuale e culturale elementi che prima non esistevano, in ragione del valore di posizione degli argomenti, della loro coordinazione o del particolare procedimento utilizzato per presentare le conclusioni esposte, pur appropiandosi di dati di verità già posti da altri (Trib. Roma, 11 aprile 2005).

La giurisprudenza ha provveduto in più circostanze ad indicare se in concreto determinate creazioni intellettuali potessero essere qualificate dai caratteri suindicati e quindi essere definite come opere dell'ingegno e tutelate dalla disciplina del diritto d'autore.[572]

---

[570] M.SINISI, C. CARBONE, G.CHIESI, G. FINI, *Icodici operativi OP1 Codice Civile operativo,* II Edizione Annotato con dottrina e giurisprudenza, Edizioni Giuridiche Simone, 2010, art. 2575 c.c.

[571] E. PALLOTTA, *Insegnamento di Diritto dei mezzi di comunicazione,* Lezione VII *Il Diritto D'autore*, par.1. p.3, Pegaso Università Telematica.

[572] Di conseguenza si è affermato che i personaggi di fantasia, dotati di caratteristiche proprie ed originali (nella specie, la "Pantera Rosa") ben possono qualificarsi come opere dell'ingegno

Secondo parte della giurisprudenza, l'elencazione delle opere protette dal diritto d'autore contenuta nell'articolo 2575 e nell'art.2, L. 22-4-1941, n. 633(opere letterarie, drammatiche, scientifiche, ecc.; le opere della scienza , pittura ecc.; le opere fotografiche, i programmi per elaborare, il software), non va inteso in senso tassativo ma esemplificativo, mentre la richiesta originalità dell'opera attiene alla forma dell'esposizione, e non al contenuto esposto, quindi anche notizie già di dominio pubblico possono costituire l'oggetto di un'opera tutelabile con il diritto d'autore quando esse siano *espresse in una forma che rechi, in qualsiasi modo, l'impronta di un'elaborazione personale dell'autore* (Greco, Vercellone: Cass. 19-7-90 , n. 7397).
In contrasto con tale orientamento altra parte della giurisprudenza ha affermato che l'idea pubblicitaria, ancorché dotata del requisito della creatività, non sia compresa nell'elencazione delle opere protette, contenuta nell'articolo 2575 e nell'articolo 1, L. 22-4-1941, n. 633, elencazione che ha carattere tassativo.
L'idea pubblicitaria non può essere considerata come lavoro d'ingegneria o opera analoga protetta dall'articolo 99 della citata legge (App. Milano, 2-10-81).
Per quanto attiene in particolare all'ambito della tutela fornita dalla disciplina del diritto d'autore, la giurisprudenza ha precisato che il diritto esclusivo di riproduzione (art. 13 L. dir. autore) ha per oggetto la moltiplicazione delle opere in copie e quello esclusivo di messa in commercio (art. 17 legge cit.) riguarda il primo atto d'immissione in circolazione, a profitto dell'autore, degli esemplari dell'opera, senza divieto dell'ulteriore loro commercio.
Pertanto –salvo che l'autore non abbia esercitato il diritto di ritiro dal commercio degli esemplari lecitamente riprodotti - il commercio dell'opera integra una lesione del diritto d'autore solo se collegato al primo atto di messa in commercio, compiuto, a proprio profitto, dall'abusivo riproduttore delle opere medesime (Cass. 7-4-99, n. 3353).
Inoltre, deve ritenersi che si ha violazione dell'esclusiva non solo quando l'opera è copiata integralmente, cioè quando vi sia riproduzione abusiva, ma anche nel caso di contraffazione, che ricorre quando i tratti essenziali dell'opera anteriore si ripetono in quella successiva (Cass. 5-7-90, n. 7077).[573]

La tutela del software

La tutela del software (comunemente definiti programmi per elaboratore) è disciplinata all'articolo 2, comma 8, della Legge n. 633/1941.
Il software in quanto privo, dal punto di vista fisico, di corporalità è da inquadrare nella categoria dei beni immateriali ed è perciò tutelabile come oggetto di diritto d'autore o di brevetto.

---

e come tali godere della protezione del diritto d'autore accordata dalla L. 633/1941 (Pret. Ascoli Piceno, 21/3/ 90).
M.SINISI, C. CARBONE, G CHIESI, G. FINI, *Icodici operativi OP1 Codice Civile operativo,* II Edizione Annotato con dottrina e giurisprudenza, Edizioni Giuridiche Simone, 2010, art. 2575 c.c.
[573] M.SINISI, C. CARBONE, G CHIESI, G. FINI, *Icodici operativi OP1 Codice Civile operativo,* II Edizione Annotato con dottrina e giurisprudenza Edizioni Giuridiche Simone, 2010, art. 2575.

Per operare una scelta all'interno delle due diverse discipline si deve tenere presente che le regole da imporre per una efficace tutela devono essere armonizzate a livello internazionale e comunitario ricorrendo a un sostanziale ammodernamento del diritto e per ciò stesso viene naturale indirizzare la scelta verso il diritto d'autore da preferire al sistema brevettuale.
L'interesse a una tutela nell'ambito di questa disciplina deriva soprattutto dal fatto che conferisce protezione al bene senza necessità di formalità legali costitutive di diritti, il che rende agevole la protezione della nazione di origine della creazione e consente una altrettanto facile estensione di protezione a livello mondiale, mediante le regole internazionali date dalle convenzioni e dai trattati sulla materia, che globalizzano efficacemente la protezione.[574]
Si possono distinguere due grandi categorie di software.
. Il software di base: l'insieme dei programmi necessari a rendere operativo il computer e quindi metterlo in grado di eseguire programmi per risolvere i problemi dell'utente.
. Il software applicativo: l'insieme dei programmi per ottenere i risultati chiesti dall'utente.
Ne deriva che, secondo la struttura del diritto d'autore, è tutelata la forma espressiva e non il contenuto.
Il programma è caratterizzato da un'idea di base, rappresentata dalla soluzione originale a un problema intellettuale, e da una forma espressiva, costituita dall'insieme di procedimenti idonei ad esprimere e concretizzare l'idea di base.
Il risultato che si vuole raggiungere può concretizzarsi in tanti modi diversi quanti sono i possibili autori che lo inseguono, ognuno scegliendo una strada diversa.
Ed è proprio questa varietà di espressione che è tutelata.
Pertanto in base alla particolarità dell'opera dell'intelletto, nel software, che ne costituisce la specie, è tutelata la forma così come si presenta e sostanzialmente il codice sorgente, cioè la sequenza d'istruzioni fornite al computer che ne sono l'origine.
Più in particolare, nell'ambito del programma per elaboratore si può distinguere tra programma sorgente e programma oggetto.
Programma sorgente è quello scritto in linguaggio di programmazione comprensibile all'uomo ma non alla macchina.
Per essere letto da quest'ultima, il programma deve essere tradotto in un linguaggio-macchina codificando le istruzioni in forma binaria.
Il programma così espresso prende il nome di "codice oggetto", ed è quello che, mediante impulsi elettrici o magnetici incorporati su nastro o disco, fornisce materialmente istruzioni all'elaboratore.
E' utile porre l'accento sul fatto che la legge non guarda con sfavore la creazione di prodotti tra loro molto simili nelle soluzioni approntate e nei metodi con cui essi gestiscono gli obiettivi prefissati dall'utente.

---

[574] L. CHIMENTI *Il software*, in L. CHIMIENTI, *Il diritto d'autore oggi, Il Software e La Sua Pubblicità Legale, edizione della Presidenza del Consiglio dei Ministri, Dipartimento per l'Informazione* in www.dirittodautore.it, 3.1.2014.

Possono pertanto essere tutelati programmi con le stesse funzionalità purché siano il frutto dello sforzo intellettivo del loro autore.
Ciò che fa pensare a un favore del legislatore nei confronti del lavoro dell'autore a scapito di un apporto creativo concreto.
Sono esclusi dal programma e perciò dalla tutela le idee e i principi del programma, intendendo con ciò l'algoritmo ed i procedimenti standard di programmazione, mentre è coperto da tutela il materiale preparatorio alla costituzione del prodotto informatico.
Anche il diritto d'autore che ha ad oggetto i programmi per elaboratore elettronico si presenta come un diritto di privativa, essendo ogni utilizzazione economica sottoposta all'autorizzazione del suo autore.
Prima che i programmi per elaboratore fossero espressamente tutelati dalla legge sul diritto d'autore a seguito della Direttiva CEE 91/250, i fautori di tale sistema di tutela si erano anche richiamati alla fattispecie dei prodotti di lavori di ingegneria o di lavori analoghi che "costituiscono soluzioni originali di problemi tecnici", prevista dall'art. 99 della l.a., in relazione alla natura fortemente tecnica del software e stante l'ampia portata del concetto di "lavori di ingegneria ed altri similari" che comprendeva tra essi qualsivoglia lavoro svolto nell'esercizio dell'attività professionale dell'ingegneria o di attività similari.
In considerazione di tale vaghezza di concetto non vi erano logiche ragioni per escludervi anche i lavori che conducono alle produzioni di software.
Interessante notare l'accostamento di prodotti fortemente tecnici alla fattispecie dei diritti connessi al diritto d'autore nel cui titolo sono inseriti.
Tale soluzione non fu tuttavia sempre confermata dalla giurisprudenza, che, benché riconoscesse l'applicabilità della normativa sul diritto d'autore, negava ai programmi per elaboratore l'inquadramento della fattispecie nei prodotti dei lavori d'ingegneria e simili di cui all'art.99 l. dir autore.
È interessante tuttavia notare che in precedenza, in assenza della pronuncia del legislatore che accordasse tutela ad opere di natura del tutto peculiare, sia la dottrina sia la giurisprudenza si siano richiamate ad una applicazione analogica di una fattispecie di diritti connessi al diritto d'autore, cui nel particolare veniva riconosciuto al suo titolare un diritto ad un equo compenso oltre ad un diritto esclusivo di riproduzione dei progetti e degli altri lavori.[575]

Legislazione nazionale, comunitaria e transnazionale in materia di tutela del software

In materia di tutela giuridica del software non si può non analizzare la legislazione comunitaria, congiuntamente a quella nostrana.
In materia va sottolineato che: *"Il decreto legislativo 29 dicembre 1992, n. 518 (modificato dal decreto legge 23 ottobre 1996 n. 545, convertito dalla legge 23 dicembre 1996 n. 650), attuazione della direttiva 91/250/CEE relativa alla tutela*

---

[575] E. PALLOTTA *La tutela del software, Insegnamento di diritto dei mezzi di comunicazione,* Lezione VIII *Il Diritto D'autore,* par 4., p. 8, PEGASO Università Telematica; A. CUTOLO *Sulla tutelabilità dei diritti connessi alla protezione del software,* in www.notiziariogiuridico.it, par. 4.

giuridica dei programmi per elaboratore, ha univocamente risolto la diatriba facendo rientrare i programmi per elaboratore, in qualsiasi forma espressi purché originali quale risultato di creazione intellettuale dell'autore, nell'alveo della protezione autoriale".

Ne consegue che *"l'articolo 45 del Codice di proprietà industriale (decreto legislativo 10 febbraio 2005, n. 30) vieta espressamente la brevettabilità del software".*

Il legislatore comunitario non ha fatto altro che ribadire quanto già emerso nella giurisprudenza italiana allorquando si affermava che in quanto dotato del requisito dell'originalità creativa, il *software* è opera dell'ingegno, suscettibile di protezione ai sensi della legge sul diritto d'autore (Cassazione sezione III penale, 24-11-1986)".

Per dirla con le recenti parole della Suprema Corte "*Il programma per elaboratore (software) è tutelato, al pari delle altre opere dell'ingegno, solo se originale, in quanto frutto di elaborazione creativa rispetto a programmi precedenti, che si riscontra anche quando lo stesso sia composto da idee e nozioni semplici, rientranti nel patrimonio intellettuale degli esperti del settore, sempre che siano formulate ed organizzate in modo autonomo e personale*" (Cassazione civile, sezione I, 12-01-2007, n. 581).

D'altronde, la giurisprudenza chiamata a pronunciarsi sul tema non ha mancato di sottolineare come tutti i prodotti *software* che risolvano la stessa esigenza applicativa, pur presentando un'architettura di base che è comune alla maggior parte dei sistemi di controllo dei processi industriali, possano connotarsi come esclusivi dal momento che l'innovazione risiede nella capacità di adattare l'architettura applicativa al caso ed all'ambiente tecnologico specifico.

Cruciale si appalesa nei procedimenti giudiziali aventi ad oggetto l'attribuzione ad un programma per elaboratore della qualifica di opera dell'ingegno in quanto dotato di originalità e creatività il *dictum* della consulenza tecnica d'ufficio.

Un fugace cenno merita sul tema di come individuare l'originalità del trovato il cosiddetto *"Problem solution approach"* d'oltreoceano che propone dopo aver individuato il programma concettualmente più vicino di capire se il programma successivo riesca a risolvere tecnicamente ed oggettivamente un problema la cui soluzione non era stata data dalla precedente opera informatica dell'ingegno.

Ragionando a contrario come ha evidenziato la, se pur scarna, giurisprudenza di merito non può ritenersi protetto dal diritto d'autore un software mera riproduzione di modelli ministeriali (siano esse trasposizioni in formato digitale da figure a stampa, o trasformazione di immagini digitali in diverso formato) ove le immagini in esso contenute risultino prive di scelte grafiche e visive di rilievo tale da consentire l'individuazione di uno specifico, sia pur minimo, apporto dell'autore che valga ad evidenziarne un apprezzabile connotato di originalità rappresentativa e di personalità del tratto (Trib. Milano 02-08-2006)".

Spostando l'attenzione sulla legislazione comunitaria in materia di tutela del software va rilevato che non si può non muovere dalla direttiva 2009/24/CE del Parlamento e del Consiglio del 23 aprile 2009 relativa alla tutela giuridica dei programmi per elaboratore, volta a fornire un'uniforme applicazione in tutti gli stati membri del diritto d'autore in ambito informatico, sulla scorta di quanto avvenuto

negli Stati Uniti d'America con il *Computer Software Amendment Act*5, e in numerosi paesi anglosassoni.[576]
La dimensione normativa di tale direttiva si evidenza alla luce della sentenza sul Caso Oracle (sentenza C-128/11) con la quale "*la Corte* (di Giustizia a Grande Sezione) *si è pronunciata sulla domanda pregiudiziale dell'interpretazione degli artt. 4, par. 2 e 5, par. 1 della direttiva 2009/24/CE del Parlamento Europeo e del Consiglio, del 23 aprile 2009, relativa alla tutela giuridica dei programmi per elaboratore*"[577].
Esemplificando: "*La Corte ha stabilito che l'art. 4, par. 2, della direttiva 2009/24/CE deve essere interpretato nel senso che il diritto di distribuzione della copia di un programma per elaboratore è esaurito qualora il titolare del diritto d'autore, che abbia autorizzato, eventualmente anche a titolo gratuito, il download della copia su un supporto informatico via internet, abbia parimenti conferito, a fronte del pagamento di un prezzo diretto a consentirgli di percepire una remunerazione corrispondente al valore economico della copia dell'opera di cui è proprietario, il diritto di utilizzare la copia stessa, senza limitazioni di durata.*
Con la medesima pronuncia ha inoltre statuito che gli artt. 4, par. 2, e5, par. 1, della direttiva di cui sopra, devono essere interpretati nel senso che, in caso di rivendita di una licenza di utilizzazione che implichi la rivendita di una copia di un programma per elaboratore scaricata dal sito internet del titolare del diritto d'autore, licenza che era stata inizialmente concessa al primo acquirente dal titolare medesimo senza limitazione di durata ed a fronte del pagamento di un prezzo diretto a consentire a quest'ultimo di ottenere una remunerazione corrispondente al valore economico della copia della propria opera, il secondo acquirente della licenza stessa, al pari di ogni suo acquirente successivo, potrà avvalersi dell'esaurimento del diritto di distribuzione previsto dall'art. 4, par. 2, delladirettiva medesima e, conseguentemente potrà essere considerato quale legittimo acquirente di una copia di un programma per elaboratore, ai sensi del successivo art. 5 par. 1, di tale direttiva, beneficiando del diritto di riproduzione previsto da quest'ultima disposizione".
Prendendo atto di quanto sin qui illustrato, va evidenziato che La Oracle "*ha impostato la sua difesa sostenendo di non procedere alla vendita di copie dei software, bensì di metterle gratuitamente a disposizione per tutti i propri clienti che avessero concluso uno specifico contratto di licenza, a séguito del quale sarebbero entrati in possesso della <<chiave di accesso>> per poter effettuare il download gratuito dal loro sito web*".
La Corte invece ha ritenuto "*non plausibile questa tesi difensiva, ritenendo impossibile scindere il momento del download da quello della sottoscrizione del contratto di licenza, sottolineando che ove si effettuasse il download di un programma senza stipulare un contratto di licenza, il programma stesso non potrebbe essere utilizzato legittimamente da chi lo abbia scaricato e come prima conseguenza dell'affermazione di questo principio di inscindibilità fra contratto di*

---

[576] N. NAPPI, *La tutela del software nell'Unione Europea e il Caso Oracle: una forte scossa al Diritto d'autore,* in www.diritto.it, 27.7.2015.
[577] Ibidem.

licenza e download, c'è quella dell'abolizione della distinzione, formatasi nella prassi, tra la vendita di software su supporto fisico e quella client/server".
Risulta evidente che: "*con questa pronuncia la Corte voglia creare i presupposti per regolare l'ipotetica nascita di un mercato dell'usato dei software, anche di tipo client/server, la qual cosa non dovrebbe destare stupore alcuno, essendoci stata analoga conseguenza anche per le altre opere dell'ingegno (si pensi, ad esempio, al mercato dei libri o dei film usati)".*
A ulteriore riprova di questa chiave lettura sussiste l'affermazione della Corte con la quale viene tolto ogni dubbio sulla qualifica di "legittimo acquirente" dei successivi acquirenti di un programma per elaboratore, e sul fatto che il titolare del diritto d'autore di un software possa o meno, attraverso apposite disposizioni contrattuali opporsi alla rivendita del software stesso.
La Corte sostiene, infatti, che: " *<<il diritto di distribuzione del titolare del diritto d'autore si esaurisce, ai sensi dell'articolo 4, paragrafo 2, della direttiva 2009/24, con la prima vendita nell'Unione, da parte del titolare medesimo o con il suo consenso, di qualsiasi copia, tangibile o intangibile, del suo programma per elaboratore>> e per questi motivi la Corte ha considerato di dover ritenere che <<il secondo acquirente di tale copia, al pari di ogni successivo acquirente, costituisca un "legittimo acquirente" della copia stessa, ai sensi dell'articolo 5, paragrafo 1, della direttiva 2009/24>> ".*
Ne consegue che: *"Alla luce delle suesposte considerazioni la Corte di giustizia ha dunque legittimato l'attività commerciale della UsedSoft, che quindi avremmo ragione di definire come la pioniera del mercato di <<secondo click>> dei software nell' Unione Europea.*
In virtù di ciò, in chi scrive si è formata forte la convinzione che al fine della risoluzione di tale caso, determinante sia stato l'intervento del legislatore, che se non avesse introdotto, a suo tempo, nel novero del diritto d'autore, il c.d. principio di distribuzione, fino ad all'ora sconosciuto, avrebbe visto oggi l'esito della causa certamente capovolto".
Ciò implica che: *"Il multiverso del diritto dell'informatica, infatti, necessita di ulteriori tutele normative e nello specifico la tutela del software non può e non deve rimanere ancorata in toto al diritto d'autore, e sembrerebbe rendersi dunque necessaria la continuazione di quest'opera di <<integrazione normativa>> avviata dal legislatore europeo".*
A supporto di tale argomentazione *"possono considerarsi i numerosi dubbi interpretativi nati in dottrina a séguito della scelta del legislatore italiano di adattare la disciplina del diritto d'autore ai programmi per elaboratore, sulla scorta di quanto accadde nella maggior parte dei paesi anglosassoni.*
Vi è chi ha accolto questa scelta come uno snaturamento del diritto d'autore, o chi, addirittura, ha ritenuto che l'idea di ricondurre i programmi alla letteratura era talmente peregrina da non meritare neppure considerazione".
In conclusione, la Corte di Giustizia dell'Unione Europea, nel pronunciarsi sul "Caso Oracle", ha dato una vera e propria scossa al diritto d'autore, perché i

giudicanti si sono sapientemente saputi distaccare dalla rigidità formale connotante tale "branca" del diritto[578].
La tutela delle banche dati a livello nazionale, internazionale e comunitario europeo.

La tutela delle banche dati
Volendo spostare l'attenzione sulla tutela giuridica delle "banche dati", va, innanzitutto, premesso che per "banca dati" s'intende, ai sensi della Direttiva 96/9/CE (*Direttiva del Parlamento europeo e del Consiglio dell'11 marzo 1996, relativa alla tutela giuridica delle banche di dati (pubblicata in G.U. C.E.L. n. 77 del 27 marzo 1996), si compone di 60 consideranda e di una parte dispositiva di 17 articoli. Nella causa c-46/02, davanti alla Corte di Giustizia europea si legge che "la finalità di questa direttiva è di incentivare e tutelare gli investimenti nei sistemi di 'memorizzazione' e 'gestione' dei dati che contribuiscono allo sviluppo del mercato delle informazioni"*): *"una raccolta di opere, dati o altri elementi indipendenti sistematicamente o metodicamente disposti ed individualmente accessibili grazie a mezzi elettronici o in altro modo" (art. 1. n. 2)".*
Nella suindicata Direttiva è prevista una tutela giuridica delle "banche di dati che per la scelta o la disposizione del materiale costituiscono una creazione dell'ingegno propria del loro autore" (art. 3), ma tale tutela) *non si estende al loro contenuto e lascia impregiudicati i diritti esistenti su tale contenuto".*
La necessità di una tutela giuridica delle banche dati affonda le radici nella regolamentazione della *proprietà intellettuale* a livello internazionale nel principio di armonizzazione di sistemi differenti.
Il sistema di diritto d'autore continentale europeo volto alla tutela del diritto della personalità, quale protezione dei diritti dell'autore, si differenzia dal sistema di *copyright* il quale, tutelando l'autore a livello economico, non ne riconosce i diritti morali.
Il concetto di diritto *sull'*informazione, proprio del nostro sistema *versus* il diritto *all'*informazione, pilastro del sistema di copyright.
La libertà d'informazione e la libera circolazione delle idee sono implicite anche concetto di diritto d'autore, il quale si fonda su principi costituzionali, nella maggior parte degli Stati continentali compresa l'Italia, ma si attuano in modo differente dal sistema di *copyright.*
Le biblioteche in Italia, nella loro qualità di trasferitori di conoscenza attraverso i servizi erogati per la diffusione delle informazioni, rientrano negli articoli che riguardano le eccezioni, all'interno del corpo normativo che regola il sistema italiano di diritto d'autore.
A proposito della *proprietà intellettuale* e ai diritti che ne derivano organizzati nei differenti sistemi mondiali, sistema di diritto d'autore, sistema di *copyright,* sistemi socialisti, sistemi teologici, si possono individuare differenti livelli o ambiti in cui si dettano linee di principio, si stilano accordi per armonizzare i differenti sistemi, pur nel rispetto e nel mantenimento delle tradizioni culturali dei singoli Paesi.
Sostanzialmente per quanto riguarda il nostro contesto, possiamo individuare tre livelli di competenze: l'ambito internazionale, dei trattati e degli accordi

---

[578] Ibidem.

sovranazionali per l'armonizzazione dei sistemi; l'ambito comunitario europeo delle direttive per l'armonizzazione del diritto d'autore (il sistema continentale europeo) che ha duplice azione; l'ambito nazionale italiano con duplice approccio: recepire quanto stabilito dalla Comunità europea, nei termini e nei modi stabiliti, varando nuovi decreti di attuazione delle Direttive (creazione di nuovi strumenti legislativi) adattare la preesistente normativa modificandola dove opportuno, creando degli "spazi" all'interno delle vecchie leggi.

La tutela giuridica delle banche dati: profili critici

Tali profili interessano tutti Noi sotto due aspetti:

1) quali fruitori di informazione contenuta nelle banche dati
2) quali eventuali creatori/costitutori di banche dati ad utilizzo pubblico.

A proposito del primo punto quali utenti legittimi di una banca dati dobbiamo sapere cosa possiamo o non possiamo fare con i dati contenuti nella banca dati alla quale ci è consentito l'accesso, o perché di dominio pubblico (liberamente e gratuitamente accessibile) o perché per l'accesso alle informazioni di quella banca dati abbiamo acquisito una licenza mediante la sottoscrizione di un contratto.

Quali utenti legittimi dobbiamo fare attenzione a quali sono gli usi consentiti dalla legge relativamente al prodotto che stiamo utilizzando, quali invece quelli che possono essere oggetto di contrattazione coi produttori.

Il secondo punto ci interessa quali eventuali creatori e/o costitutori di banche dati, nella nostra qualità di enti pubblici che svolgono attività fondamentale ai fini di una crescita culturale sociale.

A livello di tutela internazionale va evidenziato che La WIPO (World Intellectual Property Organization), con sede in Svizzera, a Ginevra è l'organizzazione intergovernativa che si occupa di promuovere la protezione della *proprietà intellettuale*.

Al posto di un trattato dedicato alle banche dati, dove si sarebbe accettato il *diritto sui generis* a livello internazionale, con il Trattato WIPO sul diritto d'autore, in sede Conferenza Diplomatica a Ginevra nel dicembre 1996, la protezione banche dati e raccolte di dati fu inserita nell'art. 5 per il solo concetto di diritto d'autore, articolo in linea con quanto stabilito con l'art. 2 della Convenzione di Berna e con le disposizioni relative dell'accordo TRIPS.

La Comunità europea invece si è prevalentemente orientata a riconoscere oltre che al diritto d'autore, anche il *diritto sui generis.*

Questo "scollamento" di vedute comporterà, fintanto che non vi sarà un allineamento tra Paesi, un conflitto di leggi sul tema banche dati.

Recentemente la Commissione europea ha fatto marcia indietro rispetto alla tutela dei software.

Durante la Conferenza Intergovernativa tenutasi a Parigi il 24 e 25 giugno 1999, si è deciso di modificare la Convenzione di Monaco sul Brevetto Europeo al fine di favorire la brevettabilità del software, proponendo una revisione dell'art. 52(2) della Convenzione entro il 2000.

D'altra parte il documento statunitense sul *copyright* emanato nel novembre del 1998 *Digital Millenium Copyright Act - 1994* comunica che "*sono stati completati i vari rapporti sulla proprietà intellettuale, tra cui anche quello sulla protezione giuridica per le basi di dati*".

A livello comunitario il "*Green Paper on Copyright and the Challenge of technology*" del 1998 ha costituito un punto di riferimento per ogni ulteriore evoluzione sul dibattito europeo sullo sviluppo dei sui nuovi supporti informativi, sul nuovo concetto di pubblicazione, con riferimento alla la tutela della proprietà intellettuale.
Attualmente in contesto europeo le banche dati non sono sufficientemente tutelate in tutti gli Stati membri.
Detta tutela è attuata in forme diverse, in base alla legislazione o alla giurisprudenza sul diritto d'autore dei singoli stati.
La disparità normativa incide negativamente anche in relazione alla libertà per le persone fisiche e giuridiche di fornire beni e servizi riguardanti le banche dati in linea, perché di fatto la mancata armonizzazione dei diritti di *proprietà intellettuale*, sulla base di un regime giuridico armonizzato in tutta la Comunità, ostacola la libera circolazione di beni o servizi sia in contesto europeo che internazionale.
La mancanza di sintonia tra le legislazioni nazionali rischia di produrre effetti dannosi nel settore dell'informazione, con danni non solo di natura culturale, ma anche economici, in quanto il costituire della banca dati se non è protetto da eventuali manipolazioni del proprio prodotto a livello comunitario, non può essere incentivato a investire nella realizzazione di banche dati utili alla collettività.
Lo spirito che anima la "*Direttiva europea 96/9/CE del Parlamento europeo e del Consiglio dell'11 marzo 1996 relativa alla tutela giuridica delle banche di dati*" è quello di incoraggiare sviluppo delle banche dati, di stabilire un corretto equilibrio tra produttori di informazione, i gestori delle reti telematiche e gli utenti al fine di dare rilievo alle banche dati quali elementi essenziali dell'infrastruttura mondiale della società dell'informazione in cui si muove l'informazione.
A livello di tutela nell'ordinamento giuridico italiano va evidenziato che, con l'attuazione della Direttiva 9-96/CE attraverso il DLgs 169/99 a partire dal 16 giugno 1999, le banche dati possono esser protette anche dal *diritto sui generis*.
Il Decreto Legislativo 169/99, adottato in seguito alla Legge Delega 24 aprile 1998, n. 128, e pubblicato nella Gazzetta Ufficiale n. 138 del 15 giugno 1999, recepisce la Direttiva comunitaria europea9/96 riproducendo integralmente il contenuto della direttiva e in particolare ne mutua la definizione e lo spirito di tutela a due vie e al contempo va a modificare alcuni articoli della Legge 22 aprile 1941 n. 633 sul diritto d'autore.
La scelta è stata, infatti, quella di ricondurre la tutela delle banche dati all'interno di un diritto già collaudato e sperimentato, il diritto d'autore, che per contenuti e modalità è sembrato sicuramente quello più vicino e rispondente ai requisiti cercati.
I principi e i criteri direttivi del DLgs 169/99 ai fini dell'attuazione della Direttiva 9/96/CE sono i seguenti, tali come formulati dall'art. 43 della già citata Legge Delega 24 aprile 1998, n. 128 e come riportati in "Nota alle premesse" al decreto di recepimento italiano, dunque sono da considerarsi in un certo senso "*interpretazioni autentiche*":
a) definire la nozione giuridica di banca di dati ai sensi dell'art. 1 della direttiva;
b) comprendere la banca di dati alle condizioni previste dalla direttiva, tra le opere protette ai sensi della legge 633/41;
c) riconoscere e disciplinare l'esercizio del diritto esclusivo dell'autore delle banche di dati;

d) prevedere deroghe al diritto esclusivo di autorizzare l'estrazione e il reimpiego di una parte sostanziale del contenuto di una banca di dati, in conformità a quanto disposto dalla direttiva;
e) riconoscere e disciplinare, in applicazione delle
disposizioni contenute della direttiva, il diritto specifico di chi ha costituito la banca di dati alla tutela dell'investimento.
La Direttiva europea mette in evidenza una definizione del termine "banca dati" ripresa in modo identico anche dal DLgs. 169/99, che va a modificare la vecchia normativa.
Dopo il numero 8) dell'articolo 2 della legge 22 aprile 1941, n. 633, è aggiunto il seguente:
9) *Le banche di dati di cui al secondo comma dell'articolo 1, intese come raccolte di opere, dati o altri elementi indipendenti sistematicamente o metodicamente disposti ed individualmente accessibili mediante mezzi elettronici o in altro modo. La tutela delle banche di dati non si estende al loro contenuto e lascia impregiudicati diritti esistenti su tale contenuto.*
Tale definizione è intesa, quindi come raccolta di notizie di ogni genere, collegabili, integrabili e costantemente aggiornate secondo una pluralità di criteri determinati.
A livello biblioteconomico le definizioni sono mutate nel corso del tempo e si sono evolute con l'evoluzione stessa delle basi di dati, ma a livello di principio e di linee generali la definizione data dal legislatore può ritenersi generica ma pur sempre applicabile al contesto di biblioteca ricomprendendo in questo modo, essendo appunto generica nelle sue linee essenziali, le seguenti risorse elettroniche:
OPAC (Online Public Access Catalogue) quali banche dati catalografiche quale *complesso organizzato di dati secondo una pluralità di criteri, ordinati sistematicamente e metodicamente, e accessibili da più punti attraverso mezzi elettronici.*
Come riferisce la "*Relazione Governativa al DLgs 169/99*": "Si è voluto in tal modo dare una definizione molto ampia, per il rapido e imprevedibile mutare della tecnologia informatica: sono protette, pertanto, sia le compilazioni cartacee che quelle elettroniche (es. banche dati catalografiche e banche dati editoriali e fattuali).

Conclusioni

La creazione di banche dati sempre più grandi pone problemi rilevanti sia in termini giuridici, riguardo alla definizione e perimetrazione di tale concetto oltre che all'elaborazione di forme di tutela che siano al tempo stesso sufficientemente 'elastiche' al fine di non soffocare le innovazioni – soprattutto quelle di tipo bottom-up – che provengono dalla platea degli utenti; sia in termini etici, se riferiti all'uso che può essere fatto dei dati contenuti nelle banche dati che vengono continuamente popolate dagli utenti che navigano sul Web, attraverso le informazioni che vengono 'carpite' dai browser di navigazione, e dalle informazioni che noi stessi forniamo al momento di ottenere, ad es., una "tessera fedeltà".
Sul valore delle informazioni contenute nelle banche dati (informazioni personali e commerciali, dati anagrafici tout court, ecc.) se ne parla ormai da diversi anni all'interno della comunità scientifica; ciascuna tipologia di dato incontra l'interesse di una determinata classe di soggetti: si pensi ad una banca dati contenenti l'elenco dei diabetici residenti in una Provincia/Regione/nazione e l'interesse che una Ditta

farmaceutica che produce tale tipologia di medicinali avrebbe ad entrarvi in possesso; analogo interesse sarebbe nutrito da parte di un centro di ricerche mediche al fine di potervi effettuare studi in proposito.
La nostra epoca è stata definita come quella della conoscenza, all'interno della quale l'informazione svolge un ruolo decisivo nel processo produttivo, atteso il rilevante valore economico ad esso attribuito dal mercato.
L'"*accumulazione della conoscenza*", attraverso la creazione di nuove banche dati o il "popolamento" di banche dati esistenti, costituisce una caratteristica sottesa a tutte le recenti esperienze imprenditoriali, ancorate al mondo dei dati, che hanno visto la prevalenza del dato conoscitivo rispetto alle materie prime tradizionali.
Questo nuovo paradigma, la Società della conoscenza, necessita di una presa di coscienza da parte del legislatore comunitario che deve (dovrà) sempre più rincorrere e disciplinare fattispecie nuove, fino ad oggi estranee al mondo del diritto, che vanno a sostituire – o quanto meno ad integrare – gli ambiti di un diritto della proprietà ormai divenuto obsoleto, almeno in riferimento alla conoscenza chiede, in considerazione delle definizioni di legge.[579]

Bibliografia

L. CHIMENTI, *Il software*, in L. CHIMENTI, *Il diritto d'autore oggi, Il Software e La Sua Pubblicità Legale,* in www.dirittodautore.it, 3.1.2014.
A. CUTOLO, *Sulla tutelabilità dei diritti connessi alla protezione del software,* in www.notiziariogiuridico.it.
A. DEL ROBBIO *La tutela giuridica delle banche dati nel diritto d'autore e nei diritti connessi in ambito internazionale, comunitario e nazionale,* in http://eprints.rclis.org.
G. MODESTI, *Banche dati: la tutela giuridica nella giurisprudenza della Corte di Giustizia,* in www.altalex.com, 1.7.2013.
N. NAPPI, *La tutela del software nell'Unione Europea e il Caso Oracle: una forte scossa al Diritto d'autore* in www.diritto.it, 27.7.2015.
E. PALLOTTA *Insegnamento di Diritto dei mezzi di comunicazione,* Pegaso Università Telematica, 23.5.2006.
M. SINISI, G. CARBONE, G.CHIESI, G. FINI, *Icodici operativi OP1 Codice Civile operativo,* II Edizione Annotato con dottrina e giurisprudenza Edizioni Giuridiche Simone, 2010.

[579] A. DEL ROBBIO *La tutela giuridica delle banche dati nel diritto d'autore e nei diritti connessi in ambito internazionale, comunitario e nazionale,* (paragrafi da 2 a 5.1), G. MODESTI, *Banche dati: la tutela giuridica nella giurisprudenza della Corte di Giustizia* (par. 3 "Conclusioni"), in www.altalex.com 1.7.2013.

I soggetti nella rete

Avv. Catia Maietta

Premessa

Quando si fa riferimento ai soggetti, da un punto di vista giuridico, inevitabilmente il primo pensiero è al nostro codice civile del 1942 che, in maniera compiuta e sistematica, ne illustra i caratteri e la disciplina, dedicando, all'esame dei soggetti e della famiglia, l'intero Primo Libro del codice. Ad esso si aggiunge la lettura della Carta Costituzionale[580] che ne enuncia i diritti fondamentali. Il codice offre una rappresentazione dei soggetti articolata, delineando punto punto le possibili nozioni legate alla persona, sia come singolo che quale parte della comunità, in funzione della evoluzione psico-fisica[581], ampliando progressivamente il novero delle capacità, laddove si verifichi una crescita lineare, e limitando le stesse nei casi in cui si presentino determinate evenienze che inducano il sistema giuridico a predisporre una rete di protezione atta, al tempo stesso, a tutelare i soggetti deboli, nonché i terzi che con gli stessi entrino in contatto secondo un opportuno bilanciamento degli interessi in gioco.

L'analisi parte da un assunto fondamentale: la persona fisica è l'essere umano, provvisto di capacità giuridica[582] e di capacità di agire[583], centro di imputazione, in quanto tale, di diritti e di obblighi giuridici.

La vita, intesa quale esistenza di un soggetto dotato di fisicità è, dunque, il primo elemento da cui si parte per delineare e costruire pian piano i diritti ed i doveri dei soggetti. E la nascita, il divenire persona fisica, rappresenta il primo passaggio per costruire, intorno all'individuo, il suo essere centro di interessi, persona cui ascrivere le conseguenze di determinate azioni, individuo dal punto di vista giuridico[584].

---

[580]Diritti inviolabili: (art. 13) libertà personale, (art. 14) domicilio, (art. 15) libertà e segretezza della corrispondenza ed ogni altra forma di comunicazione, (art. 24, co.2) diritto alla difesa, (art. 32) diritto alla salute. Norme costituzionali che tutelano la dignità ed il rispetto della persona umana: Artt. 3, 36, 32, 29, 30. Si segnalano, tra gli altri, De Cupis, *I diritti della personalità,* Giuffrè, Milano, 1982; *Commentario della Costituzione*, a cura di G. Branca, Zanichelli, Bologna, 1975.

[581]Il codice civile al riguardo apre con la definizione della capacità giuridica, per poi trattare della maggiore età e della capacità di agire, proseguendo con la tutela dell'emancipazione e dei limiti derivanti dall'inabilitazione e dall'interdizione.

[582]È l'idoneità ad essere titolari di diritti, potestà, obblighi e doveri riconosciuta alla persona fisica vivente nonché, in varia misura, agli enti giuridici.

[583]È l'idoneità a manifestare validamente la propria volontà per acquistare o esercitare diritti, assumere obblighi e compiere atti giuridici.

[584]Si pensi a come la nascita e la morte, eventi legati alla dimensione fisica, siano in grado di delineare l'arco temporale entro cui si esplicano la capacità giuridica e la capacità di agire, nonché alla copiosa letteratura che occupandosi dei casi limite, ossia di quei casi in cui questa fisicità non si è del tutto compiuta ma che in un certo senso risultano comunque meritevoli di regolamentazione, ne ha indirettamente sottolineato e rimarcato la rilevanza. Si considerino, ad esempio, tutti quei casi che hanno reso necessario una sorta di prolungamento o di *fictio* dello *status* dell'individuo per far fronte a situazioni reputate degne di tutela. Si pensi, per intenderci, allo *status* del

Nel momento in cui si sposta l'attenzione sul piano delle tecnologie informatiche messe a disposizione della collettività ci si rende conto, da subito, che tutto ciò che si apprende dal codice civile, circa la disciplina dei soggetti giuridici, necessita inevitabilmente di un opportuno adattamento quando si parla di realtà virtuale. Ciò in quanto, nella misura in cui ci si riferisce ad un mondo parallelo, l'inserimento dell'utente nel mondo virtuale assomiglia, per certi versi, alla creazione di una nova identità che, sulla scorta di quanto appreso dal codice civile, necessita di adeguate forme di tutela.
Potrebbe sembrare eccessivo porsi il problema della puntuale tutela dei soggetti nell'era di Internet, se questo strumento fosse stato inteso solo ed esclusivamente come metodo di indagine e di ricerca, come spazio ove effettuare determinate e limitate attività, come ambito circoscritto e definibile in un perimetro non troppo vasto, come una semplice scatola da cui prelevare dati. Ma così non è. Il mondo virtuale è diventato molto di più. È uno spazio, un luogo senza fine, ove tutto può svolgersi, ma soprattutto è una nuova dimensione in cui si esplicano le personalità degli individui, si stabiliscono contatti e relazioni, ed in cui risultano esercitabili, di conseguenza, tutti i diritti e le libertà previsti dalla nostra Costituzione.

Il singolo e la dimensione sovranazionale del fenomeno della rete

Da quando, nell'ultimo ventennio, l'espansione del web ha invaso settori inaspettati sino a sovrapporsi, per certi versi, al mondo reale, trovando spazio ed operatività anche in ambiti pubblici, non solo i singoli Stati ma tutta la comunità internazionale ha preso coscienza della necessità, prima ancora che dell'opportunità, di predisporre una regolamentazione dell'accesso al mondo digitale[585].
Il cyberspazio rappresenta una realtà in continuo divenire cui ci si sta lentamente abituando anche se, nel suo evolversi e diffondersi, porta sempre con sé un persistente lato, affascinante ed oscuro, rappresentato dall'incognita circa i suoi prossimi possibili futuri sviluppi ed utilizzi.
Di questo fenomeno, che vede l'individuo sempre più protagonista, deve essere fornita lettura secondo una doppia prospettiva: vi è la persona, l'utente, che accede alla rete e vi è lo spazio che lo accoglie e che rappresenta il luogo virtuale entro il quale si esplicano le molteplici attività. Del fornire una definizione di questo spazio molti si sono occupati, e si registrano diversi tentativi volti a delimitarlo, regolamentarlo, disciplinarlo cercando di dettagliare il perimetro della sua stessa mega-dimensione. Ma la difficoltà più grande che si è riscontrata è stata, probabilmente, proprio quella di regolamentare un qualcosa che si propone in

---

nascituro, sia esso concepito o non ancora concepito, alla commorienza o alle ipotesi di scomparsa ed assenza o alla dichiarazione di morte presunta, riferite proprio al "non essere ancora persona" o al "non essere più" persona ed alle relative conseguenza che ne derivano circa la gestione dei diritti connessi all'esistenza o al venir meno dell'esistenza dell'individuo. Tutte queste situazioni ci fanno capire come, quando si parla di soggetti nel diritto privato, il punto di partenza, il centro di imputazione, sia proprio la persona intesa in senso materiale, quale essere vivente.
[585]Sul punto tantissimi i riferimenti e gli interventi, volti sostanzialmente ad appoggiare tesi più o meno improntate all'opportunità di predisporre una regolamentazione ad hoc, sia di origine nazionale che a livello internazionale.

continuo divenire. Si tratta, in sostanza, di uno spazio che non si può prevedere in che direzione si amplierà ma che, sicuramente, troverà nuove strade e nuovi sbocchi creativi, il che, in una logica di razionalizzazione della disciplina, pone non pochi problemi.
La considerazione più apprezzabile, e che spesso ha indotto a riflettere anche circa l'opportunità di intervenire con una regolamentazione rigida, è rappresentata dal fatto che un insieme di regole potrebbe essere addirittura deleterio nel caso in cui le nuove frontiere della rete si sviluppassero verso settori non noti a priori e che resterebbero fuori da una disciplina puntuale, senza possibilità di trovare poi regolamentazione in norme di dettaglio, creando in questo modo una continua corsa affannosa del diritto per far fronte ai nuovi bisogni. Paradossalmente si creerebbero maggiori lacune legiferando, e circoscrivendo gli spazi, piuttosto che interpretando, invece, la normativa mediante un riferimento ai casi che possono trovare regolamentazione in via analogica[586], ove possibile.
È questo un tipo di riflessione che è stata valorizzata in merito all'opportunità o meno di includere i diritti della persona relativi ad Internet direttamente nel nostro dettato costituzionale. Meglio predisporre un esplicito richiamo alle nuove tecnologie informatiche, introducendo nella Carta Costituzionale un articolo ad hoc[587], o adoperare quanto già è sancito dalla Costituzione per fornire tutela giuridica a questo nuovo mondo? E, alla luce della nostra attuale Costituzione, vi sono margini per approntare adeguata tutela ai diritti del singolo al cospetto della rete? In fin dei conti dal combinato disposto degli artt.2 e 3, comma 2, della Costituzione si potrebbe già delineare un diritto esplicabile nelle formazioni sociali (ed in tal senso Internet potrebbe esservi facilmente ricompreso[588]) volto a percorrere una "uguaglianza digitale".[589] Se poi a ciò si aggiunge anche una lettura comparativa delle disposizioni degli artt. 15 e 21 della Costituzione, non si può non concludere per una adeguata tutela anche della realtà virtuale, nella misura in cui la stessa rappresenti un'area ove il singolo può esplicare la propria personalità, con la relativa necessità di veder tutelati i propri diritti essenziali.

---

[586]Secondo l'interpretazione della legge disposta dall'art. 12, co.2, delle Disposizioni sulla legge in generale ai sensi del quale: *"Se una controversia non può essere decisa con una precisa disposizione, si ha riguardo alle disposizioni che regolano i casi simili o materie analoghe; se il caso rimane ancora dubbio, si decide secondo i principi generali dell'ordinamento giuridico dello Stato".*

[587]Si pensi alla proposta di legge formulata da Stefano Rodotà, ex garante della privacy, sull'opportunità di inserire un articolo 21bis nella Costituzione appositamente dedicato ad internet del seguente tenore: *"Tutti hanno eguale diritto di accedere alla Rete Internet, in condizione di parità, con modalità tecnologicamente adeguate e che rimuovano ogni ostacolo di ordine economico e sociale. La legge stabilisce provvedimenti adeguati a prevenire le violazioni di cui al Titolo I parte I".*

[588]In senso contrario M. BETZU, *Regolare Internet. La libertà di informazione e di comunicazione nell'era digitale,* Giappichelli 2012, pp. 72 s., secondo il quale, per le libertà relative ad Internet, non si può adoperare l'art. 2 della Costituzione *"come valvola di sistema, dalla quale enucleare nuove libertà e diritti costituzionali".*

[589]E. DE MARCO, *Introduzione alla eguaglianza digitale,* in *Federalismi.it,* 27/04/2008, pp.3 s.

Rispondendo alle logiche della nascita di una comunità, Internet si è autoregolamentato, sin da subito, con una sorta di soft law: un sistema di regole basilari che prendono spunto dal vivere civilmente all'interno di una collettività, e dalla necessità di delineare compiti, funzioni e responsabilità dei differenti ruoli reperibili al suo interno, tutti partecipi del funzionamento di questa complessa macchina che consente all'utente finale di proporsi al mondo virtuale.
Esistono delle cd. norme di autogoverno nate un po' insieme al sistema e che riescono a dirimere buona parte dei conflitti "virtuali", almeno con interventi immediati. Queste regole si concretizzano anche attraverso un sistema sanzionatorio che, ovviamente, colpisce l'accesso al forum, alla chat o al social network ove si siano manifestati questi comportamenti. Ad intervenire in via autoritaria sono i soggetti che rivestono la figura di moderatori o di gestori del sito. È in loro potere rimuovere, ad esempio, le affermazioni offensive, chiudere il post, espellere l'autore dalla comunità. Emblematica, al riguardo, la distinzione tra lo user, ossia l'utente, il singolo, il soggetto di cui ci si sta occupando, ed il provider, l'access provider, il service provider, il content provider, l'host provider, ognuno dei quali riveste un ruolo ben preciso e per il quale risulta opportuno e necessario definire le responsabilità semplicemente per capire, nel caso in cui venissero pubblicati su di un forum contenuti contrari all'ordine pubblico, e per i quali sussistessero gli estremi di un illecito, fino a che punto le responsabilità possano ricadere anche su chi gestisce il forum o fornisce la connessione. Questo tipo di sistema sta trovando anche riconoscimento in ambito giurisprudenziale, ove si assiste sempre più di frequente all'individuazione, in capo a queste figure, di forme di responsabilità concorrenti.
La stessa regolamentazione che si è sviluppata a livello europeo ha posto l'accento su queste figure definendoli quali "collaboratori" al fine di intervenire sui contenuti illecitamente pubblicati. Va infine rilevata l'esigenza, sempre più sentita, di una interoperatività tra i regimi nazionali che sia neutrale dal punto di vista tecnologico[590].
Nel momento in cui il singolo aderisce alla rete, si proietta in una dimensione sovranazionale: i suoi contatti possono svilupparsi ovunque, può raggiungere qualsiasi luogo e mettersi in contatto con gruppi o persone di qualsiasi parte del mondo. In un certo senso egli scavalca i confini territoriali per porsi direttamente in una dimensione internazionale, senza un filtro nazionale, anzi, rincorso dallo Stato che cerca di inserirsi al centro di questo binomio singolo-mondo.
Emerge da subito come si sia oltre il concetto del territorio inteso come confine di uno Stato e della nozione di cittadinanza, anzi oltre ogni dimensione geografica, e ciò nonostante il mondo digitale sia veicolo per concludere affari e luogo per interessi necessitando, pertanto, di opportune indicazioni anche circa il luogo di perfezionamento di determinate attività.

---

[590]Regolamento UE n. 910/2014: *identificazione elettronica e servizi fiduciari per le transazioni elettroniche nel mercato interno.*

Il luogo e le problematiche connesse alla competenza territoriale

Non essendoci fisicità diviene facile raggiungere ogni spazio, ma non bisogna cadere nell'errore di pensare che non esistano sistemi di registrazione e di localizzazione degli accessi alla rete: vi è una tracciabilità di ogni movimento e di ogni punto di accesso, per cui, nei casi in cui sia necessario disporre di informazioni circa la localizzazione di una persona nel momento in cui, ad esempio, vengano postate determinate informazioni o dichiarazioni in rete o si effettuino accessi ad un certo sito, si potrà risalire alla sua localizzazione attraverso l'identificativo, l'Internet provider e/o l'hosting di accesso.

Un aiuto nel definire gli spostamenti di ogni individuo potrà aversi anche dai sistemi elettronici collegati agli smartphone, con trasmissione di dati su reti telematiche. Si tratta di flussi di dati, veicolati per il loro tramite, che vengono agganciati da cellule localizzate in alcune aree e che consentono di dettagliare gli spostamenti, in quanto, passando attraverso la connessione Internet, danno conto dei luoghi dove ci si trova o che si frequentano.

Parlare di "assenza di luogo" e di "anonimato" nel cyberspazio è, pertanto, concetto alquanto relativo. Attraverso i codici che gestiscono le connessioni, nonché la tracciabilità dei vari accessi e degli indirizzi IP, ogni movimentazione può essere ricondotta al computer dal quale è stata originata[591].

Sempre più di frequente l'uso della tecnologia si sta rivelando un valido aiuto anche nel campo delle indagini. Così come la scienza tecnologica si pone al fianco del singolo consentendogli di giocare con la possibilità di mascherarsi dietro un sistema di anonimato per assumere informazioni e perpetrare dei reati, tipici quelli di natura diffamatoria, allo stesso modo le informazioni che è possibile reperire dal mondo telematico vengono adoperate per indagare sui reati. Tipico il caso di chi posta uno scritto diffamatorio su di un blog o su di un quotidiano "on line" adoperando la rete wireless della propria abitazione e consentendo, pertanto, di risalire, per il tramite dell'indirizzo IP, all'abitazione e, dunque, all'autore dell'atto diffamatorio[592].

Il tempo ed il luogo in cui viene posta in essere la condotta assumono particolare rilievo nelle circostanze contemplate dall'art. 61, comma 1, n. 5 c.p. quali aggravanti della minorata difesa. Esse si configurano nel caso in cui l'agente abbia approfittato di circostanze di tempo e di luogo tali da ostacolare la pubblica o privata difesa.

Nel caso della truffa può la vendita on line, attraverso siti specializzati di annunci, integrare gli estremi della presente aggravante? Si consideri l'ipotesi in cui le

---

[591] Cassazione Civile, Sentenza n. 8824/2011. Al riguardo si afferma che *"la tracciabilità degli indirizzi IP infatti ben può consentire l'individuazione del computer dal quale le espressioni eventualmente ingiuriose e/o diffamatorie sono state inviate, consentendo di scoprire l'agente".*

[592] Cassazione Penale, Sentenza n. 8275/2016. La presente sentenza, pur prendendo atto del fatto che l'indirizzo IP non consente di identificare il computer che lo utilizza, ritiene dirimente la provenienza del predetto indirizzo IP dall'utenza telefonica dell'abitazione dell'imputato e considera inidonea l'astratta possibilità che soggetti terzi avessero potuto sfruttare la rete wireless del prevenuto per postare lo scritto diffamatorio.

condotte illecite si siano verificate tutte on line in un cd. "non luogo" che, per le sue stesse caratteristiche, mette in crisi i criteri di luogo e spazio tradizionali.
A prescindere da tutta la regolamentazione ormai esistente per il commercio on line, sia nazionale che sovranazionale, volta a stabilire il rispetto di opportune regole di correttezza negli scambi commerciali, ciò che qui rileva è l'adattamento di un "non luogo" alle regole codicistiche che esaminano i luoghi fisici.
La vendita on line rappresenta una delle tante opportunità messe a disposizione dal web, una delle applicazioni più concrete offerte dalla rete, con cui si semplificano notevolmente i contatti ed il flusso di informazioni, per cui diviene più semplice che l'intento di vendere un determinato bene pervenga ad un bacino di utenti ben più ampio di quelli raggiungibili con i sistemi tradizionali e sia più semplice trovare soggetti interessati all'acquisto. Domanda ed offerta, dunque, possono incontrarsi anche in questo mondo alternativo. Ovviamente vi sono meno garanzie, in quanto non vi è il contatto diretto con l'oggetto della vendita e non se ne possono valutare da vicino le caratteristiche per vedere se le stesse siano o meno conformi al prezzo richiesto che, il più delle volte, viene anche pagato anticipatamente.
La giurisprudenza[593] ha ritenuto che la distanza tra il luogo di commissione del reato, coincidente con il luogo in cui si trova l'agente, ed il luogo in cui si trova l'acquirente, conferisce all'autore della truffa di godere di un maggiore favore rispetto alla vittima. Concludendosi la vendita con modalità on line, egli potrà lasciare nascosta la sua identità, fuggire senza particolari problemi, non essere più reperibile, vendere oggetti inesistenti o di cui non sia proprietario spacciandoli per propri, accreditarsi come buon venditore grazie a falsi feedback positivi. Tutte cose che certamente contribuiscono a porre l'acquirente in una condizione di minorata difesa e che, pertanto, integrano gli estremi dell'aggravante di cui sopra.
Circa il luogo in cui può considerarsi sorta l'obbligazione civile risarcitoria derivante da un comportamento illecito commesso per via telematica, ossia attraverso lo strumento informatico, sempre la giurisprudenza della Suprema Corte ha ritenuto che esso debba essere determinato avuto riguardo al domicilio del soggetto danneggiato che ha subito la condotta antigiuridica e le relative conseguenze[594].
Per l'azione risarcitoria, le problematiche sottese alla individuazione di un luogo nel caso in cui si operi nel web, si riflettono anche sull'individuazione del giudice territorialmente competente. Le soluzioni che sono state proposte si basano su diversi orientamenti e spesso non sono univoche. Rilevante, sul tema, la già citata pronuncia della Corte di Cassazione del 2002[595] secondo la quale la competenza, nel caso in cui vi sia un soggetto danneggiato a mezzo di un comportamento posto in essere adoperando Internet, spetta al giudice del foro in cui il danneggiato ha la propria sede, in base al principio secondo cui il locus commissi delicti andrà individuato nel luogo ove di verifica concretamente il danno. Questa ricostruzione ha il vantaggio di ristabilire una sorta di equilibrio tra le parti e di evitare un rapporto sbilanciato in favore del gestore del sito, il quale potrebbe, in tal caso,

[593]Corte di Cassazione Sentenza n. 43706/2016.
[594]Corte di Cassazione Sentenza n. 6591/2002 e n. 22586/2004.
[595]Corte di Cassazione Sentenza n. 6591/2002.

scegliere ad hoc la sede da cui operare on line. In questo modo si evita anche che il danneggiato debba farsi carico di ulteriori spese e ricerche atte ad individuare il luogo di gestione del sito.
Si segnala, in senso contrario, la più recente pronuncia della Cassazione[596] che, sempre al fine di definire il giudice territorialmente competente, richiama le SS.UU. del 2015. Vi è una evidente difficoltà nel riportare in un luogo condotte che non hanno luogo. Discorso che diviene ancor più articolato per alcune tipologie di reati. Si pensi ai reati di evento, che si consumano nel momento in cui i terzi percepiscono l'ingiuria e nel luogo in cui essi si trovano. Sarebbe impossibile stabilire tale luogo e momento per una ingiuria caricata su di un blog, o un social network. Diviene allora opportuno il ricorso ai criteri suppletivi, ex art. 9, co.1, c.p.p. Competente potrà essere, allora, il giudice dell'ultimo luogo in cui è avvenuta una parte dell'azione o omissione. Sempre le Sezioni Unite, con la sentenza già citata[597], hanno tracciato un importante punto di riferimento ai fini della individuazione del locus commissi delicti stabilendo che quando un individuo accede ad un sistema informatico il luogo va individuato avuto riguardo al sito in cui il soggetto, dotato di un hardware che si colleghi alla rete, effettui l'accesso remoto, e non facendo riferimento alla allocazione fisica del server host.

Soggetti ed Internet

Il binomio Internet-soggetti evidenzia quanto sia sempre più diffusa la necessità di partecipare al mondo virtuale e quanto lo stesso sia ormai parte della comunicazione quotidiana vissuta dai singoli non solo quali spettatori, ma anche come protagonisti, interagendo attivamente con altri utenti e, spesso, creando gruppi in cui sia più semplice affermare una propria identità.
La rete si è imposta ormai come realtà parallela ed è in grado di affiancare le dinamiche della vita reale, il più delle volte completando le possibilità messe a disposizione dei cittadini, ma spesso creando un mondo sovrapponibile a quello reale che può essere, per alcuni, un semplice prolungamento del proprio essere individuo, mentre, per altri, può trasformarsi nell'occasione di dar vita ad una identità ben diversa dalla propria, imponendosi e presentandosi come sé ed anche come altro da sé. Discorso, questo, che può avere dei risvolti positivi, nel caso in cui, ad esempio, un individuo riesca, tramite questo potente mezzo di comunicazione, a superare anche dei propri limiti o handicap sperimentando nuove forme di comunicazione in grado di porlo allo stesso livello degli interlocutori, ma che può anche essere inteso in termini negativi nella misura in cui si veda in questo strumento l'occasione per negare, celare, nascondersi e perseguire fini illeciti.
Il primo dato che viene in rilievo è l'abbandono della fisicità, proprio di quella fisicità intorno alla quale il codice civile ha costruito i diritti sostanziali della personalità in termini giuridici.

---

[596]Corte di Cassazione Sentenza n. 19267/2016. Nel caso di specie la Corte giunge a tale conclusione dirimendo il rifiuto, da parte di due giudici, a conoscere dello stesso procedimento e lo fa richiamando le SS.UU., sentenza n. 17325/2015.
[597]Corte di Cassazione Sezioni Unite, Sentenza n. 17325/2015.

Chi accede ad Internet non si presenta *de visu*, non ha una materialità, non ha corpo, non ha sesso, non ha nome, non ha identità, non ha capacità o incapacità particolari se non quelle che, nell'accedere, vuole rendere note ai terzi. Da un punto di vista sociale, prima ancora di andare ad esaminare i risvolti negativi, Internet si presenta come uno strumento attraverso il quale può diventare, in determinati casi, più semplice comunicare con il mondo. Ed è certamente un sistema affascinante e, al contempo, molto pericoloso nella misura in cui le informazioni che vengono veicolate al suo interno, lasciate alla libera determinazione del soggetto agente, hanno un'amplificazione ed una diffusione notevole. Ovviamente il tipo di informazioni cui ci si riferisce, in questo caso, sono prevalentemente quelle introdotte spontaneamente dall'utente nel sistema e legate alla propria identità, ossia alla immagine che ciascuno vuole mostrare di se stesso nel momento in cui decide di aprire la propria finestra sul mondo virtuale. Questo tipo di informazioni riguardano esclusivamente l'utente e sono lasciate alla sua libera determinazione.
Altra cosa, invece, quando si fanno veicolare e si immettono in rete dati e/o contenuti che toccano anche gli altrui interessi ledendoli o ingannando i terzi e per i quali, ovviamente, il discorso è ben più articolato.
È proprio l'esame dei possibili illeciti che possono essere perpetrati adoperando il cyberspazio che ha reso sempre più necessaria una coscienza della regolamentazione della realtà virtuale.

Il nickname

Il primo impegno dell'utente che accede al web sarà quello di identificarsi, ossia di fornirsi di una identità. Che egli decida di accedere ad un social network, un forum, una chat o altro, dovrà svolgere questa operazione di autenticazione consistente nel fornire delle informazioni relative alla propria persona e che veicoleranno sulla rete. Non ci sarà la sua immagine come punto di riferimento, ma ci sarà l'immagine virtuale creata dallo stesso utente. A volte si richiede la scelta di un nickname, inteso come un identificativo. Trattasi di un nome che il più delle volte è frutto di fantasia e che, tuttavia, può acquisire una certa rilevanza dovuta essenzialmente al fatto che l'utente, in quel determinato gruppo, sarà identificato attraverso il nick che avrà scelto. Molte le analogie, a ben vedere, con lo pseudonimo. Se è pur vero che un nickname non potrebbe mai essere equiparato al nome, quantomeno perché quest'ultimo è attribuito per legge e soggiace, salvo i casi e secondo le formalità indicate dalla legge, al principio dell'immutabilità, il nickname nasce, invece, dalla fantasia dell'utente e non trova corrispondenza con le generalità riportate sui documenti.
Purtuttavia, nel caso in cui si dovessero ricondurre determinati atti e/o affermazioni al nick di un utente, potremmo, in via analogica, trattare lo stesso alla stregua dello pseudonimo? E nell'ipotesi in cui si subiscano delle offese attraverso l'uso dei nickname, offese che creino discredito anche all'immagine virtuale, potremmo ottenere tutela? A conclusioni sostanzialmente positive sembra di poter ormai giungere grazie alle affermazioni afferenti il diritto all'identità personale introdotte

dalla Corte di Cassazione già nel 1985[598] e che hanno segnato una svolta fondamentale in materia di tutela dei diritti della persona. La Corte, ravvisata la necessità di agganciare la tutela del diritto in esame ad un preciso fondamento giuridico-positivo, ha individuato lo stesso nell'art. 2 della Costituzione, in questo modo affermando il principio secondo cui *"ciascun soggetto ha interesse, ritenuto generalmente meritevole di tutela giuridica, di essere rappresentato, nella vita di relazione, con la sua vera identità, così come questa nella realtà sociale, generale o particolare, è conosciuta o poteva essere conosciuta... ha cioè interesse a non vedersi all'esterno alterato, travisato, offuscato, contestato il proprio patrimonio intellettuale, politico, sociale, religioso, ideologico, professionale, ecc."*. . Non trattandosi, tuttavia, di un diritto costituzionalmente garantito, *"la sua regolamentazione andrà dedotta, per analogia, dalla disciplina prevista per il diritto al nome (art. 7 c.c.), essendo tale figura la più affine al diritto all'identità personale"*.
Ai sensi del codice civile il diritto al nome rappresenta uno dei basilari diritti della personalità meritevole di tutela ogniqualvolta la persona possa risentire pregiudizio dall'uso indebito che altri ne facciano. Il nick è qualcosa che poggia su basi ben diverse essendo sostanzialmente legato all'autodeterminazione: non viene attribuito, ma scelto; non deve seguire determinate prescrizioni in quanto fa parte della libera determinazione del soggetto che lo adopera; non sarà mai oggetto di richiesta di cambiamenti, potendo essere modificato semplicemente accedendo ai dati inseriti all'atto della registrazione al sito o al social network o al forum; non interferisce con la vita del singolo nella misura in cui l'utente è in grado di tenere distinti mondo reale e mondo virtuale.
Il nick, in questo senso, è una vera e propria seconda identità che può acquisire rilievo nella vita quotidiana nella misura in cui si palesi la necessità di ricondurre l'identità virtuale ad un soggetto reale. La scelta di richiedere l'uso di un nickname ha le sue buone ragioni: in fin dei conti navigando in orizzonti così ampi e magari su pagine che trattano anche contenuti che ci interessano particolarmente, un nick è anche una forma di protezione della nostra privacy. In un mondo virtuale, in cui abbiamo il privilegio di essere nel contempo fornitori, distributori e fruitori di informazioni un minimo filtro è una opportuna tutela. Possiamo girare, leggere, fare domande, esprimere opinioni, suggerire soluzioni senza tuttavia porci il problema

---

[598]Sentenza Corte di Cassazione n. 3769/1985 relativa al cd. *caso Veronesi*. Trattasi di un contenzioso sorto nel 1978, anno in cui l'Istituto nazionale per lo studio e la cura dei tumori conveniva in giudizio l'Austria Tabakwerke GmbH, la s.p.a. Eurolab e la ditta Comet pubblicità, per aver pubblicato un inserto volto a promuovere la vendita delle sigarette "Milde Sorte" ed affermando che *"secondo il Prof. Umberto Veronesi, direttore dell'Istituto dei tumori di Milano, questo tipo di sigarette riducano quasi della metà il rischio di cancro"*. Con la predetta Sentenza, la Corte di Cassazione afferma, in senso totalmente innovativo, che: *"Nell'ordinamento italiano sussiste, in quanto riconducibile all'art. 2 cost. e deducibile, per analogia, dalla disciplina prevista per il diritto al nome, il diritto all'identità personale, quale interesse, giuridicamente meritevole di tutela, a non veder travisato o alterato all'esterno il proprio patrimonio intellettuale, politico, sociale, religioso, ideologico, professionale ecc."*.

che chi sta interagendo con noi riesca ad identificarci e magari ci "riconosca" se putacaso si trattasse di un coinquilino, vicino o occasionale, della nostra vita reale. Diciamo che i due mondi sono in grado di vivere felici di vita propria fin quando non si manifestino delle patologie, nel qual caso il sistema vacilla e diviene inevitabile l'affiancamento, la sovrapposizione delle identità con un attento esame a cascata delle relative responsabilità dal virtuale al reale e con la necessità di affrontare anche il discorso di una eventuale ipotetica tutela del nickname.
Il codice civile prevede che lo pseudonimo possa essere tutelato, ai sensi dell'art. 7 c.c., nel caso in cui abbia acquistato l'importanza del nome, ossia nei casi in cui l'uso che il soggetto ne faccia sia tale da garantirgli di essere comunemente identificato con lo pseudonimo. Applicazioni analogiche sono state fatte in passato della predetta disciplina per casi di uso comune del soprannome o di altri segni distintivi diversi dal nome.
Diversamente dallo pseudonimo però il nickname andrebbe a mascherare nella realtà la reale identità dell'utilizzatore: il suo uso sarebbe proprio giustificato dal non essere immediatamente riconoscibile, lasciando tale facoltà all'utilizzatore che potrebbe affiancare allo stesso dati o elementi idonei ad identificarlo. Probabilmente anche lo pseudonimo, in un suo uso iniziale, potrebbe celare una identica esigenza: mascherare la reale identità dell'utilizzatore per evitare che determinate azioni compiute con lo pseudonimo possano ripercuotersi direttamente nella sfera del singolo con conseguenze indesiderate. La scelta dello pseudonimo nasce, dunque, da una medesima esigenza che caratterizza quella del nickname. Tuttavia lo pseudonimo trova tutela solo nel momento in cui, superata la fase iniziale, diventi esso stesso elemento identificativo di un individuo, esattamente come lo sarebbe il nome. Al nickname, invece, sarebbe preclusa tale possibilità, restando, il nick, relegato nella realtà virtuale. Ed allora la sua portata identificativa dovrebbe opportunamente essere misurata nell'ambito della medesima realtà in cui viene adoperato sia esso il forum, il social network o il sito su cui ci si è registrati, con una sorta di equiparazione di questi ambienti virtuali alla comunità, piccola o grande, locale o provinciale, ritenuta parimenti idonea a misurare la rilevanza di uno pseudonimo.
Negli ultimi anni anche i nickname, o pseudonimi cibernetici, sono stati espressamente oggetto di attenzione da parte della giurisprudenza sino ad essere riconosciuti, dalla Corte di Cassazione[599], tra i contrassegni di identità.
Partendo da una interpretazione estensiva dell'art. 494 c.p., determinata dalla necessità di adattare la norma alla rivoluzione tecnologica, la Suprema Corte è giunta ad affermare che si ha sostituzione di persona *"non solo quando si sostituisce illegittimamente la propria persona all'altrui persona, ma anche quando si attribuisce ad altri un falso nome o un falso stato ovvero una qualità a cui la legge attribuisce effetti giuridici, dovendosi intendere per 'nome' non solo il nome di battesimo ma anche tutti i contrassegni di identità"*[600].

---

[599]Corte di Cassazione Sentenza n. 18826/2012.
[600]Tra i contrassegni di identità, secondo la Corte, vanno ricompresi *"quelli, come i cosiddetti nicknames (soprannomi) utilizzati nelle comunicazioni via internet che attribuiscono una identità sicuramente virtuale, in quanto destinata a valere nello*

La creazione di una o più identità e la violazione dell'altrui profilo
L'ultima sentenza esaminata ha posto l'accento sul reato di sostituzione di persona perpetrato attraverso i sistemi di comunicazione telematici e rappresentato dalla falsa attribuzione di contrassegni personali. Ciò apre ad una serie di altre ed ulteriori vicende che possono verificarsi attraverso l'utilizzo di Internet e che mettono in discussione il legame tra il profilo dell'utente e la sua identità.
In alcuni casi l'utente ha la possibilità di creare anche più di un profilo legato alla sua identità. Sin qui nulla di male, soprattutto nel caso in cui tale facoltà viene offerta dallo stesso sistema di accesso al social network o al forum, per cui, basterà scegliere un ulteriore nickname e fornire dei dati minimi per accedere come nuovo utente. È possibile che la registrazione non chieda l'inserimento di dati personali identificativi o che non consideri gli stessi in maniera esclusiva per cui è in grado di accettare la ripetizione dei medesimi dati anche su nuovi profili. Purché tale comportamento non sia finalizzato alla commissione di condotte illecite, di massima potrà essere pacificamente attuato nella comunità virtuale e non avrà alcun riflesso nella vita reale. Si pensi al caso in cui si su di uno stesso dominio si creino due o più caselle di posta elettronica al fine di dedicare ognuna di esse ad un certo tipo di corrispondenza.
Ma se non c'è questo stretto rapporto di uno a uno e se non c'è controllo su chi inserisce i dati e se ne sia effettivamente il titolare, allora può capitare anche che i dati di terzi ignari vengano adoperati per registrazioni o accessi ad Internet. Oppure può verificarsi che altri "rubino" l'identità virtuale di terzi, accedano alle informazioni ed ai contatti, si sostituiscano all'utente, inducendo in errore gli altri utenti che entrano in contatto con il profilo violato. Nel primo caso si prospetta la fattispecie incriminatrice di cui all'art. 494 c.p., secondo cui integra il delitto di sostituzione di persona la condotta criminosa determinata dalla creazione, ad esempio su di un social network, di un profilo attribuendosi falsamente le generalità o l'immagine di un soggetto diverso[601]. Nel secondo caso potrà aversi, ad esempio, il furto della casella di posta elettronica o la violazione dell'accesso ad un account di posta con applicazione dell'art. 615 ter c.p. il quale punisce la semplice intrusione, ancor prima di formulare distinzioni tra furto, ossia perdita da parte dell'utente dei propri dati di accesso con conseguenziale impossibilità di entrare nel proprio profilo, e violazione, con duplicazione dei suddetti dati operata in maniera

---

spazio telematico del web, la quale tuttavia non per questo è priva di una dimensione concreta, non essendo revocabile in dubbio che proprio attraverso di essi possono avvenire comunicazioni in rete idonee a produrre effetti reali nella sfera giuridica altrui, cioè di coloro ai quali il 'nickname' è attribuito".

[601]Cassazione Penale, Sentenza n. 25774/2014. Con la presente sentenza la Cassazione chiarisce ed estende la condotta criminosa di cui all'art. 494 c.p. anche ai comportamenti ed ai delitti commessi adoperando la tecnologia del web. In particolare essa afferma che *"integra il delitto di sostituzione di persona (...) la condotta criminosa consistita nella creazione, su un social network, di un profilo che riproduca l'effige della persona offesa e nel conseguente utilizzo, con tale falsa identità, dei servizi del sito, consistenti essenzialmente nella possibilità di comunicare in rete con gli altri iscritti, indotti in errore dalla identità dell'interlocutore, e di condivisione di contenuti".*

tale che l'utente può ancora accedere e non può rendersi conto che in quel momento il suo profilo è condiviso da altri[602]. Per l'accesso abusivo non è richiesta la concreta violazione delle misure di sicurezza, ritenendo sufficiente, secondo la giurisprudenza, che esse siano state opportunamente predisposte. Ciò in quanto la mera predisposizione di sistemi di sicurezza, quale l'apposizione di una password, già di per sé è sintomatica della volontà dell'utente di tutelare i propri dati e di non consentire accessi non autorizzati[603]. Il reato di concretizza nel momento in cui si superano le misure di sicurezza apposte dal titolare digitando la parola chiave o eseguendo la procedura di autenticazione. Integrerà la presente fattispecie di reato anche il comportamento di chi, autorizzato, acceda al sistema telematico eccedendo i limiti dell'autorizzazione ricevuta[604].

Si tratta di reati che si pongono a tutela della pubblica fede e che negli ultimi tempi stanno registrando una certa attenzione da parte della giurisprudenza, indotta, dalle nuove realtà sociali, ad adattare le norme ai progressi tecnologici. Spesso tuttavia le violazioni sin qui delineate si accompagnano ad altre fattispecie di reato tutte le volte in cui l'accesso, il furto di identità o la creazione di una falsa identità siano finalizzati alla commissione di altri reati. È il caso dei reati informatici introdotti dal legislatore con la L. n. 547/93, ma anche di tutte quelle fattispecie di reato "classiche", come ad esempio la truffa di cui all'art. 640 c.p., che trovano nuovi canali sfruttando la natura stessa dello spazio virtuale e la sua ampia diffusione.

Circa l'evoluzione proposta dalla giurisprudenza della fattispecie di "sostituzione di persona", di cui all'art. 494 c.p., si possono formulare alcune riflessioni. La prima osservazione riguarda la possibilità di far rientrare nel concetto di sostituzione anche quelle ipotesi che, pur non prevedendo un cambiamento fisico della persona, attribuiscono ad altri un falso nome, in senso lato, inducendo in errore i terzi che entrano in contatto con tale identità e che, confidando nella correttezza dei dati, vengono tratte in inganno.

Interessante è poi la ricostruzione del dolo specifico: esso consiste nel procurare a sé o ad altri un vantaggio patrimoniale o non, oppure nel recare ad altri un danno. Questo fine risulta pienamente rappresentato dall'utilizzo fatto dell'altrui profilo al fine di intrattenere rapporti con altre persone, soddisfacendo una propria vanità (segnatamente vantaggio non patrimoniale) e ledendo l'immagine e la dignità della persona offesa.

Spesso, dei reati commessi a mezzo Internet, ricorre, quale dolo specifico, l'intento di ledere l'immagine della persona offesa, di recare un danno alla reputazione, di

---

[602]Corte di Cassazione, Sentenza n. 11689/2007. La Corte afferma al riguardo che *"l'accesso abusivo a un sistema telematico o informatico si configura già con la mera intrusione e non richiede che la condotta comporti una lesione della riservatezza degli utenti, né a maggior ragione tantomeno che 'l'invasione' sia compiuta con l'obiettivo di violare la loro privacy"*.

[603]Cassazione Penale, sentenza n. 12732/2000. Per aversi un sistema protetto da misure di sicurezza non occorre la predisposizione di particolari cautele occorrendo la semplice predisposizione di un qualsiasi tipo di protezione. Anche la predisposizione di una semplice password, superabile da persona mediamente esperta, è di per sé sufficiente.

[604]Corte di Cassazione, Sentenza n. 19267/2016.

screditare la percezione che altri ne hanno. Queste considerazioni non possono che discendere dall'importanza che ha assunto il mondo virtuale a livello di relazioni sociali ed alle possibili ripercussioni che ne derivano sulla normale vita di relazione. Diversi i casi posti al vaglio della Corte. Essi vanno dall'ipotesi di chi crea ed utilizza un "account" con i dati anagrafici di un soggetto diverso al fine di partecipare ad aste in rete, acquistare beni al solo scopo di far ricadere l'inadempimento delle conseguenti obbligazioni nella sfera giuridica della vittima ignara di tutto[605] a quella di chi inserisca in una chat line, a carattere erotico, il numero di cellulare di un altro soggetto, ignaro di tutto, associandogli un nickname ed inducendo gli utenti della chat a contattare il numero, con evidenti ripercussioni nella vita privata della vittima[606].

Le limitazioni della capacità di agire e l'accesso ad Internet: uno sguardo ai minori ed ai detenuti

Un'attenzione particolare merita l'accesso ad Internet di soggetti che, da un punto di vista giuridico, non hanno capacità di agire e ciò in dipendenza di fatti naturali (es. la minore età) oppure subiscono delle limitazioni alla propria capacità determinate da provvedimenti giudiziali (es. interdizione legale). Il panorama delle possibili fattispecie è molto ampio, soprattutto se si considerano tutte le ipotesi dei fatti modificativi della capacità di agire contemplate dal codice civile.
Le fattispecie qui considerate, rappresentano due casi interessanti attraverso i quali sviluppare alcune riflessioni anche di carattere generale. Per sua stessa natura il binomio Internet-incapacità di agire si pone con una certa difficoltà: lo strumento di comunicazione adoperato non offre la possibilità di basarsi su considerazioni anche "apparenti" per discernere se l'interlocutore cibernetico abbia o meno capacità di agire. La questione è di particolare importanza sia per la tutela dell'utente, sia per i destinatari delle informazioni, sia per i siti sui quali transitano.
Proprio per questo motivo anche il discorso della sicurezza, nel caso in cui si abbia a che fare con questa tipologia di utenti, risulta particolarmente delicato. Sul web viaggiano tantissime informazioni, ed è possibile stabilire un'infinità di contatti, ragione per cui sono state valutate anche ipotesi di filtraggio degli accessi e/o divieti di accesso. Si pensi ai siti che richiedono l'espresso compimento della maggiore età per accedere o alle dichiarazioni esplicitamente richieste all'utente all'atto della registrazione relative proprio al possesso della maggiore età.

I minori

Nell'ampio e variegato panorama degli utenti i minori rappresentano certamente la categoria più debole e, pertanto, necessitano di una tutela particolare. Molti gli studi e le riflessioni formulate al riguardo, potenziate dal fatto che sempre più l'accesso ad Internet per i minori rappresenta un aspetto della vita quotidiana. Le risorse poste a loro disposizione ed offerte dal web spaziano nei più disparati campi, dall'accesso ai semplici giochi o alle attività didattiche, allo studio, alla condivisione delle

---

[605] Corte di Cassazione, Sentenza n. 12479/2011.
[606] Corte di Cassazione, Sentenza n. 18826/2012.

informazioni con i compagni (es. chat). La realtà virtuale è, per i giovani, concepita come una parte della socializzazione reale.
Non si tratta solo di dinamiche lasciate ai minori o di scelte genitoriali: è la stessa struttura sociale che ha abbassato di molto l'età di accesso alla rete. Emblematici i libri scolastici che consentono di scaricare programmi e di svolgere attività integrative direttamente on line.
Ovviamente, dato il precoce contatto con le risorse, i minori ne sfruttano anche le enormi potenzialità, creando gruppi e pagine, siano essi relegati all'ambito scolastico o alle altre attività ricreative, adoperando la navigazione per cercare informazioni, per condividere e, così facendo, con il rischio di diffondere materiale visibile ad altri utenti o accedendo ad elementi cd. pericolosi.
Il rischio maggiore è rappresentato dall'anonimato e dalla vastità di contenuti accessibili dietro cui potrebbero nascondersi pedofilia, adescamento, pornografia, cyberbullismo, traffico di organi ecc... Da tempo sono stati, pertanto, studiati sistemi di filtraggio, atti a limitare la navigazione come i firewall, software o hardware, che garantiscono una maggiore sicurezza.
Ma gli aspetti e le dinamiche attraverso cui possono verificarsi usi "patologici" possono essere legate all'uso che non solo fanno i minori, ma anche i genitori delle informazioni, e più specificamente delle immagini, relative ai propri figli. Caso frequentissimo quello delle foto pubblicate su facebook, laddove, se non impostati correttamente i criteri di privacy, si consente la visualizzazione ad una moltitudine di utenti, i quali potranno anche acquisirle o comunque divulgarle liberamente. Paradossalmente in ipotesi del genere è proprio il cd. genitore social, a mettere a repentaglio la tutela dei minori.
Sul ruolo dei genitori, o di chi ha potestà sui minori, si è cercato di porre l'accento, in particolare attraverso studi e ricerche di settore che hanno interessato le abitudini delle famiglie italiane ed i cui risultati sono riportati nel Libro Bianco Media e Minori, con una attenta analisi non solo alle abitudini dei minori, ma anche alle forme di controllo ed alla conoscenza delle stesse da parte dei genitori[607]. Ne è venuto fuori un quadro abbastanza omogeneo che, tuttavia, rappresenta solo una fotografia degli usi e dei consumi.
Provvedimenti più stringenti, e frutto dell'adeguamento del sistema all'utilizzo del web, sono rappresentati, ad esempio, dal cd. "grooming", di cui all'art. 609 undecies del codice penale[608], introdotto dalla L. 172/2012[609]. È un fenomeno in costante

---

[607]Realizzato dall'Autorità per le Garanzie nelle Comunicazioni, allo stesso ha contribuito il CENSIS. Costituito il gruppo, il lavoro è stato articolato nelle seguenti cinque macro-aree: Rewiew sistematica – Il consumo di Media – L'offerta di Media – Tutela dei minori nell'audiovisivo: la pratica – New Media e Minori: la prospettiva degli attori.
[608]Adescamento di minorenni: *"Qualsiasi atto volto a carpire la fiducia del minore attraverso artifici, lusinghe o minacce posti in essere anche mediante l'utilizzo della rete internet o di altre reti o mezzi di comunicazione"*.
[609]"Ratifica ed esecuzione della Convenzione del Consiglio d'Europa per la protezione dei minori contro lo sfruttamento e l'abuso sessuale, fatta a Lanzarote il 25 ottobre 2007, nonche' norme di adeguamento dell'ordinamento interno" (GU n.235 del 8-10-2012).

crescita e che vede abbassarsi sempre di più l'età delle vittime. Si tratta certamente della necessità di prendere coscienza di questo nuovo fenomeno, che non consiste solo nell'entrare in contatto con il minore, bensì nel rappresentare anche le modalità in cui avviene il contatto.
Il cd. "child grooming" fa generalmente riferimento a comportamenti posti in essere da un adulto per carpire la fiducia del minore e stabilire un contatto affettivo con lo stesso e si sostanzia in artifici, lusinghe o minacce. Elemento nuovo per il legislatore è proprio la lusinga, intesa, nel caso di specie, come la finta attenzione finalizzata a carpire la fiducia del minore.
Altro dato di rilievo consiste nel fatto che il reato si sostanzia nel momento in cui vengono posti in essere i predetti comportamenti, anticipando la punibilità già al momento del contatto finalizzato alla realizzazione di altri reati quali la riduzione o mantenimento in schiavitù, la prostituzione e la pornografia minorile, il turismo volto alla sfruttamento della prostituzione minorile, la violenza ed gli atti sessuali con minorenne, la corruzione di minorenne o la violenza sessuale di gruppo.
Ulteriore fattispecie frutto dell'utilizzo del cyberspazio da parte dei minori, dunque della loro presenza nel web, è rappresentata dal cd. "sexting"[610], pratica diffusa tra gli adolescenti e costituita dallo scambio di foto o video, inerenti l'aspetto sessuale, realizzati il più delle volte con il cellulare e diffusi tramite MMS, chat, social network, blog o e-mail. Correlato spesso al sexting è anche il "sextortion"[611], reato di estorsione che consiste nel costringere altri ad inviare foto e/o video con contenuto sessualmente esplicito.
La previsione di questa fattispecie è contemplata dall'art. 600 ter del codice penale[612], modificato con la già citata L. 172/2012. Il dato normativo pone l'accento sull' "utilizzazione" del minore, che ha sostituito lo "sfruttamento" previsto dalla norma nella sua precedente formulazione.
Del sexting si è occupata di recente anche la Corte di Cassazione, con una sentenza che ha fatto parlare di esclusione del reato di sexting nel caso in cui le immagini pedo-pornografiche girate da terzi siano state prodotte autonomamente e volontariamente dal minore in esse rappresentato[613], affermando che una difforme opzione ermeneutica *"implicherebbe una interpretazione analogica della norma*

---

[610]Il termine è una parola composta che nasce dall'associazione di sex (sesso) e texting (inoltrare testi).

[611]Deriva dall'unione e contrazione delle parole inglesi "sex" ed "extortion".

[612]Pornografia minorile: «*E' punito con la reclusione da sei a dodici anni e con la multa da euro 24.000 a euro 240.000 chiunque: 1) utilizzando minori di anni diciotto, realizza esibizioni o spettacoli pornografici ovvero produce materiale pornografico; 2) recluta o induce minori di anni diciotto a partecipare a esibizioni o spettacoli pornografici ovvero dai suddetti spettacoli trae altrimenti profitto*».

[613]Corte di Cassazione, Sentenza 11675/2016, la cui massima dispone: *"Non si configura il delitto di cessione di materiale pedo-pornografico di cui all'art. 600 ter c.p. nell'ipotesi in cui un soggetto trasmette ad altri immagini riprese in autoscatto direttamente dal minore, cedute dallo stesso volontariamente. Il reato in parola, infatti, ha ad oggetto non un qualsivoglia materiale pornografico minorile, ma esclusivamente quel materiale formato attraverso l'utilizzo strumentale dei minori ad opera di terzi. L'impiego strumentale del minore da parte di un terzo costituisce un elemento costitutivo dello stesso".*

palesemente in malam partem, come tale vietata dall'ordinamento, oltre che in contrasto insanabile con la lettera e con la ratio della disposizione". La Corte, nel fare il punto della situazione, anche attraverso la ratio che ha ispirato il legislatore, ha avuto modo, pertanto, di addentrarsi e di fare chiarezza tra le varie dinamiche relative all'uso, alla diffusione dei ai soggetti coinvolti nella circolazione del materiale pedo-pornografico.

I detenuti

Nel caso dei detenuti possono proporsi alcune considerazioni relativamente all'utilizzo di Internet. In linea di massima lo strumento web è stato considerato sempre più come un sistema di integrazione, e la possibilità di introdurre Internet nelle carceri ha avuto diversi consensi, volti essenzialmente a privilegiare l'aspetto rieducativo tipico della pena mediante l'attivazione di progetti finalizzati alla riabilitazione sociale, in collaborazione con il settore imprenditoriale, la pubblica amministrazione e le organizzazioni dedite al sociale.
La materia è stata oggetto di una circolare del Dipartimento dell'amministrazione penitenziaria[614] che ne ha definito le potenzialità ed i limiti prevedendo anche l'utilizzo di skype per le comunicazioni con i familiari. Non si tratta, ovviamente, di un accesso indiscriminato: sono state definite le postazioni, le finalità, nonché la predisposizione di un percorso di navigazione composto esclusivamente dai siti il cui accesso è autorizzato (white list). Ma se la finalità è essenzialmente rieducativa, ci si è chiesti entro quali limiti debba essere adoperata siffatta facoltà. Tenuto conto che la rete offre anche sistemi di comunicazione "social" bisognerebbe capire se ed entro quali limiti gli stessi possono essere resi accessibili ai detenuti. Ciò in quanto, vi è anche la necessità di tutelare le vittime, che potrebbero subire minacce direttamente dal detenuto mentre è in carcere e di controllare, o meglio vietare, flussi di informazioni pericolose, attraverso le quali si potrebbero gestire dalla propria cella traffici illeciti e mantenere contatti con i clan.
Per gli arresti domiciliari sono state formulate alcune valutazioni relative alla gestione delle comunicazioni e all'utilizzo dei social network. In materia la Corte di Cassazione ha avuto modo di precisare che *"il divieto di comunicare con terze persone, estranee ai familiari conviventi vale anche per le comunicazioni tramite Internet sul sito Facebook, ma l'uso di Internet non è illecito quando assume una mera funzione conoscitiva"*[615]. Il caso all'esame della Corte verteva su di una

---

[614]Una prima circolare DAP del 21 aprile 2000 in materia di "controllo sui computers negli istituti di pena", si era espressa in senso negativo ritenendo prioritarie le esigenze di sicurezza e reputando il collegamento con l'esterno "pregiudizievole per la sicurezza dell'istituto" disponendo, di conseguenza, che fosse rimossi dai pc tutti i sistemi idonei a consentire l'accesso alla rete telematica. A seguito anche di un esame delle norme europee che, invece, nel gestire la carcerazione hanno rilevato come la stessa debba essere il più vicino possibile alle condizioni di vita studio e lavoro degli uomini liberi, ci si è aperti ad un orientamento di maggior favore, in linea con le nuove opportunità proposte dal web, quali ad es. il telelavoro o il telestudio, e nel 2015 (Circolare 2 novembre 2015 n. 0366755) il parere sull'accesso ad internet ha avuto esito positivo.
[615]Corte di Cassazione, Sentenza n. 4064/2012.

conversazione telematica tra l'imputato ed un terzo relativa alle modalità da attuare per la liberazione di altro complice ristretto in carcere. Violerebbe il divieto di cui all'art. 284, comma 2, c.p. di non comunicare con persone diverse dai familiari conviventi, l'accesso al più diffuso dei social network. Il divieto di comunicare dovrebbe essere inteso nella più ampia accezione atta a ricomprendere qualsiasi forma di comunicazione, compresa quella con strumenti informatici, ed attuata sia in forma verbale che scritta o con qualsiasi altra modalità che ponga in contatto l'indagato con i terzi. Ciononostante la Corte non opta per un divieto totale del mezzo telematico: vieta che attraverso lo stesso possano attuarsi forme di comunicazione, ma lo ritiene utilizzabile per finalità conoscitive o di ricerca lasciando, pertanto, esposti a diverse interpretazioni molti utilizzi dubbi. Difficile è infatti stabilire una precisa linea di confine tra un uso per finalità conoscitive o comunicative. In teoria basterà distinguere tra un uso volto ad acquisire informazioni ed un uso indirizzato a trasmetterle, ma nella pratica sarà molto più complicato. Si pensi alla condivisione di una notizia con un retweet, o alla divulgazione di un link, ove potrebbero coesistere entrambe le funzioni.
La conseguenza, per chi contravviene alla prescrizione del divieto di comunicare con terzi ed adoperi i social network al fine di far giungere messaggi a chi è al di fuori dei soggetti autorizzati o lanci messaggi intimidatori, sarà la revoca degli arresti domiciliari con conseguente prosecuzione della pena in carcere, così come recentemente stabilito dalla Cassazione con una pronuncia del novembre 2016 che non ha sottovalutato neanche la funzione intimidatoria delle emoticon presenti nel messaggio[616].

Social network, forum e motori di ricerca: le diverse figure del web e le relative responsabilità

Internet è una realtà complessa, costituita da spazi dove sempre più spesso vengono a delinearsi ruoli in base alle diverse attività ed al tipo di ambienti virtuali gestiti. Tali funzioni possono essere ricoperte direttamente dal soggetto agente, come nel caso in cui si apra un blog e si diviene direttamente responsabili per i suoi contenuti, o affidate a terzi, come nel caso dei provider che consentono l'accesso alla rete[617].
Nel primo caso, l'identità tra i diversi ruoli, renderà più agevole il discorso delle responsabilità non dovendo distinguere e ripartire tra gestione e contenuti immessi. Nel secondo caso sarà molto più difficile trovare un orientamento unitario che sia in grado di valutare la tipologia di responsabilità gravante in capo a chi mette al servizio dei terzi la possibilità di accedere al web ed ai suoi contenuti in maniera attiva.
La disciplina di queste figure, nonché una definizione delle loro funzioni e responsabilità, può essere ricavata dalla normativa comunitaria e da quella attuativa

---

[616] Corte di Cassazione Sentenza n. 46874/2016.

[617] In argomento, L. Picotti, *Fondamento e limiti della responsabilità penale dei service-providers in internet*, in Dir. Pen. Proc., 1999, p. 379 ss.; D. De Natale, *La responsabilità dei fornitori di informazioni in Internet per i casi di diffamazione on line,* in Riv. Trim. dir. Pen. Econ., 2009, p. 509 ss.

nazionale[618], nonché dalla giurisprudenza che si è occupata di definirne i contorni. Per quanto concerne quest'ultimo tema, si tratta di valutazioni, spesso anche contrastanti, che variano in funzione del tipo di illecito che viene contestato[619] nonché della funzione dell'Internet Provider[620].
Creare una sorta di responsabilità solidale di queste figure è stato considerato anche un buon sistema deterrente al fine di evitare un uso spregiudicato dei social network e limitarne la carica lesiva.
Come punto di partenza si può tener conto della Sentenza del tribunale di Bologna che ha formulato le seguenti distinzioni:

- access provider (fornitore di accesso), colui che consente all'utente l'allacciamento alla rete telematica;
- service provider (fornitore di servizi), soggetto che, una volta avvenuto l'accesso ad Internet, consente all'utente di svolgere alcune operazioni quali la posta elettronica, la suddivisione e catalogazione delle informazioni, il loro invio a soggetti determinati, ecc...
- content provider (fornitore di contenuti), operatore che mette a disposizione del pubblico informazioni ed opere di qualsiasi genere (riviste, fotografie, libri, quotidiani, periodici, banche dati, ecc..) caricandole sulle memorie dei computers server e collegando tali computers alla rete[621].

Di massima per gli illeciti commessi per via telematica si tende ad escludere la responsabilità per le prime due figure, trattandosi fondamentalmente di ruoli che si limitano a fornire il servizio Internet a mezzo di stipula di appositi contratti con gli utenti. Che poi tale servizio sia adoperato per il perseguimento di scopi contrati alla legge, è elemento che non può essere ricondotto alla fornitura. Per il provider, si

---

[618]Direttiva 2000/31/CE sul commercio elettronico e D.Lgs. 09/04/2003 n. 70. Si rammenta poi l'art. 1, comma 3bis, della Direttiva 2009/140/CE del Parlamento europeo e del Consiglio del 25 novembre 2009 che ha stabilito che *"I provvedimenti adottati dagli Stati membri riguardanti l'accesso o l'uso di servizi e applicazioni attraverso reti di comunicazione elettronica, da parte di utenti finali, devono rispettare i diritti e le libertà fondamentali delle persona fisiche, garantiti dalla Convenzione europea per la Salvaguardia dei diritti dell'uomo e delle libertà fondamentali e dai principi generali del diritto comunitario"*.

[619]Nei casi più frequenti potrà aversi violazione del diritto d'autore, contraffazione marchi e brevetti, concorrenza sleale, violazione della privacy o reati afferenti la diffamazione, la pedopornografia ed il terrorismo.

[620]Internet Service Provider è l'ente o impresa che fornisce l'accesso ad internet ma con esso genericamente si fa anche riferimento a varie figure tra cui i soggetti che gestiscono i portali, coloro che diffondono i contenuti o coloro che mettono a disposizione vari servizi. La loro attività è disciplinata dalla L. n. 59/2002 recante *"Disciplina relativa alla fornitura di servizi di accesso ad Internet"*. Per un esame della responsabilità civile degli Internet Service provider che ne ripercorre vari aspetti alla luce della normativa comunitaria e della giurisprudenza di merito, Cassano–Contaldo, *La natura giuridica e la responsabilità civile degli Internet Service providers (ISP): il punto sulla giurisprudenza,* in Corriere giuridico 9/2009, p. 1206 ss.

[621]Tribunale di Bologna, Sentenza n. 3331/2004.

nega, di massima, che possa essere considerato responsabile solo per aver offerto ad un utente la possibilità di accedere ad Internet[622].
Discorso diverso è quello che si fa per la figura del content provider la cui responsabilità viene ricondotta al divieto del neminem laedere sancito dall'art. 2043 c.c. Se il compito del content provider è rappresentato dal mettere a disposizione del materiale in rete rendendolo accessibile, allora si presume la sussistenza anche di un obbligo di controllo circa la legittimità delle informazioni inserite, allo stesso modo in cui ad un operatore economico si richiede l'obbligo di diligenza professionale. Anzi, secondo un certo orientamento, in virtù dell'assimilazione del sito "on line" alla stampa, alla figura in esame sarebbe applicabile il principio di responsabilità di cui all'art. 11 della L. 47/48[623].
La figura del content provider non è disciplinata dalla Direttiva comunitaria 2000/31/CE che, in materia di responsabilità distingue le figure dell'access provider, del caching provider e dell'hosting provider rappresentando, le ultime due, rispettivamente come chi esercita un'attività di memorizzazione temporanea delle informazioni e chi esercita una attività di memorizzazione delle informazioni.
Gli articoli 14-16 del D.Lgs n. 70/2003, sull'esempio delle Direttiva, affrontano la questione della responsabilità dei provider, dividendoli in tre categorie: mere conduit, caching ossia attività di memorizzazione temporanea e hosting, attività di memorizzazione di informazioni. Nel definire le ipotesi di responsabilità delle presenti figure, si parte dal generale presupposto della mancanza di responsabilità, non essendovi un intervento sull'informazione, che viene a cadere nel momento in cui, chi ricopre questi ruoli, svolge un'opera di selezione di destinatari o di modifica delle informazioni.
Ciò che rileva è l'assenza di un generale obbligo di controllo preventivo cui fa da contraltare un impegno alla collaborazione che si concretizza nell'agire per rimuovere le informazioni che sono state memorizzate o per disabilitare l'accesso appena abbia notizia che un organo giurisdizionale o amministrativo ne abbia disposto la disabilitazione o la rimozione.
Da una parte non vi è la normazione di un dovere di controllo dei dati immessi per il provider, dall'altra vi sono una serie di condizioni stringenti che, di fatto, rendono facile ravvisare in capo al provider forme di responsabilità. Pur in assenza di un obbligo generale di sorveglianza[624] sulle informazioni trasmesse o memorizzate, vi è comunque l'obbligo di informare prontamente l'autorità giudiziaria o amministrativa nel caso in cui venisse a conoscenza di presunte attività o informazioni illecite. Si potrebbe, pertanto, parlare, per il provider, di culpa in vigilando.
In merito alla responsabilità dell'hosting/caching provider, la giurisprudenza[625] ha avuto modo di distinguere una responsabilità soggettiva colposa nel caso in cui lo

---

[622]Tribunale di Cuneo, Sentenza 23 giugno 1997; Tribunale di Roma, Ordinanza 4 luglio 1998.
[623]*"Per i reati commessi col mezzo della stampa sono civilmente responsabili in solido con gli autori del reato e fra di loro, il proprietario della pubblicazione e l'editore".*
[624]Art. 17 (assenza di obbligo generale di sorveglianza) del D.Lgs. 70/2003.
[625]Tribunale di Catania, Sentenza 29 giugno 2004.

stesso, pur essendo consapevole della presenza sul sito di materiale sospetto, non agisca per accertarne l'illiceità né tantomeno si attivi per rimuoverlo. Si potrebbe invece configurare una ipotesi di dolo nel caso in cui l'hosting/caching provider sia anche consapevole dell'antigiuridicità della condotta dell'utente e, nonostante ciò, non intervenga per rimuovere i contenuti.
Per quanto concerne l'obbligo di rimuovere il materiale illecito esso discende direttamente dall'ordine proveniente dall'autorità giudiziaria. Sembra, infatti, che la richiesta formulata dal danneggiato non sia vincolante per il provider. Tuttavia negli ultimi tempi si è fatta anche strada l'ipotesi di conferire al Garante della privacy il potere di intervenire sui contenuti illeciti pubblicati nel web e di oscurarli entro 24 ore dal ricevimento dell'istanza. Si tratta comunque di un potere suppletivo, in quanto vi sarà sempre prima una formale richiesta inoltrata al social network, al sito o al gestore della messaggeria istantanea. Nel caso in cui costoro non si attivino, si potrà avere l'intervento del Garante della privacy[626]. In questo modo si sta cercando di spostare il momento della responsabilità in una fase temporale antecedente, rafforzando il riscontro che i social network ed i gestori dei siti possono fornire direttamente alla richiesta formulata dal singolo utente.
Un'ipotesi particolare in cui i provider non sono stati considerati responsabili e, dunque, punibili, ai sensi della legge sul diritto d'autore, è quella dei cd. "coolstreaming" [627], ossia i collegamenti ai siti per la diffusione delle partite calcistiche. In questo caso a fare la differenza è stato il dato temporale, in quanto il provider che agevola il collegamento agisce in un momento successivo rispetto a quello in cui le opere protette dal diritto d'autore vengono immesse in rete e non apportano, con il loro collegamento, alcun contributo causale o agevolatore rispetto alla condotta illecita.
Merita anche una considerazione a parte il cd. blogger. Al riguardo una differenza sostanziale viene a delinearsi tenendo conto del modo in cui egli svolge la sua attività. Nel caso in cui si limiti soltanto a mettere a disposizione degli utenti una pagina ove gli stessi possono accedere e commentare liberamente, sarà difficile imputare al blogger una qualsiasi responsabilità per quanto da altri dichiarato con il proprio intervento. Discorso diverso va fatto nel caso in cui egli si ponga anche quale moderatore: in quest'ipotesi si presume che egli faccia da filtro rispetto a quanto pubblicato sul blog. Sarà pertanto configurabile una responsabilità "in concorso" con l'autore di messaggi ad esempio diffamatori. Bisognerà tuttavia dimostrare che lo stesso, pur essendo a conoscenza del contenuto del messaggio, abbia deciso di pubblicarlo e diffonderlo ugualmente in rete.
Si segnala, in ultimo, una recentissima sentenza con cui la Corte di Cassazione[628], pronunciandosi in merito alla responsabilità dei siti per i commenti dei lettori, ha affermato la responsabilità dei primi, nonostante i commenti fossero firmati. La sentenza rappresenta un'inversione di tendenza rispetto agli ultimi orientamenti che

---

[626]Si tratta di una iniziativa nata per contrastare il cyberbullismo. In origine, infatti, tale facoltà era prevista esclusivamente per tutelare i minori, ma se ne sta ampliando la portata.
[627]Tribunale di Milano, 9 marzo 2006; Corte di Cassazione, sentenza n. 33945/2006.
[628]Corte di Cassazione Sentenza n. 54946/2016.

si stavano imponendo in ambito giurisprudenziale, volti essenzialmente a tutelare, conformemente all'orientamento seguito dalla Corte europea dei diritti dell'uomo, la libertà di espressione ed a considerare la condanna ai siti una violazione del suddetto principio.
Si erano avute in passato nel nostro paese sentenze di condanna a danno dei blogger per non aver controllato il contenuto dei messaggi postati da terzi, ma negli ultimi tempi sembrava si stesse assistendo ad una inversione del predetto orientamento, in parte sulla scia delle affermazioni della Corte europea dei diritti dell'uomo, ed in parte in considerazione dell'uso ormai diffusissimo delle bacheche on line e della necessità di una disciplina agevole.
In alcuni casi, al fine di affermare la responsabilità, si era fatto perno sull'anonimato del commento, facendo ricadere sul blogger la necessità di una maggiore attenzione e compartecipazione.
La recente condanna fa, invece, riferimento ad un commento postato su un sito dedicato al calcio per il quale l'autore del commento è comunque stato condannato. In primo grado il blogger era stato assolto, poi condannato in secondo grado, si è visto confermare la condanna dalla Cassazione per "concorso in diffamazione". Il ragionamento della Corte verte essenzialmente sulla presunzione di conoscenza, da parte del gestore del sito, del commento dimostrato da una mail inoltrata, alcuni giorni dopo, dall'autore del commento al gestore del sito, a nulla rilevando il fatto che il commento fosse stato liberamente inserito e che la partecipazione al sito non contemplava controlli preventivi, da parte del blogger, dei messaggi. La colpa è comunque da ascriversi in capo al blogger non tanto per il mancato controllo sulla pubblicazione ma per il fatto che, pur avendo avuto notizia del commento inserito sul sito, non si sia adoperato per la rimozione, lasciandolo pubblicato sino alla data in cui è stato eseguito il sequestro preventivo del sito.
Anche i commenti sulle proprie pagine facebook possono essere considerati lesivi per l'altrui sfera morale e privata e/o possono integrare gli estremi, ad esempio, del reato di diffamazione. Ciò in quanto comunque si tratta di un messaggio che avrà una repentina diffusione e diretto ad un pubblico più o meno numeroso di utenti che potranno essere facilmente raggiunti dall'opinione espressa.
Di recente, nel dirimere un conflitto negativo di competenza avente ad oggetto i reati di minacce e diffamazione mediante utilizzo del social network facebook, la Corte di Cassazione ha avuto modo di affermare, riprendendo un proprio precedente, che *"la diffusione di un messaggio diffamatorio attraverso l'uso di una bacheca 'facebook' integra un'ipotesi di diffamazione aggravata ai sensi dell'art. 595, terzo comma, c.p., poiché trattasi di condotta potenzialmente capace di raggiungere un numero indeterminato o comunque quantitativamente apprezzabile di persone"* [629]. Il mezzo adoperato in questo caso fa la differenza e, tenuto conto della platea di soggetti che è in grado di raggiungere, diviene una aggravante.
Un ulteriore canale in cui, per via delle facili condivisioni, l'utente può incorrere in responsabilità legate alle affermazioni e/o notizie condivise è Twitter, sostanzialmente equiparato, quanto a natura giuridica, a facebook ed ai social network, nonostante abbia delle sue peculiarità. La riproposizione di un messaggio

---

[629] Corte di Cassazione Sentenza n. 50/2017.

ai propri follower può avere conseguenze rilevanti. Nonostante si tratti di un re-tweet, e dunque di un'affermazione che non è stata direttamente immessa nel canale telematico dall'utente, né tantomeno da questi creata, si potrebbe comunque essere chiamati a risponderne direttamente, insieme all'autore del tweet originario, qualora il contenuto venga considerato illecito e/o diffamatorio. Limite alquanto di difficile interpretazione potrà essere dato dai criteri con cui si posta la notizia, ossia la rispondenza a verità, pertinenza e continenza del tweet.

Maggiori distinguo potranno, invece, essere fatti nel caso in cui si condivida un link. Trattandosi di un collegamento ad una notizia e, tenuto conto che per leggerla occorrerà accedere alla pagina attraverso il link, sarà più agevole dimostrare che la condivisione non vuol dire, per sorta di cose, conoscenza del contenuto della pagina di rinvio, potendo l'utente inoltrare il link pur non avendo aperto la pagina e non conoscendone, pertanto, il contenuto. La semplice condivisione di un link o di opinioni da altri espresse, senza partecipazione attiva, è stata di recente valutata dalla Cassazione[630] come fattispecie non integrante gli estremi del reato, con una sentenza che, mettendo da parte l'atteggiamento rigoroso registrato nei confronti dei commenti sui social network, ha cercato di guardare non solo al mezzo adoperato, ma anche al tenore della partecipazione ed al tipo di contributo offerto dall'imputato.

E se anche la sentenza diventasse social, in un'ottica di adeguamento delle sanzioni al tenore del web ed alla rilevanza che esso ha assunto in termini di immagine sociale? Si registra, per ora unico caso, in Spagna un'applicazione di tale principio. Con sentenza, ratificata in data 8 settembre 2015, dalla Real Audiencia Provincial, il giudice ha condannato l'imputato al pagamento di una multa, alla cancellazione dei tweet diffamatori ed alla pubblicazione, sempre su Twitter, della sentenza di condanna.

Bibliografia

M. BETZU, *Regolare Internet. La libertà di informazione e di comunicazione nell'era digitale,* Giappichelli 2012.

G. BRANCA, *Commentario della Costituzione*, Zanichelli, 2014.

G. CASSANO, A. CONTALDO, *La natura giuridica e la responsabilità civile degli Internet Service providers (ISP): il punto sulla giurisprudenza,* in *Corriere giuridico,* 9/2009.

A. DE CUPIS, *I diritti della personalità,* Giuffrè, Milano, 1982.

E. DE MARCO, *Introduzione alla eguaglianza digitale,* in *Federalismi.it*, 27/04/2008.

D. DE NATALE, *La responsabilità dei fornitori di informazioni in Internet per i casi di diffamazione on line,* in Riv. Trim. dir. Pen. Econ., 2009.

L. PICCOTTI, *Fondamento e limiti della responsabilità penale dei service-providers in internet,* in Dir. Pen. Proc., 1999.

---

[630]Corte di Cassazione Sentenza n.3981/2016.

La responsabilità nella Rete

Avv. Angela Allegria

Al fine di garantire sicurezza agli utenti e al contempo individuare i responsabili di condotte illecite poste in essere all'interno della rete, si pone il problema relativo alle responsabilità che ricadono sull'*Internet Service Provider* (ISP), ossia sul fornitore di servizio informatici.
Partiamo dall'inizio, cosa si intende per *Internet Service Provider*?
Si tratta di un'azienda che fornisce ai clienti registrati, l'accesso ad Internet e ad altri servizi web e che, oltre ad offrire una linea diretta a Internet, gestisce i *server* fornendo il *software* necessario, parole chiave, *user account* e numero di telefono di connessione. In tal modo offre ai propri clienti la possibilità di navigare sul web e di scambiare email con gli altri. Alcuni ISP offrono, in aggiunta, anche servizi supplementari. Gli ISP possono variare nel formato – alcuni gestiti individualmente, mentre altri sono gestiti da grandi società – possono anche variare nella portata – alcuni supportano soltanto utenti di una particolare città, mentre altri li supportano sia in ambito regionale che nazionale. Quasi tutti gli ISP offrono il servizio di posta elettronica e di navigazione web. Offrono, inoltre, vari gradi di assistenza normalmente via email o tramite linea dedicata all'utente. La maggior parte degli ISP, inoltre, offre la capacità di *web Hosting*, consentendo di creare e manutenere pagine web personali, mentre alcuni possono persino offrire il servizio di sviluppo pagine. Molti ISP offrono l'opzione di accesso ad alta velocità tramite dsl o modem via cavo, mentre altri possono contare appena sui collegamenti di accesso telefonico. Come attività normale, la maggior parte degli ISP effettuano il *back up* delle email e dei file web importanti, in caso fosse necessario per l'utente il recupero degli stessi.[631]
Diversi sono gli illeciti che possono configurarsi in rete: dai furti d'identità al *cyberbullismo*, dai *domain gabbing* alla diffamazione a mezzo internet, dagli accessi abusivi alle reti informatiche fino ai *Crypto-Locker*, solo per citare qualche esempio. Si tratta, infatti, di un quadro in continua evoluzione.
Se risulta alquanto semplice ritenere che i *Providers* rispondono in sede civile e penale degli illeciti posti in essere in prima persona, si pensi ai c.d. *content Providers*, più difficile e complesso è stabilire in che misura essi rispondano degli illeciti commessi da terzi che si avvalgono dei loro servizi.

Orientamenti giurisprudenziali contrapposti

Negli anni, diversi processi incardinati innanzi a giudici nazionali, sebbene non unanimemente, hanno visto soccombere *Providers* che venivano di fatto equiparati a direttori di giornali e, di conseguenza, condannati al pagamento di ingenti risarcimenti a causa dei contenuti illeciti pubblicati da terzi. In tali pronunce[632] si sosteneva, infatti, che ogni *Provider* fosse tenuto a conoscere l'esatto contenuto di tutto quanto venisse messo *on line* con il supporto delle infrastrutture dello stesso

[631] Definizione fornita dal Ministero della Difesa in www.difesa.it.
[632] Trib. Napoli 8 agosto 1996, Trib. Teramo 11 dicembre 1997, Trib. Napoli 8 agosto 1998, Trib. Macerata 2 dicembre 1998, Trib. Bologna 26 novembre 2001.

messe a disposizione degli utenti. La principale argomentazione che i convenuti articolavano nei loro scritti difensivi, a volte senza successo, si basava sull'evidenziare la straordinaria complessità tecnica nonché l'onerosità di una verifica puntuale di ogni immagine, ogni parola e ogni funzione condivisa tra gli utenti. La logica che traspariva tra le righe mutuava in parte i suoi schemi dalla disciplina assicurativa. Ciò a cui si tendeva era appunto la volontà di assicurare ai danneggiati il ristoro di un più sicuro risarcimento.[633]
Si tratta di una valutazione che deve confrontarsi con le esigenze di certezza del diritto, dei traffici commerciali e di personalità dell'illecito che non possono non rilevare anche sul versante sia civilistico che penalistico.[634]
Tale ipotesi interpretativa è stata oggetto di critica da parte di dottrina e giurisprudenza che hanno affermato la difficoltà se non addirittura l'impossibilità per il *Provider* di procedere al controllo di ogni singolo messaggio inviato sul *server.*
Diverso ed opposto orientamento è quello che nega che il *Provider* possa essere responsabile per il semplice fatto di offrire l'accesso alla rete o lo spazio sul proprio *server,* dubitando dell'assimilabilità del sito internet alla testata giornalistica, ma accomunandolo ad un "centro commerciale che abbia concesso in locazione la bancarella sulla quale l'autore ha esposto i prodotti incriminati".[635]
Vi è, quindi, una contraddittorietà di fondo causata probabilmente dalla difficoltà di applicare strumenti e concetti giuridici tradizionali ad una materia così specifica ed evidentemente poco conosciuta.[636]
Tuttavia la giurisprudenza ha avuto poco chiaro il problema fondamentale che si sostanziava nel capire se ed entro quali limiti si potessero imporre obblighi di controllo al provider. A tal proposito particolarmente importante è l'ordinanza del Tribuna di Napoli, II sez. civile, del 14 giugno 2002 nella quale si evince che, nell'ambito delle varie figure operanti nel web, si debbano distinguere colui che nel sito fornisce i contenuti dall'*host provider,* la cui attività si sostanzia nel consentire al primo di pubblicare le proprie pagine sul proprio sito ma utilizzando lo spazio web offerto dal provider medesimo. Ne consegue che l'illiceità dei contenuti è imputabile solo ed esclusivamente al fornitore e non all'*host provider,*[637] escludendo che quest'ultimo abbia un obbligo giuridico di accertare ed eventualmente impedire immissioni di messaggi illeciti da parte del gestore del sito.[638] Quest'ultima pronuncia prende in considerazione un altro aspetto legato alla responsabilità del Provider, quello della rilevanza giuridica del banner pubblicitario dell'*host* sul sito gestito da terzi. Sul punto l'ordinanza è lapidaria: il Provider risponderà del banner solo se il messaggio pubblicitario è illecito in sé e per sé non

---

633 A. SPATARO, *La responsabilità dell'Internet Service Provider (ISP),* in www.dirittodellinformatica.it, 18.6.16.
634 G. CASSANO, *La responsabilità civile,* Milano, 2012, p. 155.
635 Trib. Cuneo, sez. I civ., 23.6.1997, in *Rivista Giur. Piemontese,* 1997, p. 493.
636 Trib. Roma, I sez. civ., ordinanza 22 marzo 1999, in *Interlex.*
637 Trib. Lecce, sez. I, 24 febbraio 2001, in *Foro It.,* 2001, I, 2032 ss; Trib. Firenze, 21 maggio 2001, n 3155 in *Interlex.*
638 Trib. Bologna, sez. I civ., 27 luglio 2004, n. 3331, in *Inerlex.*

rilevando, invece, nel caso in cui l'illecito riguardi il sito su cui il banner viene ospitato.[639]

Il d. lgs. 70 del 2003

Attualmente la norma di riferimento è costituita dal d. lgs. n. 70/2003 che ha recepito la Direttiva comunitaria del giorno 8 giugno 2000, n. 2000/31/CE sul commercio elettronico.

All'interno della stessa, all'art. 15, è non previsto per gli ISP un obbligo generale di sorveglianza sulle informazioni che trasmettono o memorizzano, né un obbligo generale di ricercare attivamente fatti o circostanze che indichino la presenza di attività illecite.

Ma facciamo un passo indietro. I servizi che possono essere resi dagli ISP sono costituiti dalle attività di *conduit, caching* e *hosting.*

Il *mere conduit*, come stabilisce l'art. 12 della Direttiva citata, si concretizza nell'attività di trasmettere, su una rete di comunicazione, informazioni fornite da un destinatario del servizio, o nel fornire un accesso alla rete di comunicazione. In queste ipotesi, precisa le direttiva, il prestatore non è responsabile delle informazioni trasmesse, ma solamente se concorrono tre condizioni, ossia, non dia origine alla trasmissione, non selezioni il destinatario della trasmissione, non selezioni né modifichi le informazioni trasmesse.

Le attività di trasmissione e di fornitura di accesso, si specifica in seguito, includono la memorizzazione automatica, intermedia e transitoria delle informazioni trasmesse, a condizioni che questa serva solo alla trasmissione sulla rete di comunicazione e che la sua durata non ecceda il tempo ragionevolmente necessario a tale scopo.

In campo comunitario si fissa il principio della divisione tra meri servizi d'accesso e servizi di fornitura/produzione di contenuti.

Un *Provider* che sia un semplice vettore sarebbe, quindi, assimilabile, ad un telefono, per cui nessuno penserebbe di individuare qualche responsabilità per ciò che dicono i suoi utenti.

È stata, però, sollevata l'obiezione che la prestazione di servizi internet non sia assimilabile tour-court a quella di servizi telefonici perché tecnicamente il *Provider* – anche quello "intermedio" – ha un ruolo attivo nella gestione e nello smistamento delle comunicazioni in transito.

A questo proposito si potrebbero, ad esempio, citare il *proxy server,* che si interpongono fra l'utente e i dati o i vari sistemi di filtraggio adottati da molti provider per bloccare certi contenuti o "indirizzare" la navigazione o, ancora, alla gestione dei *news-server,* caso in cui il *provider,* per varie ragioni, decide di veicolare solo certe gerarchie di *newsgroup* e non altre. Da che potrebbe derivare che il semplice fatto di "ospitate" un certo *newsgroup* implichi averne accettato i contenuti.[640]

---

[639] G. CASSANO - A. CONTALDO, *La natura giuridica e la responsabilità civile degli ISP: il punto sulla giurisprudenza,* in *Corriere Giuridico,* n. 9/2009, pp. 1210, 1211.

[640] G. ZARANTONELLO, *La responsabilità degli Internet Service Provider,* in www.gianluigizarantonello.it.

Il *caching,* così come prevede l'art. 13 della Direttiva, prevede la memorizzazione automatica, intermedia e temporanea di informazioni. In tale ipotesi il prestatore di sevizio non è responsabile a condizione che lo stesso non modifichi le informazioni, si conformi alle condizioni di accesso alle informazioni e alle regole di aggiornamento delle informazioni indicate in modo ampiamente riconosciuto e utilizzato dalle imprese del settore, non interferisca con l'uso lecito di tecnologia ampiamente riconosciuta e utilizzata nel settore per ottenere dati sull'impiego delle informazioni e agisca prontamente per rimuovere le informazioni che ha memorizzato o per disabilitare l'accesso, non appena venga effettivamente a conoscenza del fatto che le informazioni sono state rimosse dal luogo dove si trovavano inizialmente sulla rete o che l'accesso alle informazioni è stato disabilitato oppure che un organo giurisdizionale o un'autorità amministrativa ne ha disposto la rimozione o la disabilitazione dell'accesso.
Con riferimento all'*hosting,* l'art. 14, prevede che il prestatore di un servizio della società dell'informazione consistente nella memorizzazione di informazioni fornite da un destinatario di servizio, non sia responsabile delle informazioni memorizzate a richiesta di un destinatario del servizio, a condizione che detto prestatore non sia effettivamente al corrente del fatto che l'attività o l'informazione è illecita e, per quanto attiene ad azioni risarcitoria, non sia al corrente di fatti o di circostanze che rendono manifesta l'illegalità dell'attività o dell'informazione e, non appena al corrente di tali fatti, agisca immediatamente per rimuovere le informazioni o per disabilitarne l'accesso. Tutto ciò, salvo il caso che il destinatario del servizio agisca sotto l'autorità o il controllo del prestatore.
In questo si alleggerisce il *Provider* da alcune responsabilità, infatti, nel caso in cui il servizio consista nella memorizzazione di informazioni fornite da un destinatario del servizio (hosting), l'intermediario non è responsabile delle informazioni memorizzate ove non sia a conoscenza dell'effettiva illiceità di tali informazioni, e sempre che, nel caso in cui venga a conoscenza dell'illiceità delle stesse, agisca immediatamente per rimuoverle. In effetti, però, questo vantaggio è sottoposto alle condizioni di cui alle lettere a) e b) del comma uno (non sia effettivamente al corrente del fatto che l'attività o l'informazione è illecita e, per quanto attiene ad azioni risarcitorie, non sia al corrente di fatti o di circostanze che rendono manifesta l'illegalità dell'attività o dell'informazione e, non appena al corrente di tali fatti, agisca immediatamente per rimuovere le informazioni o per disabilitarne l'accesso), per cui la tendenza potrebbe essere quella secondo cui i provider tenderebbero a privilegia la trasmissione o la memorizzazione di informazioni provenienti da soggetti maggiormente affidabili a danno di soggetti dotati di una minore forza economica. In tal modo, tuttavia, verrebbe fortemente menomata la libertà della rete ed il concetto che la stessa sia l'unico strumento adatto a dar voce a pensieri e informazioni provenienti da chiunque possa accedervi: in buona sostanza, regole troppo restrittive per internet, potrebbero stravolgerne le caratteristiche essenziali, che rendono questo mezzo unico tra tutti i mezzi di comunicazione attualmente a disposizione.[641]

---

[641] G. PUOPOLO – L. LIGUORI, *La direttiva 2000/31/CE e la responsabilità del provider,* in *Interlex,* 7.9.2000.

Fermo restando, quindi, all'interno dello svolgimento di tali attività di un obbligo di sorveglianza sulle informazioni che trasmettono o memorizzano né un obbligo generale di ricercare attivamente fatti o circostanze che indichino la presenza di attività illecite, gli Stati membri possono stabilire che i prestatori di servizi della società dell'informazione siano tenuti ad informare senza indugio la pubblica autorità competente di presunte attività o informazioni illecite dei destinatari dei loro servizio o comunicare alle stesse, a loro richiesta, informazioni che consentano l'identificazione dei destinatari dei loro servizi.
Merita, altresì, attenzione il considerando n. 42 della Direttiva, nel quale si sottolinea come le deroghe alla responsabilità stabilita nella stessa riguardano esclusivamente il caso in cui l'attività di prestatore di servizi della società dell'informazione si limiti al processo tecnico di attivare e fornire accesso ad una rete di comunicazione sulla quale sono trasmesse o temporaneamente memorizzate le informazioni messe a disposizione da terzi al solo scopo di rendere più efficiente la trasmissione. Siffatta attività è di ordine meramente tecnico, automatico e passivo, il che implica che il prestatore di servizi della società dell'informazione non conosce né controlla le informazioni trasmesse o memorizzate.
La Direttiva europea non impone, dunque, al *Provider* né l'obbligo generale di sorveglianza, come un tempo si sosteneva con forza, né tantomeno l'obbligo di ricercare attivamente fatti o circostanze che indichino la presenza di attività illecite. Ma ciò non di meno, la stessa normativa non inquadra gli ISP quali meri fornitori di un servizio di accesso alla rete. Gli stessi sono, infatti, tenuti ad informare prontamente degli illeciti rilevati le autorità competenti e a condividere con le stesse ogni informazione che possa aiutare a identificare l'autore della violazione. La mancata collaborazione con le autorità fa sì che gli stessi *Providers* vengano ritenuti civilmente responsabili dei danni provocati.[642]

Conclusioni
Il legislatore italiano, con il d.lgs. 70/2003, si era limitato a riprodurre la direttiva 2000/31/CE, portando nell'alveo del nostro ordinamento giuridico norme generiche che hanno alimentato il dibattito giurisprudenziale. L'intervento normativo non ha chiarito le problematiche in campo evidenziate dalla giurisprudenza, anche e soprattutto con riguardo alle tre disposizioni corrispondenti ai vari *provider, mere conduit, cach e host*; in esse si evince semplicemente che i fornitori di servizi non sono responsabili dei contenuti per loro tramite veicolati purché non intervengano su di essi, ribadendo una *ratio iuris* già presente nel nostro sistema normativo. Così appare la formulazione dell'art. 17, il quale da un lato nega l'esistenza di un generale obbligo di sorveglianza, ma di fatto detta tutta una serie di adempimenti da parte del *Provider*,[643] che si concretizzano in un'attività di monitoraggio. Se da una parte la disciplina in questione non prevede in capo al *Provider* il dovere di controllare il contenuto dei dati che sono memorizzati, rendendolo responsabile anche in costanza di una mancanza di obblighi di sorveglianza a suo carico. In tal modo si privilegia la trasmissione o la memorizzazione di dati provenienti da utenti

---

[642] A. SPATARO, *La responsabilità dell'Internet Service Provider,* op. cit.
[643] Trib. Catania, sez. II civ., 29 giugno 2004, n. 2286 in *Interlex.*

di maggiore affidabilità, magari anche più forti economicamente, piegando la liberà di informazione ad altre logiche per ora non confacenti a quello spazio virtuale che è stato conosciuto finora dai suoi utenti.[644]

Bibliografia

G. CASSANO, *La responsabilità civile,* Milano, 2012.

G. CASSANO – A. CONTALDO, *La natura giuridica e la responsabilità civile degli ISP: il punto sulla giurisprudenza,* in *Corriere Giuridico,* n. 9/2009.

G. PUOPOLO – L. LIGUORI, *La direttiva 2000/31/CE e la responsabilità del provider,* in *Interlex,* 7.9.2000.

A. SPATARO, *La responsabilità dell'Internet Service Provider (ISP),* in www.dirittodellinformatica.it, 18.6.16.

G. ZARANTONELLO, *La responsabilità degli Internet Service Provider,* in www.gianluigizarantonello.it.

---

[644] G. CASSANO - A. CONTALDO, *La natura giuridica e la responsabilità civile degli ISP,* op. cit.

Internet e i problemi giuridici della persona

Avv. Fabio Squillaci

Introduzione al viaggio: dal civis all'avatar

Internet è definito nella letteratura corrente come un prototipo in evoluzione dello spazio cibernetico[645] e consiste in un sistema globale di reti. Tuttavia a differenza delle esperienze pregresse di cui si è occupato il giurista, lo spazio cibernetico non pone il problema della sua ripartizione con il conseguente dubbio sulle titolarità ma piuttosto l'organizzazione della navigazione all'interno di esso. Coniugato con altri fenomeni con i quali interagisce come la globalizzazione dei mercati, la dematerializzazione della moneta, la riorganizzazione del lavoro e la digitalizzazione dell'esperienza umana, internet diviene il protagonista di una rivoluzione epocale destinata a segnare la storia di questo secolo. Guardare il fenomeno in termini giuridici significa trasporre strumenti concettuali e metodi di ragionamento anacronistici rispetto ad un contesto fluttuante. La nascita della cyberlaw paga il prezzo della lentezza istituzionale rispetto ad una dimensione ontologicamente instabile ed in continua metamorfosi. Giova guardare con favore il tentativo dei giuristi di uscire dagli schemi dogmatici tradizionali attraverso ragionamenti che muovono dalla costruzione piramidale della rete: quasi come una matrioska russa l'analisi del fenomeno parte dal contesto globale e termina in quello nazionale, dal più grande al più piccolo[646]. E nel processo di dematerializzazione il significato virtuale finisce per prevalere sull'originario significato reale. Il navigatore non è più quindi solamente colui che affronta il mare, ma anche colui che si avventura nel mare delle informazioni messe a disposizione dalla rete[647]. Non è un caso che la letteratura sociologica definisce la nostra realtà sociale con la locuzione società dell'informazione, parte attiva di quel mercato dell'informazione, radicalmente diverso da quello conosciuto nel secolo scorso, arena naturale di un processo creativo e conoscitivo aperto. L'informazione è dunque divenuta oggi una merce facilmente accessibile a chiunque abbia accesso alla rete ed al contempo

---

[645] Termine coniato dall'autore William Gibson nel romanzo Neuromancer, la cui pubblicazione risale agli anni '80.

[646] Le due questioni che connotano la costruzione della cyberlaw sono tipiche della nostra epoca e tra loro collegate: la prima riguarda l'organizzazione della costruzione, la seconda i suoi effetti. Con riferimento alla prima questione ci si è interrogati se la cyberlaw sia la risultante di una espansione automatica dell'ordinamento attraverso i principi di sussidiarietà ed analogia ovvero sia il frutto di creatività normativa del tutto separata dalla tradizione esistente. Entrambe le impostazioni hanno un fondo di verità atteso che il processo di adattamento è immaginabile nei limiti di una compatibilità degli strumenti esistenti con il mondo della rete (settore dei contratti, interpretazione); vi sono altri ambiti oggetto di regolazione ex novo poiché evidenziano problematiche sconosciute alla cultura giuridica esistente (privacy, proprietà intellettuale). Con riferimento alla seconda questione l'esatta delimitazione degli effetti rimanda a concetti sociologici quali il rapporto tra autorità e libertà, autonomia e diritti. Proprio su questo aspetto si dovrà valutare la maturità dei giuristi nel lasciare il giusto spazio all'autonomia privata evitando di istituzionalizzare un anarchia della rete.

[647] E.TOSI, Diritto privato dell'informatica e di internet, Milano, 2006, p. 23.

facilmente manipolabile attraverso operazioni di modifica e combinazione. Si potrebbe affermare parafrasando il filosofo Eraclito di Efeso che il divenire è mutevole anzi è la condizione dell'esistenza: ed oggi il divenire è proprio l'accesso al web. Le spine si colgono nel passaggio dall'astratta percezione ideologica di internet al concreto uso smodato e disfunzionale che ha modificato i connotati rendendola una sorta di piazza del mercato globale in cui gravitano interessi economici sempre più rilevanti. Mentre però grande attenzione è stata prestata alle sue implicazioni sul piano tecnologico, sociale ed economico, risalto minore ha riscosso la riflessione sulle implicazioni giuridiche della rete soprattutto rispetto ai diritti della persona. In verità oggi data la complessità dei problemi posti da internet, una trattazione esaustiva di tutte le questioni avrebbe dovuto condurre all'elaborazione di un vero vademecum non tanto per il giurista quanto per il navigante. Troppi e diversi sono i profili di contatto/scontro tra il mondo della rete ed i diritti della persona umana tanto da imbarazzare lo stesso giurista alquanto disorientato in un mondo ancora per lui inesplorato. L'indagine pertanto deve richiedere quella sana incoscienza propria dell'esploratore capace di adattarsi alle situazioni e troppo avvezzo alle scoperte da rimanerne stregato. La cyberlaw ed il giurista 2.0 hanno il dovere di conciliare l'evoluzione con la tradizione non cadendo nel banale errore di ripudiare una in favore dell'altra: in questa ricerca di equilibrio la soluzione potrebbe essere quella di ripensare alla cittadinanza, costruendo un sistema di garanzie all'interno della rete senza svilirne le potenzialità.

Status personae e mondo virtuale: alla ricerca del porto sepolto nel tempestoso mare della Rete

La tutela dei diritti della persona nei confronti del trattamento dei dati che la riguardano deve costituire un punto di equilibrio tra progresso informatico e valore personalistico. La persona come valore, cioè la personalità, rappresenta la parte caratterizzante l'intero ordinamento giuridico si da garantirne l'unitarietà[648]. Con il progressivo espandersi dell'utilizzazione delle tecnologie informatiche si è accelerato il processo di perdita dell'anonimato degli individui. Il soggetto che accede alla rete per acquisire notizie diventa suo malgrado una fonte inesauribile di dati, idonei a creare dei profili personali dettagliati ed aggiornati, e a registrare abitudini, gusti e preferenze degli utenti, quasi a guisa di una stella, lasciando una scia elettronica dietro di se. Sotto il profilo della tutela del diritto alla riservatezza degli individui si contrappongono due esigenze: da un lato non limitare e precludere le possibilità di trasmissione dei dati e delle informazioni su scala mondiale, dall'altro quella di regolamentare il fenomeno della trasmissione occulta ed inconsapevole dei dati di ogni utente. Quello del diritto alla riservatezza nella rete e dalla rete è un tema relativo nel senso che rimanda a due distinte questioni, di cui si dirà a breve, quali il diritto di lasciare traccia ed il diritto all'oblio. La complessità del fenomeno che ha assunto dimensioni globali, richiede un apparato di norme dotato di una certa omogeneità ma al contempo di una certa flessibilità considerate le profonde differenze anche assiologiche tra i vari ordinamenti. Abbandonata l'idea di configurare Internet come uno spazio a-normativo ed a-geografico, è assodato

---

[648] P.PERLINGIERI, *La persona e i suoi diritti*, Napoli, 2005, p. 39.

come la dimensione planetaria del fenomeno impone di considerare quanto stabilito dai trattati internazionali quanto meno a livello di principi. Il tentativo di estendere la normativa esistente per i rapporti offline è naufragato dinanzi alla complessità della rete ed agli occulti meandri dove l'informazione può essere immagazzinata. La miriade dei dati va da quelli che l'abbonato fornisce al provider (*transactional data*), a quelle relative alle operazioni compiute dall'utente (*forum*, *newsgroup*). Tutto questo tesoro di informazioni è aperto e a disposizione di chi voglia e/o sappia sfruttarle, dai poli all'equatore ognuno può venirne in possesso purché abbia cognizioni e tecnologie informatiche che lo guidino nella ricerca[649]. In un contesto disseminato di pericoli di attentato alla privacy occorre considerare le tutele apprestate dal diritto positivo ai dati personali che circolano nella rete. La legge sulla privacy (676/1996) non fa alcun espresso riferimento alla riservatezza in rete, anche se secondo la dottrina più accreditata il concetto di dato personale sarebbe onnicomprensivo[650]. Tuttavia l'applicazione della legge è tutt'altro che immediata atteso che nell'intenzione originaria del legislatore il dato personale online doveva essere oggetto di autonoma disciplina. Uno dei maggiori problemi legati alla tutela della riservatezza in internet è la corretta identificazione del soggetto responsabile del trattamento, secondo la tradizione nazionale ed internazionale da ricondurre alla figura del provider considerata la sua fondamentale attività per la corretta trasmissione dei dati (in altri termini della loro sicurezza)[651]. Appare quindi

---

[649] P.PALLARO, *Libertà della persona e trattamento dei dati personali nell'Unione Europea,* Milano, 2002, p. 145.

[650] La definizione di dati personali contenuta nella direttiva 95/46/CE è la seguente "Per «dati personali» si intende qualsiasi informazione concernente una persona fisica identificata o identificabile («persona interessata»); si considera identificabile la persona che può essere identificata, direttamente o indirettamente, in particolare mediante riferimento ad un numero di identificazione o ad uno o più elementi specifici caratteristici della sua identità fisica, fisiologica, psichica, economica, culturale o sociale".

[651] Gli Isp, cioè gli Internet Service Provider, sono quelle aziende che, operando nella società dell'informazione, forniscono liberamente servizi internet, in particolare servizi di connessione, trasmissione, e memorizzazione dati anche attraverso la messa a disposizione delle proprie apparecchiature per ospitare siti. Il provider (prestatore), è essenzialmente un intermediario (infatti sono detti anche intermediari della comunicazione), che stabilisce un collegamento tra chi intende comunicare un'informazione e i destinatari della stessa. Il principale servizio fornito in rete è quello di accesso (access provider), ma ve ne sono altri, come la fornitura di mail, di spazio web per un sito (hosting), e così via. Si distinguono, infatti, content provider (fornitore di contenuti, autore quindi anche dei contenuti pubblicati sui propri server), network provider (fornitore di accesso alla rete attraverso la dorsale internet), access provider (offre alla clientela l'accesso ad internet attraverso modem o connessioni dedicate), host provider (fornisce ospitalità a siti internet), service provider (fornisce servizi per internet, come accessi o telefonia mobile), e cache provider (immagazzina dati provenienti dall'esterno in un'area di allocazione temporanea, la cache, al fine di accelerare la navigazione in rete). Una definizione giurisprudenziale delle varie tipologie è contenuta nella sentenza n. 331/2001 del Tribunale di Bologna, secondo cui "il termine Access Provider (o taluni casi anche "Mere Conduit" n.d.r.) individua il soggetto che consente all'utente l'allacciamento alla rete telematica. Il compito dell'Access Provider è per lo più quello di accertare l'identità dell'utente che richiede il servizio, di acquisirne i dati anagrafici, e, quindi, di trasmettere la richiesta all'Autorithy Italiana affinché provveda all'apertura del relativo sito web. L'Access

necessario individuare, nell'insieme dei rapporti tra detti soggetti, chi rivesta i ruoli di "Titolare" (art.1 co.2 lett d) e di "Responsabile del trattamento" (art.1 co.2 lett e) dei dati. Tale individuazione comporta precise conseguenze in termini d'individuazione delle responsabilità in capo a ciascun soggetto. I trattamenti di dati personali richiedono, infatti, una ponderazione dei rischi legati alla sicurezza ed alla fruibilità delle informazioni. Pertanto, vanno tenute in debito conto le particolari caratteristiche delle nuove tecnologie, allo scopo di governare i potenziali pericoli che possono derivare da utilizzi scarsamente consapevoli e da modelli innovativi adottati con metodi, prassi e processi non ancora sufficientemente consolidati e in grado di mitigare le eventuali criticità. Non vi è dubbio che con tale disciplina si è tentato di delineare i profili di responsabilità derivanti dalla gestione dei dati nella rete, con la piena consapevolezza di dover coordinare questa esigenza con il tecnicismo di internet e con la sua repentina evoluzione. Ciò che consente di pervenire ad una tutela effettiva del diritto alla riservatezza è il ripudio di una regolamentazione di tipo censorio, in favore di una disciplina più democratica che offra un livello di garanzie differenziato. In quest'ottica è fondamentale sottolineare l'importanza delle finalità del trattamento dei dati non tutte immuni da censure secondo un paradigma a geometrie variabili. In tema di tutela dei sueposti diritti uno dei profili di maggiore interesse riguarda il bilanciamento tra l'interesse dell'utente a mantenere il proprio anonimato e la contrapposta esigenza di trasparenza nelle transazioni. Le attività normalmente assistite dalla garanzia dell'anonimato nel mondo fisico non vedono diversamente configurarsi quest'ultima in ragione dell'utilizzo di strumenti informatici. Anonimato e segretezza pertanto sono aspetti complementari perché il primo è strumentale al secondo: l'anonimato è il meccanismo di protezione di dati ed informazioni che si vuole mantenere segrete inibendone la libera circolazione. Non è un caso che il diritto all'anonimato rinviene un referente costituzionale diretto in quella segretezza della corrispondenza (art.15) filtrata attraverso il paradigma della ragionevolezza. Ne deriva la totale ammissibilità di alterare nel contesto virtuale la propria identità, il proprio nome, la propria tradizione attraverso la creazione di profili artefatti molto spesso capaci di celare personalità deviate. E ancora, l'utilizzo di tecniche di criptazione dei dati consente di intrattenere rapporti sulla rete in piena libertà, a guisa di colui che si ritiene superiore rispetto al diritto positivo, *a legibus solutus*. Queste manifestazioni sono espressive di un diritto all'anonimato a geometrie variabili, strumento di attuazione di diritti soggettivi dell'utente che si concretizzano nel celare la propria identità. Si pensi alla libertà di associazione, al diritto di manifestare liberamente il proprio pensiero, al diritto alla riservatezza possono ben esprimersi attraverso forme di non identificabilità del loro titolare[652]. Del resto è lo stesso diritto positivo (art.3

Provider può anche limitarsi a concedere al cliente uno spazio, da gestire autonomamente sul disco fisso del proprio elaboratore. [...] Il Content Provider è l'operatore che mette a disposizione del pubblico informazioni ed opere (riviste, fotografie, libri, banche dati, versioni telematiche di quotidiani e periodici) caricandole sulle memorie dei computers server e collegando tali computers alla rete. Content provider è anche chi si obbliga a gestire e ad organizzare una pagina web immessa in rete dal proprio cliente."

[652] Quanto al diritto di associazione caratterizzato dalla attitudine degli utenti a creare nuovi contenuti web si pensi al mascheramento del nome attraverso uno pseudonimo in occasione

196/2003) ad ammettere la cedevolezza della trasparenza e della completezza informativa allorquando il trattamento possa esplicarsi anche senza la loro acquisizione. Il diritto all'anonimato come modalità di espressione di un diritto protetto in via principale cede dinanzi all'esito sfavorevole del bilanciamento con altri diritti. È il caso assai diffuso delle transazioni commerciali e della diffamazione online laddove l'esigenza di corretta identificazione dell'utente si giustifica in ragione delle garanzie di tutele da offrire alle controparti, con il chiaro intento di rifuggire da spazi di impunità. In relazione al fenomeno del cd commercio elettronico, tralasciando in questa sede le problematiche connesse alla tutela del contraente debole, sono nati sistemi di pagamento elettronico caratterizzati da metodi idonei ad identificare l'utente come ad esempio firma digitale o codice identificativo. È pur vero però che tali sistemi sono idonei a dare spazio ad innumerevoli violazioni di dati sensibili relativi agli utenti attraverso operazioni di combinazione delle informazioni deducibili dalle varie operazioni effettuate (preferenze, indirizzi, disponibilità economiche). In relazione alla materia penale (diffamazione, pedopornografia, truffa, violenza sessuale, cyberstalking) è intuitivo che il diritto all'anonimato e i suoi corollari quali la libertà di pensiero soccombono dinanzi alla tutela dell'onore, della reputazione e delle libertà individuali. In questi frangenti, come emerge dalle statistiche, il vero *punctum dolens* attiene alla difficoltà in sede pretoria di imputare una responsabilità secondo gli schemi accertativi tipici del diritto penale, rigettando responsabilità oggettive o da posizione, essendo alluvionale la produzione di sentenze assolutorie con la formula "perché il fatto non sussiste"[653]. Se si considera dunque che le relazioni intrattenute sul web sono ontologicamente idonee a generare uno scambio di dati, la protezione dell'anonimato è l'effetto riflesso della tutela del diritto principale, nella specie la privacy. La tutela della privacy quale paradigma della vita in rete rappresenta il presupposto per affermare che la tutela dell'anonimato è la regola, la trasparenza una contingente eccezione. Del resto tanto la direttiva 2002/58 CE, quanto l'art 123 del dlgs 196/2003, che la recepisce, enuncia il principio generale dell'anonimato che va ripristinato appena i dati non sono più necessari al trattamento fatte salve peculiari esigenze. Nonostante l'obiezione di taluni circa la natura eccezionale della disposizione insuscettibile di essere elevata a principio generale, l'art.3 conferma

---

della partecipazione a forum, gruppi di lavoro etc. quanto alla libera manifestazione del pensiero valgono analoghe considerazioni se solo si pensa al mondo dei social network ovvero alle espressioni sui blog. Sul tema del bilanciamento tra anonimato e trasparenza interessanti le parole di V.CERF, CEO di Google "Utilizzare i nomi reali è utile, ma penso non debba essere un'imposizione nei confronti degli utenti. L'anonimato e l'impiego di pseudonimi possono essere perfetti in alcune situazioni. Secondo il mio parere l'obiettivo da perseguire non è abolire l'anonimato, bensì offrire la possibilità di sapere con chi si sta interagendo quando necessario".

[653] Si pensi al caso Vividown, triste vicenda, originata dalla 'pubblicazione', a novembre 2006, su 'Google video' di un filmato raffigurante alcuni ragazzi prendere in giro e offendere un loro coetaneo affetto dalla sindrome di Down. Decisiva la considerazione che la posizione di Google è quella di mero 'Internet host provider', ossia di 'piattaforma' su cui gli 'internauti' possono caricare i loro video, video dei cui contenuti proprio gli 'internauti' sono esclusivi responsabili (Cass., sez. III Penale, sent. n. 5107/14).

questa sensazione ribadendo la preferenza per l'anonimato in ragione della clausola di proporzionalità. Il canone della ragionevolezza allora deve essere assunto da presupposto per valutare la legittimità o meno delle intrusioni nella sfera giuridica altrui essendo l'anonimato effetto fisiologico della protezione di diritti personalissimi insuscettibili di sgretolarsi nel mare virtuale.
Se l'anonimato è la regola questo non può giustificare zone franche attraverso un abuso dell'informazione. Internet consente a chiunque abbia una sufficiente alfabetizzazione informatica la piena libertà di accesso ai dati, consentendogli sia di accedervi che di attingervi. In quest'ottica un ruolo di assoluto rilievo, quale limite esterno alla libertà nella rete è rappresentato dalla tutela dei diritti della persona. Il web non può configurare una zona franca ma rappresenta un luogo dove si svolge la personalità dell'individuo in condizioni di assoluta democrazia ed eguaglianza. Le potenzialità della rete evidenziano che da un punto di vista giuridico le problematica connesse alla tutela dell'onore e della reputazione si ripropongono in maniera amplificata in un contesto caratterizzato dai tratti della velocità e della antiterritorialità. Restringendo il campo di indagine alla sola tutela dei diritti della persona, l'onore e la reputazione rinvengono una significativa protezione sia in ambito penale (artt. 594 c.p. e 595 c.p.) che in quello civile (artt. 2043 c.c. e 2059 c.c.) rappresentando un chiaro esempio di arretramento della libertà di pensiero dinanzi a valori personali di pari rango. La casistica giurisprudenziale in tema di lesione all'onore è molto ampia anche se la maggior parte delle condotte diffamatorie sono imputabili a soggetti appartenenti alla categoria dei giornalisti. L'attività di stampa espressione diretta dell'art. 21 Cost. soggiace a limiti intrinseci coniati dalla giurisprudenza che ne orientano la manifestazione[654]. In tal senso il diritto all'informazione è da ritenersi libera ma soggetta ad alcuni vincoli conformativi in una logica di bilanciamento tra interessi contrapposti. Piuttosto complessa è tuttavia la qualificazione delle attività narrativa di coloro i quali non appartengono alla categoria dei giornalisti. In relazione all'attività di informazione

---

[654] Si abbia riguardo alla «sentenza decalogo» della Cassazione del 1984 sui limiti al diritto di cronaca secondo la quale il diritto di stampa (cioè la libertà di diffondere attraverso la stampa notizie e commenti) sancito in linea di principio nell'art. 21 Cost. e regolato fondamentalmente nella l. 8 febbraio 1948 n. 47, è legittimo quando concorrano le seguenti tre condizioni: 1) utilità sociale dell'informazione; 2) verità (oggettiva o anche soltanto putativa purché, in quest'ultimo caso, frutto di un serio e diligente lavoro di ricerca) dei fatti esposti; 3) forma "civile" della esposizione dei fatti e della loro valutazione: cioè non eccedente rispetto allo scopo informativo da conseguire, improntata a serena obiettività almeno nel senso di escludere il preconcetto intento denigratorio e, comunque, in ogni caso rispettosa di quel minimo di dignità cui ha sempre diritto anche la più riprovevole delle persone, sì da non essere mai consentita l'offesa triviale o irridente i più umani sentimenti. La verità dei fatti, cui il giornalista ha il preciso dovere di attenersi, non è rispettata quando, pur essendo veri i singoli fatti riferiti, siano, dolosamente o anche soltanto colposamente, taciuti altri fatti, tanto strettamente ricollegabili ai primi da mutarne completamente il significato. La forma della critica non è civile, non soltanto quando è eccedente rispetto allo scopo informativo da conseguire o difetta di serenità e di obiettività o, comunque, calpesta quel minimo di dignità cui ogni persona ha sempre diritto, ma anche quando non è improntata a leale chiarezza. Proprio per questo il difetto intenzionale di leale chiarezza è più pericoloso, talvolta, di una notizia falsa o di un commento triviale e non può rimanere privo di sanzione.

non qualificata infatti si è posto il problema della natura attribuibile ad espressioni colorite o di monito rilasciate da parte di singoli utenti (basti pensare a feedback negativi, opinioni sui social network, attacchi a conoscenti). Secondo parte della giurisprudenza le opinioni di censura espresse rispetto ad un soggetto od ad un servizio sono sussumibili nel cd diritto di critica, oramai affrancato dal diritto di cronaca e connotato da aspetti assolutamente peculiari. L'accessibilità diffusa alla rete, nonché la libertà di espressione di ogni utente ha suggerito di considerare tale diritto come fortemente relazionale dovendo inevitabilmente considerarsi la natura del soggetto colpito e l'entità delle frasi rilasciate. Ne consegue che l'eventuale feedback negativo rispetto ad un rapporto commerciale intrattenuto è ammesso tanto da essere addirittura consentire l'anonimato (si badi l'username è riconducibile alla persona fisica); viceversa, gli attacchi gratuiti verso un competitor commerciale o altro soggetto sono condotte sussumili nel reato di diffamazione come di recente affermato dalla Cassazione[655]. La continenza e la pertinenza sono limiti invalicabili anche nell'attività di manifestazione del pensiero in rete con la conseguenza che indebite ed abnormi esagerazioni sussumibili in veri e propri epiteti non possono sfuggire dalla sanzione ordinamentale. Ne consegue che la pertinenza è il parametro più adeguato per identificare il rapporto tra anonimato e trasparenza, tra libertà e censura. Il filtro della proporzionalità e ragionevolezza impone al giurista 2.0 di guardare con biasimo alle iniziative legislative di tipo repressivo, non essendo le norme bavaglio idoneo deterrente avverso condotte abusive. Le conquiste della società dell'informazione suggeriscono, invece, di attribuire maggior peso alle scelte dell'utente valorizzando il principio dell'autoresponsabilità, attraverso una logica non di divieti ma di limiti razionali. La personalità umana si esplica nel web attraverso l'adattamento di quelle medesime libertà riconosciute a livello ordinamentale, con la conseguente estensione della disciplina esistente, in parte qua da rimodulare e ripensare, senza particolari sconvolgimenti. Il protagonismo personalistico nell'era di internet può essere racchiuso in un concetto di recente riaffermato da autorevole giurista a margine di un convegno sulla dignità, in relazione al tema dei migranti. Si fa cenno al cd. diritto a lasciare traccia che coinvolge lo straniero che, lasciando dietro di se la sua casa e le sue sventure, si affaccia ad una nuova vita con il desiderio di essere protagonista, di vivere pienamente la sua esistenza umana relazionale. Questa sete di centralità e di controllo di se può essere trasposta nel mondo virtuale, un mondo nuovo, inesplorato per certi versi e che fa nascere nell'utente quello stesso atteggiamento di spavalderia e fiducia propria del migrante. In quest'ottica si comprende l'esponenziale successo dei social network e delle reti web piegate alle più disparate esigenze della vita di relazione. Protagonismo e diritto di lasciar traccia quali espressione della personalità umana sono concetti relativi sia in relazione al tempo sia in relazione al contesto sociale. Lasciare una scia sul proprio cammino nell'era

[655] La Cassazione si confronta con l'utilizzo illecito e smodato dei cosiddetti social network, e sottolinea la diffusività delle affermazioni che compaiono su tali siti. Proprio in ragione del fatto che i commenti che compaiono su tali social network hanno una diffusione capillare e potenzialmente illimitata, la Cassazione ritiene che le offese espresse in tal modo debbano ritenersi aggravate, come se commesse a mezzo stampa (Cass. Pen., sez. I, sent. n. 24431).

del web è condizione fisiologica, intrinseca alla natura tecnica della rete capace di immagazzinare i dati e rielaborarli secondo un processo dalle infinite variabili. Il limite insuperabile è pertanto il rispetto dell'altro, dell'esigenza di protagonismo altrui in un'ottica di contemperamento di interessi comuni ma contrapposti. Anonimato, riservatezza, libertà di pensiero sono tutti diritti espressivi del valore personalistico ed incontrano il loro fondamento ed al contempo il loro limite nella dignità. La digitalizzazione dei rapporti non può legittimare l'abdicazione della vita di relazione e del rispetto della sfera giuridica altrui. Bisognerà certo utilizzare altre categorie, altre etichette con la chiara e limpida percezione che lo scenario virtuale è una mera creazione artificiale ad immagine e somiglianza della realtà materiale e come tale radicata intorno al valore personalistico. Ledere la dignità umana, in questo senso, equivale a negare la personalità dell'uomo, nel senso di inibire le possibilità umane e la piena disponibilità di queste. Da qui l'attenzione sulla funzione esistenziale del diritto, si può realizzare attraverso uno Stato di diritto che difenda ed ottenga per i suoi cittadini la protezione della libertà e dei diritti dell'uomo, non disgiunta dalla vocazione della democrazia intesa come possibilità di partecipazione alla formazione della volontà comune[656]. La giustizia, incondizionata ed universale, si annuncia nel rispettare questo dovere dell'altro, vale a dire la coesistenza nel debito non saldabile, formativo dell'uguaglianza di tutti gli uomini nella relazione interpersonale, che è giusta perché ricerca il senso ricevendo e rispettando le ipotesi degli altri e non imponendosi a loro. L'ascolto è reciproco come il debito[657]. La dignità è il presidio dell'autonomia in quanto fonte di un corredo di diritti che accompagnano la persona; è il fondamento che dà forza all'autonomia individuale in situazioni estreme come in situazioni del tutto quotidiane. È solo la congruenza tra identità, dignità e autodeterminazione che consente di stabilire i confini dell'agire umano, la percezione del controllo su se stessi rifiutando ogni mercificazione del corpo e una incondizionata libertà di trasformazione ed alterazione[658].

Il diritto all'identità personale, riconducibile all'art.2 Cost., pertanto, integra un bene essenziale e fondamentale della persona, quello di vedersi rispettato da terzi il suo modo di essere nella realtà sociale. L'interesse leso coincide con l'immagine ideale che l'individuo esterna nella sua dimensione sociale, in relazione alla mutevolezza della sua identità. A differenza del nome, dell'immagine che appartenendo alla cronistoria del soggetto sono immodificabili, l'identità cambia con il mutare delle connotazioni sociali e culturali dell'individuo. Mentre i segni distintivi (nome, pseudonimo, ecc.) identificano, nell'attuale ordinamento, il soggetto sul piano dell'esistenza materiale e della condizione civile e legale e l'immagine evoca le mere sembianze fisiche della persona, l'identità rappresenta, invece, una formula sintetica per contraddistinguere il soggetto da un punto di vista

---

656 Il riferimento è a B. ROMANO, *Globalizzazione del commercio e fenomenologia del diritto,* Torino, 2001, p.17. Nella premessa si comprende il senso del 'tempo della globalizzazione' in una contemporaneità che ha bisogno di rinominare il diritto e l'identità.

657 B. ROMANO, *Sistemi biologici e giustizia. Vita animus anima,* Torino, 2009, p.72

658 S.RODOTA', *La vita e le regole,* Milano, 2006, p.285. Nel testo l'A. ricorda i senza tetto che rifiutano la compassione organizzata, quale affermazione della dignità come parametro di dominio su se stessi nel rifiuto dell'altro. Dignità come affrancazione dal controllo altrui.

globale nella molteplicità delle sue specifiche caratteristiche e manifestazioni (morali, sociali, politiche, intellettuali, professionali, ecc.), cioè per esprimere la concreta ed effettiva personalità individuale del soggetto nella vita di relazione. Perciò fra il diritto al nome (e agli altri segni distintivi) ed il diritto all'identità, così come questo ormai viene configurato, ricorre una certa correlazione, ma nulla di più: non ricorre, cioè, né un rapporto di immedesimazione né un rapporto di comprensione dell'una figura rispetto all'altra. L'integrità della proiezione sociale della propria personalità può essere lesa anche tramite l'attribuzione di opinioni e idee che non sono in sé offensive, illecite, ma sono semplicemente diverse da quelle realmente professate dall'interessato. La tutela dell'identità personale non coincide quindi con quella dell'onore e della reputazione, che presuppone invece l'attribuzione al diffamato di fatti offensivi. Su questa premessa ci si chiede se esista un diritto all'oblio, alla dimenticanza, nel tentativo di preservare taluni aspetti dell'identità personale rispetto ad altri sbiaditi dal tempo. Del pari creazione pretoria, il diritto all'oblio, che fonde aspetti tanto del diritto all'identità personale quanto del diritto alla riservatezza, è stato invocato da parte di soggetti che essendo stati protagonisti di fatti eclatanti, episodi di cronaca nera, *et similia*, sono stati successivamente rievocati (inchieste giornalistiche, documentari, film-verità) e riportati così all'attenzione del pubblico. Si tratta quindi del diritto dell'individuo a non veder risuscitare, e proiettare agli occhi del pubblico, una propria identità ormai appartenente al passato, e che magari si è cercato faticosamente di emendare. Il danno all'identità personale, nelle sue infinite declinazioni (lesione della riservatezza, lesione dell'onore, lesione del nome) rappresenta la risultante più incisiva dell'utilizzo smodato dei prodotti della società della comunicazione. Tale danno è, come afferma la giurisprudenza[659], *in re ipsa* atteso che la persona non deve essere tutelata in quanto ha ma in quanto è, cioè nelle facoltà inseparabili della natura umana che costituiscono ragione e fondamento della sua esistenza. Non è un caso che molti istituti pur conservando la loro originaria struttura ne hanno mutato

---

[659] Il leading case, che segna il primo preciso riconoscimento del nuovo diritto, è unanimemente riconosciuto in una pronuncia della Pretura di Roma del 6.5.1974, e che ha trovato il suo culmine nel riconoscimento operato dalla Suprema Corte circa dieci anni dopo (è ovviamente il famoso "caso Veronesi": Cass. 22.6.1985, n.3769). In seguito, il diritto all'identità personale ha ricevuto ulteriori conferme giurisprudenziali facendo il suo ingresso persino nelle motivazioni di alcune sentenze della Corte costituzionale (ad es., Corte costituzionale n. 13/1994, GiurCost, 1994, 95; Corte costituzionale n. 297/1996, GiurCost, 1996, 2475), e ricevendo, infine, un esplicito riconoscimento legislativo all'art. 1 della l. 675/1996, la prima legge organica italiana sulla protezione dei dati personali, ora rifusa nel d.lgs. n. 196/2003, recante il Codice in materia di protezione dei dati personali. Secondo la Cassazione, il diritto all'identità personale va definito nei seguenti termini: "Ciascun soggetto ha interesse, ritenuto generalmente meritevole di tutela giuridica, di essere rappresentato, nella vita di relazione, con la sua vera identità, così come questa nella realtà sociale, generale e particolare, è conosciuta o poteva essere conosciuta con l'applicazione dei criteri della normale diligenza e della buona fede soggettiva; ha, cioè, interesse a non vedersi all'esterno alterato, travisato, offuscato, contestato il proprio patrimonio intellettuale, politico, sociale, religioso, ideologico, professionale ecc. quale si era estrinsecato od app.ariva, in base a circostanze concrete ed univoche, destinato ad estrinsecarsi nell'ambiente sociale." (Cass. 22.6.1985, n. 3769)

la funzione. Se un tempo gli appellativi sacro ed inviolabile connotavano il diritto di proprietà, oggi la sacralità è profilo riconducibile ai diritti della persona. Si tratta di una vera e propria funzionalizzazione degli istituti giuridici[660]: il nostro è un momento storico di trapasso e di utilizzazione di certe strutture nate per svolgere certe funzioni, e proiettate, oggi, ad esercitarne diverse, spesso diametralmente opposte[661]. L'unico modo per salvare queste categorie è compiere un processo di adattamento ai valori scolpiti nella Grundnorm. Tali riflessioni inducono a riconsiderare sotto nuova luce la visione, espressa già un cinquantennio fa, secondo la quale tutta l'esperienza giuridica si raccoglie nella vita della persona e si espande nello spiegarsi concreto delle sue libere attività e di tutte le creazioni dirette a soddisfare le sue esigenze naturali e personali. Ristrette ed astratte concezioni del diritto, sono superate nell'assoluta concretezza della persona come principio che dà sostanza e valore a tutta l'esperienza e le sue forme concrete[662]. È certamente vero che tra i diritti che formano il patrimonio irretrattabile della persona umana l'art. 2 Cost. riconosce e garantisce anche il diritto all'identità personale. Si tratta, come efficacemente è stato affermato[663], del diritto ad essere sé stesso, inteso come rispetto dell'immagine di partecipe alla vita associata, con le acquisizioni di idee ed esperienze, con le convinzioni ideologiche, religiose, morali e sociali che differenziano, ed al tempo stesso qualificano, l'individuo. L'identità personale costituisce quindi un bene per sé medesima, indipendentemente dalla condizione personale e sociale, dai pregi e dai difetti del soggetto, di guisa che a ciascuno è riconosciuto il diritto a che la sua individualità sia preservata. La riservatezza e l'identità personale si pongono come specificazioni di una disciplina che colloca i dati personali in una dimensione propriamente costituzionale, di guisa a quel processo di funzionalizzazione degli istituti giuridici di cui sopra. L'attenzione è riposta "sempre su diritti (o valori) fondamentali, che tali sono o direttamente in base alla Costituzione delle Repubblica o in base alle Carte nelle quali l'Italia si riconosce (ma che, tuttavia, vengono sistematicamente) ora marginalizzati, ora contestati, ora negati nelle possibilità di esercizio o addirittura nella stessa titolarità[664]. Di qui l'adozione di una serie di provvedimenti e l'avvio di iniziative

---

[660]P. PERLINGIERI, *La personalità umana nell'ordinamento giuridico*, Napoli, 1972. Sul punto cfr. P. PERLINGIERI, *"Depatrimonializzazione" e diritto civile*, in Riv. dir. civ., 1983, 1 ss., ora in ID.,Scuole tendenze e metodi. Problemi del diritto civile, Napoli, 1989, pp. 175 ss., il quale già in precedenza aveva evidenziato la «progressiva e sempre più spiccata sensibilità del diritto privato contemporaneo, in tutte le sue componenti (legislativa, dottrinale, giurisprudenziale), a dati non confinabili in schemi e logiche di indole economica, anche - si noti - nei settori istituzionalmente riservati ai rapporti patrimoniali».

[661] P. PERLINGIERI, *La persona e i suoi diritti*, Napoli, 2005, p.35.

[662] G. CAPOGRASSI, *Il diritto dopo la catastrofe*, in *Scritti giuridici in onore di F. Carnelutti*, Milano, 1950, pp. 29 ss.

[663] Cit. Corte Costituzionale 3.2.1994, n. 13.

[664] G. AMATO, *Costituzionalismo, diritto costituzionale e la bussola dei diritti*, Intervento al seminario "Costituzionalismo.it: dieci anni di contributi alla scienza del diritto costituzionale, Università "La Sapienza" – Roma, 10 giugno 2013, in www.costituzionalismo.it, fasc. 3, 2013. Il riferimento più immediato è al diritto alla dignità e alla protezione dei dati personali espressamente contemplati sia nella Carta dei diritti fondamentali dell'UE che nei Trattati, e

volte alla ricerca di un equo bilanciamento tra il diritto all'informazione ed alla conoscenza e i diritti della persona. Diversamente opinando, infatti, le potenzialità offerte dalle nuove tecnologie si tradurrebbero in una progressiva ed inesorabile perdita di libertà.
I diritti che qui vengono in rilievo non sono né assoluti né incondizionati, ricorrendo invece la necessità di operare un equo bilanciamento tra il diritto fondamentale di accesso a Internet e i diritti senza legge, quali il diritto all'oblio in Internet ed il recente caso Google Spain[665] su cui diversamente opinando si abbatterebbero le conseguenze dell'evoluzione della società, del progresso sociale e degli sviluppi scientifici e tecnologici della Rete. In tale scenario il diritto all'oblio si declina come una pretesa a riappropriarsi della propria storia personale, e quindi come una sorta di diritto all'autodeterminazione informativa, ovvero il diritto del singolo a decidere in prima persona sulla cessione e l'uso dei dati che lo riguardano. Si tratta dell'applicazione teorica della dottrina del diritto di libertà informatica[666], enunciata a inizi anni Ottanta, nel suo duplice volto: negativa e positiva. Il timore di rimanere schiavi del passato, di ciò che si condivide e si perde nel mare magnum del web condurrebbe al collasso dello stesso. La complessità della materia è enfatizzata dalla difficoltà di conciliare i diritti degli operatori e degli utenti, con la riservatezza (o la privacy), la tutela delle persone al punto che la dottrina più accreditata avverte che

---

che per la loro specificità, richiedono maggiori garanzie nel quadro delle iniziative avviate fin dal 2012 dalla Commissione UE per la riforma della disciplina di protezione dei dati personali.

[665] La sentenza, nel rispetto della normativa europea, impone l'obbligo al gestore del motore di ricerca – in presenza di determinate condizioni – di rimuovere dall'elenco dei risultati di una ricerca sul nome di un soggetto quei link verso pagine web che contengono informazioni relative al soggetto stesso, in presenza di certe condizioni e alla luce di un giudizio di bilanciamento tra gli interessi coinvolti. Inoltre, il soggetto interessato, sulla base degli artt. 7 e 8 della Carta dei diritti fondamentali della UE, può chiedere direttamente al motore di ricerca che l'informazione relativa alla sua persona non venga più messa a disposizione degli utenti della rete, ovvero venga cancellata, e così facendo esercita il suo diritto all'oblio purché vi sia sempre un interesse concreto ed apprezzabile dell'interessato a che l'informazione non venga più allo stato attuale associata al suo nome. A tal proposito, la Corte ricorda che "i diritti fondamentali di cui sopra [quelli protetti dagli artt. 7 e 8 della Carta] 18 prevalgono, in linea di principio, non soltanto sull'interesse economico del gestore del motore di ricerca, ma anche sull'interesse di tale pubblico ad accedere all'informazione suddetta in occasione di una ricerca concernente il nome di questa persona. Tuttavia, così non sarebbe qualora risultasse, per ragioni particolari, come il ruolo ricoperto da tale persona nella vita pubblica, che l'ingerenza nei suoi diritti fondamentali è giustificata dall'interesse preponderante del pubblico suddetto ad avere accesso, in virtù dell'inclusione summenzionata, all'informazione di cui trattasi". Il profilo di discontinuità che emerge dalla pronuncia sul caso spagnolo attiene alla rinnovata dimensione dell'oblio, non già quale aspetto della riservatezza, quanto piuttosto quale situazione giuridica autonoma. Questo processo di emancipazione del diritto all'oblio conduce a ritenere legittimato il singolo istante ad avanzare pretesa di rimozione od oscuramento di una notizia a prescindere dal rilievo sociale della stessa.

[666] La libertà informatica negativa, esprime il diritto di non rendere di dominio pubblico certe informazioni di carattere personale, privato, riservato; la libertà informatica positiva, invece, esprime la facoltà di esercitare un diritto di controllo sui dati concernenti la propria persona che sono fuoriusciti dalla cerchia della privacy per essere divenuti elementi di input di un programma elettronico.

sulla permanenza in Rete di informazioni che ci riguardano si gioca il nostro spazio di libertà, tutela dell'identità digitale e autodeterminazione informatica. Il diritto all'oblio è una delle frontiere mobili della tutela dei diritti dell'individuo e si sta affermando progressivamente in Europa, pur tra molte incognite e difficoltà applicative[667]. Il cittadino-utente assiste inconsapevolmente all'implementazione in rete da parte di terzi di dati ed informazioni, alla frammentazione ed alla moltiplicazione dell'identità digitale, alla manipolazione dei dati e delle informazioni che circolano liberamente in rete, sfuggendo al controllo e senza il consenso dell'interessato, a differenza di quanto accade per l'identità personale[668]. Va preliminarmente chiarito che la consacrazione del diritto all'oblio non è di per sé sufficiente per affermare la preminenza del diritto alla riservatezza rispetto ad altre libertà o diritti costituzionalmente garantiti (libertà di espressione o diritto di cronaca). Questi ultimi, infatti, non sono stati degradati ma semplicemente si è voluto ribadire con forza e più efficacemente di prima l'esigenza di procedere ad un equo bilanciamento tra il diritto alla privacy e la libertà di espressione. Il rapporto tra memoria e passato è comunque, sempre ambiguo. Quello che persiste al passare del tempo è sempre imprevedibile. Così, senza manipolare la realtà, è possibile comunque diffondere e far emergere fatti, notizie ed episodi positivi che possano "riedificare" l'immagine e la reputazione dell'interessato danneggiate da episodi di

---

[667] R. RAZZANTE, *I tanti dubbi sul diritto all'oblio*, in www.agendadigitale.eu.

[668] A. RICCI, *Il diritto alla reputazione nel quadro dei diritti delle personalità,* Torino, 2014, pp.112 ss. ID., Il valore economico della reputazione nel mondo digitale. Prime considerazioni, in Contr e impr., 1/2011, ove si legge "la reputazione rappresenta un giudizio sulla persona espresso dagli utenti stessi della Rete. L'identità digitale si presenta quindi come un prius rispetto alla reputazione necessario alla sua sussistenza ma non sufficiente (...) ed "attiene al momento critico in cui da una conoscenza si elabora, estrinsecandolo, un giudizio positivo o negativo. Sotto questo profilo, appare evidente che la reputazione digitale costituisce un valore solo in parte determinato dal soggetto, perché necessita di un giudizio altrui, che diventa essenziale per determinarne l'essenza. (...). Il connotato dell'interattività della Rete consente, infatti, a ciascun individuo di inserire informazioni sul proprio conto e conseguentemente, di basare la formazione della reputazione su un insieme di informazioni che rispecchino in gran parte l'idea che il soggetto ha di sé". Il rischio è che essa possa essere travisata dall'utente che non avendo la capacità né gli strumenti per valutare le informazioni reperibili sul web, si affida "a personali criteri, cui attribuire un connotato di maggiore o minore affidabilità". Di qui la considerazione degli effetti distorsivi per l'identità e la reputazione del soggetto enfatizzati della fruibilità della Rete ove è possibile reperire e riprodurre pressoché illimitatamente i dati e le informazioni che restano ivi memorizzati a tempo indeterminato. In relazione a tali fattispecie ci si è chiesto se possa trovare cittadinanza ed applicazione "il diritto all'oblio e il diritto alla protezione dei dati personali, così come si sono consolidati nel mondo fisico, o se invece sia necessario introdurre un nuovo diritto (...) di cancellare, senza alcuna limitazione, i dati dalla Rete. Una sorta di diritto all'oblio tout court". Così, in dottrina, G. FINOCCHIARO, *La memoria della rete e il diritto all'oblio,* in *Dir. inf.*, fasc. 3/2010, p. 391. L FEROLA, *Dal diritto all'oblio alla memoria sul "web". L'esperienza applicativa italiana,* in *Dir. Inf. e inform.,* 2012; G. SPOTO, *Note critiche sul diritto all'oblio e circolazione delle informazioni, in Contr e impr.,* 2012, L. MANNA, *Internet e diritto "all'oblio": una recente sentenza del Tribunale di Milano,* in www.diritto24.ilsole24ore.com; M.C. DAGA, *Diritto all'oblio: tra diritto alla riservatezza e diritto all'identità personale,* in *Danno e resp.,* 2014.

vita pregressa non veritiere o non più attuali. Né una soluzione di compromesso (ove mai fosse praticabile) potrebbe essere quella di limitare la reperibilità dell'informazione (oppure) di diminuirne la diffusione quando essa risponda a finalità di ricerca storica o di approfondimento giornalistico, e cioè ad esigenze generalmente considerate preminenti rispetto al diritto all'oblio. Servono, quindi, diritti a favore dei navigatori, diritti che ne tutelino: l'accesso (diritto di attingere alla conoscenza, come di produrne di nuova); la libertà di opinioni; la sicurezza di non essere discriminati (ciò che viene definita la neutralità); l'anonimato; la privacy e il diritto all'oblio. Da quando la realtà del web si è affermata vari sono stati i tentativi di allargare a questa tecnologia il riconoscimento dei diritti fondamentali tradizionali e del pari, molteplici sono stati gli sforzi di creazione di un nuovo catalogo di diritti dell'era digitale. Due filoni di pensiero che seppur pregevoli celano insidie e criticità. La prima impostazione muove dall'estensione in chiave di compatibilità analogica delle libertà costituzionali nel mondo della rete valorizzando l'aspetto strumentale di quest'ultima rispetto a libertà e diritti integranti l'essere umano in quanto tale. La seconda, invece, sottolinea l'affrancazione dell'uomo tradizionale dall'uomo digitale, considerando però la realtà virtuale più come un pericolo che come un'opportunità. Entrambe le impostazioni, infatti, appaiono fossilizzate nella ricerca di forme di tutela del singolo dalla rete quasi volendo coniare un catalogo di libertà negative digitali. Se è innegabile che in una società complessa e frammentata come quella attuale si determini una continua espansione degli ambiti di applicazione di un «diritto singolare», il quale, pone delicati problemi nell'individuazione del confine entro cui l'intervento autoritativo deve arrestarsi per non travolgere le istanze di libertà individuale, è altrettanto vero che non v'è alcuna necessità di ricorrere a vecchie o nuove formulazioni del concetto di status al fine di spiegare ragioni ed operatività nel sistema delle deroghe sempre più frequentemente poste al principio di eguaglianza formale, essendo una ovvia conseguenza del riconoscimento del valore primario della persona umana nella sua concreta ed individuale esistenza che caratterizza ogni moderno Stato sociale di diritto[669]. La vera sfida che pone il progresso è pertanto quella di superare il dualismo reale/virtuale considerando la navigazione in internet come uno dei modi di esplicazione della personalità umana, al pari delle associazioni. Se la questione viene posta in questi termini è evidente l'inutilità di un ragionamento categoriale classico, che contrappone il *civis* all'avatar, essendo l'avatar un tipo di espressione del *civis*, un mero status personale assoggettato ad un regime giuridico peculiare. Dunque un impostazione che mette al centro l'utente visto innanzitutto come cittadino di internet ed il web come strumento di affermazione dei diritti fondamentali della persona[670].

---

[669] F. PROSPERI, *Rilevanza della persona e nozione di status,* Civilistica.com 4/2013, pp.243 ss.

[670] M. OROFINO, *La libertà di espressione tra Costituzione e Carte europee dei diritti. Il dinamismo dei diritti in una società in continua trasformazione,* Torino, 2014, pp 47 ss.

Conclusioni

La tutela della personalità è uno di quegli interessi, la personalità è uno di quei valori per cui il legislatore deve escludere limiti esterni ed estranei allo sviluppo della persona. La tecnica legislativa deve necessariamente adeguarsi al valore sul quale intende incidere: non porre limiti alla personalità umana, alla libertà del soggetto ma a quegli organi, a quei soggetti, a quelle comunità che volessero attentare alla dignità dell'uomo, al suo concreto sviluppo. Da un lato è possibile procedere per principi, per clausole generali nell'affermare le modalità di estrinsecazione dei diritti, delle facoltà; dall'altro la definizione dei limiti non può che essere oggetto di una potestà regolamentare quanto più precisa, dettagliata anche attraverso il ricorso al metodo casistico. L'uomo rivendica la sua individualità, rifiuta la sociologia dei ruoli imposti, pur riconoscendo che il suo valore esistenziale è svilito senza il rapporto con gli altri, in spirito di socialità e responsabilità. La gerarchia dei valori che caratterizza ogni ordinamento giuridico non può non influire sull'individuazione dei fini di ciascuna struttura nella quale l'ordinamento stesso si realizza. Nell'attuale assetto costituzionale è facilmente rinvenibile la funzionalizzazione in senso sociale delle strutture economiche, degli istituti patrimoniali, sicché la tutela della personalità umana si impone come fine primario. Con questo chiaro obiettivo l'intervento del legislatore appare necessario in uno scenario ontologicamente instabile vuoi per la rapidità di sviluppo del sistema, vuoi per la circolazione su scala mondiale degli strumenti informatici che consentono un accesso continuo alla rete. Lo stare in rete configura una nuova forma di cittadinanza e contribuisce a determinarne i caratteri. Ma l'entrata della persona in rete non può essere accompagnata dalla perdita dei diritti. Il cambiamento radicale socio-giuridico si è colto quando ci si è resi conto che la tradizionale nozione di privacy, come diritto a essere lasciato solo, non era più in grado di comprendere una dimensione così profondamente mutata. La rivoluzione elettronica ha trasformato la nozione stessa di sfera privata, divenuta sempre più intensamente luogo di scambi, di condivisione di dati personali, di informazioni. L'individuo è sempre esposto alla percezione dei soggetti pubblici e privati, in forme che possono incidere sui principi d'uguaglianza (art. 3 Cost.), sulla libertà di comunicazione (art.15 Cost.), di espressione (art.21) o di circolazione (art.16 Cost.), sul diritto alla salute (art.32 Cost.), sulla condizione del lavoratore (art.36 Cost.). Divenute entità astratte (quasi numeriche), le persone hanno sempre più bisogno di una tutela del loro "corpo elettronico"[671]). L'asimmetria tra l'identità reale e l'identità virtuale della persona ha indotto ad un ripensamento delle regole ed alla introduzione di meccanismi di tutela ex ante dei diritti fondamentali in Internet[672]. Senza disconoscere i vantaggi della Rete "che deve essere considerata una risorsa globale" accessibile a chiunque, come si evince dal Preambolo della recentissima Dichiarazione dei diritti di Internet[673], l'avvio della riforma per la tutela dei dati personali di cui all'art. 8 della Carta dei diritti fondamentali dell'UE prende le

---

[671] S. RODOTA', *Il mondo nella rete. Quali diritti, quali vincoli,* Bari, 2014, pp 54 ss.

[672] Si fa riferimento alla tutela cautelare ex art.700 cpc.

[673] La cui bozza è stata elaborata dalla Commissione per i diritti e doveri di Internet costituita presso la Camera dei Deputati.

mosse dalla "specificazione dei principi riguardanti il funzionamento di Internet, anche in una prospettiva globale"[674]. Assicurare un livello uniforme ed elevato di protezione dei dati personali delle persone fisiche e facilitare lo scambio di dati personali tra le autorità competenti degli Stati membri è un elemento essenziale al fine di garantire un'efficace cooperazione giudiziaria in materia penale e di polizia. Per questo sarebbe auspicabile un livello di tutela equivalente in tutti gli Stati membri dei diritti e delle libertà delle persone fisiche con riguardo al trattamento dei dati personali da parte delle autorità competenti a fini di prevenzione, indagine, accertamento e perseguimento di reati o di esecuzione di sanzioni penali, incluse la salvaguardia e la prevenzione di minacce alla sicurezza pubblica. Internet, il più grande spazio pubblico che l'umanità abbia conosciuto, non ha sovrano, non ha chi è in grado di governarlo. La Rete non è in grado di autogovernarsi, essendo evidente la necessità di garanzie "costituzionali" in grado di tutelare i diritti dei navigatori e di porre vincoli ai grandi attori internazionali. In questo modo il web può essere un luogo di partecipazione democratica evitando il rischio di trasformarsi in una dittatura in cui ognuno si sente sorvegliato. Nel Ventunesimo secolo l'antiliberalismo si misura su Internet. Infatti, è diventato questo il luogo dove si manifestano le intolleranze, si esercitano le censure e si imbavaglia il dissenso online. Muri virtuali vengono eretti al posto di quelli di pietra: ci sono Paesi che hanno costruito barriere elettroniche per evitare l'accesso a parte della rete globale, e lo hanno fatto cancellando parole, nomi e frasi chiave dei motori di ricerca, oppure violando la privacy dei cittadini. Una nuova cortina d'informazione sta scendendo su una parte del mondo, dove i video e i blog sono ormai i samizdat dei giorni nostri. Questo però conferma la vocazione liberale di Internet, e la paura che di questa libertà globale mostrano di avere Paesi intolleranti alla tecnologia, perché la vivono come una minaccia al loro potere assoluto. Internet ha contribuito in maniera decisiva a ridefinire lo spazio pubblico e privato, a strutturare i rapporti tra le persone e tra queste e le istituzioni. Ha cancellato confini e ha costruito modalità nuove di produzione e utilizzazione della conoscenza. Ha ampliato le possibilità di intervento diretto delle persone nella sfera pubblica. Ha modificato l'organizzazione del lavoro. Ha consentito lo sviluppo di una società più aperta e libera. Internet deve essere considerata come una risorsa globale e che risponde al criterio della universalità. Il riconoscimento dei diritti in Internet deve essere fondato sul pieno rispetto della dignità, della libertà, dell'eguaglianza e della diversità di ogni persona, che costituiscono i principi in base ai quali si effettua il bilanciamento con altri diritti. Ogni persona ha diritto di accedere ai propri dati, quale che sia il soggetto che li detiene e il luogo dove sono conservati, per chiederne l'integrazione, la rettifica, la cancellazione secondo le modalità previste dalla legge. La conservazione dei dati deve essere limitata al tempo necessario, tenendo conto del principio di finalità e del diritto all'autodeterminazione della persona interessata. Ogni persona

---

[674] Si precisa, infatti, che la Dichiarazione è fondata "sul pieno riconoscimento sul pieno riconoscimento di libertà, eguaglianza, dignità e diversità di ogni persona. La garanzia di questi diritti è condizione necessaria perché sia assicurato il funzionamento delle Istituzioni, e perché si eviti il prevalere di poteri pubblici e privati che possano portare ad una società della sorveglianza, del controllo e della selezione".

ha diritto di ottenere la cancellazione dagli indici dei motori di ricerca dei dati che, per il loro contenuto o per il tempo trascorso dal momento della loro raccolta, non abbiano più rilevanza. Il diritto all'oblio non può limitare la libertà di ricerca e il diritto dell'opinione pubblica a essere informata, che costituiscono condizioni necessarie per il funzionamento di una società democratica. Essendo Internet diventato uno strumento indispensabile per rendere effettivo un gran numero di diritti fondamentali, per combattere la disuguaglianza e per accelerare lo sviluppo e il progresso civile, la garanzia di un accesso universale a Internet deve rappresentare una priorità per tutti gli Stati[675].

Bibliografia

G. AMATO, *Costituzionalismo, diritto costituzionale e la bussola dei diritti,* Roma, 2013.
G. CAPOGRASSI, *Il diritto dopo la catastrofe,* in *Scritti giuridici in onore di F. Carnelutti,* Milano, 1950.
M. OROFINO, *La libertà di espressione tra Costituzione e Carte europee dei diritti. Il dinamismo dei diritti in una società in continua trasformazione,* Torino, 2014.
P. PALLARO, *Libertà della persona e trattamento dei dati personali nell'Unione Europea,* Milano, 2002.
P. PERLINGIERI, *La personalità umana nell'ordinamento giuridico,* Napoli, 1972.
P. PERLINGIERI, *La persona e i suoi diritti,* Napoli, 2005.
F. PROSPERI, *Rilevanza della persona e nozione di status,* Civilistica.com 4/2013, Milano, 2013.
R. RAZZANTE, *I tanti dubbi sul diritto all'oblio,* Milano,2014.
A. RICCI, *Il diritto alla reputazione nel quadro dei diritti delle personalità,* 2014.
S. RODOTA', *Il mondo nella rete. Quali diritti, quali vincoli,* Bari, 2014.
S. RODOTA', *La vita e le regole, Milano,* 2006.
B. ROMANO, *Sistemi biologici e giustizia. Vita animus anima,* Torino, 2009.
B. ROMANO, *Globalizzazione del commercio e fenomenologia del diritto,* Torino, 2001
E. TOSI, *Diritto privato dell'informatica e di internet,* Milano, 2006.

[675] S.RODOTA', Il mondo nella rete. Quali diritti, quali vincoli, Bari, 2014, p 16.

La regolamentazione di Internet tra libertà e censura

Avv. Federica Federici

La società dell'informazione è nata come concetto contrapposto a quello di società industriale ed è sinonimo di società post-industriale.
Il fenomeno si lega alla crescente diffusione dell'informatizzazione nei servizi pubblici e nelle grandi imprese che condiziona e trasforma, dagli anni '70 in poi, il contesto socio-culturale pervenendo poi alla globalizzazione della società stessa, in cui il globo oggi assume in significato di spazio di pensiero.
Tale rivoluzione non è solo a livello di comunicazione, ma anche strutturale, a livello cioè di funzionamento anche tecnico, facendo venir meno le differenze tecniche di produzione delle informazioni ed evidenziando quelle logiche legate ai contenitori tecnologico (testo, immagini, filmati, linguaggi in codice, ecc.). Infatti, mentre nei libri, nelle fotografie e nelle pellicole cinematografiche dell'epoca passata l'informazione era separabile dal loro contenitore e un tutt'uno con il loro supporto quindi difficoltosamente e costosamente duplicabili, nell'epoca attuale l'informazione è un file trasferibile in modo immediato, istantaneo e moltiplicabile all'infinito, oltre che modificabile e manipolabile.
Le reti, ed in particolare Internet, sistema di comunicazione globale basato fisicamente su un collegamento di reti di tutto il mondo ovunque situate, si sono sovrapposte ai processi in atto di trasformazione e di convergenza verso il digitale, dilatandone gli effetti nello spazio e nel tempo ed eliminando barriere fisiche e non, in un interscambio informativo che fonde telefonia mobile con i suoi Smartphone connessi costantemente in rete, Internet, computer, video e mail. Tale evoluzione e convergenza apre nuovi scenari di diffusione, intercettazione, controllo sulle comunicazioni degli utenti e degli Internauti.
Si tratta quindi di uno spazio non territoriale, né fisico, né di un luogo, e per molto tempo la Rete Interne è stata disciplinata dalla semplice ed. netiquette (Net-etiquette), basata su regole di cortesia seguite spontaneamente dagli utenti. Con l'apertura indiscriminata a tutti, essa si è prestata ad essere uno strumento di facile profitto, non sempre corretto e lecito, generando una serie di comportamenti contrari alla stessa: basti pensare allo spamming di posta pubblicitaria indesiderata, alla diffusione di virus, ai trojansper lo spionaggio dei sistemi altrui, ecc., fenomeni che hanno sconvolto gli equilibri organizzativi della Rete e la stessa logica delle comunicazioni e delle informazioni da essa diffuse.
Le reti, ed in particolare Internet, sistema di comunicazione globale basato fisicamente su un collegamento di reti di tutto il mondo ovunque situate, si sono sovrapposte ai processi in atto di trasformazione e di convergenza verso il digitale, dilatandone gli effetti nello spazio e nel tempo ed eliminando barriere fisiche e non, in un interscambio informativo che fonde telefonia, sistemi di comunicazione, personal computers, elettrodomestici “smart” ed i tanti devices indossabili (W.Y.O.D.) o trasportabili (B.Y.O.D.) Che utilizzano il web quale collante omogeneo.
Tale evoluzione e convergenza apre nuovi scenari di diffusione, intercettazione, controllo sulle comunicazioni degli utenti e degli Internauti.

Si tratta quindi di uno spazio non territoriale, né fisico, né di un luogo, e per molto tempo la Rete Internet è stata disciplinata dalla semplice cd. netiquette(Net-etiquette), basata su regole di cortesia seguite spontaneamente dagli utenti.
Con l'apertura indiscriminata a tutti, essa si è prestata ad essere uno strumento di facile profitto, non sempre corretto e lecito, generando una serie di comportamenti contrari alla stessa: basti pensare allo spamming di posta pubblicitaria indesiderata, alla diffusione di virus, ai trojansper lo spionaggio dei sistemi altrui, ai rootkit di "profilazione" commerciale, alle applicazioni invasive che impongo all'utenza l'occulta utilizzazione di strumenti soggetti alla privacy in modo scellerato e non necessario (dalla localizzazione e referenziazione, all' uso del microfono del device, o l'accesso alle cartelle dei contatti, così come quello del book fotografico o delle mailing list), fenomeni che hanno sconvolto gli equilibri organizzativi della Rete e la stessa logica delle comunicazioni e delle informazioni da essa diffuse.
Una corsa all'acquisizione di informazioni e di dati, quali essi siano, oggetto di business massivo per esigenze commerciali, di spionaggio, di classificazione merceologica, di interesse pubblicitario, di monitoraggio politico, fino alla più nota e ricorrente esigenza di disinformazione di massa, nota con il prestito linguistico "fake news".
Nell'ordinamento italiano, la mancanza di una espressa disciplina giuridica risulta meno traumatica sul piano dei rapporti civili (per i quali probabilmente un eccesso di disciplina rischierebbe di comprimere l'autonomia privata), in quanto, ad eccezione dei diritti indisponibili, la regola basilare dei rapporti sociali è l'autonomia negoziale, e quindi la disciplina dei comportamenti, si autogenera legittimamente dalla prassi, fin quando non collida con principi inderogabili.
Legislatore (su istanze della società) e giudice (su richiesta di chi invoca tutela) intervengono solo se, ed in quanto, occorra rettificare le prassi che ledono i diritti dei soggetti più deboli o confliggono con principi della libera volontà delle parti, adeguando la tutela della collettività e delle persone ai nuovi rischi (di illeciti) tecnologici.
Il tutto - ovviamente come in tutti i settori della società - attraverso un bilanciamento tra beni da tutelare e limitazioni che la tutela comporta.
Nel settore tecnologico tale bilanciamento è reso molto difficile e complesso a causa del diaframma rappresentato dalla tecnologia quale barriera, non solo tecnica ma, anche, culturale, tra logiche giuridiche tradizionali e dimensione comportamentale generata dalla tecnica stessa.
Le norme che regolano la libertà di espressione già escludono che questa possa essere considerata ammissibile quando diventa apologia di reato, istigazione a delinquere, ingiuria, minacce, diffamazione.
Questo è il solo terreno dove sia costituzionalmente legittimo muoversi, e le particolarità di Internet non hanno finora impedito alle forze di polizia ed alla magistratura di intervenire per reprimere comportamenti illegali.
Le conseguenze di questa impostazione sono chiare: non è possibile una censura preventiva, comunque incompatibile con i principi costituzionali, né sono possibili forme di repressione affidate ad autorità amministrative, o riferite a comportamenti non qualificabili come reati, o accertamenti e sanzioni non affidati alla competenza dell'autorità giudiziaria.

Recentemente la Corte di Giustizia Europea[676] si è pronunciata in materia di lesione dei diritti della personalità via Internet, indicando davanti a quale tribunale debba agire il soggetto i cui diritti sono stati lesi per ottenere il risarcimento del danno. La pubblicazione di contenuti via Internet si distingue dalla diffusione - circoscritta territorialmente - di un testo a stampa, in quanto detti contenuti possono essere consultati istantaneamente da un numero indefinito di internauti, ovunque nel mondo.
Pertanto l'impatto di un'informazione messa in rete sui diritti della personalità di un soggetto può essere valutata meglio dal giudice del luogo in cui la vittima possiede il proprio centro di interessi (ovvero il luogo di sua residenza), il quale è dunque competente per statuire sulla totalità dei danni causati sul territorio dell'Unione europea.
In alternativa, dice la Corte, la persona lesa può anche adire, sempre per chiedere il risarcimento della totalità del danno cagionato nella UE, i giudici dello Stato membro del luogo in cui è stabilito il soggetto che ha messo tali contenuti in rete.
Infine, la vittima può anche decidere di avviare, anziché un'unica un'azione di risarcimento per la totalità del danno, diversi giudizi in ciascuno Stato membro sul cui territorio l'informazione messa in rete sia stata resa accessibile: in tal caso, ciascun giudice sarà competente a conoscere del solo danno causato sul territorio dello Stato in cui egli si trova (in caso di asserita violazione dei diritti della personalità per mezzo di contenuti messi in rete su un sito Internet, la persona che si ritiene lesa ha la facoltà di esperire un'azione di risarcimento, per la totalità del danno cagionato, o dinanzi ai giudici dello Stato membro del luogo di stabilimento del soggetto che ha emesso tali contenuti, o dinanzi ai giudici dello Stato membro in cui si trova il proprio centro d'interessi)[677].
Come tutte le tecnologie, anche quelle della Rete presentano un'ontologica ambivalenza, connotandosi di positività o negatività a seconda dell'ottica in cui ci si pone e delle finalità di chi la utilizza.
Sono tecnologie di libertà, ma anche strumento criminale; rappresentano mezzo di arricchimento della comunicazione individuale, ma anche veicolo di aggressioni personali e di intrusioni della privacy.
Tale ambivalenza - peraltro ineliminabile - da un lato è connaturale all'agire umano e quindi prescinde dalla tecnologia utilizzata, ma diventa particolarmente significativa nel campo dell'informazione perché, a differenza di altre tecnologie (pensiamo alle armi), a cui l'uomo può rinunciare se vuole evitare rischi, nel campo dell'informazione non può discostarsi e non comunicare: tutta la sua esistenza dipende e si basa sull'informazione ricevuta e scambiata, quale strumento essenziale di libertà individuale, che può diventare strumento di distruzione, coercizione, aggressione, condizionamento e ricatto.
Per questo le normative, nazionale ed internazionale, sono segnate costantemente e profondamente dal fenomeno, oscillando - e spesso con evidente frammentarietà ed

---

[676] Corte di Giustizia UE (CGUE), cause riunite C-509/09 e C-161/10, sentenza del 25 ottobre 2011.

[677] Corte giust. com. eu., sez. Grande, sent. 25.10.11 n. C-509/09, in Massimario.it ~ 42/2011.

esitazione - tra la tutela delle tecnologie, quale espressione di progresso, di cultura e di libertà di informazione e cultura, e la tutela dalle tecnologie, quali moderne piovre invisibili in grado di fagocitare individuo e sue libertà[678].
I problemi giuridici di Internet riguardano:

- in generale, la qualificazione dei comportamenti che avvengono nella Rete, che per definizione sono tutti "comunicativi", che concernono scambi di informazioni tramite mailing list, posta elettronica, blog, social networks, siti pubblici o privati;
- in tale ambito rilevano i principi di libertà e garanzia della comunicazione ed informazione - attiva e passiva - la manifestazione del pensiero, l'esplicazione dei diritti della personalità di ciascun individuo, il diritto di cronaca e libertà di stampa, la segretezza e riservatezze delle comunicazioni private;
- dal momento in cui le tecnologie dell'informazione sono poste a servizio di finalità illecite, si scontrano con altri principi giuridici, quali la tutela della collettività e dell'individuo, delle imprese e del mercato, la buona fede e l'affidamento dei consumatori, la proprietà intellettuale ed industriale, la tutela della privacy, ecc.;
- l'individuazione degli autori di comportamenti comunicativi e della diffusione di informazioni illecite, che si scontra con la struttura stessa della Rete, il cui accesso casuale e l'anonimato richiede indagini e controlli sofisticati;
- l'individuazione e conservazione delle prove, per le quali è sorta una disciplina specifica denominata "informatica forense" (computer forensics).

Di fronte alla massa di informazioni diffuse in Rete, molte illecite, alla difficoltà di individuare autori e/o meri collocatori, la tendenza degli ordinamenti è quella di colpire colui che ne fruisce, colui che accede in pratica alla pagina web recante informazioni vietate/illecite.
Tale tendenza si scontra con diversi principi fondamentali: libertà di informazione, presupposto della conoscenza, libertà in generale di manifestazione del pensiero.
Manifestazione del pensiero[679] ed informazione non sono altro che espressione dello stesso concetto e descrizione dello stesso fenomeno, intrinsecamente unitario a livello psichico e sociologico: chi manifesta il proprio pensiero per definizione crea e diffonde informazione, e chi diffonde informazione inevitabilmente manifesta il proprio pensiero.
Il contemperamento tra libertà di manifestazione del pensiero e diritto all'onore secondo dottrina e giurisprudenza consolidate viene operato attraverso la sottoposizione della prima a quattro limiti:

- interesse pubblico-sociale dei fatti narrati o criticati;
- verità oggettiva dei fatti narrati o criticati;

---

[678] G. Pica, S. Aleo, *Diritto Penale. I reati del codice penale e le disposizioni collegate*, Cedam, Padova 2011.

[679] Nei suoi tre aspetti: statico (avere le proprie idee), dinamico (manifestarle) e negativo (tenerle segrete).

- correttezza del linguaggio in senso di terminologia più o meno offensiva;
- continenza delle modalità espressive e loro proporzionalità rispetto all'entità dei fatti.

Come è noto, ciascuno può manifestare liberamente il proprio pensiero (anche nella forma di satira politica) ex art. 21 Cost., senza offendere l'altrui reputazione, ex art. 595 c.p.

Tale diritto, costituzionalmente garantito, si è visto come non può quindi estendersi fino ad incidere negativamente sulla reputazione altrui, anche se questa può trovarsi ad essere vulnerata dalla libertà di cronaca (diritto ad informare): essendo ormai Internet un (potente) mezzo di diffusione di notizie, immagini e idee (almeno quanto la stampa, la radio e la televisione), anche - evidentemente- attraverso di esso si estrinseca quel diritto di esprimere le proprie opinioni, diritto che costituisce uno dei cardini di una democrazia matura e che, per tale ragione, figura in posizione centrale nella vigente Carta costituzionale.

I diritti di cronaca e di critica, in altre parole, discendono direttamente - e senza bisogno di mediazione alcuna - dall'art 21 Cost. e non sono riservati solo ai giornalisti o a chi fa informazione professionalmente, ma fanno riferimento all'individuo *uti cìvis*.

Chiunque, pertanto, e con qualsiasi mezzo, può riferire fatti e manifestare opinioni e chiunque -nei limiti dell'esercizio di tale diritto può "produrre" critica e cronaca[680].

La scriminante di cui all'art. 51 c.p., letta in combinato disposto con l'art. 21 Cost., può essere estesa anche alle informazioni diffuse tramite Internet ("ogni altro mezzo di diffusione").

Tale (tali) libertà non possono quindi essere condizionate da censure primitive, al massimo la tutela penale può anticipare la soglia di difesa sul possesso e detenzione, sulla produzione, diffusione e commercializzazione di materiale pornografico rappresentante minori, ma oltre non può andare.

Se riguarda persona maggiorenne, ciò rientra nella libera scelta dell'individuo e non costituisce reato.

E già questo comporta una caccia all'utente spesso proibitiva e fallace.

Le norme costituzionali che tutelano la libertà di pensiero e, con essa, il diritto di cronaca e di critica, in specie nell'ambito politico non legittimano alcuna offesa all'onore, tutelabile oggettivamente e a prescindere dalla falsità o veridicità degli addebiti, salve le ipotesi scriminanti (scriminanti o esimenti speciali, diritto di cronaca, attività di informazioni commerciali, facoltà di censura, diritto di manifestazione del pensiero) di prevalenza, rispetto al bene dell'onore, nel giudizio "andamento tra interessi, di altri interessi costituzionalmente rilevanti.Nello specifico del fenomeno Internet, la diffamazione tramite social network diventa fenomeno più complesso da individuare in quanto, per le affermazioni espresse attraverso siti Internet, newsgroup, blog, social network, che non necessariamente costituiscono mezzi di informazione giornalistica, non sono invocabili i diritti di cronaca o di critica.[681]

---

[680] Cass. pen., sez. V, 25.7.08, n. 31392, Guida al Lavoro, 17.4.09, n. 16, 32.

[681] I social network (Facebook, MySpace e altri) sono "piazze virtuali", cioè dei luoghi incui via Internet ci si ritrova portando con sé e condividendo con altri fotografie, filmati, pensieri,

A livello europeo, la cui tutela va rivenuta negli artt. 10 e 11 della Carta dei diritti fondamentali dell'Unione Europea, si evidenzia una sentenza della Corte di Giustizia sull'esplicazione del diritti di libertà personale nella società tecnologica dell'informazione, sul suo contenuto tradizionale, sulla pretesa passiva nei confronti del potere informatico (pubblico e privato), sulla pretesa attiva alla partecipazione del cittadino al circuito delle informazioni.
Il diritto di valersi dello strumento elettronico per comunicare, cioè fornire e ottenere informazioni (e di partecipazione alla società virtuale) non è solo il diritto di manifestazione del pensiero, ma la libertà di costituire un rapporto giuridico, disponendo senza limitazioni del nuovo potere di conoscenza conferito dalla rete telematica; è un diritto che si aggancia all'identità personale ed alla riservatezza informatica (di cui si può disporre); ha natura fondamentale ed è, implicito nella Costituzione, ed esplicito nel diritto comunitario[682].
Questioni complesse e molto attuali riguardano i gestori dei vari social network (Facebook, Twitter, MySpace, forum, blog, chat, newsgroup, reti sociali varie).
Nei c.d. social-network la privacy e il rischio di spam sono molto frequenti: i pirati del web convincono gli utenti a inserire la propria password e il proprio nome all'interno di falsi siti, con la classica tecnica del phishing, quindi usano quei dati per inviare pubblicità molesta o vere e proprie mail truffaldine alla rete di amici, tecnica che risulta particolarmente efficace, perché in genere non ci si difende quando si riceve una comunicazione da qualcuno di cui ci si fida.
I social-network, ma si è visto come più in generale Internet, possono dar luogo a varie forme e livelli di responsabilità civile. Può sorgere una responsabilità di tipo contrattuale, che origina dall'inadempimento di particolari obblighi previsti nelle clausole contenute nei contratti di accesso e nelle condizioni generali che regolamentano il servizio.
Ma può sorgere anche una responsabilità di tipo extracontrattuale, in ragione di attività e comportamenti che si rivelino lesivi di interessi altrui anche a prescindere dalla violazione di impegni convenzionalmente assunti.
Con riguardo a quest'ultimo aspetto, in particolare, va chiarito come non sia possibile considerare Internet né tantomeno i social network come uno spazio virtuale sospeso nel vuoto delle regole giuridiche.
In particolare, gli utenti di Facebook o di altri social-network non possono, quindi, invocare la spazialità "virtuale" quale esimente per le loro affermazioni e i loro comportamenti. La tutela dei "beni morali" e, più in generale, dei diritti della personalità non viene affatto sospesa nello spazio telematico.
L'individuo ormai attraverso i social network ed in particolare Facebook realizza, non solo, la propria personalità, ma svolge attività di indubbia rilevanza sociale ed economica: in base ad un'ordinanza 07.07.2011 del Tribunale di Torino un Gruppo

---

indirizzi di amici e tanto altro. Di conseguenza sono lo strumento di condivisione per eccellenza e rappresentano straordinarie forme di comunicazione, "e se comportano dei rischi per la sfera personale degli individui coinvolti Trib. Livorno, ufficio GIP, sent. 31.12.12 n. 38912, in Diritto penale contemporaneo).

[682] Corte giust. com. eu., 6.11.03, causa C-101/01, in Massimario Lex 24.

costituito su Facebook può tranquillamente configurare, come segno distintivo atipico, con funzione di identificazione e distinzione dell'imprenditore, utilizzabile con finalità pubblicitarie e promozionali.
Di conseguenza qualora chi non ne abbia il diritto utilizzi la denominazione quindi il "marchio" del gruppo come emblema e segno di riconoscimento, può essere considerato responsabile di manifestazione di concorrenza confusoria ex art. 2598, n. 1, ce. e contraffazione del marchio ai sensi dell'art. 20 C.p.i.[683].
Nel caso dei social network, evidentemente, bisognerà affidarsi alla valutazione equitativa da parte del giudice. Non è possibile pensare di inserire fotografie scattate in occasioni e contesti privati che riguardano terzi, senza il consenso degli interessati.
Non è necessario che siano pronunciate frasi offensive nei loro confronti. Il diritto all'immagine non può rimanere privo di tutela con la scusa di garantire un uso libero e disinvolto delle reti sociali.
Si stanno susseguendo infatti casi di coniugi e fidanzati che si impossessano della password del partner, che sarebbe il solo legittimato a utilizzarla; oppure che, utilizzando uno pseudonimo, cercano di partecipare alla community dell'altro, confidando di coglierlo in fallo.
L'utilizzo di pseudonimi non solo non è vietato, ma anzi è una prassi molto diffusa tra gli utenti per proteggere meglio la privacy.
La condivisione di contenuti che spesso interessa anche altre persone (pensiamo alle immagini), potrebbe porsi in palese contrasto con il cosiddetto diritto all'oblio, un diritto riconosciuto nel nostro ordinamento giuridico dalla giurisprudenza, e che è rappresentato come il divieto di riproposizione di fatti del passato per i quali è venuto meno l'interesse pubblico alla loro conoscenza.
È un tema dibattuto da lungo tempo, dal quale non si può prescindere, visto che la Commissione Europea ha dichiarato che il cittadino dovrebbe vedersi riconosciuto il diritto all'oblio quando i suoi dati non siano più necessari (non vi sia più un interesse pubblico) oppure voglia che i suoi dati siano cancellati.
In realtà al momento dell'iscrizione a Facebook, Twitter o altri social-network un utente legge ed approva l'informativa privacy, nella quale tuttavia non si fa menzione di cookies permanenti con funzioni pericolose per la privacy, attivi anche dopo la disconnessione dal social.
Si sostiene che le informazioni fornite agli utenti non appaiano sufficienti sulla base delle norme vigenti in Europa. Dal punto di vista giuridico, infatti, l'utente non solo deve consentire (il consenso deve essere specifico) all'uso dei suoi dati, ma ha anche il diritto di conoscere con precisione quali dati personali vengono trattati dalla aziende, e con quale finalità avviene il trattamento. Tutto ciò ad oggi non avviene.
La pubblicazione e diffusione su Facebook di contenuti che offendono l'onore, la reputazione e il decoro di un utente integrano responsabilità extracontrattuale e fondano l'obbligo di risarcimento del conseguente danno morale soggettivo.[684]

---

[683] Art. 20 Codice della Proprietà industriale (D.lgs. n. 30/2005).

[684] Trib. Monza, sez. IV civ., 2.3.10, n. 770, in Il Sole 24 Ore.

I crimini informatici

Avv. Valentina Aragona – Avv. Luca D'Amico

L'evoluzione e l'affermarsi della categoria dei crimini informatici è strettamente legata allo sviluppo ed alla, sempre crescente, diffusione degli strumenti informatici, che ha condotto a rilevanti trasformazioni sociali, non sempre caratterizzate da una connotazione positiva.
Infatti, lo sviluppo delle tecnologie informatiche e telematiche ha dato origine a diversi fenomeni innovativi che hanno profondamente mutato i rapporti sociali sia con riferimento alle attività lecite che relativamente a quelle illecite.
Occorre rilevare come, se da un lato, l'evoluzione delle nuove tecnologie ha avuto il privilegio di aver migliorato e velocizzato comunicazioni e scambi, dall'altro lato, le piattaforme tecnologiche rappresentano un valido strumento per il mondo criminale, potendo essere utilizzate anche per fini illeciti.
Il difficile riconoscimento dei soggetti che operano sulla rete, l'estrema facilità di "anonimizzazione" delle operazioni e, di conseguenza, il complicarsi delle operazioni investigative costituiscono condizioni favorevoli per la proliferazione di condotte illecite.
Le categorie di soggetti, astrattamente individuabili quali "autori" di crimini informatici, risulta essere, tra l'altro molto vasta, dal momento che si presta a ricomprendere sia coloro che si introducono nei sistemi informatici altrui - violandone la privacy allo scopo di danneggiarli o sottrarre informazioni - sia coloro che, pur non essendo *hacker* veri e propri, pongono in essere tali condotte con intenti economici ben precisi[685].
Le premesse riportate permettono, pertanto, di evidenziare come l'avvento dell'informatica ha posto il compito per gli studiosi e gli operatori del diritto penale di affrontare problematiche del tutto nuove.
In un primo momento, si è cercato di adattare le norme esistenti nel nostro codice penale all'evoluzione tecnologica, sebbene queste fossero state pensate in un contesto temporale ben diverso.
Si pensi, ad esempio, ai reati di truffa o furto, estese alla c.d. truffa informatica, così come ai casi di utilizzo improprio di un personal computer ricondotti al furto di identità.
Si comprende come fosse sussistente il rischio di violazione dei principi fondamentali del diritto penale, quali quelli di tassatività e legalità, sacrificati per esigenze repressive e di politica criminale.
Pertanto, per contrastare l'evoluzione di tali forme di criminalità ed evitare di entrare in conflitto con le norme di principio del diritto penale, il legislatore è intervenuto con la L. 23.12.1993, n. 547 attraverso la quale, per la prima volta, sono state inserite nell'impianto del codice penale una serie di ipotesi di reato "informatiche e telematiche".

---

[685] Si pensi ai casi di concorrenza sleale, di spionaggio, di clonazione di mezzi di comunicazione, alle svariate truffe informatiche.

Per di più, le fonti normative che regolamentano la materia dei crimini informatici non sono rinvenibili esclusivamente all'interno del codice penale, bensì anche in alcune fonti internazionali come la Convenzione di Budapest del Consiglio d'Europa, ratificata con la L. 18.03.2008, n. 48. Tale atto internazionale rappresenta il primo accordo in materia di criminalità informatica e contiene, al suo interno, una precisa ed ampia definizione di crimini informatici, considerati come tutti quei reati commessi avvalendosi del mezzo informatico o rispetto ai quali le prove debbano essere raccolte in ambito o in forma telematica o elettronica.
La legge di ratifica della suddetta convenzione, volta ad uniformare la disciplina italiana con quella degli altri paesi europei, ha, inoltre, introdotto diverse innovazioni nel nostro codice penale e di procedura penale, come l'introduzione dei reati informatici all'interno del catalogo di fattispecie per le quali è prevista la responsabilità amministrativa da reato ai sensi del D.Lgs. n. 231/2001.
Inoltre, atteso che i reati informatici spesso travalicano i confini nazionali e chi agisce in un determinato luogo lo fa utilizzato un provider che ha sede in tutt'altro luogo, coinvolgendo ordinamenti giuridici diversi, si è cercato di aumentare il coordinamento tra i Paesi sul piano investigativo internazionale.
Pertanto, da una prima osservazione, il panorama dei crimini informatici risulta molto vasto, individuandosi diverse fattispecie incentrate sulla tutela dei sistemi informatici.
In particolare, il concetto di reato informatico racchiude in sé una molteplicità di condotte illecite, che variano continuamente insieme al progresso tecnologico: particolarmente pressante è, perciò, il problema della rapida obsolescenza delle definizioni giuridiche e delle disposizioni incriminatrici. Molte fattispecie non riescono difatti a tipizzare le più frequenti aggressioni alla sicurezza ed all'affidabilità dei sistemi informatici, in parte a causa di una terminologia *ab origine* imprecisa o addirittura inadeguata, in parte a causa dell'inevitabile ritardo con cui il legislatore giunge a reprimere tali fenomeni criminosi.
Entrando più nel dettaglio, possono distinguersi due categorie di reati informatici: quelli compiuti attraverso l'uso dell'informatica e quelli in cui l'informatica è l'oggetto del reato.
Nella prima categoria rientrano le fattispecie nelle quali l'informatica è il mezzo tramite il quale l'illecito viene realizzato[686].
Diversamente in altre ipotesi, il sistema informatico diviene l'oggetto verso cui il reato è compiuto. In tali casi si parla di crimini informatici in senso stretto, che trovano la loro disciplina espressa nel codice penale e sono caratterizzati da un comune soggetto attivo rappresentato dai c.d. "pirati informatici".
Uno degli aspetti più complessi e delicati della disciplina dei *computer crimes,* inoltre, è rappresentato da quelle condotte di reato che implicano una tutela dei sistemi informatici dalle altrui intrusioni.
In particolare, con la diffusione delle comunicazioni telematiche e la conseguente possibilità di accedere attraverso le normali linee telefoniche ai sistemi informatici,

---

[686] Ad esempio le ipotesi di truffa basata sull'utilizzo illecito di credito o la trasmissione o la ricezione di *files* illegali quali quelli pedopornografici.

sia di soggetti privati, che di enti pubblici, si impone all'attenzione del giurista il fenomeno degli *hackers*[687] e della sicurezza dei sistemi informatici.
Le fattispecie che rilevano sul punto, nell'attuale sistema penale di tutela della sicurezza informatica, risultano essere quelle di accesso abusivo ad un sistema informatico (art. 615 *ter* c.p.), di detenzione e di diffusione abusiva di codici di accesso a sistemi informatici o telematici (art. 615 *quater* c.p.) e la diffusione di apparecchiature, dispositivi, o programmi informatici diretti a danneggiare o interrompere un sistema informatico o telematico (art. 615 *quinques* c.p.).
Su queste, quindi, si concentrerà l'attenzione, atteso che tali fattispecie coinvolgono diverse problematiche in considerazione della potenziale realizzazione del reato "a distanza", per di più con la possibilità di coinvolgere diversi ordinamenti giuridici e, quindi, con rilevanti conseguenze in tema di consumazione del reato e di individuazione della disciplina applicabile.

Bibliografia
G. PICA, *Diritto penale delle tecnologie informatiche*, Torino, 1997.

[687] Termine anglo-americano con il quale si designa colui che, dotato di particolari conoscenze informatiche, si introduce attraverso le reti telematiche nelle banche dati contenute nei sistemi informatici, superando le eventuali misure di protezione predisposte dal titolare del sistema, con danni che possono assumere proporzioni incalcolabili. In tal senso G. PICA, *Diritto penale delle tecnologie informatiche*, Torino, 1997, p. 38 ss.

L'accesso abusivo ad un sistema informatico o telematico

Avv. Valentina Aragona – Avv. Luca D'Amico

L'evoluzione storica della fattispecie

Le condotte di accesso abusive, ad un sistema informatico o telematico, divengono oggetto di tutela penale tramite l'art. 4 della legge 23.12.1993, n. 547, la quale inserisce nel nostro codice penale il nuovo art. 615 *ter*.

Appare evidente come il legislatore italiano non abbia ritenuto opportuna la creazione di un nuovo titolo dedicato ai reati informatici, considerando le condotte di criminalità informatica come «nuove forme di aggressione, caratterizzate dal mezzo o dall'oggetto materiale, a beni giuridici già oggetto di tutela nelle diverse parti del codice penale»[688].

Pertanto, la nuova fattispecie è stata introdotta seguendo la tecnica dell'integrazione evolutiva, ovvero collocandola accanto alle figure di reato del codice penale «che ad essi sono apparse più vicine»[689], che nel caso di specie sono quelle dedicate alla tutela del patrimonio e della riservatezza.

Di conseguenza, può osservarsi come l'accesso abusivo ad un sistema informatico o telematico sia considerato come una moderna violazione della libertà individuale altrui, e, quindi, collocato nella sezione IV ("Dei delitti contro la inviolabilità del domicilio"), del capo III, dedicato ai Delitti contro la libertà individuale, del titolo XII intitolato "Dei delitti contro la persona", del libro II del codice penale.

Tra l'altro, nella stessa relazione al disegno di legge n. 2773, dal quale è scaturita poi la l. n. 547/1993 introduttiva della fattispecie in esame, infatti, si legge che i sistemi informatici rappresentano *«un'espansione ideale dell'area di rispetto pertinente al soggetto interessato, garantita dall'art. 14 Cost. e penalmente tutelata nei suoi aspetti più essenziali e tradizionali dagli artt. 614 e 615»*.

L'accesso abusivo, quindi, è direttamente correlato alla libertà individuale, tutelata dall'art. 2 della costituzione in quando incidente sulla vita privata e sulla riservatezza del soggetto, intesa quale estrinsecazione e specificazione della sua libertà.

Il bene giuridico tutelato

La fattispecie in commento pone, innanzitutto, diverse problematiche in relazione all'individuazione del bene giuridico tutelato.

Sul punto si sono sviluppate diverse posizioni dottrinali.

La dottrina dominante individua il bene giuridico tutelato nel c.d. "domicilio informatico", inteso come uno spazio fisico e ideale compreso nella sfera individuale personale dell'individuo e a sua completa ed esclusiva disposizione[690].

---

[688] N. MAIORANO, *sub* art. 615 *ter*, in *Cod. pen. Padovani*, pp. 4400 ss.

[689] N. MAIORANO, *sub* art. 615 *ter*, op. cit., pp. 4400 ss.

[690] G. PICA, *Diritto*, p. 61; M. P. MONACO, *sub art. 615 ter*, in Crespi, Forti, Zuccalà (a cura di), *Commentario al codice penale*, Padova, 2009, p. 1726 ss.; P. GALDIERI, Teoria e pratica nell'interpretazione del reato informatico, Milano, 1997, p. 157; R. BORRUSO, *La tutela del documento e dei dati*, in R. BORRUSO, BUONOMO, CORASANITI, D'AIETTI, *Profili penali dell'informatica*, Milano, 1994, p. 28; M. ALMA, C. PERRONI, *Riflessioni*

In sostanza, secondo l'orientamento in esame, il legislatore estende al domicilio informatico lo *jus excludendi* del titolare, che caratterizza il domicilio fisico, con la conseguenza che il limite di operatività della tutela penale va individuato esclusivamente nella ampiezza della *voluntas excludendi*, indipendentemente dal fatto che il contenuto del sistema abbia o meno carattere personale[691].
Sicché il domicilio informatico rappresenta una specificazione della nozione di domicilio comune, meritevole di tutela indipendentemente dalla natura e dal contenuto dei dati inseriti nel sistema informatico, in quanto preordinata alla tutela della sfera che li contiene.
Secondo la dottrina, infatti, «un notevole rischio può discendere anche dalla violazione di un sistema attualmente vuoto, sia perché comporta comunque l'apprensione di tale informazione, sia perché può costituire il mezzo per favorire successivi abusi»[692].
Tale tesi è condivisa anche dalla giurisprudenza, la quale, in relazione al bene giuridico tutelato dall'art. 615 *ter* c.p., ha ritenuto che la fattispecie in esame, tutelando i sistemi informatici e telematici protetti, non mira solo a garantire la riservatezza delle informazioni contenute nel sistema, ma l'intera sfera della personalità del titolare, in tutte le sue possibili esplicazioni, comprese quelle relative ad aspetti economico - patrimoniali[693]. Del pari irrilevante risulta che il soggetto sia una persona fisica o giuridica.
Diverso orientamento dottrinale, invece, ritiene che la fattispecie in esame configuri un reato contro la *privacy*, non potendo considerarsi relativa alla tutela del domicilio[694].
La norma, quindi, avrebbe una collocazione sistematica inopportuna, non venendo in rilievo «*modalità di violazione dei luoghi di privata dimora bensì forme di offesa alla privacy che vengono ad interferire su strumenti capaci di favorire tecniche di lavoro intellettuale*»[695]. Tale orientamento ritiene che il *computer* «*non ha nulla in comune con i diversi ambiti spaziali nei quali la persona può liberamente estrinsecarsi, che entrano a far parte della nozione di domicilio, presentando piuttosto notevoli affinità con il tradizionale cassetto, che per anni ha svolto e in gran parte continua ancora oggi a svolgere la stessa funzione dei più moderni elaboratori*»[696].
L'intervento della sanzione penale, quindi, secondo tale orientamento sarebbe giustificato solo dalla tutela del contenuto dei dati e non del contenente, cosicché il bene giuridico protetto dalla disposizione sarebbe la riservatezza dei dati e dei

---

sull'attuazione delle norme a tutela dei sistemi informatici, in *Diritto Penale e Processo*, 1997, pp. 505 ss.

[691] G. PICA, Diritto, *op. cit., p.* 81 ss.; F. FLOR, *Phishing, identity theft e identity abuse. Le prospettive applicative del diritto penale vigente*, in *Rivista italiana di diritto e procedura penale*, 2007, pp. 928 ss.

[692] Cfr. G. CORRIAS LUCENTE, *I reati di accesso abusivo e danneggiamento informatico*, Relazione al seminario su I reati informatici, Roma, 15-16.12.2000, in www.giustizia.it.

[693] Cass. Pen., Sez. VI, 4.10.1999, n. 3065, in *Riv. Pen*, 2000, pp. 226 ss.

[694] C. PECORELLA, *Il diritto penale dell'informatica*, Milano, 2006, pp. 316 ss.

[695] F. ANTOLISEI, *Manuale di diritto penale, parte speciale*, Milano, 2003, pp. 245 ss.

[696] C. PECORELLA, *Il diritto*, op. cit., pp. 316 ss.

programmi contenuti in un sistema informatico, messa seriamente in pericolo dalle intrusioni di terzi non autorizzati[697].

Tuttavia, l'adesione a siffatto orientamento determinerebbe una tutela prevalentemente privata del domicilio informatico, risultando così privi di protezione penale i sistemi informatici aventi natura commerciale o industriale o in generale natura pubblica. Quest'ultimi, invece, risultano espressamente tutelati dall'art. 615 *ter* c.p. laddove, al comma 3, prevede un'aggravante nel caso in cui *«i fatti di cui ai commi primo e secondo riguardino sistemi informatici o telematici di interesse militare o relativi all'ordine pubblico o alla sicurezza pubblica o alla sanità o alla protezione civile o comunque di interesse pubblico»*.

Pertanto, non si potrebbe assimilare il domicilio informatico ad un luogo privato riconducibile alla nozione di domicilio, atteso che i suoi contenuti ben possono avere natura non prettamente personale[698].

Un'ulteriore impostazione dottrinale assimila la tutela dei sistemi informatici e telematici, dalle altrui ingerenze, alla tutela della proprietà ex art. 637 c.p. il quale incrimina l'ingresso abusive in un fondo altrui[699].

Tuttavia, occorre osservare che le due norme sono evidentemente volte alla tutela di differenti interessi giuridici, atteso che l'art. 637 c.p. finalizzato a preservare la proprietà fondiaria, diversamente dall'art. 615 *ter* c.p., il quale appare orientato alla tutela della *privacy*[700].

Infine, altra dottrina ha evidenziato come l'art. 615 *ter* c.p. sia preordinato alla tutela dell'integrità del sistema informatico o telematico e dei programmi in esso contenuti[701].

A sostegno di tale orientamento si è evidenziato che la norma in esame prevede, ai commi 2 e 3, una specifica aggravante laddove i dati o i programmi siano distrutti o il sistema interrotto.

Tuttavia, tale impostazione introdurrebbe nella norma il requisito della messa in pericolo dell'integrità del sistema e dei dati che non è richiesto per la configurabilità del reato in esame[702].

---

[697] C. PECORELLA, *Il diritto*, cit., p. 322; G. POMANTE, *Internet e criminalità*, Torino, 1999, p. 26; C. PARODI, A. CALICE, *Responsabilità penali e internet*, Milano, 2001, p. 65 ss.; L.D. CERQUA, *Accesso abusivo e frode informatica: l'orientamento della Cassazione,* in *DPS*, 2000, p. 53 ss.; M ALMA, C. PERRONI, *Riflessioni sull'attuazione delle norme a tutela dei sistemi informatici*, in *Diritto penale e processo*, 1997, p. 505; L. CUOMO, B. IZZI, *Misure di sicurezza e accesso abusivo ad un sistema informatico o telematico*, in *Cassazione Penale*, 2002, p. 1021; D. TRENTACAPILLI, *Accesso abusivo ad un sistema informatico e adeguatezza delle misure di protezione,* in *Diritto penale e processo*, 2002, p.1283; C. PECORELLA, *Il diritto,* p. 322 ss.

[698] F. BERGHELLA, R. BLAIOTTA, *Diritto penale dell'informatica e beni giuridici*, in *Cassazione penale*, 1995, p. 2333; G. PICA, *Diritto*, cit., p. 412; A. ROSSI VANNINI, *La criminalità informatica: le tipologie di computer crimes di cui alla L. 547/1993 dirette alla tutela della riservatezza e del segreto*, in *RTDPE*, 1994, p. 427.

[699] F. BERGHELLA, R. BLAIOTTA, *Diritto penale dell'informatica,* cit., pp. 2333 ss.

[700] G. PICA, *Diritto*, op. cit., pp. 63 ss.

[701] L. PICOTTI, *Sistematica dei reati informatici, tecniche di formulazione legislativa e beni giuridici tutelati*, in *Il diritto penale dell'informatica nell'epoca di Internet*, Padova, 2004, pp. 70 ss.

Inoltre, così considerate, la fattispecie in questione si sovrapporrebbe con quelle deputate alla tutela dell'integrità dei sistemi informatici, quale ad esempio il delitto di danneggiamento di un sistema informatico e telematico.
Inoltre, se oggetto di tutela fosse l'integrità del sistema informatico e telematico, non vi sarebbe ragione di limitare l'ambito applicativo dell'art. 615 *ter* c.p. ai soli sistemi dotati di misure di sicurezza, posto che l'interesse alla tutela dell'integrità dei dati e dei programmi persisterebbe in ogni caso.
L'adesione all'una o all'altra posizione non è di poco conto, atteso che, laddove si individui il bene tutelato nella *privacy* o nell'integrità dei dati e dei programmi, la fattispecie in esame potrebbe essere qualificata quale reato di pericolo astratto, volto a perseguire il rischio che un soggetto acceda al sistema e si impadronisca di dati personali, con la conseguenza che la condotta sarebbe inoffensiva allorché il sistema non contenga dati o programmi facilmente reperibili, giacché in tal caso verrebbe meno ogni ragione di tutela da parte della legge penale, essendo il fatto del tutto inoffensivo per il bene protetto[703].
Diversamente, ove si ritenga il sistema informatico e telematico meritevole di tutela in sé, in quanto assimilabile al domicilio, deve considerarsi l'illecito in esame come reato di danno atteso che l'intrusione nell'elaboratore altrui configurerebbe il reato, indipendentemente dal fatto che nello stesso siano contenuti dati o programmi di qualsivoglia natura[704]. Il reato, quindi, si consumerà nel momento in cui l'effettiva intrusione del soggetto nel sistema si realizza, indipendentemente dalla presenza in esso di dati riservati, atteso che oggetto di tutela è lo spazio di pertinenza esclusiva del singolo rappresentato dal sistema informatico, che viene violato a causa della condotta abusiva.

L'elemento oggettivo: la nozione di sistema informatico o telematico e le modalità della condotta

Ai fini della configurabilità del reato in esame, occorre che l'accesso abusivo riguardi un sistema informatico o telematico.
In particolare, la nozione di sistema informatico trova la sua definizione nell'art. 1 della Convenzione di Budapest, a mente della quale «*qualsiasi apparecchiatura o rete di apparecchiature interconnesse o collegate, una delle quali, attraverso l'esecuzione di un programma per elaboratore, compiono l'elaborazione automatica di dati*».
La giurisprudenza ha contribuito a tale definizione, qualificando il sistema informatico come «*una pluralità di apparecchiature destinate a compiere una qualsiasi funzione utile all'uomo, attraverso l'utilizzazione (anche in parte) di tecnologie informatiche. Le linee telefoniche utilizzano, nell'epoca moderna, normalmente, tali tecnologie; la funzione di trasmissione delle comunicazioni si attua, invero, con la conversione (codificazione) dei segnali (nel caso, fonici) in*

---

[702] G. CORRIAS LUCENTE, *I reati di accesso abusivo,* op. cit.
[703] D. FONDAROLI, *La tutela penale dei "beni informatici"*, in *DII*, 1996, p. 311; M. NUNZIATA, *La prima applicazione giurisprudenziale del delitto di "accesso abusivo ad un sistema informatico"*, in *Giurisprudenza di Merito*, 1998, p. 71148; C. PECORELLA, *Il diritto*, op. cit., pp. 323 ss.
[704] G. PICA, *Diritto*, op. cit., pp. 68 ss.

forma di flusso continuo di cifre (bit) e nel loro trasporto in tale forma all'altro estremo, dove il segnale di origine viene ricostruito (decodificazione) e inoltrato, dopo essere stato registrato in apposite memorie»[705].
Deve, quindi, ritenersi che non possa qualificarsi sistema informatico un sistema che non possa gestire o elaborare dati.
Diversamente, invece, per sistema telematico può intendersi ogni forma di telecomunicazione che utilizzi un apporto informatico per la sua gestione, indipendentemente dal fatto che la comunicazione avvenga via cavo, via etere o con altri sistemi[706].
Per quanto riguarda le modalità della condotta, la fattispecie in esame sanziona, alternativamente, l'ingresso e il trattenimento nel sistema informatico o telematico contro la volontà espressa o tacita del titolare del diritto di esclusione.
Per quanto riguarda l'introduzione, parte della dottrina scinde l'accesso in due fasi: l'introduzione fisica nel computer rappresentata dalla materiale accensione dello stesso e l'introduzione logica, ovvero l'inizio del dialogo con il software.
Secondo tale orientamento solo quest'ultimo tipo di accesso integrerebbe la fattispecie di reato, non essendo sufficiente la mera introduzione fisica nel sistema che non consente la presa di coscienza dei contenuti dello stesso ed il superamento delle misure di sicurezza[707].
Una posizione dottrinale minoritaria, invece, ritiene che la condotta tiG. PICA possa essere integrata anche con il materiale accesso ai locali in cui è custodito l'elaboratore dei dati. Ciò facendo riferimento al comma 2 della norma in esame, il quale disciplina un'aggravante per il caso di violenza alle cose e alle persone[708].
In entrambi i casi, l'introduzione viene sanzionata poiché concretizza quella situazione di pericolo per la segretezza dei dati e programmi contenuti nel computer, indipendentemente dalla effettiva conoscenza degli stessi da parte di chi si introduce nel sistema.
Sul punto, infatti, la giurisprudenza ha chiarito che il reato in esame non richiede la conoscenza effettiva da parte del soggetto agente dei dati protetti, essendo sufficiente il prelievo indesiderato degli stessi dal domicilio informatico[709].
L'ulteriore condotta sanzionata è quella di permanenza nel sistema informatico e telematico, la quale consiste nel mantenersi nel sistema contro la volontà del soggetto titolare dello *jus excludendi*.

---

[705] Cass. Pen., Sez. VI, 4.10.1999, n. 3067, in *Dir. Informatica*, 2001, pp. 485 ss.
[706] Una tesi maggiormente restrittiva ritiene che il sistema telematico sia costituito solo dalle forme di comunicazione tra *computer* tramite la linea telefonica, escludendo così dalla tutela penale alcuni aspetti di utilizzazione delle tecnologie informatiche in cui si è comunque in presenza di comunicazioni gestite e coordinate da tecnologie informatiche. Sulle varie posizioni, M.P. MONACO, *sub art. 615 ter*, op. cit., pp. 1726; G. BUONOMO, *Metodologia e disciplina delle indagini informatiche*, in Borruso, Buonomo, Corasaniti, D'aietti, *Profili penali dell'informatica*, Milano, 1994, p. 148; D. LUSITANO, *In tema di accesso abusivo a sistemi informatici o telematici*, in *Giurisprudenza Italiana*, 1998, pp. 1923 ss.
[707] G. PICA, *Diritto*, p. 41 ss.; F. MUCCIARELLI, *Commento*, op. cit., pp. 1729 ss.; P. GALDIERI, Teoria e pratica, *op. cit., pp. 48 ss.*
[708] E. GIANNANTONIO, *Manuale di diritto all'informatica*, Padova, 1994, pp. 435 ss.
[709] Corte appello Bologna, sez. II, 30.01.2008, in *Riv. It. Dir. proc. Pen.*, 2010, 1, p. 447 ss.

Tale condotta si differenzia dalla precedente poiché il soggetto accede al sistema in modo legittimo, ma vi permane nonostante il dissenso del titolare dello *jus excludendi* oltre i limiti temporali e modali per i quali era stato autorizzato[710].
Similmente alla condotta di introduzione, anche in tale ipotesi il legislatore sanziona il semplice mantenersi nel sistema, indipendentemente dall'effettiva presa di conoscenza dei dati contenuti nel *personal computer*.
In relazione ai rapporti tra le due condotte sinora analizzate, occorre evidenziare, inoltre, che la permanenza nel sistema informatico o telematico, a seguito di un'introduzione illegittima, rappresenta un *post-factum* irrilevante, atteso che il mantenimento presuppone un'introduzione legittima nel sistema informatico. Da ciò, ne consegue che non può configurarsi un concorso materiale tra l'introduzione abusiva e il mantenimento abusivo nel sistema informatico[711].
L'art. 615 *ter* c.p., poi, nel descrivere la condotta di reato introduce un elemento di illiceità speciale rappresentato dall'avverbio "*abusivamente*" e dall'inciso "*contro la volontà espressa o tacita di chi ha il diritto di escluderlo*".
Non è sufficiente quindi, la semplice introduzione o mantenimento nel sistema informatico, ma occorre che tale condotta venga posta in essere contro la volontà del titolare dello *jus excludendi*.
Una simile volontà di esclusione deve emergere dalla predisposizione da parte del titolare di apposite misure di sicurezza, le quali devono considerarsi come dispositivi idonei ad impedire l'accesso al sistema da parte di chi non sia autorizzato, anche se banali o facilmente aggirabili.
In particolare, la dottrina dominante interpreta in senso ampio il concetto di misure di sicurezza, ritenendo che sia sufficiente la predisposizione di una qualsiasi misura volta ad impedire l'ingresso nel sistema da parte di terzi, anche se momentaneamente inattiva, in modo da rendere chiara ed esplicita la volontà dell'avente diritto di riservare l'accesso solo a determinati soggetti o di porre un divieto generalizzato[712].
Analogamente, anche la giurisprudenza sul punto ha chiarito che tutelando la norma in esame l'accesso ad un sistema informatico o telematico contro la precisa volontà del titolare dello stesso, perché si configuri il reato occorre la presenza di un qualsiasi mezzo protettivo del sistema, ancorché facilmente superabile da persona mediamente esperta, a condizione che esso sia idoneo ad evidenziare che sussiste la volontà contraria del titolare del sistema all'introduzione e alla permanenza nello stesso[713].
Non appare necessaria, quindi, la violazione delle misure di sicurezza ma solo che le stesse siano predisposte, in modo tale da fare emergere la volontà di esclusione dell'avente diritto.

---

[710] R. BORRUSO, *La tutela del documento,* op. cit., pp. 32 ss.
[711] P. GALDIERI, Teoria e pratica, *op. cit., p.* 42; F. FLOR, *Art. 615 ter*, op. cit., pp. 106 ss.
[712] G. D'AIETTI, *La tutela dei programmi e dei sistemi informatici*, in BORRUSO, BUONOMO, CORASANITI, D'AIETTI, *Profili penali dell'informatica*, Milano, 1994, pp. 72 ss.; F. PAZIENZA, *In tema di criminalità informatica: l'art. 4 della legge 23 dicembre 1993, n. 547,* in *RIDPP*, 1995, pp. 755 ss.
[713] Cass, pen., Sez. II, 21.2.2008, n. 36721, *CED Cassazione*, 242084.

Va inoltre evidenziato che, come chiarito dalla Suprema Corte, «*ai fini della configurabilità del reato assumono rilevanza non solo le protezioni interne al sistema informatico, come le chiavi di accesso, ma anche le protezioni esterne, come la custodia degli impianti*», quindi anche le misure di sicurezza aventi natura fisica[714].
Sul punto deve rilevarsi come, in passato, è sorta una *querelle* giurisprudenziale circa l'utilizzo abusivo di un accesso autorizzato, configurabile nell'ipotesi in cui un soggetto inizialmente abilitato ad accedere al sistema informatico raccolga dati e li utilizzi per finalità differenti da quelle oggetto di autorizzazione.
Un primo orientamento giurisprudenziale riteneva che il reato in esame potesse configurarsi anche in tali ipotesi, atteso che oggetto di sanzione penale non è solo l'introduzione abusiva nel sistema, ma anche l'abusiva permanenza nello stesso contro la volontà del titolare. In tal caso infatti, il dissenso del titolare è facilmente rinvenibile nel perseguimento di una finalità contraria a quella per la quale è stata concessa l'autorizzazione[715].
Diversamente, altro orientamento giurisprudenziale ha escluso la configurabilità del reato di cui si discorre in relazione allo specifico caso riportato, atteso che la volontà contraria del titolare vada rilevata riguardo al risultato immediato della condotta- rappresentato dall'introduzione nel sistema informatico- e non con riferimento agli eventi successivi, identificati (nel caso di specie) dall'illecito utilizzo dei dati comunque implicante la realizzazione di ulteriori condotte[716]. Il reato è integrato dall'accesso non autorizzato nel sistema informatico, ciò che di per sé mette a rischio la riservatezza del domicilio informatico, indipendentemente dallo scopo che si propone l'autore dell'accesso abusivo. La finalità dell'introduzione all'interno del sistema, qualora illecita, integrerà eventualmente un diverso titolo di reato[717].
Il descritto contrasto ha condotto all'intervento delle Sezioni Unite, le quali hanno ritenuto che «*integra la fattispecie criminosa di accesso abusivo ad un sistema informatico o telematico protetto, prevista dall'art. 615 ter, la condotta di accesso o di mantenimento nel sistema posta in essere da soggetto che, pure essendo abilitato, violi le condizioni ed i limiti risultanti dal complesso delle prescrizioni impartite dal titolare del sistema per delimitarne oggettivamente l'accesso. Non hanno rilievo, invece, per la configurazione del reato, gli scopi e le finalità che soggettivamente hanno motivato l'ingresso al sistema*»[718]. Ne deriva quanto in precedenza affermato, ovvero che la volontà contraria dell'avente diritto deve essere verificata, pertanto, solo con riferimento al risultato immediato della condotta posta in essere, non già ai fatti successivi.

---

[714] G. PICA, *Diritto*, op. cit., p. 415; R. BORRUSO, *La tutela del documento*, op. cit., p. 30; G. D'AIETTI, *La tutela*, op. cit., p. 71; F. MUCCIARELLI, *Commento,* op. cit., pp. 99 ss.
[715] Cass. Pen., sez. V, 08.07.2008, n. 37322, in *Diritto&Giustizia*, 2008.
[716] Cass. Pen., sez. V, 20.12.2007, n. 2534, in *Ced Cassazione*, 239105; Id., Sez. V, 29.5.2008, n. 26797, in *CED Cassazione*, 240497; Id., sez. V., 13.10.2010, n. 38667, in *Guida al diritto*, 2011, 10, p. 72.
[717] Cass. Pen., Sez. VI, 8.10.2008, n. 39290, in *CED Cassazione*, 242684.
[718] Cfr. Cass. Pen., S.U., 27.10.2011, n. 4694, in *Riv. Pen.*, 7-8, 766 ss.; Id., sez. V, 26/06/2015, n. 44403, in *Diritto & Giustizia,* 2015.

In questi casi il soggetto agente opera illegittimamente, in quanto il titolare del sistema medesimo lo ha ammesso solo a determinate condizioni, in assenza o attraverso la violazione delle quali le operazioni compiute non possono ritenersi assentite dall'autorizzazione ricevuta. Logico corollario è che, nei casi in cui l'agente compia sul sistema un'operazione pienamente assentita dall'autorizzazione ricevuta, ed agisca nei limiti di questa, il reato di cui all'art. 615 *ter* c.p. non è configurabile, a prescindere dallo scopo eventualmente perseguito[719].

L'elemento psicologico e la consumazione del reato

L'elemento psicologico del reato in esame è il dolo generico, ovvero la coscienza e volontà di introdursi o di mantenersi in un sistema informatico o telematico altrui senza il consenso del titolare dello *jus excludendi* e con la consapevolezza che quest'ultimo ha predisposto misure di protezione del sistema. Pertanto, laddove l'agente presuma l'esistenza del consenso del titolare il dolo non potrà configurarsi[720].

In relazione al momento consumativo, la fattispecie in esame può qualificarsi come reato istantaneo ad effetti permanenti.

Infatti, nell'ipotesi di introduzione abusiva nel sistema, il reato si perfeziona nel momento dell'accesso, allorché il soggetto oltrepassa tutte le misure di sicurezza, mentre nell'ipotesi della permanenza, la consumazione si realizza allorquando l'autore si trattiene all'interno del sistema, nel quale si è lecitamente introdotto, nonostante il dissenso del titolare del diritto di esclusione. In tal caso il reato cessa nel momento in cui si interrompe l'accesso nel sistema.

Problematica appare l'individuazione del luogo di consumazione del reato, atteso che lo stesso potrebbe individuarsi nel luogo in cui si trova fisicamente il sistema o, diversamente, nel luogo in cui si trovi fisicamente l'agente nel momento in cui vengono poste in essere le attività di intrusione nel sistema.

Sul punto è intervenuta la Suprema Corte a Sezioni Unite, affermando che il delitto si consuma nel luogo in cui si trova il soggetto che effettua l'introduzione abusiva, ovvero vi si mantiene abusivamente[721].

Il tentativo è configurabile in tutti i casi in cui l'agente, in presenza di una volontà contraria dell'avente diritto, cerchi di aggirare le protezioni e non vi riesca[722]. Diversamente, allorché il soggetto acceda al sistema informatico o telematico altrui, ma non tenti di superare le misure di sicurezza esistenti, non si avrà un tentativo, in virtù della carenza di atti diretti in modo non equivoco alla violazione delle barriere di protezione e, quindi, della *privacy*, in quanto il soggetto può ben essere collegato senza sapere che l'accesso ai dati fosse protetto.

Sul punto deve anche evidenziarsi che, secondo un recente orientamento dottrinale, l'art. 615 *ter* c.p., costituendo un reato di pericolo astratto, non può configurarsi

---

[719] Cass. Pen., sez. V, 13.06.2016, n. 33311, in *Cass. Pen.* 2016; Id., sez. V, 26.06.2015, n. 44403, in *CED Cassazione penale,* 2016.

[720] M.P. MONACO, *sub art. 615 ter*, op. cit., p. 1728; G. PICA, *Diritto*, op. cit., pp. 70 ss.

[721] Cass. Pen., S.U., 26.3.2015, n. 17325, in *Foro it.*, 2015, 10, pp. 563 ss.

[722] G. PICA, *Diritto*, op. cit., p.58; M.P. MONACO, *sub art. 615 ter*, op. cit., pp. 1728 ss.

nella forma tentata, verificandosi altrimenti un'eccessiva anticipazione della soglia di punibilità in violazione del principio di offensività[723].

Le circostanze aggravanti

L'art. 615 *ter* c.p. prevede, nel 2° e nel 3° comma, quattro circostanze aggravanti, ad effetto speciale che consentono la perseguibilità d'ufficio del reato.
In particolare, le prime di tali circostanze sono basate sul ruolo dell'autore del reato, atteso che prevedono un aggravamento di pena per il pubblico ufficiale - o incaricato di un pubblico servizio - che agisca con abuso dei poteri o con violazione dei doveri inerenti alla funzione o al servizio, nonché per chi esercita abusivamente la professione di investigatore privato e, anche, per chi agisca con abuso della qualità di operatore del sistema. Quest'ultima ipotesi risulta di particolare interesse, poiché attiene alla condotta di un soggetto, il *system operator*, il quale trovandosi in una posizione di vantaggio in ragione delle sue funzioni e delle sue attività, può accedere al sistema in aree riservate dello stesso e controllarne le operazioni, risultando agevolato nella commissione dell'illecito in esame.
La *ratio* di tale aggravante, quindi, risiede nella volontà di sanzionare più gravemente le condotte di accesso o permanenza abusiva nel sistema se realizzate da un soggetto che gode della fiducia del titolare del sistema.
Circa la corretta identificazione del *system operator* si sono sviluppate diverse interpretazioni.
Parte della dottrina accoglie un'interpretazione estensiva, ritenendo che nella figura di operatore di sistema rientri chiunque sia legittimato ad operare nel sistema, in continuativa o quantomeno non occasionale e indipendentemente da un rapporto di lavoro dipendente con il titolare del sistema stessi[724].
Altre posizioni dottrinali inquadrano l'operatore de sistema in un soggetto che "*non solo può legittimamente contattare il sistema, ma che dispone altresì di una qualificazione professionale ovvero di conoscenze ulteriori e specifiche*"[725], oppure nel soggetto titolare di una maggiore, per qualità e quantità, competenza tecnica, la quale unitamente al ruolo che rivestono all'interno del contesto in cui agiscono le agevola nel momento in cui intendono perpetrare il delitto.
Il comma 2 n. 2 dell'articolo 615 *ter* c.p., invece, prevede un'aggravante basata sulla gravità della condotta, ravvisabile laddove il colpevole, al fine di commettere il fatto, usi violenza sulle cose o sulle persone ovvero sia palesemente armato.
Al contrario, la circostanza aggravante prevista nel 2° co. n. 3, concerne le conseguenze della condotta e, in modo specifico, fa riferimento all'eventualità che dall'accesso abusivo derivi il danneggiamento del sistema nel suo complesso o di singole sue componenti.
Deve trattarsi di una conseguenza non voluta, essendo altrimenti applicabile la norma sul danneggiamento informatico.

---

[723] C. PECORELLA, *sub* art. 615 *ter*, op. cit., in MARINUCCI, DOLCINI (A CURA DI), *Codice penale*, pp. 4323 ss.
[724] G. D'AIETTI, *La tutela*, op. cit., pp. 69 ss.; R. BORRUSO, *La tutela dei documenti*, op. cit., pp. 33 ss.
[725] F. MUCCIARELLI, *Commento*, op. cit., pp. 57 ss.

Infine, come sopra menzionato, ai sensi del comma 3 dell'art. 615 ter c.p., le condotte di cui ai commi 1° e 2° vengono sanzionate più gravemente, qualora abbiano ad oggetto sistemi informatici o telematici di interesse pubblico.
In relazione a tale circostanza, la dottrina ha spesso evidenziato una carenza di determinatezza, non risultando chiari i criteri in base ai quali il sistema assuma la connotazione pubblicistica facendo scattare l'aggravante in esame[726].
La giurisprudenza sul punto afferma che, ai fini della configurabilità della circostanza aggravante in oggetto, non è sufficiente la qualità di concessionario di pubblico servizio rivestita dal titolare del sistema, dovendosi accertare se il sistema informatico o telematico si riferisca ad attività direttamente rivolta al soddisfacimento di bisogni generali della collettività[727]. La sussistenza della circostanza, quindi, è configurabile anche quando il sistema appartiene ad un soggetto privato cui è riconosciuta la qualità di concessionario di pubblico servizio, seppur limitatamente all'attività di rilievo pubblicistico che il soggetto svolge, quale organo indiretto della P.A., per il soddisfacimento di bisogni generali della collettività, e non anche per l'attività imprenditoriale esercitata, per la quale, invece, il concessionario resta un soggetto privato.[728]

I rapporti con le altre figure di reato
La fattispecie prevista *ex* art. 615 ter c.p. può concorrere con altri reati informatici, quali la falsificazione dei documenti informatici, il danneggiamento dei sistemi informatici e telematici, la frode informatica realizzata attraverso l'alterazione dei dati o dei programmi in quanto volti a tutelare beni giuridici differenti.
In relazione al concorso con la frode informatica, in particolare, la giurisprudenza ha osservato come il reato che si sta analizzando tuteli il domicilio informatico sotto il profilo dello *jus excludendi alios*, anche in relazione alle modalità che regolano l'accesso dei soggetti eventualmente abilitati, mentre la frode informatica contempli l'alterazione dei dati immagazzinati nel sistema al fine della percezione di un ingiusto profitto; inoltre, la frode informatica postula necessariamente la manipolazione del sistema che non è necessaria per la consumazione della figura delittuosa *ex* art. 615 ter; infine, la differenza tra le due ipotesi criminose si ricava anche dall'elemento soggettivo e dalla tutela offerta dal reato di accesso abusivo esclusivamente ai sistemi protetti, elemento non richiesto nel reato di frode informatica.[729]
Inoltre, come già evidenziato, il reato in esame è inserito nel catalogo delle fattispecie per i quali è prevista la responsabilità da reato degli enti.

Bibliografia
M. ALMA, C. PERRONI, *Riflessioni sull'attuazione delle norme a tutela dei sistemi informatici*, in *Diritto Penale e Processo*, 1997.

---

[726] C. PARODI, A. CALICE, *Responsabilità penali*, op. cit., p. 70.
[727] Cass. Pen., Sez. V, 13.12.2011, n. 1934, in *CED Cassazione*, 249049.
[728] Cass. Pen., Sez. V, 18.12.2014, n. 10121, in *Diritto&Giustizia*, 2015.
[729] Cass. Pen., Sez. V, 16.1.2009, n. 1727, in *CED Cassazione*, 242938.

F. Antolisei, *Manuale di diritto penale, parte speciale*, Milano, 2003.
F. BERGHELLA, R. BLAIOTTA, *Diritto penale dell'informatica e beni giuridici*, in *Cassazione penale*, 1995.
R. Borruso, *La tutela del documento e dei dati*, in R. Borruso, D. Buonomo, G. Corasaniti, G. D'Aietti, *Profili penali dell'informatica*, Milano, 1994.
D. Buonomo, *Metodologia e disciplina delle indagini informatiche*, in R. Borruso, D. Buonomo, G. Corasaniti,
L. D. Cerqua, *Accesso abusivo e frode informatica: l'orientamento della Cassazione,* in *DPS*, 2000.
G. Corrias Lucente, *I reati di accesso abusivo e danneggiamento informatico*, Relazione al seminario su I reati informatici, Roma, 15-16.12.2000, in www.giustizia.it.
L. CUOMO, B. IZZI, *Misure di sicurezza e accesso abusivo ad un sistema informatico o telematico*, in *Cassazione Penale*, 2002.
G. D'AIETTI, *La tutela dei programmi e dei sistemi informatici*, in R. Borruso, D. Buonomo, G. Corasaniti, G. D'Aietti, *Profili penali dell'informatica*, Milano, 1994.
G. D'aietti, *Profili penali dell'informatica*, Milano, 1994.
F. FLOR, *Phishing, identity theft e identity abuse. Le prospettive applicative del diritto penale vigente*, in *Rivista italiana di diritto e procedura penale*, 2007.
D. Fondaroli, *La tutela penale dei "beni informatici"*, in *Diritto dell'informazione e dell'informatica*, 1996.
P. GALDIERI, *Teoria e pratica nell'interpretazione del reato informatico*, Milano, 1997.
A. Giannantonio, *Manuale di diritto all'informatica*, Padova, 2001.
D. LUSITANO, *In tema di accesso abusivo a sistemi informatici o telematici*, in *Giurisprudenza Italiana*, 1998.
N. MAIORANO, *sub* art. 615 *ter*, in *Cod. pen. Padovani.*
M. P. MONACO, *sub art. 615 ter*, in Crespi, Forti, Zuccalà (a cura di), *Commentario al codice penale*, Padova, 2009.
F. Mucciarelli, *Commento all'art. 4 della legge 547 del 1993*, in *Legislazione penale*, 1996.
M. Nunziata, *La prima applicazione giurisprudenziale del delitto di "accesso abusivo ad un sistema informatico"*, in *Giurisprudenza di Merito*, 1998, 71148.
C. PARODI, A. CALICE, *Responsabilità penali e internet*, Milano, 2001.
F. PAZIENZA, *In tema di criminalità informatica: l'art. 4 della legge 23 dicembre 1993, n. 547,* in *RIDPP*, 1995.
C. PECORELLA, *Il diritto penale dell'informatica*, Milano, 2006.
G. PICA, *Diritto penale delle tecnologie informatiche*, Torino, 1997.
L. Picotti, *Sistematica dei reati informatici, tecniche di formulazione legislativa e beni giuridici tutelati*, in *Il diritto penale dell'informatica nell'epoca di Internet*, Padova, 2004.
G. POMANTE, *Internet e criminalità*, Torino, 1999.
A. ROSSI VANNINI, *La criminalità informatica: le tipologie di computer crimes di cui alla L. 547/1993 dirette alla tutela della riservatezza e del segreto*, in *Rivista Triestrale di Diritto Penale dell'economia*, 1994.
D. TRENTACAPILLI, *Accesso abusivo ad un sistema informatico e adeguatezza delle misure di protezione,* in *Diritto penale e processo*, 2002.

Detenzione e diffusione abusiva di codici di accesso a sistemi informatici o telematici

Avv. Valentina Aragona – Avv. Luca D'Amico

La *ratio* della norma e il bene giuridico tutelato

L'art. 615 *quater* è volto a sanzionare tutte quelle condotte finalizzate all'*abusiva acquisizione o diffusione* dei mezzi o dei codici di accesso, che consentano, a soggetti non legittimati, l'introduzione nel sistema informatico o telematico altrui protetto da misure di sicurezza.

Di conseguenza, si può dedurre che la *ratio* della fattispecie in esame è riconducibile alla prevenzione dell'uso non autorizzato dei mezzi di accesso ad un sistema informatico[730].

Deve notarsi, inoltre, che la norma mira a sanzionare la realizzazione di condotte prodromiche al reato ex art. 615 *ter* c.p. (*accesso abusivo* ad un sistema informatico e telematico) approntando così una forma di tutela anticipata[731], e, tale connessione, si percepisce anche a livello sistemico dalla collocazione delle due norme l'una in prossimità dell'altra[732].

In particolare, secondo parte della dottrina, l'oggetto di tutela della norma in esame è la tutela anticipata del domicilio informatico[733], mentre, altro orientamento, individua il bene giuridico tutelato nella segretezza dei dati e dei programmi, già tutelata dall'art. 615 ter c.p.[734]

Non manca, inoltre, chi attribuisce una portata molto ampia alla fattispecie in commento, ritenendola volta a garantire una forma di protezione preventiva di tutti i beni giuridici tutelati dai vari crimini informatici o, addirittura, attribuendole la capacità di fornire una tutela anticipata rispetto a quelle fattispecie realizzabili solo a seguito della violazione delle misure di sicurezza del sistema informatico.[735]

In ogni caso, il tratto caratteristico predominante della norma in commento è l'anticipazione della tutela, derivando da ciò la qualifica della fattispecie quale reato di pericolo astratto.[736] Sul punto, un orientamento dottrinale definisce l'art. 615 *quarter* c.p. come fattispecie di pericolo indiretto, poiché volta a reprimere condotte idonee ad ingenerare la minaccia di accessi abusivi pericolosi per il bene giuridico tutelato dalla norma[737]. Si realizza, dunque, un arretramento della tutela penale in virtù dell'incriminazione di atti meramente preparatori di altre condotte delittuose. Tali caratteristiche potrebbero, tuttavia, porsi in tensione con il principio di

---

[730] P. GALDIERI, Teoria e pratica, *op. cit., pp.* 158 ss.

[731] C. PECORELLA, sub art. 615 quater, in Marinucci, Dolcini (a cura di), *Codice penale*, p. 5994.

[732] C. PECORELLA, sub art. 615 quater, op. cit., p. 5994.

[733] P. GALDIERI, *Teoria e pratica*, cit., p. 158 ss.

[734] C. PECORELLA, sub art. 615 *quarter*, op. cit., pp. 5995 ss.

[735] N. MAIORANO, sub art. 615 quater, op. cit., pp. 4406 ss.

[736] G. D'AIETTI, La tutela, *op. cit., p.* 77; M.P. MONACO, *sub art. 615 ter*, op. cit., p. 1726 ss.; F. MUCCIARELLI, *Commento,* op. cit., p. 1729 ss.; C. PECORELLA, sub art. 615 quater, cit., pp. 5994 ss.

[737] C. PECORELLA, sub art. 615 quater, op. cit., pp. 5994.

offensività che permea l'intero diritto penale, giustificandosi una simile scelta legislativa solo allorché vi sia, adeguata, proporzione tra la gravità dell'offesa che si reprime e il rango del bene giuridico tutelato[738].
Altra parte della dottrina, diversamente, ritiene che la norma in esame non sia un reato di pericolo indiretto, bensì rappresenti una fattispecie finalizzata a tutelare direttamente la riservatezza dei codici d'accesso, da considerarsi violata dalla potenziale sostituzione dell'agente al legittimo titolare nell'utilizzo delle sue password.[739]

La condotta illecita
La condotta incriminata consiste nel procurare, riprodurre diffondere, comunicare o consegnare codici, parole chiave o altri mezzi idonei all'accesso ad un sistema informatico o telematico. Pertanto, oggetto materiale della condotta sono codici, parole chiave e più in generale, tutti i mezzi- compresi informazioni e istruzioni - che consentono di accedere ad un sistema informatico o telematico protetto.
I codici di accesso, dunque, possono essere definiti come le chiavi che consentono di collegarsi al sistema e di accedere ai dati contenuti nello stesso.[740]
In riferimento, invece, alla clausola generale contenuta nella norma espressa dall'inciso "*ogni altro mezzo idoneo*", si specifica che la stessa è concepita per fronteggiare le continue evoluzioni tecnologiche caratterizzanti l'ambito dei sistemi informatici, riconducendo così all'oggetto materiale della condotta, qualsiasi strumento valido per consentire l'accesso ad un sistema protetto. In particolare, la dottrina ha diversificato i mezzi di ingresso suddividendoli in tre categorie: i mezzi fisici, che permettono un accesso diretto al sistema informatico protetto, i mezzi logici, rappresentati dalle password che creano un collegamento logico al sistema e, infine, le indicazioni o istruzioni idonee a realizzare un accesso abusivo, ovvero le informazioni tecniche riservate, che svelano il metodo idoneo ad aggirare le misure di sicurezza per l'introduzione nel sistema informatico[741].
Identificato l'oggetto materiale della condotta, occorre soffermarsi proprio sulle modalità di azione che la fattispecie in esame sanziona, le quali consistono, alternativamente: nel procurarsi i mezzi necessari per accedere al sistema informatico altrui; nel riprodurre diffondere, comunicare o consegnare a terzi detti mezzi; nel fornire le informazioni, indicazioni, istruzioni idonee a consentire l'accesso al sistema informatico altrui protetto da misure di sicurezza.
Il termine "*procurarsi*" viene inteso dalla dottrina come "appropriarsi" in qualsiasi modo dei mezzi idonei all'accesso al sistema.
Se da un lato, un certo orientamento riconduce all'interno di tale nozione anche la "detenzione" (che è sì citata nella rubrica dell'art. 615 quater c.p., ma non è riportata all'interno del testo della norma[742]), dall'altro lato, altra parte della dottrina

[738] C. PECORELLA, Il diritto, *op. cit., pp.* 357 ss.
[739] G. PICA, Diritto penale, *op. cit.*, pp. 81 ss.
[740] R. BORRUSO, La tutela del documento, *cit., p.* 530 ss.; C. PARODI, A. CALICE, *Responsabilità penali,* op. cit., 2001, pp. 81 ss.
[741] F. MUCCIARELLI, Commento, *op. cit., pp.* 105 ss.; C. PECORELLA, sub art. 615 quater, op. cit., pp. 5996 ss.
[742] G. D'AIETTI, *La tutela*, op. cit., pp. 81.

ritiene che la condotta di detenzione, proprio in virtù della mancata menzione nel testo dell'articolo in esame, debba ritenersi penalmente irrilevante, al più configurando un tentativo[743].
Ancora e in dettaglio: la "riproduzione", può essere intesa come "*la realizzazione di una copia abusiva di un codice di accesso idoneo all'uso*"[744]; la "diffusione" consiste nel divulgare i codici di accesso, ad un numero indeterminato di persone (vale a dire ad un pubblico indifferenziato), un codice di accesso, le parole chiave o gli altri mezzi idonei all'accesso ad un pubblico indeterminato di persone[745]; la "comunicazione", seppur consistente nella divulgazione degli oggetti materiali della condotta, come la diffusione, se ne distingue in quanto rivolta ad una cerchia ben definita di destinatari[746] ; infine, la "consegna", appare riferita solo ad oggetti materiali di accesso.
Circa le ulteriori condotte, come il fornire indicazioni o istruzioni, può evidenziarsi come il legislatore abbia utilizzato una terminologia abbastanza generica, atteso che il verbo "fornire" è idoneo a ricomprendere tutte le modalità di condotta precedentemente analizzate[747].
Come per l'articolo 615 ter c.p., anche in tale fattispecie il legislatore ha introdotto un elemento di illiceità speciale rappresentato dall'abusività delle condotte sopra descritte[748].
Di conseguenza, si può richiamare quanto già osservato in relazione all'art. 615 ter c.p., precisando come tale requisito implichi la realizzazione delle condotte illecite, non solo in assenza del consenso del titolare dello *jus excludendi,* bensì anche in mancanza di cause di giustificazione.

La consumazione del reato e l'elemento soggettivo

Il momento consumativo, del reato in esame, può indentificarsi nel primo atto del soggetto che pone in essere una delle condotte illecite sopra descritte.
Maggiori problematiche si pongono in relazione al tentativo.
Infatti, quella parte di dottrina che qualifica la fattispecie come reato di pericolo astratto ritiene non configurabile il tentativo, atteso l'eccessivo arretramento della tutela penale che ne deriverebbe.
Diversamente, l'orientamento dottrinale che non individua nella fattispecie in esame un reato di pericolo, ritiene ammissibile il tentativo.
Riguardo, infine, al profilo dell'elemento soggettivo, il dolo richiesto dalla fattispecie è specifico e, di conseguenza, consiste nella coscienza e volontà di procurarsi, riprodurre, diffondere, comunicare, consegnare, codici di accesso o

---

743 C. PECORELLA, sub art. 615 quater, cit., p. 5996; F. MUCCIARELLI, *Commento*, cit., p. 104; C. PARODI, A. CALICE, *Responsabilità*, cit., p. 81; S. ATERNO, Aspetti problematici dell'art. 615 *quater* c.p., in Cassazione penale, 2000, p. 872.
744 R. BORRUSO, *La tutela*, op. cit., pp. 81 ss.
745 N. MAIORANO, *sub art. 615 ter*, op. cit., p. 4407; G. D'AIETTI, *La tutela*, op. cit., p. 80.
746 C. PECORELLA, sub art. 615 quater, op. cit., p. 5996.
747 C. PECORELLA, sub art. 615 quater, op. cit., p. 5996.
748 Parte della dottrina qualifica l'abusività come elemento di antigiuridicità speciale D. FONDAROLI, La tutela penale, *op. cit., p.* 314; F. MUCCIARELLI, *Commento*, op. cit., p. 106.

mezzi similari con il principale fine di procurare a sé o ad altri un profitto o di arrecare ad altri un danno. A ben vedere, la previsione di un dolo specifico consente di limitare l'ambito di applicazione della norma in esame, circoscrivendola solo nei confronti di coloro i quali realizzino le condotte incriminate con lo specifico fine individuato dalla fattispecie in esame.

Le circostanze aggravanti

L'art. 615 quater c.p., comma 2, prevede un aggravamento di pena nelle ipotesi di cui all'art. 617 quater, comma 4, nn. 1 e 2. La pena, quindi, sarà aggravata laddove le condotte siano perpetrate in danno di un sistema informatico o telematico utilizzato dallo Stato o da altro ente pubblico o, ancora, da impresa esercente servizi pubblici o di pubblica necessità, così come per le condotte tenute da un pubblico ufficiale o da un incaricato di pubblico servizio, con abuso dei poteri o con violazione dei doveri inerenti alla funzione o al servizio, ovvero con abuso della qualità di operatore del sistema.
La ratio di tale aggravante ad effetto speciale, similmente ai casi di cui all'art. 615 ter c.p., risiede nella particolare funzione svolta dal soggetto agente o nell'importanza del sistema informatico o telematico coinvolto.

I rapporti con le altre figure di reato

Come già evidenziato, dal momento che la fattispecie in esame incrimina condotte preparatorie rispetto ad un successivo accesso abusivo al sistema informatico o telematico, la stessa ipotesi criminosa non potrà concorrere con l'art. 615 ter c.p., qualificabile come reato più grave che assorbe le condotte prodromiche considerabili quali antefatto non punibile. Prevedendo l'art. 615 *quater* condotte prodromiche all' illecito di cui all'art. 615 ter, le due previsioni non concorrono, nel caso di acquisizione indebita di mezzi idonei ad accedere al sistema informatico, che costituiscono un antefatto non punibile in caso di realizzazione dell'accesso abusivo[749].
Tuttavia, il concorso si ritiene realizzabile allorché vi sia un unico soggetto agente che abbia, in precedenza, comunicato a terzi la sua *password* per consentire loro l'accesso al sistema informatico.

---

[749] C. PECORELLA, sub art. 615 quater, op. cit., p. 5999.

Bibliografia

s. ATERNO, *Aspetti problematici dell'art. 615 quater c.p.*, in *Cassazione penale*, 2000.
r. Borruso, *La tutela del documento e dei dati*, in R. Borruso, D. Buonomo, G. Corasaniti, G. D'Aietti, *Profili penali dell'informatica*, Milano, 1994.
g. D'AIETTI, *La tutela dei programmi e dei sistemi informatici*, in R. Borruso, D. Buonomo, G. Corasaniti, G. D'Aietti, *Profili penali dell'informatica*, Milano, 1994.
d. Fondaroli, *La tutela penale dei "beni informatici"*, in *Diritto dell'informazione e dell'informatica*, 1996.
p. GALDIERI, *Teoria e pratica nell'interpretazione del reato informatico*, Milano, 1997.
n. MAIORANO, *sub* art. 615 *ter*, in *Cod. pen. Padovani,* Milano;
f. Mucciarelli, *Commento all'art. 4 della legge 547 del 1993*, in *Legislazione penale*, 1996.
c. PARODI, a. CALICE, *Responsabilità penali e internet*, Milano, 2001.
c. PECORELLA, *Il diritto penale dell'informatica*, Milano, 2006.
c. PECORELLA, *sub art. 615 ter e art. 615 quater*, in L. Marinucci, E. Dolcini (a cura di), *Codice penale Commentato,* Milano, 2015.
g. PICA, *Diritto penale delle tecnologie informatiche*, Torino, 1997.

La diffusione di programmi diretti a danneggiare o a interrompere un sistema informatico

Avv. Valentina Aragona – Avv. Luca D'Amico

La *ratio* della norma e l'evoluzione storica

L'art. 615 quinques c.p. nasce con l'intento di assicurare la protezione della funzionalità dei sistemi informatici dai c.d. virus. Difatti la norma sanziona tutte quelle condotte ritenute insidiose e, potenzialmente, nocive per il corretto funzionamento dei sistemi e dei programmi[750].
In particolare, la fattispecie di reato di cui all'art. 615 *quinques* è stata introdotta dall'art. 4, l. n. 547/1993, a completamento della tutela predisposta dagli artt. 615 ter e 615 quater c.p., in quanto volta ad assicurare la repressione di quelle condotte finalizzate a minacciare la funzionalità di sistemi e programmi informatici. In particolare, oggetto di repressione sono tutti quei comportamenti adottati da soggetti che introducono, all'interno dei sistemi informatici, i cosiddetti *programmi virus,* al solo scopo di danneggiare o alterare hardware, software, dati e informazioni ricompresi all'interno del sistema, nonché di interrompere lo stesso o alternarne il funzionamento.
La previsione normativa è stata, inoltre, oggetto di sostanziali correttivi ad opera della L.18 marzo 2008, n. 48, la quale ha ratificato la sopra menzionata Convenzione del Consiglio d'Europa sulla criminalità informatica (anche conosciuta come Convenzione di Budapest).
Come già osservato in riferimento all'art. 615 *quater* c.p., anche la fattispecie in esame garantisce una tutela anticipatoria al bene giuridico tutelato dall'art. 615 ter c.p., secondo lo schema dei reati di pericolo astratto.
Tale anticipazione, ancora una volta, appare giustificata dalla rilevanza del bene giuridico tutelato e dalle pericolosità delle condotte incriminate, le quali creano un pericolo derivante non solo dall'uso dei mezzi che può essere fatto da parte del detentore, ma anche dal pericolo insito nella loro diffusione a terzi[751]. Oggetto materiale della condotta sono i sistemi informatici o telematici - per la cui definizione si rimanda a quanto già affermato nell'ambito dell'analisi dell'art. 615 ter c.p. - i dati, le informazioni e i programmi contenuti in detti sistemi.
Circa i programmi informatici è necessario che questi, ai fini della configurabilità del reato, debbano essere volti ad infettare altri programmi del sistema in modo da accedere allo stesso. Si tratta dei c.d. programmi virus, finalizzati a bypassare i

---

[750] C. PARODI, Profili penali dei virus informatici, in diritto penale contemporaneo, 2000, p. 632. La dottrina era divisa circa l'oggetto di tutela della norma in esame: da un lato esso si individuava nel corretto funzionamento delle tecnologie informatiche, dall'altro lato un diverso orientamento riteneva che la norma in esame punisse condotte prodromiche al danneggiamento *ex* art. 635 *bis* c.p., ritenendo errata la collocazione della fattispecie tra i reati contro l'inviolabilità del domicilio. Per le diverse posizioni P. GALDIERI, Teoria e pratica, *cit., p.* 160; F. MUCCIARELLI, Commento, *cit., p. 106 ss.*
[751] M.P. MONACO, sub art. 615 quinquies, in *Crespi, Forti, Zuccalà* (a cura di), *Commentario al codice penale*, p. 1731.

sistemi di protezione e riprodursi nel sistema, infettandolo[752]. Occorre, quindi, che i programmi, cui fa riferimento la norma, siano oggettivamente pericolosi anche se solo in astratto, diversamente si anticiperebbe eccessivamente la soglia di tutela penale[753].
Tale pericolosità va riferita non tanto al danneggiamento vero e proprio del sistema, quanto alla capacità dei programmi di interrompere o, in ogni caso, alterare il funzionamento del sistema stesso[754].
È controverso se, nella nozione di programma informatico, rientrino anche le istruzioni sul modo di creare un programma infetto.
Parte della dottrina ricomprende tali istruzioni nella nozione di comunicazione[755], mentre un diverso orientamento ritiene che le condotte illecite debbano avere ad oggetto, necessariamente, specifici strumenti e non semplici informazioni, diversamente arretrandosi troppo la tutela penale[756].
Sempre in riferimento all'oggetto di tutela, la norma richiama espressamente le apparecchiature ed i dispositivi dotati di capacità lesive nei confronti di sistemi e programmi da salvaguardare[757].

2. Le condotte tipiche e la struttura del reato

Le condotte tipiche della fattispecie consistono nella diffusione, nella comunicazione e nella consegna dei programmi e degli hardware sopra menzionati.
In particolare, la "diffusione" consiste nella messa in circolazione di programmi infatti, non solo tramite la rete telematica bensì anche attraverso l'introduzione materiale nel sistema[758].
La "consegna", invece, consiste nella cessione ad altri del supporto fisico contenente il programma virale. Si tratta, quindi, di un'attività potenzialmente

---

[752] Le forme di contaminazione che tali programmi possono causare sono molteplici: cancellazione totale dell'hard-disk, modifica dei file contenuti in quest'ultimo, alterazione del contenuto del video, perdita di funzionalità specifiche dei programmi o di alcuni di essi, sostituzione o alterazione di funzioni del sistema ecc. Sul punto C. PARODI, A. CALICE, Responsabilità penali, cit., p. 86 ss.

[753] L. CUOMO, R. RAZZANTE, La nuova disciplina dei reati informatici, Torino, 2009, p. 131 ss.

[754] Tra essi i cd. virus benigni che, pur senza avere effetti distruttivi, disturbano il normale funzionamento del sistema, segnalando in vario modo la loro presenza e i programmi **worm**, che si riproducono incessantemente all'interno della memoria dell' elaboratore in cui vengono inseriti causandone il progressivo esaurimento con il conseguente rallentamento delle normali funzioni del sistema- Sul punto DE PONTI, *Permanenza abusiva in un sistema informatico e uso non autorizzato dell'elaboratore: una distinzione ancora incerta*, in *Diritto di Internet*, 2005, p. 6002 ss.; G. D'AIETTI, *La tutela*, cit., p. 869; F. BERGHELLA, Computer *Crime*, Virus, Hacker: una nuova aggressività, in AA.VV., Computer *crime,* virus, *hackers*, 1989, 15 ss.

[755] G. D'AIETTI, *La tutela*, cit., p. 89.

[756] R. DE PONTI, *Permanenza abusiva*, cit., p. 6003; G. PICA, *Diritto penale*, cit., p. 100 ss.

[757] R. DE PONTI, *Permanenza abusiva*, cit., p. 6003.

[758] G. PICA, *Diritto penale,* cit., p. 100 ss.

neutra che diviene illecita solo se sorretta dal dolo specifico richiesto dalla fattispecie in esame[759].
La “comunicazione”, infine, può consistere in qualsiasi forma di esteriorizzazione preordinata alla realizzazione dei programmi virus[760].
La riforma del 2008 ha introdotto, tra le condotte sanzionate, anche il procurarsi, produrre, riprodurre e importare i programmi in questione.
Infine, la norma si conclude con la clausola di chiusura “*comunque mettere a disposizione*”, la quale è volta ad estendere la rilevanza penale a qualsiasi modalità con cui i programmi in questione vengono messi nella disponibilità di terzi da parte del soggetto agente.

3. L’elemento soggettivo e la consumazione

Sotto il profilo dell’elemento soggettivo, la legge di ratifica della Convenzione di Budapest ha trasformato il delitto in questione in reato a dolo specifico, essendo richiesta la finalità alternativa di danneggiare illecitamente un sistema informatico o telematico o i dati ivi contenuti, ovvero di favorire l’interruzione, totale o parziale, o l’alterazione del funzionamento del sistema.
L’introduzione del dolo specifico, risponde alla necessità di delimitare l’ambito di tutela penale. Infatti, il dettato della norma, facendo riferimento all’alterazione o all’interruzione del sistema, si presterebbe a ricomprendere anche effetti leciti di programmi usati legittimamente, ma che comportino fisiologicamente la modifica dei preesistenti contenuti del sistema.
La previsione del dolo specifico, quindi, è finalizzata a delimitare l’ambito sanzionatorio solo a quelle condotte, univocamente, finalizzate a danneggiare illecitamente un sistema informatico o telematico, le informazioni, i dati o i programmi in esso contenuti o ad esso pertinenti, ovvero di favorire l'interruzione, totale o parziale, o l'alterazione del suo funzionamento[761]. La consumazione del reato coincide con la mera detenzione, consapevole, dei programmi e degli altri mezzi sopra citati, mentre non è necessario che il programma o il dispositivo nocivo produca i suoi effetti, trattandosi di reato di pericolo. Come per l’art. 615 *quater* c.p., anche in tale ipotesi la configurabilità del tentativo va esclusa per evitare un eccessivo arretramento di tutela, trattandosi di un reato di pericolo astratto per come sopra delineato, in palese violazione del principio di offensività[762].

4. I rapporti con le altre fattispecie di reato e la confisca

Per quanto riguarda il rapporto con altri reati, va evidenziato che vi sono casi in cui non è facile stabilire se ricorra la norma penale in esame oppure il reato di danneggiamento consumato.

---

[759] R. DE PONTI, *Permanenza abusiva*, cit., p. 6004; G. PICA, *Diritto penale*, cit., p. 100 ss.
[760] C. PARODI, A. CALICE, *Responabilità penale*, cit., p. 88. Parte della dottrina limita la comunicazione alla sola diffusione telematica del programma R. DE PONTI, *Permanenza abusiva*, cit., p. 6004 ss.
[761] L. PICOTTI, Profili di diritto penale sostanziale, in La ratifica della Convenzione sul *Cybercrime* del Consiglio d'Europa, in Diritto penale e processo, 2008, p. 710 ss.
[762] L. PICOTTI, Profili di diritto penale, *cit., p.* 710 ss.

Tuttavia, la fattispecie di cui si discorre differisce dal danneggiamento, atteso che la stessa prescinde dal danno al sistema informatico e tutela differenti beni giuridici.
Va brevemente evidenziato, anche, come la legge 15.02.2012, n. 12 abbia introdotto nell'art. 240, comma 2, n, 1 *bis* c.p. la confisca obbligatoria per gli strumenti informatici, utilizzati per la commissione dei reati di cui agli artt. 615 *ter*, 615 *quater* e 615 *quinques* c.p.
A tal proposito, si precisa che, in attuazione della Direttiva n. 2014/42/UE in materia di confisca e congelamento dei beni strumentali e dei proventi da reato, il D.lgs. n. 202/2016 ha introdotto un secondo periodo all'interno dell'art. 240, comma 2, n. 1 *bis* c.p., estendendo così la confisca obbligatoria anche al profitto e al prodotto dei suddetti reati, anche nella forma per equivalente.

Bibliografia

F. BERGHELLA, *Computer Crime, Virus, Hacker: una nuova aggressività*, in AA. VV., *Computer crime*, *virus*, hackers, 1989, 15.
L. CUOMO, R. RAZZANTE, *La nuova disciplina dei reati informatici*, Torino, 2009.
G. D'AIETTI, *La tutela dei programmi e dei sistemi informatici*, in R. Borruso, D. Buonomo, G. Corasaniti, G. D'Aietti, *Profili penali dell'informatica*, Milano, 1994.
R. De Ponti, *Permanenza abusiva in un sistema informatico e uso non autorizzato dell'elaboratore: una distinzione ancora incerta*, in *Diritto di Internet*, 2005.
P. GALDIERI, *Teoria e pratica nell'interpretazione del reato informatico*, Milano, 1997.
M. P. MONACO, *sub art. 615 ter e art. 615 quinques*, in Crespi, Forti, Zuccalà (a cura di), *Commentario breve al codice penale*, 2008.
F. Mucciarelli, *Commento all'art. 4 della legge 547 del 1993*, in *Legislazione penale*, 1996.
C. PARODI, A. CALICE, *Responsabilità penali e internet*, Milano, 2001.
G. PICA, *Diritto penale delle tecnologie informatiche*, Torino, 1997.
L. Picotti, *Profili di diritto penale sostanziale*, in *La ratifica della Convenzione sul* Cybercrime *del Consiglio d'Europa*, in *Diritto penale e processo*, 2008.
L. PicottI, *Sistematica dei reati informatici, tecniche di formulazione legislativa e beni giuridici tutelati*, in *Il diritto penale dell'informatica nell'epoca di Internet*, Padova, 2004.

La frode informatica

Avv. Cesare Liguori

Chiunque, alterando in qualsiasi modo il funzionamento di un sistema informatico o telematico o intervenendo senza diritto con qualsiasi modalità su dati, informazioni o programmi contenuti in un sistema informatico o telematico o ad esso pertinenti, procura a sé o ad altri un ingiusto profitto con altrui danno, è punito con la reclusione da sei mesi a tre anni e con la multa da € 51 a € 1,032.
La pena è della reclusione da uno a cinque anni e della multa da € 309 a € 1.549 se ricorre una delle circostanze previste dal numero 1 del secondo comma dell'articolo 640, ovvero se il fatto è commesso con abuso della qualità di operatore del sistema.
Il delitto è punibile a querela della persona offesa, salvo che ricorra taluna delle circostanze di cui al secondo comma o un'altra circostanza aggravante.

Introduzione

Il recente sviluppo della tecnologia informatica, insieme al rapido diffondersi dell'utilizzo dei sistemi di comunicazione telematica, ha indotto il nostro legislatore ad affrontare un ambito a lui prima sconosciuto, pertanto ha introdotto nel codice penale nuove fattispecie incriminatrici, tra cui la c.d. frode informatica, che vedeva lo strumento informatico come mezzo e non come fine.
La fattispecie delittuosa della frode informatica, disciplinata dall'art. 640 *ter* c.p., è stata introdotta dalla legge n. 547 del 1993, unitamente ad altri reati c.d. informatici. Al riguardo, si è ormai soliti parlare di "reati informatici" per indicare quegli illeciti penali caratterizzati dall'utilizzo della tecnologia informatica, quale oggetto materiale del reato ovvero quale mezzo per la sua commissione.

L'oggetto della tutela

Per quanto concerne la fattispecie di cui all'art. 640 *ter* c.p., il primo aspetto da analizzare è senza ombra di dubbio quello relativo all'oggetto della tutela. In sostanza ci si deve chiedere quale sia il bene giuridico che il legislatore, nel prevedere il delitto di frode informatica, ha reputato meritevole di tutela penale.
Nello specifico, il bene tutelato è costituito non solo dal patrimonio del danneggiato, ma anche dalla regolarità di funzionamento dei sistemi informatici e dalla riservatezza che deve accompagnare l'utilizzazione.

La struttura oggettiva

La struttura oggettiva della condotta penalmente rilevante soltanto apparentemente ripropone lo schema tradizionale del delitto di truffa *ex* art. 640 c.p. poiché mancano sia l'induzione in errore del soggetto passivo, sia gli artifici o raggiri (in quanto entrambi i requisiti sembrerebbero difficilmente ipotizzabili operando sul computer, che è una macchina priva delle caratteristiche dell'essere umano).
La condotta fraudolenta, produttiva dell'altrui danno e dell'ingiusto profitto, benché possa realizzarsi in qualsiasi modo ovvero con qualsiasi modalità, deve necessariamente consistere o in una alterazione del sistema informatico o telematico oppure in un intervento non autorizzato su dati, informazioni o programmi.

In questo paragrafo ci soffermeremo sull'analisi delle due condotte alternative poste in essere per configurare la fattispecie delittuosa ex art. 640 ter c.p.
La prima condotta posta in essere dal soggetto attivo del reato consiste nell'alterazione del sistema informatico o telematico, dove per sistema informatico si intende qualsiasi macchina destinata a svolgere qualsiasi funzione utile all'uomo attraverso l'utilizzazione, anche solo parziale, di tecnologie informatiche.
Risulta ormai pacifico che un sistema c.d. informatico, per essere definito tale, deve presentare tre caratteristiche necessarie:
- la registrazione o memorizzazione, per mezzo di impulsi elettronici e su supporti adeguati, di dati rappresentati attraverso simboli (bit) numerici (codice) in combinazioni diverse;
- l'elaborazione automatica, da parte della macchina dei dati così registrati o memorizzati;
- l'organizzazione di tali dati, secondo una logica che consenta loro di esprimere un particolare significato per l'utente (utilità); [763]
Una volta chiarito il concetto di sistema informatico, si può ricavare in maniera molto più agevole la nozione di sistema telematico, poiché, si può affermare che è telematico un sistema formato da un insieme di sistemi informatici connessi tra loro attraverso una rete elettrica ovvero mediante un sistema di trasmissione via etere al fine di trasmettere e ricevere informazioni (l'esempio classico è quello di Internet).
Ora, tornando alla tematica principale, la condotta suindicata riguarda la modalità di funzionamento del sistema informatico o telematico. In particolare, sul punto, va precisato che l'intervento manipolativo può essere tale da modificare gli scopi per cui il sistema informatico è destinato, ma il reato ricorre anche quando, pur nel rispetto della destinazione del sistema, vengano manipolati i contenuti dello stesso.
Diversamente, invece, la seconda condotta, quale quella di intervento abusivo, è rivolta ai dati, alle informazioni o ai programmi installati nell'hardware. Più precisamente, va rilevato che l'intervento posto in essere, per configurare la condotta descritta dalla fattispecie ex art. 640 *ter* c.p., deve avvenire senza alcuna autorizzazione e, dunque, non solo in assenza del necessario consenso del titolare dei dati, informazioni e programmi contenuti nel sistema informatico, ma anche secondo una modalità non consentita da alcuna norma giuridica.

Elemento soggettivo del reato

In linea del tutto generale, brevemente, l'art. 42, comma 2 c.p. stabilisce che "nessuno può essere punito per un fatto preveduto dalla legge come delitto, se non l'ha commesso con dolo, salvi i casi di delitto preterintenzionale o colposo espressamente preveduti dalla legge".
Ciò premesso, con specifico riferimento all'elemento soggettivo del reato, l'art. 640 ter c.p. prevede una fattispecie delittuosa dolosa in capo al soggetto attivo, dovendosi escludere la rilevanza della colpa e della preterintenzione per l'assenza di un'espressa previsione in tal senso nel testo della norma.

---

[763] G. STALLA, *L'accesso abusivo ad un sistema informatico o telematico,* in www.penale.it.

A fronte di ciò, per quanto concerne la volontà criminosa dell'agente, la fattispecie prevista dall'art. 640 *ter* c.p. è compatibile, per la natura stessa del reato, tanto con il dolo, inteso come coscienza e volontà di alterare il funzionamento dei sistemi di intervenire indebitamente su dati, informazioni o programmi, senza dover richiedere alcuna volontà di indurre in errore o ingannare, tanto e a maggior ragione con la premeditazione. Va, invece, esclusa la compatibilità del delitto di frode informatica con il dolo d'impeto, sia per la natura del reato, poiché solitamente è richiesto del tempo per l'ideazione e per la predisposizione dei mezzi prodromici al compimento del reato, sia in quanto tale manifestazione del dolo attiene tipicamente ai reati contro la persona. Se invece considera il dolo sulla base del grado di rappresentazione dell'evento, la dottrina ritiene pacificamente che sia il dolo intenzionale che quello diretto possano integrare l'elemento soggettivo del delitto così come descritto e rappresentato. Sulla compatibilità del delitto di frode informatica con il c.d. dolo eventuale, costituente una forma molto lieve di dolo indiretto, si caratterizza dal fatto che il soggetto attivo del reato, si rappresenta l'evento del reato come possibile, non lo vuole ma ne accetta il rischio di verificazione. Infine, va esclusa, in linea di principio, la compatibilità della fattispecie della frode informatica con il dolo specifico, atteso che la norma dell'art. 640 *ter* c.p., nella sua descrizione non fa alcun tipo di riferimento al fine specifico della condotta criminosa, richiedendo solamente la sussistenza del dolo generico.

Frode informatica quale autonoma fattispecie di reato

Nel corso di questa trattazione sono stati delineati i punti nevralgici della fattispecie descritta dall'art. 640 ter c.p., pertanto appare doveroso fare un'analisi comparativa tra il delitto di truffa e il delitto di frode informati, volta ad evidenziare gli elementi differenziali così come quelli comuni tra le fattispecie descritte rispettivamente dagli artt. 640 e 640 *ter* c.p. Pertanto, si cercherà, in tal modo, di comprendere se il delitto di frode informatica costituisce una fattispecie speciale rispetto a quella di truffa ovvero se, effettivamente, va considerata come un'autonoma ipotesi di reato. A fronte di ciò, proprio in riferimento a tale aspetto, bisogna interrogarsi circa l'esistenza di un rapporto da *species* a *genus* della fattispecie di frode informatica rispetto a quella della truffa.

È chiaro che da tali considerazioni si desumono le sostanziali e rilevanti differenze che contraddistinguono la figura criminosa oggetto del nostro studio, dal reato di truffa ex art. 640 c.p.; infatti quest'ultimo è caratterizzato dalla presenza di artifizi o raggiri che determinano l'induzione in errore del soggetto passivo del reato. E' proprio l'idoneità oggettivamente ingannevole dell'azione illecita del soggetto attivo nel reato di truffa di cui all'art. 640 c.p. che contraddistingue quest'ultimo reato dalla frode informatica e, di conseguenza, l'errore in cui cade la vittima truffata che la induce a compiere un atto di disposizione patrimoniale volto a depauperare il proprio patrimonio e, contestualmente, ad arricchire ingiustamente quello del soggetto agente. La condotta fraudolenta nel reato di truffa si rivolge ad una persona e non ad un sistema informatico o telematico come nel reato di frode informatica. È' bene sottolineare che nonostante le divergenze strutturali di entrambi i reati finora analizzati, vi sono degli elementi che li accomunano e che spesso e volentieri hanno indotto parte della dottrina a considerarli illeciti penali legati da un rapporto di specialità. Si può, quindi, pacificamente affermare che tra i

sopra menzionati elementi, vi è la tutela della libertà negoziale che il nostro Ordinamento Giuridico prevede attraverso la predisposizione delle predette fattispecie normative e cioè il diritto di ciascuno di disporre liberamente del proprio patrimonio. Tutto ciò, ci consente di includere nell'ambito dei reati contro il patrimonio entrambe le fattispecie sopra analizzate, anche se appare indispensabile fare alcune precisazioni di non poco rilievo, considerando il reato di cui all'art. 640 ter c.p. come reato plurioffensivo. I beni che vengono tutelati attraverso la predetta previsione normativa sono rappresentati non solo dal patrimonio del danneggiato, ma anche dalla salvaguardia della regolarità di funzionamento dei sistemi informatici, dalla riservatezza dei dati ivi gestiti ed infine dalla stessa certezza e speditezza del traffico giuridico fondata su dati gestiti dai diversi sistemi informatici.
In conclusione quindi, è chiaro che il delitto di frode informatica assurge ad autonoma figura criminosa rispetto ad altre figure che potrebbero considerarsi simili in quanto presentanti alcuni elementi comuni, ma con rilevanti elementi strutturali differenziali.

Circostante aggravanti
Le circostanze aggravanti del delitto di frode informatica sono indicate nel secondo comma dell'art. 640 ter del c.p. nel quale si fa riferimento alle aggravanti di cui al secondo comma dell'art. 640 c.p. in tema di truffa. E' stata però aggiunta una specifica circostanza aggravante che è riferita alla commissione del reato in qualità di operatore di sistema. Le circostanze sono, quindi:
-se la truffa è commessa a danno dello Stato o di un altro ente pubblico o col pretesto di fare esonerare taluno dal servizio militare;
-se la truffa è commessa ingenerando nella persona offesa un pericolo immaginario o l'erroneo convincimento di dovere eseguire un ordine dell'Autorità;
-se la truffa è commessa con per il conseguimento di erogazioni pubbliche (contributi, finanziamenti, mutui agevolati ovvero altre erogazioni dello stesso tipo, concesse o erogate da parte dello Stato, di altri enti pubblici o delle Comunità Europee);
-se la truffa è commessa con abuso della qualità di operatore di sistema. Da rilevare che tale circostanza aggravante è prevista anche per il delitto di cui all'art. 615 ter del c.p. "Accesso abusivo ad un sistema informatico o telematico".
In merito alla definizione di operatore di sistema ci sembra che tale figura attenga sia a chi, professionalmente, opera sul sistema, quindi: programmatore, sistemista, analista, ecc., sia chi, in base alla propria posizione nell'organizzazione del lavoro ha il potere di intervenire, in maniera diretta o indiretta, sui dati o sui programmi. Tale circostanza aggravante è da valutare attentamente solo se si pensi che la maggior parte dei crimini informatici arriva non dall'esterno della struttura ma dal suo interno.
In presenza di una circostanza aggravante il reato è perseguibile d'ufficio e la pena è della reclusione da uno a cinque anni e della multa da 309 euro a 1549 euro.

Bibliografia
G. STALLA, *L'accesso abusivo ad un sistema informatico o telematico,* in www.penale.it.

Il falso informatico

Avv. Paolo Piccinini

Il reato di falso informatico è inserito all'art. 491 bis del codice penale alla fine del capo III del titolo VII del libro II, a mente del quale: "se alcuna delle falsità previste dal presente capo riguarda un documento informatico pubblico avente efficacia probatoria si applicano le disposizioni del capo stesso concernente gli atti pubblici". Tale norma è stata inserita nel codice penale per effetto della Legge 23 dicembre 1993, n. 547 (art. 3) al fine di estendere la disciplina della falsità anche ai documenti informatici.

Quindi il legislatore del 93 ha inteso attribuire la natura di documenti informatici ai supporti, di qualunque genere essi siano, contenenti dati, informazioni o programmi, certo per questi documenti si porrà il problema di individuare l'autore della loro paternità, la c. d. riconoscibilità dell'autore.[764] Il bene tutelato in via immediata è la "fede pubblica", vale a dire l'interesse a che i mezzi probatori siano genuini e veridici e alla certezza dei rapporti economici e giuridici. L'interesse in questione si presenta di primaria importanza, ove si tenga conto dell'attuale rapidità, con cui avvengono le transazioni economiche fra gli operatori del mercato, anche in ragione dell'utilizzo sempre più diffuso e capillare dei mezzi informatici. Peraltro, limitare l'individuazione del bene – interesse giuridico protetto alla sola fede pubblica non sembra sufficiente per "coprire" l'intera gamma dei valori tutelati con i delitti di falso in generale. La presenza di una serie assai vasta di delitti contro la fede pubblica porta la dottrina a considerare connaturale a tale ampiezza di disciplina il carattere plurioffensivo dei delitti di falso, documentale e non. Ne discende che, accanto all'indiscussa e indiscutibile rilevanza della fede pubblica come paradigma, attraverso il quale si riserva il dovuto spazio all'esigenza di attendibilità e sicurezza dei traffici giuridici, si affianca la tutela d'interessi ulteriori, che rilevano di volta in volta, in relazione alla peculiare fattispecie di falso, che viene in considerazione nel caso concreto, e allo specifico utilizzo che del documento è fatto nella singola vicenda [765]

Ed invero, a stretto rigore, oggetto della falsificazione non possono dirsi i supporti, per la loro intrinseca modificabilità, ma i dati o informazioni in essi contenute, tanto è vero che il legislatore ha sentito l'esigenza di meglio specificare la nozione di documento informatico che con il regolamento approvato con DPR 10 novembre 1997 n. 513 ha individuato il documento informatico, anziché nel supporto, nella rappresentazione informatica di atti, fatti o dati giuridicamente rilevanti (art. 1 lett. a). Inoltre, il medesimo decreto, ha esteso al documento informatico, sottoscritto con firma digitale, l'efficacia di scrittura privata, ai sensi dell'art. 2702 del Codice civile; ha esteso, inoltre, al documento informatico l'efficacia probatoria, prevista dall'art. 2712 Codice civile, per le riproduzioni meccaniche e ha consentito l'uso del documento informatico per la tenuta delle scritture contabili previste dall'art. 2214 Codice civile. Con riferimento al trattamento sanzionatorio applicabile in caso di

---

[764]C. SARZANA DI SANT'IPPOLITO, *Documento informatico: aspetti penalistici* in *Unisi.it*.

[765]S. MAGRA, *I delitti di falso documentale: elemento soggettivo e limiti di ammissibilità del c. d. "falso per omissione"*, in *Overlex*, 09.09.2005.

violazione dell'art. 491 bis C.P., occorrerà fare riferimento alla disciplina prevista dal capo III del Codice penale in tema di falsità in atti, che prevede pene di entità diversa a seconda della gravità e dell'oggetto della violazione. La difficoltà di contenere nell'ambito dell'art. 640 C.P. – che prevede il reato di truffa – le analoghe violazioni di carattere informatico, ha indotto il legislatore a ritenere la necessità di creare una nuova fattispecie di reato, definito "frode informatica", nella quale la comune condotta di artificio e raggiro è più specificatamente integrata dall'alterazione di un sistema informatico o telematico; la legge 547/93, infatti, ha introdotto l'art. 640 ter Codice penale a mente del quale: "chiunque, alterando in qualsiasi modo il funzionamento di un sistema informatico o telematico o intervenendo senza diritto con qualsiasi modalità su dati, informazioni o programmi contenuti in un sistema informatico o telematico o ad esso pertinenti, procura a se o ad altri un ingiusto profitto con altrui danno, è punito con la reclusione da sei mesi a tre anni e con la multa da € 51 a € 1.032". La pena prevista da I° comma dell'art. 640 ter è aumentata da uno a cinque di reclusione e da € 309 a € 1.549 se il fatto è commesso in danno dello Stato o di altro ente pubblico, ovvero se il fatto è commesso con abuso della qualità di operatore del sistema. Nel reato di frode informatica l'azione ingannevole, oggetto del reato, è attuata mediante la manipolazione dei sistemi informatici (hardware e software), alterandone o guidandone il funzionamento, al fine di raggiungere un profitto illecito e, in ogni caso, finalità diverse da quelle volute dal legittimo titolare del sistema e all'insaputa di questi. Il reato, richiede per la sua realizzazione il dolo generico e deve riferirsi sia alle modalità della condotta (cosciente e volontaria manipolazione del sistema), che al perseguimento dell'oggetto materiale, (coscienza e volontà di perseguire un profitto ingiusto con altrui danno), il reato è punibile a querela della persona offesa, così come previsto dal III° comma dell'art. 640 C.P., un caso particolare di frode informatica concerne i sistemi di pagamento mediante carte di credito o bancomat il quale può realizzarsi mediante manipolazione o alterazione del software che gestisce il sistema[766].
Si tratta di una definizione "oggettiva" del falso, che perciò consente di prevedere per estensione almeno una serie di ipotesi penalmente rilevanti quali quelle previste dagli artt. 476 - 493 bis C.P. concernenti atti pubblici e privati. Tuttavia la particolare strutturazione della norma limita la nozione di "falso" alla avvenuta alterazione del dato informativo contenuto nel documento informatico solo qualora vi sia o sia documentabile una alterazione del "supporto" contenente dati o informazioni aventi efficacia probatoria oltre che nei programmi specificatamente destinati alla relativa elaborazione. Analizzando il capo III del codice penale sembrano ipotizzarsi più ipotesi di reato informatiche e forse commesse attraverso sistemi informatici così la falsità materiale in atti pubblici commessa da pubblico ufficiale (artt. 476-491 bis C.p.), o da privato (artt. 476-482-491 bis C.p.), più complessa la questione della prospettazione di una falsità ideologica informatica (artt. 479-480-481-491 bis C.p.) posto che in questo caso oggetto di falsificazione non è l'atto nella sua materialità ma la circostanza che il pubblico ufficiale (o il

---

[766] 101PROFESSINISTI, *Falsità in documento informatico e frode informatica,* in *101 Professionisti.it.*

privato) attesti falsamente che il fatto è stato da lui compiuto o in sua presenza o attesti per esempio come a lui ricevute dichiarazioni mai rese o fatti per i quali l'atto è destinato a provare la verità.[767]

Bibliografia

101PROFESSIONISTI.IT, *Falsità in documento informatico e frode informatica* in *101 Professionisti.it.*
G. CORASANITI, *Il vero problema del falso informatico,* in Interlex, 21.11.1997.
S. MAGRA, *I delitti di falso documentale: elemento soggettivo e limiti di ammissibilità del c.d. "falso per omissione"*, in Overlex, 09.09.2005.
C. SARZANA DI SANT'IPPOLITO, *Documento informatico: aspetti penalistici – Unisi.it.*

[767]G. CORASANITI, *Il vero problema del falso informatico*, in *Interlex*, 21.11.1997.

Le false dichiarazioni del certificatore

Dott.ssa Filomena Agnese Chionna

In seguito alla diffusione delle tecniche informatiche, al progressivo utilizzo delle firme elettroniche e al relativo processo di certificazione, è stato dato atto che la diffusione di tale fenomeno avrebbe potuto ingenerare la non punibilità di taluni reati.
Ne consegue la previsione della rilevanza penale della condotta di chiunque dichiari o attesta falsamente al certificatore determinate informazioni.
Alla stregua di ciò, è stata imposta l'adozione e l'attuazione a livello nazionale e sovranazionale di politiche idonee a contrastare tale fenomeno, in particolare, l'articolo 495 bis c.p., è stato inserito in seguito alla legge 48/2008, la quale ha ratificato la Convenzione di Budapest in tema di criminalità informatica.
Va correttamente delineato il quadro normativo di riferimento, tale ultimo è desumibile dall'art 495 bis c.p., il quale sancisce che: "*Chiunque dichiara o attesta falsamente al soggetto che presta servizi di certificazione delle firme elettroniche l'identità o lo stato o altre qualità della propria o dell'altrui persona è punito con la reclusione fino ad un anno*".
Il bene giuridico tutelato dalla fattispecie penale incriminatrice è la pubblica fede documentale informatica, così come l'interesse generale dello Stato ad acquisire dei dati personali corretti al fine di stabilire con esattezza l'identità, lo stato, le qualità di una persona fisica.
La ratio ad essa sottesa è inoltre desumibile dalla collocazione sistematica di tale articolo, contenuta nel libro II dei delitti in particolare, nel titolo dedicato ai delitti contro la fede pubblica, nonché, nel capo relativo alla falsità personale.
L'art 495 bis c.p., si qualifica come reato comune, in quanto il soggetto attivo che realizza il fatto descritto dalla norma incriminatrice non richiede particolari qualifiche, essendo lo stesso individuato con la locuzione "chiunque".
Si osserva che l'azione lesiva pericolosa si ripercuote difatti su un interesse che la norma penale intende proteggere così come in precedenza evidenziato, di conseguenza, è possibile individuare il soggetto passivo del reato, ossia il soggetto che presta servizi di certificazione delle firme elettroniche, titolare dell'interesse tutelato.
Salvo poi ad individuare correttamente il certificatore di firme elettroniche, potendo definire come colui che presta servizi di certificazione delle firme elettroniche e che fornisce altri servizi connessi con quest'ultime ovvero rilascia certificati idonei ad attribuire validità alle firme elettroniche e digitali, le quali, a determinate condizioni di legge, sostituiscono la firma materiale, nonchè timbri, sigilli, etc., la cui disciplina è contenuta nel "Codice dell'amministrazione digitale – Decreto Legislativo 7 marzo 2005, n. 82 pubblicato in Gazzetta Ufficiale del 16 maggio 2005, n. 112 dall'art 26 all'art 32.
Ai fini della configurabilità della fattispecie è necessaria la sussistenza di determinati presupposti. In merito all'elemento oggettivo la condotta prevista dalla fattispecie in esame, può articolarsi in dichiarazioni o attestazioni rese falsamente.
In merito all'elemento soggettivo del reato l'orientamento maggioritario ritiene necessario la sussistenza del dolo generico, sul rilievo secondo cui è sufficiente la

volontà di porre in essere la condotta, con la consapevolezza della idoneità della medesima alla produzione del'evento.
In particolare, trattasi della coscienza e nella volontà di rendere delle dichiarazioni difformi dal vero su qualità personali o altrui giuridicamente rilevanti nei confronti di un soggetto altamente qualificato che presta dei servizi di certificazione delle firme elettroniche.
Inoltre, si tratta di un reato avente natura di pericolo concreto, perché richiede l'offesa in senso giuridico del bene protetto.
Il delitto si consuma nel momento in cui viene resa la falsa dichiarazione, attestazione della propria identità o lo stato o altre qualità della propria oppure dell'altrui persona al soggetto che presta servizi di certificazione delle firme elettroniche.
Si deve rilevare, inoltre, che il tentativo, per il delitto previsto e punito dall'art. 495 bis c.p., è configurabile nell'ipotesi in cui l'iter della dichiarazione venga interrotto prima della sua definizione.
Giova evidenziare gli aspetti procedurali del reato di cui in oggetto, si tratta di un reato di competenza del Tribunale in composizione monocratica (art. 33-ter), che è procedibile d'ufficio (art. 50 c.p.p.), dove le misure precautelari dell'arresto e del fermo e le altre misure cautelari personali coercitive ed interdittive non sono consentite.
In conclusione, affinché si realizzi la condotta delittuosa prevista dall'art. 495 bis c.p. occorre che il soggetto agente si attribuisca, oppure attribuisca ad altre persone, espressamente, in una dichiarazione rilasciata ad un soggetto che presta dei servizi di certificazione delle firme elettroniche una qualità personale di cui egli od altri non ne sono in possesso.

Il danneggiamento di informazioni, dati o programmi informatici, di sistemi informatici o telematici, anche se utilizzati dallo Stato o da altro ente pubblico

Avv. Domenico Di Leo

Introduzione

I delitti previsti e puniti dagli artt. 615 *ter*, 615 *quater* e 615 *quinquies* c.p. sono stati introdotti nel nostro ordinamento giuridico dalla l. 547/93, nella sezione dedicata alla tutela dell'inviolabilità del domicilio. In realtà, l'inserimento di queste tre nuove fattispecie che mirano a tutelare l'integrità, la detenzione e l'uso dei sistemi informatici e telematici nell'ambito della tutela del domicilio sembra inopportuno perché le condotte perseguite non integrano altrettante modalità di violazione dei luoghi di privata dimora ma connotano quelle forme di offesa alla *privacy* che interferiscono su strumenti capaci di favorire tecniche di lavoro intellettuale, di conservare e trasferire elaborati, di proteggere la notizia ed il pensiero[768].

Per '*sistema*' si intende una '*pluralità di apparecchiature destinate a compiere una qualsiasi funzione utile all'uomo, attraverso l'utilizzazione (anche in parte) di tecnologie informatiche. Queste ultime sono caratterizzate dalla registrazione o memorizzazione, per mezzo di impulsi elettronici, su supporti adeguati, di dati, cioè di rappresentazioni elementari di un fatto, effettuata attraverso simboli (bit) numerici (codice), in combinazioni diverse: tali dati, elaborati automaticamente dalla macchina, generano le informazioni costituite da un insieme più o meno vasto di dati organizzati secondo una logica che consenta loro di attribuire un particolare significato per l'utente*'[769]. Il sistema informatico è costituito da un complesso di apparecchi e programmi utili ad acquisire in modo automatico ed elaborare le informazioni. Gli apparecchi sono rappresentati dagli elaboratori o *computers*, strumenti capaci di raccogliere, analizzare, aggregare, separare, ordinare, sintetizzare i dati forniti[770]. Il sistema telematico invece è un mezzo che collega gli elaboratori fra di essi utilizzando la rete telefonica, operando un decentramento dell'elaborazione e trasmissione dei dati, attraverso una rete di terminali utilizzando appositi *modem*[771] che è uno strumento atto a codificare e decodificare i segnali.

Accesso abusivo ad un sistema informatico o telematico (art. 615ter c.p.).

Questo articolo esprime l'esigenza di difesa della riservatezza, quale bene giuridico tutelato nella Grundnorm italiana, all'art. 2. La punibilità a querela si spiega col fatto che si tratta di un diritto disponibile. La norma in esame punisce qualsiasi tipo

---

[768] In questo senso, F. ANTOLISEI, *Manuale di diritto penale, Parte speciale*, Vol. I, Torino, Giuffrè Editore, pp. 235 ss. si perviene a tali conclusioni laddove si acceda ad un concetto di riservatezza molto ampio che, travalicando i ristretti limiti della protezione dell'interesse alla conoscenza esclusiva delle vicende proprie, giunge a ricomprendere e tutelare l'interesse all'utilizzazione senza interferenze dall'esterno di dati e cognizioni prodotti dal lavoro intellettuale del soggetto sui quali si intende mantenere il riserbo.

[769] Cass. Pen., Sez. VI, sentenza n. 3067/1999.

[770] Cfr. F. ANTOLISEI, op. cit., p. 235.

[771] Modulatore – demodulatore.

di interferenza, che sia resa possibile dallo sviluppo tecnologico, nel programma o nella memoria dei sistemi informatici o telematici non 'aperti' ma 'protetti' attraverso l'impiego di chiavi elettroniche di ingresso o codici di accesso, comunque denominate, o con l'impiego di altri mezzi di protezione che rendano chiara l'intenzione del titolare dello *ius excludendi* di impedire o regolare l'accesso al sistema[772]. L'avverbio 'abusivamente' è suscettibile di un'interpretazione elastica oltre ogni limite, richiedendo un'antigiuridicità speciali: come si dirà più avanti, l'abusività deve essere valutata in concreto e con riferimento all'accesso o alla permanenza dell'agente nel sistema. Siccome si tratta di un reato istantaneo, la consumazione avviene nel momento in cui l'accesso abusivo ha luogo. Nel caso di permanenza abusiva, la consumazione avverrà quando il titolare del diritto di esclusione manifesti la volontà di esercitarlo, in maniera espressa o tacita se sussistono elementi certi in ordine ad una conforme volontà tacita desumibile da atti o fatti. L'elemento psicologico richiesto è il dolo generico consistente nella cosciente e volontaria ingerenza nel sistema, sapendo che esso è protetto da misure di sicurezza, o nella permanenza all'interno del sistema, malgrado l'esercizio del diritto di esclusione da parte dell'avente diritto. Le quattro aggravanti previste non pongono problemi interpretativi e rendono il delitto procedibile d'ufficio.

Detenzione e diffusione abusiva di codici di accesso a sistemi informatici o telematici (art. 615 quater c.p.)

Questa previsione normativa punisce la condotta di colui che, per procurare a sé o ad altri un profitto o di arrecare ad altri un danno, si ingerisce in un sistema informatico o telematico senza il consenso del titolare dello *ius excludendi* per superare le misure di sicurezza la cui predisposizione rende palese la volontà ostativa del titolare medesimo. La norma punisce altresì la condotta di colui che rivesta il ruolo di compartecipe, ben oltre i limiti delle norme codicistiche che regolano il concorso di persone nel reato, per il solo fatto di aver fornito al soggetto agente notizie e informazioni utili per ingerirsi nel sistema informatico o telematico. In ordine agli aspetti relativi alla consumazione, all'elemento psicologico e alle aggravanti, valgono le considerazioni svolte per l'art. 615 ter c.p.

Diffusione di programmi diretti a danneggiare o interrompere un sistema informatico (art. 615 quinquies)

Questa norma punisce la condotta dell'agente – realizzabile ponendo in essere molteplici modalità – volta ad usare programmi studiati per danneggiare i sistemi informatici o telematici, i dati o i programmi in essi contenuti o ad essi pertinenti ovvero di interromperne o alterarne il funzionamento. Per configurare la fattispecie, è sufficiente la comunicazione o consegna o diffusione del c.d. programma di disturbo, portatore del virus che contamina il sistema[773]. L'elemento psicologico

---

[772] Sul punto, si veda *infra*.

[773] Si vedano, C. RABAZZI, *Il reato di diffusione di virus informatici nella dottrina e nella giurisprudenza* nazionale, in *Giur. merito* 2006, pp.1227 ss; F. G. CATULLO, *Il caso Vierika: un'interessante pronuncia in materia di virus informatici e prova penale digitale. I profili sostanziali*, in *Diritto dell'Internet* 2006, pp. 160 ss; C. PARODI, *Profili penali dei virus informatici*, in *Dir. pen. e processo*, 2000, p. 632.

richiesto è il dolo, consistente nella previsione e volizione, cosciente e volontaria, di usare il programma portatore del virus con lo scopo di danneggiare il sistema informatico o telematico o i dati o i programmi in esso contenuti o ad esso riconducibili, interrompendone o alterandone il funzionamento.

Brevi osservazioni sui reati informatici

In relazione alla fattispecie incriminatrice descritta dall'art. 615 *ter* c.p., *supra* brevemente descritta, occorre rilevare l'esistenza di un problema interpretativo circa la possibilità o meno di ritenere integrata la condotta criminosa nel caso in cui il soggetto agente, pur avendo effettuato l'accesso in modo lecito nel sistema informatico o telematico, persegua una finalità diversa da quella per cui gli era stata precedentemente concessa la facoltà di accesso.
Gli orientamenti che si sono registrati sul punto sono stati due, almeno fino a quando non si sono pronunciate le Sezioni Unite della S.C.
Secondo un primo orientamento, la condotta criminosa descritta nell'art. 615 *ter* c.p. è integrata allorquando il soggetto agente, benchè autorizzato – per il perseguimento di una determinata finalità – all'accesso da colui che è titolare dello *ius excludendi*, utilizzi l'autorizzazione per una finalità diversa, venendo meno alla condizione alla cui esistenza era subordinata l'autorizzazione. In altre parole, proponendo un'interpretazione estensiva del primo comma dell'art. 615 *ter* c.p., questo orientamento ritiene configurata la fattispecie criminosa non soltanto quando si è in presenza di un accesso abusivo in un sistema informatico ma anche quando l'accesso non è abusivo *ab initio* ma lo diventa perché il soggetto agente mantiene l'accesso contro la volontà, espressa o tacita del titolare del diritto di esclusione: in questo secondo caso, l'accesso diventa abusivo perché il perdurare dello stesso avviene per ragioni diverse da quelle dichiarate in precedenza.
Altro orientamento ermeneutico propone una diversa lettura della norma contenuta nel primo comma dell'art. 615 *ter,* ritenendo integrata la fattispecie delittuosa soltanto nel caso in cui abbia luogo un accesso abusivo, effettuato dal soggetto agente privo di ogni autorizzazione mentre sarebbe lecita la condotta del soggetto agente che effettua l'accesso per finalità estranee al suo ufficio o addirittura illecite.
Sul contrasto fra i due orientamenti sono intervenute le Sezioni Unite con la sentenza n. 4694 del 7 febbraio 2012, affermando che ' la condotta di accesso o di mantenimento nel sistema, posta in essere da un soggetto abilitato che vìoli i limiti risultanti dal complesso delle prescrizioni impartite dal titolare, integra la fattispecie di cui all'art. 615 *ter* c.p. Invero, le condotte di accesso e di mantenimento nel sistema assumono rilevanza penale sia quando il soggetto agente vìola le indicazioni del titolare del sistema sia quando compie attività di natura ontologicamente diversa da quelle per cui gli era stato consentito l'accesso. In questo secondo caso, il soggetto agente va oltre l'autorizzazione, in quanto assume rilevanza penale la violazione oggettiva delle indicazioni fornite dal titolare dello *ius excludendi*, violazione che implica il dissenso del titolare medesimo.

Il primo orientamento

Un primo orientamento ritiene che la fattispecie criminosa è integrata dal soggetto agente che, pur essendo abilitato all'accesso al sistema informatico o telematico, vi si introduca con la password di servizio per raccogliere dati protetti al fine di raggiungere finalità estranee alle ragioni istituzionali e agli scopi sottostanti alla protezione dell'archivio informatico, utilizzando il sistema per finalità diverse da quelle consentite. Questa prospettiva esegetica ritiene che la condotta tipica è realizzata sia dall'introduzione abusiva nel sistema che dalla permanenza abusiva nel sistema, contro la volontà di chi è titolare dello *ius excludendi* e la volontà contraria è desunta tacitamente quando il soggetto agente persegua una finalità illecita incompatibile con i motivi che hanno invece portato a concedere l'autorizzazione.

Questa impostazione risente della ricostruzione dei reati informatici sulla falsariga della fattispecie della violazione di domicilio, sulla considerazione per cui entrambi i delitti sono caratterizzati dalla manifestazione di una volontà contraria a quella del titolare del diritto di ammettere o escludere l'accesso e consentire la permanenza. Di conseguenza, se il titolo di legittimazione all'accesso è utilizzato dal soggetto agente per raggiungere finalità diverse da quelle consentite, è configurata la fattispecie criminosa allorquando l'agente, autorizzato ad entrare in un sistema informatico o telematico, vi permanga contro la volontà del titolare. Questo orientamento punisce l'uso difforme del sistema informatico o telematico più che l'accesso ad esso.

La Quinta Sezione della S.C. ha proposto la ricostruzione della fattispecie criminosa in parola sin dal 2000[774], quando si è occupata della condotta di chi, autorizzato al solo accesso '*per controllare la funzionalità del programma informatico*', aveva utilizzato l'autorizzazione '*per copiare i dati inseriti in quel programma*', osservando che '*il delitto di violazione di domicilio ha prestato il modello a questi nuovi reati al punto da parlare di un domicilio informatico*'.

In altre pronunce, la Quinta Sezione ha confermato tale orientamento[775] ed è giunta ad affermare che 'la norma in parola tutela molti beni giuridici e interessi eterogenei, quali il diritto alla riservatezza, diritti di carattere patrimoniale declinato come il diritto all'uso indisturbato dell'elaboratore per perseguire fini di carattere economico e produttivo, interessi pubblici rilevanti, quali quelli di carattere militare o sanitario, oltre quelli inerenti all'ordine pubblico e alla sicurezza, che potrebbero essere messi in pericolo da accessi e/o manomissioni non autorizzate[776]. La Quinta Sezione S.C. continua affermando che non può esservi alcun dubbio sul fatto che fra i beni e gli interessi tutelati assume rilevanza la tutela del diritto alla riservatezza e

---

[774] Sentenza n. 12732 del 7/11/2000, Zara.

[775] Sentenza n. 30663 del 4/5/2006, Grimoldi, ivi.

[776] Sentenza n. 37322 del 8/7/2008, Bassani. In questa pronuncia, la S.C. ha affermato che '*la violazione dei dispositivi di protezione del sistema informatico non assume rilevanza di per sé perché non si tratta di un illecito caratterizzato dall'effrazione di sistemi protettivi bensì solo come manifestazione di una volontà contraria a quella di chi del sistema legittimamente dispone... l'accesso al sistema è consentito dal titolare per determinate finalità, cosicché se il titolo di legittimazione all'accesso viene dall'agente utilizzato per finalità diverse da quelle consentite non vi è dubbio che si configuri il delitto in discussione, dovendosi ritenere che il permanere nel sistema per scopi diversi da quelli previsti avvenga contro la volontà che può, per disposizione di legge, anche essere tacita, del titolare del diritto di esclusione*'.

alla protezione del domicilio informatico[777], inteso quale estensione ideale del domicilio materiale. Ad avviso di questo orientamento, la giustezza delle rassegnate conclusioni trova una solida conferma nella scelta effettuata dal Legislatore il quale, con la l. 23 dicembre 1993 n. 547, ha collocato i computer's crimes nella sezione concernente i delitti contro la inviolabilità del domicilio; inoltre, nella relazione al disegno di legge, i sistemi informatici sono stati definiti un'espansione ideale dell'area di rispetto pertinente al soggetto interessato, garantite dall'art. 14 Cost. e penalmente tutelata, in tutti i suoi aspetti, dagli artt. 614 e 615 c.p.[778]

Il secondo orientamento

Del tutto difforme è l'altro orientamento che esclude la configurabilità del delitto previsto e punito dall'art. 615 *ter* c.p. quando la condotta posta in essere dall'agente sia assistita dal consenso del titolare dello *ius excludendi*, pure nel caso in cui l'agente si avvalga dell'introduzione consentita per perseguire finalità estranee all'autorizzazione ad accedere, ferma restando l'eventuale responsabilità dell'agente laddove le ulteriori condotte abbiano una rilevanza penale. Tale orientamento afferma che innanzitutto la sussistenza della volontà contraria dell'avente diritto – di cui parla la norma – deve essere verificata con esclusivo riferimento al risultato immediato della condotta posta in essere dall'agente effettuando l'accesso al sistema informatico o telematico e con il mantenervisi, non rilevando i fatti successivi. Questi potranno concretizzarsi nell'uso illecito dei dati e questa condotta potrà essere ragionevolmente presa in considerazione soltanto se e nei limiti in cui essa sarà autonomo oggetto di previsione e volizione da parte dell'agente. In altre parole, questo orientamento afferma che la fattispecie penale sarà integrata quando la condotta di accesso e permanenza posta in essere dall'agente nel sistema informatico o telematico sarà priva dell'autorizzazione del titolare dello *ius excludendi*: l'uso illecito dei dati è un elemento ulteriore ed estraneo alla fattispecie penale e rileverà se e nella misura in cui tale uso, connotato dalla illiceità della previsione e della volizione, si concretizzi.

Questo orientamento trae un'ulteriore argomentazione dalla formula della norma '*abusivamente si introduce*': spogliando la formula da ogni possibile connotazione ambivalente cosicché, evitando ogni interpretazione estensiva dell'avverbio, la formula indicata deve essere interpretata in modo restrittivo di 'accesso non autorizzato': tale interpretazione è molto vicina all'espressione contenuta nella c.d. 'lista minima' di cui alla Raccomandazione R (89)9 del Comitato dei Ministri del

---

[777] Cass. Pen. Sez. VI, ud. 4 ottobre 1999, dep. 14 dicembre 1999, n. 3067, definisce il *domicilio informatico* come ' *lo spazio ideale (ma anche fisico in cui sono contenuti i dati informatici) di pertinenza della persona,che deve essere salvaguardato al fine di impedire non solo la violazione della riservatezza della sfera individuale ma qualsiasi tipo di intrusione anche se relativa a profili economico – patrimoniali dei dati*'. Nella relazione al disegno di legge sui computer's crimes, per *domicilio informatico* si intende '*l'espansione ideale dell'area di rispetto pertinente al soggetto interessato, garantita dall'art. 14 Cost. e penalmente tutelata nei suoi aspetti più essenziali e tradizionali dagli artt. 614 e 615 c.p.*'

[778] Più ampiamente, si veda R. GAROFOLI, *Corso di Magistratura – Penale, Capitolo IV, Divieto di analogia in materia penale*, Secondo Volume – Dicembre/Gennaio, Neldiritto Editore, 2013.

Consiglio d'Europa[779], sulla criminalità informatica, e dalla Convenzione del Consiglio d'Europa sulla criminalità informatica[780]. Trattandosi di disposizioni di legge sovranazionali trasfuse nel nostro ordinamento giuridico, di esse va preferita la lettura e l'attuazione più conformi a tali disposizioni.

Con sentenza n. 2534 del 2007[781], la Quinta Sezione ha affermato che '*non integra il reato di accesso abusivo ad un sistema informatico la condotta di coloro che si introducano nel sistema denominato S.D.I. (banca dati interforze degli organi di polizia), considerato che si tratta di soggetti autorizzati all'accesso e, in virtù del medesimo titolo, a prendere cognizione dei dati riservati contenuti nel sistema, anche se i dati acquisiti siano stati trasmessi ad una agenzia investigativa, condotta quest'ultima ipoteticamente sanzionabile per altro e diverso titolo*'[782]. La S.C. continua affermando che ' *se dovesse ritenersi che, ai fini della consumazione del reato, basti l'intenzione, da parte del soggetto autorizzato all'accesso al sistema informatico ed alla conoscenza dei dati ivi contenuti, di fare poi un uso illecito di tali dati, ne deriverebbe l'aberrante conseguenza che il reato non sarebbe stato escluso neppure se poi quell'uso, di fatto, magari per un ripensamento da parte del medesimo soggetto agente, non vi fosse più stato*[783]'.

La sentenza n. 26797[784] ripercorre le tracce già indicate nel senso appena esposto, giungendo all'esclusione del delitto in parola quando l'agente abbia effettuato un accesso abusivo o una permanenza indebita nel sistema informatico o telematico, oltre i tempi e/o le modalità indicate, nei registri informatizzati dell'amministrazione giudiziaria poiché l'interrogazione del sistema era stata compiuta con l'utilizzo di una password legittimamente posseduta dal soggetto agente[785].

La Sesta sezione[786] giunge ad analoghe conclusioni partendo dal dato normativo che indica due modalità alternative di commissione de reato: da un lato, la norma punisce l'introduzione abusiva in un sistema informatico o telematico protetto da

---

[779] Questa Raccomandazione è stata approvata il 13 settembre 1989 e ratificata in Italia con la l. 547/93: in questa raccomandazione, si parla correttamente di 'access.....without right', appunto 'accesso senza diritto'.

[780] Si tratta della Convenzione sui cyber's crimes stipulata a Budapest il 23 novembre 2001 e ratificata in Italia con l. 18 marzo 2008 n. 48.

[781] Si tratta della pronuncia n. 2534/2007, dep. 2008, del 20/12/2008, Migliazzo.

[782] Cfr. sent. n. 2534/2007, ivi.

[783] Cfr. sent. n. 2534/2007, ivi.

[784] È la pronuncia del 29/5/2008, Scimia, con la quale si è esclusa la configurabilità della condotta di cui all'art. 615 *ter* c.p. nel caso del funzionario di cancelleria il quale, legittimato ad accedere al sistema informatico dell'amministrazione della giustizia in virtù della sua qualifica, lo aveva fatto al fine di acquisire notizie riservate che aveva indebitamente rivelato a terzi con i quali era d'accordo. La descritta condotta ha integrato gli estremi del solo delitto previsto dall'art. 326 c.p., rubricato 'rivelazione di segreto d'ufficio'.

[785] È appena il caso di notare che laddove vigesse una norma di organizzazione interna alla cancelleria che impedisse all'addetto di accedere al registro generale per il sol fatto di essere addetto ad una sezione dell'ufficio giudiziario, saremmo di fronte ad una norma contraria al buon andamento e organizzazione dell'ufficio, stante la necessità di consultazione di un ufficio giudiziario.

[786] Sentenza 8/10/2008, n. 39290, Peparalo.

misure di sicurezza e, dall'altro lato, punisce la permanenza nel predetto sistema contro la volontà, espressa o tacita, di chi ha lo *ius excludendi*. Afferma la S.C. che l'abusività della condotta deve essere valutata in concreto e non in astratto, con riferimento al momento dell'accesso e alle modalità utilizzate dall'agente per neutralizzare e misure di sicurezza apprestate a difesa del sistema dal titolare del diritto di esclusione. Il reato è integrato dall'accesso non autorizzato nel sistema informatico, mettendo così a rischio la riservatezza del domicilio informatico, a prescindere dallo scopo ulteriore che si propone l'agente. Questo profilo avrà rilevanza penale se integra gli estremi di una diversa fattispecie di reato.

Le sezioni unite

I due corni del contrasto, così come brevemente tratteggiati, sono stati ricomposti dall'intervento delle Sezioni Unite[787] della S.C. le quali hanno escluso che la finalità perseguita dall'agente possa rilevare in qualche modo, dovendo avere riguardo alla connotazione, in termini alternativi di liceità o abusività, dell'accesso o della permanenza dell'agente nel sistema informatico o telematico. Esclusa la rilevanza del profilo psichico dell'agente in ordine alla finalità perseguita con l'accesso abusivo o con la permanenza non autorizzata, ne deriva che occorre focalizzare l'attenzione sull'aspetto oggettivo: l'accesso o la permanenza in un sistema non potranno essere considerati legittimi se risultano violati i limiti risultanti dalle prescrizioni impartite dal titolare dello *ius excludendi* o se l'agente pone in essere operazioni 'di natura ontologicamente diversa da quelle di cui egli era incaricato ed in relazione alle quali l'accesso era a lui consentito'.[788] In tali situazioni, risulta violato il titolo autorizzativo dell'accesso e della permanenza nel sistema il soggetto agente opera illegittimamente perché il titolare del sistema medesimo ne ha consentito l'accesso solo a determinate condizioni, in assenza o violando le quali ogni attività compiuta nel sistema non può essere ritenuta assentita dall'autorizzazione ricevuta. Ne deriva che l'agente che acceda ad un sistema informatico o telematico in perfetta osservanza dell'autorizzazione ricevuta e nei limiti da essa tracciati, non realizza il delitto in parola. Diversamente, '*integra la fattispecie criminosa di accesso abusivo ad un sistema informatico o telematico protetto, prevista dall'art. 615 ter c.p., la condotta di accesso e di mantenimento nel sistema posta in essere da soggetto che, pur essendo abilitato, vìoli le condizioni e i limiti risultanti dal complesso delle prescrizioni impartite dal titolare del sistema per delimitarne oggettivamente l'accesso. Non hanno rilievo, invece, per la configurazione del resto, gli scopi e le finalità che soggettivamente hanno motivato l'ingresso nel sistema*'[789].

---

[787] Sentenza S.U., 7 febbraio 2012, n. 4694.

[788] Cfr sent. 4694/2012.

[789] Cfr sent. 4694/2012.

Bibliografia

f. Antolisei, *Manuale di diritto penale, Parte speciale*, Vol. I, Torino, Giuffrè Editore, 2003.

F. G. Catullo, *Il caso Vierika: un'interessante pronuncia in materia di virus informatici e prova penale digitale. I profili sostanziali*, in *Diritto dell'Internet,* 2006, pp. 160 ss.

R. Garofoli, *Corso di Magistratura – Penale, Capitolo IV, Divieto di analogia in materia penale*, Secondo Volume, Dicembre/Gennaio, Neldiritto Editore, 2013.

C. Parodi, *Profili penali dei virus informatici*, in *Dir. pen. e processo*, 2000, pp. 632 ss.

c. Rabazzi, *Il reato di diffusione di virus informatici nella dottrina e nella giurisprudenza nazionale,* in *Giur. merito* 2006, pp. 1227 ss.

La diffamazione a mezzo Internet

Avv. Angela Allegria

Il delitto di diffamazione a mezzo internet deve inquadrarsi all'interno della fattispecie di cui all'art. 595 c.p. che punisce l'offesa alla reputazione altrui. Quest'ultima di identifica con il senso della dignità personale dell'individuo, in conformità all'opinione del gruppo sociale in cui vive e del particolare contesto storico all'interno del quale è allocato.
Tale delitto si distingue dal delitto di ingiuria di cui all'art. 594 c.p. in quanto le espressioni offensive vengono pronunciate in assenza della parte offesa alla quale non spetta alcun diritto di reazione e di difesa riguardo alle stesse.
Oggetto della tutela penale del delitto di diffamazione è l'interesse dello Stato all'integrità morale della persona, in quanto il bene giuridico protetto dalla norma è la reputazione dell'uomo, comprensiva sia dell'onore sia del decoro e intesa come il senso della dignità personale nell'opinione degli altri, ossia della stima di cui l'individuo gode nel contesto sociale in cui vive, tutte le volte in cui le affermazioni diffamatorie risultino lesive dell'altrui reputazione e non possano essere considerate legittime manifestazioni della libertà di pensiero *ex* art. 21 Cost.[790]
Il delitto di diffamazione è un reato a forma libera che può essere realizzato con qualsiasi mezzo, come ad esempio, parole, scritti, immagini, disegni. È reato formale ed istantaneo che si consuma con la comunicazione a più persone dell'espressione lesiva dell'altrui reputazione. In tema di delitti contro l'onore, l'elemento psicologico della diffamazione consiste non solo nella consapevolezza di pronunciare o di scrivere una frase lesiva dell'altrui reputazione ma anche nella volontà che la frase denigratoria venga a conoscenza di più persone. Pertanto è necessario che l'autore comunichi con almeno due persone ovvero con una sola persona, ma con tali modalità che detta notizia sicuramente venga a conoscenza di altri ed egli si rappresenti e voglia tale evento.[791]
L'elemento della comunicazione con più persone, richiesto dalla norma ai fini della sussistenza del delitto di diffamazione, non richiede che la propalazione delle frasi offensive venga posta in essere simultaneamente, potendo la stessa aver luogo anche in momenti diversi, purché risulti comunque rivolta a più soggetti[792]
Si tratta di un reato di evento che si consuma nel momento e nel luogo in cui i terzi percepiscono l'espressione ingiuriosa e dunque, nel caso in cui frasi o immagini lesive siano state immesse sul web, nel momento in cui il collegamento viene attivato.[793] Ciò poiché l'accesso ai siti web è solitamente libero e frequente di talché l'immissione di notizie o immagini in rete integra l'ipotesi di offerta delle stesse *in incertam personam* e dunque implica la fruibilità da parte di un numero di utenti solitamente elevato ma difficilmente accertabile.

---

[790] A. ALU', *Il delitto di diffamazione: fattispecie criminosa e condotte configurabili su internet,* 13.5.2016 in www.diritto.it.
[791] Cass. Pen., Sez. V, 13 ottobre 2010, n. 36602, in CED Cassazione, rv. 248431.
[792] Cass. Pen., Sez. V, 25 febbraio 2011, n. 7408, in www.sentenze-cassazione.com.
[793] Cass. Pen., Sez. V, 25 luglio 2006 n. 25875, in CED Cassazione, rv. 234528.

In particolare, anche la diffusione di un messaggio diffamatorio attraverso l'uso di una bacheca Facebook integra un'ipotesi di diffamazione aggravata ai sensi dell'art. 595, comma terzo, c.p., poiché la diffusione di un messaggio con le modalità consentite dall'utilizzo per questo di una bacheca Facebook, ha potenzialmente la capacità di raggiungere un numero indeterminato di persone, sia perché, per comune esperienza, bacheche di tal natura racchiudono un numero apprezzabile di persone, sia perché l'utilizzo di Facebook integra una delle modalità attraverso le quali gruppi di soggetti socializzano le rispettive esperienze di vita, valorizzando in primo luogo il rapporto interpersonale, che, proprio per il mezzo utilizzato, assume il profilo del rapporto interpersonale allargato ad un gruppo indeterminato di aderenti al fine di una costante socializzazione.[794]

Tale visione è stata di recente ribadita dalla Suprema Corte che ha sottolineato che deve, invero, essere data continuità al principio di diritto, secondo cui la diffusione di un messaggio diffamatorio attraverso l'uso di una bacheca "facebook" integra un'ipotesi di diffamazione aggravata ai sensi dell'art. 595 terzo comma cod. pen., poiché trattasi di condotta potenzialmente capace di raggiungere un numero indeterminato o comunque quantitativamente apprezzabile di persone; l'aggravante dell'uso di un mezzo di pubblicità, nel reato di diffamazione, trova, infatti, la sua ratio nell'idoneità del mezzo utilizzato a coinvolgere e raggiungere una vasta platea di soggetti, ampliando – e aggravando – in tal modo la capacità diffusiva del messaggio lesivo della reputazione della persona offesa, come si verifica ordinariamente attraverso le bacheche dei social network, destinate per comune esperienza ad essere consultate da un numero potenzialmente indeterminato di persone, secondo la logica e la funzione propria dello strumento di comunicazione e condivisione telematica, che è quella di incentivare la frequentazione della bacheca da parte degli utenti, allargandone il numero a uno spettro di persone sempre più esteso, attratte dal relativo effetto socializzante. La circostanza che l'accesso al social network richieda all'utente una procedura di registrazione – peraltro gratuita, assai agevole e alla portata sostanzialmente di chiunque – non esclude la natura di "altro mezzo di pubblicità" richiesta dalla norma penale per l'integrazione dell'aggravante, che discende dalla potenzialità diffusiva dello strumento di comunicazione telematica utilizzato per veicolare il messaggio diffamatorio, e non dall'indiscriminata libertà di accesso al contenitore della notizia (come si verifica nel caso della stampa, che integra un'autonoma ipotesi di diffamazione aggravata), in puntuale conformità all'elaborazione giurisprudenziale che ha ritenuto la sussistenza dell'aggravante di cui all'art. 595 terzo comma c.p. nella diffusione della comunicazione diffamatoria col mezzo del fax e della posta elettronica indirizzata a una pluralità di destinatari.[795] Il soggetto passivo del reato può costituito da una o più persone determinate o ugualmente individuabili sia pure da parte di un numero limitato di persone.

Ai fini della integrazione del reato di diffamazione è sufficiente che il soggetto la cui reputazione è lesa sia individuabile da parte di un numero limitato di persone

[794] Cass. Pen., Sez. V, 1 marzo 2016, n. 8328, in www.sentenze-cassazione.com.

[795] Cass. Pen., Sez. I, 2 gennaio 2017, n. 50, in www.studiocataldi.it.

indipendentemente dalla indicazione nominativa.[796] È importante sottolineare come l'individuazione dell'effettivo destinatario dell'offesa costituisce condizione essenziale ed imprescindibile per attribuire ad essa una rilevanza giuridico-penale.
Ai fini della sussistenza dell'elemento psicologico del delitto *de quo* è sufficiente il dolo generico, consistente nella consapevolezza di offendere l'onore e la reputazione di un altro soggetto.
Non si richiede che sussista l'*animus iurandi vel diffamandi*, essendo sufficiente il dolo generico, che può assumere la forma del dolo eventuale, in quanto è sufficiente che l'agente, consapevolmente, faccia uso di parole ed espressioni socialmente interpretabili come offensive, ossia adoperate in base al significato che esse vengono oggettivamente ad assumere, senza un diretto riferimento alle intenzioni dell'agente.[797]
Il delitto di diffamazione semplice si configura nella forma aggravata se l'offesa è arrecata col mezzo della stampa o con qualsiasi altro mezzo di pubblicità, ovvero in atto pubblico, come anche se il fatto è commesso ai danni di un Corpo politico, amministrativo o giudiziario, o ad una sua rappresentanza o ad una autorità costituita in collegio. La previsione della diffamazione a mezzo internet si inserisce nella locuzione "qualsiasi altro mezzo di pubblicità", conducendo ad un inasprimento della pena rispetto all'ipotesi base.
La condotta di postare un commento sulla bacheca Facebook realizza la pubblicizzazione e la diffusione di esso, per idoneità del mezzo utilizzato a determinare la circolazione del commento tra un gruppo di persone comunque apprezzabile per composizione numerica, pertanto, se offensivo, tale commento integra la condotta descritta dal terzo comma dell'art. 595 c.p.[798]
Costituiscono esimenti, *ex* art. 51 c.p., l'esercizio del diritto di cronaca, del diritto di critica, del diritto di satira. Vi è legittimo esercizio del diritto di cronaca quando vengano rispettate le seguenti condizioni: la verità (oggettiva o anche soltanto putativa purché frutto di un serio e diligente lavoro di ricerca e controlla del giornalista non solo sulla fonte ma anche sulla verità sostanziale) delle notizie, condizione che non sussiste quando, pur essendo veri i singoli fatti riferiti, siano dolosamente o anche colposamente taciuti altri fatti tanto strettamente collegabili ai primi da mutarne completamente il significato, ovvero quando i fatti riferiti siano accompagnati da sollecitazioni emotive ovvero da sottintesi, accostamenti, insinuazioni o sofismi obiettivamente idonei a creare nella mente del lettore o dell'ascoltatore false rappresentazioni della realtà oggettiva; la continenza e cioè il rispetto dei requisiti minimi di forma che debbono caratterizzare la cronaca e anche la critica (come a esempio l'assenza di termini esclusivamente insultanti); l'interesse pubblico all'informazione in relazione alla quantità dei soggetti coinvolti, alla materia di discussione o altri caratteri del servizio giornalistico.[799] Il diritto di critica si differenzia essenzialmente da quello di cronaca, in quanto, a differenza di

---

[796] Cass. Pen., Sez. I, 16 aprile 2014, n. 16712, in www.foroitaliano.it.
[797] Cass. Pen., Sez. V, 29 gennaio 2013, n. 4364 in CED Cassazione rv. 254390. In senso conforme Cass. Pen., Sez. V, 16.10.2013 dep. 2014 n. 8419 in CED Cassazione rv. 258943.
[798] Cass. Pen., Sez. I, 12 febbraio 2015 n. 24431, in CED Cassazione rv. 264007.
[799] Cass. Civ., Sez. III, 19 gennaio 2007 n. 1205, in CED Cassazione rv. 595636.

quest'ultimo non si concretizza nella narrazione di fatti, bensì nell'espressione di un giudizio e, più in generale, di un'opinione che, come tale, non può pretendersi rigorosamente obiettiva, posto che la critica non può essere fondata su un'interpretazione necessariamente soggettiva dei fatti. Ne deriva che quando il discorso giornalistico ha una funzione prevalentemente valutativa, non si pone un problema di veridicità delle proposizioni assertive ed i limiti scriminanti del diritto di critica, garantito dall'art. 21 Cost., sono solo quelli costituiti dalla rilevanza sociale dell'argomento e dalla correttezza di espressione, con la conseguenza che detti limiti sono superati ove l'agente trascenda in attacchi personali, diretti a colpire su un piano individuale la sfera morale del soggetto criticato, penalmente protetta.[800]
Una particolare forma del diritto di critica è quella, scanzonata ed irriverente, della satira, che, a sua antica natura, si presta ad una valutazione un po' meno severa, potendo sottrarsi al parametro della verità, ma solo nella misura in cui, avvalendosi di paradossi e di surreali metafore, faccia sì che il fatto descritto non sia percepito come realmente accaduto.[801] La satira, infatti, costituisce una modalità corrosiva e spesso impietosa del diritto di critica e può realizzarsi anche mediante l'immagine artistica come accade per la vignetta o per la caricatura, consistenti nella consapevole ed accentuata alterazione dei tratti somatici, morali e comportamentali delle persone ritratte. Diversamente dalla cronaca, la satira è sottratta al parametro della verità in quanto esprime mediante il paradosso e la metafora surreale un giudizio ironico su un fatto ma rimane assoggettata al limite della continenza e della funzionalità delle espressioni o delle immagini rispetto allo scopo di denuncia sociale o politica perseguito. Conseguentemente, nella formulazione del giudizio critico, possono essere utilizzate espressioni di qualsiasi tipo, anche lesive della reputazione altrui, purché siano strumentalmente collegate alla manifestazione di un dissenso ragionato dall'opinione o comportamento preso di mira e non si risolvano in un'aggressione gratuita e distruttiva dell'onore e della reputazione del soggetto interessato. Non può, invece, essere riconosciuta la scriminante di cui all'art. 51 c.p. nei casi di attribuzione di condotte illecite o moralmente disonorevoli, di accostamenti volgari o ripugnanti, di deformazione dell'immagine in modo da suscitare disprezzo della persona e ludibrio della sua immagine pubblica.[802]

Bibliografia

A. ALU', *Il delitto di diffamazione: fattispecie criminosa e condotte configurabili su internet,* 13.5.2016 in www.diritto.it.

E. NAVARRETTA, *Il danno non patrimoniale*, Milano, 2010.

---

[800] Cass. Pen., Sez. V, 25 gennaio 2005 n. 2247, in CED Cassazione rv. 231269.

[801] E. NAVARRETTA, *Il danno non patrimoniale*, Milano, 2010, p. 256.

[802] Cass. Civ., Sez. III, 28 novembre 2008 n. 28411 in *Guida dir.* 2009, 8, 60.

La divulgazione delle generalità o dell'immagine di persona offesa da atti di violenza sessuale

Dott.ssa Rossana Fornicola

Definizione

Ai sensi dell'art. 734 bis del Codice Penale "Chiunque, nei casi di delitti previsti dagli articoli 600-bis, 600-ter e 600-quater, anche se relativi al materiale pornografico di cui all'articolo 600-quater, 600-quinquies, 609-bis, 609-ter, 609-quater, 609-quinquies e 609-octies, divulghi, anche attraverso mezzi di comunicazione di massa, le generalità o l'immagine della persona offesa senza il suo consenso, è punito con l'arresto da tre a sei mesi". Il presente articolo è stato aggiunto dall'art. 12, della l. 15 febbraio 1996, n. 66 e poi modificato dall'art. 8, della l. 3 agosto 1998, n. 269 e dall'art. 9, della l. 6 febbraio 2006, n. 38.
Si tratta di un reato contravvenzionale, quindi procedibile d'ufficio, e pertanto l'eventuale remissione di querela o la revoca della costituzione di parte civile non possono avere nessuna conseguenza in ordine alle statuizioni penali. In assenza del consenso della persona offesa, infatti, l'illiceità della condotta s'incentra proprio sull'attività di divulgazione consistente nel portare a conoscenza di un numero indeterminato di persone, notizie riservate, (come le generalità o l'immagine), ma la divulgazione si considera realizzata anche qualora avvenga tra un numero determinato di persone, come ad esempio in una riunione[803]. Quando parliamo di divulgazione tramite strumenti di comunicazione di massa, ovviamente facciamo riferimento non soltanto ai mass medi tradizionali, ma anche alla stampa, alla televisione, ai siti web, blog, ma soprattutto ai numerosi social network, dove spesso, per ingenuità, per bullismo o soltanto per puro divertimento vengono commessi fatti di portata estremamente grave. La tutela di cui all'art. 734 bis c.p., copre tutti quei casi in cui attraverso foto, video, audio, o un semplice vestito indossato, si riesce a risalire alla persona offesa[804].
La norma in questione, pertanto, considera il reato come un "reato di pericolo", proprio perché mira a tutelare la riservatezza delle persone offese dalla commissione di gravi reati, persone che vengono messe in pericolo[805], in quanto

---

[803] Si è detto in Dottrina, che si tratta di un timido passaggio verso una concezione dell'informazione che, fuor di censure, dovrebbe essere rispettosa dei diritti della personalità (nome, immagine, reputazione, riservatezza), considerati come assoluti dal codice civile e tutelati dalla Costituzione), ma non poche perplessità si sono poste circa l'effettiva capacità deterrente della disposizione nel momento che la sua natura di contravvenzione la rende suscettibile di sanzioni alternative che qusi finiscono per svuotare il suo contenuto repressivo. G. AMBORISNI, *Le nuove norme sulla violenza sessuale,* Utet, 1997, p. 81.

[804] Sin dall'introduzione di detta norma, era stato osservato che in presenza di consenso, non ricorrerebbe nemmeno la causa di giustificazione di cui all'art.50 bensì mancherebbe il fatto costituente reato. S. BELTRANI, R. MARINO, *Le norme sulla violenza sessuale- commento sistematico alla l. 15.2.96 n.66*, Simone, 1996.

[805] La condotta di divulgazione dei dati o dell'immagine è, dunque, vietata in quanto suscettibile di costituire fonte di pericolo per la parte offesa di essere riconosciuta in quanto tale, rispetto a reati che, nel comune sentire collettivo, sono infamanti anche per chi li subisce. La sussistenza di tale ulteriore danno nel caso concreto, pertanto, non deve essere

incorrono nel rischio di essere riconosciute. Nel caso di specie si fa riferimento ai reati di natura sessuale; reati che al giorno d'oggi sono in costante aumento, soprattutto tra quella che definiamo, "la nuova generazione". Come ampliamente ribadito, l'interesse tutelato dalla norma in questione risponde al diffuso bisogno di particolare protezione della vittima dai reati di violenza sessuale.
La disposizione ex art. 734-bis c.p., oltre a riflettere un progetto politico-criminale s'inserisce infatti armoniosamente nel minisistema di tutela penale della riservatezza (o dell'anonimato, o della privacy) dei soggetti processuali, completandolo e ampliandone le prestazioni[806]. Per un verso, infatti, l'illecito-retroguardia è in realtà molto avanguardistico: proponendosi di evitare che soggetti deboli patiscano una catena di processi di vittimizzazione; che, cioè, alla vittimizzazione "da reato" ed a quella "da processo" se ne aggiunga una terza "da mass media". In particolare, la figura ex art. 734 bis C.p., rimedia all' effettività e ai limiti che patiscono le norme processuali penali poste a tutela dell'anonimato: le quali, o si disinteressano della persona offesa, si riferiscono a singoli atti e non coprono certi fatti; o si preoccupano solamente della vittimizzazione da processo; o, pur prescindendo dal regime di conoscenza degli atti, cessano con la maggiore età e sono superabili dal giudice ; oppure, infine, pur essendo suscettibili di riferirsi a tutti gli attori del processo , rischiano di essere in balia delle opzioni dell'imputato-indagato e, soprattutto, sono sprovviste di autonoma sanzione. Prevedendo una sanzione modesta (sostituibile.) ma non di facciata per «chiunque» dissemini «con qualsiasi mezzo[807]» dati idonei a identificare «vittime» di fatti spregevoli, insomma, la figura-contenitore ex art. 734-bis c.p. rende effettivo il minisistema di tutela penale della riservatezza. Secondo tale articolo, il diritto al'anonimato delle vittime viene qualificato come un diritto fondamentale, in effetti, mentre le altre fattispecie che presidiano direttamente o mediatamente la privacy patiscono limiti applicativi e, perciò, incarnano e rivelano nitidamente un bilanciamento fra la riservatezza e i contro-diritti che entrano di volta in volta in gioco (la libertà di informare ed essere informati, i diritti di difesa dell'accusato, le esigenze di giustizia o di polizia, etc.),

---

accertata e ciò che il Giudice è tenuto ad accertare è solo il verificarsi di quel comportamento che il legislatore ha ritenuto normalmente pericoloso per il bene tutelato dalla norma. P. PARISE, *La tutela della riservatezza della persona offesa dai reati di violenza sessuali*, in *I reati sessuali*, a cura di F. COPPI, Giappichelli, 2000, p. 249.

[806] A tal fine, il legislatore ha creato addirittura un titolo autonomo ma, anche se il fatto costituisce un indubbio passo avanti nel riconoscimento della privacy come autonomo bene giuridico, la previsione di una sola norma, la presente, è spia significativa della scarsa portata di un innovazione che risente dell'influenza della legislazione anglosassone senza però avere alle spalle la stessa lunga tradizione in materia. A. MANNA, *Commento all'art. 734 bis c.p.c.*, , p.846 ss.

[807] Parliamo di divulgazione con qualsiasi mezzo, che incrimina la rivelazione e diffusione delle interferenze illecite nella vita privata ma soltanto mediante qualsiasi mezzo di informazione al pubblico. A. MANNA, *Commento all'art. 734 bis c.p.c.,* a cura di A. CADOPPI, Cedam, 2006, pp.850 e ss.

quella qui in discorso parrebbe non conoscerne alcuno: se la vittima non acconsente alla propalazione, insomma, non c'è contro-interesse che tenga.
Quanto all'elemento soggettivo, e quindi alla condotta del soggetto attivo, esso è costituita, come può facilmente desumersi, dalla "*divulgazione* con qualsiasi mezzo, delle generalità o dell'immagine della persona offesa dal reato di violenza sessuale". Ulteriore elemento caratterizzante la condotta , inoltre, riguarda il *mancato consenso della persona offesa,* rappresentante un elemento essenziale, in assenza del quale non si verificherebbe il reato; non siamo quindi in presenza di una scriminante, ma di un vero e proprio elemento costitutivo del reato, infatti come ampliamente osservato dalla Giurisprudenza costante, ove ci sia consenso, non siamo in presenza di una causa di giustificazione art 50 c.p., bensì mancherebbe il fatto stesso costituente reato, come già precedentemente ribadito.
Come insegna il nostro ordinamento, trattandosi di contravvenzione, è da ritenersi sufficiente la sola colpa, ma ovviamente non si può escludere che il fatto venga commesso con dolo. Nel caso il reato venga commesso da più persone inoltre, non risultano problemi circa l'applicabilità del concorso nel caso del dolo, mentre ove sussistesse la colpa, la norma da applicarsi sarà l'art 113 c.p.

Dottrina

Non poche le perplessità suscitate dalla Dottrina circa la natura contravvenzionale della disposizione, in quanto ciò comporterebbe l'applicazione di sanzioni alternative che finirebbero per svuotare la stessa portata della norma, nonché la sua portata repressiva. Un altro aspetto su cui risultano sollevate critiche, riguarda la scarsa efficacia preventiva della norma, al riguardo però, occorre affermare che essa deve ritenersi applicata anche prima, ed indipendentemente, dal fatto che sia stato instaurato il processo, o un procedimento penale; per l'effetto, risulta essere soggetto passivo, anche la persona offesa indipendentemente dal fatto che questa abbia o meno presentato querela. Possiamo in tal modo, valorizzare la funzione accessoria attribuita all'art. 734 bis C.p.c. di sollecitare la vittima a rivolgersi alle autorità giudiziarie in caso di reato, in quanto verrebbe tutelata in Toto, garantendone l'anonimato. In passato, infatti, il bene sotteso all'art 734·bis C.p.c., veniva tutelato solo indirettamente, ai sensi dell'art 472 commi 2 e 3 C.p.c., la quale però, lasciava ampia discrezionalità al giudice non solo nella scelta delle prove, ma anche riguardo all'assunzione del minore, che veniva svolta a porte chiuse con il successivo divieto di pubblicare gli atti così assunti. È importante menzionare anche l'art 114 comma 6 C.p.c., che offre una tutela analoga all'art. in questione prevedendo il divieto di pubblicazione delle generalità o dell'immagine dei minorenni fino a quando questi non abbiano raggiunto la maggiore età, oppure al compimento dei sedici anni ove tale pubblicazione sia autorizzata dal Tribunale dei Minorenni. La Dottrina, inoltre, propone un esame comparatistico con il secondo comma dell'art 615 c.p. che incrimina la "diffusione o rivelazione delle interferenze illecite nella vita privata", con la differenza che la condotta in tal caso, può essere realizzata solo mediante qualsiasi mezzo di rivelazione al pubblico, quindi in un

raggio di azione molto più ampio[808] (come quello assembleare), rispetto all' art. 734 bis C.p.c.
Con l'introduzione della norma incriminatrice in questione, dunque, si tende ad evitare la conoscenza (curiosità, morbosità o altro), dell'immagine o delle generalità del soggetto passivo, non anche (come la norma precedentemente menzionata), indipendentemente dal luogo o dalla condotta posta in essere.

Giurisprudenza
A dieci anni dall'introduzione di tale norma[809], non vi sono state applicazioni giurisprudenziali di notevole rilievo, eccettuate le decisioni dei giudici di merito che hanno affrontato più che altro, il problema della retroattività della norma (procura presso pretura Roma, 10 ottobre 1988; Gip pretura Roma, 16 ottobre 1988).
Sulla Divulgazione dell'immagine di persona offesa da reati sessuali, importante risulta la sentenza della Cass. Pen. N.2887/2014 del 27 gennaio 2014, depositata il 22 gennaio dello stesso anno; I fatti così come riportati dai giudici nelle motivazioni: il Tg5, nell'edizione serale di maggiore ascolto (quella delle 20), aveva trasmesso alcune immagini, riprese nel corso dell'incidente probatorio avente ad oggetto l'audizione protetta dei minori, nell'ambito del caso giudiziario che ebbe a riguardare la scuola materna di Rignano Flaminio. Nello specifico le immagini ritraevano i colloqui tenutisi il 12 luglio di quell'anno tra taluni dei minori presunti abusati e una psicologa dell'Istituto di neuropsichiatria infantile, incaricata, con altri specialisti, di accertare le condizioni psichiche dei minori coinvolti al fine di verificarne la loro capacità testimoniale. I due imputati venivano perciò chiamati a rispondere rispettivamente come direttore del telegiornale e autrice del servizio. La Corte d'Appello di Milano, in parziale riforma della sentenza emessa dal Tribunale di Monza, revocava le statuizioni civili, condannava gli imputati alla rifusione delle spese della proseguita difesa delle altre parti civili, e confermava la sentenza di condanna dei due imputati all'ammenda di Euro 3420 oltre al risarcimento del danno. La Suprema Corte ha respinto i ricorsi dei due imputati soffermandosi, in particolare, sul concetto di "non riconoscibilità" delle immagini divulgate Con l'art. 734 bis c.p. – afferma la Corte – il legislatore ha introdotto nell'ordinamento una norma destinata alla protezione della riservatezza delle persone offese da atti di violenza sessuale e tale protezione non contempla alcuna eccezione, se non il consenso della medesima persona offesa; la condotta, pacificamente, almeno sul piano della astratta applicazione della norma, può essere indifferentemente consumata a titolo di dolo o di colpa, rientrando nel novero delle contravvenzioni. In assenza di consenso della persona offesa, pertanto, l'illiceità della condotta s'incentra sull'attività di "divulgazione", consistente nel portare a conoscenza di un numero indeterminato di persone notizie riservate (nel caso che ci occupa le generalità o l'immagine di "qualsiasi" persona offesa di quegli specifici reati), con

[808] Il bene protetto da tale norma è perciò, chiaramente, la riservatezza dell'individuo. B. ROMANO, *Delitti contro la sfera sessuale della persona,* Giuffrè, 2009, p. 279.
[809] La previsione di una sola norma, è spia significativa della scarsa portata di un innovazione che risente dell'influenza della legislazione anglosassone senza però avere alle spalle la stessa lunga tradizione in materia A. MANNA, *Beni della personalità e limiti della protezione penale,* Cedam, 1989, p. 260.

ogni modalità, prevedendosi espressamente che ciò possa avvenire "anche attraverso mezzi di comunicazione di massa", tra cui rientrano, evidentemente, non soltanto i mass media tradizionali (stampa, televisione, radio), ma anche quelli diffusisi con le nuove tecnologie (siti web, blog, social network, mailing list);. Integra, pertanto, la fattispecie contravvenzionale di cui all'art. 734-bis c.p., avente natura di reato di pericolo, un filmato – come quello oggetto del presente giudizio - che mostra riprese fatte con telecamere installate in un locale di pochi metri quadrati, in cui gli individui che si muovono in uno spazio ristretto sono ripresi non solo di schiena, ma, seppure per pochi attimi, anche di profilo, in modo tale da essere identificabili. La condotta di divulgazione dei dati o dell'immagine è, dunque, vietata in quanto suscettibile di costituire fonte di pericolo per la parte offesa di essere riconosciuta in quanto tale, rispetto a reati che, nel comune sentire collettivo, sono infamanti anche per chi li subisce. La sussistenza di tale ulteriore danno nel caso concreto, pertanto, non deve essere accertata e ciò che il Giudice è tenuto ad accertare è solo il verificarsi di quel comportamento che il legislatore ha ritenuto normalmente pericoloso per il bene tutelato dalla norma. Deve considerarsi, inoltre, che il sacrificio della privacy delle vittime[810] – concludono i giudici – è stato operato non sull'altare dell'interesse generale bensì su quello della tempestività del servizio giornalistico, al fine di dare la notizia per primi, quindi esclusivamente per il successo della testata. Questa, in conclusione, la massima ricavabile dalla pronuncia in questione: posto che con il reato previsto dall'art. 734-bis cod. pen. il legislatore ha affermato un vero e proprio diritto all'anonimato per le vittime di atti di violenza sessuale, deve escludersi che la condotta di chi divulghi, senza il consenso dell'interessato, le generalità o le immagini di persone offese da uno dei delitti indicati dalla norma possa essere scriminata dall'esercizio del diritto di cronaca.

Conclusioni

L'introduzione di tale articolo rappresenta un grande passo nel nostro ordinamento, dal momento che vengono ad essere tutelati diritti della personalità quali la reputazione, la riservatezza o l'immagine, qualificati come assoluti non soltanto dal nostro Codice Civile, ma anche dalla Costituzione. Purtroppo il reato sotteso alla norma in questione è molto diffuso soprattutto tra i giovani d'oggi, che spesso anche per bullismo e senza rendersi conto della gravità degli atti commessi incorrono in tali comportamenti penalmente sanzionabili. Lo sviluppo ed il ruolo crescente delle nuove tecnologie d'altronde, aggrava la situazione essendo la maggior parte dei casi, a mio avviso, commessi proprio attraverso l'uso dei social network. Il diffondersi delle nuove tecnologie sempre più sofisticate e a prezzi sostenibili ha accelerato l'evolversi del fenomeno, tanto che i ragazzi non comprendono il confine tra pubblico e privato. Nel web si osa di più e molti ragazzi non sanno che ogni immagine postata, per esempio quella di una ragazza nuda, rimane per sempre, e per sempre la loro reputazione potrebbe essere compromessa. Concludendo, la disposizione ex art. 734 bic c.p., descrive un illecito di pericolo dotato di un grande

---

[810] La disposizione in esame appare più draconiana nella tutela della privacy quantomeno a livello di principio. A. MANNA, *Commento all'art. 734 bis c.p.c.*, op. cit., pp.846 e ss.

spessore, includendo infatti, non soltanto il volto, ma anche una spalla, un profilo, una foto da dietro, uno scorcio di fronte, e financo una particolare pettinatura, un vestito indossato, un paio di scarpe ecc., e va bene che le nozioni di riconoscibilità/non riconoscibilità risentano delle tecnologie, di cui tutti al giorno d'oggi possono disporre, ma è importante sottolineare che l'immagine deve pur contenere una qualche attitudine intrinseca ad identificare la persona offesa.
Per condannare, dunque, ci vuole che la divulgazione sia ex ante idonea a compromettere il bene tutelato, ci vuole che l'immagine consenta di risalire all'identità della vittima41: ci vuole, in altre parole, che il giudice accerti il pericolo di lesione.

Bibliografia

G. AMBORISINI, *Le nuove norme sulla violenza sessuale,* Utet, 1997.
S. BELTRANI, R. MARINO, *Le norme sulla violenza sessuale- commento sistematico alla l. 15.2.96 n.66*, Simone 1996.
A. MANNA, *Beni della personalità e limiti della protezione penale,* Cedam, 1989.
A. MANNA, *Commento all'art. 734 bis c.p.c.,* a cura di A.CADOPPI, Cedam, 2006.
P. PARISE, *La tutela della riservatezza della persona offesa dai reati di violenza sessuali*, in *I reati sessuali*, a cura di F. COPPI, Giappichelli, 2000.
B. ROMANO, *Delitti contro la sfera sessuale della persona,* Giuffrè, 2009.

Il Cyberbullismo

Avv. Catia Maietta

Come un po' tutti i fenomeni legati alla rete, nonché alle categorie che necessitano di maggiori tutele, anche il cyberbullismo sta avendo, negli ultimi tempi, il suo momento di massima attenzione, dovuto sia all'incrementarsi di frequenti episodi di cronaca legati a comportamenti tenuti da minori attraverso i canali telematici, sia ad una conseguente necessità di intervenire su di un fenomeno di allerta sociale mediante l'auspicio di una regolamentazione *ad hoc* che, allo stato, ha portato all'approvazione di una legge dedicata al contrasto di questo fenomeno[811].

Presupposto di ogni considerazione è, prima di tutto, la consapevolezza di come le relazioni sociali, per le nuove generazioni, si svolgano in rete con la stessa naturalezza con cui vengono vissute nel quotidiano. Non esiste un doppio canale di relazioni, ma realtà e virtualità hanno il pregio di convivere e di accavallarsi continuamente. Tenuto conto, pertanto, di queste considerazioni, diviene oltremodo necessario pensare ad una serie di interventi volti a predisporre una disciplina del mondo virtuale e del modo di gestire le relazioni, nonché le comunicazioni a mezzo Internet, che sia in grado di approntare opportune forme di tutela per i minori vittime di questo fenomeno, nonché forme di recupero per chi attua comportamenti del genere. Se è vero, infatti, che tale strumento ormai risulta nel pieno possesso delle nuove generazioni, allora è anche necessario che esso sia oggetto di idonea regolamentazione al fine di evitare che si creino zone grigie in cui chi vuol agire a danno di altri si senta libero di operare nell'impunità.

Il fenomeno in esame è sostanzialmente caratterizzato dalla presenza di due elementi fondamentali: l'agire in rete (*cyber*) e il porre in essere comportamenti intimidatori a danno di minori (*bullismo*). Il cyberbullismo rappresenta, semplicisticamente, il cd. bullismo informatico, ossia l'agire mettendo in atto comportamenti "da bullo" mediante l'utilizzo di strumenti informatici. Che poi l'uso di una rete virtuale sia in grado anche di conferire al cyberbullismo dei connotati tutti suoi è un dato che si rileva dall'esame delle modalità con cui esso si manifesta.

Secondo la definizione fornita dallo studioso Peter Smith, per cyberbullismo deve intendersi *"una forma di prevaricazione volontaria e ripetuta, attuata attraverso un mezzo elettronico, rivolta contro un singolo o un gruppo con l'obiettivo di ferire e mettere a disagio la vittima di tale comportamento che non riesce a difendersi"*.

Il cyberbullismo, pertanto, nasce come evoluzione del bullismo adattato ai tempi ma acquista subito delle proprie peculiarità che lo differenziano dal mero bullismo. Ciò è dovuto sostanzialmente a tutti i vantaggi che la rete è in grado di riservare e che vengono percepiti dai minori come occasioni per agire, senza tuttavia esporsi più di tanto. In rete si ha la possibilità di nascondere più facilmente la propria identità, vi è certamente una maggiore facilità di sfuggire ai controlli dei genitori, sono molto più

---

[811] In data 17 maggio 2017 la Camera dei Deputati ha approvato il testo definitivo della legge sul cuberbullismo. Il disegno di legge originario, avente ad oggetto *"disposizioni a tutela dei minori per la prevenzione e il contrasto del fenomeno del cyberbullismo"*, era stato presentato in data 27 gennaio 2014.

semplici le modalità con cui si creano e vengono gestititi i contatti, vi è un grande potenziale di notorietà dovuto alla possibilità di divulgare fatti/notizie/eventi in tempi rapidissimi e di trovare con altrettanta celerità una lettura o una condivisione da parte di gruppi. Non da sottovalutare è, infatti, la dinamica del branco per cui, attuato un certo comportamento contro la vittima, questo si alimenta continuamente in virtù dei commenti che convergono di volta in volta sul messaggio originario.
Bullismo e cyberbullismo sono, pertanto, fenomeni in parte sovrapponibili, almeno per quanto concerne le finalità ed i comportamenti. Pur non esistendo, ad oggi, una definizione normativa del bullismo, si può dire che lo stesso consiste in condotte che si sostanziano nell'usare prepotenza, intimidire, maltrattare, ossia porre in essere fattispecie derivanti direttamente dall'etimologia del termine inglese *bullying,* da cui discende il nostro termine bullismo.
Si tratta di un fenomeno in forte aumento e che si instaura prevalentemente tra minori. Le pressioni psicologiche vengono esercitate da una o più persone dette *bulli*, mentre la vittima è, di solito, un soggetto debole o, comunque, che vive uno stato, sia pur temporaneo, di debolezza psicologica. Il contesto in cui vengono poste in essere le condotte generalmente ruota intorno alla scuola o, comunque, agli ambienti in cui i ragazzi sono soliti ritrovarsi, confrontarsi e avviare forme di aggregazione.
L'uso del termine bullismo, nell'ambito della disciplina legislativa, appare per la prima volta nel 2012, un tempo che può considerarsi relativamente recente, e viene introdotto nell'art. 50 del D.L. 5/2012 (convertito in legge con modificazioni dall'art. 1, comma 1, della L. n. 35/2012) avente ad oggetto *Disposizioni urgenti in materia di semplificazione e di sviluppo,* con il quale si prevedeva l'istituzione di una rete territoriale finalizzata all'integrazione degli alunni con bisogni educativi speciali, la formazione permanente, la prevenzione dell'abbandono e il contrasto dell'insuccesso scolastico e formativo e dei fenomeni di bullismo, specialmente per le aree di massima corrispondenza tra povertà e dispersione scolastica.
Le caratteristiche degli atti posti in essere dal cd. bullo possono essere ricondotte all'intenzionalità, perché il bullo non agisce inconsapevolmente, egli vuole porre in essere determinati atti, alla reiterazione nel tempo, perché non si tratta quasi mai di azioni isolate ma di continue e ripetute pressioni, all'asimmetria di potere, che c'è o che si cerca di creare nei confronti della vittima e che può essere di tipo fisico e/o psichico, all'inconsapevolezza dell'illiceità dei comportamenti, perché il più delle volte chi agisce ponendo in essere queste condotte non percepisce la gravità e le possibili conseguenze penali del proprio agire.
Nonostante l'uso del termine in ambito legislativo, è mancata una definizione normativa del fenomeno né tantomeno vi sono specifiche disposizioni atte a predisporre un opportuno sistema sanzionatorio per le presenti condotte, per cui, nel momento in cui vengono posti in essere dei comportamenti lesivi, gli stessi sono riportati nell'ambito delle fattispecie di reato già previste dal codice penale[812], le

---

[812] In particolare i comportamenti possono essere ricompresi nei reati di violenza privata, percosse, lesioni, molestie, minaccia, stalking, furto, estorsione, danneggiamento di cose altrui, ingiuria, diffamazione, sostituzione di persona, furto d'identità digitale, trattamento illecito di dati.

quali, pur non avendo le precipua peculiarità di essere attinenti alle condotte dei minori, ben si adattano a ricomprendere nel proprio perimetro le predette condotte con un adeguamento, tuttavia, che non può non destare perplessità.
Per il cyberbullismo valgono sostanzialmente le stesse considerazioni, dotate di una ulteriore caratterizzazione, trattandosi di condotte poste in essere mediante l'ausilio di mezzi informatici. Se, infatti, il cyberbullismo rappresenta l'evoluzione del bullismo, esso trova dei modi per manifestarsi anche più articolati e che sono diretta conseguenza dell'uso di uno strumento che, nella pratica, rende agevole l'anonimato, presenta maggiori difficoltà nel reperire l'autore del reato, ha una facile diffusione spazio-temporale, indebolisce l'etica di chi agisce in quanto, dietro l'anonimato è più semplice spogliarsi anche dei limiti morali.
Tutto ciò fa sì che il cyberbullismo acquisisca una struttura a volte addirittura più subdola del bullismo, difficile da ricostruire, problematica da circoscrivere e, in alcuni casi, psicologicamente più pressante. La maggiore problematicità del fenomeno è rapportata al fatto che chi colpisce si nasconde dietro falsi profili o falsi nick, e questo amplifica nella vittima il senso di pericolosità degli stessi messaggi; inoltre i messaggi denigratori si diffondono in rete a macchia d'olio, per cui l'umiliazione viene sentita ancora più forte in quanto la stessa viaggia senza limiti, non si ferma all'ambiente in cui nasce e si manifesta, ma colpisce tutti i contatti che la vittima ha ed attira, se ad esempio si tratta di video postati su youtube, anche soggetti estranei.
Sono state proposte, per il cyberbullismo le seguenti categorie di condotte, volte sostanzialmente a definire la tipologia di comportamenti attuabili:

- ✓ *flaming*, ossia l'invio di messaggi violenti e volgari;
- ✓ *harassment*, costituita dalla spedizione ripetuta di messaggi contenenti insulti;
- ✓ *denigrazione*, invio di e-mail, messaggi o sms volti a danneggiare la reputazione della vittima;
- ✓ *impersonation*, sostanziantesi nella sostituzione di persona finalizzata ad inoltrare messaggi contro qualcuno;
- ✓ *exposure*, consistente nel rendere pubbliche informazioni private relative ad altra persona;
- ✓ *trickery*, finalizzata ad ingannare, al fine di ottenere la fiducia ed accedere alle confidenze, per poi divulgare a terzi quanto confidato;
- ✓ *esclusione,* condotta volta ad escludere ed emarginare qualcuno;
- ✓ *cyberstalking,* sostanziantesi in molestie e minacce al fine di incutere paura.

Recenti indagini condotte da enti qualificati[813] hanno evidenziato una costante crescita del fenomeno mettendo in rilievo come lo stesso sia percepito dai minori come una concreta minaccia, in alcuni casi vissuta in qualità di vittime, in altri,

[813] Ipsos per l'organizzazione Save the Children o anche il Ministero dell'istruzione, dell'università e della ricerca (MIUR) che ha condotto una indagine attraverso i progetti Nausicaa e Open Eyes a cura rispettivamente degli Osservatori di Milano e Caserta istituiti nell'ambito del Piano nazionale "Più scuola meno mafia" della Direzione generale per lo studente, la partecipazione e la comunicazione.

rivestendo il ruolo di bulli o di appartenenti al branco, mettendo in opera comportamenti idonei ad intimidire, denigrare, offendere e finalizzati a fare pressione sui coetanei, inducendoli in uno stato di umiliazione agli occhi propri e di altri coetanei. Le ricerche poste in essere hanno confermato la totale assenza di percezione, da parte dei minori, della pericolosità e delle conseguenze dei propri comportamenti in rete. Il facile accesso al mondo virtuale induce i giovani ad adoperarlo con estrema naturalezza e manca, al riguardo, una istituzione cui sia affidato il compito formativo e che sia in grado mettere i minori in guardia dai pericoli del web.
I due grandi nuclei che si contendono la crescita formativa dei minori sono la famiglia e la scuola, per cui solo agendo attraverso queste formazioni sociali è possibile attuare dei sistemi di tutele e di informazione in grado di giungere all'attenzione dei minori. Ovviamente la scuola rappresenta il nucleo di maggior interesse, sul quale si può fare più leva e che può sostanziarsi anche, grazie alla presenza del corpo docente costituito da personale qualificato, nel primo bacino da cui raccogliere i segnali di disagio. Da qui anche la necessità di intervenire sulla formazione del corpo docente con opportuni programmi di educazione alla rete.
Emerge, pertanto, la necessità di sviluppare un approccio preventivo al fenomeno del cyberbullismo che preveda anche un coordinamento tra le forze in gioco. A siffatte conclusioni si giunge anche a seguito di un esame dei casi di cyberbullismo posti, negli ultimi anni, all'attenzione della magistratura da cui si evince come, di fronte ad episodi di bullismo e di cyberbullismo, vengano messe in gioco la scuola e la famiglia.
Dell'educazione inadeguata dei minori, conseguente al mancato adempimento dei doveri imposti ai genitori dall'art. 147 c.c., rispondono i genitori, in base all'art. 2048 c.c. [814] È quanto affermato dal Tribunale di Alessandria[815] in merito alla condotta tenuta dai minori che, durante una gita scolastica, hanno legato, imbavagliato e costretto un compagno di classe a bestemmiare. Tutta la scena è stata, dagli stessi minori, ripresa col telefonino e diffusa su Internet. Per quanto concerne la specifica condotta poi di chi, pur non fornendo un contributo attivo, è stato comunque presente e non ha fatto nulla per impedire o per dissociarsi da quei

---

[814] In merito alla responsabilità dei genitori ai sensi dell'art. 2048 c.c., derivante dalla violazione degli obblighi di cui all'art. 147 c.c., esemplificativo quanto espresso da Corte di Cassazione con la sentenza n. 9556/2009 secondo cui *La responsabilità dei genitori per i fatti illeciti commessi dal minore con loro convivente, prevista dall'art. 2048 c.c., è correlata ai doveri inderogabili posti a loro carico dall'art. 147 c.c. ed alla conseguente necessità di una costante opera educativa, finalizzata a correggere comportamenti non corretti ed a realizzare una personalità equilibrata, consapevole della relazionalità della propria esistenza e della protezione della propria ed altrui persona da ogni accadimento consapevolmente illecito. Per sottrarsi a tale responsabilità, essi devono pertanto dimostrare di aver impartito al figlio un'educazione normalmente sufficiente ad impostare una corretta vita di relazione in rapporto al suo ambiente, alle sue abitudini ed alla sua personalità, non assumendo alcun rilievo, a tal fine, la prova di circostanze idonee ad escludere l'obbligo di vigilare sul minore, dal momento che tale obbligo può coesistere con quello educativo, ma non può anche sussistere, e comunque diviene rilevante soltanto una volta che sia stata ritenuta, sulla base del fatto illecito determinatosi, la sussistenza della culpa in educando".*
[815] Tribunale di Alessandria, sentenza n. 439 del 16 maggio 2016.

comportamenti, il Tribunale ha ritenuto che la condotta degli stessi dovesse essere equiparata al comportamento di chi ha divulgato il video. E se sono equiparabili le condotte dei partecipanti, vi sarà responsabilità dei genitori anche per chi, pur non avendo effettuato materialmente il video, non ha avuto il coraggio e la forza di dissociarsi dallo stesso. Anche questi comportamenti denotano, per il giudice, una inadeguatezza educativa.
A conclusioni differenti è giunto, invece, il Tribunale di Pisa[816], secondo cui i genitori dello "spettatore", ossia i genitori del minore che nella condotta di bullismo ha avuto un ruolo scarsamente attivo, non rispondono in base all'art. 2048 c.c. Ciò in quanto, la non attività, in questo caso, è stata, dalla giurisprudenza, valutata come una ipotesi di soccombenza alla prepotenza dei capi del gruppo, piuttosto che come un comportamento riconducibile al tipo di educazione impartita dai genitori. Ma se il minimale apporto consapevole del minore al fatto illecito ha escluso che si potesse configurare in capo ai genitori una violazione dei doveri educativi, esso non ha fatto tuttavia venire meno la responsabilità del minore, avendo egli comunque partecipato, seppur in maniera defilata, alla condotta.
Ulteriore pronuncia degna di nota è quella del Tribunale di Teramo del 2012[817]. Nel caso di specie i giudici hanno ritenuto responsabili i genitori dei minori, che hanno posto in essere condotte rientranti nella definizione di cyberbullismo, per non aver impedito che i propri figli creassero un gruppo su facebook, finalizzato a denigrare una compagna di scuola. Secondo il Tribunale è ravvisabile, in simile fattispecie, una responsabilità genitoriale non avendo, essi genitori, vigilato sull'effettiva acquisizione, da parte dei propri figli, dei valori educativi.
Caso apparentemente simile, in quanto sempre legato a condotte poste in essere adoperando la rete quale mezzo di diffusione di atti denigratori, ma che, invece, giunge a conclusioni ben diverse per quel che concerne la responsabilità genitoriale, ha riguardato la condanna di alcuni minori per aver caricato in rete un video in cui un ragazzo disabile veniva schernito e picchiato dai compagni di scuola. Secondo la Suprema Corte[818], nella fattispecie in esame la responsabilità va imputata direttamente ai minori che hanno caricato in rete il video, in violazione del divieto di diffusione di dati sensibili, relativi allo stato di salute della vittima.
Di una responsabilità solidale degli autori di un fatto illecito relativo ad episodi di bullismo si è anche occupata la Cassazione[819] che, in merito a fatti reiterati verificatisi in ambiente scolastico e nei pressi dell'abitazione della vittima, ha avuto modo di precisare che grava in capo a tutti i partecipanti la responsabilità per i fatti accaduti. Tale responsabilità solidale non distingue tra chi ha avuto un ruolo principale nel mettere in atto le condotte lesive e chi si è limitato ad assecondare ed a svolgere un ruolo secondario, potendo la vittima rivolgersi indifferentemente a ciascun responsabile per chiedere il risarcimento del danno patito, senza essere onerata dal dover distinguere i gradi di partecipazione.

---

[816] Tribunale di Pisa, sentenza n. 391 del 15 marzo 2016.
[817] Tribunale di Teramo, sentenza n. 18/2012.
[818] Corte di Cassazione, Sezione III, sentenza 3 febbraio 2014, n. 5107.
[819] Corte di Cassazione, sentenza n. 20192 del 25 settembre 2014.

Per quanto concerne il ruolo della scuola, merita rilevare che, nonostante questa istituzione sia pienamente coinvolta, unitamente alla famiglia, nel caso in cui si verifichino episodi di bullismo e di cyberbullismo, le censure dei tribunali solo in casi rarissimi hanno interessato l'ambiente scolastico. Vi è da rilevare che la scuola risponde a titolo di responsabilità contrattuale ed extracontrattuale. Al fine di evitare che tale formazione sociale venga coinvolta, occorre che sia posta in essere una corretta opera di prevenzione nonché una puntuale gestione delle attività di supervisione. Ciò in quanto solo dimostrando di aver svolto con diligenza gli obblighi di vigilanza e sorveglianza, sia durante l'orario scolastico, sia nei momenti di pausa ricreativa, i cambi di classe e gli spostamenti casa-scuola, ove previsti, segnalando prontamente eventuali episodi di cui si ha notizia o a cui si assiste, si riuscirà ad evitare una responsabilità a titolo di culpa in vigilando.
Il cyberbullismo può costituire violazione delle norme del codice civile, come detto, del codice della privacy ed anche delle norme del codice penale. Ed è proprio quando le fattispecie si concretizzano in reati penalmente rilevanti che il discorso sul cyberbullismo diviene particolarmente delicato. Il confine è più sottile di quanto si possa immaginare. Passare da uno scherzo di cattivo gusto, ad una condotta lesiva dell'altrui reputazione e/o privacy, ad un reato penale è un attimo. E questo non solo perché spesso il cattivo gioco degenera e si verificano eventi che non erano stati voluti o valutati come possibili epiloghi da chi attua comportamenti da bullo nei confronti della vittima, ma anche perché, e questo si verifica in particolar modo con il cyberbullismo, vi possono essere anche conseguenze derivate da quei comportamenti che si presentano in tempi successivi. Il riferimento è, ovviamente, a tutte le ipotesi in cui la vittima dei comportamenti offensivi o degli atti denigratori non riesce a superare, a livello psicologico, la pressione scaturente da quanto sta subendo e decide di togliersi la vita.
Di suicidi legati al cyberbullismo ve ne sono stati e, forse, sono anche più di quelli emersi dai fatti di cronaca. Alcuni di essi però, hanno lasciato un segno e, probabilmente, sono stati la spinta affinchè vi fosse una presa di coscienza circa la necessità di proporre, sul tema, un intervento legislativo. È questo il caso della ragazza quattordicenne suicida[820], come più volte evidenziato dalle notizie di cronaca, a causa di "quei 2600 like" e delle volgarità postate nei commenti ad un video girato, a sua insaputa, e che la vedeva protagonista di un atto sessuale. Nell'episodio erano coinvolti diversi minori ed un maggiorenne, che ha patteggiato la pena con condanna ad un anno e quattro mesi di reclusione.
Ciò che si vuol cogliere da questa vicenda, non è tanto una valutazione circa le pene applicate in quanto, trattandosi di minori, più che l'aspetto sanzionatorio, va posto in rilievo quello di recupero e di prevenzione, anche se va comunque rilevato che, nel caso di specie, lo stesso giudice, nelle motivazioni della sentenza, ha espresso una condanna morale di quei comportamenti. Quello che rileva maggiormente è capire fino a che punto la denigrazione, l'isolamento e le pressioni psicologiche possono spingere la vittima. In questo caso la ragazza quattordicenne si è sentita

---

[820] La vicenda è quella di Carolina Poggi che la notte del 5 gennaio 2013 si è lanciata dalla finestra della sua cameretta, lasciando una lettera in cui affermava che *"le parole fanno più male delle botte"*.

totalmente travolta dall'eco e dalla diffusione del video da non riuscire più a concepire una sua vita al di fuori di quel tunnel e, non vedendo vie d'uscita, ha agito in tal modo.
L'attenzione va posta, quindi, sulle vittime e, per evitare che si verifichino e si diffondano episodi come questo, bisogna, ovviamente, intervenire sulla prevenzione. Creare reti di tutela, interventi immediati sul web, forme di protezione che aiutino chi cade in queste vicende a non sentirsi isolato, capire che esistono sistemi per ottenere tutela e, soprattutto, essere in grado di garantire tutela. Un percorso in questo senso è stato avviato proprio a seguito del suicidio della giovane Carolina ed ha portato, a seguito di una indagine conoscitiva del fenomeno proposta dalla Commissione Diritti Umani, ad un disegno di legge finalizzato a disciplinare il cyberbullismo che, dopo più di tre anni, è stato recentemente approvato in via definitiva alla Camera dei Deputati.
Lo scopo di fondo è stato quello di intervenire al fine di contrastare il fenomeno e, per fare ciò, sono state valutate azioni preventive attraverso le quali porre in essere un'opera di carattere educativo che possa aiutare i giovani a sviluppare una coscienza sociale anche nell'uso della rete.
La proposta è stata confezionata per aiutare i minori, sia che rivestano il ruolo di vittime, sia che incarnino la figura dei bulli, e ciò in quanto non si tende a colpevolizzare ma ad attuare forme di recupero per gli uni e per gli altri. Non vi è, nella sua formulazione originaria e, soprattutto nell'idea di fondo che la ispira, un carattere repressivo del fenomeno incentrato sulla pena del colpevole. Vi è, invece, un lungo lavoro di affiancamento ai minori al fine di acquisire la consapevolezza del loro operato, quella consapevolezza che il più delle volte manca negli autori dei comportamenti lesivi dell'altrui personalità.
Tuttavia, dopo una prima approvazione al Senato, il testo di legge è approdato alla Camera ove è stato completamente stravolto. Ciò grazie ad una serie di modifiche che ne hanno violato il carattere preventivo, introducendo inasprimenti di pena, per l'ipotesi di stalking telematico, ed estendendo il campo di applicazione anche ai maggiorenni.
Per quanto concerne gli atti persecutori realizzati attraverso i sistemi telematici è stato previsto, dalla Camera, il rafforzamento della presente aggravante. Lo stalker che opera attraverso la rete è stato considerato punibile con la reclusione da uno a sei anni anche nel caso in cui il reato sia commesso con scambio di identità, divulgazione di dati sensibili, diffusione di registrazioni inerenti violenze o minacce.
Ma la modifica che più di ogni altra ha rischiato di affossare l'originario progetto è stata quella di estendere la disciplina anche ai maggiorenni. La proposta di legge poggiava su una forma di collaborazione con i maggiori social network, avendo gli stessi dato disponibilità ad una sorta di patto educativo e dimostrando la massima collaborazione nell'intervenire per una maggiore tutela dei minori. Estendere la possibilità a chiunque sia vittima di azioni vessatorie di inoltrare richiesta al titolare del trattamento, al gestore del sito o del social network di rimuovere, oscurare o bloccare i contenuti reputati lesivi e diffusi tramite la rete, rischia di creare un sovraccarico di richieste e di vanificare, di conseguenza, l'effetto collaborativo

posto a base del progetto. La vittima dovrà, in primis, rivolgere la propria istanza ai gestori dei siti[821], nel caso in cui costoro non si adoperino si potrà rivolgere al Garante della Privacy, il quale dovrà intervenire nelle successive 48 ore e rimuovere i contenuti lesivi adottando gli opportuni provvedimenti inibitori ex artt. 143 e 144 del codice privacy.
Due gli effetti principali derivanti dalle modifiche apportate alla Camera del disegno di legge presentato sul cyberbullismo: il primo è quello, già messo in rilievo, e che riguarda lo stravolgimento totale di un sistema di collaborazione e prevenzione a carattere educativo che contraddistingueva l'originaria stesura, il secondo riguarda il rischio di ottenere un intervento generalizzato del Garante volto a rimuovere entro un arco temporale ristrettissimo anche conversazioni, atti e documenti, archivi e blog fino ad allora tutelati dal cd. esercizio legittimo del diritto di cronaca.
La scelta della Camera è stata determinata dall'apparente necessità di distinguere il bullismo, quale tipico fenomeno adolescenziale, dal cyberbullismo, quale comportamento che può essere posto in essere anche dagli adulti, tenuto conto dell'apparente garanzia di anonimato che offre la rete e della possibilità di liberarsi della propria etica e delle proprie inibizioni. Tuttavia, formulato in tale nuova versione, il disegno di legge non sortiva più gli effetti originari, soprattutto per quanto concerne l'opera di collaborazione che si era venuta creando tra i vari settori interessati e finalizzata esclusivamente a tutelare e recuperare il minore.
Riportato al Senato, il disegno di legge è ritornato al suo impianto originario in attesa del si definitivo della Camera, giunto, come già detto, nel maggio del 2017.
Nella sua formulazione definitiva, sono state eliminate, in primis, le norme penali che erano state inserite dalla Camera, relative al reato di stalking sul web con la previsione fino a sei anni di carcere per gli atti persecutori commessi attraverso strumenti informatici e telematici.
Ciò in virtù di un ripensamento della funzione rieducativa e preventiva da svolgere nei confronti dei minori che ha anche riportato la definizione di cyberbullismo al suo impianto originario disponendo che con esso si intende *"qualunque forma di pressione, aggressione, molestia, ricatto, ingiuria, denigrazione, diffamazione, furto d'identità, alterazione, acquisizione illecita, manipolazione, trattamento illecito dei dati personali in danno di minorenni, realizzata per via telematica, nonché diffusione di contenuto online aventi ad oggetto anche uno o più componenti della famiglia del minore il cui scopo intenzionale e predominante sia quello di isolare un minore o un gruppo di minori ponendo in atto un serio abuso, un attacco dannoso, o la loro messa in ridicolo"*.
Così come ridefinito al Senato il progetto di legge adesso si rivolge ad una platea costituita dai minori e dalle loro famiglie, nell'intento di tutelare qualsiasi minore ultraquattordicenne, nonché ciascun genitore o soggetto esercente la responsabilità del minore che abbia subito atti di cyberbullismo.
Ciò che si prevede concretamente è la possibilità, per le vittime o per le famiglie, di ottenere dal titolare del trattamento o dal gestore del sito internet o del social

---

[821] Dalla nozione di gestore, ossia di colui che è il fornitore di contenuti su internet, vanno esclusi gli access provider, o cache provider ed i motori di ricerca.

network, la rimozione o il blocco degli atti o dei dati lesivi per il minore. Il disegno di legge punta, pertanto, prevalentemente su di un diritto all'oblio da riconoscere alle vittime, ritenendo che questo sia il punto principale da cui nascano i maggiori danni del bullismo telematico.
Oscurare, rimuovere, bloccare in tempi celeri per ridurre al minimo i tempi della pressione psicologica, con un occhio puntato soprattutto su chi subisce simili azioni, al fine di evitare che i comportamenti vengano ingigantiti e diventino un fardello troppo pesante.
Rimuovere, per far finire le condotte lesive e l'eco delle stesse.
Certamente questo aspetto è da vedere con grande favore perché nasce da una riflessione profonda della pressione psicologica che si innesca con simili condotte ed opera nell'intento di far cessare la continuità dei comportamenti che, mentre nella realtà richiede un nuovo contatto e nuove azioni, in rete è costante fino a quanto non viene, per l'appunto, oscurata.
Da segnalare, in linea con il percorso collaborativo tracciato dal progetto di legge che, negli stessi anni[822] in cui è stata avviata, a livello Parlamentare, la discussione sul cyberbullismo, è stata anche approvata la prima bozza del Codice di Autoregolamentazione sul cyberbullismo, testimonianza della collaborazione attuata tra Ministero dello Sviluppo economico, Autorità per le garanzie nelle comunicazioni, Direzione Centrale della Polizia Criminale, Autorità per la privacy, Garante per l'infanzia e Comitato media e minori nonché operatori quali Google e Microsoft che, nelle premesse, ha definito il cyberbullismo come *"l'insieme di atti di bullismo e di molestia effettuati tramite mezzi elettronici come e-mail, la messaggistica istantanea, i blog, i telefoni cellulari e/o i siti web posti in essere da un minore, singolo o da un gruppo, che colpiscono o danneggiano un proprio coetaneo incapace di difendersi"*. La funzione principale del Codice, ed indicata nell'art. 1, è costituita dall'impegno degli operatori che forniscono i servizi di social nerworking, i fornitori di servizi on line, di contenuti, di piattaforme User Generated Content e social network *"ad attivare appositi meccanismi di segnalazione di episodi di cyberbullismo, al fine di prevenire e contrastare il proliferare del fenomeno"*.
Ci sarebbe tuttavia da riflettere se ciò che si dispone per gli autori delle condotte sia sufficiente, se troverà una attuazione concreta e se sarà, pertanto, in grado di arginare effettivamente il fenomeno. Le disposizioni normative prevedono che, con decreto del Presidente del Consiglio dei Ministri, sia istituito un tavolo tecnico per la prevenzione e il contrasto del cyberbullismo che avrà il compito di redigere un piano d'azione integrato per il contrasto e la prevenzione del fenomeno. Si prevede, poi, quale intervento vicino agli ambienti ove attecchiscono questi comportamenti, ossia nell'ambito delle scuole, l'individuazione di un docente con funzioni di referente per le iniziative contro il bullismo ed il cyberbullismo nonché l'obbligo, per il dirigente scolastico che venga a conoscenza di atti di cyberbullismo, salvo che non costituiscano reato, di informare tempestivamente le famiglie dei minori coinvolti e attivare le azioni opportune di carattere educativo consistenti in misure

[822] La prima bozza del Codice di Autoregolamentazione per la prevenzione ed il contrasto del cyberbullismo è stata siglata l'8 gennaio 2014.

di assistenza per la vittima e percorsi rieducativi per l'autore. In presenza di reati non procedibili d'ufficio o fino a quando non è proposta querela, il cyberbullo potrà essere formalmente ammonito dal questore, con effetti fino al compimento della maggiore età[823].
Ciò che va riconosciuto alla legge, di per sé priva di un fondamento punitivo, è la volontà di procedere, nei confronti del fenomeno del cyberbullismo, con un approccio che colloca le disposizioni e l'intervento sul fenomeno, un attimo prima dell'attuazione delle condotte lesive, privilegiando l'aspetto preventivo.
A ciò si aggiunga anche il centrale coinvolgimento, espresso per ora formalmente e di cui si auspica di vedere la concreta operatività, dei prestatori di servizi della società dell'informazione, la cui collaborazione è finalizzata alla rimozione dei contenuti dalla rete, intervenendo, pertanto, sull'aspetto riparatorio delle conseguenze determinate da condotte contrarie alle disposizioni di legge.

---

[823] È stata espressamente estesa al cyberbullismo la procedura di ammonimento prevista in materia di stalking (art. 612 bis c.p.).

Pedopornografia e reati sessuali a mezzo del Web

Avv. Paolo Piccinini

L'art. 600 quater 1 del Codice penale è inserito nel libro II – dei delitti in particolare, titolo XII – dei delitti contro la persona, a mente del quale: "*Le disposizioni di cui agli artt. 600 ter e 600 quater si applicano anche quando il materiale pornografico rappresenta immagini virtuali realizzate utilizzando immagini di minori degli anni diciotto o parti di esse, ma la pena è diminuita di un terzo. Per immagini virtuali si intendono immagini realizzate con tecniche di elaborazione grafica non associate in tutto o in parte a situazioni reali, la cui qualità di rappresentazione fa apparire come vere situazioni non reali*".
Tale articolo è stato inserito dall'art. 4 della Legge 6 febbraio 2006 n. 38, norma introdotta al fine di estendere la punibilità delle due norme precedenti anche ai casi in cui siano coinvolte immagini virtuali, potenziando così la tutela del minore.
Per immagini virtuali si intendono immagini realizzate con tecniche di elaborazione grafica non associate in tutto o in parte a situazioni reali, la cui qualità di rappresentazione fa apparire come vere situazioni non reali, trattasi di pornografia virtuale; preliminarmente è necessaria una distinzione fra il visionare e il disporre di materiale pedopornografico, distinzione che, probabilmente a causa della mancanza di una adeguata informazione, è solita creare confusione non solo tra i fruitori di internet, ma anche tra coloro che, per i più disparati motivi, sono interessati ad una materia tanto delicata e discussa quale la pedopornografia. Analizzando le due fattispecie p. e p. ex artt. 600 quater e 600 quater 1, si evince che i comportamenti che costituiscono reato sono rappresentati dalla condotta di chi si procura materiale pedopornografico e quella di chi detiene materiale pedopornografico. Entrambe le citate condotte devono essere caratterizzate da un elemento soggettivo: la consapevolezza.[824]
Tanto il procurarsi quanto il la detenzione devono avvenire consapevolmente da parte dell'autore dell'illecito, pertanto la condotta deve essere sorretta dall'elemento psicologico del dolo diretto caratterizzato dalla chiara percezione della natura del materiale oggetto del reato e dalla conseguente volontà di procurarselo o di detenerlo. Si deve perciò escludere la punibilità di tutte quelle operazioni, che abbiano sì comportato la disponibilità di materiale pedopornografico, ma che risultino frutto di erronee od inconsapevoli azioni di scarico dalla rete di file aventi tale natura (ad es. può darsi il caso che il file scaricato presenti un titolo del tutto diverso rispetto al contenuto delle immagini, in tal caso appare evidente che ove le indagini svolte abbiano evidenziato tra i materiali e gli strumenti a disposizioni dell'agente, la presenza solo di quel file avente contenuto illecito, e si a altresì emersa per ipotesi la collocazione della stesso nel cestino e l'assenza di indizi di ricerca di materiale avente natura pedopornografica, si potrà propendere in modo certamente fondato per l'esclusione di responsabilità penale a carico del soggetto indagato/imputato con riferimento alla richiamata detenzione). Il delitto ha natura

---

[824] V. RIBBENI, *Visionare materiale pedopornografico è reato ai sensi della legge 38/06?*, in Overlex, 23.05.2007.

permanente e la permanenza ha evidentemente termine con il venire meno della illecita disponibilità del materiale, spesso concomitante con l'intervento dell'Autorità che procede al sequestro dei supporti informatici o del materiale medesimo.
Per quanto attiene al delitto di pornografia virtuale preso in considerazione dall'art. 600 quater 1 C. P., occorre brevemente soffermare l'attenzione su cosa in concreto debba intendersi per immagini virtuali, pure definite dal II comma del citato articolo; si tratta di immagini realizzate utilizzando immagini di minorenni o parti di esse, attraverso l'uso di tecniche di elaborazione grafica non associate in tutto od in parte a situazioni reali, la cui qualità di rappresentazione fa apparire come vere situazioni reali. Ai fini della concreta configurabilità dei reati che abbiano tale tipologia di materiale occorre quindi da un lato il coinvolgimento 8sia pure ovviamente indiretto) di un soggetto minorenne reale, proprio in ragione della finalità di tutela della norma che riguarda in ogni caso la persona intesa in primo luogo come soggetto fisicamente individuabile, e pertanto esulano dalla rilevanza penale i meri rifacimenti antefatti di soggetti veri o di parti di essi, e d'altro canto la rappresentazione che deriva deve rivestire il carattere della verosimiglianza e non sia immediatamente percepibile la sua completa artificiosità. In altri termini se elaborazioni esclusivamente grafiche aventi contenuti chiaramente pedopornografici vengano pubblicamente utilizzate per istigare a commettere i delitti specificamente presi in considerazione dalla citata norma, indubbiamente tale materiale cessa di essere indifferente sotto il profilo della illiceità penale e può ben costituire uno dei presupposti di fatto per la sussistenza del richiamato delitto.[825]

Bibliografia

P. POLIFEMO, *Incontro di formazione del 10 febbraio 2013.* Corte D'Appello di Roma, in www.giustizia.lazio.it.
V. RIBBENI, *Visionare materiale pedopornografico è reato ai sensi della legge 38/06?*, in *Overlex*, 23.05.2007

---

[825] P. POLIFEMO, *Incontro di formazione del 10 febbraio 2013.* Corte D'Appello di Roma, in www.giustizia.lazio.it.

New addiction da *cyber sex*: tra sociologia, devianze e profili criminogeni

Dott. Michelangelo Di Stefano – Avv. Federica Federici

Introduzione e considerazioni generali sul *Cybersex*

Nell'attuale ordinamento giuridico in materia di delitti contro la libertà sessuale delle persone rinveniamo una serie di fattispecie incriminatrici, inserite e ridefinite dal legislatore con le leggi 1996/66 e 1998/269 (in parte novellata con Legge 2006/38) e collocate sia nel Capo III (sui delitti contro la libertà individuale) del Titolo XII (sui delitti contro la persona) del Libro II del Codice Penale (sui delitti contro la persona), sia nella sezione dedicata ai delitti contro la personalità individuale del medesimo Capo, quasi il legislatore non abbia voluto configurare - come bene giuridico meritevole di autonoma rilevanza - la libertà sessuale.

Non si rinviene nell'ambito di tale apparato normativo alcuna norma mirata a prevenire e combattere il fenomeno dell'attività sessuale in Rete sia come dipendenza che come condotta illecita e lesiva della libertà sessuale altrui.

Il fenomeno del *Cybersex* presenta varie forme: scaricamento di storie o immagini esplicitamente sessuali, coinvolgimento in consistenti scambi a sfondo esplicitamente sessuale via *e-mail*, visione di video sessuali su siti pornografici, visione o procacciamento di immagini varie attraverso una *webcam*[826], conversazioni in uno spazio ad argomento esplicitamente sessuale (spazio che può essere generico o privato), partecipazione a una comunicazione con altri utenti del *web* per condividere fantasie sessuali che, talvolta, si concludono nella visione in tempo reale dei propri corpi via *webcam* e nel *cybersesso*, sesso telefonico, masturbazione o incontri reali, guardare e/o scaricare materiale pornografico in contemporanea ad attività di masturbazione, incontri nelle *chat* erotiche, leggere e scrivere lettere o storie, scambiare *e-mail* o annunci per incontrare *partner* sessuali.

L'attività cybersessuale si svolge solitamente in forma anonima e i partecipanti non sono tenuti a rivelare la loro identità. Si nascondono dietro un *nickname* o creandosi un profilo che non corrisponde a ciò che sono nella vita reale e lo utilizzano come base per la comunicazione con altre persone.[827]

Il cybersesso resta avvolto nel segreto: non se ne parla con gli amici, la famiglia, i membri della comunità sociale di riferimento, con i propri *leaders* spirituali o superiori lavorativi.

Vivere comportamenti cybersessuali rappresenta un modo di gestire in maniera diversa conflitti consci o inconsci nell'area della sessualità, affrontare e gestire le proprie preferenze e fantasie sessuali, sviluppare la capacità di robuste e sane conversazioni sulla sessualità.

---

[826] Una telecamera con un link sul Web che abilita altre persone a seguire quella che è in fase di ripresa e registrazione.

[827] Grazie all'anonimato le persone cambiano la loro reale professione, età, peso e interessi o esagerano i loro gusti e le loro preferenze sessuali. E' sempre più evidente che il Web rappresenti un modo sicuro per esplorare nascoste fantasie sessuali, un mondo dove ci si crea un mondo fantastico, dotato di proprie regole, norme e regolamentazioni, rimosso dalla realtà nella quale si vive.

Saper integrare la propria sessualità - fenomeno di per sé altamente relazionale - nella vita di tutti i giorni non è attività agevole per molti: il *web* si presta come scenario ideale per esplorare l'argomento sessualità senza sentirsi tenuti a rivelare e condividere chi siamo, cosa facciamo e dove ci troviamo, protetti dalla *privacy* della nostra camera e dal nostro, e altrui, anonimato.

New Addiction: la dipendenza da *web*

A differenza del termine "*dependence*", con cui si intende rilevare una dipendenza fisica e chimica attraverso un meccanismo di condizionamento che induce l'organismo all'assunzione di una determinata sostanza per funzionare (come ad esempio per l'alcoolismo, il tabagismo o la tossicodipendenza), con l'accezione "*addiction*"[828] viene descritto nella letteratura uno *status* generale dove la dipendenza psicologica è indotta dalla ricerca di un determinato oggetto[829], o un comportamento, ritenuti essenziali per l'esistenza che, in caso contrario, diventerebbe vuota e priva di alcun significato[830].
Uno dei fattori in evoluzione del *new addiction*[831] è l'influenza del *web* sulle interazioni sociali; in precedenza l'inventore della ragnatela, *Tim Berners-Lee*[832], nel descrivere l'architettura della rete aveva delineato due distinti livelli della socialità sul *web*:
"[...] il primo, di comunicazione orizzontale tra pari, a cui consegue la diffusione di un sistema di relazioni indifferente rispetto alla natura sociale, economica, culturale ed ideologica degli utenti.
Un secondo livello, diretta conseguenza della diffusione del vettore di comunicazione *web*, che investe, poi, le abitudini degli utenti; la crescita esponenziale del suo impiego determina l'erosione degli altri spazi quotidiani disponibili per altre attività giornaliere, modificando attitudini e culture, sempre più ridondanti di *link*, *tag*, *post* ed "*I like*".
In questo scenario, tutte le diverse modalità di comunicazione sincrona e asincrona che l'accoppiata computer e Internet mettono oggi facilmente a disposizione – come la posta elettronica, i *newsgroup*, le *mailing list,* le *chat rooms* o gli straripanti *social network* - hanno generato nuove forme di interazione e spazi inediti di socializzazione, ove non è più richiesta la presenza fisica degli interlocutori[833].

---

[828] La cui radice etimologica proviene dal latino "*addictus*", inteso a descrivere un soggetto *in vinculis* per debiti, un schiavo, un prigioniero.
[829] R. PANI, R. BIOLCATO (2006) *Le dipendenze senza droghe*, UTET - De Agostini Novara.
[830] D. LA BARBERA D. (2005) *Le dipendenze tecnologiche. La mente dei nuovi scenari dell'addiction "Tecnomediata*". In: V. CARETTI, D. LA BARBERA (2005) (a cura di) *Le dipendenze patologiche. Clinica e psicopatologia*, Raffaello Cortina Editore, Milano.
[831] C. GUERRESCHI (2005) *New addictions. Le nuove dipendenze*, San Paolo Edizioni, Milano.
[832] TIM BERNERS-LEE, *L'architettura del nuovo web*, Editore Feltrinelli, Milano (2001).
[833] V. BITTI, *La rete riflette su se stessa*, in www.apogeonline.com, 14.5.1998: "[...] La CMC (Computer Mediated Communication), la comunicazione mediata dal computer, va sempre più assumendo i contorni di un nuovo oggetto di ricerca per le scienze sociali. Posta elettronica, newsgroup, mailing list, chat rooms solo testo e/o multimediali, MUD, MOO; - tutte le diverse modalità di comunicazione sincrona e asincrona che l'accoppiata computer e Internet mettono

Da qui la costituzione delle *communities*, in antitesi al concetto spaziale dei confini, descritto dai *cyber-antropologi* delle comunità virtuali[834] con lo slogan "*decostructing the boundaries, costructing the communities*",[835] ed ove la comunicazione mediata dal computer[836], va sempre più assumendo i contorni di un nuovo oggetto di ricerca per le scienze sociali [...][837].
Il *web* – scrivono *Renè J. Molenkamp* e Luisa M. Saffioti – "[...] può distoglierci dalle relazioni sociali, favorire l'isolamento e il ritiro dall'ambito sociale, talvolta portando a depressione, è una facile distrazione da altre cose importanti, e, da ultimo, può creare dipendenza.
Dal momento che la navigazione in Internet si fa prevalentemente in privato, è forse più semplice, rispetto ad altre forme, nasconderne la dipendenza. Nel caso del *web*, la dipendenza può talvolta coinvolgere il gioco d'azzardo, lo *shopping*, ricerche sfrenate, il commercio ad ampio raggio e l'attività *cyber* sessuale [...]".[838]
Una dipendenza che "*allontana dal contatto sociale con i pari*", fino all'erosione dei rapporti con una vita realmente comunitaria.[839]

---

oggi facilmente a disposizione - hanno creato nuove forme di interazione, inediti spazi di socializzazione che non richiedono la presenza fisica degli interlocutori. E poiché la dove c'è comunicazione c'è cultura, antropologi e sociologi si stanno dando da fare nel tentativo di comprendere (e spiegare) come tutto ciò vada dipanandosi. Sono già numerose le risorse disponibili nei relativi siti Web: raccolte di saggi, collezioni di corsi universitari, interviste a studiosi del settore, dichiarazioni programmatiche, bibliografie, progetti di ricerca. Come pure crescono i gruppi di ricerca, i centri studi, le riviste accademiche, spesso emanazioni di dipartimenti di sociologia, antropologia, mass media e cultural studies, soprattutto negli Stati Uniti ma anche altrove. Alcuni propongono anche vere e proprie indagini etnografiche, pezzi di vita vissuta online passati sotto la lente delle scienze sociali. Qualche esempio lo troviamo su Cybersoc: Sociological and Ethnographic Study of Cyberspace, dove Robert Hamman, aspirante Phd dell'università di Liverpool ci propone *One Hour in the E-world Hot Tub,* un progetto di ricerca basato sul metodo dell'osservazione partecipante tra i frequentatori dei canali chat di AOL. [...]".

[834] Ivi: "[...] Anche i lavori intorno alle dinamiche su Internet Relay Chat (IRC) e i MUD di Elizabeth Reid, dottoranda alla University of Melbourne, si accostano al tema della socialità in rete con un approccio empirico e descrittivo. Così l'etnografia, ancella empirica dell'antropologia, per definizione osservazione e analisi in loco di popoli esotici e lontani, avvolta dall'alone romantico dell'antropologo viaggiatore, viene ora condotta online, rimanendo seduti alla propria scrivania. Unici mezzi necessari un computer e un modem: persino il vecchio taccuino sembra inutile in uno spazio in cui testo e contesto coincidono. Basta registrare quanto scorre sul monitor, meglio se partecipando interattivamente, per poi analizzare con calma più tardi quanto è accaduto [...]".

[835] ELIZABETH M. REID, *Electropolis: Communication and Community on Internet Relay Chat, paper* (1991).

[836] CMC (Computer Mediated Communication).

[837] M. DI STEFANO, *Intelligence tra sociologia e spending review nel processo penale,* Altalex, articolo del 17.4.2014

[838] R. J. MOLENKAMP, L. M. SAFFIOTI, *Dipendenza da Cybersesso*, Human Development e Regis University, Denver, Colorado, in Human Development n. 1 (2001) pagg. 5-8.

[839] Ivi, "[...] Il cybersesso allontana dal contatto sociale con i pari. Questo è particolarmente problematico per quei soggetti che, per varie ragioni (incluse caratteristiche di personalità, scarse doti comunicative, ansia e paura) vivono la socializzazione e la vita di gruppo in termini di sfida. Spendendo ore e ore in attività cybersessuali, sarà poco probabile che possano

I primi studi sul disturbo da *addiction* per l'utilizzo di internet avevano riguardato gli *Hikikomori*, un fenomeno adolescenziale giapponese caratterizzato da forte avversione per tutti i tipi di attività sociali ed elevata fobia scolare, con sintomi più complessi rispetto al comune stato depressivo.
Il rifugio nel *web*, nella letteratura più recente, è descritto dal "*Modello A.C.E.*" coniato da *K. S. Young*[840], acronimo che rimanda alle parole "*accessibilità*", "*controllo*" ed "*eccitazione*": la prima parola è descrittiva di una gratificazione immediata; il controllo, invece, è sintomatico di uno stato di onnipotenza; l'ultimo descrittore, infine, rimanda ad un elevato processo di stimolazione[841].
In linea generale, la dipendenza da *addiction* è caratterizzata da alcuni aspetti sostanziali[842], come il *crarving* (bramosia), la perdita di controllo, i sintomi di astinenza e la tolleranza[843].
La prima sintomatologia consiste nella brama irrefrenabile e nell' impulsività a tenere un determinato comportamento; l'iniziale giovamento che il soggetto ne ricava porta questi, man mano, ad una dimensione compulsiva con ritmi di abuso spasmodici che producono forme sintomatiche di astinenza[844].
Il soggetto *addicted* prova, il più delle volte, a mantenere il controllo, arrivando ad una conflittualità interiore che, nella constatazione della propria impotenza rispetto alla compulsione, lo induce ad una reazione dissociativa[845].
Questi picchi registrano le sintomatologie tipiche da *withdrawal*, cioè da crisi d'astinenza, come ad esempio, uno stato ansioso, insonnia, irritabilità, tremori, sudorazione o evidenti alterazioni del *pattern* abituale.
La *tolerance* è, infine, significativa della reazione psico-fisica del soggetto che modificherà le "dosi" della distorsione - si tratti dell'oggetto della dipendenza o, piuttosto, del comportamento - a seconda dei momenti di *self control*, con sbalzi alterni e spesse volte repentini.
L'empatia che scatta nel rapporto con la navigazione è, alle volte, dettata – secondo K. S. *Young* - da una iniziale curiosità che induce al "*coinvolgimento*"; segue poi una immersione profonda nel *web* che descrive la "*sostituzione*", fino alla ricerca di

---

irrobustire la loro capacità di rapporti di vicinanza e intimità mentre si ridurrà sensibilmente la loro capacità di apprezzare una vita realmente comunitaria. Il cybersesso addormenta gradualmente la sensibilità a ciò che è sessualmente appropriato o problematico e annebbia la consapevolezza sui temi della sessualità e relazioni. [...]".

[840] K. S. YOUNG, *Psychology of computer use: XL. Addictive use of the Internet: a case that breaksthe stereotype, Psychol. Rep. n. 79, pp, 899-902, 1996.*

[841] K. S. YOUNG, (1998) Presi nella rete, intossicazione e dipendenza da internet. Trad it a cura di T. Cantelmi (2000) Calderini, Bologna.

[842] Sei descrittori secondo M. D. Griffiths: la "dominanza" (pensiero), "alterazioni del tono dell'umore" , la "tolleranza", "sintomi d'astinenza" , "conflitto" e "ricaduta".

[843] M. D. GRIFFITHS, (1997). *Exercise addiction: A case study*. Addiction Research, 5, 161-168.

[844] American Psychiatric Association (2000), DSM-IV-TR. *Diagnostic and Statistical Manual of Mental Disorderes, Fourth Edition, text revision Washington and London, DC. trad. it. Manuale diagnostico e statistico dei disturbi mentali*, DSM-IV-Tr. Text Revision (2001), Masson, Milano.

[845] V. CARETTI, G. CRAPARO, A. SCHIMMENTI, *Gli esiti psicopatologici della dissociazione* in *Psichiatria & Psicoterapia,* 2007, 26, 1, pp. 9–25.

uno strumento di contrasto alla distorsione, una sorta si antidoto, inquadrabile nella "*fuga*": sono queste le tre fasi che delineano la dipendenza da *web addiction.*
La dipendenza patologica da un *device* connesso alla rete è una fase prodromica, quale *start up* di un disturbo ben più grave, definita "*Trance Dissociativa da Videoterminale*"[846], una distorsione talmente amplificata da indurre i soggetti coinvolti ad alterazioni temporanee dello stato di coscienza, alla depersonalizzazione ed alla sostituzione del senso dell'identità personale con una identità alternativa.
Ciò avviene per via dell'assenza, dentro la "*ragnatela*", di quei confini spazio-temporali - indefiniti nel *web* - e per l'anonimità del rapporto interattivo nel corso dell' "*immersione profonda*" sulla rete, ove il coinvolgimento del protagonista porta l'*addicted* alla perdita del *self control* e del contesto situazionale, virtuale, in cui si è calato; una dimensione altalenante dove "[...] *il soggetto che fa cyber sesso si sente <<su>> per poi sentirsi <<giù>> e depresso quando l'attività finisce* [...]"[847].
L'attività di navigazione sulla rete è oggetto di molteplici distorsioni e patologie, alcune più o meno significative da un punto di vista clinico, altre più o meno rilevanti in un contesto socio economico; ecco di seguito alcuni dei modelli di dipendenza che, accanto al *sex addiction*[848], sono oggi i più diffusi:

- ***compulsive on line gambling***[849] , detta ludopatia, cioè il gioco d'azzardo in rete patologico;
- ***information overload,*** una sorta di sovraccarico cognitivo con una irrefrenabile ricerca di aggiornamenti di informazioni;
- ***cybercondria***, una ricerca ossessiva e continua di informazioni riguardanti la salute;
- ***mud's addiction***, cioè quei tanti giochi di ruolo ove più utenti[850] si collegano simultaneamente – poi interagendo con piattaforme di *cyber* comunicazione, come la nota *chat party* di una nota azienda produttrice di *video games* - e dove le realtà virtuali diventano rifugi, per noia, alle volte per depressione, altre ancora per sfogo[851];
- ***dipendenza dalle relazioni virtuali***, siano esse amicali che sentimentali, attraverso *chat room* ed applicativi di interazione comunicativa virtuale di coppia o di gruppo;
- ***social network addiction***, una dilagante soddisfazione illusoria e, spesse volte, un modello narcisistico attraverso cui l'utente palesa il proprio

---

[846] V. CARETTI, T. CANTELMI, *Pscicodinamica della trance dissociativa da videoterminale*, Piccin Editore, Padova, 2000.
[847] R. J. MOLENKAMP, L. M. SAFFIOTI, *Dipendenza da Cybersesso*, cit.
[848] P. CARNES, *Don't call it love. Recovery from sexual addiction*. Bantam Books, New York, 1996.
[849] C. GUERRESCHI, *Il gioco d'Azzardo Patologico*, Ed. Kappa, Roma, 2003.
[850] A. COUYOUMDJIAN, R. BAIOCCO, C. DEL MIGLIO, *Adolescenti e nuove dipendenze*, Giunti, Firenze, 2006.
[851] R. CIOFI, D. GRAZIANO, *Giochi pericolosi? Perché i giovani passano ore tra videogiochi on-line e comunità virtuali*, Franco Angeli, Milano, 2003.

status, innanzitutto emozionale, "incorniciandolo" all'interno di una bacheca virtuale; un *continuum* erosivo della propria *privacy,* [852] che degrada fino alla maniacale segnalazione della propria presenza fisica in un contesto di georeferenziazione spazio-temporale;
- ***shopping addiction***, una ricerca compulsiva di offerte commerciali e di acquisti voluttuari, attraverso negozi *on line* ed aste a tempo; altre volte, ancora, un *overload* tecnologico all'inseguimento di oggetti ed aggiornamenti di *new generation,* sempre più avanti rispetto all'iniziale "*0.1*".

Altre patologie attengono, ancora, la modalità di utilizzo dei *devices* in modo compulsivo dagli utenti:
[...] Con l'avvento del noto T9, ad esempio, è stato possibile effettuare una composizione guidata nella digitazione di stringhe alfanumeriche, basata sull'utilizzo di un dizionario integrato che associa determinatesequenze nella pressione dei tasti numerici del telefono cellulare a possibili parole nella lingua scelta nelle preferenze di sistema dall'utente.
La ricerca tecnologica era seguita con l'introduzione di ampie tastiere a scomparsa, non più solo alfa/numeriche, bensì del tipo *qwerty*[853], per facilitare l'utilizzo da parte dell'utenza nella messaggistica e per la navigazione su internet.
I primi effetti sui giovani[854], ancor prima di quelli psico-fisici noti come la sindrome da tunnel carpale, il *text neck*[855], lo *stress* oculare[856] o la sindrome da *sleep texting*

---

[852] M. DI STEFANO, *La sociologia giuridica ed i bambini*, Altalex ,13.11.2013: "[...] Alle volte siamo pronti a rimbrottare in Nostri bimbi quando smanettano alla tastiera del PC, immergendosi nelle loro comunità *cybernetiche*, senza comprendere ciò che sono in grado di realizzare virtualmente, collegandosi in rete dall'altra parte del globo. Eppure *Facebook* – che per moda è diventato il Nostro profilo di grido, con tanto di album fotografico tra pose *sexy* e *lingerie* in bella mostra – è stato realizzato da un gruppo di ragazzini, cosi come *Summly,* una delle tante innovazioni tecnologiche di cui beneficiamo, che Ci consente di filtrare le notizie più importanti che circolano sul *web*[...]".

[853] Il nome deriva dalla sequenza delle lettere dei primi sei tasti da sinistra della riga superiore della tastiera. Brevettato nel 1864 da Christopher Sholes, lo schema QWERTY fu adottato dalla Remington & Sons, qualche anno dopo diffondendosi sulle macchine da scrivere.

[854] *Touch, l'evoluzione del tunnel carpale*, in www.giovanepensatore.altervista.org, 29.1.2012: "[...] Da quando esistono i cellulari con tastiere qwerty fisiche, la maggior parte dei teenager (di tutto il mondo) hanno iniziato a scambiarsi messaggi a raffica, non badando ai soldi spesi o al male che si fanno alle proprie mani. Purtroppo però, inviare troppi sms può diventare la causa di qualche brutto disturbo. Proprio in questi giorni, una ragazza americana, dopo aver inviato 4000 messaggi in un mese, è dovuto recarsi in ospedale per la Sindrome del Tunnel Carpale, provocato dal cellulare. Entrambi i polsi della sedicenne sono stati fasciati e la giovane dovrà restare lontano dei cellulari per un bel po' di tempo. La ragazza ha rilasciato anche una dichiarazione simpatica, dicendo di volere un iPhone per evitare disturbi futuri (4000 messaggi con l'Iphone? Altro che i polsi, ti bruciano anche il cervello). Oltre a questo caso, presto potremo vederne molti altri, visto che i giovani sono abituati ad inviare tantissimi sms da qualsiasi posto (palestra, casa, scuola, cinema ecc). Non conosco la media globale ma vedendo mia sorella e le sue amiche, mi rendo conto che non scendono mai sotto i 1000 messaggi al mese. E se di mezzo ci si mettono anche Wind con 4000 messaggi gratis ed Omnitel con la sua Infinity Messaggi, questo problema non si risolverà proprio mai [...]".

[857], erano stati quelli della equivocità del messaggio inviato, inducendo i protagonisti a schizofreniche rettifiche, smentite, aggiunte su quanto scritto e male interpretato.

---

[855] *Text neck, il nuovo disturbo di chi usa il cellulare,* in www.benessereblog.it, 24.3.2010: "[...] Nuovi disturbi provocati dalla tecnologia: dopo il tunnel carpale e il gomito del tennista provocati dall'abuso dei videogame e della Wii è il momento di attribuire una parte delle colpe anche ai cellulari e ai pad, che provocano nell'uso una posizione del collo scorretta che comporta un fastidioso disturbo. È stato soprannominato text neck e non è difficile intuirne il perché. Mantenere per lunghe ore quella posizione con il collo curvo provoca dolori articolari alla cervicale e a lungo andare pregiudica la postura e comporta anche dolori a spalle e braccia. L'azione può essere solo preventiva, curando la posizione per evitare di mantenere la postura curva troppo a lungo e regolandosi per ridurre il tempo trascorso a ticchettare su cellulare o su tablet. Non ci fa per niente bene [...] La sindrome del tunnel carpale, solitamente legata ad attività ripetitive e manuali quali possono essere un lavoro di precisione o l'uso continuo del mouse, è in crescita in tutti i paesi del mondo occidentalizzati secondo un recente studio che dà la colpa alla globalizzazione. Non solo: a soffrirne maggiormente sono sempre più le nuove generazioni che hanno a che fare con l'uso di nuove tecnologie sottoponendo a continua sollecitazione il nervo mediano che si infiamma e assume le caratteristiche della cronicità. Tuttavia pare che parte di chi ne soffre non ne sia sempre consapevole, almeno fino a quando il disturbo non si trasforma in vera e propria patologia che rende necessaria una cura specifica o un intervento chirurgico. Sono dunque i nostri costumi che determinano anche le malattie di cui soffriamo. La conclusione che i ricercatori hanno ricavato dal confronto dei dati europei e americani è precisa: la globalizzazione e la diffusione di modelli culturali molto omogenei hanno determinato una sorta di diffusione capillare ed estesa del disturbo che fino a qualche decennio fa conosceva invece variazioni molto significative di paese in paese. Possiamo dare alla globalizzazione, dunque, l'ennesima colpa? [...]".

[856] Ivi, *Gli smartphone fanno male alla vista:* "[...] L'ennesimo allarme che colpevolizza i cellulari: stavolta non c'entrano le emissioni elettromagnetiche sotto analisi ormai da anni e su cui non s'è riusciti a trovare un punto d'accordo univoco, né i pericoli che derivano dal ticchettare costantemente sui tasti e che può provocare la sindrome del tunnel carpale. Sotto accusa sono invece gli smartphone, che sempre più spesso utilizziamo quotidianamente per connetterci a Internet e mantenere i contatti lungo tutto l'arco della giornata. Navigare servendosi dello schermo troppo piccolo del cellulare costringe chi usa lo smartphone ad avvicinare moltissimo lo schermo agli occhi per via dei caratteri molto ridotti e la conseguenza è uno sforzo eccessivo per gli occhi. Lo stress che ne deriva per gli occhi potrebbe condurre ad un peggioramento della vista, secondo una ricerca pubblicata sulla rivista Optometry and Vision Science. I sintomi: mal di testa, occhi arrossati e affaticati, visione appannata, difficoltà di mettere a fuoco perfettamente gli oggetti. È quanto hanno mostrato gli studi condotti per giungere a questi risultati, che sono alquanto allarmanti se consideriamo che lo smartphone fa ormai parte integrante delle nostre vite e le dimensioni compatte sono considerate da sempre un ulteriore vantaggio per la fruibilità di strumenti che fino ad appena qualche anno fa erano davvero troppo grossi e scomodi. Il vero responsabile di tutto questo tuttavia è non tanto nell'uso intensivo, quando la brevissima distanza dagli occhi dello schermo. Mentre un libro in lettura si mantiene a circa 40 centimetri dagli occhi, con uno smartphone la distanza si riduce a 33 centimetri e addirittura a 20 centimetri nel caso di un normale telefonino per leggere gli sms. [...].

[857] M. PRATELLESI, *Troppi sms: arriva la sindrome da Sleep-texting,* 24.11.2011, in www.mediablog.vanityfair.it, "[...] L'altro giorno è venuto a trovarmi un amico. Non dico chi è, perché non so se gradisce, ma trattasi di un guru di internet dalla prima ora. Entra nella mia

In pratica, la prima novità di tipo comunicativo fu quella di adattare la breve stringa di 160 caratteri alfanumerici di cui è composto un SMS, alle esigenze di sintesi dell'utente, con l'introduzione autonoma nelle *communities* di un dizionario sintetico fatto di acronimi e mezze frasi[858], non sempre omnicomprensibili [...]"[859].

---

stanza agitato. "Che hai fatto", gli chiedo aspettandomi il peggio. "Che ho fatto? Mi hanno rubato il cellulare, ecco cosa ho fatto", e lascio perdere le imprecazioni. Poi l'amico tecnologico si abbandona a un racconto liberatorio di tutte le sensazioni che ha provato quando si è trovato fuori Milano senza cellulare: smarrimento, ansia, preoccupazioni per i contatti di lavoro e familiari improvvisamente interrotti. In una parola "un disastro". Vi risparmio il racconto della trafila per comprare il nuovo iPhone e recuperare i dati. Però l'ho capito: con tutto quello che teniamo dentro gli smartphone, il giorno in cui ci troviamo senza ci sentiamo perduti. La reperibilità sempre e ovunque è diventata una condizione umana alla quale pochi ancora riescono a sfuggire. Poi ho letto un paio di articoli è ho pensato di rivolgervi alcune domande: *Vi svegliate di notte o la mattina all'alba per controllare sms o email arrivate sul cellulare? Provate anche l'irrefrenabile impulso a rispondere subito prima di riaddormentarvi?* Se è così sinceratevi di non soffrire di sonnambulismo. Perché, se così fosse, siete tendenzialmente a rischio per cadere nella trappola dello "Sleep-texting". Di cosa si tratta? Secondo alcuni esperti internazionali di disturbi del sonno è un fenomeno raro ma in pericoloso aumento: alcune persone inviano sms o email mentre dormono senza poi ricordare niente al risveglio. Il caso più recente riguarda una ventiquattrenne texana, Jessica Castillo, che ha inviato un sms al suo fidanzato chiedendogli dove fosse perché aveva qualcosa da dirgli. Alla mattina Jessica non ricordava niente perché quando ha mandato questo messaggio stava dormendo: *"Baby u there? Need to tell somethin..."* Secondo gli specialisti non è il primo caso di "sonnambulismo tecnologico". Tre anni fa all'Università di Toledo, nell'Ohio, c'era stato il caso di una donna di 43 anni che nel sonno inviava email più o meno sconclusionate senza poi ricordare niente al risveglio. Inviare email e sms, dicono i luminari della medicina, è diventato un gesto talmente automatico e invasivo da occupare anche il nostro mondo onirico. David Cunnington, del Melbourne Sleep Disorder Center australiano, ritiene che il disturbo sia una conseguenza dello stress dovuto alla overdose di email e sms che dobbiamo quotidianamente fronteggiare. Questa situazione non solo rende ormai impossibile una netta separazione tra lavoro e tempo libero, ma sta invadendo anche le nostre notti rendendo sempre più problematica la separazione netta e sana che dovrebbe esserci tra veglia e sonno. La cura? Pare che non sia stata ancora individuata. Però, se vi capita di controllare il cellulare quando state dormendo, un rimedio pratico c'è. Spengetelo o, almeno, tenetelo lontano dal comodino [...]".

[858] www.zanichellibenvenuti.it, *Il linguaggio degli sms in Italia*, di Valerio Giacalone, pubblicato il 7 marzo 2008: "[...] Buongiorno a te. Tutto bene? Oggi parlerò del linguaggio degli sms tra i giovani. Gli sms sono i famosi messaggini, che vengono spediti tra un telefonino e l'altro [...] Oggi la vita è frenetica, cioè molto veloce e stressante. Tutti vanno di fretta, anche nella comunicazione. L'Italia è il paese con il maggior numero di telefonini: il telefonino rappresenta uno status symbol. Gli sms sono sicuramente un modo di comunicare veloce ed economico. Così nasce il linguaggio degli sms, un linguaggio per i giovani (e non solo) che oltre a essere sgrammaticato, cioè senza regole di grammatica, non prevede altre regole se non la velocità nello scrivere. Sono evitate tutte le maiuscole e la punteggiatura. La cosa più importante è che il messaggio arrivi il più velocemente possibile. I punti interrogativi, gli apostrofi, gli accenti di solito non sono usati. Il linguaggio degli sms ha come regola principale quella di abbreviare. Per esempio, il 'che' è sostituito dal più veloce e pratico 'k' [...]".

[859] M. Di Stefano, B. Fiammella, *Intercettazioni: remotizzazione e diritto di difesa nell'attività investigativa (profili d'intelligence)*, Altalex editore, Montecatini Terme, 2015, pagg.135-142.

L'interazione comunicativa e la "*faccia*"

Accade, sempre più spesso, che nelle dinamiche relazionali virtuali si rompano gli schemi, erodendo gli *standard* dell'interazione comunicativa che, di punto in bianco, diventa torbida, perversa, fino a distorcere nel crimine violento.
Un esempio, tra i tanti, le sevizie e l'uccisione di Luca VARANI, seguito dal memoriale di uno dei suoi carnefici, M. P., dove, per l'appunto, è scritto "*non indagate sui miei risvolti torbidi*" o, ancora, " *lasciatemi lo smalto alle mani*"[860].
Questo è forse uno dei surrogati relazionali, figlio delle dinamiche comunicative evo(invo)lutesi con l'espansione dei *social*, fatto di *chat* virtuali e di connessioni anonime sul *web*, ove scompare la dimensione "*faccia a faccia*".
Per detta ragione investigatori, criminologi ed operatori forensi si trovano in spasmodica competizione nell'analisi e ricerca di quelle dinamiche socio comunicative "*liquide*"[861] che, con l'avvento dei *social media*, hanno reso sempre più complicata e tecnologica l'interazione tra conversanti.
Secondo un approccio sociolinguistico di base, in un contesto dialogico tra presenti sono presenti una serie di tratti[862] soprasegmentali[863] e di indicazioni extralinguistiche[864] che arricchiscono e completano la situazione comunicativa[865],

---

[860] www.iltempo.it, Delitto Varani, il memoriale choc di Marco Prato, di di Valeria Di Corrado, Silvia Mancinelli, Enrico Lupino, pubblicato il 27 novembre 2016: "[…] «Chiama... (per la prima volta scrive rivolgendosi a una sola persona *ndr*) il centro di capelli a piazza Mazzini, per rigenerarmi la chioma prima di cremarmi. Mettetemi la cravatta rossa, donate i miei organi, lasciatemi lo smalto alle mani. Mi sarei sempre divertito di più a essere una donna!». Non un pensiero esplicito al delitto. Piuttosto l'invito a non indagare sui risvolti torbidi della sua vita. «Non sono belli». E poi. «Tenete alto il mio nome e ricordo, nonostante quel che si dica». All'undicesimo e ultimo punto l'ennesima raccomandazione per la sua reputazione. «Scrivete sui social che ci sarà una festa. Poi tentate di chiuderli senza intromissioni o indagini» conclude, scrivendo: «Vi amo!». Infine un pensiero per i genitori e, alla fine, quasi implora: «Perdonatemi, non riesco. Sono stanco e una persona orribile. Ricordate solo il bello di me» […]".

[861] Z. BAUMAN, *Liquid Modernity*, traduzione italiana *Modernità liquida*, Editore Laterza, Roma-Bari,2002.

[862] P.M. BERINETTO, E. MANGO CALDOGNETTO, *Ritmo e intonazione*, in A. Sobrer (a cura di) Introduzione all'italiano contemporaneo. Le strutture, editore La Terza, Bari,1991, pag. 141.

[863] G. BERRUTO, *Corso elementare di linguistica generale,* Utet editore, Torino (1997), pag. 44: "[...] vi è una serie di fenomeni fonetici e fonologici rilevanti che riguardano non i singoli segmenti, bensì la catena parlata nella successione lineare, i rapporti tra foni che si susseguono ed hanno dunque la sillaba come contesto basilare di azione [...] all'insieme di tali fenomeni si dà il nome di fatti o tratti soprasegmentali [...] o prosodici [...] perché concernono nel complesso l'aspetto melodico della catena parlata e ne determinano l'andamento ritmico. I fondamentali tra di essi sono l'accento, il tono e l'intonazione, e la lunghezza o durata relativa [...]".

[864] Come gli indicatori di relazione (la mimica, il contatto e la prossemica); gli indicatori di struttura (convenzionali, i turni) e quelli di contenuto (postura, gesti e movimenti cinesici).

[865] G. BERRUTO, *Fondamenti di sociolinguistica,* cit., pag.72: "[...] la tassonomia dei componenti della situazione comunicativa [...] distingue [...] sedici componenti dell'evento linguistico: il contesto ambientale (definizione spazio-temporale della situazione), la scena (sua definizione culturale), il parlante, il mittente, l'ascoltatore (eventualmente, il ricevente o

rendendone comprensibili ed interpretabili alcuni contenuti, fatte salve tutte le problematiche connesse ad una conversazione[866] del tipo *faccia a faccia*[867], dove sono presenti diversi indicatori linguistici, come la mimica, il contatto, la prossemica, la cinesica o la postura.
Nelle comunicazioni scritte – ed ancor più nelle *chat* virtuali - dette indicazioni interpretative possono, quantomeno in parte, essere offerte dalle faccine, c.d. *emoticons,* che rappresentano quegli stati d'animo non visibili nella comunicazione a distanza, ove rimane, comunque, smarrita quell'adattabilità della produzione linguistica *standard,* ed in cui si acuiscono le problematiche connesse al concetto di consonanza intenzionale "*dell'abitare l'alterità, propria e altrui, in cui entrano prepotentemente in gioco le emozioni*" [868].
Il punto di partenza è, appunto, la *faccia*, cioè quel qualcosa che ci viene concesso e che, vicendevolmente, determina un nostro *input* di risposta, di adesione, individuando una caratteristica della "*solidarietà*" o del "*potere*" rappresentati dalla *faccia.*
La situazione comunicativa denota tre indicatori di relazione, tra cui il contatto: questo è espresso attraverso il comportamento del soggetto, rappresentato dalla "*teoria della faccia*"[869], legata al comportamento osservabile[870].
La solidarietà viene espressa, ad esempio, attraverso la scelta della lingua e l'adattamento, con una sorta di *code swiching*[871], verso variabili quantitative al fine di ridurre differenze nel comportamento per sottolineare la solidarietà.

---

l'uditorio), il destinatario, gli scopi-risultati, gli scopi-fini, la forma del messaggio, il contenuto del messaggio, la chiave, i canali di comunicazione, le forme di parlata, le norme di interazione, le norme di interpretazione e i generi(cioè i tipi di testo messi in opera) [...] in modo [...] semplicistico [...] riassumevamo tutti i diversi fattori della situazione comunicativa sotto quattro soli esponenti fondamentali: mezzo, partecipanti, intenzione comunicativa e argomento[...] ".

[866] A. WOOTTON AND P. DREW (a cura di), *Erving Goffman: Exploring the Interaction Order.* Cambridge: Polity Press, 1988, pagg. 14-40.

[867] *On face work* (1955; trad. it. *Giochi di faccia* in Goffman 1971a) e *Alienation from interaction*(1957; trad. it. *Alienazione dall'interazione* in Goffman 1971a); *Encounters* (1961; trad. it. *Espressione e identità* 2003); *Behavior in Public Places* (1963; trad. it. *Il comportamento in pubblico*, 1971b); *Interaction ritual* (1967; trad. it. 1971a); *Strategic Interaction* (1969; trad. it. *Interazione strategica* 1988); *Relations in Public* (1971c; trad. it. *Relazioni in pubblico* 1981).

[868] D. COPPOLA, *Parlare, comprendersi, interagire. Glottodidattica e formazione interculturale,* (relazione di Luciana Brandi, Tra lingue, culture e formazione della soggettività), Felici Editore, Pisa, 2008.

[869] RICHARD A. HUDSON, *Sociolinguistics* II ed., Cambridge University press (1996) cit., pag. 121: "[...] La faccia è qualcosa che ci viene concessa dagli altri, ed è per questo che dobbiamo essere così solleciti a concederla a nostra volta agli altri, (eccetto che non scegliamo consapevolmente di insultarli, ma questo è un comportamento fuori dal comune) [...]". Secondo Brown e Levinson si distinguono due tipi di faccia, positiva e negativa, continua Hudson "[...] tali termini possono essere fuorvianti, qui li chiameremo invece <<faccia di solidarietà>> e << faccia di potere>>, per mostrare lo stretto rapporto con le importanti nozioni di <<potere>> e <<solidarietà>>[...]".

[870] M. DI STEFANO, B. FIAMMELLA, *Intercettazioni: remotizzazione e diritto di difesa nell'attività investigativa (profili d'intelligence),* cit., pagg.137, 138.

Ne consegue che la "*faccia di solidarietà*" è rivolta ad evidenziare un rapporto di relazione interpersonale che si instaura tra parlante e destinatario; per altro verso, con la "*faccia di potere*" viene classificato il livello sociale del parlatore; *cortesia* ed *etichetta* sono, ancora, quei *contatti sociali* che impieghiamo solitamente per "*non perdere la faccia*".
La mimica esprime poi, attraverso la *faccia,* le emozioni, le sensazioni, i giudizi ed i pensieri; ecco, allora, che in questa miscellanea di contesti sociolinguistici ha trovato straripante diffusione la forma comunicativa ibrida delle *emoticons,* adottata in forma standardizzata, alle volte cangiante e tridimensionale, dai parlatori all'interno delle "*chat*" o nelle comunicazioni attraverso gli SMS.
Quanto fin qui descritto, introduce l'attività di navigazione anonima sulla rete, senza la presenza della "*faccia*", fino alla distorsione dell'attività *cyber* sessuale.
Questa si svolge – proseguono Renè J. Molenkamp e Luisa M. Saffioti – "[...] *solitamente in forma anonima e i partecipanti non sono tenuti a rivelare la loro identità. Si nascondano dietro un nome-schermo, molti si creano un profilo che non corrisponde a ciò che sono nella vita reale e lo utilizzano come base per la comunicazione con altre persone.*
Dato l'anonimato, non è infrequente che le persone cambino la loro reale professione, età, peso e interessi o che esagerino i loro gusti e le loro preferenze sessuali. Per molti, il Web è un modo sicuro per esplorare nascoste fantasie sessuali.
Si creano un mondo fantastico, dotato di proprie regole, norme e regolamentazioni, che é rimosso dalla realtà nella quale vivono. L'interazione cibernetica con gli altri si limita ad una fascia ristretta se confrontata con l'ampia fascia d'incontri faccia a faccia nella quale si comunica non solo con le parole, ma anche attraverso l'intonazione vocale, messaggi non verbali veicolati dallo sguardo, il linguaggio del corpo e l'abbigliamento.
Nell'interazione cibernetica a fascia ristretta c'è molto spazio per la proiezione che avalla la fantasia; c'è spesso un immediato senso di sentirsi «collegato» ad un altro, percepito quale immediata intimità.
Le fantasie sessuali esplorate non si riferiscono necessariamente alle pratiche sessuali convenzionali.
Il cybersesso è avvolto dal segreto; non se ne parla con gli amici, la famiglia, i membri della comunità, i direttori spirituali o superiori.
Buttarsi in comportamenti cybersessuali è diventato un modo di gestire in maniera diversa conflitti consci o inconsci nell'area della sessualità [...]"[872].

La distorsione ed il crollo dei freni inibitori

Un approccio scientifico alle dinamiche comunicative virtuali potrebbe, quindi, rilevare interesse in quei fenomeni distorsivi che, degradandosi, hanno determinato la rottura di ogni freno inibitorio, facendo saltare le più elementari regole comunicative.

---

[871] L. LINDBOM, *Speech production and speech modeling*, Kluwer Academic Publishers, 1990.
[872] R. J. MOLENKAMP, L. M. SAFFIOTI, *Dipendenza da Cybersesso,* cit.

Qui, nella ragnatela del *web,* a dispetto dell'interazione diretta, il processo comunicativo virtuale è fatto da partecipanti spesso celati da anonimi *nick name* o, comunque, defilati dall'approccio diretto "*faccia a faccia*": e qui, il non guardare l'altro, fa sì che la soglia di autocontrollo si abbassi fino alla perdita dei freni inibitori.
Già sono state descritte quelle dinamiche che, nelle *addictions* da navigazione cibernetica, inducono all'erosione del *self control,* tanto più incidenti laddove la dipendenza riguardi il cybersesso.
Un processo dinamico che vede, in generale, utilizzatori ricreazionali, c.d. *recreational users,* che si connettono per curiosità, per ragioni di intrattenimento, di informazione riservata; ma, più nello specifico, uno scenario torbido in cui orbitano molteplici individui a rischio (*at-risk users) e* compulsivi sessuali *(sexual compulsives users).*
Si tratta di soggetti patologici, che presentano molteplici criticità di base:

- come quelli che vivono un disagio sociale dovuto alle scarse capacità relazionali e di intimità;
- con convinzioni disfunzionali di base[873];
- che presentano sentimento di vergogna (la vergogna è un'emozione che, sin dall'infanzia, è un elemento essenziale per il controllo dei freni inibitori e, quindi dell'autocontrollo; l'incapacità di gestire detto sentimento è prodotto da un "*blocco emotivo*" che determina fasi alterne si *self control*)[874];
- che recano la presenza di *deficit* meta cognitivi[875];
- i soggetti che presentano anamnesi con problematiche sessuali irrisolte e latenti;
- fattori depressivi e di distimia[876] che degradano in impoverimenti energetici o, ancora, soggetti ove è latente un processo di impoverimento spirituale, fino ad una alienazione da Dio.

Il processo è tanto più degradato laddove subentrino altri fattori, quali l'appartenenza dei partecipanti a comunità legate da sub e controculture sociali[877],

---

[873] T. CANTELMI, E. LAMBIASE, A. SESSA, *Quando il sesso fa male. La dipendenza sessuale.* In V. CARETTI, LA BARBERA, (a cura di) *Le dipendenze patologiche. Clinica e psicopatologia*, Raffaello Cortina Editore, Milano, 2005 "[...] *La rabbia per i propri bisogni non riconosciuti nel passato, oggi spesso non riconosciuta a livello consapevole, previene la possibilità di esprimere i bisogni nel presente, in quanto anticipa il possibile rifiuto [...].*"

[874] Ivi, "[...] *Più si cerca di controllare, più esigente è il bisogno di allentamento. Più si sfugge nella fase di allentamento, più ci si sentirà privi di controllo e si cercherà di compensare con un maggiore controllo [...].*"

[875] *Ibidem, "[...] La persona perde la capacità di riflettere su stessa e di controllare i propri impulsi, in quanto la capacità di riflettere sui propri ed altrui stati mentali svolge un ruolo fondamentale nella regolazione delle proprie emozioni e dei propri comportamenti. La persona, davanti a forti stati emotivi, non riuscendo a elaborarli e gestirli, perde il controllo dei propri processi di pensiero razionali e rimane vittima dei propri impulsi [...]".*

[876] Cioè qualsiasi forma di psicosi derivante da un grave disturbo del tono affettivo, caratterizzata sia da sentimenti di ottimismo ed euforia sia da stati di pessimismo o depressione.

ristretti gruppi soggetti a devianze socio criminali, o condizionati dall'effetto di alcolici e sostanze stupefacenti e, tra queste ultime, una serie di *smart drugs* di ultima generazione, studiate a tavolino per enfatizzare proprio le interazioni sociali: dalle *ketamine* di estrazione veterinaria, alle anfetamine, all'acido lisergico, fino all'MDMA, meglio conosciuta sul mercato delle discoteche come *ecstasy*.

Lo scenario che si presenta agli addetti ai lavori rimanda noiosamente a quel motivetto degli anni '80 di *Ian Dury*, che ripete "*Sex & Drug & Rock & Roll*"; sulla scena, però, manca l'alchimia della "*faccia*", un'assenza che induce all' abbattimento dei c.d. *fire walls* delle persone che partecipano ad una interazione virtuale.

Ciò può trovare illustrazione scientifica nelle modificazioni, più o meno visibili ad occhio nudo, che il nostro organismo subisce ogni qual volta sia sottoposto ad influenze stressorie che sono in grado, involontariamente, di condizionare ogni nostra interazione sociale.

Lo stimolo è prodotto dalle ghiandole surrenali che producono "cortisolo", meglio noto come ormone dello *stress*: lo *stress* a cui siamo soggetti viene definito benevolo o "*eustress*", oppure malevolo o "*distress*". [878]

Entrambe le reazioni stressorie determinano delle modificazioni al nostro *pattern*[879] abituale: si pensi, ad esempio, alla persona che arrossisce in una situazione di

---

[877] www.my-placetobe.blogspot.it, *Sub cultura e contro cultura*, pubblicato il 4 giugno 2010: "[...] Sub-cultura è una manifestazione coerente coi valori di fondo della cultura dominante. Un movimento sub-culturale crea specifiche manifestazioni legate ad esempio all'età dei suoi componenti che si pongono in diretto rapporto di sussidiarietà rispetto ai valori ufficiali della società [...]."

[878] www.nienteansia.it: "[...] il rapporto individuo/ambiente è soggetto a frequenti interazioni di tipo stressorio, le quali possono provocare come conseguenza l'ansia. Gli stressors, ovvero gli elementi ambientali (intesi anche come situazioni, esperienze o persone) che producono una sollecitazione sull'organismo, subiscono sempre un'elaborazione di tipo cognitivo, dalla quale dipende in gran parte la reazione della persona. L'ansia deriva da queste elaborazioni, per esempio nel caso in cui la persona percepisca il pericolo come reale e desideri liberarsene. Lo stress in sostanza è la prima sollecitazione che l'organismo subisce quando vi è un cambiamento nell'equilibrio tra organismo e ambiente. L'ansia è una sua possibile conseguenza. Lo stress può essere di due tipi: eustress (eu: in greco, buono, bello) o distress (dis: cattivo, morboso). L'eustress, o stress buono, è quello indispensabile alla vita, che si manifesta sotto forma di stimolazioni ambientali costruttive ed interessanti. Un esempio può essere una promozione lavorativa, la quale attribuisce maggiori responsabilità ma anche maggiori soddisfazioni. Il distress è invece lo stress cattivo, quello che provoca grossi scompensi emotivi e fisici difficilmente risolvibili. Un esempio può essere un licenziamento inaspettato, oppure un intervento chirurgico [...]".

[879] M. DI STEFANO, B. FIAMMELLA, *Profiling, tecniche e colloqui investigativi: appunti d'indagine*, Altalex editore, Montecatini terme, 2013, pag. 74: "[...] Preliminarmente è opportuno distinguere le menzogne a basso rischio (le c.d. bugie sociali) rispetto a quelle ad alto rischio, ove l'intervistato deve mantenere un maggiore impegno cognitivo nel formulare la risposta, ponendo attenzione nella costruzione dei concetti e sulla motivazione da produrre. Ciò determina un'alterazione del *pattern* abituale, con inusuali tratti cinesici e gestuali, incremento dello stato d'ansia per l'essere scoperto, così evidenziando ulteriori segni di manipolazione dovuti all'attivazione del sistema nervoso simpatico, attraverso cui saranno evidenziate modifiche neurofisiologiche ed elevazione brusca dell'ormone dello *stress[...]*".

imbarazzo, aumenti la propria sudorazione, palesi la c.d. "pelle d'oca", avverta le "palpitazioni" o, ancora, subisca un tremore della voce; si tratta di fenomeni strettamente correlati alle dinamiche anzidette e che sono indotte, tra l'altro, da sbalzi pressori e repentini afflussi di sangue in alcune parti del corpo.
Questa la ragione per cui, negli *standards* di *intelligence* mondiali, le tecniche di interrogatorio prevedano l'utilizzo del poligrafo, noto con il termine di "macchina della verità", o altre sofisticate tecniche di rilevazione della menzogna, dalle telecamere termiche per osservare il viso dell'intervistato, fino ai sistemi di *voice stress analyzer*, rivolti ad individuare micro tremori vocali, *software*, questi ultimi, presenti all'estero nelle sale operative di emergenza e soccorso, ma poco noti in Italia se non nella letteratura[880].

Sex discovery sulla rete

Il nostro legislatore non fornisce una definizione del concetto di pornografia rilevante ai fini penali: l'unico dato è contenuto nella Decisione quadro 2004/68/GAI del Consiglio del 22 dicembre 2003[881] relativa alla lotta contro lo sfruttamento sessuale dei bambini e la pornografia infantile, al cui art. 1 è indicato per «pornografia infantile»: materiale pornografico che ritrae o rappresenta visivamente: i) un bambino reale implicato o coinvolto in una condotta sessualmente esplicita, fra cui l'esibizione lasciva dei genitali o dell'area pubica; o una persona reale che sembra essere un bambino implicata o coinvolta nella suddetta condotta di cui al punto i); o iii) immagini realistiche di un bambino inesistente implicato o coinvolto nella suddetta condotta.
Della pornografia possono essere date due letture, una soggettiva e una oggettiva.
Secondo la prima rileva il sentimento suscitato dal materiale o dalla rappresentazione sulla persona che ne viene a contatto (tanto che assume carattere pornografico anche l'immagine non ritratta in contesti sessuali, laddove idonea a sviluppare desideri sessuali in chi la osserva o dal fruitore).
Secondo quella oggettiva è pornografico il materiale che ha un contenuto oggettivamente sessuale[882]. Ciò comporta una anticipazione della tutela dell'integrità psico-fisica del minore ai contesti dove non vi è reale e diretto sfruttamento del medesimo e l'assenza di necessità di fini di lucro o sfruttamento economico, in quanto il mercato del materiale pedopornografico contribuisce ad alimentare condotte immediatamente lesive della personalità del minore, il cui corpo viene mercificato e immesso nel circuito perverso della pedofilia.
La scoperta del sesso e delle relative devianze sulla rete internet trova i prodromi in un contesto socioculturale condizionato dalle opportunità, più o meno agevoli, di divulgazione di massa che il web ha offerto negli ultimi 20 anni[883].

---

[880] Ivi, pagg. 76-78.
[881]http://eur-lex.europa.eu/LexUriServ/LexUriServ.do?uri=OJ:L:2004:013:0044:0-048:IT:PDF.
[882] Sulla nozione di materiale pedopornografico: Cass. Pen., Sez. 3, 2010/8285; Cass. Pen. SS.UU. 2000/13; Cass. Pen., Sez. 3, 2007/1814; Cass. Pen., Sez. 3, 2007/27252, Cass. Pen., Sez. 3, 2101/10981.
[883] V. PUNZI, *Io, Pornodipendente, sedotto da internet*, Ed. Costa & Nolan, 2007.

Quindi nel nostro ordinamento giuridico ad oggi la pornografia – virtuale e non di cui agli artt. 600ter e quater.1 c.p. - si può affermare sia strettamente e preminentemente collegata all'ambito minorile e della diffusione di materiale pornografico ad uso dei pedofili.[884]
Ma il cybersesso ha ambiti e risvolti ben più ampi e complessi: alcune sub e contro culture, prima dell'avvento del protocollo di *Tim Berners Lee*[885], erano circoscritte in ridotti settori di "nicchia" in quanto la divulgazione di modelli era soggetta, prevalentemente, all'apprendimento attraverso la carta stampata e le pellicole in celluloide: ci si riferisce, ad esempio, alle riviste periodiche di pornografia e di annunci sessuali, ai cinema a luci rosse oppure ai video *hard*, all'epoca fruibili da una ridotta fetta di mercato in ragione della loro non agevole, e di sovente imbarazzante, accessibilità: dai *sexy shop*, ai retrobottega di alcune rivendite musicali, ai cinema di periferia, ad alcune edicole, fino agli indirizzi numerici di casella postale.
Successivamente, l'avvento di internet, non solo ha reso anonime le forme di ricerca e consultazione, così come la domiciliazione virtuale attraverso contenitori di corrispondenza elettronica, ma, soprattutto, ha offerto all'utenza, in modalità *free,* una variegata disponibilità di offerte, divenute gratuite tramite l'inserimento di *banner* e *clichè* pubblicitari, tanto più presenti laddove la pagina sia più "cliccata" dai visitatori.
Ecco, allora, l'impennata di siti porno come, tra i tanti, "*tubeotto*", ove il visitatore può oggi navigare tra le categorie più svariate di contenuti pornografici; una *escalation* di modalità di navigazione *low cost* all'interno del *cyber sex,*[886] che presenta una serie di indicatori al centro dei più recenti studi di settore[887].

---

[884] Sulla responsabilità dei Network providers in materia di pedopornografia minorile Trib. Milano 18.3.2004; sulla distinzione tra terzo e quarto comma dell'art. 600 *ter* c.p. Cass., Sez. V, 3 febbraio 2003, n. 4900.

[885] TIM BERNERS-LEE, *L'architettura del nuovo Web,* Editore Feltrinelli, Milano, 2001.

[886] S. CAPECCHI, E. RUSPINI, *Media, corpi, sessualità. Dai corpi esibiti al cyber sex,* Franco Angeli editore, Milano, 2009.

887 R. MORDANINI, *Cyber sex, click and love*, in www.leggereacolori.it: "[...] Nella categoria del "sesso virtuale" rientrano comportamenti quali la visione e il download di materiale pornografico, i rapporti sessuali virtuali, l'instaurazione di flirt nelle chat room o nei siti dedicati, la ricerca regolare di partner da incontrare dal vivo. Alcuni fra gli indicatori che più tipicamente si riscontrano in presenza di una dipendenza da sesso virtuale sono: – *Essere eccessivamente assorbiti nell'uso di internet allo scopo di trovare partner sessuali. – Nascondere le proprie relazioni virtuali agli altri. – Masturbarsi nel corso del collegamento. – Considerare il cyber sex come fonte primaria della propria gratificazione sessuale. – Quando non si è collegati, pensare in modo ossessivo all'eccitazione che procurerà un successivo collegamento. – Utilizzare l'anonimato del cyber sex per esprimere fantasie sessuali represse nella vita reale.* Almeno tre sono i fattori che, in molti casi, concorrono a rendere allettante il cyber sex se paragonato ai rapporti reali. Innanzitutto l'anonimità che la rete, per sua natura, garantisce e promuove. Ciò dà vita a rapporti non convenzionali e più disinibiti, più facilmente di quanto non consentano i rapporti nella vita quotidiana. In secondo luogo il cyber sex può rappresentare una fuga dalla propria condizione quotidiana: ci si crea una vita e una personalità alternative, meno problematiche, meno vincolate. Infine, molto più che nella vita reale internet permette, proprio perché collega milioni di computer in tutto il mondo, un più facile accesso alle relazioni.

Ma, anche, la possibilità di approfondire ricerche su alcune sub e contro culture che, sull'onda del *web*, riescono ad espandersi ed autoreferenziarsi: dall' androfobia, alla misoginia, all'omosessualità fino alla *Gender Theory*[888].

Inoltre, i motori di ricerca illustrano, anche con approfondimenti psico-scientifici, le più diffuse forme evolutive di talune culture sessuali: un esempio tra i tanti è quello del *voyeurismo* organizzato destinato a settori di *elite,* o le tante spa "tutto fare", fino alle offerte di pacchetti "*salute & sessualità*" fatte di raffinati massaggi *shiatsu* e di protocolli importati dalle filosofie orientali, abbinati ad offerte culinarie afrodisiache o di alimentazione alternativa[889].

Lo studio condotto dalle due ricercatrici *J. Molenkamp*[890] ed L. Saffiotti[891] sul cybersesso, ha dimostrato che detta distorsione "[...] favorisce il *voyeurismo* verso il sesso, cosa che i mass media già tendono a fare eccessivamente.

Questa mentalità *voyeuristica* spinge sempre più lontano da quella relazionale così essenziale per una sessualità sana.

Il cybersesso promuove una sessualità frammentata: si focalizza su parti del corpo o su esperienze frammentate di altre persone piuttosto che su un'interazione con un essere umano nella sua globalità.

Abbiamo ripetutamente incontrato – scrivono le due ricercatrici - persone i cui interessi sessuali erano concentrati esclusivamente e talvolta ossessivamente su parti intime del corpo, specifici comportamenti o capi di abbigliamento (oggetti da catalogare, in alcuni casi, come feticisti) [...]"[892].

Quanto fin qui rappresentato palesa la consistenza del mercato del sesso virtuale e, gioco forza, l'esistenza di una serie infinita di insidie che vanno ad alimentare il *business* mondiale del *cyber sex*, un mercato che raggiunge annualmente cifre da capogiro.

Tra i tanti "*trucchetti*" dei professionisti del sesso in rete (cfr. Cassazione penale, sez. III, sentenza 19/10/2010 n° 37188)[893], i più noti e diffusi sono veicolati

---

[888] H. VELENA, *Dal cybersex al trans gender*, Castelvecchi editore, Roma, 2003.

[889] R. STELLA, *Eros, cybersex, neopom. Nuovi scenari e nuovi usi in rete.* P.A.S.T.I.S. Padova Science Technology and Innovation Studies (2011).

[890] Ph.D., presidente dell'Alexander Institute for Psychotherapy and Consultation, Washington, DC (USA), e direttore dei programmi di Consulenza e di Training alla *Burns Academy of Leadership* dell'Università del Maryland, College Park (USA).

[891] Ph.D.MD, fondatrice del *Kairos Center, Bethesda* (USA), lavora a livello internazionale in campo clinico, educativo, e di prevenzione con comunità religiose, in particolare nel settore della formazione. È anche impegnata nel settore della psicologia della pace.

[892] R. J. MOLENKAMP, L. M. SAFFIOTI, *Dipendenza da Cybersesso, cit.*

[893] M. RINALDI, *Sesso virtuale a pagamento: è prostituzione*, in *Altalex,* 16.11.2010: "[...] La Suprema Corte interviene nell'ambito della prostituzione "a distanza" segnando la linea di confine con i porno show, ossia tra spettacolo erotico o pornografico, da un lato, e prostituzione, appunto, dall'altro. Deve essere considerata prostituzione anche l'esibizione di prestazioni sessuali in videoconferenza quando dall'altra parte dello schermo ci siano clienti che pagano per interagire con il protagonista del video.

Così la terza sezione penale della Cassazione ha stabilito nella sentenza 19 ottobre 2010, n. 37188 specificando che ricorre attività di prostituzione non sono quando vengano compiuti atti sessuali tra persone compresenti, in cambio di denaro o utilità, ma anche nel caso in cui

attraverso l'impiego massivo *cookies* e di *trojan:* questi ultimi, inoculandosi direttamente sull'apparato informatico dell'utente all'atto della consultazione della pagina, rimandano puntualmente a *link* pubblicitari e di servizi pornografici a pagamento.
Ma, tra i tanti altri strumenti di manipolazione della navigazione sessuale, ritroviamo il "*Porn-Napping*", cioè l'acquisto strumentale di domini scaduti, appartenuti a nomi commerciali di spessore e che, nel nuovo contesto, rimandano a siti pornografici; la restituzione al precedente proprietario trova riscontro con una forma di estorsione concordata.
Ed, ancora, il "*Cyber Squatting*", con l'acquisto da parte di pornografi professionisti di nomi che rimandano a domini il cui lessico richiama scopi o attività legittimi (ad esempio il rimando al sito pornografico www.whitehouse.com, in luogo dell'indirizzo istituzionale della Casa Bianca www.whitehouse.gov.).
Così come espedienti pubblicitari attraverso il sistema dell'"*Advertising*", cioè messaggi *fake* (fasulli), o di *alert* con la presenza dell'icona "*OK*" su cui cliccare e che, eseguito il comando, rimanderà ad un sito a contenuto pornografico.
Un noto artifizio attraverso i motori di ricerca assume il nome di "*Misspelling*", ad esempio rimandando, attraverso la digitazione della parola "*googlle*" (con una "l" in più rispetto al noto motore) ad un sito porno asiatico.
Altro strumento di rimando a pagine porno è il "*Looping*", che fa aprire continuamente pagine ogni qual volta si tenta di chiuderne una precedente; o il c.d. "*Mousetrapping*" che altera il funzionamento dei tasti di comando del *mouse*, non consentendo all'utente di abbandonare un sito esplorato.
Lo "*Startup File Alteration*" indirizza, poi, ad un programma nella *directory* di avvio che rimanda ad una pagina pornografica all'avvio del dispositivo.
Il più recente ed evoluto sistema di estorsione sulla rete, attraverso attività di manipolazione, è il "*Ransomware*", un *malware* che limita l'accesso al proprio *device* una volta inoculatosi (ad esempio attraverso l'apertura di un piccolo allegato), con la richiesta di un riscatto –monetizzato di solito attraverso cripto valute[894] - al fine di ricevere i codici di decrittatura del blocco del sistema.
Un recente esempio è il *virus Cyber.Police* efficace su alcuni dispositivi *Android* che in passato presentavano alcune falle di sistema, riuscendo ad insinuarsi nel *device* inibendone il funzionamento.
Altro espediente di sempre più pressante utilizzo è, infine, quello della manipolazione del codice telefonico univoco, c.d. "*Caller ID*", che consente all'utente di mascherare il recapito telefonico chiamante (piuttosto che oscurarlo con la classica stringa di digitazione "#31#") attribuendo al recapito un numero di telefono fittizio.
Si tratta di un'applicazione disponibile per i dispositivi con tecnologia *Android* e *iOS* (la più comune si chiama *spoof card*), nonchè fruibile attraverso piattaforme

---

condotte idonee a suscitare impulsi sessuali siano poste in essere da chi si prostituisce, su richiesta o con interazione, anche senza contatto, con il fruitore della prestazione [...]".

[894] Come il pagamento in *bit coin* sul *deep web,* utilizzando il motore di ricerca T.O.R.

web dedicate ai tanti sistemi operativi utilizzati dagli utenti (come, ad esempio, *www.crazycall.net*).

La dipendenza: dalla normalità alla devianza, fino alla patologia

Accanto a queste tendenze di approccio, nel corso di una navigazione in rete per svago o interesse sessuale è, inoltre, possibile acquisire rudimenti – con una frequenza in continua ascesa - su diverse forme di devianza e depravazione; un esempio è quello dell' asfissia erotica, nota con l'accezione *breath play*, consistente nel soffocamento volontario che enfatizza il piacere sessuale e che, in base alle più recenti statistiche, provoca centinaia di morti l'anno: la pratica di autoerotismo con l'asfissia volontaria ha trovato anche nel nostro paese crescente diffusione, con l'aumento, anche qui, del triste *trend* di incidenti letali.
Ed, ancora, è possibile documentarsi sulle tante forme di *play piercing*, una pratica cruenta di sottoposizione volontaria al dolore per provare piacere attraverso la penetrazione della pelle con aghi, che si sta radicando in quegli ambienti dei cosiddetti "*centri tatoo*", accanto ai *piercings* in particolari zone erogene, amplificando i rischi da contagio ematico e da infezione nei tanti retrobottega "*fai da te*".
Ma, sul *web*, è possibile documentarsi, anche, sulle tante varianti del protocollo BDSM, una commistione di fattori che vedono interrelarsi tecniche di *bondage*, di disciplina, di dominazione e di sottomissione, ed ancora di sadismo, masochismo e fantasie varie basate sul piacere attraverso il dolore: tematiche che, a pagamento, diventano oggetto di discenza con "esperti" di settore[895].
Una scia che segue l'enfasi mediatica della trilogia di E. L. *James* sulle "*cinquanta sfumature*": qui, secondo un principio del reciproco consenso, si rileveranno dei soggetti "*padroni*" c.d. *master/mi stress* (ruolo attivo, c.d. *top*), e degli "schiavi" c.d. "*slave*" (ruolo passivo, c.d. *bottom*).
Un caso criminalistico di scuola, sui nodi dell'amore del c.d. *bondage*, trova triste riscontro a Roma nel 2011, quando una giovane studentessa universitaria, nel corso di un gioco erotico con un noto professionista ed un'altra compagna di studi, dopo essere stata legata con il metodo *shibari,* rimase involontariamente soffocata perdendo la vita.[896]

---

[895] La Sicilia, *Red Lily, la catanese maestra di bondage*, di Ombretta Grasso, pubblicato l'1.12.2016: "[...] Lega uomini e donne per sentire il loro abbandono. Li accarezza, li respira, li abbraccia, quasi li culla mentre sono nelle sue mani. Immobilizzati da corde e nodi, sospesi in aria in un rituale erotico e sensualissimo. «Essere legati è una lotta. Inutile combattere, ci si deve lasciare andare, si rilassano corpo e mente, si accetta di mettersi nelle mani di un'altra persona. È il ruolo che mi è più congeniale: prendermi cura». Beatrice Gigliuto, «voyeur di emozioni», catanese, 34 anni, laureata in Lingue orientali, traduttrice di libri e fumetti giapponesi, autrice del volume "Bondage, la via italiana dell'arte di legare", tra le performer di bondage più note in Europa con il nome d'arte di Red Lily, Giglio rosso, è l'unica donna in Italia maestra di Shibari un'antica tecnica giapponese che consente di legare e appendere corpi a ganci e sbarre creando immagini conturbanti e di forte suggestione [..]".

[896] M. PELISSERO, *Diritto penale e processo* (n. 3/2017), Ipsoa, in Altalex, *Bondage e sadomasochismo: i limiti della responsabilità penale tra fine di piacere e libero consenso*, articolo del 27.4.2017: "[...] I fatti, l'ipotesi (preterintenzionale) di accusa e la soluzione (colposa) della Cassazione: una serata di eccessi (con consumo di alcool e droga), che si

Devianza e depravazione si muovo nello scenario virtuale del visitatore cybersessuale secondo profili *bordeline*, ma laddove l'utilizzo dell'esplorazione virtuale sia rivolta dall'utente ad una modificazione del proprio umore, ciò avvenga in modo più o meno coscientemente, potrà accadere che cybersesso corra il serio rischio di degradare, il più delle volte, in forme di dipendenza patologica.
Nell'esperienza clinica sono gli uomini a risultare più coinvolti delle donne in attività cybersessuali.[897]
In generale – in un contesto "sano" e di non depravazione o devianza - si può sostenere che la motivazione all'attività sessuale in Rete è costituita, nelle donne, il poter nascondere il proprio corpo e sentirsi disinibite e più libere nel manifestare il proprio piacere sessuale; negli uomini, invece, evitare l'ansia da prestazione e le problematiche correlate, come l'eiaculazione precoce o l'impotenza, una dimensione astratta ed anonima che, per entrambi i generi, significa in termini pratici il rimanere defilati alla vista, cioè il non essere giudicati[898].
Per quanto sia difficile stabilire il confine tra normalità e patologia di un disturbo comportamentale, il sesso virtuale può trasformarsi in *cyber-sex addiction*, che è dipendenza dal sesso virtuale ed è la ricerca ossessivo-compulsiva di una sorta di legame o attività con un'altra persona.
Se per molte persone, il *cybersex* è un modo per trasgredire, giocare eroticamente, parlare di sesso e "*rimorchiare*", per altri diventa una vera e propria dipendenza con conseguenze allarmanti sulla vita "*reale*", nella quale si perde il senso della sessualità vera e propria, arrivando persino ad annullare le relazioni interpersonali, con ripercussioni negative in ambito sociale e lavorativo.
In questo contesto deviato e/o patologico invece, associato spesso a depressione e difficoltà ad instaurare relazioni reali, si sviluppa la dipendenza da cybersesso: le caratteristiche di tale dipendenza non divergono molto da quelle di altri tipi di dipendenze già menzionate nel presente saggio.
Il soggetto che fa cybersesso si sente, come avviene in generale in tutte le forme di *addiction* prima descritte, «su» per poi sentirsi «giù» e depresso quando l'attività finisce.

---

pensava di proseguire con un *ménage a troi* condotto in modo altrettanto eccessivo, ma con una conclusione purtroppo tragica: il gioco erotico del *bondage*, consistente nell'uso di corde per provocare un trattenuto soffocamento finalizzato ad accrescere il piacere sessuale, cagiona il ferimento di una ragazza e la morte dell'altra, rimasta vittima del nodo intorno al collo che, per effetto della pressione esercitata dal peso dell'altra ragazza legata all'amica, si è trasformato da strumento di piacere in una trappola mortale. L'ipotesi d'accusa era di omicidio preterintenzionale (art. 584 c.p.), sul presupposto che la pratica erotica fosse diretta a ledere o percuotere e dal fatto fosse derivato l'evento morte, prevedibile in ragione della pericolosità dell'uso delle corde annodate intorno al collo. La Corte d'Assise d'appello, a conferma della sentenza emessa nel corso del giudizio abbreviato, aveva invece inquadrato il fatto nell'omicidio colposo con l'aggravante della colpa cosciente (art. 61, n. 3, c.p.), mentre i ricorsi in Cassazione del Procuratore generale e della parte civile insistevano per qualificare il fatto come omicidio preterintenzionale. La Corte di cassazione (ndr. Sentenza 26 ottobre 2016, n. 44986) ha confermato la ricostruzione giuridica data dai giudici d'appello [...]".

[897] Si ritiene che gli appassionati di cybersesso in rete siano tra il 6% e l'8% dei navigatori, soprattutto sono uomini (circa 80%), più della metà sposati e per circa 11 ore a settimana.

[898] R. J. MOLENKAMP, L. M. SAFFIOTI, *Dipendenza da Cybersesso*, cit.

Può tentare di smettere ma non ci riesce. S'innesca un processo di negazione e isolamento, finendo con l'interferire sul lavoro, nella vita sociale e costringe a fare i conti con la propria coscienza ed eventualmente fede, in quanto nel suo esplicarsi emergono sentimenti di disagio, colpa e vergogna, talvolta mascherati ricorrendo all'alcool.
Per mantenere la soddisfazione, si spende sempre più tempo davanti al computer, a scapito di quello per il sonno venendosi così a creare una difficoltà a mantenere degli appropriati confini di tempo.
Si può arrivare ad agitarsi quando non si riesce ad accedere alla rete perché la linea è occupata; in sostanza, per il soggetto *web-dipendente*, la realtà virtuale diventa realtà.
Non vi è molta differenza nella progressione con cui si sviluppa la dipendenza cybersessuale dalle altre forme di dipendenza.
Si inizia con il guardare materiale pornografico disponibile gratis e che non implica nessuna interazione con altri.
Poi si prosegue con il pagare per l'accesso a siti pornografici, creandosi così un profilo personale e interagendo con altre persone via *e-mail.*
Il passo successivo é collegarsi con un'altra persona per una comunicazione immediata sull'attività sessuale.
Poi, si può approdare al sesso telefonico e, alla fine, incontrarsi effettivamente per un rapporto sessuale.
L'attività cybersessuale può dunque sfociare in attività reale che, a sua volta, può degenerare in comportamenti sessuali compulsivi, con tutti i pericoli del caso evidenziati in queste pagine, alle volte fino alla *cyber porn addiction* che contrappone all' "*interattività*" del *cybersex* la "*passività*" del *cyber-Porn.*
Nel *cybersex* il computer è un mezzo attraverso il quale la persona interagisce con un'altra e, quindi, si crea un sistema "*uomo-macchina-uomo*"; nel *cyber-porn addiction*, invece, difetta del tutto l'interattività, perché la persona è sola con lo schermo e con le immagini impresse su di esso, creando un sistema "*uomo-macchina*".
Nei minori, in particolare, il *cybersesso* rappresenta la nuova preoccupante moda di fotografarsi in pose osé e postare gli scatti sui *social network.*

Navigazione anonima e *cyber crime*: il *darknet*
Quanto fin qui sintetizzato palesa l'esistenza di un complesso mondo virtuale a disposizione dei "*visitatori sessuali*" che navigano sul *web*: una popolazione, sempre più variegata, che si trova alla costante ricerca di nuovi *escamotage* per rimanere il più possibile anonima tra le maglie dei nodi di comunicazione, *bypassando* la tracciatura degli indirizzi IP.
Un'utenza che, troppe volte, non riesce a contenersi nella mera depravazione e nella devianza[899]; che, spesse volte, arriva all'adescamento di ignare vittime; una clientela della rete che, altre volte ancora, è dedicata a *routinarie* attività *cyber* criminali.

---

[899] T. CANTELMI, E. LAMBIASE, A. SESSA, *Quando il sesso fa male. La dipendenza sessuale*, in V. CARETTI, LA BARBERA (a cura di) *Le dipendenze patologiche. Clinica e psicopatologia*, cit.

Si tratta di visitatori, alle volte, semplicemente curiosi, in qualche caso forse annoiati o disadattati, altre volte "*disperati erotici stomp*" prendendo in prestito il lessico di un compianto artista, in altri casi, ancora, lucidi trasgressivi, soggetti *borderline*[900] o affetti da conclamati disturbi psico-comportamentali, fino alla presenza di un substrato melmoso fatto di spietati criminali che, alimentandosi di una domanda sempre più pressante, si commistiona a questa amalgamandosi con una esponenziale offerta, in uno scenario criminogeno a sfondo sessuale.

Una miriade di prodromi trasgressivi intavolati sulla rete a cui fanno eco, di lì a poco, eventi che nella successiva fase di contatto "*faccia a faccia*", potrebbero scatenare propositi violenti a sfondo sessuale, amplificati dai tanti fattori di sovraesposizione psicologica di cui abbiamo fatto cenno prima, brutalmente coloriti da svariate forme di depravazione, propositi di plagio, prolungati disegni di *gas lighting*[901], fino all'uso sistematico di droghe e di sostanze alcoliche.

Si tratta, in taluni casi, di dinamiche che avvengono più o meno consapevolmente, in quanto la devianza, in diversi casi, diventa patologica cosicché molti soggetti, nella fase di estraneazione dal mondo reale, durante la navigazione sulla rete diventano spesse volte inconsapevoli di quanto stiano facendo: un po' come i ludopatici di fronte alle macchinette mangia soldi, come recentemente affermato dalla Suprema Corte[902].

Consenso e consapevolezza sono alla base dell'ultima devianza sessuale, nota con l'acronimo *chemsex,* una commistione tra *cocktail* di stupefacenti a base chimica (da qui *chimical sex*) come mefredone, metanfetamina e GHB, che rimanda un po' ai festini degli anni '60, fotografati nel noto film *Quadrophenia*[903].

Lì Frank Roddam, ripercorrendo le tracce di un celeberrimo album dei *The Who*[904], aveva trattato, tra anfetamine e *scooters*, il tema delle bande giovanili, riprendendo quelle tematiche approfondite nella letteratura sulla devianza giovanile da *D. Glaser*[905], *A.K.Cohen*[906], *R. A. Cloward* e *L. Ohlin*[907], *H.S. Becker*[908] ed *Edwin Sutherland*[909].

---

[900] Con detta accezione, letteralmente significante "linea di confine", si intende un disturbo della personalità sinteticamente descritto quale patologia caratterizzata da instabilità pervasiva dell' umore, dell'identità, comportamentale, delle relazioni interpersonali, della propria immagine, ed una complessiva disfunzione interpretativa nella percezione del senso di sé.

[901] Dal film "*Gaslight*" del 1944 del regista americano Georg Cukor, è una forma di violenza psicologica nella quale false informazioni sono presentate alla vittima con l'intento di farla dubitare della sua stessa memoria e percezione.

[902] Cass. Pen, Sez. II, sentenza n. 45156/2015.

[903] Film di Frank Roddam (1979).

[904] Album del 1973.

[905] D. GLASER, *Crime in our changing society*, New York , Holt , Rinehart and Wiston (1978).

[906] Teoria della cultura delle bande criminali.

[907] A. CLOWARD e L. OHLIN, *Delinquency and Opportunity: A Theory of Delinquente Gangs* (1960) in F. P. Williams III, Md. Mc Shane, Criminology Theory, Anderson Publishing Co., Cincinnati OH, (1993-1998), pag. 149 e ss.

[908] H. S. BECKER, *Outsiders* (1963), traduzione italiana editore Abele, Torino (1987).

[909] Teoria delle associazioni differenziali.

Oggi quel modello deviante è stato rielaborato con il passaparola delle *chat* virtuali dedicate agli incontri sessuali attraverso la rete.
Il bigliettino da visita è spesse volte veicolato attraverso la sigla H&H, cioè *high and horny* (fatti ed eccitati), ben diversa da quella *H&H theory* di B.Lindbon sull'*hyper ed hipo speech processing.*[910]
Ma l'appetibilità più consistente della nuova moda trasgressiva è quella dell'approccio in modalità *"BB"*, secondo il lessico utilizzato dai partecipanti alla distorsione, cioè approcci sessuali *"bareback"*, non protetti.
Da qui, ai rischi del tunnel della tossicodipendenza si aggiunge la dilagante trasmissione delle più note e pericolose malattie sessualmente trasmissibili, dalla gonorrea, all'HIV, alla sifilide, fino alle epatiti.
Questo è lo spaccato che recentemente Giulio Ragni ha descritto per il Magazine QNM: "[…] Chem' come *chemical*, o *chemistry*, ovverosia prodotto chimico, chimica, unita alla parola 'sex', e qui non vi sono dubbi: il significato di chemsex è dunque facilmente intuibile, e la commistione tra sesso e droga non è certo un'invenzione recente, dalla controcultura di fine anni Sessanta e la contemporanea esplosione del rock'n'roll ad oggi, il binomio è stato quasi sempre sinonimo di trasgressione. Ma dietro quel 'chem' si nasconde l'uso pressoché esclusivo di sostanze stupefacenti di natura chimica, in particolare tre, come ha spiegato in un illuminante articolo il *British Journal of Medecine*: due di esse, i cristalli di metanfetamina e il mefedrone hanno un effetto stimolante, aumentando la frequenza cardiaca e la pressione sanguigna, inducendo ad uno stato di eccitazione ed euforia, uniti al consumo di Viagra ed altri medicinali simili. E poi il GHB, che oltre a generare un lieve effetto anestetico, allenta fortemente i freni inibitori: non a caso il GHB è stato negli anni passati al centro di crudi casi di violenza sessuale, assumendo il famigerato titolo di 'droga dello stupro'.
I festini a base di chemsex si svolgono soprattutto in casa, ma non sono esclusi anche club privati con *dark room* e persino saune, frequentati soprattutto da gente appartenenti a classi sociali medio-alte, in grado di pagare e fornire ingenti quantità di sostanze psicotrope che si consumano. Il passaparola funziona soprattutto grazie al web, tramite app per incontri come Tinder, Grindr, Hornet, o anche sms, usando acronimi e formule in codice per 'identificarsi': ad esempio su Grindr spopola la sigla H&H, *high and horny* (fatti ed eccitati), dove gli utenti segnalano la propria disponibilità al chemsex, ma ce ne sono altri per indicare l'assenza di preservativi, e via discorrendo. Per qualche strana ragione, il chemsex è iniziato come fenomeno prevalentemente correlato al mondo gay, ma in realtà medici e scienziati ci hanno tenuto a sottolineare quanto il sesso chimico possa essere rischioso a prescindere dall'orientamento sessuale.
Le conseguenze sulla salute del chemsex sono essenzialmente due: il primo fattore è legato alla tossicodipendenza, per cui è molto facile precipitare nell'abuso sistematico di sostanze chimiche molto pericolose che possono condurre a uno

---

[910] B. LINDBON, *Exploring phonetic variation: a sketch of the h & H Theory*, in W.J. Haedcastle, A. Marchall (eds.) *Speech production and speech modelling*, Kluwer, Dordrecht (1990);

sviluppo di psicosi con allucinazioni e paranoia, crisi d'ansia, alterazioni del ritmo sonno-veglia[...]"[911].

Ma, accanto ai festini in casa ed alle *dark room* attraverso il *tam tam* delle *chat* anonime, chi, più in generale, intende dolosamente e/o consapevolmente svolgere attività in rete ad alto rischio, quale l'adescamento, lo scambio di materiale pedopornografico, la compravendita o di sostanze psicoattive, lo smercio abusivo di pasticche di oro blu della *Pzyfer*, l'attività imprenditoriale e pubblicitaria di protocolli sessuali e di turismo erotico *contra legem*, aggira sistematicamente i filtri identificativi degli *Internet Protocol Address* utilizzando il *deep web*[912], quella parte del *web* che non è indicizzata dai tradizionali motori di ricerca, da cui diparte il *darknet* che giace su reti sovrapposte ad internet e può essere raggiunto con l'utilizzo di particolari *software*, come I2P, *Freenet* ed il più noto T.O.R.

Si tratta dell'acronimo di *The Onion Router*, cioè una navigazione che viene effettuata secondo il principio delle "*cento facce*" della cipolla, con dei meccanismi di rimbalzo su una molteplicità di server in modalità *peer to peer*, la cui identificazione dei relativi IP di origine diventa assai complicata.

La fruibilità avviene, ormai, in modo agevole con applicativi disponibili anche per gli *smart phone* a tecnologia *iOS* ed *Android*, in grado di interloquire con quell'enciclopedia del profondo web che prende il nome di *Hidden Wiki*.

Il *profiling*, l'approccio Soc.M.Int. e l'attività di repressione *under cover*

E' conseguente il quesito che il lettore si porrà nel leggere questo breve approfondimento sul tema: sarà possibile, cioè, in questo maleodorante scenario virtuale fare un'attività di prevenzione o, quantomeno, effettuare una concreta analisi, in ambiente investigativo o forense, che sia descrittiva di profili che potrebbero segnalare un *alert* o palesare attitudini, gusti ed abitualità dei possibili *offenders*?

---

911 www.QNM.it, *Chemsex: cos'è la nuova moda che unisce droga e sesso*, di G. Ragni, pubblicato il 3.3.2017.

912 www.repubblica.it, *Tutti i segreti del Deep Web. Sotto la rete in cui navighiamo esiste un mondo sconosciuto. E' cinquecento volte più grande e dentro c'è davvero di tutto, di Arturo Di Cortinto, pubblicato il 20 aprile 2014. "[...]* Il cosiddetto Deep Web, l'Internet nascosto considerato il luogo di ogni orrore, però non è solo questo. Sono sempre di più infatti le Ong, i dissidenti e i blogger che hanno individuato proprio nel Deep Web un nuovo luogo dove incontrarsi, scambiarsi dati e informazioni, o sostenere una "giusta causa" usando il Bitcoin come moneta. Nel Deep Web sono stati clonati i documenti di Wikileaks sulle atrocità della guerra in Iraq e Afghanistan, e sempre qui i whistleblowers, le "talpe" che denunciano governi e funzionari corrotti, proteggono le loro rivelazioni. E dunque, che cos'è il Deep Web? Detto anche Invisible Web, è la parte non indicizzata dai motori di ricerca. Una parte fatta di pagine web dinamiche, non linkate, generate su richiesta e ad accesso riservato, dove si entra solo con un login e una password: come la webmail. Questo accade perché i motori di ricerca funzionano con i crawler, i raccoglitori di link. Li categorizzano, li indicizzano, e li restituiscono in pagine ordinate quando digitiamo una parola sul motore preferito. Ma se i link non ci sono, non possono farlo. Un altro motivo per cui non riescono a trovarle potrebbe essere perché quelle pagine sono inibite ai motori di ricerca con il comando norobots. txt. [...]".

A ben vedere, già negli anni '80 l'Unità di Scienze Comportamentali dell'Accademia FBI di Quantico negli U.S.A., in ambito al programma V.I.C.A.P., cioè *Violent Criminal Apprehension Program*, aveva indotto gli investigatori del *Federal Bureau* all'applicazione sistematica del profilo investigativo basato sull'analisi comportamentale della scena del crimine, comprendendo l'importanza dell'attività di *profile* in modo standardizzato.
L'attività di studio era partita dall'analisi sul grado di organizzazione o di disorganizzazione dell'omicida e della *crime scene*, per poi evolversi fino ai giorni nostri alla *cyber prolife*, cioè una profilazione complessa che, attraverso le risorse presenti sulle fonti aperte di internet, può essere tracciata con l'ausilio di evoluti protocolli di analisi relazionale che rimandano, tra i tanti, al noto *Analyst Note Book*, utilizzato da tutte le *intelligences* del globo.
Si tratta di un protocollo che, per quanto attiene al presente approfondimento, può ad esempio operare una classificazione tra il *Single murder* (cioè l' omicidio singolo), caratterizzato da efferatezza e violenza; il *Serial murder* (quindi l'omicidio seriale), ove gli eventi sono intervallati da un periodo detto "*intervallo di raffreddamento emozionale dell'omicida*"; ed ancora il *Mass murder* (o omicidio di massa); lo *Spree killing* (che racchiude le forme di omicidio compulsivo), ove più persone vengono soppresse in luoghi diversi nello stesso contesto di evento, ed in assenza del c.d. intervallo di raffreddamento emozionale; il *Rape* (cioè lo stupro), e tanti altri profili più o meno complessi[913].
In questo scenario di profilazione sulle *opes sources,* stanno trovando sempre più ampia applicazione alcune tecniche di analisi ancora poco note nella letteratura tradizionale, modulate attraverso la Soc.M.Int.[914], o *Social Media Intelligence*, un modello operativo in continua evoluzione e ricerca scientifica che consente, ad esempio, la profilazione di un utente attraverso i gusti *social*, i gruppi di interesse, le tematiche pubblicate sui *post*, le condivisioni di contenuti, i *like*, le "*faccine*" o i commenti, la catena relazionale delle amicizie dirette e non, per poi passare all'analisi di dati esterni; fino ad una sorta di "*autopsia cibernetica*" con l'ausilio, ad esempio, della *wayback machine*, un s.w. in grado di andare a ritroso sui motori di ricerca così da individuare vecchi elementi di significatività investigativa, che, una volta riesumati, potranno essere utili per una profilazione investigativa o forense d'insieme secondo criteri di *link analysis*[915], di *social network analysis*[916] o di *cluster analysis*[917].

---

[913] M. DI STEFANO, B. FIAMMELLA, *Profiling, tecniche e colloqui investigativi: appunti d'indagine*, cit. pagg. 13-15.
[914] A. BUTATO, *Social Media Intelligence: dalla pratica alla disciplina,* 18.3.2015, in www.itstime.it.
[915] Cioè rivolte a valutare relazioni tra nodi (soggetti/oggetti) d'interesse investigativo.
[916] (S.N.A.) metodologia di analisi delle relazioni sociali; già si fatto cenno alle tecniche di *Social Media Intelligence* e la conseguente possibilità di analisi del relativo contesto, effettuabile con sistemi di collegamento relazionale.
[917] Cioè quelle tecniche esplorative intese a raggruppare unità statistiche di una popolazione sulla base di similarità in termini di valori assunti dalle variabili oggetto di analisi e campionamento.

Il passo successivo alla profilazione trova, in uno scenario investigativo, l'attività di prevenzione e repressione di una serie di reati che il legislatore ha, man mano, delineato ed ampliato negli anni, a salvaguardia della personalità individuale, da qui inserendo, a compendio dell'art. 600 del codice penale, una serie di articoli che tratteggiano la figura dell' "*orco*": dalla prostituzione minorile[918], alla produzione[919] e detenzione[920] di materiale pedo-pornografico, anche in forma "virtuale"[921], fino alla promozione turistico sessuale[922] in pregiudizio di minori.
A queste disdicevoli ipotesi delittuose vanno, ancora, aggiunte quelle a tutela della libertà personale in materia di violenza sessuale[923], commesse con minori[924] o corrompendo gli stessi[925], sanzionando autonomamente le ipotesi commesse dal "branco"[926] e quelle ove avvenga adescamento di minori[927], ipotesi aggravate laddove l'attività sia compiuta con l'utilizzo di mezzi atti ad impedire l'identificazione dei dati di accesso alle reti telematiche[928] (in tema di incitamento allo stupro su *Facebook*, recentemente la Suprema Corte ha indicato trattarsi di istigazione alla violenza; cfr. Cassazione penale, sez. I, sentenza 23/10/2015 n° 42727).
Ulteriore intervento è stato operato dal legislatore a difesa della libertà morale, qui appropriandosi del prestito linguistico di una ridondante accezione, lo *stalking*, con la formulazione del delitto di atti persecutori[929].
Ed, ancora, con riguardo alle "[...] *misure urgenti in materia di sicurezza pubblica e di contrasto alla violenza sessuale, nonché in tema di atti persecutori*[930], anche con riferimento ai criteri di scelta delle misure coercitive cautelari in presenza di gravi indizi di colpevolezza in ordine, tra l'altro, ai delitti di cui all'articolo 51, commi 3-bis[931] e 3-quater[932] c.p.p., novellando l'art. 275 [933]del codice.[...]"[934].

---

[918] Art. 600 bis c.p.
[919] Art. 600 ter c.p.
[920] Art. 600 quarter c.p.
[921] Art. 600 quarter.1 c.p.
[922] Art. 600 quinques c.p.
[923] Art. 609 bis c.p.
[924] Art. 609 quarter c.p.
[925] Art. 609 quinques c.p.
[926] Art. 609 octies c.p.
[927] Art. 609 undecies c.p.
[928] Art. 609 duodecies c.p.
[929] Art. 612 bis c.p.
[930] Decreto-legge 23 febbraio 2009, n. 11(Misure urgenti in materia di sicurezza pubblica e di contrasto alla violenza sessuale, nonché in tema di atti persecutori), convertito, con modificazioni, dalla legge 23 aprile 2009, n. 38.
[931] Quando si tratta di procedimenti per i delitti, consumati o tentati, di cui agli artt. 416 bis e 630 c.p., per i delitti commessi avvalendosi delle condizioni previste dal predetto art. 416 bis ovvero al fine di agevolare l`attività delle associazioni previste dallo stesso articolo, nonché per i delitti previsti dall`art. 74 del Testo Unico approvato con D.P.R. 9 ottobre 1990, n. 309, le funzioni indicate nel comma1 lett. a) sono attribuite all`ufficio del pubblico ministero presso il tribunale del capoluogo del distretto nel cui ambito ha sede il giudice competente.
[932] 3-quater. Quando si tratta di procedimenti per i delitti consumati o tentati con finalità di terrorismo le funzioni indicate nel comma 1, lettera a), sono attribuite all'ufficio del pubblico

Sul tema della violenza sessuale, interessante è l'orientamento della Suprema Corte, sez. III, sentenza 26/09/2012 n° 37076, che rinviene l'ipotesi di violenza sessuale anche laddove questa avvenga a distanza attraverso una "*chat*" su internet.[935]

---

ministero presso il tribunale del capoluogo del distretto nel cui ambito ha sede il giudice competente. Si applicano le disposizioni del comma 3-ter.

[933] Art. 275 comma 3 c.p.p. La custodia cautelare in carcere può essere disposta soltanto quando ogni altra misura risulti inadeguata. Quando sussistono gravi indizi di colpevolezza in ordine ai delitti di cui all'articolo 51, commi 3-bis e 3-quater, nonché in ordine ai delitti di cui agli articoli 575, 600-bis, primo comma, 600-ter, escluso il quarto comma, e 600-quinquies del codice penale, è applicata la custodia cautelare in carcere, salvo che siano acquisiti elementi dai quali risulti che non sussistono esigenze cautelari. Le disposizioni di cui al periodo precedente si applicano anche in ordine ai delitti previsti dagli articoli 609-bis, 609-quater e 609-octies del codice penale, salvo che ricorrano le circostanze attenuanti dagli stessi contemplate.

[934] M. DI STEFANO, *Il concorso esterno dall'epoca napoleonica al maxi processo di Palermo*, in *Altalex,* 21.5.2013.

[935] Cass. Pen. sez. III, sentenza 26/09/2012 n° 37076: "l'art. 609 bis, comma 1, c.p. sanziona la condotta di "chiunque, con violenza o minaccia o mediante abuso di autorità, costringe taluno a compiere o subire atti sessuali"; allo stesso modo, il comma 2 della stessa norma contempla, quale illecito penale, la condotta di "chi induce taluno a compiere o subire atti sessuali" con le modalità poi specificate dai numeri 1) e 2). È pertanto evidente che il reato di violenza sessuale non è esclusivamente caratterizzato dal contatto corporeo tra soggetto attivo e soggetto passivo del reato, ma può estrinsecarsi anche nel compimento di atti sessuali che lo stesso soggetto passivo, a ciò costretto o indotto dal soggetto attivo, compia su se stesso su terzi. Per tali ragioni, del resto, questa Corte ha da tempo affermato che l'attività di prostituzione che si caratterizzi per atti sessuali che la persona retribuita a tal fine compia appunto su se stessa o su terzi ben può essere svolta "a distanza', ovvero a fronte della presenza in due luoghi diversi del soggetto richiedente e del soggetto richiesto, come ad esempio, di prestazione richiesta ed effettuata per via telefonica (Sez. 3, n. 7368 del 18/01/2012, L. e altro, Rv. 252133) o attraverso internet (Sez. 3, n. 15158 del 21/03/2006, P.M. in proc. Terrazzi, Rv. 233929 in caso di prestazioni sessuali eseguite in videoconferenza via web - chat).

Ben può, dunque, il reato di violenza sessuale, consistente nel compimento, come nella specie, da parte della persona offesa, di atti sessuali su se stessa, essere commesso anche a distanza, ovverossia a mezzo telefono o di altre apparecchiature di comunicazione elettronica (cfr. Sez. 3, n. 12987 del 03/12/2008, dep. 25/03/2009, Brizio, Rv. 243090). Del resto, non vi è dubbio che la norma (con riferimento, evidentemente, ad atti sessuali compiuti dalla persona offesa su se stessa o anche su terzi diversi dal soggetto attivo) non richieda, all'interno dell'elemento oggettivo del reato, che tra soggetto attivo e passivo vi sia contestualità spaziale, ben potendo la minaccia o la violenza o, come nella specie, la condotta connotante l'abuso di cui all'art. 609 bis, comma 2, n. 1, c.p., essere posta anche in luogo diverso da quello in cui il soggetto passivo la subisce, essenziale invece essendo che l'abuso venga, da quest'ultimo, effettivamente percepito.[...].

È quindi necessario, in altri termini, attesa la costante nozione di atti sessuali elaborata da questa Corte con riferimento al reato di cui all'art. 609 bis c.p., ed incentrata sulla "corporeità sessuale", che la persona richiesta compia atti che attingano zone erogene del corpo suscettibili di eccitare la concupiscenza sessuale (Sez. 3, n. 41096 del 18/10/2011, P.G. in proc. M., Rv. 251316; Sez. 3, n. 12506 del 23/02/2011, Z., Rv. 249758; Sez. 3, n. 11958 del 22/12/2010, dep. 24/03/2011, C, Rv. 249746; Sez. 4, n. 3447 del 03/10/2007, dep. 23/01/2008, P., Rv. 238739).

Le novelle introdotte nei Codici Rocco e Vassalli sono state seguite, parallelamente, da importanti interventi procedurali che il legislatore ha ritenuto necessario disegnare, arricchendo le attività *undercover* già previste dalla legge speciale, dal contrasto al narco traffico[936], alla lotta al terrorismo[937] fino al crimine transnazionale.[938]
"[...] Con l'indicazione di "*agente infiltrato*" – M. Di Stefano, B. Fiammella (2015) - si intende individuare l'operatore di polizia che si limita ad adottare comportamenti di mera osservazione, sorveglianza e/o contenimento dell'altrui azione criminosa; l'attività dell'undercover è rivolta a raccogliere prove su reati od a carico di persone che li abbiano commessi, ovvero di far cogliere in flagranza i responsabili di uno o più delitti, non assumendo mai un ruolo attivo di istigatore od ideatore nella commissione degli stessi.
Con l'accezione di "*agente provocatore*" si identifica, invece, il soggetto istituzionale che, oltre quanto detto, pone in essere condotte attive e/o omissive funzionali alla realizzazione dei fatti delittuosi investigati.
Le norme speciali che disciplinano le attività degli agenti sotto copertura, attengono ad una serie di delitti di gravissimo impatto sociale, contro la personalità dello Stato e l'ordine e la sicurezza pubblica: in specie il presente strumento investigativo è disciplinato da disposizioni in materia di stupefacenti[939] e di traffico di armi[940], di sequestri di persona a scopo di estorsione[941], di contrasto all'usura ed al riciclaggio[942], reati di pedo-pornografia, prostituzione minorile, riduzione in schiavitù e turismo sessuale[943], di contrasto al crimine internazionale[944] ed a quello transnazionale[945].

Tale principio è, del resto, implicitamente presupposto da quelle decisioni che hanno costantemente escluso esulare dall'area di prestazione prostitutiva il mero fatto di denudarsi dietro corrispettivo onde eccitare l'istinto sessuale salvo che, significativamente, a tale fatto non si accompagnino anche contatti corporei (cfr., con riferimento a "lap dance" eseguita da ballerine davanti a clienti cui era consentito accarezzare le stesse su fianchi, braccia e gambe, Sez. 3,n. 13039 del 12/02/2003, Centenaro, Rv. 224116; con riferimento a spogliarelli accompagnati da "strusciamene", Sez. 3, n. 37188 del 22/06/2010, S. e altri, Rv. 248559; con riferimento a spogliarelli accompagnati da contatti tattili e baci, Sez. 3, n. 11025 del 06/06/1975, Giorgetta, Rv. 131299" [...]".

936 D.P.R. 9.10.1990n.309, art. 97.

937 L. 15.12.2001, n. 438, art. 4.

938 Legge 16 marzo 2006, n. 146, art. 9.

939 D.P.R. 9 ottobre 1990, n. 309, art. 97 "attività sotto copertura", art. 98 "ritardo o omissione degli atti di cattura, di arresto o di sequestro. Collaborazione internazionale".

940 [L. 7 agosto 1992, n. 356, art 12-quater *Ricettazione di armi, riciclaggio e reimpiego simulati*] abrogato dalla L. 16 marzo 2006, n. 146, art. 9 *Operazioni sotto copertura* che ha riformato l'istituto.

941 L. 15 marzo 1991, n. 82, art. 7 *Disposizioni processuali.*

942 L. 18 febbraio 1992, n. 172, art. 10 *Disposizioni processuali.*

943 L. 3 agosto 1998, n. 269, art. 14 *Attività di contrasto*; L. 11 agosto 2003, n. 228, art. 10 *Attività sotto copertura.*

944 L. 15 dicembre 2001, n. 438, art. 4 *Attività sotto copertura.*

945 L. 16 marzo 2006, n. 146, art. 9 *Operazioni sotto copertura*".

L'istituto giuridico dell'agente sotto copertura è stato adottato da moltissimi governi, presentando una serie di criticità dovute al diverso riconoscimento, sotto un'ottica comparata delle varie normative, dello *status* di *undercover*. [...]".[946]
L'aver esteso la punibilità ai fatti commessi all'estero ha consentito infatti di ampliare gli strumenti di lotta alle condotte di sfruttamento quali l'acquisto simulato di materiale pedopornografico, la creazione di siti Internet di copertura, la partecipazione degli agenti ai c.d. *sex tours*, la possibilità di ritardare sequestri ed arresti per necessitò legate al buon esito delle indagini.

Bibliografia

AMERICAN PSYCHIATRIC ASSOCIATION (2000), DSM-IV-TR. *Diagnostic and Statistical Manual of Mental Disorderes, Fourth Edition, text revision Washington and London, DC. trad. it. Manuale diagnostico e statistico dei disturbi mentali*, DSM-IV-Tr. Text Revision , Masson, Milano, 2001.
Z. BAUMAN, *Liquid Modernity*, traduzione italiana *Modernità liquida*, Editore Laterza, Roma-Bari, 2002.
H. S. BECKER, *Outsiders* (1963), traduzione italiana editore Abele, Torino (1987).
P.M. BERINETTO, E. MANGO CALDOGNETTO, *Ritmo e intonazione*, in A. Sobrer (a cura di) Introduzione all'italiano contemporaneo. Le strutture, editore La Terza, Bari, 1991.
G. BERRUTO, *Corso elementare di linguistica generale,* Utet editore, Torino, 1997.
T. CANTELMI, E. LAMBIASE, A. SESSA, *Quando il sesso fa male. La dipendenza sessuale*. In V. CARETTI, LA BARBERA (a cura di) *Le dipendenze patologiche. Clinica e psicopatologia*, Raffaello Cortina Editore, Milano, 2005.
S. CAPECCHI, E. RUSPINI, *Media, corpi, sessualità. Dai corpi esibiti al cyber sex,* Franco Angeli editore, Milano, 2009.
V. CARETTI, G. CRAPARO, A. SCHIMMENTI, *Gli esiti psicopatologici della dissociazione*, in *Psichiatria & Psicoterapia,* 26, 1, 2005.
V. CARETTI, T. CANTELMI, *Pscicodinamica della trance dissociativa da videoterminale*, Piccin Editore, Padova, 2000.
P. CARNES, *Don't call it love. Recovery from sexual addiction*. Bantam Books, New York, 1991.
A. CLOWARD e L. OHLIN, *Delinquency and Opportunity: A Theory of Delinquente Gangs* (1960) in F. P. Williams III, Md. Mc Shane, Criminology Theory, Anderson Publishing Co., Cincinnati OH, (1993-1998).
D. COPPOLA, *Parlare, comprendersi, interagire. Glottodidattica e formazione interculturale,* (relazione di LUCIANA BRANDI, *Tra lingue, culture e formazione della soggettività*), Felici Editore, Pisa, 2008.
A. COUYOUMDJIAN, R. BAIOCCO, C. DEL MIGLIO, *Adolescenti e nuove dipendenze*, Giunti, Firenze, 2006.
R. CIOFI, D. GRAZIANO, *Giochi pericolosi? Perché i giovani passano ore tra videogiochi on-line e comunità virtuali*, Franco Angeli, Milano, 2003.

---

[946] M. DI STEFANO, B. FIAMMELLA, *Intercettazioni, remotizzazione e diritto di difesa. Profili d'intelligence*, cit. pag. 177.

M. DI STEFANO, *Intelligence tra sociologia e spending review nel processo penale,* Altalex, articolo del 17.4.2014.
M. DI STEFANO, *La sociologia giuridica ed i bambini*, Altalex, articolo del 13.11.2013.
M. DI STEFANO, B. FIAMMELLA, *Profiling, tecniche e colloqui investigativi: appunti d'indagine*, Altalex editore, Montecatini Terme, 2013.
M. DI STEFANO, B. FIAMMELLA, *Intercettazioni: remotizzazione e diritto di difesa nell'attività investigativa (profili d'intelligence),* Altalex editore, Montecatini Terme, 2015.
D. GLASER, *Crime in our changing society*, New York , Holt , Rinehart and Wiston (1978).
M. D. GRIFFITHS, *Exercise addiction: A case study*. Addiction Research, 1997.
E. GOFFMAN, *On face work* (1955; trad. it. *Giochi di faccia* in Goffman 1971a) e *Alienation from interaction*(1957; trad. it. *Alienazione dall'interazione* in Goffman 1971a); *Encounters* (1961; trad. it. *Espressione e identità* 2003); *Behavior in Public Places* (1963; trad. it. *Il comportamento in pubblico*, 1971b); *Interaction ritual* (1967; trad. it. 1971a); *Strategic Interaction* (1969; trad. it. *Interazione strategica* 1988); *Relations in Public* (1971c; trad. it. *Relazioni in pubblico* 1981).
C. GUERRESCHI, *Il gioco d'Azzardo Patologico*, Ed. Kappa, Roma, 2003.
C. GUERRESCHI, *New addictions. Le nuove dipendenze*, San Paolo Edizioni, Milano, 2005.
D. LA BARBERA, *Le dipendenze tecnologiche. La mente dei nuovi scenari dell'addiction "Tecnomediata"*. In: V. CARETTI, D. LA BARBERA (a cura di) *Le dipendenze patologiche. Clinica e psicopatologia*, Raffaello Cortina Editore, Milano, 2005.
L. LINDBOM, *Speech production and speech modeling*, Kluwer Academic Publishers, 1990.
E. MC REID, *Electropolis: Communication and Community on Internet Relay Chat*, paper, 1991.
R. J. MOLENKAMP, L. M. SAFFIOTI, *Dipendenza da Cybersesso*, Human Development e Regis University, Denver, Colorado, in Human Development n. 1, 2001.
R. PANI, R. BIOLCATO, *Le dipendenze senza droghe*, UTET - De Agostini Novara, 2006.
M. PELISSERO, *Diritto penale e processo* (n. 3/2017), Ipsoa, in Altalex, *Bondage e sadomasochismo: i limiti della responsabilità penale tra fine di piacere e libero consenso*, articolo del 27.4.2017
V. PUNZI, *Io, Pornodipendente, sedotto da internet*. Ed. Costa & Nolan, 2007.
M. RINALDI, *Sesso virtuale a pagamento: è prostituzione*, Altalex, pubblicato il 16.11.2010.
R. STELLA, *Eros, cybersex, neopom. Nuovi scenari e nuovi usi in rete*. P.A.S.T.I.S. Padova Science Technology and Innovation Studies, 2011.
TIM BERNERS-LEE: *L'architettura del nuovo web*, Editore Feltrinelli, Milano, 2001.
K. S. YOUNG, *Psychology of computer use: XL. Addictive use of the Internet: a case that breaksthe stereotype, Psychol. Rep. n. 79,* 1996.

K. S. YOUNG, *Presi nella rete, intossicazione e dipendenza da internet*, 1998. Trad. it. a cura di T. Cantelmi, Calderini, Bologna, 2000.
H. VELENA, *Dal cybersex al trans gender*, Castelvecchi editore, Roma, 2003.
A. WOOTTON abd P. DREW (a cura di), *Erving Goffman: Exploring the Interaction Order*. Cambridge: Polity Press, 1988.

Ransomware e ricatti virtuali: violazioni della privacy e dei propri dati, nuove modalità di estorsione e di pagamento

Dott. Paolo Dal Checco

Con l'avvento della rete e l'evoluzione dei mezzi di comunicazione, sono cambiate anche le modalità di commissione dei reati, che sono diventati "virtuali", a differenza dei danni e delle perdite economiche – o persino di vite umane, come vedremo – che essi possono causare e che sono purtroppo così reali da essere diventati ormai un problema per la società.
Estorsione, danneggiamento, accesso abusivo, violazione di corrispondenza arrivano così a cambiare i connotati per adeguarsi a un mondo dove per sequestrare dei beni non c'è più bisogno di entrare in casa della vittima, per commettere accesso abusivo non serve forzare alcuna porta o cancello e dove per leggere la corrispondenza non è necessario intercettare alcun postino o violare cassette della posta.
In particolare, i cosiddetti ricatti – che poi sono la definizione comune del reato di estorsione – sono diventati uno dei fenomeni criminali più diffusi su Internet proprio per la facilità con la quale è ormai possibile violare il domicilio informatico d'ignare vittime per causare danni, rubare informazioni e chiedere un riscatto per rimettere tutto a posto, oppure per non divulgare i dati riservati acquisiti con l'inganno.
Il fenomeno più in vista in questi ultimi anni è proprio quello dei ransomware: particolari programmi informatici con finalità malevole (comunemente noti come "virus") che vengono inviati con l'inganno sul computer della vittima ed eseguono delle operazioni atte a mettere in difficoltà il malcapitato al fine di richiedere poi un riscatto. Lo dice il nome stesso: "*ransomware*" deriva da "*ransom*", cioè "riscatto" e "*ware*" che indica appunto un software. Un software che chiede il riscatto.
Poiché le persone sul proprio computer tengono generalmente documenti, fotografie o filmati, posta elettronica o comunque dati di un certo valore economico o sentimentale, il danno più evidente che si possa perpetrare al fine di estorcere denaro è proprio quello di sottrarre tali dati dalla disponibilità del proprietario. Poiché per portare via i dati sarebbero necessarie diverse settimane, se non mesi, in base alla quantità di file e la velocità della connessione a Internet, i delinquenti hanno escogitato una maniera alternativa ma altrettanto efficace: tramite algoritmi di cifratura, criptano i dati presenti sul PC eliminando in modo irreversibile gli originali. Una volta criptati, i dati diventano inutilizzabili perché totalmente incomprensibili: potremmo persino paragonarli a "spazzatura", materiale inutile che risiede sul PC del malcapitato, lì dove una volta risiedevano i suoi documenti più cari. L'unico modo per far tornare leggibili i dati è quello di eseguire l'operazione inversa alla cifratura, cioè la decifratura: il problema è che per farlo è necessario possedere la chiave, cioè la password con la quale i dati sono stati inizialmente criptati.
Ovviamente, i delinquenti che hanno ideato i ransomware, eliminano con molta attenzione ogni traccia della chiave utilizzata per cifrare i dati, così che la vittima non abbia nessuna possibilità di riuscire a decriptare i dati autonomamente. O

meglio, una possibilità le viene data: pagare il riscatto che viene richiesto contestualmente o successivamente all'infezione del sistema.
Quando i ransomware infettano un PC, infatti, lasciano sul disco un messaggio nel quale spiegano alla vittima cosa è successo e informandolo delle modalità con le quali è possibile ripristinare i propri dati. Modalità che, la maggior parte delle volte, implica il contatto con il delinquente tramite appositi siti web o email e il pagamento di un riscatto che va dai 500 ai 3.000 euro.
La vittima si trova quindi davanti a una scelta: pagare il riscatto oppure perdere per sempre i propri dati. La terza scelta, spesso non percorribile, è quella di ripristinare i dati da eventuali copie di sicurezza eseguite prima dell'infezione, buona pratica che però quasi nessuno segue. E quei pochi che la seguono facendo i cosiddetti "backup" periodici oppure a intervalli irregolari, spesso incorrono comunque in problemi perché a seguito di alcuni attacchi vengono cifrate anche le copie di sicurezza, impedendone così il ripristino.
Come si diffondono questi programmi malevoli? Sostanzialmente in due maniere: tramite posta elettronica o mediante siti web "infetti". Quando i delinquenti scelgono la posta elettronica come vettore d'infezione, preparano delle email che tramite "phishing" fingono di provenire da corrieri, compagnie telefoniche, Agenzia delle Entrate o persino Procura della Repubblica per convincere i destinatari ad aprire l'allegato o a cliccare su link contenuti nei messaggi stessi. Gli allegati in genere contengono dei file che la vittima crede essere documenti in PDF (fatture, note di credito, solleciti di pagamento, notizie di reato, etc…) ma che in realtà sono dei veri e propri programmi per computer che hanno un fine ben preciso: criptare tutti i documenti presenti sul PC. Talvolta non sono gli allegati che attivano il processo di cifratura ma vengono scaricate degli ulteriori software, questi demandati al vero e proprio processo di encryption. In ogni caso, quando la vittima inavvertitamente apre l'allegato o clicca sul link che porta verso siti dai quali vengono scaricati quelli che sembrano essere documenti, il malware comincia a fare danni rendendo i file presenti sul PC inutilizzabili. A distanza di minuti od ore, sullo schermo compare il messaggio con la richiesta di riscatto e la vittima realizza che ciò che aveva aperto non erano fatture né bollette della corrente elettrica, bensì una "trappola" che li proietta verso una situazione di panico.
Al posto dei messaggi di posta, spesso vengono utilizzati dei siti web "infetti" per trasmettere i ransomware, ben più pericolosi perché anche persone attente a non aprire allegati rischiano di rimanere infettati. Tramite i cosiddetti "exploit kit", i delinquenti inseriscono in diversi siti web un sorta di "trappola" che fa sì che quando il visitatore naviga sul sito utilizzando browser non aggiornati o vulnerabili, si attivi l'infezione. Dal browser, l'exploit kit infetta il Sistema Operativo installando un ransomware sul PC, che cripterà i dati al fine di chiedere un riscatto. Il malcapitato visitatore si troverà quindi tutti i suoi dati inutilizzabili soltanto per aver visitato un sito web.
Le foto di famiglia, i filmati, le email oppure i documenti aziendali, le fatture, i database, i programmi di contabilità, tutto diventa inservibile e inutilizzabile, a meno che non si decida di pagare il riscatto che il delinquente – stando comodamente nascosto nell'anonimato garantito dalla rete – ha indicato nel suo messaggio.

Poiché il delinquente potrebbe trovarsi dall'altra parte del mondo, i contanti non sono indicati come modalità di pagamento, né carte di credito o bonifici bancari. Talvolta vengono suggerite modalità di pagamento basate su circuiti anonimi come le PaySafeCard, vendute regolarmente dalle tabaccherie in tutta Italia. Invece di utilizzare la carta di credito, infatti, in molti fanno uso di questo circuito di pagamento alternativo, cui si aderisce semplicemente portando dei contanti in una tabaccheria e ottenendo in cambio un codice, una sorta di IBAN che si potrà comunicare al destinatario dei fondi per mermettergli di prelevare il contante. Il vantaggio delle carte PaySafeCard è il fatto di essere totalmente anonime: non viene richiesta identificazione per chi acquista delle schede né per chi ritira i fondi. L'unico limite è che le somme trasferibili con questo metodo non sono elevate.
Il metodo di pagamento proposto sempre più di frequente dai delinquenti è un sistema innovativo, nato nel 2009, decentralizzato, con costi bassissimi e possibilità di anonimato (o meglio, pseudo-anonimato) chiamato Bitcoin. Il protocollo su cui si basa – tra le altre cose – questo sistema di trasferimento di unità monetaria è aperto, pubblico e trasparente, basato sul "consenso" dei partecipanti e quindi totalmente indipendente da entità centralizzate o di controllo (come possono essere banche o Stati per le valute tradizionali).
Il protocollo Bitcoin prevede l'utilizzo di indirizzi, che possono essere equiparati – a fini didattici – a codici IBAN bancari, dietro i quali sono attestati dei "conti" sui quali si possono versare dei bitcoin e allo stesso modo prelevarne per trasferirli verso conti terzi. Il costo delle transazioni da un "conto" a un altro è bassissimo – dell'ordine di pochi centesimi di euro – e indipendente dall'entità della cifra traferita. Le transazioni richiedono alcuni minuti per essere considerate valide e non sono reversibili (caratteristiche queste innovative rispetto ai bonifici bancari o i pagamenti con carta di credito).
Il motivo per il quale il Bitcoin è il metodo sempre più adottato dai delinquenti per estorcere denaro è semplice: i conti dai quali partono e verso i quali avvengono i trasferimenti di questo tipo di moneta possono essere resi anonimi grazie ad accorgimenti tecnici e servizi che rendono difficile se non impossibile l'attività degli investigatori.
Il protocollo Bitcoin rende infatti difficile rintracciare i responsabili di eventuali reati, a meno di non effettuare ricerche mirate nei punti di concentrazione degli indirizzi. Da un lato questa criptovaluta è pseudonima, pertanto gli unici punti dove risalire all'identità del criminale sono le piattaforme che richiedono l'identificazione anagrafica. Si pensi ad exchange, piattaforme di pagamento, wallet online: in questi tre casi potrebbe essere possibile identificare un delinquente - probabile autore o utilizzatore di ransomware - poco prudente nel cancellare le proprie tracce, ma per farlo occorre avere autorizzazioni e accessi ai database di società spesso dislocati in aree geografiche poco attente a questo tipo di crimini. In tutti gli altri casi è un inseguimento che può durare anni: la blockchain non fa sparire nulla, pertanto è probabile che a distanza di tempo i bitcoin ottenuti tramite attività estorsive tornino a muoversi (emblematico il caso di MtGox) e quindi sia possibile identificare il responsabile della loro sottrazione.
Ogni nodo del sistema, infatti, possiede una copia del database chiamato "blockchain" che contiene lo storico di tutte le transazioni avvenute tramite la criptomoneta. Un indirizzo Bitcoin è un numero di 160 bit che può essere

rappresentato in diversi formati: quello standard inizia con un "1" o un "3" e possiede numeri e lettere 'O', '0', 'I' e 'l' per evitare confusione, come notiamo nell'indirizzo "1paoLokiwQapC3cczRhobptMwHjCNpa7s". Legati al concetto di indirizzi ci sono i wallet: contenitori più grandi che raccolgono insieme diversi indirizzi in modo che possano essere utilizzati più facilmente.
Due aspetti intrinsecamente legati sono alla base del funzionamento del Bitcoin: la generazione di nuova moneta e lo scambio di quella in circolazione. Senza entrare nei dettagli, illustriamoli brevemente per fornire a chi non conosce le basi del sistema il modo di capirne il funzionamento e le motivazioni che l'hanno reso la criptomoneta per eccellenza.
La valuta bitcoin non viene coniata nella maniera tradizionale, ma tramite un processo chiamato mining ("mine" in inglese significa minare) da parte di nodi della rete che vengono definiti miners, cioè minatori. Minare bitcoin significa – e qui ci si riconduce all'aspetto relativo alle transazioni – raccogliere insieme un certo numero di scambi di criptomoneta in corso e aggiungerli alla blockchain, che costituisce il registro pubblico di tutte le transazioni. A differenza dei conti bancari, ove ognuno può accedere soltanto al suo estratto conto, nel protocollo Bitcoin gli estratti conto di tutti sono pubblici e consultabili da chiunque. La difficoltà del lavoro svolto dai minatori, che viene costantemente adattata in modo da rendere necessari circa 10 minuti per minare ogni blocco, fa sì che i minatori che riescono ad "agganciarsi" con successo alla blockchain ottengano un certo numero di bitcoin che possono versare su un proprio indirizzo, utilizzando una transazione del blocco stesso che hanno minato. Oltre al premio fornito dal sistema, i minatori ricevono una commissione variabile anche da tutti coloro che hanno eseguito transazioni inserite all'interno del blocco stesso.
Il premio elargito ai minatori viene dimezzato per protocollo ogni quattro anni, questo fa sì che ne 2140 il numero di bitcoin in circolazione raggiungerà i 21 milioni e lì rimarrà costante.
Dal punto di vista giuridico e amministrativo, il bitcoin e le criptovalute in genere, in Italia non sono stati mai oggetto di alcuna pronuncia ufficiale né ufficiosa, se non attraverso alcuni richiami di attenzione sull'attività antiriciclaggio (Banca d'Italia e CNEL).
Nonostante qualche public hearings in Italia e una proposta di legge provocatoria, tutto tace. Conseguentemente indicare aspetti amministrativi in tale campo risulta estremamente complicato.
Il sistema delle criptovalute e l'unità di conto, nascendo in maniera decentralizzata e senza alcun emittente se non il codice stesso, non risultano soggette ad alcuna autorizzazione nè altrimenti potrebbe essere.
L'unità di conto che è alla base delle criptovalute non integra la funzione monetaria o finanziaria non costituendo, in astratto, nè moneta, nè valore mobiliare, nè una valuta, anche se le evoluzioni potrebbero portare ad ulteriori evoluzioni.
L'acquisto dei bitcoin avviene per tramite di servizi chiamati "Exchange" che si occupano di convertire moneta fiat in bitcoin (o viceversa) a fronte di una commissione. Poiché le transazioni Bitcoin non sono reversibili o annullabili, raramente si trovano Exchange che accettano pagamenti con carte di credito, Paypal o persino bonifici, proprio per la caratteristica di annullabilità di questi sistemi che metterebbe in difficoltà gli Exchange stessi.

Altro ostacolo al cambio di moneta sono proprio i ransomware, almeno indirettamente. Spesso infatti le vittime di ransomware – giustamente – sporgono denuncia presso l'Autorità Giudiziaria, segnalando le modalità con le quali hanno ottenuto i bitcoin, gli indirizzi da cui hanno ricevuto e versato la moneta digitale e le modalità di acquisto oltre ai numero. A seguito delle indagini gli Exchange risultano spesso coinvolti e, in base a diversi fattori, possono anche rischiare imputazioni più o meno articolate. Per questo motivo, proprio al fine di evitare qualsiasi tipo di coinvolgimento, gli Exchange fanno ormai molta attenzione a non fornire bitcoin a vittime di ransomware. Per poter distinguere se un acquirente sta comprando bitcoin per pagare riscatti, sono state ideate delle euristiche e dei metodi di rilevamento che in una buona percentuale di casi riesce a evitare il coinvolgimento dell'Exchange nel pagamento del riscatto.
Le cifre richieste dai ransomware, ormai tutte in moneta Bitcoin, sono vanno in genere dai 400 ai 4.000 euro, in base al tipo d'infezione. Proprio per evitare il coinvolgimento, anche indiretto, in questo tipo di truffe, gli Exchange tendono a rifiutare di cambiare euro in bitcoin quando rilevano che l'acquirente è vittima di un ransomware, cosa che lascia gli acquirenti ulteriormente in difficoltà, perché in alcuni casi se i dati sono di notevole importanza e non possono essere rimpiazzati o recuperati (s'immaginino ospedali, studi medici, enti pubblici, etc...) spesso purtroppo le vittime finiscono per decidere di pagare il riscatto.
Il futuro dei ransomware è quindi roseo – dal punto di vista dei delinquenti, ovviamente – al punto che ogni giorno nascono nuove varianti, sempre più pericolose e invisibili agli antivirus. Sono così state identificate versioni di criptovirus che propongono alla vittima di collaborare diffondendo l'infezione per guadagnare a sua volta e, magari, recuperare le perdite subite proprio a causa del ransomware che lo ha infettato. In alcuni casi il malware ha persino offerto alle vittime la possibilità di riavere gratuitamente i propri dati a patto che si collaborasse con l'autore infettando almeno due PC, di conoscenti o sconosciuti. Siamo ai livelli delle organizzazioni di racket che propongono alle vittime di entrare nel giro.
Ancora, alcuni ransomware stanno cominciando a minacciare i malcapitati non soltanto con la possibile perdita dei propri dati, ma anche con la pubblicazione online degli stessi. La vittima sarà così portata a pagare temendo di trovare online le sue fotografie private, i contatti, le fatture, le mail, i messaggi, le chat, la propria navigazione sul web. Argomentazioni di questo genere tendono a spingere anche coloro che non avrebbero pagato il riscatto perché "tanto le fotografie si possono rifare" temendo appunto che invece di perderle tali foto possano essere diffuse.
Al momento uno dei "rifugi" dai ransomware è il cloud, inteso come copie di sicurezza su dispositivi esterni e gestiti da provider come Google, Dropbox, etc... ma non manca molto al giorno in cui i criptovirus saranno in grado di connettersi al cloud e cancellare i dati delle vittime, così come già stanno facendo con le copie di backup che inavvertitamente vengono lasciate connesse al PC.
Rimangono la prevenzione, la consapevolezza e gli strumenti di rilevamento che, a differenza degli antivirus, sono specializzati nell'identificazione di questo tipo di minacce. Diverse case di sviluppo di antivirus hanno infatti aggiunto ai loro prodotti alcuni strumenti atti a identificare e fermare i ransomware prima che riescano a criptare i dati del PC oppure dopo averne criptati soltanto alcuni.

Dal punto di vista giuridico, chi invia o produce dei ransomware commette almeno tre reati: accesso abusivo a sistema informatico, danneggiamento ed estorsione, oltre alle condotte sopra menzionate di detenzione e diffusione di software e/o strumenti atti al danneggiamento ed all'intercettazione. Di recente è emersa anche la necessità di approfondire le eventuali responsabilità – in termini di favoreggiamento – di siti di cambio valuta (i cosiddetti "exchange") che procedono consapevolmente e come attività prevalente al cambio di moneta fiat in bitcoin al fine di agevolare il pagamento del riscatto e nei confronti di eventuali società che supportano le vittime nel pagamento del riscatto, a fronte ovviamente di un pagamento che per la prestazione. La giurisprudenza in tal senso non si è ancora pronunciata ma esistono indagini in corso per attività di tal genere e il tempo mostrerà quale direzione intenderanno seguire i Giudici.
L'unico aspetto fino a questo punto senza dubbi è che in presenza di una condotta estorsiva (es. richiesta di denaro su minaccia di azioni violente o dannose) il soggetto passivo si configura quale vittima. Per questa ragione, anche in caso di pagamento del riscatto, non si configura un comportamento illecito da parte della vittima, né un reato. Se ci poniamo nell'ottica di un amministratore di sistema di ente collettivo, Ministero, Ente Pubblico, Società a partecipazione pubblica, autorità pubblica, il pagamento potrebbe persino rappresentare la scelta più logica per preservare i dati degli utenti e l'operatività. Il non pagare significherebbe infatti perdere denaro, informazioni, un fermo macchine di giorni o settimane per gli enti, mettere a rischio l'Azienda stessa o i dipendenti.
Il pagamento del riscatto però – nel caso ad esempio di un ente pubblico che utilizza la sua disponibilità finanziaria – sarà soggetta al successivo controllo amministrativo e contabile da parte della Corte dei Conti e potrà esporre il funzionario a responsabilità personale per danno all'erario, a meno che egli non riesca a dimostrare che la sua condotta è stata volta ad evitare all'Amministrazione danni maggiori (inoperatività, perdita di dati, etc…).
In ultimo, come osserva ancora l'Avv. Sandro Bartolomucci, anche il D.Lgs 231 può implicare alcune responsabilità per l'azienda in caso di pagamento del riscatto, in particolare relativamente a probabili violazioni del codice etico di cui ne viola i principi, alimentando infatti la criminalità. Senza contare che il pagamento del riscatto potrebbe anche configurarsi come illecito da reato presupposto, essendo effettuata nell'interesse e a vantaggio dell'azienda stessa, soprattutto se per somme non indifferenti.
I ransomware non sono l'unico ricatto che ha luogo online: ultimamente i giornali hanno parlato a lungo del fenomeno della cosiddetta "*sextorsion*", cioè l'estorsione di denaro basata sulla minaccia di divulgazione di materiale a sfondo sessuale, che può avvenire in vari modi. Il più diffuso è quello che nasce con un contatto tramite Facebook o Linkedin da parte di un'avvenente ragazza che cerca amicizie e che, dopo qualche minuto di chat, arriva a chiedere alle vittime di avviare una videocall tramite Skype per guardarsi in viso. Durante la videochiamata, propone di fare giochi erotici e, se il malcapitato accetta, filma tutto quanto riceve sul proprio schermo dalla webcam della vittima per poi ricattarla minacciandone la divulgazione online su Youtube e Facebook.
Per quanto possa sembrare improbabile sono centinaia ogni anno le vittime di questa estorsione in chiave moderna, persone di ogni estrazione sociale, dagli

studenti ai dirigenti di grosse aziende. La richiesta di denaro, in questo tipo di truffe, è in genere alta dato che si parte dai 5.000 euro per poi scendere quando la vittima fa capire ai delinquenti di essere disposta a pagare ma non farcela con quella cifra. Le monete matematiche come il Bitcoin in questo caso non vengono utilizzate, i ricattatori – anzi, le ricattatrici – chiedono un trasferimento di denaro tramite Western Union.
A differenza dei ransomware, nei quali i delinquenti sono in genere – per quanto delinquenti – di parola e una volta ricevuto il pagamento decifrano i dati criptati e lasciano in pace la vittima, in questo tipo di truffe il raggiro tende a non esaurirsi con il pagamento. Quando l'estorsore riceve il denaro, fiutata la debolezza della vittima e avendo ancora in mano il filmato compromettente, inizia a chiedere altro denaro, con scuse sempre diverse. Per questo motivo, mentre per i ransomware diverse vittime hanno risolto pagando il riscatto – cosa che comunque non condividiamo e cerchiamo di scoraggiare – per le truffe di "*sextorsion*" il pagamento è la cosa peggiore da fare, perché può indurre anche alla morte. Sembra esagerata come affermazione, ma sono diversi i casi di suicidio da parte delle vittime delle "truffe del video su Skype" che hanno pagato e, capito che non sarebbero mai uscite dal tunnel, hanno deciso di farla finita.
Interessante, tra l'altro, come la truffa si sia evoluta al punto da spingere alcuni delinquenti a produrre dei filmati nei quali il viso della vittima – ignara di tutto – viene sovrapposto in modo abbastanza credibile a quello dei protagonisti di video "hard". Alla vittima viene quindi proposta l'alternativa tra il pagamento di una certa somma oppure la pubblicazione del video a tutti i propri contatti Facebook: per quanto il filmato sia un montaggio, la vittima ha paura di non riuscire a convincere i propri contatti della propria innocenza e, piuttosto che rischiare l'umiliazione, paga.
Per parità, possiamo dire che anche le donne sono a rischio, non però per questo tipo di estorsione ma per truffe che si basano sul sentimento che i delinquenti fanno nascere nelle vittime, conosciute in rete e convinte di aver trovato l'uomo della loro vita. In questo caso non si tratta di vera e propria estorsione, in quanto la vittima è libera di rifiutare ma viene convinta e persuasa a versare soldi per supportare colui che ritiene essere l'amante che, in genere residente all'estero, le fa credere di trovarsi in difficoltà, di aver bisogno dei soldi per prenotare il volo per raggiungere la propria amata, di dover aiutare i propri famigliari in difficoltà.
Per concludere, se chi non usa il computer si crede immune dai ransomware, deve considerare che ormai il fenomeno ha raggiunto gli smartphone, in particolare gli Android, oltre ai videoproiettori, televisori digitali e in futuro persino frigoriferi, condizionatori, impianti di riscaldamento e tutto ciò che può essere comandato o controllato via Internet. Il cosiddetto IoT – Internet of Things – infatti è ormai diventato terreno fertile per gli attacchi e le estorsioni, poiché lentamente sta pervadendo la vita di tutti noi. In Italia ancora non sono diffusi gli impianti di domotica controllati tramite la rete, molto più facile è però trovare televisioni che possono accedere alla rete per usufruire di servizi "smart" come Netflix, Mediaset, Infinity che non sono altro che applicazioni su un sistema operativo molto simile a quello che si trova negli Smartphone. Applicazioni che possono diventare vettore per tentativi di ricatti online, ad esempio minacciando le vittime di divulgare video o immagini riprese a loro insaputa dalle webcam installate sui loro televisori "intelligenti", posizionati davanti al divano in salotto o in camera da letto.

Bibliografia

S. Bartolomucci, *La propagazione del virus Cryptolocker: le implicazioni ex D.Lgs 231/2001 del riscatto richiesta dai cybercriminali,* www.rivista231.it, 2014.
a. Biryukov, d. Khovratovich, i. Pustogarov, *Deanonymisation of Clients* in *Bitcoin P2P Network,* 2014.
S. Capaccioli, *Criptovalute e Bitcoin, Analisi Giuridica*, Edizioni Giuffré, 2015.
d. Di Francesco Maesa, *Anonimity Mechanisms for Digital Currencies: A Bitcoin Perspective,* Ph.D. Proposal, 2015.
A. Gervais, O. Karame, D. Gruber, S. Capkun, *On the Privacy Provisions of Bloom Filters* in *Lightweight Bitcoin Clients,* 2014.
J. D. Nick, *Data-Driven De-Anonymization* in *Bitcoin*, 2015.
S. Pepe, *Investire Bitcoin,* Flaccovio Dario Editore, 2014.

Big data e captazione dei dati

Avv. Catia Maietta

Navigando in Internet, facendo ricerche o visitando pagine in rete ognuno lascia delle impronte nel web, un segnale del proprio passaggio. Le tracce di ogni accesso, nel tempo, sono state considerate come dati cui riconoscere un certo rilievo, cercando di valutarne i possibili usi.

Si tratta di "presenze" che vengono catturate dai siti sui quali l'utente naviga e che, in modo più o meno esplicito, captano il transito, a volte in maniera silenziosa, senza dare segnali al riguardo, altre volte chiedendo espressamente di acconsentire alla memorizzazione dell'accesso oppure invitando, ad esempio, a fornire dati circa la propria localizzazione, entrando in questo modo in contatto con una serie di ulteriori informazioni.

Trattandosi di passaggi che vengono tracciati nel momento in cui si accede ad una determinata pagina web, essi racchiudono un forte potenziale di informazioni, in quanto sono il frutto delle necessità ed esigenze del visitatore. Il valore aggiunto della tracciabilità dei dati, non è tanto rappresentato dal "dove" vengono lasciate le impronte, quanto piuttosto dal "perché", ossia da un'analisi delle motivazioni che hanno spinto l'utente a girare su quei siti, in pratica da una lettura mediata dei suoi bisogni. I dati raccolti sono in grado di ricostruire preferenze, usi, abitudini e necessità del visitatore e del sito visitato, quantificando il numero di accessi, l'interesse per determinate aree, la tipologia di ricerche effettuate sui motori di ricerca e quant'altro. Gli esempi sono infiniti: dalla necessità di acquistare un'auto, alla ricerca di informazioni sui vaccini, dalla ricerca di immobili a quella dei migliori prestiti o finanziamenti. Accedere ad un sito potenzialmente dice già molto di una esigenza, se poi si riesce ad incrociare quel dato con altri ed ulteriori elementi di riscontro, ecco che diviene alquanto facile capire i bisogni del cyber-utente. L'osservazione di un immobile trova eventuale conferma dell'intento di voler acquistare se associata all'accesso alle pagine dei migliori finanziamenti proposti dal mercato. Raccogliere informazioni sui vaccini e procedere ad acquisti tramite carta di credito in una farmacia fa presupporre la presenza di bisogni legati alla salute, propri o del nucleo familiare. La pubblicazione di un annuncio relativo alla vendita di un'auto combinata alla ricerca, su siti dedicati, di informazioni relative alle migliori prestazioni registrate dalle auto presenti sul mercato, svela il possibile intento dell'utente di voler cambiare l'auto. Certamente tutte le parti coinvolte in questo scambio di informazioni hanno un loro vantaggio. Ma se per l'utente questo si sostanzia nel semplice, se pur comodo, avere tutto a portata di click, ben altro è il potenziale che egli mette a disposizione dei gestori dei siti cui accede.

Tutto questo ha un senso se si prende consapevolezza della mega-dimensione che ha raggiunto il web, certamente inimmaginabile in origine. Il "tutto a portata di click" fa si che ogni esigenza passi ora anche dalla rete e, conseguenzialmente, venga registrata. Ci si è ritrovati, pertanto, travolti da tutte queste informazioni derivanti dalla tracciabilità dei movimenti in rete e, se si considera la diffusione di Internet e l'uso quotidiano che se ne fa, non diventa assolutamente difficile immaginare la mole di dati di cui si sta parlando. Si è cercato anche di quantificarli, ma sono stati espressi dati numerici talmente elevati da risultare impossibile una corretta determinazione. Per di più si tratta di flussi di dati in costante crescita, che vengono generati con velocità oltre l'immaginabile e che si pongono anche al di sopra delle possibili aspettative. Secondo i report della Commissione Europea, ogni minuto il mondo genera dati per 1,7 milioni di miliardi di byte[947].

Allo stato la quantità di dati è nell'ordine degli zettabyte. Un indice numerico sicuramente di rilievo ma che richiede anche una opportuna analisi. Da sola, come si vedrà, la quantità di dati non basta per sfruttare il potenziale delle informazioni raccolte: occorre almeno una seconda grandezza, ossia la velocità di estrazione. Più sono quantitativamente i dati, più necessita una lettura degli stessi che sia in grado di estrapolare le informazioni ricercate in tempi ragionevoli. Al riguardo si parla ormai di analisi svolte "in tempo reale", cosa questa impensabile prima dell'era di Internet.

Le fonti da cui i dati vengono raccolti sono le più varie: vi sono dati che vengono inseriti su base volontaria, tipici quelli relativi alla navigazione in internet, oppure derivanti dalla frequentazione di social network, tra i quali trovano spazio anche i dati cd. non strutturati come le immagini postate sul proprio profilo facebook. A ciò si aggiungono ulteriori fonti di raccolta dei dati tra cui quelli forniti, anche inconsapevolmente, dall'utente: si pensi ai movimenti bancari o alla localizzazione del telefonino, a quelli raccolti dallo Stato o dai soggetti pubblici o anche ai dati forniti in cambio di utilità.

La captazione dei dati, di per sé, non ha determinato, nel tempo, particolari difficoltà, anzi ci si potrebbe interrogare proprio su questo dato e su come la raccolta di tali informazioni sia stata gestita più o meno senza limiti, almeno nella misura in cui la rilevazione, la conservazione nonché l'analisi non abbiano comportato la violazione delle norme a tutela della privacy, unico minimo limite che in qualche modo è riuscito a porre dei paletti alla raccolta ed all'utilizzo dei dati personali o quantomeno a destare l'attenzione circa la predisposizione di minimi limiti all'uso improprio o arbitrario dei dati raccolti e di cui si ha la disponibilità.

Quando questi dati diventano degli enormi volumi allora si inizia a parlare di Big Data. Letteralmente con questa espressione si fa riferimento ad una quantità di dati estremamente grande che, come già rilevato per la raccolta dei dati, per essere opportunamente utilizzata necessita di veloci ed appropriati metodi di lettura. La reale portata dei Big Data non è rappresentata, pertanto, dalla mole, quanto piuttosto dall'elaborazione di algoritmi capaci di sviscerare il patrimonio di informazioni statico e ricavarne elementi validi per le più svariate necessità. A ciò si aggiunga la possibilità di rendere i dati disponibili a tutti, presupposto quest'ultimo indispensabile al fine di elaborare analisi ed estrarre indicazioni. Ciò in quanto Big Data è anche l'interrelazione di dati strutturati e non strutturati, provenienti da una eterogeneità di fonti.

Non esiste una vera e propria definizione dei Big Data. Al fine di fornire una indicazione di cosa essi siano si può richiamare il modello delle "3V"[948] (volume – velocità – varietà) cui, nel tempo, si sono aggiunte altre 2V (variabilità – viralità),

---

[947]Commissione Europea, Comunicato Stampa del 2 luglio 2014, IP/14/769.

[948]Teoria elaborata da Doug Laney nel 2001.

che evidenziano le caratteristiche peculiari e specifiche che devono avere i database dei Big Data.
Anche il sistema di elaborazione dei dati segue logiche in parte differenti da quelle di applicazione tipica: il più delle volte i dati vengono inseriti, incrociati con altri, senza tuttavia avere già ben chiaro, sin dall'origine, ciò che si vuole estrarre dagli stessi. E questo ha rappresentato anche un grosso handicap nell'ambito della tutela legale dei dati.
L'algoritmo rappresenta la cd. chiave per leggere i Big Data: attraverso il loro uso si è in grado di trattare una infinita quantità di variabili ed estrapolare, da questi archivi di dati, i risultati più vari, incrociando tra di loro le informazioni più disparate. In questo risiede la grande risorsa dei Big Data: adoperare nuovi modelli di interpretazione per ottenere una diversa visuale dei dati.
L'impiego dei dati presenti in archivi è, allo stato, ravvisabile in una varietà di settori. A fare da pioniere sicuramente il marketing dove i Big Data vengono già da diverso tempo adoperati per costruire specifici metodi di raccomandazione. Esempio ne sono le strategie di Netfix ed Amazon che ne ricavano materiale per proporre poi all'utente determinati articoli che potrebbero avere per lui un certo interesse, ricavando tali informazioni dalle precedenti ricerche effettuate e dai siti visitati.
Ulteriore caso interessante è quello delle banche che adoperano queste informazioni, ad esempio, per proporre ai clienti i prodotti più affini alle proprie necessità, secondo un approccio non più di massa, ma ritagliato sul cliente. Anche in questo caso si tratta di strategie di marketing che, ad esempio, possono innovare i sistemi di gestione di un segmento di clienti dediti ad adoperare il conto solo per un ceto tipo di attività. Tipico il caso in cui si individuino i clienti multibancarizzati attraverso la frequente predisposizione di bonifici presso altri conti intestatati sempre ai medesimi ma accesi presso altre istituzioni finanziarie, per proporre loro servizi profilati e recuperare la relazione col cliente attraverso modalità innovative, vicine ai loro bisogni, offrendo servizi ad hoc ed ottenendo maggior fiducia dal cliente[949].
Società di un certo rilievo e dimensioni, hanno riconosciuto degli specifici profili professionali legati alla cultura dei Big Data, strutturando apposite aree interne di ricerca innovativa sulla lettura dei dati e le possibili strategie, a volte creando all'interno dei veri e propri laboratori-pensatoi.
Le aziende stanno cercando di razionalizzare le proprie risorse: esse sanno di avere un enorme potenziale, in termini di raccolte di dati, ma allo stato l'utilizzo che ne fanno si aggira intorno al 5%. Da qui la necessità di studiare il più possibile il fenomeno e di ottimizzare le risorse a disposizione. Di massima ci si muove lavorando sulle competenze, attivando dei Big Data Lab o creando dei Data Lake e adottando nuovi sistemi di gestione dei dati. Gli utilizzi dei dati sono certamente notevoli: essi possono interpretare bisogni ed esigenze, fornire un valido supporto nelle scelte strategiche di mercato e fornire anche previsioni sugli andamenti futuri.

---

[949]Su questo tema nel 2014 Accenture ed Efma hanno istituito il premio "Distribution & Marketing Innovation Awards 2014" prevedendo una apposita categoria dedicata al "Customer Analytics and Big Data".

Anche alcune squadre calcistiche[950] hanno investito milioni di euro su team di esperti di data analytics al fine di individuare nuove soluzioni di gioco. In questo caso si sfrutta un perimetro di informazioni relative al campo ed ai giocatori attraverso telecamere installate su tutto il campo e sensori applicati direttamente sulle magliette dei giocatori. Ciò che ne viene fuori è una rilevante quantità di dati che poi vengono esaminati per valutare le strategie di gioco, le sostituzioni durante le partite, il rendimento dei giocatori e, in alcuni casi, anche prevedere gli esiti di una partita.

In ambito pubblico non manca l'attenzione ai Big Data ed ai possibili usi legati, sostanzialmente, ad aspetti organizzativi o a studi di settore. Emblematici, al riguardo, le interrelazioni tra salute e salubrità dell'aria o incidenza di malattie oncologiche e ricerche sulla presenza di discariche abusive o inquinamento.

Il notevole valore dei Big Data è stato, da subito, percepito a livello internazionale. Si pensi agli interventi che si sono avuti in ambito comunitario, volti essenzialmente ad elaborare strategie comuni tra le nazioni al fine di adoperare nel miglior modo possibile questa grande ed inesauribile risorsa di informazioni. Ciò che rende queste raccolte di dati così interessanti è il fatto che da esse è possibile estrarre un'infinità di informazioni, a volte persino, badandosi sul precedente, di natura predittiva.

Si è preso pertanto piena consapevolezza del grande potenziale che si cela dietro i Big Data. Al riguardo la Commissione europea[951] ha proposto una attenta analisi dei principali ostacoli esistenti all'uso dei Big Data, individuandoli sostanzialmente nell'assenza di coordinamento transfrontaliero, nella carenza di esperti dei dati e delle relative competenze, nell'insufficienza delle infrastrutture ed opportunità di finanziamento nonché nella eccessiva frammentazione e complessità del quadro giuridico. A fronte delle suddette carenze la Commissione ha proposto, sul versante del potenziamento dell'utilizzo dei dati, interventi quali l'elaborazione di una serie di azioni concrete volte ad istituire un partenariato pubblico-privato sui Big Data per finanziare idee rivoluzionarie, e la creazione di un incubatore di dati aperti finalizzato ad incrementare il ricorso al cloud computing. Sul versante della tutela dei dati e sul corretto utilizzo degli stessi, sono state proposte riflessioni circa l'utilizzo di nuove regole sulla proprietà dei dati e sulla responsabilità della loro fornitura, nonché una mappatura degli standard sui dati, finalizzata a far emergere le eventuali divergenze.

Sempre in ambito europeo va segnalato il finanziamento di un progetto[952] che utilizza la realtà virtuale per consentire al cervello umano di accedere a grandi dataset in maniera dinamica e con metodologie che si modulano sulle preferenze o sul livello di attenzione dell'utente. In questo modo si rende più agevole al cervello umano la capacità di immagazzinare informazioni, evitando sovraccarichi.

Di natura del tutto diverso, improntato ad un uso di tutela nazionale, ma pur sempre finalizzato ad una lettura dei dati estratti con l'uso di specifiche tecniche di analisi, l'investimento fatto nel 2012 dal Dipartimento degli Stati Uniti che ha assegnato

---

[950] È il caso dell'Arsenal.

[951] Commissione Europea, Comunicato Stampa del 2 luglio 2014, cit.

[952] Progetto CEEDs (@ceedsproject). Si tratta di un progetto che coinvolge 16 partner in 9 Paesi.

250 milioni di dollari a progetti sui Big Data applicati alla sicurezza, per la prevenzione di possibili minacce[953].
Confrontando il fenomeno dei Big Data con il quadro normativo, emerge da subito una incoerenza tra dati informatici e normativa di settore. Va rilevata, in primis, l'assenza di una norma definitoria in grado di classificare i Big Data, persino in ambito europeo. Anche il nuovo Regolamento Europeo del Garante della protezione dei dati personali, approvato nel dicembre 2015, omette qualsiasi possibile enunciazione definitoria, pur rappresentando, esso Regolamento Europeo, un documento di fondamentale importanza per la definizione dei principi basilari relativi sia alla protezione dei dati personali, sia alla creazione di opportunità che incoraggino l'innovazione del mercato unico digitale europeo[954].
La riforma del Regolamento[955] si compone di due strumenti fondamentali: il Regolamento Generale sulla protezione dei dati, indirizzato sostanzialmente ai cittadini, consentendo di controllare l'uso dei propri dati personali, ed alle imprese, sollecitate a fare buon uso dei dati raccolti, e la Direttiva sulla protezione dei dati trattati dalla polizia e dalle autorità giudiziarie penali. Per la tutela dei cittadini si prevedono le seguenti azioni: un accesso più facile ai dati, il diritto alla portabilità dei dati, un più chiaro diritto all'oblio, il diritto ad essere informati in caso di violazione dei dati. Per le imprese vengono sancite norme più chiare nell'ottica di una disciplina globale attraverso la predisposizione delle seguenti azioni: la creazione di un'unica legge che sia in grado di coprire l'intero territorio dell'Unione Europea, un one-stop-shop intesa come unica autorità di controllo, l'estensione della disciplina a chiunque operi nel territorio europeo, pur se si tratti di impresa extraeuropea, una corrispondenza degli obblighi ai rischi e l'incoraggiamento dell'innovazione.
Lo scopo principale cui mira il Regolamento è stato sintetizzato dal Garante europeo della protezione dei dati in occasione del parere sui sistemi di gestione delle informazioni personali[956] nei seguenti termini: *"il RGPD recentemente adottato consolida e modernizza il quadro normativo affinché mantenga la propria efficacia nell'era dei megadati, rafforzando la fiducia e la sicurezza degli utenti online e nel mercato unico digitale".*
Viene anche fornita una breve descrizione dei PIMS, sistemi di gestione delle informazioni personali, volta ad un uso consapevole della condivisione. *"L'idea base del concetto dei PIMS è quella di trasformare l'attuale sistema incentrato sui fornitori in un sistema incentrato su individui in grado di gestire e controllare la propria identità online. In linea di principio, gli individui dovrebbero poter*

---

[953]Big Data fact sheet final. Pubblicato negli archivi del sito www.whitehouse.gov.
[954]Comunicato Stampa del 15 dicembre 2015 avente ad oggetto la *"Protezione dei dati nell'UE: l'accordo sulla riforma proposta dalla Commissione stimolerà il mercato unico digitale".*
[955]Nel 2012 la Commissione europea aveva presentato una riforma avente ad oggetto la protezione dei dati nell'Unione Europea finalizzata ad adeguare l'Europa all'era digitale (IP/12/46). Nel 2015 con la riforma del Regolamento, si è portato a compimento l'impegno assunto nel 2012.
[956]Parere 2016/C 463/10 disponibile sul sito www.edps.europa.eu pubblicato in Gazzetta Ufficiale dell'Unione Europea del 13/12/2016.

decidere se e con chi condividere le loro informazioni personali, per quali scopi e per quanto tempo, e poterle tenere sotto controllo e ottenerne la restituzione quando lo desiderano"[957].

In ambito più strettamente nazionale merita una breve riflessione la gestione dei Big Data e la compatibilità con la disciplina del codice in materia di protezione dei dati personali[958]. Vero è, infatti, che l'art. 5, definendo l'ambito di applicazione della disciplina, richiama genericamente il trattamento di dati personali, facendo ricadere nel suo perimetro, ogni trattamento di dati personali, anche detenuti all'estero, ed effettuato nel territorio dello Stato nonché il trattamento dei dati personali effettuato da chiunque sia stabilito nel territorio di un Paese non appartenente all'Unione europea ed impieghi, per il trattamento, strumenti situati nel territorio dello Stato. Non dovrebbe, pertanto, destare dubbi l'assoggettabilità anche dei Big Data alla disciplina del codice.

Un primo aspetto definitorio emerge dal disposto di cui all'art. 4 ove viene si precisa che per "trattamento", ai fini del presente codice, si intende *"qualunque operazione o complesso di operazioni, effettuati anche senza l'ausilio di strumenti elettronici, concernenti la raccolta, la registrazione, l'organizzazione, la conservazione, la consultazione, l'elaborazione, la modificazione, la selezione, l'estrazione, il raffronto, l'utilizzo, l'interconnessione, il blocco, la comunicazione, la diffusione, la cancellazione e la distruzione di dati, anche se non registrati in una banca dati"*. Definizione, questa, che certamente riesce a ricomprendere nel proprio alveo i Big Data. Essa trae origine dalla definizione della Direttiva 95/46/CE che si era espressa in termini molto ampi per quanto concerne l'enunciazione dei trattamenti, al fine specifico di adeguare la norma alle novità tecnologiche che si sarebbero susseguite nel tempo.

Ciò che stride, tuttavia, è lo scopo o la finalità perseguibile. Sempre l'art. 4, al riguardo, conclude l'elenco delle definizioni focalizzandosi sulla finalità del trattamento e distinguendo scopi storici, scopi statistici, scopi scientifici. In merito al principio di finalità si precisa, all'art. 11, comma 1, lett. b), che i dati sono raccolti e registrati per scopi determinati, espliciti e legittimi, ed utilizzati in altre operazioni del trattamento in termini compatibili con tali scopi.

Il trattamento dei dati deve avvenire nel rispetto anche di ulteriori principi tassativamente indicati dall'art. 11. Prima di tutto i dati devono essere trattati in modo lecito e secondo correttezza, in ottemperanza al principio di liceità e correttezza. A ciò si affianca la necessità di commisurare i dati alla finalità, per cui gli stessi devono essere pertinenti, completi e non eccedenti rispetto alle finalità per le quali sono raccolti o successivamente trattati in adempimento del principio di non eccedenza e di proporzionalità. L'uso conforme alla finalità è, tuttavia, un discorso che il più delle volte non riesce a trovare rispondenza nell'uso dei Big Data, stante i già rilevati metodi di indagine che, il più delle volte, si basano su logiche avulse da questo tipo di rispondenza, per cui nella fase di ricerca e di lancio di un algoritmo a volte non si conosce il risultato che si otterrà.

---

[957]Parere 2016/C 463/10 disponibile sul sito www.edps.europa.eu pubblicato in Gazzetta Ufficiale dell'Unione Europea del 13/12/2016.

[958]Decreto Legislativo 30 giugno 2003, n. 196.

Altro dato di grande rilievo e che rappresenta una grande forma di tutela per il privato è rappresentato dal fatto che i dati devono essere conservati in una forma che consenta l'identificazione dell'interessato per un periodo di tempo non superiore a quello necessario agli scopi per i quali essi sono stati raccolti o successivamente trattati (art. 11, comma 1, lett. e). Si tratta del cd. diritto all'oblio, la cui rilevanza sta acquistando un certo spessore negli ultimi tempi, grazie ad alcune riflessioni che hanno posto in rilievo l'importanza del singolo di vedersi riconosciuto il diritto a limitare nel tempo la circolazione delle informazioni. Così come sussiste un consenso a fornire i dati, deve essere riconosciuto anche un parallelo interesse a veder cancellati gli stessi.
E se il consenso al trattamento dei dati deve essere fornito in maniera consapevole allora occorre che siano rispettate tutte le prescrizioni circa la preventiva informazione da fornire all'interessato. Anche per l'informativa (art. 13) il primo dato da comunicare resta sempre la finalità e la modalità del trattamento cui i dati sono destinati unitamente ai seguenti ulteriori elementi: natura obbligatoria o facoltativa del conferimento dei dati, conseguenza di un eventuale diniego, individuazione dei soggetti o delle categorie di soggetti ai quali i dati personali possono essere comunicati o che possono venirne a conoscenza in qualità di responsabili o incaricati, il diritto di accedere ai dati, gli estremi identificativi del titolare responsabile nel territorio dello Stato.
In estrema sintesi, volendo conciliare la normativa sin qui esaminata con gli aspetti tecnologici di raccolta, uso e conservazione dei dati, da quanto prospettato, emerge la necessità di sollevare ulteriori riflessioni in merito ai Big Data.
Un primo aspetto che richiede una particolare attenzione, riguarda certamente la trasparenza. Lo stesso Garante europeo per la protezione dei dati, ha sollevato il problema della effettiva consapevolezza di chi fornisce i dati trattati nei contesti dei Big Data. Auspicabile sarebbe una maggiore conoscenza della realtà dei Big Data nonché aprire anche alla possibilità, per l'utente, di intendere il modo in cui saranno trattati i propri dati, nonché essere messo a conoscenza della logica con cui i dati saranno adoperati per dedurne informazioni utili alle imprese.
Mettere al centro l'individuo, solleva una ulteriore riflessione in merito al trattamento dei dati, ossia la necessità di creare un mercato dei dati improntato alla trasparenza, equità ed efficienza. Circa l'equità si tratta di ristabilire una sorta di equilibrio tra le parti, soggetto-imprese, oggi del tutto sbilanciato in favore delle seconde. Il fin dei conti è come se il valore attribuito ai dati conferiti fosse stato del tutto svalutato e ripagato semplicemente con l'offerta di servizi gratuiti, mentre per le imprese quegli stessi dati, se opportunamente sfruttati, rappresentano un enorme patrimonio.
Sempre il Garante europeo per la protezione dei dati personali ha auspicato l'applicabilità dei principi relativi alla privacy by design e di strumenti sempre più user-friendly anche nel campo delle nuove tecnologie, quali caratteristiche fondanti dei modelli di business.
Per dare valore a tutto ciò non viene dimenticato il momento del controllo, ossia della possibilità da parte del singolo di controllare i propri dati anche dopo averli conferiti, con la promozione di sistemi di auditing interno nonché la possibilità, per l'utente che ha conferito i propri dati e non riesce ad ottenere le dovute

informazioni, di servirsi di comitati etici e di *Data Protection Officer* cui rivolgersi per una opportuna tutela.
Non resta a questo punto che fare proprie le considerazioni espresse dal Parlamento Europeo[959] con il *Progetto di relazione sulle implicazioni dei Big Data per i diritti fondamentali: privacy, protezione dei dati, non discriminazione, sicurezza ed attività di contrasto* laddove, prendendo spunto anche dalle conclusioni del Garante, e tenuto conto degli innegabili benefici che possono trarsi dai Big Data sia per i cittadini che per le imprese che per i governi, evidenzia che cittadini, imprese, governi ed istituzioni potranno *"godere appieno delle prospettive e delle opportunità offerte dai Big Data solo se la fiducia dei cittadini in queste tecnologie (sarà) garantita da una rigorosa applicazione dei diritti fondamentali e della certezza giuridica per tutti i soggetti coinvolti"*.
Da quanto sin qui detto emerge in maniera chiara la necessità di armonizzare il dettato normativo al profilo tecnologico, al fine di eliminare le zone d'ombra ed ottenere una maggiore aderenza tra le disposizioni da applicare ed i settori reali di applicazione. Sarebbe, pertanto, auspicabile che quanto evidenziato dal Garante ed auspicato dal Parlamento, circa l'elaborazione o, quantomeno, l'implementazione delle tutele e la predisposizione di regole ad hoc, trovi finalmente attuazione.

---

[959]*Proposta di Risoluzione del Parlamento Europeo sulle implicazioni dei Big Data per i diritti fondamentali; privacy, protezione dei dati, non discriminazione, sicurezza e attività di contrasto* (2016/2225(INI)) del 19/10/2016, Commissione per le libertà civili, la giustizia e gli affari interni.

Rete e Terrorismo

Prof. Marino D'Amore

Il terrorismo moderno sfrutta a proprio vantaggio tutte le potenzialità della società dell'informazione, se ne nutre e in essa si ricontestualizza. Tutto questo lo affermava già trent'anni fa Marshall McLuhan, il profeta del villaggio globale. Egli affermava: "Senza comunicazione non vi sarebbe terrorismo. Quando McLuhan esprimeva questi suoi pensieri non esisteva ancora internet, non esisteva ancora la Cnn, la rete globale dell'informazione era in una fase embrionale rispetto a oggi. Nel mondo contemporaneo, nella "società aperta" descritta da Karl Popper[960], noi godiamo di una rete informativa costantemente interconnessa senza precedenti nella storia dell'umanità. E tutta la nostra esistenza è profondamente caratterizzata da un flusso informativo che annulla spazi e tempi. Tuttavia la società dell'informazione presenta un inquietante "lato oscuro" che coincide con i rischi di un tale potere mediatico a disposizione di tutti e con la tendenziale debolezza delle nostre organizzazioni sociali e di sicurezza rispetto all'uso sempre più sapiente che i terroristi contemporanei sanno fare della rete informativa che avvolge il mondo.
Trent'anni fa negli Stati Uniti ci si domandava se i media dovessero o meno fornire una copertura dettagliata degli atti del terrorismo: il 93 % dei capi delle polizie locali era convinto che il terrorismo traesse incoraggiamento dalla trasmissione in diretta tv delle sue gesta e dei tremendi risultati del suo operato, accompagnato dalla relativa impreparazione professionale di molti giornalisti televisivi nei confronti di un fenomeno invisibile ma terribilmente letale.
Questo spiega con sufficiente chiarezza un dato che oggi ci è familiare, ma che forse negli anni Settanta non lo era ancora abbastanza: la crescente "spettacolarizzazione" del terrorismo. Spettacolarizzazione con riferimento alle sue dinamiche, alle sue tecniche e ai suoi obiettivi. Progressivamente il terrorismo diventa, nel tempo, una sorta di format televisivo a disposizione di pubblici sempre più numericamente consistenti.
In merito abbiamo tre esempi rappresentativi e chiarificatori: l'11 settembre 2001, il giorno in cui si consumò quello che è stato definito "l'evento assoluto", l'11 marzo 2004 a Madrid e il 7 luglio londinese nel 2005. Queste tre date hanno evidenziato come i mass media siano diventati parte integrante e fondamentale del terrorismo moderno.
Per quello che ci fanno vedere ma anche e soprattutto per quello che ci lasciano immaginare e temere.
L'attacco alle Torri Gemelle e al Pentagono è stato il più grave attentato terroristico della storia, quanto a numero di morti, tuttavia le conseguenze politiche e sociali innescate sono immensamente più vaste, drammatiche e durevoli. Tutto questo è dovuto alla conduzione registica e alla spettacolarizzazione del gesto terroristico, secondo tempi e gestione dettagliata dello spazio che hanno molto a che fare con l'entertainment, turpe, sanguinoso, inumano ma comunque intrattenimento. Secondo Umberto Eco, sin dalla nascita dei grandi circuiti dell'informazione, gesto

---

[960] K. R. POPPER, *La società aperta e i suoi nemici*, Armando, Roma, 2002, p. 37.

simbolico e trasmissione delle notizie sono diventati fratelli gemelli: l'industria delle notizie ha bisogno di gesti eccezionali per dar loro visibilità e ricevere in cambio consenso di pubblico, mentre i produttori di "contents terroristici" hanno bisogno dell'industria della notizia, che dà senso alla e la medesima visibilità alla loro azione e alla loro causa".
L'altro aspetto connesso alla relazione dialogica comunicazione-terrorismo è dato dalla tendenza manipolativa di questa stessa relazione. Popper[961], e in Italia Giovanni Sartori, hanno messo in guardia sulla funzione negativa della televisione, in particolare sul rischio che la tv offra un 'immagine mistificata e faziosa degli eventi. A questo proposito appare esemplificativo il caso della rivoluzione rumena che rovesciò Ceausescu, una rivoluzione che, nella sostanza, non si svolse mai, ma fu solo un'abile orchestrazione, una fiction da dare in pasto al popolo attraverso gli schermi televisivi, produttori di una realtà alternativa manipolata.
Il terrorismo va al di là dell'uso manipolativo della tv, lo amplifica secondo dinamiche iperboliche e ridondanti. Un attentato, grazie ai mass media, diventa una guerra mondiale, che si consuma in quell'atto; anzi diventa una vittoria schiacciante ripresa dalle telecamere e riportata dai titoli dei giornali: attacco all'America, atto di forza, attacco alla Spagna; in questo modo la comunicazione giornalistico-televisiva e oggi internettiana trasforma un attentato terroristico in quello che viene poi definito l'evento assoluto, esacerbandone la tragicità. Tale visibilità è l'enzima catalizzatore che permette la nascita e la percezione di quella sorta di onnipotenza invisibile di cui godono i terroristi. Non importa quanto sforzo economico, quante risorse umane e logistiche richieda un atto del genere, i media daranno comunque visibilità al suo sviluppo e al suo climax di morte distruzione. L'11 settembre ha mostrato come l'addestramento, il livello tecnologico e i mezzi finanziari impiegati furono ingenti, lo stesso non si può dire per gli attentati di Londra, portati a termine con poco denaro e una scarsa, se non assente, tecnologia. L'effetto naturalmente non è paragonabile al primo in termini di vittime, eppure ai fini dell'indotto sociale, dell'esaltazione mediatica, delle conseguenze sull'opinione pubblica in chiave di percezione della sicurezza e di panico, non sono poi così dissimili. .
Inoltre da qualche tempo il terrorismo utilizza consapevolmente e con estrema maestria la Rete e le nuove tecnologie ad essa connesse per pianificare nuove minacce e riorganizzare le loro reti operative, in forme, modalità e tempi ancora meno prevedibili, come preconizzava McLuhan. In un intervento sul quotidiano inglese Daily Telegraph, uno dei capi dell'antiterrorismo statunitense, Henry Crumpton, ha detto: "E' solo questione di tempo, ma un attacco di un gruppo terroristico con armi batteriologiche contro obiettivi occidentali è inevitabile. Un attacco con agenti batteriologici costituirebbe una minaccia ben maggiore di un attacco nucleare".
Il terrorismo[962] non invecchia, anzi muta e si evolve. E' proteiforme, portatore, in ogni epoca, di ideologia fanatiche e irrazionali, intriso di violenza e volontà distruttiva. Perciò non si può paragonare il terrorismo del nostro secolo con quello

---

[961] Op. cit.
[962] Z. BAUMAN, *Globalizzazione e glocalizzazione*, Armando, Roma, 2005, p. 45.

di qualche decennio fa o con quello dell'Ottocento, relativamente allo stretto e bidirezionale rapporto con i media.
Negli anni Settanta il terrorismo come ora lo conosciamo si stava appena affacciando sulla scena del mondo. Vi sono analogie ma anche molte differenze fra quel terrorismo e l'attuale, sempre in rapporto all'influenza del contesto massmediologico.
Le Brigate Rosse, ad esempio, appaiono in questo senso come un fenomeno ibrido, sospeso tra l'antico e il moderno. In loro sembra prevalere un obiettivo politico che non è il dominio dell'informazione (o lo è solo in via strumentale): la priorità è ottenere il riconoscimento e la legittimità da parte dello Stato, attraverso la dimostrazione di una grande potenza militare, come la la Raf in Germania. Anche lì prevale la volontà di mostrarsi come un interlocutore credibile dello Stato, in nome di un'ideologia di classe portata all'estremo. Gli aspetti legati all'informazione sono meno curati, ma cominciano a esistere e a palesare tutta la loro, incontrovertibile importanza, con connotazioni e conseguenze diverse però. Il giornalista è visto come un nemico, piuttosto che come un utile benché inconsapevole strumento. L'omicidio di Tobagi e Casalegno, il ferimento di Montanelli e di tanti altri giornalisti, testimonia un palese tentativo di prevaricazione e intimidazione, condotto in forme spietate. Le redazioni sono viste come avamposto della Stato, dato che negli anni Settanta non esiste il giornalismo televisivo, nella forma che conosciamo oggi.
Ecco quindi che gli obiettivi diventano i rappresentanti della carta stampata, voce e inchiostro delle istituzioni. Siamo ben lontani dal terrore di massa di New York e Madrid o dalle minacce di attentati batteriologici sopracitati. Se le Brigate Rosse cercavano il riconoscimento dello Stato come interlocutore politico, gli attentatori dell'11 settembre avevano altri obiettivi: la destabilizzazione dei governi arabi moderati, la demonizzazione dell'Occidente, il terrore imprevedibile e indistinto sparso nelle società democratiche.
In questo si sostanzia la differenza tra vecchio terrorismo, ancora legato a tipologie e modalità d'azione contestualizzate in un ambito politico di stampo ottocentesco, e nuovo terrorismo massmediologico dell'era internettiana.
Il precursore del moderno terrorista mediatico è il venezuelano Carlos lo sciacallo. Le sue azioni sono studiate e concepite da una mente registica e finalizzata all'effetto spettacolare come testimonia l'assalto alla riunione dei ministri dell'Opec a Vienna nel 1975. Per la prima volta nella storia l'uso consapevole dei media, in particolar modo delle televisioni, diventa parte integrante, anzi strutturale, dell'attentato. Carlos è inoltre, in questo senso, il progenitore mediatico di Bin Laden per la cura maniacale dell'immagine, per l'attenzione ai dettagli, per la ferma volontà di creare un personaggio, il terrorista, intorno al quale il fatto terroristico in sé ha una funzione meramente contingente, un personaggio che vive una sua vita prima e dopo l'attentato e che catalizza la curiosità e l'attenzione del mondo dell'informazione, un antidivo che diventa divo a tutti gli effetti.
I messaggi di Bin Laden sono l'espressione più completa di questa tendenza. In essi è rintracciabile una cifra stilistica ben definita, finalizzata ad una funzione icastico-televisiva che diventa fondamentale in ogni suo aspetto: Il libro, l'orologio, il fucile, il mantello. Il senso di onnipotenza del terrorista non è più dato solo dall'attentato, ma si prolunga nel tempo grazie alla creazione di una figura imprendibile e

imprevedibile: quella del capo che vive nell'ombra, ma che è sempre pronto a offrire se stesso alle luci della ribalta e dei riflettori. E che cosa se non la televisione genera questo risultato? Questa è una distinzione fondamentale: quando parliamo dello stretto legame fra informazione e terrorismo, dobbiamo precisare che quel legame diventa fattuale e ha un senso solo se lo riferiamo alla televisione. È l'informazione televisiva a risultare incontrovertibilmente alleata della strategia propagandistica dei terroristi, mentre la stampa segue un'altra logica ed è meno interessante agli occhi degli attentatori.

Non c'è dubbio che questo straordinario salto di qualità del terrorismo ha posto l'informazione di fronte a problemi nuovi. L'11 settembre e gli attentati successivi hanno posto l'esigenza improrogabile di ripensare il mestiere di giornalista in tempi di terrorismo globale. La stampa è stata presa in contropiede e ha iniziato a riflettere sul proprio ruolo.

Un'altra riflessione fondamentale riguarda il modo di fornire una corretta informazione prescindendo da un ambito meramente emozionale; questione che investe direttamente la relazione che esiste fra la necessità di non limitare la libertà di stampa e il dovere di non agevolare o farsi manipolare, in modo ovviamente inconsapevole, i disegni e le finalità del terrorismo.

L'enfasi e la retorica sono senz'altro i nemici più subdoli e potenti di una corretta informazione. Il terrorismo punta a diffondere la psicosi, il panico di massa, come un'onda d'urto che si allarga dal nucleo iniziale dell'attentato avvolgendo interi popoli. Un giornalismo maturo, allenato a essere tale anche nell'era del terrorismo evita di alimentare la psicosi, non certamente elidendo le informazioni; in ma cercando quelle corrette.

In altre parole, il buon giornalista dimostra la propria professionalità abbandonando l'emozionalità a vantaggio di un'obiettività asettica ma esaustiva. Questo non accade sempre. Un esempio. Negli Stati Uniti, dopo l'11 settembre, si diffuse la paura dell'antrace. Si temevano attacchi ovunque a base di antrace e se ne attribuiva la responsabilità ai terroristi islamici. In questo caso il sistema dell'informazione americano non seppe mostrarsi all'altezza, infatti favorì in generale questa interpretazione, quando invece sarebbe bastato consultare gli archivi del Fbi per scoprire che gli attacchi a base di antrace erano una costante nella seconda metà degli anni Novanta e nascevano da organizzazioni o gruppi estremisti di tutt'altra natura, interni alla società americana e in alcuni casi autoctoni. Un grave errore da parte della stampa, che non seppe indagare oltre la cortina dell'ovvio, un errore unito alla responsabilità non meno grande dei poteri pubblici, che se ne lavarono le mani fino a quando l'antrace non divenne una notizia obsoleta, una volta cominciate le operazioni militari in Afghanistan.

Ma c'è un altro esempio, che ci riguarda da vicino ed è forse più calzante. Riguarda la tendenza dell'informazione ad esasperare i toni, a enfatizzare, anche quando non ve ne fosse la necessità. Per molto tempo si è palesata la tendenza ad accentuare la realtà del fondamentalismo all'interno del mondo islamico. È lapalissiano che il fondamentalismo esista da molto tempo ed è la prima causa del terrorismo, ma diffondere l'idea che l'universo musulmano sia un monolite condizionato di fatto, in tutto e per tutto, dagli estremisti e dagli integralisti non ne aiuta la lotta in nessun modo anzi ne esacerba le potenzialità e la forza, invece dovrebbe essere interesse

della stampa, favorire in ogni modo le distinzioni del caso e un analisi il più possibile critica e consapevole del fenomeno.
Proprio su questo terreno si assiste troppo spesso a un errore di prospettiva in base a cui ai fondamentalisti viene attribuito uno spazio maggiore di quanto non godano in realtà nel mondo arabo; mentre all'opposto i moderati, coloro che faticosamente lavorano per democratizzare i paesi islamici, coloro che hanno più bisogno di sostegno per far sentire la propria voce, vengono penalizzati, appaiono più ghettizzati, emarginati di quanto non siano nelle dinamiche dell'universo islamico. É un errore gravissimo. Secondo dinamiche meccanicistiche i fondamentalisti alimentano il terrorismo e quest'ultimo trasmette la falsa idea che il mondo islamico sia composto solo da integralisti[963].
Questa decodifica aberrante, questa distorsione è, anche in questo caso, un prodotto della spinta emozionale che guida l'informazione. Si perde la capacità di porsi domande, di investigare. Ci si consegna alla manipolazione del terrorismo quasi in maniera inavvertita e incondizionata, esaltando il ruolo dei fondamentalisti proprio come volevano Bin Laden e i suoi seguaci. Esistono anche casi, sporadici, in cui questo schema logico viene rovesciato, in cui si usano le immagini prodotte dal terrore per scuotere le coscienze e produrre un sussulto che non è paura, ma il suo esatto opposto ossia volontà di reazione. È ciò che ha fatto in Italia a suo tempo Il Foglio, pubblicando le foto della decapitazione degli ostaggi in Iraq con l'obiettivo dichiarato di risvegliare l'opinione pubblica. Il quotidiano ebbe la possibilità di farlo proprio perché si trattava della provocazione di un piccolo giornale che si rivolgeva a un pubblico particolare e selezionato. I grandi network scelsero, giustamente, di non trasmettere quelle stesse immagini nella convinzione che sul grande pubblico, raggiunto in modo indiscriminato e totale, la loro vista avrebbe avuto effetti negativi e controproducenti, sia da un punto di vista funzionale che semplicemente morale.
Le voci che, negli ultimi anni, hanno saputo "stare ai fatti" non sono numerose, sono anzi una discreta minoranza. Ma è grazie a queste voci che il giornalismo tout court. E quindi anche quello italiano, non è rimasto prigioniero delle fanatiche logiche terroristiche e invece, dopo qualche sbandamento, ha saputo riprendere la strada della verità.
Questa sorta di gestione della notizia non si caratterizza nel nascondere i fatti, nell' ignorare le notizie, in alcuni casi i direttori dei grandi giornali possono concordare con i rappresentanti delle istituzioni la non pubblicazione di fatti, eventi, vicende che potrebbero, concretamente o in potenza, aiutare il terrorismo. Ciò che si chiede alla stampa è di fare sempre meglio il proprio lavoro, di cercare la verità con maggiore impegno, una verità oggettiva che non scenda a patti con logiche emozionali o di potere. Uno dei compiti dell'informazione è spiegare ai suoi fruitori, ad esempio, che l'Islam non è solo integralismo e che esiste un forte elemento umano moderato su cui far leva per migliorare le condizioni della convivenza e il rispetto dell'Altro generalmente inteso: una missione in cui è rintracciabile una cifra identitariamente giornalistica, nella migliore accezione del termine. I giornali, non bisogna dimenticarlo, hanno da sempre un ruolo

---

[963] P. MUSARO', P. PARMIGGIANI, *Media e migrazioni*, Franco Angeli, Roma, 2004, p. 102.

pedagogico, formativo, di educazione civica del lettore. Un ruolo che talvolta negli anni recenti è andato smarrito. Quindi l'informazione è pedagogia civile. Un nesso inscindibile, ma anche uno scudo prezioso per evitare, per quanto è possibile, che il giornalismo televisivo, ma anche quello cartaceo, possano diventare burattini guidati dal terrorismo. Esiste anche, in taluni casi, il rischio della pigrizia, il rischio di una visione passiva del ruolo del giornalista che invece è attivo, indagatorio, a volte c'è anche l'incapacità di cogliere tutti i pericoli che derivano da questa passività.
È quindi mendace la riflessione secondo cui il giornalista debba o no accettare, in nome dell'interesse nazionale, di omettere alcune notizie, perché prima di questo stadio ne esiste un altro, che riguarda il modo più generale in cui la stampa "racconta" il terrorismo. E qui siamo ancora per molti aspetti all'anno zero.
L'Inghilterra, patria della libertà di stampa, ci ha dato sotto questo profilo una lezione importante. Negli attentati del luglio 2005 ha colpito tutti il tono e le modalità con cui sono state trattate le informazioni che li riguardavano, elidendo qualsiasi forma di enfasi a vantaggio di una grande e unanimemente riconosciuta sobrietà; senza omettere nulla, ma soprattutto senza cadere nell'esaltazione retorico-emozionale, per quanto inconsapevole, degli effetti dell'attentato. Addirittura l'esatto numero di morti, più di cinquanta, lo si è saputo solo molti giorni dopo l'attentato, quando era suffragato da prove inconfutabili, in modo graduale e abbandonando qualsiasi forma di sensazionalismo gratuito che, tra l'altro, ha impedito che si spargesse il panico nelle prime ore successive al tragico evento. La stampa in quel caso ha svolto la sua parte egregiamente. Non ha nascosto nulla, ma ha evitato di essere una pericolosa e connivente cassa di risonanza per l'attentato. Anche l'uso delle immagini televisive è stato di rara sobrietà. Questa vicenda ci dimostra che svolgere bene la funzione di giornalista è possibile, senza agevolare, per quanto in buona fede, gli scopi e le velleità sanguinarie dei terroristi.
É una questione di responsabilità e buon senso giornalistico. Il primo nemico da combattere è la passività di fronte ai fatti e alle notizie, in particolare a quelle clamorose come può essere un attentato devastante, e porre in essere un giornalismo obiettivo, critico e consapevole, evitando metonimie sociali ossia considerando i fondamentalisti come se fossero rappresentativi dell'intero mondo islamico.
Il "lato oscuro" dell'informazione: l'uso che di essa fanno, con grande padronanza del mezzo, i terroristi, non vanifica tuttavia l'utilità che Internet può avere in altri ambiti: la Rete[964] offre straordinarie opportunità anche a chi combatte il terrore. Probabilmente oggi un altro attentato come quello dell'11 settembre sarebbe impensabile.
Inoltre da qualche tempo il terrorismo utilizza consapevolmente e con estrema maestria la Rete e le nuove tecnologie ad essa connesse per pianificare nuove minacce e riorganizzare le loro reti operative, in forme, modalità e tempi ancora meno prevedibili, come preconizzava Mc Luhan[965]. Evidente è la qualità tecnica di alcuni video postati dai jihadisti. Fish eye, droni, camera car (riprese dalle auto),

---

[964] A. GIDDENS, *Il mondo che cambia. Come la globalizzazione ridisegna la nostra vita*, Bologna, Il Mulino, 2000, p. 63.
[965] M. GIACOMARRA, *Al di qua dei media*, Meltemi, Roma, 2000, p. 54.

reportage in movimento, mix perfetti di suoni e effetti in produzione e post-produzione, un montaggio da manuale. Ma dietro quella modernità c'è la barbarie di un Islam che si pone come obiettivo la conquista delle menti (a costo di tagliarne le teste) e del mondo. Incluso il nostro.
Decapitare è il metodo migliore per un video visivamente drammatico, perché si può mostrare la testa mozzata in cima al torace alla fine. Usando un coltello corto, piuttosto che una spada, l'evento diventa più crudele e intimo", ha spiegato l'analista geopolitico Robert D. Kaplan sul sito di Stratfor. Una messa in scena di alta qualità piena di simboli. Il più evidente: la tenuta arancione delle vittime che ricorda i prigionieri musulmani a Guantanamo.
Secondo l'analista, con la produzione di un docu-dramma, lo Stato islamico invia i seguenti messaggi: "Noi non giochiamo secondo le vostre regole. Non ci sono limiti a ciò che siamo disposti a fare.".
In articolo pubblicato dalla Cnn, Charlie Cooper, ricercatore della Fondazione Quilliam, ha sottolineato la responsabilità dei media nel trattamento della propaganda dell'Isis. Mentre l'emittente Al Jazeera ha deciso di non pubblicare i video per non dare visibilità all'organizzazione, altri reti televisive considerano un obbligo fare capire al pubblico quanto sta accendendo. Su Twitter Al Jazeera ha diffuso l'hashtag #ISISmediaBlackout. Per Cooper "ogni volta che un video dell'Isis ottiene un click e viene visualizzato, il gruppo ottiene ciò che vuole: l'ossigeno della pubblicità".
Un'orrore che inizia con un sondaggio pubblicato su Twitter in cui i terroristi chiedono a chi li segue come deve morire l'ostaggio. Tempo qualche ora e spunta un video postato su Site, che mostra il pilota giordano Muadh al Kaseasbeh ostaggio dei jihadisti bruciato vivo in una gabbia e poi sepolto da un bulldozer. Lo riferisce Rita Katz, direttrice di Site, via Twitter che testimonia l'orrore con una breve sequenza di foto. Orrore che continua con la replica della Giordania che rispolvera una sinistra rappresaglia: uccide la terrorista irachena Sajida al-Rishaw di cui l'Isis chiedeva liberazione. Il Tweet ha ricevuto circa 10 mila commenti.
Inoltre Il sito dell'Isis, funziona in maniera inappuntabile gestendo con grande maestria o addirittura migliorando le potenzialità massmediatiche delle migliori agenzie di stampa mondiali, portando avanti l'ossimoro concettuale di difendere ideali e valori di millenni con mezzi moderni e tecnologicamente all'avanguardia.
L'intelligence internazionale, la prevenzione, e il coordinamento operativo tra le nazioni hanno fatto enormi, evidenti progressi. Internet, la rete costantemente interconnessa che annulla spazi e tempi rappresenta uno strumento fondamentale in mano ai terroristi per dare visibilità alle loro gesta di morte, ma essa, al tempo stesso, costituisce anche la più efficace arma preventiva contro il terrorismo stesso.

Bibliografia

W. BARNABY, *L'incubo dell'untore, guerra e terrorismo biologico,* Fazi, Roma, 2003.

Z. BAUMAN, *Globalizzazione e glocalizzazione,* Armando, Roma, 2005.

D. BEETHAM, *La teoria politica di Max Weber,* Bologna, Il Mulino, 1989.

S. BETTI, *Le armi del diritto contro il terrorismo*, Franco Angeli, Milano, 2008.

L. BONANATE, *Terrorismo internazionale,* Giunti, Roma, 2002.

M. BOSCHI, *La violenza politica in Europa: 1969-1989,* Yema editore, 2005.

P. BRETON, *L'utopia della comunicazione, il mito del "villaggio planetario",* UTET, Torino, 1995.

U. ECO, *Apocalittici e integrati,* Bompiani, Roma (1964) riedizione, 2001.

M. GIACOMARRA, *Al di qua dei media,* Meltemi, Roma, 2000.

A. GIDDENS, *Il mondo che cambia. Come la globalizzazione ridisegna la nostra vita,* Bologna, Il Mulino, 2000.

M. HORKHEIMER, W. ADORNO, *Dialettica dell'Illuminismo,* Amsterdam 1947, traduzione italiana, Einaudi, 1966.

H. JENKINS, *Convergence Culture. Where Old and New Media Collide,* New York University Press, New York e Londra, 2006.

F. LOCURCIO, *Gli uffici d'intelligence in Italia: cooperazione internazionale nella lotta al terrorismo,* La Sapienza Editrice, Roma, 2005.

A. MARINELLI, *Struttura dell'ordine e funzione del diritto. Saggio su Parsons,* Angeli, Milano, 1988.

M. MCLUHAN, *Gli strumenti del comunicare,* Il Saggiatore, Milano, 1967.

P. MUSARO', P. PARMIGGIANI, *Media e migrazioni,* Franco Angeli, Roma, 2004.

Le perquisizioni informatiche

Dott.ssa Mariarosaria Coppola

Ognuno di noi vive ormai immerso in una società profondamente digitalizzata, in cui ogni azione è scandita dall'uso di strumenti informatici sempre più sofisticati, in grado di garantire una connessione costante ad un mondo virtuale vasto, colmo di informazioni, che si evolve incessantemente.
E con questo mondo è chiamato a fare i conti anche il giurista nell'esplicazione dell'attività giurisdizionale e dell'attività di indagine.
Questa premessa, di carattere generale, ci consente di cogliere pienamente le ragioni dell'importanza che occorre riconoscere ad un nuovo settore delle attività peritali ed investigative che ha già trovato spazio all'interno del procedimento penale e che da molti è definito come *digital forensics* o informatica forense.
E' necessario, infatti, che informatica e diritto dialoghino tra loro poiché solo un'adeguata comprensione del funzionamento dei sistemi informatici permette di apprestare idonee garanzie a tutela sia dei diritti fondamentali di chi è sottoposto a procedimento penale sia della genuinità delle risultanze probatorie.
Le norme tecniche relative al materiale informatico devono quindi combinarsi con quelle giuridiche affinché i soggetti chiamati ad individuare e/o utilizzare la prova digitale possano meglio adattare i classici criteri di individuazione, acquisizione, analisi ed interpretazione degli elementi indiziari al dato informatico che si caratterizza per la sua estrema volatilità.
L'informatica rappresenta, quindi, una nuova sfida per il mondo giuridico ed in particolare per i giudici, in quanto diventa necessario individuare con sicurezza e precisione le regole che presidiano la formazione della prova informatica, attività che richiede un protocollo in grado di tutelarne l'integrità e la non ripudiabilità in sede processuale[966].
E' qui che entra in gioco la *digital forensics* intesa come quella parte della scienza che si occupa della individuazione, acquisizione, preservazione, analisi ed interpretazione del dato digitale al fine di evidenziare l'esistenza di indizi o fonti di prova nello svolgimento dell'attività investigativa e peritale[967].
La *digital forensics* permette al giurista di confrontarsi sapientemente con un linguaggio, quello informatico, molto lontano dai tradizionali meccanismi di indagine e di comprendere fino in fondo la capacità probatoria del materiale trovato.
La storia dell'informatica forense come scienza nasce negli anni '80 del secolo scorso negli Stati Uniti grazie al lavoro pioneristico svolto dal prof. Eugene Spafford della Purdue University[968].
All'epoca si parlava più specificamente di *computer forensics* poiché il fenomeno informatico ruotava essenzialmente intorno al personal computer. Successivamente,

---

[966]AA. VV., *Inside Attack, tecniche di intervento e strategie di prevenzione del computer crime*, Roma, Nuovo Studio Tecna, 2005, pg. 1 e ss.
[967] A. GHIRARDINI, G. FAGGIOLI, *Computer forensics,* Milano, Apogeo, 2007.
[968] G. ZICCARDI, *Informatica giuridica. Privacy, sicurezza informatica, computer forensics ed investigazioni digitali*, II, Milano, Giuffrè, 2008, pg. 300 e ss.

con l'avvento di molteplici supporti elettronici in grado di eguagliare le prestazioni di un PC – basti pensare agli *smartphone* – si afferma il termine *digital forensics*.
La *digital forensics* consiste, quindi, nell'applicazione di tecniche specifiche idonee non solo a garantire la raccolta e la conservazione dei dati da parte dell'utilizzatore finale, ma anche ad assicurare la corretta esecuzione della catena di custodia.
Il fine ultimo di ogni investigazione digitale, infatti, consiste nel recupero di tutti i dati che possano costituire una prova utilizzabile durante il processo.
Per raggiungere tale obiettivo il professor Ken Zatyko, docente alla John Hopkins University, ha indicato un percorso di validazione della prova digitale che si articola nei seguenti passaggi: "*perquisizione da parte dell'autorità procedente accompagnata da accurata documentazione che descriva le operazioni eseguite in fase di acquisizione; rispetto della catena di custodia; validazione del dato digitale attraverso la funzione di Hash; validazione degli strumenti software utilizzati; analisi del dato digitale; ripetibilità; presentazione dei risultati dell'indagine; eventuale relazione tecnica da parte di un esperto*"[969].
Questa catena di azioni è tesa ad evitare alterazioni e manipolazioni del dato digitale durante le varie fasi di gestione della prova, dall'acquisizione del supporto di memorizzazione su cui sono archiviati i dati utili alle indagini, alla sua duplicazione ai fini delle analisi informatiche, alla conservazione dei dati digitali così acquisiti e duplicati. Ma le problematiche che discendono dalla prova digitale non sono legate solo all'aspetto meramente tecnologico, poiché coinvolgono anche altre questioni di natura giuridica particolarmente rilevanti quali la tutela della privacy e la necessità di prevedere regole procedurali certe.
Onde evitare abusi e violazioni, considerata la particolare velocità di trasformazione dei sistemi informatici che limita fortemente la capacità degli operatori del diritto di prevederne e regolarne compiutamente tutti gli aspetti, il legislatore si è attivato per garantire ai consociati la tutela dei diritti connessi al mondo digitale.
Un forte impulso a questa attività di ammodernamento dell'ordinamento giuridico italiano è stato dato dal legislatore europeo che con i suoi interventi normativi ha portato il legislatore italiano a novellare le normative sul diritto d'autore, ad introdurre nella parte speciale del codice penale i nuovi reati c.d. informatici, a predisporre una serie di norme volte a regolare aspetti connessi all'uso del mezzo informatico come l'incolumità dei bambini dai rischi di pedofilia telematica. Ma gli interventi normativi hanno riguardato anche i profili processuali, in particolare il trattamento della prova digitale.
Ma il punto di vera svolta in questo processo evolutivo è senza dubbio costituito dalla Convenzione di Budapest sulla criminalità informatica, adottata dal Consiglio d' Europa nel novembre del 2001 e ratificata in Italia con grande ritardo solo nel 2008.
La portata innovativa della Convenzione in ambito processualistico è legata alla definizione di documento informatico, all'autonomia tra supporto e dato incorporato, alla rilevanza probatoria delle informazioni digitali, all'introduzione

---

[969] G. VACIAGO, *Digital evidence. I mezzi di ricerca della prova digitale nel procedimento penale e le garanzie dell'indagato*, Torino, Giappichelli, 2012, pg. 8.

del "*freezing*" ovvero del congelamento per finalità di repressione criminale dei dati detenuti dai gestori telefonici e dai fornitori di connessioni.
Tuttavia, l'aspetto più rilevante ai fini del presente lavoro è connesso alla previsione di procedure - ispezioni, perquisizioni e sequestri informatici - idonee ad evitare l'alterazione dei dati informatici raccolti durante le indagini affinché possano essere utilizzati pienamente durante la fase dibattimentale.
Ma perché introdurre una normativa *ad hoc* quando, secondo alcuni, sarebbe stato sufficiente applicare gli istituti tradizionali alla realtà informatica attraverso l'interpretazione estensiva ed analogica[970]?
Perché la Convenzione di Budapest ha offerto al legislatore la possibilità di adottare misure omogenee a quelle degli altri Paesi firmatari, eliminando i vuoti normativi esistenti e dando risalto allo specifico settore della *digital evidence.*
La legge di ratifica interviene su tre piani: consolida gli istituti rilevanti in sede di cooperazione internazionale, incentiva l'armonizzazione delle discipline esistenti e relative ai crimini informatici, predispone strumenti processuali volti all'acquisizione e alla conservazione della *digital evidence*, intesa come il risultato dell' attività d'indagine volta sia all'identificazione dell'autore di crimini informatici, sia all'identificazione dell'autore di reati comuni, commessi col mezzo informatico e non.
Vengono così introdotti nel sistema tradizionale dei mezzi di ricerca della prova le ispezioni, le perquisizioni ed i sequestri informatici.
Quanto alle prime due va subito segnalato come il legislatore abbia posto l'accento sulla necessità di adottare misure idonee a garantire l'integrità dei dati digitali e ciò al fine non solo di assicurare e preservare la genuinità della prova digitale ai fini processuali ma anche e soprattutto per tutelare le esigenze difensive assicurando un controllo sull'operato degli inquirenti.
L'ispezione, come noto, è un mezzo di ricerca della prova che si sostanzia in un accertamento di persone, luoghi o cose volta all'individuazione di tracce e altri effetti materiali del reato.
L'attività ispettiva, quando rivolta a sistemi informatici, comporta un elevato rischio di inquinamento dei dati digitali e va pertanto condotta con *modus operandi* idonei ad evitare l'alterazione dei sistemi sorvegliati.
Tra la condotta oggetto di indagine, poi, ed il sistema informatico deve sussistere una relazione che giustifichi adeguatamente l'esigenza probatoria sottesa all'ispezione tant'è che il pubblico ministero deve motivare il provvedimento descrivendo le ragioni che lo hanno indotto a disporla. La l. 48/2008 prevede, inoltre, che l'ispezione sia rivolta ai sistemi informatici o telematici, e non anche ai dati, alle informazioni o ai programmi di cui è sufficiente accertare la presenza sul supporto informatico oggetto dell'attività di investigazione e questo in quanto l'utilizzo dell'ispezione nell'ambiente informatico incide sul suo carattere meramente descrittivo rendendolo quasi un mezzo di ricerca della prova dinamico capace di alterare irreparabilmente i dati informatici.

---

[970] Per un maggiore approfondimento v. L. LUPARIA, *Sistema penale e criminalità informatica*, Milano, Giuffrè, 2009, pg. 1 e ss.

Per quanto concerne le perquisizioni informatiche la legge di recepimento della Convenzione di Budapest ha aggiunto il comma 1bis all'art. 247 del codice di procedura penale in base al quale "*quando vi è fondato motivo di ritenere che dati, informazioni, programmi informatici o tracce comunque pertinenti al reato si trovino in un sistema informatico o telematico, ancorché protetto da misure di sicurezza, ne è disposta la perquisizione, adottando misure tecniche dirette ad assicurare la conservazione dei dati originali e ad impedirne l'alterazione*".

Dalla lettura della norma emerge in modo evidente come il legislatore abbia preferito optare per una sorta di rinvio mobile alle c.d. *best practicies* ovvero a quei paradigmi tecnici che in ambito forense hanno permesso di ottenere migliori risultati. Il legislatore, infatti, non individua a priori gli strumenti da preferire per la tutela del risultato probatorio ma lascia al giudice il compito di valutare l'idoneità della tecnica investigativa utilizzata alla conservazione genuina del dato informatico. Di conseguenza non assume rilevanza specifica la modalità operativa prescelta, quanto piuttosto la possibilità di verificare la validità dell'acquisizione e della conservazione della prova.

La perquisizione è un momento di fondamentale importanza poiché, essendo atto irripetibile, è destinato alla cristallizzazione della prova e tale aspetto diventa ancor più rilevante sol se si consideri la labilità e la deperibilità della prova informatica.

Vanno pertanto adottate tutte le cautele che il caso richiede per preservare i dati presenti sul dispositivo sorvegliato.

Allo stato attuale le perquisizioni informatiche vengono effettuate con la tecnica del *bit stream image*[971] che consiste nella copia bit a bit di un supporto originale, senza che sia necessario acquisire l'intero personal computer. Non si tratta di un semplice "copia e incolla" ma di un'operazione più complessa che include anche file cancellati, spazio libero e qualsiasi altro dato precostituito e salvato sul computer.

Ma l'aspetto più controverso e delicato attiene alle c.d. perquisizioni *on line* ovvero a quelle operazioni volte ad esplorare e monitorare un sistema informatico, rese possibili dall'infiltrazione segreta nello stesso, che consentono di captare flussi di dati in tempo reale sfruttando una connessione Internet.

Tali operazioni richiedono l'installazione, in locale o in remoto, sul computer oggetto di osservazione di uno specifico *software*, ovvero di un programma spia, che consente di prendere il controllo del computer ogniqualvolta l'utente si colleghi ad Internet. In questo modo è possibile "frugare" nell'*hard disk* ed ottenerne copia, rilevare e registrare i siti *web* che vengono visitati, decifrare quel che viene digitato[972].

La questione relativa alla legittimità di un tale strumento è esplosa nel 2008 in Germania quando la Corte Costituzionale tedesca fu chiamata ad esprimersi sul ricorso a tecnologie tanto avanzate da assicurare alla pubblica autorità un potere di controllo generalizzato sulle informazioni personali.

---

[971] In argomento vedi S. ATERNO, P. MAZZOTTA, D. CACCAVELLA, *La perizia e la consulenza tecnica*, CEDAM, 2006, pg. 1 e ss.

[972] F. IOVENE, *Le c.d. perquisizioni online tra nuovi diritti fondamentali ed esigenze di accertamento penale*, in www.penalecontemporaneo.it. Consultato 25 novembre 2016.

La vicenda prendeva le mosse da una norma che autorizzava un organismo di intelligence ad effettuare un monitoraggio segreto su quanto accadesse in Internet e a consentire l'accesso a sistemi informatici attraverso meccanismi di intrusione occulti. Tecnicamente tali operazioni sono realizzabili attraverso due tipi di operazioni: la c.d. *online search* o *one time copy* che consente l'acquisizione mediante copia di dati contenuti nelle memorie dei computer attenzionati, e la *online surveillance* che permette un monitoraggio costante delle attività in rete poste in essere da un soggetto associato a un determinato *account*[973]. In entrambi i casi è indispensabile il ricorso a programmi che consentono di prendere il controllo del sistema dal remoto o che analizzano il traffico in rete.
In quell'occasione la Corte Costituzionale, consapevole delle specificità proprie dello strumento informatico rispetto ai tradizionali mezzi di comunicazione, si è spinta oltre una mera interpretazione evolutiva del testo costituzionale ed ha affermato l'esistenza di un nuovo diritto fondamentale alla garanzia della segretezza e integrità dei sistemi informatici. Diritto che, secondo la Corte tedesca, può subire compressioni non solo al fine di inibire alcuni reati ma anche per prevenirli, a condizione che siano rispettati il principio di proporzionalità e la riserva di giurisdizione[974].
Quanto detto è sufficiente a far cogliere le grandi potenzialità che questi atti di investigazione possono esprimere rispetto alla repressione di alcuni reati, non solo informatici, ma anche la forte carica lesiva in essi contenuta data la loro particolare invasività.
In proposito si rammenta che la perquisizione, anche se elettronica, è un atto a sorpresa e deve essere temporalmente collocata nella fase delle indagini preliminari. Ciò implica che l'istituto in esame deve essere collegato al *thema probandum* , presupponendo quindi una notizia di reato e non potendo in alcun modo essere utilizzata a fini esplorativi come discutibile strumento di ricerca della *notitia criminis*.
Volgendo lo sguardo alla realtà nazionale, la IV Sezione penale della Corte di cassazione è intervenuta sul tema con la sentenza 19618 del 2012 in cui è stabilito che la perquisizione ai sensi del novellato art. 247 c.p.p. è consentita *"quando vi è fondato motivo di ritenere che dati, informazioni, programmi informatici o tracce pertinenti al reato si trovino in un sistema informatico o telematico, ancorché protetto da misure di sicurezza"*[975].
Con la conclusione che è da escludere un preventivo monitoraggio del sistema predetto in attesa dell'eventuale e futura comparsa del dato da acquisire a base delle indagini.
Ma quanto detto non è ancora sufficiente a sgombrare il campo dai dubbi che il ricorso a tale strumento investigativo porta con sé.

---

[973] C. MAIOLI, E. SANGUEDOLCE, *I "nuovi" mezzi di ricerca della prova fra informatica forense e L. 48/2008*, in www.altalex.com. Consultato 2 gennaio 2017.
[974] R. FLOR, *Brevi riflessioni a margine della sentenza del* Bundesverfassungsgericht *sulla c.d.* Online Durchsuchung in *Riv. trim. dir. pen. econ.*, 2009, p. 695 ss.
[975] Cass. pen. Sez. IV, 24 maggio 2012, n. 19618. in www.processopenaleegiustizia.it.

La pericolosità insita nella perquisizione *on line* è dovuta alla sua naturale attitudine a svolgere una funzione preventiva rispetto a reati non ancora compiuti. La peculiarità dello strumento richiede un rigoroso inquadramento dogmatico alla luce dei rischi connessi alla violazione dei diritti fondamentali della persona, in particolar modo del diritto alla riservatezza.
La riflessione deve, innanzitutto, verificare la possibilità di ricondurre le perquisizioni *on line* ad uno schema legale già esistente.
La risposta a tale quesito non può che essere negativa. Le perquisizioni *on line*, infatti, non possono essere accomunate all'istituto tradizionale delle perquisizioni in quanto non si riscontrano gli stessi obiettivi di ricerca del corpo del reato e delle cose pertinenti al reato. E tale differenza sostanziale permane nonostante l'intervento legislativo del 2008 poiché in base all'art. 247, comma 1-*bis*, c.p.p., anche quando le perquisizioni hanno per oggetto sistemi informatici o telematici, non vengono meno alla loro finalità di ricerca di cose pertinenti al reato. Le perquisizioni tradizionali, inoltre, sono atti a sorpresa ma, a differenza di quelle *on line*, sono pur sempre destinate ad essere scoperte dall'indagato nel momento in cui vengono compiute.
Le perquisizioni *on line* non sono poi accomunabili alle intercettazioni poiché non sono destinate necessariamente a captare comunicazioni tra individui, né tantomeno sono assimilabili alle ispezioni che svolgono una funzione descrittiva incompatibile con la raccolta prolungata nel tempo di informazioni relative all'indagato[976].
Data l'impossibilità di estendere la disciplina di altri istituti alle perquisizioni *on line,* risulta necessario inquadrarle nell'ambito degli atti di indagine atipici.
Resta da vagliare il profilo della loro ammissibilità sul piano processuale. Seguendo l'impostazione "funzionale" adottata dalla giurisprudenza in tema di atti di indagine atipici, bisogna comprendere, in carenza di disciplina legale, quali sono i valori costituzionali su cui tali atti incidono[977].
Per fare ciò è indispensabile richiamare alla memoria la sentenza che le sezioni unite della Corte di cassazione hanno adottato nel c.d. caso Prisco in materia di videoriprese non comunicative in luoghi aperti al pubblico effettuata dalla polizia giudiziaria.
Premesso che in caso di captazione di comunicazioni andrebbe applicata la disciplina delle intercettazioni, le Sezioni Unite chiariscono che nella captazione di videoriprese di comportamenti non comunicativi rileva in modo decisivo il luogo di ripresa.
Così che la videocaptazione di comportamenti non comunicativi nel domicilio richiede il rispetto della doppia garanzia della riserva di legge e di giurisdizione prevista dall'art. 14 Cost.

---

[976] S. MARCOLINI, *Le cosiddette perquisizioni on line*, in F. RUGGERI, L. PICOTTI, *Nuove tendenze della giustizia penale di fronte alla criminalità informatica. Aspetti sostanziali e processuali*, Torino, Giappichelli, 2011.
[977] F. IOVENE, op. cit. p. 8.

Dal momento che tale mezzo di indagine non è disciplinato dalla legge, "*le riprese video di comportamenti "non comunicativi" non possono essere eseguite all'interno del "domicilio", in quanto lesive dell'art. 14 Cost.*"[978].
La captazione di comportamenti non comunicativi in luoghi aperti al pubblico, invece, non incidendo sul domicilio ma sul diritto alla riservatezza della vita privata tutelato dall'art. 2 Cost. che non pone alcuna riserva di legge espressa, è ritenuta ammissibile purché autorizzata da previo e motivato provvedimento dell'autorità giudiziaria.
Tale conclusione, tuttavia, è stata travolta dall'evoluzione del nostro ordinamento, all'interno del quale sono destinati a trovare accoglimento i principi sanciti nella Convenzione per la salvaguardia dei diritti dell'uomo e delle libertà fondamentali[979].
E' opportuno ricordare che la CEDU è stata dichiarata dalla Corte costituzionale fonte "sub-costituzionale" del diritto[980], di talché le sue norme fungono da parametro interposto per vagliare la costituzionalità delle leggi ordinarie.
Orbene la CEDU all'art. 8 riconosce ad ogni persona il "*diritto al rispetto della sua vita privata e familiare, del suo domicilio e della sua corrispondenza*" specificando che "*non può esservi ingerenza di una autorità pubblica nell'esercizio di tale diritto a meno che tale ingerenza sia prevista dalla legge e costituisca una misura che, in una società democratica, è necessaria*"[981] per i fini tassativamente indicati dalla Convenzione medesima.
In conclusione è facilmente intuibile come in forza dell'art. 8 CEDU, che tutela in modo espresso il diritto alla riservatezza e che trova diretta applicazione nell'ordinamento italiano per effetto dell'art. 117 Cost., sia oggi più che mai necessario che il legislatore *de iure condendo* si faccia carico dell'introduzione dello strumento di indagine fin qui esaminato all'interno della disciplina processualistica.
L'intrusione nei sistemi informatici privati e l'acquisizione di dati in essi presenti richiede, pertanto, una previsione normativa che ne detti una compiuta disciplina volta a garantire adeguatamente lo spazio informatico attraverso il quale si realizza la personalità dell'individuo e che costituisce, entro determinati limiti, un bene costituzionalmente protetto.
Fino a quel momento le perquisizioni online non possono trovare accoglimento nel nostro ordinamento e se effettuate in un procedimento penale italiano dovranno ritenersi illegittime.
A chiusura della disamina condotta fin qui è facile intuire come la legge 48/2008 se da un lato ha avuto il merito di adeguare l'ordinamento nazionale agli obblighi derivanti dalla stipulazione della Convenzione di Budapest, dall'altra si è rivelata un'occasione mancata, poiché in quella sede potevano trovare disciplina strumenti di estrema rilevanza ai fini delle ricostruzioni processuali quali la captazione di

---

[978] Cass. pen., sez. un., 28 marzo 2006, n. 26795, in www.neldiritto.it.
[979] S. MARCOLINI, op. cit. p. 11.
[980] Corte Cost., 22 ottobre 2007, n. 348 e n. 349 in www.cortecostituzionale.it
[981] Art. 8 CEDU.

comunicazioni vocali tramite sistemi VoIP, come *Skype*, l'acquisizione in tempo reale della posta elettronica o delle *chat*, il *cloud computing*[982].

Bibliografia

AA. VV., *Inside Attack, tecniche di intervento e strategie di prevenzione del computer crime*, Roma, Nuovo Studio Tecna, 2005.
S. ATERNO, D. CACCAVELLA, P. MAZZOTTA, *La perizia e la consulenza tecnica*, CEDAM, 2006.
G. D'AIUTO, L. LEVITA, *Reati informatici. Disciplina sostanziale e questioni processuali*, Milano, Giuffré, 2012.
R. FLOR, *Brevi riflessioni a margine della sentenza del* Bundesverfassungsgericht *sulla c.d. Online Durchsuchung* in *Riv. trim. dir. pen. econ.*, 2009.
A. GHIRARDINI, G. FAGGIOLI, *Computer forensics,* Milano, Apogeo, 2007.
F. IOVENE, *Le c.d. perquisizioni online tra nuovi diritti fondamentali ed esigenze di accertamento penale*, in www.penalecontemporaneo.it.
L. LUPARIA, *Sistema penale e criminalità informatica*, Milano, Giuffrè, 2009.
C. MAIOLI, E. SANGUEDOLCE, *I "nuovi" mezzi di ricerca della prova fra informatica forense e L. 48/2008*, in www.altalex.com.
S. MARCOLINI, *Le cosiddette perquisizioni on line,* in L. PICOTTI, F. RUGGERI, *Nuove tendenze della giustizia penale di fronte alla criminalità informatica. Aspetti sostanziali e processuali*, Torino, Giappichelli, 2011.
G. VACIAGO, *Digital evidence. I mezzi di ricerca della prova digitale nel procedimento penale e le garanzie dell'indagato*, Torino, Giappichelli, 2012.
G. ZICCARDI, *Informatica giuridica. Privacy, sicurezza informatica, computer forensics ed investigazioni digitali*, II, Milano, Giuffrè, 2008.

[982] G. D'AIUTO, L. LEVITA, *Reati informatici. Disciplina sostanziale e questioni processuali*, Milano, Giuffré, 2012.

Comunicazione e Rete

Prof. Marino D'Amore

Il sistema mediale è attraversato da profondi cambiamenti soprattutto dopo aver imboccato la strada della digitalizzazione. Un processo che si palesa continuamente intorno noi ma che rimane, per alcuni aspetti e soprattutto per l'utenza finale, ancora sconosciuto nella portata e nelle direzioni che intende intraprendere. Tali cambiamenti hanno inevitabilmente delle implicazioni sociologiche che influenzano la quotidianità comunicativa di ognuno di noi ma soprattutto, cosa più importante, causano profondi cambiamenti del ruolo dell'utenza, che diventa attrice attiva, abbandonando quella passività acritica e inconsapevole che l'ha caratterizzata per anni. Questa nuova età mediatica è riscontrabile su alcuni mezzi di comunicazione più che in altri e in particolar modo sulla Rete per antonomasia: Internet, grazie anche al connubio con il medium televisivo (IPTV e web TV). Internet, ossia la contrazione linguistica della locuzione inglese interconnected networks (reti interconnesse) è, come tutti sanno, una rete mondiale di computer ad accesso pubblico, attualmente rappresentante il principale mezzo di comunicazione di massa, che offre all'utente una vasta serie di contenuti informativi e servizi di varia natura accomunati da un medesima caratteristica: essere costantemente in contatto con tutto il mondo. La Rete rende quest'ultimo una sorta di villaggio globale, anzi glocale. Internet è il medium della cosidetta glocalizzazione[983], termine introdotto dal sociologo Zygmut Bauman che si costituisce, sia linguisticamente che semanticamente, sulla crasi tra globalizzazione e local e si sostanzia su un'azione caratterizzata da dinamiche di interrelazione tra i popoli, tenendo conto però delle loro peculiarità culturali, delle loro istanze identitarie e di appartenenza territoriale, inquadrate in un contesto storico ben determinato. Il web nel tempo è diventato strumento quotidiano nelle mani di un'utenza sempre più alfabetizzata e fidelizzata, baluardo e simulacro di quel processo democratizzante descritto prima, processo anche sociale come dimostrato dai Social Network: MySpace, Facebook, Twitter, veri e propri catalizzatori di condivisione e relazioni irrealizzabili, almeno apparentemente, nel mondo reale. Per quanto riguarda la televisione occorre puntualizzare che il suo avvento, nel secolo scorso, ha meravigliato tutto il mondo per lo straordinario potere di abolire le distanze e i tempi, riunendo gli utenti in immense comunità transnazionali, ma, ancora oggi, riesce a sorprenderci per la sua capacità di viaggiare liberamente fra i media, di ibridarsi e offrire la sua presenza al pubblico in forme, in parte o del tutto, nuove. Una nuova esperienza televisiva tout court che, grazie alle potenzialità e alle nuove possibilità che offre, coinvolge l'utente del nuovo millennio con la stessa intensità con cui la vetero tv attirava il suo pubblico. Una nuova concezione del mezzo che mitiga e rinegozia i confini tra i media e i loro contenuti tipici (ad esempio cinema vs tv) e lascia intravedere come tutto il sistema, che ci ha intrattenuto e informato fino ad oggi, mostri segni di cedimento e debba essere analizzato in una prospettiva di più ampio respiro. Tuttavia l'aspetto più caratterizzante, la trasformazione più radicale consiste, per la

---

[983] Z. BAUMAN, *Globalizzazione e glocalizzazione*, Armando, Roma, 2005, p. 81.

televisione, nella perdita del suo status di medium di massa, di elargitrice di contenuti diffusi dall'alto verso il basso prodotti secondo modalità industriali, per approdare finalmente nel territorio di quella che potremmo definire democrazia mediale, o meglio, Democratizzazione Mediale. Infatti oggi ci troviamo di fronte ad un processo sotteso a dinamiche meccanicistiche di causa-effetto che, almeno allo stato attuale, appare lontano dal suo compimento, evidenziando tutti i risultati raggiunti ma, al tempo stesso, anche tutte le potenzialità inespresse, che possiede in fieri e che possono diventare realtà in un futuro prossimo. La tv vede ridimensionata la sua sacralità, la sua aurea di pulpito postmoderno, il suo carattere di divinità tecnologica portatrice di verità mediatiche assolute e incontrovertibili e al contempo si umanizza, assume le caratteristiche di mezzo di comunicazione al servizio di chiunque voglia usarlo solo perché, in un dato momento e in un dato luogo, ha semplicemente qualcosa da vedere o da dire. Un'evoluzione che quindi muta profondamente il ruolo di quello che fino a poco tempo fa era un semplice consumatore, dando vita ad una nuova, complessa figura spettatoriale quella del prosumer. Esso rappresenta la definitiva emancipazione dell'utente da un'anacronistica passività e la conseguente assunzione di una consapevolezza nuova e affascinante: l'identificarsi in un ruolo fortemente attivo in cui le vecchie classi mediali si livellano fino a formare una grande classe, una sorta di ceto mediatico omnicomprensivo che racchiude in sé categorie prima separate da uno schermo. Uno status, quello del prosumer, cui si può accedere varcando idealmente quello schermo diventato finalmente permeabile, vivendolo attraverso entrambe le sue facce: intrattenere e fruire, in un nuovo scenario che si va costituendo con progressiva continuità e che si realizza grazie a Internet e alle sue declinazioni.
Il progenitore nonché precursore della rete Internet è il progetto ARPANET, finanziato dalla DARPA (Defence Advanced Research Projects Agency), un'agenzia dipendente dal Ministero della Difesa statunitense.
Nell'aprile del 1963 l'informatico Joseph C.R. Licklider manifestò l'intenzione di collegare tutti i computer e i sistemi di time-sharing in un'unica rete continentale, fino a quando l'anno dopo, lasciò l'ARPA per un posto all'IBM, lasciando in eredità l'idea ai suoi successori che si dedicarono al progetto ARPANET. Il contratto per lo sviluppo di quest'ultimo fu assegnato all'azienda da cui proveniva Licklider, la Bolt, Beranek and Newman (BBN) che utilizzò i minicomputer di Honeywell come supporto. La Rete venne fisicamente costruita nel 1969 collegando quattro nodi: l'Università della California di Los Angeles, l'SRI di Stanford, l'Università della California di Santa Barbara e l'Università dello Utah. L'ampiezza di banda era di 50 Kbps. Negli incontri per definire le caratteristiche, le potenzialità e i possibili sviluppi del nuovo progetto, vennero introdotti i Request for Comments, ancora adesso i documenti fondamentali per tutto ciò che riguarda i protocolli informatici di Internet. Quella che utilizziamo oggi è quindi il risultato dall'estensione di questa prima proto-Rete, denominata ARPANET. I nodi si basavano su un'architettura client/server e non supportavano quindi connessioni dirette (host-to-host). Le applicazioni possibili si limitavano fondamentalmente a Telnet e ai programmi di File Transfer Protocol (FTP). In poco tempo però, tra gli anni '70 e '80 del secolo scorso, ARPANET diffuse i suoi nodi oltreoceano.
Nel 1991 presso il CERN di Ginevra lo scienziato Tim Berners-Lee definì il protocollo HTTP (HyperText Transfer Protocol): quel sistema che permetteva una

lettura cosiddetta ipertestuale, non-sequenziale dei documenti, saltando da un punto all'altro mediante l'utilizzo di rimandi (link o, più propriamente, hyperlink). Il primo browser con caratteristiche simili a quelle attuali, il Mosaic, venne realizzato nel 1993. Esso rivoluzionò profondamente il modo di effettuare le ricerche e di comunicare in Rete. Nacque quindi, come naturale conseguenza tecnologica, il World Wide Web in cui le risorse disponibili erano e sono organizzate secondo un sistema di librerie (library), o pagine, a cui si può accedere utilizzando appositi programmi detti web browser che permettono di navigare visualizzando file, testi, ipertesti, suoni, immagini, animazioni, filmati.
Nel 1993 il CERN decide di rendere pubblica la tecnologia alla base del World Wide Web in modo che sia liberamente implementabile da chiunque lo desideri. A questa decisione fa seguito un ampio e al tempo stesso immediato successo del World Wide Web in ragione delle funzionalità offerte, della sua efficienza e, non ultima in ordine di importanza, della sua facilità di utilizzo. Così ha inizio la crescita esponenziale di Internet che in pochissimi anni porterà la Rete delle reti a cambiare la società umana, rivoluzionando il modo di comunicare, di relazionarsi delle persone e di lavorare, tanto che nel 1998 si arriverà a parlare di nuova economia (New Economy)[984]. L'estrema usabilità connessa con l'HTTP e i browser unita a una vasta diffusione di computer per uso anche personale, hanno consentito l'utilizzo di Internet a una massa di milioni di persone, anche al di fuori dell'ambito strettamente informatico, con una crescita in progressione esponenziale. Se prima del 1995 Internet era dunque relegata ad essere una rete dedicata alle comunicazioni interne della comunità scientifica o tra le associazioni governative e amministrative, in seguito si è assistito alla diffusione costante di accessi alla rete da parte di computer di utenti privati fino al boom degli anni 2000 con centinaia di milioni di computer connessi in rete parallelamente alla diffusione, sempre più crescente, di PC nel mondo, all'aumento dei contenuti e servizi offerti dal Web e a modalità di navigazione sempre più facilmente accessibili, fruibili e user-friendly ma anche e soprattutto, a un contestuale aumento di velocità di trasmissione e di trasferimento dati[985]. E pensare che una delle più grandi innovazioni tecnologiche del '900, il web appunto, fu ispirata dal comportamento e dalla rete relazionale di un esemplare del mondo animale: un ragno amazzonico, comunemente conosciuto come maestro della tela. Questo ragno vive in comunità molto numerose e costruisce ragnatele, strutturate in reticolati, che si estendono per decine e decine di metri. Per comunicare batte le zampe sui filamenti della ragnatela, le vibrazioni e quindi il messaggio raggiungono i suoi simili che rispondono nello stesso modo. Stesso procedimento avviene quando una preda cade nella ragnatela: le vibrazioni che causa richiamano i ragni che si dirigono nel punto da cui provengono per divorare la malcapitata. Insomma siamo davanti ad un processo di comunicazione caratterizzato da codifiche e decodifiche che si manifestano su una Rete naturale creata da una colonia di ragni nel mezzo della foresta amazzonica, una rete che ha ispirato la realizzazione di quella che accompagna e ormai caratterizza la nostra

[984] M. GIACOMARRA, *Al di qua dei media*, Meltemi, Roma, 2000 p. 48.
[985] H. JENKINS, *Convergence Culture. Where Old and New Media Collide*, New York University Press, New York e Londra, 2006, pp. 81-82.

quotidianità, originando tutti quei processi di democratizzazione mediale e potenzialità comunicativa in costante e progressiva evoluzione. Un processo che elide spazi e tempi e ci fa vivere in un mondo costantemente interconnected, un networked world che ci pone al centro di migliaia di dinamiche mediatiche come l'uomo vitruviano leonardesco e si impone come una nuova filosofia comunicativa.

Bibliografia

Z. BAUMAN, *Globalizzazione e glocalizzazione*, Armando, Roma 2005.

D. BEETHAM, *La teoria politica di Max Weber*, Il Mulino, Bologna 1989.

M. BOSCHI, *La violenza politica in Europa: 1969-1989*, Yema editore, Milano, 2005.

F. FERRARESI, *Il fantasma della comunità. Concetti politici e scienza sociale in Max Weber*, Franco Angeli, Milano, 2003.

R. FORTNER, *International communication: history, conflict, and control of the global metropolis*, Wadsworth, Belmont, 1993.

M. GIACOMARRA, *Al di qua dei media*, Meltemi, Roma, 2000.

A. GIDDENS, *Il mondo che cambia. Come la globalizzazione ridisegna la nostra vita,* Il Mulino, Bologna, 2000.

H. JENKINS, *Convergence Culture. Where Old and New Media Collide*, New York University Press, New York e Londra, 2006.

P. MUSARO', P. PARMIGGIANI, *Media e migrazioni*, Franco Angeli, Roma, 2004.

K. R. POPPER, *La società aperta e i suoi nemici*, Armando, Roma, 2002.

Il commercio elettronico, la contrattazione informatica telematica e virtuale

Avv. Barbara Maria Grana

Introduzione

Con l'avvento delle *Information e Communication Technology (ICT),* nasce la società digitale[986]. Gli operatori economici hanno diffuso un nuovo mezzo per commercializzare i propri prodotti attraverso il commercio elettronico cd. e-commerce [987], considerato il pioniere della *New economy* perchè grazie all'utilizzo di internet rivoluziona gli schemi del commercio tradizionale, consentendo alle imprese di migliorare l'efficienza e la qualità dei propri servizi con una notevole riduzione dei tempi e dei costi.

Il commercio elettronico è un metodo di scambio che si affianca e spesso si sostituisce a quelli tradizionali.

Risulta abbastanza complicato dare una chiara definizione di commercio elettronico, volendo darne una semplice ed immediata si potrebbe partire da quella di scambio di beni e servizi attraverso internet.

Quello che risulta abbastanza chiaro è che questa definizione richiama l'aspetto prettamente commerciale delle transazioni commerciali per via telematica.

Il commercio elettronico ha un'origine contrattuale pertanto per un corretto inquadramento giuridico non si può trascurare la disciplina giuridica del codice civile, delle obbligazioni e dei contratti[988].

Per e-commerce si intende l'attività rivolta all'effettuazione di transazioni commerciali di beni o servizi attraverso l'utilizzo di mezzi informatici.

L'acquirente nell'e-commerce una volta visionato il bene o servizio sul catalogo on line, messo a disposizione dal cedente all'interno del proprio sito web o di un portale, procede in modo diretto all'ordine del prodotto attraverso la rete internet.[989]

Nel linguaggio comune il commercio elettronico è sinonimo di transazioni svolte tramite internet, tuttavia non abbiamo una definizione unitaria del fenomeno, dal momento che le disposizioni che se ne sono occupate sia a livello nazionale, sia comunitario ed internazionale, si sono sempre riferite ad uno specifico profilo funzionale o interesse da tutelare.

L'e-commerce è una definizione piuttosto eclettica, con essa si può intendere al tempo stesso sia uno scambio di beni o servizi attraverso internet, ossia attraverso

---

[986] AA.VV., *Il commercio elettronico,* in www.biblioteche.unibo.it.

[987] L'uso diffuso dei personal computer, associato alla proliferazione di reti di telecomunicazione e di Internet, oltre che la loro reciproca integrazione hanno reso il commercio *paper-free* una realtà anche per il cittadino comune *Commercio elettronico: definizione, teoria e contesto* (Rolf T. Wigand, trad. it.) www.static.gest.unipd.it.

[988] M. FARINA, *Introduzione all'e-commerce il panorama normativo italiano e comunitario,* in www.massimofarina.it.

[989] R. PELLINO, *Il commercio elettronico: normativa e adempimenti di Tipologie, normativa e aspetti fiscali della nuova frontiera del commercio nel terzo millennio.* Tratto da *Commercio elettronico: aspetti gestionali e operative,* in www.fiscoetasse.com, 24/12/2014.

applicazioni che consentono trasferimento di dati, sia tutte le informazioni tra computer attraverso l'utilizzo integrato di reti di telecomunicazioni[990].
Lo spazio virtuale generato da internet ha subito delle notevoli trasformazione dalle origini ad oggi, con rilevanti conseguenze sotto il profilo giuridico ed economico.
Lo studio dei profili giuridici dell'e-commerce deve essere inquadrato attraverso la dematerializzazione del luogo, dell'oggetto e delle forme della contrattazione che altro non sono che le premesse sia giuridiche che economiche nel cui contesto deve essere affrontato lo studio stesso del commercio elettronico[991].
Nella sua fase embrionale la vendita on line (e-commerce) aveva come unici riferimenti normativi quelli codicistici e solo successivamente oltre agli interventi del nostro legislatore è intervenuto anche quello comunitario[992].

Uncitral Model Law sul commercio elettronico (la legge modello dell'Uncitral sul commercio elettronico)

La Commissione delle Nazioni Unite per il diritto del commercio internazionale (UNCITRAL) è stata creta dall'Assemblea generale, con il preciso scopo di promuovere l'unificazione e l'armonizzazione del diritto del commercio internazionale.
L'UNCITRAL essendo un organismo intergovernativo a composizione universale prepara testi normativi (come trattati modelli contrattuali e guide legislative) che tengono conto delle caratteristiche di ogni sistema giuridico ed economico di ogni paese del mondo.
Un'area del diritto del commercio internazionale in cui l'UNICITRAL ha avuto particolare successo è rappresentata dall'e-commerce, inteso come diritto delle comunicazioni elettroniche, e diritto della contrattazione elettronica.
La legge tipo dell'UNICITRAL sul commercio elettronico è stata adottata dalla Commissione delle Nazioni Unite con la risoluzione 51/162 del 16 dicembre 1996.[993]
Tale legge fornisce un sistema di norme non vincolanti che consente di eliminare gli ostacoli all'utilizzo dei documenti informatici per renderli, rispetto a quelli cartacei, di pari valore ed efficacia.
L'UNCITRAL ha successivamente allegato una guida per l'applicazione della Model Law on Electronic Commerce, per i legislatori che vogliano ispirarsi ad essa per l'emanazione delle proprie normative nazionali.[994]

---

[990] C. SALLUSTIO, *Commercio elettronico diretto e imposizione sui redditi Beni digitali, beni immateriali e "dematerializzazione" dell'attività d'impresa,* Aracne, Roma, 2012, p. 1271.

[991] ....anche nelle forme più evolute del *mobile commerce*, ossia mediante dispositivi di comunicazione mobile (*c.d. smart-phone*) e *social commerce*, ossia mediante utilizzo dei *social network* come *Facebook* giusto per esemplificare – e in particolare la tutela dei consumatori nei mercati virtuali. E. TOSI, *Dialoghi con la giurisprudenza civile e commerciale*, in *Contratto e impresa, n. 6/2014,* Cedam, Milano, 2014, pp. 1263-1264.

[992] M. FARINA, op. cit.

[993] G. FINOCCHIARO, F. DELFINI, *Diritto dell'informatica,* UTET giuridica, Milano 2014, p.43-44; C. ROSSELLO, *Commercio elettronico: la governance di Internet tra diritto statuale,* Giuffrè, Milano, 2006, P. 110; il testo della risoluzione in www.un.org.

[994] A. GILARDINI, A. BRUNETTI, *La regolamentazione del commercio elettronico*, in

Il principale obiettivo di questa legge[995] è quello di definire i concetti fondamentali necessari per stabilire la parità di trattamento giuridico fra supporto cartaceo ed elettronico. Solo attraverso un principio di equivalenza funzionale, le comunicazioni elettroniche possono essere considerate equivalenti a quelle cartacee. Inoltre la MLEC fissa le regole per la formazione e la validità dei contratti conclusi telematicamente, il tempo e il luogo di spedizione e la ricezione dei messaggi di dati. La seconda parte della legge modello in relazione al trasporto di merci e servizi mira, a definire i requisiti per la polizza dematerializzata[996]. La Model Law on Electronic Commerce[997] ha riscosso molto successo in diversi paesi ma non in Europa[998], la ragione della sua limitata adozione si può ricondurre al fatto che i due strumenti principali comunitari in materia (direttiva sulle firme elettroniche e la direttiva sul commercio elettronico) erano differenti da quelli trattati dalla legge modello, quali la protezione dei consumatori[999], e influenzati dai testi dell'UNICITRAL in modo ridotto, sebbene ne recepiscono in teoria i principi fondamentali[1000].

Rivista Commercio internazionale n. 15-16/2006, www.alexgilardini.it.

[995] La Model Law, ispirata ai principi della trasparenza, della competizione, della giustizia, dell'efficienza e dell'economia, dovrebbe essere modificata e integrata in quelle parti ormai inadeguate a disciplinare prassi emerse nel lasso di tempo intercorso dalla sua entrata in vigore. L'intervento dovrebbe concentrarsi, in particolare, su quegli aspetti influenzati dall'utilizzo diffuso di comunicazioni elettroniche nella conclusione di contratti di approvvigionamento. Tra le questioni più meritevoli di attenzione il Gruppo ha individuato, inoltre, quelle relative all'utilizzo di aste on-line, di accordi quadro e di liste di fornitori, oltre che il perseguimento di obiettivi di politica sociale, ambientale e industriale e la disciplina dei rimedi per reagire all'inadempimento, *lo sviluppo del diritto del commercio internazionale nei lavori dell'uncitral dalla xxxvi alla xxxviii sessione* di A. BONFANTI, *Rivista di diritto internazionale privato,* Anno XLII, aprile maggio, Cedam, Padova, 2006.

[996] L'Uncitral ha elaborato fin dal 1996 una legge modello sul commercio elettronico, che introduce principi generali in materia di commercio elettronico è più in generale di scambio di comunicazioni e informazioni in forma dematerializzata Per un commento C. ROSSELLO, *Commercio elettronico. La Governance di Internet tra diritto statuale, autodisciplina, soft law e lex mercatoria,* Milano 2006, p. 110 ss.

[997] V. www.uncitral.org.

[998] La Legge Modello UNCITRAL non contiene regole direttamente applicabili, ma propone agli Stati membri l'adozione di alcuni principi generali in materia di commercio elettronico, lasciando agli Stati medesimi assoluta libertà per quanto riguarda le regole di dettaglio hanno adottato una legislazione conforme ai principi della Model Law, tra gli altri, i seguenti Paesi: Australia (1999), Francia (2000), Irlanda (2000), Messico (2000), Nuova Zelanda (2000), Repubblica di Corea (1999), Singapore (1998), Slovenia (2000), Sud Africa (2002), Tailandia (2002) e Venezuela (2001). Inoltre, una legislazione influenzata dalla Model Law e dai principi sui quali essa si fonda è stata adottata negli Stati Uniti d'America (Uniform Electronic Transaction Act, adottato nel 1999 dalla National Conference of Commissioners on Uniform State Law) e nel Canada (Uniform Electronic Commerce Act, adottato nel 1999 dalla Uniform Law Conference of Canada. C. ROSSELLO, Comunicazioni elettroniche, in www.aidim.org.

[999] V. a tale proposito Z. ZENCOVICH, *Note critiche sulla nuova disciplina del commercio elettronico dettata dal D.lgs. 70/2003, in Diritto dell'informazione e dell'informatica*, Giuffrè, Milano, 2003.

[1000] G. FINOCCHIARO, F. DELFINI, op. cit., pp. 44-45.

Direttiva sul commercio elettronico 2000/31/CE

Un altro importante quadro normativo di riferimento è rappresentato dalla Direttiva 31/2000/CE[1001] dove il legislatore comunitario si pone come principale obiettivo, quello di creare regole uniformi in materia di commercio elettronico, con l'intento di assicurare a tutti i cittadini dell'Unione Europea la libera prestazione dei servizi on-line. È la prima volta che il legislatore dedica una direttiva alla disciplina dell'e-commerce, quale servizio della società dell'informazione[1002].

La direttiva si basa sugli orientamenti contenuti nella comunicazione della Commissione del 16 aprile 1997 (COM (97) 157). La presente comunicazione presentava l'iniziativa europea in materia di commercio elettronico, come un insieme di proposte orientate all'azione, intese a stimolare il commercio elettronico in Europa[1003]. La direttiva nasce come uno dei punti fondamentali del piano d'azione della Commissione europea, nell'ambito del progetto di mettere l'Europa in rete, iniziato nell'anno 1999, con lo scopo preciso di creare un'economia basata sulla conoscenza (dell'informazione), fra le più competitive e dinamiche del mondo[1004]. La direttiva 2000/31/CE è relativa ad alcuni aspetti giuridici dei servizi della società di informazione, in particolare del commercio elettronico nel mercato intero, con essa si vuole garantire un elevato livello d'integrazione giuridica comunitaria senza frontiere, dei servizi della società di informazione, dando attuazione al principio di sussidiarietà ed al principio di proporzionalità. Inoltre considerando la portata mondiale del fenomeno è opportuno garantire la coerenza dalla normativa europea, con quella internazionale.

In particolare è nata la necessità di porre tutti i cittadini dell'unione europea in condizione di avere accesso ad un'infrastruttura delle comunicazioni con costi contenuti, oltre che ad una molteplicità di servizi, condizione necessaria per l'implementazione del commercio elettronico[1005]. Gli obblighi presenti in tale direttiva, sono previsti per garantire la massima trasparenza[1006] ed affidabilità

[1001] Per il testo v. www.eur-lex.europa.eu. Per un commento sulla direttiva 2000 31, G. DE NOVA e F. DELFINI, *La direttiva sul commercio elettronico: prime considerazioni,* in Riv. dir. priv., 2000, p. 693 ss.; U. DRAETTA, I*nternet e commercio elettronico nel diritto internazionale dei privati,* Milano, 2001, specie p. 58 ss.; G. LEOCANI, *La Direttiva UE sul commercio elettronico: cenni introduttivi, in Europa e dir. priv.* 2000, p. 617. M.SANTAROSSA, *La direttiva europea sul commercio elettronico*, in *Contratto e impresa/Europa*, 2000, pp. 849 ss.

[1002] L. SANDRI, *Il decreto legislativo n. 70 del 9 aprile 2003, attuazione della direttiva 2000/31/CE relativa ad alcuni aspetti giuridici dei servii della società di informazione del mercato interno, con particolare riferimento al commercio elettronico*, in www.sandrilameri.it. V. anche G. IEMMA, *E-commerce e Direttiva 2000/31/CE: scenari attuali e prospettive future,* in www.diritto.it.

[1003] v. a tale proposito AA.VV., *Il commercio elettronico nell'unione europea* www.cr.piemonte.it, per il testo v. www.cordis.europa.eu.

[1004] L. SANDRI, op. cit.

[1005] G. ZICCARDI, P. PERRI, S. MARTINELLI, *L'impresa e il commercio elettronico: opportunità normativa, sicurezza,* in www.mi.camcom.it.

[1006] Nella direttiva 31/2000 CE, parlando di trasparenza, nei considerando 29 e 30, afferma:(29) *Le comunicazioni commerciali sono essenziali per il finanziamento dei servizi della società dell'informazione e per lo sviluppo di un'ampia gamma di nuovi servizi gratuiti.*

all'utente, dandogli la possibilità in ogni momento, di potere consultare il nome del prestatore, l'indirizzo e gli estremi che permettano al destinatario un contatto rapido con il prestatore[1007].
Per quanto concerne il prezzo dei beni o servizi, la loro indicazione deve essere trasparente, includendo in modo chiaro l'esclusione o meno delle spese di consegna. Tutte queste informazioni vanno inserite in modo perentorio anche nel caso in cui il contratto non venga concluso. Il destinatario prima della conclusione del contratto, che avviene con l'inoltro dell'ordine, deve essere informato in modo dettagliato, dei mezzi a sua disposizione per potere correggere eventuali errori di inserimento prima dell'inoltro dell'ordine e delle lingue a sua disposizione. Inoltre il prestatore deve mettere a disposizione del destinatario, le clausole e le condizioni generali del contratto. Una volta ricevute le condizioni generali il destinatario potrà inviare

---

Nell'interesse dei consumatori e della correttezza delle operazioni, le comunicazioni commerciali, come gli sconti, le offerte e i giochi promozionali, devono ottemperare a numerosi obblighi di trasparenza. L'applicazione di tali obblighi deve far salvo il disposto della direttiva 97/7/CE. La presente direttiva deve parimenti far salvo il disposto delle direttive vigenti relative alle comunicazioni commerciali, in particolare la direttiva 98/43/CE.
(30) *L'invio per posta elettronica di comunicazioni commerciali non sollecitate può risultare inopportuno per i consumatori e per i fornitori di servizi della società dell'informazione e perturbare il buon funzionamento delle reti interattive. La questione del consenso dei destinatari di talune forme di comunicazione commerciale non sollecitata non è disciplinata dalla presente direttiva bensì, in particolare, dalla direttiva 97/7/CE e dalla direttiva 97/66/CE. Negli Stati membri che autorizzano l'invio per posta elettronica di comunicazioni commerciali non sollecitate dovrebbero essere incoraggiate e agevolate appropriate iniziative di filtraggio da parte delle imprese del settore. Inoltre, le comunicazioni commerciali non sollecitate devono in ogni caso essere chiaramente identificabili in quanto tali al fine di promuovere la trasparenza ed agevolare il funzionamento di tali iniziative. L'invio per posta elettronica di comunicazioni commerciali non sollecitate non dovrebbe dar luogo a costi supplementari di comunicazione per il destinatario.*

[1007] Secondo la sentenza della CORTE DI GIUSTIZIA CE, Sez. Grande, 23/03/2010, Sentenze C-236/08 a C-238/08 «Marchi – Internet – Motore di ricerca – Pubblicità a partire da parole chiave ("keyword advertising") – Visualizzazione, a partire da parole chiave corrispondenti a marchi di impresa, di link verso siti di concorrenti dei titolari di detti marchi ovvero verso siti sui quali sono offerti prodotti di imitazione – Direttiva 89/104/CEE – Art. 5 – Regolamento (CE) n. 40/94 – Art. 9 – Responsabilità del gestore del motore di ricerca – Direttiva 2000/31/CE ("direttiva sul commercio elettronico")» DIRITTI DEI CONSUMATORI 3) la Corte dichiara al punto 3. *L'art. 14 della direttiva del Parlamento europeo e del Consiglio 8 giugno 2000, 2000/31/CE, relativa a taluni aspetti giuridici dei servizi della società dell'informazione, in particolare il commercio elettronico, nel mercato interno («Direttiva sul commercio elettronico»), deve essere interpretato nel senso che la norma ivi contenuta si applica al prestatore di un servizio di posizionamento su Internet qualora detto prestatore non abbia svolto un ruolo attivo atto a conferirgli la conoscenza o il controllo dei dati memorizzati. Se non ha svolto un siffatto ruolo, detto prestatore non può essere ritenuto responsabile per i dati che egli ha memorizzato su richiesta di un inserzionista, salvo che, essendo venuto a conoscenza della natura illecita di tali dati o di attività di tale inserzionista, egli abbia omesso di prontamente rimuovere tali dati o disabilitare l'accesso agli stessi. (http://www.cortedicassazione.it/).*

l'ordine per posta elettronica al prestatore[1008] che dovrà dare conferma in via telematica.
L'ordine e la ricevuta si considerano effettuati quando le parti alle quali sono indirizzate hanno la possibilità di averne conoscenza[1009].
Lo scopo è quello di evitare un numero eccessivo di norme, basandosi sulle libertà del mercato interno, tenendo conto delle diverse realtà commerciali e garantendo una tutela efficace degli obiettivi di interesse generale. La direttiva si basa inoltre sulla volontà di eliminare le disparità esistenti nella giurisprudenza degli Stati membri in modo da instaurare una certezza idonea a favorire la fiducia dei consumatori e delle imprese[1010]. La direttiva ha stabilito un nuovo obiettivo[1011] strategico da realizzare ovvero diventare un'economia basata sulla conoscenza più concorrenziale e dinamica del mondo.

La disciplina Italiana del commercio elettronico: il d- lgs. 70 /2003
In Italia il legislatore con il d.lgs. 9 aprile 2003 n. 70 ha dato attuazione alla direttiva CE 31 dell'8 giugno 2000[1012], relativa ad alcuni aspetti giuridici dei servizi

---

[1008] Nell'art. 2 della direttiva 31/2000 vi sono le definzioni di prestatore; alla *lettera b): "prestatore": la persona fisica o giuridica che presta un servizio della società dell'informazione; alla lettera c) "prestatore stabilito": il prestatore che esercita effettivamente e a tempo indeterminato un'attività economica mediante un'installazione stabile. La presenza e l'uso dei mezzi tecnici e delle tecnologie necessarie per prestare un servizio non costituiscono di per sé uno stabilimento del prestatore.*
[1009] A. GILARDINI, A. BRUNETTI, op. cit.
[1010] AA.VV. *Il commercio elettronico nell'unione europea* www.cr.piemonte.it, op. cit.
[1011] All'Articolo 1 Direttiva 2000/31/CE del Parlamento europeo e del Consiglio dell'8 giugno 2000 relativa a taluni aspetti giuridici dei servizi della società dell'informazione, in particolare il commercio elettronico, nel mercato interno («Direttiva sul commercio elettronico») sono indicate gli Obiettivi e campo d'applicazione 1. *La presente direttiva mira a contribuire al buon funzionamento del mercato garantendo la libera circolazione dei servizi della società dell'informazione tra Stati membri.2. La presente direttiva ravvicina, nella misura necessaria alla realizzazione dell'obiettivo di cui al paragrafo 1, talune norme nazionali sui servizi della società dell'informazione che interessano il mercato interno, lo stabilimento dei prestatori, le comunicazioni commerciali, i contratti per via elettronica, la responsabilità degli intermediari, i codici di condotta, la composizione extragiudiziaria delle controversie, i ricorsi giurisdizionali e la cooperazione tra Stati membri.3. La presente direttiva completa il diritto comunitario relativo ai servizi della società dell'informazione facendo salvo il livello di tutela, in particolare, della sanità pubblica e dei consumatori, garantito dagli strumenti comunitari e dalla legislazione nazionale di attuazione nella misura in cui esso non limita la libertà di fornire servizi della società dell'informazione (...).*
[1012] La Direttiva 2000/31/CE del Parlamento europeo e del Consiglio dell'8 giugno 2000. Relativa a taluni aspetti giuridici dei servizi della società dell'informazione, in particolare il commercio elettronico, nel mercato interno ("Direttiva sul commercio elettronico") nei considerando 1, 2 e 3 afferma che: *(1) L'Unione europea intende stabilire legami sempre più stretti tra gli Stati ed i popoli europei, garantire il progresso economico e sociale. Secondo l'articolo 14, paragrafo 2, del trattato, il mercato interno implica uno spazio senza frontiere interne, in cui sono garantiti la libera circolazione delle merci e dei servizi, nonché il diritto di stabilimento. Lo sviluppo dei servizi della società dell'informazione nello spazio senza frontiere interne è uno strumento essenziale per eliminare le barriere che dividono i popoli europei. (2) Lo sviluppo del commercio elettronico nella società dell'informazione offre grandi*

della società di informazione, in particolare del commercio elettronico del mercato interno[1013].
Con questo decreto legislativo il Governo italiano, secondo i principi di politica europea, si è posto come obiettivo quello di sviluppare un'economia basata sulla conoscenza e di contribuire allo sviluppo dei mercati per mezzo di azioni e di progetti diretti a promuovere la libera circolazione dei servizi della società dell'informazione, fra cui il commercio elettronico.
Tuttavia è bene precisare che il d.lgs. 70/2003 non contiene una precisa indicazione di quali siano i servizi della società dell'informazione, ma a tale fine rinvia alla legge 317 del 1986 di attuazione della direttiva 83/189/CEE relativa alla procedura d'informazione nel settore delle norme e delle regolamentazioni tecniche, come modificate dal d.lgs. n. 427/2000[1014].
Secondo l'art. 1 comma 1 lett. b. del decreto legislativo 427 del 2000 per servizio dell'informazione si intende qualsiasi servizio, prestato normalmente dietro retribuzione a distanza, ossia servizio fornito senza la presenza simultanea delle parti[1015].
Il commercio elettronico è impiegato secondo la direttiva comunitaria 2000/31 e il d.lgs 70/2003, nell'ottica della promozione della libera circolazione dei servizi, con l'obiettivo di garantire un elevato livello di integrazione giuridica dell'Unione europea instaurando un vero e proprio spazio senza frontiere anche per la rete Internet[1016].
Nel campo di applicazione di questo decreto legislativo rientrano le attività svolte on-line, quale la vendita delle merci, la pubblicità ed i contratti on-line.
Il decreto non si applica (art. 1, comma 2 D.lgs. n. 70/2003) a: tutte le questioni relative ai rapporti con l'amministrazione finanziaria; quelle relative al diritto di riservatezza; con riguardo al diritto al trattamento dei dati personali nel settore delle telecomunicazioni; alle intese restrittive della concorrenza; le prestazioni di servizi effettuate da soggetti non appartenenti all'unione europea; alle attività di notai ed altri professionisti; la rappresentanza e la difesa processuali; ai giochi d'azzardo,

---

opportunità per l'occupazione nella Comunità, in particolare nelle piccole e medie imprese. Esso faciliterà la crescita delle imprese europee, nonché gli investimenti nell'innovazione ed è tale da rafforzare la competitività dell'industria europea a condizione che Internet sia accessibile a tutti.(3) Il diritto comunitario e le caratteristiche dell'ordinamento giuridico comunitario costituiscono una risorsa essenziale affinché i cittadini e gli operatori europei possano usufruire appieno e al di là delle frontiere delle opportunità offerte dal commercio elettronico. La presente direttiva si prefigge pertanto di garantire un elevato livello di integrazione giuridica comunitaria al fine di instaurare un vero e proprio spazio senza frontiere interne per i servizi della società dell'informazione.

[1013] M. FARINA, op. *cit.*

[1014] Decreto Legislativo 23 novembre 2000, n. 427 "*Modifiche ed integrazioni alla legge 21 giugno 1986, n. 317, concernenti la procedura di informazione nel settore delle norme e regolamentazioni tecniche e delle regole relative ai servizi della società dell'informazione, in attuazione delle direttive 98/34/CE e 98/48/CE*"

[1015] L. SANDRI, op. cit.

[1016] Sull'argomento si veda A.M. BENEDETTI, *Autonomia privata procedimentale. La formazione del contratto tra legge e volontà delle parti*, Giappichelli, Torino, 2002.

ove ammessi , implicano una posta pecuniaria, i giochi di fortuna, compresi il lotto, lotterie e le scommesse[1017].
L'art. 7 del d.lgs 70/2003[1018] stabilisce che il prestatore di un servizio[1019] della società di informazione, deve fornire al destinatario tutte le informazioni generali, circa le varie fasi tecniche da seguire per la conclusione del contratto.

[1017] A. GILARDINI, A. BRUNETTI, op.cit.

[1018] Decreto Legislativo 9 aprile 2003, n. 70"Attuazione della direttiva 2000/31/CE relativa a taluni aspetti giuridici dei servizi della società dell'informazione nel mercato interno, con particolare riferimento al commercio elettronico", pubblicato nella *Gazzetta Ufficiale* n. 87 del 14 aprile 2003 - Supplemento Ordinario n. 61, di cui all'art. 7 abbiamo le: (Informazioni generali obbligatorie) *Il prestatore, in aggiunta agli obblighi informativi previsti per specifici beni e servizi, deve rendere facilmente accessibili, in modo diretto e permanente, ai destinatari del servizio e alle Autorità competenti le seguenti informazioni: a) il nome, la denominazione o la ragione sociale; b) il domicilio o la sede legale; c) gli estremi che permettono di contattare rapidamente il prestatore e di comunicare direttamente ed efficacemente con lo stesso, compreso l'indirizzo di posta elettronica; d) il numero di iscrizione al repertorio delle attività economiche, REA, o al registro delle imprese; e) gli elementi di individuazione nonché gli estremi della competente autorità di vigilanza qualora un'attività sia soggetta a concessione, licenza od autorizzazione; d) per quanto riguarda le professioni regolamentate: 1) l'ordine professionale o istituzione analoga, presso cui il prestatore sia iscritto e il numero di iscrizione; 2) il titolo professionale e lo Stato membro in cui è stato rilasciato; 3) il riferimento alle norme professionali e agli eventuali codici di condotta vigenti nello Stato membro di stabilimento e le modalità di consultazione dei medesimi; e) il numero della partita IVA o altro numero di identificazione considerato equivalente nello Stato membro, qualora il prestatore eserciti un'attività soggetta ad imposta; f) l'indicazione in modo chiaro ed inequivocabile dei prezzi e delle tariffe dei diversi servizi della società dell'informazione forniti, evidenziando se comprendono le imposte, i costi di consegna ed altri elementi aggiuntivi da specificare; g) l'indicazione delle attività consentite al consumatore e al destinatario del servizio e gli estremi del contratto qualora un'attività sia soggetta ad autorizzazione o l'oggetto della prestazione sia fornito sulla base di un contratto di licenza d'uso. 2. Il prestatore deve aggiornare le informazioni di cui al comma 1. 3. La registrazione della testata editoriale telematica è obbligatoria esclusivamente per le attività per le quali i prestatori del servizio intendano avvalersi delle provvidenze previste dalla legge 7 marzo 2001, n. 62.*

[1019] Il d. lgs. 9 aprile 2003, n. 70 ha dato attuazione alla dir. Ce 31/2000 in materia di commercio elettronico introducendo specifici obblighi a carico del prestatore di servizi della società dell'informazione ed in particolare per gli operatori commerciali operanti mediante la predisposizione di piattaforme di contrattazione basate sul meccanismo di accesso al sito *web*. È bene porre l'attenzione all'art. 13 del d. lgs. 9 aprile 2003, n.70– (Inoltro dell'ordine)1. *Le norme sulla conclusione dei contratti si applicano anche nei casi in cui il destinatario di un bene o di un servizio della società dell'informazione inoltri il proprio ordine per via telematica.2. Salvo differente accordo tra parti diverse dai consumatori, il prestatore deve, senza ingiustificato ritardo e per via telematica, accusare ricevuta dell'ordine del destinatario contenente un riepilogo delle condizioni generali e particolari applicabili al contratto, le informazioni relative alle caratteristiche essenziali del bene o del servizio e l'indicazione dettagliata del prezzo, dei mezzi di pagamento, del recesso, dei costi di consegna e dei tributi applicabili.3. L'ordine e la ricevuta si considerano pervenuti quando le parti alle quali sono indirizzati hanno la possibilità di accedervi.4. Le disposizioni di cui ai commi 2 e 3 non si applicano ai contratti conclusi esclusivamente mediante scambio di messaggi di posta elettronica o comunicazioni individuali equivalenti.* E. TOSI *La dematerializzazione della*

Nella rete internet bisogna offrire maggiore tutela ai consumatori, controparte debole[1020].

La responsabilità dei prestatori di servizi. (Internet service providers

La responsabilità dei diversi operatori della rete internet, (prestatori di servizi della società di informazione) è un tema molto rilevante che merita particolare attenzione, che per sua natura ha interessato sia la dottrina che la giurisprudenza nazionale ed internazionale.

In sintesi, il problema della responsabilità degli internet service providers può essere chiarito richiamando all'attenzione alcuni principi fondamentali del nostro ordinamento giuridico, ovvero la responsabilità civile e quella penale[1021].

La responsabilità civile sorge quando un soggetto, attraverso un comportamento illecito provoca ad altri un danno ingiusto. Se si riesce a provare sia il danno, che l'illeceità del comportamento ed al tempo stesso il rapporto di causa ed effetto tra il comportamento e danno, verrà disposto il risarcimento[1022]. Mentre la responsabilità penale esiste solo se la norma prevede un determinato comportamento come reato, inoltre la responsabilità penale è personale e nessuno può essere punito per un fatto commesso da altri.

In linea di massima il d.lgs. 70 del 2003 opta per un tipo di responsabilità civile, non contendendo delle disposizioni con specifiche sanzioni penali. Dal momento che nel nostro ordinamento non esiste il reato di omesso controllo o altra previsione analoga a carico del prestatore di sevizi telematici (sulle informazioni che tramette o memorizza)[1023], ovvero non esiste un obbligo di sorveglianza la cui violazione sia previsto come reato, dobbiamo porre la nostra attenzione su quanto indicato dall'art. 17 del D.lgs 70/2003 (2 e 3 comma), che pur fissando l'assenza di un obbligo di sorveglianza stabilisce che il prestatore è tenuto:

2. Fatte salve le disposizioni di cui agli articoli 14, 15 e 16, il prestatore è comunque tenuto: a) ad informare senza indugio l'autorità giudiziaria o quella amministrativa avente funzioni di vigilanza, qualora sia a conoscenza di presunte attività o informazioni illecite riguardanti un suo destinatario del servizio della società dell'informazione; b) a fornire senza indugio, a richiesta delle autorità competenti, le informazioni in suo possesso che consentano l'identificazione del

---

contrattazione: il contratto virtuale con i consumatori alla luce della recente novella al codice del consumo di cui al d. lgs. 21 febbraio 2014, n. 21, Contratto E Impresa n. 6, 2016 p. 1309.

[1020] G. FINOCCHIARO, *La tutela dei consumatori nel commercio elettronico nella normativa dell'unione europea, in Resp. Comunicaz. Impresa*, 1. 2003 p. 3.; Z. ZENCOVICH, *La tutela del consumatore nel commercio elettronico,* in Dir. 2000.p. 447 ss.

[1021] In tema di responsabilità v. inoltre P. COSTANZO, *Ascesa (e declino?) di un nuovo operatore telecomunicativo (Aspetti giuridici del- l'*Internet Service Provider*)*, in *DRT*, 1999, 2, 83-102; G. PINO, *Tra anarchia e caccia alle streghe. Alterne vicende della libertà di manifestazione del pensiero in Internet, in Ragion pratica*, 17, 2001, 133-153 Z. ZENCOVICH, *I rapporti tra responsabilità civile e responsabilità penale nelle comunicazioni su Internet (riflessioni preliminari)*, in *Dir. informazione e informatica*, 1999, 1049-1057.

[1022] M. CAMMARATA, *Le trappole nei contratti di hosting*, www.interlex.it.

[1023] G. PINO, *Assenza di un obbligo generale di sorveglianza a carico degli Internet Service Providers sui contenuti immessi da terzi in rete*, http://www1.unipa.it.

destinatario dei suoi servizi con cui ha accordi di memorizzazione dei dati, al fine di individuare e prevenire attività illecite.
3. Il prestatore è civilmente responsabile del contenuto di tali servizi nel caso in cui, richiesto dall'autorità giudiziaria o amministrativa avente funzioni di vigilanza, non ha agito prontamente per impedire l'accesso a detto contenuto, ovvero se, avendo avuto conoscenza del carattere illecito o pregiudizievole per un terzo del contenuto di un servizio al quale assicura l'accesso, non ha provveduto ad informarne l'autorità competente.
Per concludere, il prestatore di servizi della società dell'informazione, deve impedire la commissione di reati se possibile, in particolare nel momento in cui viene a conoscenza di un fatto o circostanze che rendono piuttosto eclatante l'illeceità della attività o delle informazioni, su comunicazione delle competenti autorità, deve agire immediatamente per rimuovere le informazioni o per disabilitarne l'accesso[1024].

Diverse forme di commercio elettronico
È possibile operare una classificazione dell'e-commerce in base ai soggetti coninvolti ed una in base alle modalità di vendita e la consegna dei beni.

Le tipologie del commercio elettronico classificate a seconda dei soggetti che partecipano al processo di vendita
Una prima possibile classificazione delle varie attività commerciali attiene alla distinzione fra le parti coinvolte che partecipano alla vendita. A seconda della coppia in gioco, è possibile avere:

1) business to business (B2B) che ha lo scopo di incrementare le transazioni e gli affari tra le aziende. In questa tipologia di rapporto non viene coinvolto il consumatore finale, ma sono interessati unicamente i soggetti imprenditori o professionisti, questa attività si è sviluppata prima dell'avvento di internet attraverso l'utilizzo di reti private;
2) IB intrabusiness nasce nel rapporto fra imprese, dove la trattativa si sviluppa all'interno dell'impresa. In questo specifico settore i soggetti saranno in numero chiuso e le transazioni economiche rivestono un aspetto poco rilevante;
3) business to consumer (B2C) ha il preciso scopo di incrementare le transazione e gli affari fra le aziende. In questo settore la trattativa è rivolta al consumatore finale. A tutti gli utenti della rete vengono offerti sia i beni sia i servizi delle ed i rapporti economici che si instaurano raggiungono sicuramente dimensioni rilevanti. In questa tipologia rientrano le transazioni bancarie offerte in rete e la possibilità di effettuare investimenti via internet;
4) consumer to consumer (C2C) è il sistema di scambi elettronici instaurato fra consumatori finali. Esempio tipico lo abbiamo con le aste on line che avvengono in rete in cui i consumatori propongono offerte e creano prodotti;

[1024] M. MINOTTI, *Responsabilità penale: il provider è tenuto ad attivarsi?*, www.interlex.it.

5) business to administration, è la cetgoria che fa riferimento esclusivamente ai rapporti gestiti mediante le reti telematiche fra le imprese ed una pubblica amministrazione[1025].

Abbiamo due differenti "categorie" giuridiche negoziali e più esattamente: 1. quelle che riguardano in modo esclusivo i rapporti contrattuali degli imprenditori o professionisti fra loro, ed inoltre degli imprenditori o professionisti con soggetti non "consumatori" secondo le disposizioni previste dal codice civile all'art. 1469 bis c.c.; 2. e quelle categorie che interessano i rapporti contrattuali tra imprenditori o professionisti e i "consumatori" nel senso codificato dall'art. 1469 bis c.c.[1026]

Commercio elettronico diretto ed indiretto

Una seconda classificazione del commercio elettronico è possibile averla con riguardo alle modalità di vendita, tipologia dei prodotti e alle modalità di consegna, in questo caso avremo due diversi tipi di e-commerce, ossia quello diretto e quello indiretto.

Di questa calssificazione se ne è occupata per la prima volta la Comunicazione della Commissione europea n. 157 del 1997[1027] attraverso "*Un'iniziativa europea in materia di commercio elettronico*" viene stabilita la definizione del commercio elettronico distinguendolo in commercio elettronico diretto e commercio elettronico indiretto.[1028]

Al termine della trattativa gli attori del rapporto commerciale procedono alla consegna del bene oggetto della transazione. Ed è questo il momento rilevante per operare una distinzione fra commercio elettronico on line e quello off-line.

Il commercio elettronico diretto, si verifica quando i beni o i servizi oggetto della transazione si smaterializzano per essere trasferiti o prestati direttamente attraverso internet; mentre il commercio elettronico indiretto si ha quando il contratto di cessione di beni o servizi avviene on-line, mentre la consegna avviene fisicamente secondo i metodi tradizionali.

Nel documento della Commissione Europea (COM97) 157 si evidenzia che il commercio elettronico indiretto dipende da una serie di fattori esterni come ad esempio l'efficienza dei trasporti, mentre in quello diretto consente delle transazioni elettroniche senza una soluzione di continuità oltre i confini geografici ed in grado di sfruttare le potenzialità dei mercati globali.[1029]

[1025] R. PELLINO, op. cit.; L. LISI, *Il negozio telematico. I profili giuridici din un e-shop Halley*, Matelica, 2007, p. 32.

[1026] V. BUONOCORE, *Contratti del consumatore e contratti d'impresa*, in *Riv. dir. civ.*, 1995, I, p. 1 ss.

[1027] La nascita del commercio elettronico viene ufficialmente sancita dalla comunicazione n. 157 del 1997 che si pone come obiettivo la regolamentazione, l'incetivazione e la diffusione di una for a di mercato a livello mondiale, v. a tale proposito M. GENTILI *In Digito ergo sum. Internet e digitale: una sfida decisive per la crescita dell'impresa,* Airone, Roma, p. 108.

[1028] V. CUFFARO, *Codice di consumo,* Giuffrè, Milano, 2012, p. 483.

[1029] A. F. URICCHIO, *Frontiere dell'imposizione tra evoluzioni tecnologiche e nuovi assetti istituzionali,* Cacucci, Bari, 2010, p. 46; P. VALENTE, F. ROCCATAGLIA, *Internet, aspetti giuridici e fiscali del commercio elettronico,* Roma, 2001, p. 18.

Il commercio elettronico diretto è quello ove le ordinazioni dei pagamenti ad esecuzione della prestazione al fornitore avvengono per via telematica, mentre in quello indiretto le ordinazioni hanno ad oggetto dei beni materiali che vengono recapitati in modo consueto[1030].
Il commercio elettronico diretto (on line) riguarda la cessione dei beni e dei servizi informatici forniti attraverso internet o una rete telematica, in base al disposto dell'*Articolo 11* REGOLAMENTO (CE) N. 1777/2005 DEL CONSIGLIO del 17 ottobre 2005 recante disposizioni di applicazione della direttiva 77/388/CEE relativa al sistema comune di imposta sul valore aggiunto[1031].
Il negozio si conclude interamente in rete. La transazione commerciale avviene in modo esclusivo in via telematica, l'acquirente visiona sul catalogo il prodotto da acquistare, e procede all'ordine, e successivamente esegue il pagamento con sistemi informatici.
Questo tipo di commercio elettronico comporta quella che potremo definire una completa dematerializzazione della transazione commerciale, dal momento che il bene acquistato risulta intangibile ed immateriale.
La consegna del bene acquistato avviene in rete, in tal caso potremmo avere indifferentemente delle transazioni aventi ad oggetto sia la cessione di beni sia prestazioni di servizi.
Nel primo caso i beni scambiati on-line sono definiti digitali (come ad esempio i brani musicali, o software, i filmati, i libri digitalizzati). Nel secondo caso, per prestazione di servizi si intendono le consulenze professionali, i servizi bancari ed assicurativi, la prenotazioni di biglietti ecc[1032].

[1030] V. CUFFARO, op. cit.

[1031] REGOLAMENTO (CE) N. 1777/2005 DEL CONSIGLIO del 17 ottobre 2005 recante disposizioni di applicazione della direttiva 77/388/CEE relativa al sistema comune di imposta sul valore aggiunto.L'Articolo 11 *1. I servizi prestati tramite mezzi elettronici, di cui all'articolo 9, paragrafo 2, lettera e), dodicesimo trattino, e all'allegato L della direttiva 77/388/CEE, comprendono i servizi forniti attraverso Internet o una rete elettronica e la cui natura rende la prestazione essenzialmente automatizzata, corredata di un intervento umano minimo e, in assenza della tecnologia dell'informazione, impossibile da garantire. 2. In particolare, sono disciplinati dal paragrafo 1 i servizi seguenti, se forniti attraverso Internet o una rete elettronica: a) la fornitura di prodotti digitali in generale, compresi software, loro modifiche e aggiornamenti; b) i servizi che veicolano o supportano la presenza di un'azienda o di un privato su una rete elettronica, quali un sito o una pagina web; c) i servizi automaticamente generati da un computer attraverso Internet o una rete elettronica, in risposta a dati specifici immessi dal destinatario; d) la concessione, a titolo oneroso, del diritto di mettere in vendita un bene o un servizio su un sito Internet che operi come mercato on line, in cui i potenziali acquirenti fanno offerte attraverso un procedimento automatizzato e in cui le parti sono avvertite circa la realizzazione di una vendita per posta elettronica automaticamente via computer; e) le offerte forfettarie di servizi Internet (Internet service provider, ISP) nelle quali la componente delle telecomunicazioni costituisce un elemento accessorio e subordinato (vale a dire, il forfait va oltre il semplice accesso a Internet e comprende altri elementi, quali pagine con contenuto che danno accesso alle notizie di attualità, alle informazioni meteorologiche o turistiche, spazi di gioco, hosting di siti, accessi a dibattiti on line, ecc.); f) i servizi elencati nell'allegato I.*

[1032] C. SALLUSTIO, op. cit.

Nell'e-commerce indiretto, vi è una fase che avviene on line come ad esempio l'acquisto di un bene o un servizio ed di una fase off- line come la consegna del bene stesso. La rete rappresenta solo una modalità in più rispetto a quelle tradizionali, per contattare il cliente, dal momento che lo scambio avviene con la consegna fisica e materiale del bene[1033].
Si esegue un ordine in via elettronica di beni materiali, che devono essere consegnati fisicamente attraverso canali tradizionali, con pagamento al momento dell'ordine o successivamente al momento della consegna.
Il commercio elettronico indiretto è assimilabile ad una vendita per corrispondenza, con tutte le caratteristiche che la contraddistinguono[1034].
In ultimo è bene ricordare che la distizione tra commercio elettronico diretto e indiretto appare piuttosto utile per affrontare gli aspetti fiscali dell'e-commerce.
Pertanto nel commercio elettronico indiretto dove l'acquisto avviene on line, ma la consegna avviene in un momento successivo, tramite i metodi tradizionali come il servizio postale, in tal caso l'emissione della fattura non è obbligatoria, fatta eccezione nel caso in cui sia rischiesta dal cliente, non oltre il momento di effetuazione dell'operazione in base a quanto diposto all'art. 22, comma 1 n.1) del DPR n. 633/1972.
Nel commercio elettronico diretto, dove tutte le transazioni avvengono on line, dall'ordine, al pagamento ed alla consegna, invece l'emissione della fattura è obbligatoria, dunque le transazioni commerciali saranno soggette a tale obbligo avendo riguardo al momento del pagamento del correspettivo secondo le disposizioni di cui all'art. 6 comma 3 del D.P.R. n. 633/1972[1035].

Il diritto di recesso

Il punto focale della normativa sull'e-commerce è costituito dalla facoltà per il consumatore di recedere dal contratto.
Il consumatore "digitale" fa riferimento, per la sua tutela, principalmente alle disposizioni contenute nel Codice del consumo (D.Lgs. n. 206/2005).
Merita particolare attenzione a tale proposito anche la Direttiva n. 2011/83/UE del 25 ottobre 2011, con essa cambia il quadro consolidato in precedenza, in particolare è prevista una *disciplina unitaria degli obblighi informativi e del recesso* nei contratti a distanza e nei contratti negoziati fuori dai locali commerciali. Gli obblighi informativi, diventano particolarmente minuziosi sia per i contenuti che per i procedimenti. Nel diritto di recesso i termini vengono innalzati ed aggiornate le modalità di comunicazione tra le parti, salvo alcune esclusioni, frutto anche delle decisioni della Corte di giustizia europea.

[1033] v anche P. COSTA, G. COSTA *L'iva nelle operazioni con l'estero*, Maggioli, Santarcangelo di Romagna (RN), 2016, p. 414.

[1034] B. SANTACROCE, S. FICOLA, *Il commercio elettronico. Aspetti giuridici e regime fiscale*, con CD ROM, Maggioli, Santarcangelo di Romagna (RN), 2015, p. 16-17.

[1035] http://www.fiscal-focus.it, la circolare di aggiornamento professionale n. 52 del 2015. Novità per l'e-commerce diretto dal 1.01.2015.

La direttiva 2011/83/UE è stata recepita nel nostro ordinamento attraverso il D.Lgs. 21 febbraio 2014, n. 21[1036] con il quale sono state apportate delle significative modifiche al Codice del consumo, per rinnovare il comparto dell'e-commerce, in base alle direttive europee in materia che hanno cercato di ridefinire la disciplina del settore in forte crescita a livello globale. Le novità rilevanti interessano più che gli operatori commerciali quali le imprese e le attività commerciali, i consumatori, considerati come le parti deboli del contratto.
Il diritto di recesso riconosciuto al consumatore, è reso possibile entro un termine più ampio, si passa dagli iniziali 10 a 14 giorni. In caso di mancata comunicazione dell'informazione al consumatore sull'esistenza del diritto di recesso, si passa dai 60 giorni dalla conclusione del contratto e 90 giorni dalla consegna del bene, al termine di 1 anno. L'operatore commerciale, deve fornire, al consumatore delle informazioni dettagliate e di chiara comprensione sulle modalità di esercizio del diritto di recesso[1037].
In caso di ripensamento, il consumatore potrà restituire il bene, in caso di deterioramento, sarà responsabile unicamente della "diminuzione del valore del bene avuto in custodia". In tal caso il consumatore ha diritto ad ottenere il rimborso di tutti i pagamenti effettuati, compresi quelli relativi alle spese di consegna, che verrà diminuito nel caso in cui lo stesso abbia utilizzato il bene per il tempo necessario per stabilirne la natura, le caratteristiche ed il funzionamento[1038].
La decadenza dal diritto di recesso varia a seconda dell'oggetto del contratto; se il contratto prevede la compravendita di beni, il recesso è esercitabile nei 14 giorni successivi dal giorno del ricevimento della merce; se l'oggetto del contratto è un servizio, i termini per esercitare il diritto di recesso decorrono dal giorno della conclusione del contratto, previo l'obbligo di informazione scritta.
Se il fornitore non ha soddisfatto gli obblighi di informazione scritta, il termine per l'esercizio del diritto di recesso sarà di 1 anno a decorre, dalla scadenza del periodo di recesso iniziale[1039].

La contrattazione informatica telematica e virtuale
I contratti informatici
La dottrina nel corso degli anni ha elaborato diverse categorie contrattuali riconducibili a vario titolo al substrato tecnologico informatico- telematico[1040].

[1036] Per approfondimenti al D.Lgs. n. 21/2014 v. E.M. TRIPODI *La nuova disciplina dei diritti dei consumatori. Brevi note sul D.Lgs. 21 febbraio 2014, n. 21*, in Discipl. comm. e servizi, n. 2/2014, p. 19 ss.; V. CUFFARO, *Nuovi diritti per i consumatori: note a margine del D.Lgs. 21 febbraio 2014, n. 21*, in Corriere giur., 2014, p. 745 ss.; S. PAGLIANTINI, *La riforma del codice del consumo ai sensi del D.Lgs. 21/2014: una rivisitazione (con effetto paralizzante per i consumatori e le imprese?)*, in Contratti, 2014, p. 796 ss.
[1037] E.M. TRIPODI, *E-commerce: tutela dei consumatori, obblighi informativi, recesso e garanzie*, 2.9.2015, in www.altalex.it.
[1038] AA.VV, *E-commerce, in vigore le nuove regole per i negozi online,* in www.leggioggi.it.
[1039] B. SAETTA, *Contratto on-line e profili probatori*, in www.brunosaetta.it.
[1040] E. TOSI, *I contratti informatici, telematici e virtuali, nuove forme e procedimenti,* Giuffre, Milano, 2010, p. 38.

Qualsiasi transazione effettuata mediante piattaforme di e- commerce presuppone la conclusione di un contratto tra la parte venditrice e l'acquirente, dove la particolarità del mezzo impiegato ha giustificato la nascita dei c.d. contratti informatici e telematici[1041].
La dottrina, di fronte alla molteplicità di contratti riconducibili al mercato digitale ha elaborato essenzialmente due criteri per classificare i contratti ad oggetto informatico, telematico e virtuale, uno oggettivo ed uno soggettivo.
Il primo criterio, ossia quello oggettivo, fa riferimento all'oggetto del contratto che può consistere in un bene informatico o servizi informatici.
Con il criterio soggettivo, invece si fa riferimento ai soggetti del contratto, alla natura dei rapporti intercorrenti fra i soggetti del mercato ed indica l'itinerario dell'evoluzione delle tecniche di fabbricazione, diffuse ed uso del computer.
Secondo la dottrina esistono anche due ulteriori sottospecie di tali forme contrattuali e più precisamente: i contratti di utilizzazione del computer o meglio *i computer contracts* ed i contratti di servizi informataci ovvero i *computer services contracts.*
I computer contracts consistano nell'acquisizione da terzi degli strumenti, hardware e software per soddisfare le proprie necessità di prestazioni informatiche. I computer service contracts si caratterizzano per l'acquisizione da parte di terzi, delle prestazioni informatiche per soddisfare le proprie necessità.
La dottrina distingue i contratti informatici in senso stretto da quelli ad oggetto informatico. I primi si caratterizzano dal fatto che lo strumento informatico è il mezzo mediante il quale si conclude il contratto, mentre i secondi per via del fatto che l'oggetto del contratto è un bene o servizio informatico, come ad esempio contratti per fornitura di hardware, licenze software ecc.[1042]

I contratti telematici

In questa nuova era teconologica abbiamo visto il diffondersi di nuovi strumenti come quelli telematici[1043] e soprattutto con il world wide web è nata l'esigenza per le persone fisiche e giuridiche di affidarsi a forme contrattuali più rapide e snelle conformi ai nuovi modelli di business.
Pertanto in tale contesto si è diffusa una nuova tipologia di contratto denominato contratto telematico, per il quale dottrina e giurisprudenza sono state chiamate a confrontarsi[1044].
La caratteristica fondamentale del contratto telematico[1045], è quella di concludersi mediante Internet, quindi senza la presenza di entrambe le parti contraenti.

[1041] G. ZICCARDI P. PERRI, S. MARTINELLI, op. cit., p. 66.
[1042] E. TOSI, op. cit. 40-41.
[1043] A.M. GAMBINO, *L'accordo telematico*, Milano 1997, in relazione al meccanismo della posta elettronica – consistente nella possibilità di trasmettere messaggi e documenti attraverso la rete *Internet* mediante utilizzo di opportuni indirizzi telematici.
[1044] G. CASSANO, G. SCORZA, G. VACIAGO, *Diritto di internet.* Manuale opertivo, casi legislazione e giurisprudenza, Cedam, Milano, 2012.
[1045] E.M. TRIPODI, F. SANTORO, S. MISSINEO, *Manuale di commercio elettronico*, Giuffrè, Milano, 2000

Il contratto telematico è un accordo ex art. 1321 c.c. in cui le parti affidano le loro dichiarazioni di volontà a mezzi informatici collegati tra loro attraverso la rete, solitamente internet.
Il contratto telematico[1046] può avere ad oggetto sia bene materiale o un servizio (come un semplice accordo concluso per via telematica) oppure avere ad oggetto un bene o un servizio digitale, dematerializzato.[1047]
Nel nostro ordinamento giuridico i vari tipi di contratti telematici sono ammessi e trovano la loro disciplina nell'art. 1322 c.c. che consente di stipulare contratti che non siano espressamente previsti dalla legge, purché siano diretti a realizzare interessi meritevoli di tutela e secondo l'art. 1350 c.c. che sancisce il principio della libertà delle forme[1048].
Tuttavia bisogna considerare le diverse difficoltà e l'iniziale disorientamento del giurista di fronte al mondo virtuale nel quale il contratto telematico trova il suo fondamento e il suo campo di applicazione. Infatti nel cyber- spazio il riferimento al tempo e al luogo di formazione dl contratto non è applicabile, il cyber- spazio è per definizione stessa un mondo virtuale[1049].

I Contratti informatici e contratti telematici, differenze

In dottrina numerosi autori[1050] hanno affrontano la questione relativa al contratto telematico, ma ancora oggi si avvertono alcune incertezze in merito alla sua definizione ed alla differenza rispetto a quello informatico[1051].
I contratti, secondo parte della dottrina vengono distinti in modo surreale, quindi avremo quelli dove il computer viene inteso come il mezzo di trasmissione della volontà e quelli nei quali lo strumento elettronico assume un ruolo di controparte e che anche se si riconosce, in questo caso, la possibilità di scelta del computer.
Quest'utima categoria dipende da un programma che è definito necessariamente da un'attività umana, pertanto si tende a considerare quest'ultima ipotesi come una forma peculiare di contrattazione. Si parla quindi di due forme contrattuali ossia di quelli conclusi "a mezzo di computer" e "contratti conclusi da computers".[1052]

[1046] V. anche AA.VV., *Commentario alla formazione, archiviazione e trasmissione di documenti con strumenti informatici e telematici (D.P.R. n. 513/1997)*, a cura di C.M. BIANCA e altri, in Nuove leggi civ. comm., 2000, p. 633 ss.
[1047] E. RUGGERI, *I contratti telematici nel codice del consumo in particolare la concluione*, p.1-2, www.giustizialazio.it.
[1048] A. LISI op cit, p. 46.
[1049] G. CASSANO, G. SCORZA, G. VACIAGO, op. cit.
[1050] Si rende necessaria una precisazione preliminare relativa alla delimitazione del campo d'indagine e, in particolare, sembra utile aderire alla distinzione operata da parte della dottrina tra contratti informatici e contratti telematici M. GUERNELLI, *Il commercio elettronico e la firma digitale*, in *Giurisprudenza commerciale*, 2003, n. 1, pp. 70-87.
[1051] A. C. NAZZARO, *Informatica e diritto*, Vol. XIX, 2010, n. 1-2, pp. 7-32; B. DEL VECCHIO, *Riflessioni sulla conclusione del contratto telematico,* www.ittig.cnr.it, p.1.
[1052] V. sull'argomento L. ALBERTINI, *Osservazioni sulla conclusione del contratto tramite computers e sull'accettazione di un'offerta in Internet*, in *Giustizia civile*, 1997, pp. 21 e ss.; B. DEL VECCHIO, *Riflessioni sul valore giuridico della sottoscrizione elettronica*, in "Rivista del notariato", 1991, n. 5, pp. 977-994; R.G. PISCITELLI, *Negoziazione in rete e contratti tra computer*, in Diritto dell'informazione e dell'informatica, 2002, n. 6, pp. 1141-

Per comprendere appieno il fenomeno del commercio elettronico è utile operare una distinzione fra i contratti ad oggetto informatico e i contratti telematici, si tratta chiaramente una delle tante classificazioni possibili in materia di contrattualistica informatica e telematica, e viene ricordata unicamente per fini esplicativi.[1053]
I contratti informatici si perfezionano in una fase prodromica e necessaria all'avvio del sito di e-commerce ed hanno ad oggetto un bene informatico, come ad esempio l'hardware o il software. La peculiarità dei contratti informatici si basa esclusivamente nel mezzo utilizzato per la trasmissione della volontà che si è formata secondo il metodo tradizionale. Mentre i contratti telematici, si caratterizzano perché ricomprendono varie categorie contrattuali per lo più di scambio di beni o servizi e per la loro modalità di formazione e conclusione[1054], avvengono attraverso il solo ed esclusivo utilizzo del computer o del web. Oggi l'e-commerce è sempre più caratterizzato dall'utilizzo nella fase della contrattazione non solo del computer, ma anche di altri strumenti informatici come smartphone, palmari, tablet. Tuttavia per intraprendere un'attività di e-commerce, è necessario stipulare entrambi i contratti.[1055]

Il contratto virtuale

Per completare il discorso sulla contrattualistica di e-commerce ora affrontiamo il contratto virtuale, anche se risulta piuttosto difficile dare una definizione unitaria dello stesso.
A prima vista il contratto virtuale appare il termine più appropriato per definire le fattispecie negoziali, accomunate dall'utilizzo dello spazio virtuale, come la posta elettronica, world wide web ed altri resi disponibili dalla tecnologia presente e futura quale particolare strumento di comunicazione della volontà dei contraenti di una attività commerciale.
Quando parliamo di virtuale quindi, non lo facciamo con riferimento ai soggetti del contratto, che sono reali, nonostante tutte le mediazioni tecniche di strumenti informatici e telematici, come i contratti stipulati con altri mezzi di comunicazione- né all'oggetto del contratto – potendo essere lo stesso sia un bene materiale che un bene immateriale.
Quando ci riferiamo alla validità e all'efficacia del contratto, non possiamo affermare che siano virtuali, in quanto queste sono reali, fatti salvi i casi di inefficacia.
Ma il contratto è virtuale con riferimento alle forme negoziali ed ai procedimenti di formazione dello stesso, dove le operazioni negoziali hanno un assetto materiale tecnologico eterogeno- lo spazio virtuale di internet.
Parte della dottrina ritiene che in base ad una prospettiva classificatoria strutturale il contratto virtuale costituisca una sottospecie dei contratti telematici, ossia di quelli stipulati mediante l'utilizzo di nuove tecnologie informatiche e telematiche e di

---

1178; M. PENNASILICO, *La conclusione dei contratti on-line tra continuità e innovazione*, in *Diritto dell'informazione e dell'informatica*, n. 6, 2004, pp. 805-834.
[1053] A. LISI, op. cit. p. 43 e ss.
[1054] V. sulla conclusione del contratto S. GIOVA, *La conclusione del contratto via Internet*, Napoli, 2000, p. 92, L. FOLLIERI, *Il contratto concluso in Internet*, Napoli, 2005.
[1055] A. LISI, op. cit. p. 43 e ss.

comunicazione, il codice informatico della rete internet, può generare una serie di spazi virtuali con diverse regole.
Pertanto il contratto virtuale sarà suddiviso a sua volta in contratto virtuale in senso ampio e quello in senso stretto.
Il primo può essere definito con riferimento alla sottospecie di quello telematico, ovvero quello concluso utilizzando la tecnologia e- mail o altri dispositivi telematici simili[1056].

Contratto virtuale in senso ampio e contratto virtuale in senso stretto
Nel nostro ordinamento giuridico, come già affermato in precedenza, i vari tipi di contratti on -line sono ammessi e trovano il loro fondamento nell'art. 1322 del codice civile, che consente di stipulare i contratti che non sono espressamente previsti dalla legge, purché siano diretti a realizzare interessi meritevoli di tutela, e nell'art. 1350 c.c. che sancisce il principio di libertà delle forme.
Generalmente i vari tipi di contratti on-line si possono perfezionare in due modi:

- quando lo scambio avviene con manifestazioni di volontà attraverso l'utilizzo di nuovi strumenti di comunicazione quali e- mai- chat-line- newsgroups ecc, questi sono contratti a comunicazione diretta. Questo tipo di contratto si conclude in modo tradizionale, secondo gli schemi previsti dal nostro codice civile: si avrà una proposta espressa da una parte a cui dovrà seguire un'accettazione conforme dell'altra parte ex art. 1326 c.c. (contratti virtuali in senso ampio[1057]);
- oppure dove lo scambio avviene con l'accesso ad un sito di un e-shop attraverso la sottoscrizione di un *form elettronico*, qualsiasi manifestazione di consenso o dissenso può essere espressa in modo univoco, ovvero tramite la pressione virtuale del tasto negoziale " accetto" quindi attraverso il c.d. " point and click"

(contratti a comunicazione indiretta). Definiti da parte della dottrina come contratti virtuali in senso stretto[1058].

a) Il contratto virtuale in senso ampio
Il contratto virtuale in senso ampio, è un tipo di contratto concluso utilizzando dispositivi telematici per la trasmissione dei messaggi a contenuto negoziale, come ad esempio le e-mail[1059].
La caratteristica di questo tipo di contratto è che le dichiarazioni si trasmettono mediante l'utilizzo di posta elettronica. Ed al tempo stesso assistiamo a quell ache viene definita la dematerializzazione delle dichiarazioni di volontà dei contraenti.

[1056] E. TOSI, op. cit, p. 60.
[1057] Il contratto virtuale *in senso ampio* può essere definito quale sottospecie di contratto telematico concluso, indifferentemente, mediante utilizzo della tecnologia *e-mail.* E. TOSI, *Il contratto virtuale. Procedimenti formativi e forme negoziali tra tipicità e atipicità*, Milano 2005, A.M. GAMBINO, *L'accordo telematico*, Milano, 1997, relativamente al meccanismo della posta elettronica.
[1058] L. LISI, op cit., pp.46-47.
[1059] M. ROMANI, D. LIAKOPOULOS. *La globalizzazione telematica: regolamentazione e normative nel diritto,* Milano Giuffrè, 2009, p. 93.

Le volontà dei contraenti possono manifestarsi unicamente attraverso una dichiarazione contenuta in un messaggio di posta elettronica. Questo tipo di contratto è concluso quando l'accettazione alla proposta contrattuale inviata a mezzo e- mail giunge al soggetto proponente. Tuttavia dobbiamo porre l'attenzione al fatto che nonostante l'adattabilità giuridica dello schema della conclusione del contratto virtuale in senso ampio mediante lo scambio di mail agli schemi contrattuali classici, occorre analizzare il concetto giuridico di presunzione di conoscenza tra la proposta e l'accettazione.
Questo è dovuto dall'utilizzo di dispositivi telematici che dematerializzando la dichiarazione di volontà dei contraenti, fa nascere la necessità di esaminare meglio tale concetto giuridico (presunzione di conoscenza) applicato al mondo virtuale[1060].

b) Il contratto virtuale in senso stretto

È una contrattazione caratterizzata da una forma telematica tendenzialmente atipica, è un contratto di impresa a distanza dove l'operatore commercial svolge la sua attività di vendita o di prestazione di servizi attraverso una serie di tecniche a distanza[1061]

La caratteristica del contratto virtuale in senso stretto è la forma atipica, basata su documenti informatici privi di sottoscrizione, ossia quella che ricomprende tutte le metodiche di comunicazione sulla rete internet in contrapposizione alle forme telematiche previste dalla legge.

La contrattazione si svolge in un mercato globale, in uno spazio virtuale basato sul world wide web di internet[1062], l'utente accede a negozi virtuali attraverso i siti web nei quali il proponente offre beni o servizi. (questa tipologia di offerta è assimilabile a quella di offerta al pubblico secondo l'art. 1336 del codice civile)[1063].

Questo tipo di contratto è caratterizzato dal profilo formale atipico dell'accettazione previo accesso al sito web della parte proponente, di un modulo d'ordine elettronico con la digitazione del testo negoziale virtuale, spesso accompagnato dalla richiesta degli estremi della carta di credito, secondo la prassi negoziale, come modalità per la manifestazione del consenso[1064].

Il contratto virtuale in senso stretto invece è l'accordo tra le parti e il contratto che si forma mediante point and click (digitazione del tasto virtuale) la modalità maggiormente utilizzata nella prassi del commercio elettronico per la conclusione dei contratti online, ossia un tipo di contratto non negoziato e predisposto a formazione basata sulla piattaforma tecnologica del world wide web di Internet e a forma telematica atipica[1065].

[1060] G. CASSANO, G. SCORZA, G. VACIAGO, *Diritto di internet. Manuale opertivo, casi legislazione e giurisprudenza,* Cedam, Milano, 2012.

[1061] M. ROMANI, D. LIAKOPOULOS, op cit., pp. 95-96.

[1062] A. CHIANTA, *Temi di diritto dell'informatica con l'introduzione e un saggio di francesca panuccio dattola*, Giuffrè, MILANO, 2010, p. 9.

[1063] G. CASSANO, G. SCORZA, G. VACIAGO, *Diritto di internet. Manuale opertivo, casi legislazione e giurisprudenza,* CEDAM 2012.

[1064] E. TOSI, *Il contratto virtuale. Procedimenti formative e forme negoziali tra tipicità e atipicità,* Giuffrè, Milano, 2005.

[1065] E. TOSI, op. cit., pp.58 e ss.

Tuttavia dopo un'attenta analisi, sorgono alcune problematiche in merito alla validità del contratto virtuale in senso stretto in modo particolare per quanto concerne i contratti point and click, riguardanti la volontà, al momento e il luogo di conclusione, la legge applicabile e al foro di competenza in caso di controversia.
Alcune di queste problematiche possono esser risolte attraverso i principi del diritto del commercio internazionale, quali la Convenzione di Vienna del 1980 sui contratti di vendita internazionale dei beni mobili, la Convenzione di Roma del 1980 sulla legge applicabile alle obbligazioni contrattuali e al regolamento comunitario n. 44/2001 sulla competenza giurisdizionale[1066].
Altre problematiche possono essere risolten con ulteriori approfondimenti di carattere tecnico- giuridico[1067].
Il contratto virtuale in senso stretto può essere definito come contratto per adesione, al tempo stesso anche come un contratto di impresa a distanza.
Il contratto virtuale senso stretto, definito come contratto per adesione è caratterizzato da una forte asimmetria per la sua predisposizione sia con riferimento ai contenuti che per la sua formazione, pur rimanendo il più standardizzato possibile.[1068]
Il contratto virtuale senso stretto, viene definito come contratto di impresa a distanza, quando il contratto avente ad oggetto beni o servizi, viene stipulato fra un fornitore ed un consumatore nell'ambito di una vendita o prestazione di servizi a distanza, organizzato dal fornitore che per tale contratto impiega in modo esclusivo una o più tecniche di comunicazioni a distanza, " ossia qualunque mezzo che senza la presenza fisica e simultanea del fornitore e del consumatore, possa utilizzarsi per la formazione la conclusione del contratto stesso" (art. 50 lett. b codice di consumo).

Conclusioni

Per provare a dare un ordine a tutta la materia del commercio elettronico ed a tutti i contratti telematici informatici, e virtuali è necessario tener presente che i principali problemi legati all'attività di commercio elettronico, sono da addebitare alla disciplina (italiana, europea ed internazionale) che sia applicabile di volta in volta, al regime delle autorizzazioni amministrative necessarie per avviare un'attività, alle informazioni generali da inserire sul sito web per il consumatore, alla tutela della privacy e alla sicurezza della transazione.[1069]
Alcuni testi legislativi esaminati attengono in modo predominante alla tutela del consumatore, altri come il d.lgs. 70 del 2003 si riferisce alla disciplina del contratto telematico[1070].

[1066] V. CUZZOLA, A. NOCERA, *Guida all'avviamento e gestione di un negozio. Gli adempimenti amministrativi, contabili e fiscali per avviare un'attività commerciale*, Halley, Matelica, 2007, pp. 46 e ss.
[1067] L. LISI, op. cit., pp. 30 e ss.
[1068] C.M. BIANCA, *Il diritto civile, il Contratto*, 2000, p. 342; A. TULLIO, *Il contratto per adesione*, Milano 1997, *Condizioni generali del contratto (tutela dell'aderente),* in Digesto Sez Civ III, Torino, 1988, p. 97 e ss.
[1069] L. LISI, op. cit., p. 34.
[1070] M. FARINA, op. cit., p.17.

L'Italia ha preceduto molti altri paesi europei elaborando una normativa apposita sulla materia, sia per quanto riguarda il valore giuridico del documento informatico sia per l'applicazione del documento informatico ed della firma elettronica (digitale)[1071].
In ogni caso occorre prendere le mosse dalle definizioni e dagli istituti civilistici del nostro ordinamento ed esaminare, volta per volta le diverse categorie negoziali con riferimento ai beni ed ai servizi offerti on line.
In questo modo l'e-commerce riuscirà a svolgere la sua tipica funzione di strumento imprescindibile senza il quale non sarebbe possibile rispettare ed autoregolamentare uno spazio commerciale come quello virtuale[1072].
In ogni modo è auspicabile in un futuro, come già sostenuto da molti, l'emanazione di un Testo unico sul commercio elettronico[1073].

Bibliografia

AA.VV., *Commentario alla formazione, archiviazione e trasmissione di documenti con strumenti informatici e telematici (D.P.R. n. 513/1997)*, a cura di C.M. BIANCA e altri, in *Nuove leggi civ. comm.,* 2000.
AA.VV., *Il commercio elettronico,* in www.biblioteche.unibo.it.
AA.VV., *Il commercio elettronico nell'unione europea,* in www.cr.piemonte.it.
AA.VV., *E-commerce, in vigore le nuove regole per i negozi online,* in www.leggioggi.it.
L. ALBERTINI, *Osservazioni sulla conclusione del contratto tramite computers e sull'accettazione di un'offerta in Internet*, in Giustizia civile, 1997.
A. M. BENEDETTI, *Autonomia privata procedimentale. La formazione del contratto tra legge e volontà delle parti*, Giappichelli, Torino 2002.
C.M. BIANCA, *Il diritto civile, il Contratto*, 200, e C.M. BIANCA, voce *Condizioni generali del contratto (tutela dell'aderente)* in *Digesto*, Sez Civ III, Torino, 1988.
A. BONFANTI, *La Model Law, Lo sviluppo del diritto del commercio internazionale nei lavori dell'uncitral dalla xxxvi alla xxxviii sessione*, in *Rivista di diritto internazionale private*, Anno XLII, aprile maggio, 2006.
V. BUONOCORE, *Contratti del consumatore e contratti d'impresa*, in Riv. dir. civ., 1995.
M. CAMMARATA, *Le trappole nei contratti di hosting*, in www.interlex.it.
M. CAMMARATA, *Troppe norme occorre un testo unico*, in www.interlex.it.
G. CASSANO, G. SCORZA, G. VACIAGO, *Diritto di internet. Manuale operativo, casi legislazione e giurisprudenza,* Cedam, Milano, 2012.
A. CHIANTA, *Temi di diritto dell'informatica con l'introduzione e un saggio di Francesca Panuccio Dattola,* Giuffrè, Milano, 2010.

[1071] A. GILARDINI, A. BRUNETTI, op. cit., p. 7.
[1072] L. LISI, op. cit., p. 34.
[1073] M. FARINA, op. cit., p. 17; v. anche a tale proposito M. CAMMARATA, *Troppe norme occorre un testo unico*, www.interlex.it.

P. COSTA, G. COSTA, *L'iva nelle operazioni con l'estero,* Maggioli, Santarcangelo di Romagna (RN), 2016.

P. COSTANZO, *Ascesa (e declino?) di un nuovo operatore telecomunicativo* (Aspetti giuridici dell'Internet Service Provider), DRT, 1999.

V. CUFFARO, *Codice di consumo,* Giuffrè, Milano, 2012.

V. CUFFARO, *Nuovi diritti per i consumatori: note a margine del D.Lgs. 21 febbraio 2014, n. 21*, in *Corriere giur.*, 2014.

V.CUZZOLA, A.NOCERA, *Guida all'avviamento e gestione di un negozio. Gli adempimenti amministrativi, contabili e fiscali per avviare un'attività commerciale,* Halley, Matelica, 2007.

G. DE NOVA, F. DELFINI, *La direttiva sul commercio elettronico: prime considerazioni,* in *Rivista di Diritto Privato,* 2000.

B. DEL VECCHIO, *Riflessioni sul valore giuridico della sottoscrizione elettronica,* in *Rivista del notariato,* 1991.

U. DRAETTA, *Internet e commercio elettronico nel diritto internazionale dei privati,* Milano, 2001.

M. FARINA, *Introduzione all'e-commerce il panorama normativo italiano e comunitario,* in www.massimofarina.it.

G. FINOCCHIARO, *La tutela dei consumatori nel commercio elettronico nella normativa dell'unione europea,* in *Resp. Comunicaz. Impresa,* 2003.

G. FINOCCHIARO, F. DELFINI, *Diritto dell'informatica,* UTET Giuridica, Milano 2014.

L. FOLLIERI, *Il contratto concluso in Internet*, Napoli, 2005.

A.M. GAMBINO, *L'accordo telematico*, Milano, 1997.

M. GENTILI, *In Digito ergo sum. Internet e digitale: una sfida decisive per la crescita dell'impresa,* Airone, Roma, 2007.

A. GILARDINI, A. BRUNETTI, *La regolamentazione del commercio elettronico*, in *Rivista Commercio Internazionale*, Torino, n. 15-16/2006, www.alexgilardini.it.

S. GIOVA, *La conclusione del contratto via Internet*, Napoli, 2000.

M. GUERNELLI, *Il commercio elettronico e la firma digitale*, in *Giurisprudenza commerciale*, n. 1, 2003.

G. IEMMA, *E-commerce e Direttiva 2000/31/CE: scenari attuali e prospettive future*, in www.diritto.it.

G. LEOCANI, *La Direttiva UE sul commercio elettronico: cenni introduttivi,* in *Europa e Dir. Priv.*, 2000.

L. LISI, *Il negozio telematico. I profili giuridici di un e-shop,* Halley, Matelica, 2007.

M. MINOTTI, *Responsabilità penale: il provider è tenuto ad attivarsi?,* in www.interlex.it.

A. C. NAZZARO, *"Informatica e diritto", Vol. XIX, 2010, n. 1-2, Riflessioni sulla conclusione del contratto telematico,* in www.ittig.cnr.it.

S. PAGLIANTINI, *La riforma del codice del consumo ai sensi del D.Lgs. 21/2014: una rivisitazione (con effetto paralizzante per i consumatori e le imprese?),* in Contratti, 2014.

R. PELLINO, *Il commercio elettronico: normativa e adempimenti di Tipologie, normativa e aspetti fiscali della nuova frontiera del commercio nel terzo millennio.*

Tratto dalla Guida "commercio elettronico: aspetti gestionali e operativi", in www.fiscoetasse.com, 24.12.2014.
M. PENNASILICO, *La conclusione dei contratti on-line tra continuità e innovazione*, in *Diritto dell'informazione e dell'informatica*, n. 6, 2004.
G. PINO, *Assenza di un obbligo generale di sorveglianza a carico degli Internet Service Providers sui contenuti immessi da terzi in rete*, in www1.unipa.it.
G. PINO, *Tra anarchia e caccia alle streghe. Alterne vicende della libertà di manifestazione del pensiero in Internet*, in *Ragion pratica*, n. 17, 2001.
R.G. PISCITELLI, *Negoziazione in rete e contratti tra computer*, in *Diritto dell'informazione e dell'informatica*, n. 6, 2002.
M. ROMANI, D. LIAKOPOULOS, *La globalizzazione telematica: regolamentazione e normative nel diritto,* Giuffrè, Milano, 2009.
C. ROSSELLO, *Commercio elettronico. La Governance di Internet tra diritto statuale, autodisciplina, soft law e lex mercatoria,* Milano, 2006.
E. RUGGERI, *I contratti telematici nel codice del consumo in particolare la conclusione*, in www.giustizialazio.it.
B. SAETTA, *Contratto on-line e profili probatori*, in www.brunosaetta.it.
C. SALLUSTIO, *Commercio elettronico diretto e imposizione sui redditi Beni digitali, beni immateriali e "dematerializzazione" dell'attività d'impresa,* Aracne, Roma, 2012.
L. SANDRI, *Il decreto legislativo n. 70 del 9 aprile 2003, attuazione della direttiva 2000/31/CE relativa ad alcuni aspetti giuridici dei servii della società di informazione del mercato interno, con particolare riferimento al commercio elettronico*, in www.sandrilameri.it.
B. SANTACROCE, S. FICOLA, *Il commercio elettronico. Aspetti giuridici e regime fiscale con CD ROM*, Maggioli, Santarcangelo di Romagna (RN), 2015.
M. SANTAROSSA, *La direttiva europea sul commercio elettronico*, in *Contratto e impresa/Europa,* 2000.
E. TOSI, *Il contratto virtuale. Procedimenti formative e forme negoziali tra tipicità e atipicità,* Giuffrè, Milano, 2005.
E. TOSI, *I contratti informatici, telematici e virtuali, nuove forme e procedimenti,* Giuffrè, Milano, 2010.
E. TOSI, *La dematerializzazione della contrattazione: il contratto virtuale con i consumatori alla luce della recente novella al codice del consumo di cui al d. lgs. 21 febbraio 2014, n. 21*, in *Contratto e Impresa,* 2006.
E. M. TRIPODI, F. SANTORO, S. MISSINEO, *Manuale di commercio elettronico,* Giuffré, Milano, 2000.
E. M. TRIPODI, *La nuova disciplina dei diritti dei consumatori. Brevi note sul D.Lgs. 21 febbraio 2014, n. 21*, in *Discipl. Comm. e Servizi*, n. 2, 2014.
E.M. TRIPODI, *E-commerce: tutela dei consumatori, obblighi informativi, recesso e garanzie,* 2.9.2015, in www.altalex.it.
A. TULLIO, *Il contratto per adesione*, Milano 1997.
A.F. URICCHIO, *Frontiere dell'imposizione tra evoluzioni tecnologiche e nuovi assetti istituzionali,* Cacucci, Bari, 2010.
P. VALENTE, F. ROCCATAGLIA, *Internet, aspetti giuridici e fiscali del commercio elettronico,* Roma, 2001.

T. WIGAND ROLF, *L'uso diffuso dei personal computer, associato alla proliferazione di reti di telecomunicazione e di Internet, oltre che la loro reciproca integrazione hanno reso il commercio paper-free una realtà anche per il cittadino comune Commercio elettronico: definizione, teoria e contesto,* in http://static.gest.unipd.it/labtesi/eb-didattica/GIA/giaold/wigand.pdf.

Z. ZENCOVICH, *I rapporti tra responsabilità civile e responsabilità penale nelle comunicazioni su Internet (riflessioni preliminari)*, in *Dir. Informazione e Informatica,* 1999.

Z. ZENCOVICH, *La tutela del consumatore nel commercio elettronico,* in *Dir. Informazione e Infomratica,* 2000.

Z. ZENCOVICH, *Note critiche sulla nuova disciplina del commercio elettronico dettata dal D.lgs. 70/2003,* in *Diritto dell'informazione e dell'informatica*, Giuffrè, Milano, 2003.

G. ZICCARDI, P. PERRI, S. MARTINELLI, *L'impresa e il commercio elettronico: opportunità normativa, sicurezza,* in www.mi.camcom.it.

Il controllo europeo e italiano sull'esportazione dei software di intrusione

Avv. Stefano Mele

Il tema dell'esportazione dei software di intrusione appare senza ombra di dubbio tra i più attuali e critici nel panorama del diritto delle tecnologie.
Ciò, a maggior ragione, a seguito di casi eclatanti – assurti agli onori della cronaca[1074] – ove società private europee ed internazionali si sono viste accusare della vendita di questo genere di software a governi e regimi poco propensi a rispettare e tutelare i diritti umani e la libertà d'espressione.
Seppure, come si analizzerà di seguito, un regime giuridico di controllo dell'esportazione di prodotti a duplice uso è presente sin dal 2009, è solo nel 2014 – forse anche a seguito delle vicende poc'anzi richiamate – che il legislatore europeo ha sentito l'esigenza di ricomprendere in quest'ampia categoria anche i "software di intrusione".
Lo scopo è apertamente quello di sensibilizzare tutti i governi dei Paesi membri dell'Unione Europea ad un rigido controllo di chi produce e vende questi software, tracciandone le attività e identificando soprattutto i destinatari e beneficiari finali.

L'esportazione di prodotti a duplice uso: la normativa europea
In data 16 novembre 2016, è entrato in vigore il Regolamento delegato (UE) n. 1969/2016 del 12 settembre 2016, pubblicato in Gazzetta Ufficiale dell'Unione Europea del 15 novembre 2016, che modifica l'Allegato I, gli Allegati da II *bis* a II *octies* e l'Allegato IV del Regolamento (CE) n. 428/2009 del Consiglio, il quale ha istituito un regime comunitario di controllo delle esportazioni, del trasferimento, dell'intermediazione e del transito di prodotti a duplice uso[1075].
Il Regolamento prescrive che i prodotti a duplice uso siano sottoposti ad un attento controllo in caso di esportazione dall'Unione Europea o di transito all'interno dei suoi confini, oppure quando vengano forniti ad un Paese terzo attraverso servizi di intermediazione. Per raggiungere quest'obiettivo, il legislatore europeo ha predisposto:

(i) l'Allegato I al Regolamento all'interno del quale sono elencati tutti i prodotti a duplice uso considerati pericolosi[1076] e quindi da sottoporre a preventiva autorizzazione dell'Unione Europea;

[1074] Reporters Without Borders, "*Enemies of the Internet*", 2013, in https://surveillance.rsf.org/en/.

[1075] Si definiscono prodotti a duplice uso quei prodotti che possono essere utilizzati sia per scopi civili che militari e/o possono contribuire alla proliferazione delle armi di distruzione di massa.

[1076] Le decisioni sui prodotti sottoposti ad autorizzazione sono prese nel quadro del gruppo Australia, del regime di non proliferazione nel settore missilistico (MTCR), del gruppo dei fornitori nucleari (GFN), dell'intesa di Wassenaar e della convenzione sulle armi chimiche (CWC) e viene aggiornato regolarmente per assicurare il pieno rispetto degli obblighi internazionali di sicurezza, garantire la trasparenza e mantenere la competitività degli operatori economici.

(ii) gli Allegati II da *bis* a *septies* al Regolamento che, in base ai prodotti e alla modalità con cui vengono scambiati e/o sostituiti, istituiscono le autorizzazioni generali di esportazione dell'Unione;
(iii) l'Allegato II *octies* al Regolamento, che stabilisce un elenco dei prodotti a duplice uso da escludere dall'ambito di applicazione delle autorizzazioni generali di esportazione nazionali e delle autorizzazioni generali di esportazione dell'Unione;
(iv) gli Allegati III "a", III "b" e III "c" al Regolamento che riportano rispettivamente, il modello di autorizzazione di esportazione specifica o globale (Allegato III a), il modello per i formulari di autorizzazione ai servizi di intermediazione (Allegato III b) e gli elementi comuni per la pubblicazione delle autorizzazioni generali di esportazione nazionali nelle gazzette ufficiali nazionali (Allegato III c);
(v) l'Allegato IV al Regolamento che fissa i requisiti di autorizzazione per alcuni trasferimenti intracomunitari.

A norma dell'art. 2, comma 2, lett. *iii*, del Regolamento, per esportazione deve intendersi, tra le altre cose, anche la trasmissione di software o di tecnologie mediante mezzi elettronici, compresi *fax*, telefono, posta elettronica o qualunque altro mezzo elettronico, verso una destinazione al di fuori della Comunità Europea. L'esportazione si integra persino nel caso di trasmissione orale di tecnologia, quando tale tecnologia è, ad esempio, descritta al telefono.
Laddove, a norma dell'art. 2, comma 5, del Regolamento per servizi di intermediazione si deve intendere:

- la negoziazione o l'organizzazione di transazioni dirette all'acquisto, alla vendita o alla fornitura di prodotti a duplice uso da un paese terzo a qualunque altro paese terzo; o
- la vendita o l'acquisto di prodotti a duplice uso ubicati in paesi terzi per il loro trasferimento verso un altro paese terzo.

L'aggiornamento al Regolamento del 2014 e l'introduzione del "software di intrusione"

In data 22 ottobre 2014, il Regolamento delegato (UE) n. 1382/2014, modificando l'Allegato I al Regolamento, ha previsto – per la prima volta – l'inserimento in questo elenco anche dei "*software* di intrusione".
Con questo termine il legislatore europeo ha inteso riferirsi a quel *software* appositamente progettato o modificato per evitare l'individuazione da parte degli strumenti di monitoraggio, o per sconfiggere le contromisure di protezione di un *computer* o di un dispositivo collegabile in rete – ivi compresi i dispositivi mobili e gli *smart meters* (contatori intelligenti) – e che esegua una delle seguenti funzioni:

(a) l'estrazione di dati o informazioni da un *computer* o un dispositivo collegabile in rete, o la modifica dei dati del sistema o dell'utente; oppure
(b) la modifica del percorso *standard* di esecuzione di un programma o di un processo al fine di consentire l'esecuzione di istruzioni fornite dall'esterno.

Occorre precisare che per "strumenti di monitoraggio" il Regolamento intende quegli strumenti *software* o *hardware* che monitorano i comportamenti o i processi di un sistema in esecuzione su un dispositivo, ivi inclusi i prodotti antivirus (AV), i prodotti per la protezione degli *endpoint*, quelli per la sicurezza personale (PSP), i sistemi di rilevamento delle intrusioni (IDS), i sistemi di protezione dalle intrusioni (IPS) o i sistemi di *firewall*. Così come per "contromisure di protezione" il Regolamento si riferisce a tutte quelle tecniche progettate per garantire l'esecuzione sicura del codice, quali la *Data Execution Prevention* (DEP), l'*Address Space Layout Randomisation* (ASLR) o il *sandboxing*.

Per esplicita menzione all'interno della norma, invece, non devono essere considerati come "*software* di intrusione":

(a) *hypervisor*, *debugger* o strumenti per il *software reverse engineering* (SRE);
(b) *software* per la gestione dei diritti digitali (meglio noti come "DRM"); o
(c) *software* progettato per essere installato da fabbricanti, amministratori o utenti per il rintraccio e il recupero di beni.

Il Regolamento, infine, vincola all'autorizzazione preventiva sia il *software*, che i sistemi, le apparecchiature e i loro componenti appositamente progettati o modificati per la generazione, il funzionamento, la consegna di, o la comunicazione con il "*software* di intrusione". Occorre evidenziare, inoltre, come ricada all'interno di questa normativa finanche la mera tecnologia utile alla loro realizzazione, da intendersi come le informazioni specifiche (sia sotto il punto di vista dei dati tecnici, che persino di "assistenza tecnica") necessarie allo sviluppo, alla produzione o all'utilizzazione.

Il Regolamento, tuttavia, prevede che l'autorizzazione all'esportazione di "tecnologia" non debba essere richiesta per le informazioni "di pubblico dominio", per la "ricerca scientifica di base" o per la quantità minima di informazioni necessarie per le domande di brevetto.

L'aggiornamento al Regolamento, inoltre, stabilisce il controllo preventivo anche dei sistemi o delle apparecchiature di sorveglianza delle comunicazioni su rete funzionanti attraverso il protocollo Internet (IP) e dei componenti appositamente progettati, purché siano rinvenibili tutte le caratteristiche elencate di seguito:

(1) capacità di eseguire quanto segue su una rete IP *carrier class* (come, ad esempio, *backbone* IP di livello nazionale):
    (a) analisi al "livello di applicazione", ovvero il livello 7 del modello OSI (ISO/IEC 7498-1);
    (b) estrazioni di *metadata* e di contenuti dalle applicazioni (ad esempio voce, video, messaggi, allegati), e inoltre
    (c) indicizzazione dei dati estratti; e inoltre
(2) siano appositamente progettati per eseguire:
    (a) ricerche sulla base di "criteri restrittivi" (come, ad esempio, i dati o una serie di dati relativi a una persona fisica, come il cognome, il nome, l'indirizzo e-mail, l'indirizzo di casa, il numero di telefono o l'affiliazione a gruppi); e inoltre
    (b) mappatura della rete di rapporti di una persona o di un gruppo di persone.

In quest'ottica, tuttavia, non devono considerarsi sottoposti ad autorizzazione i sistemi e le apparecchiature di controllo appositamente progettate per fini di *marketing*, *Network Quality of Service* (QoS), oppure *Quality of Experience* (QoE). Per richiedere l'autorizzazione all'esportazione, al trasferimento, all'intermediazione e al transito di prodotti a duplice uso all'interno dei confini dell'Unione europea si seguono le procedure dettate dagli artt. 9 e seguenti del Regolamento, che rimandano alle autorizzazioni generali dell'Unione europea come modificate con l'introduzione degli Allegati II da *bis* a *septies*, di seguito descritti al successivo punto 0(iv).

La normativa italiana e le tipologie di autorizzazioni

In Italia è tuttora in vigore il Decreto Legislativo n. 96 del 9 aprile 2003, attuativo delle disposizioni del regolamento (CE) 1334/2000, ora sostituito dal Regolamento. La normativa italiana, nonostante sia anteriore al Regolamento, trova piena applicazione nella misura in cui quest'ultimo, modificando il precedente, all'art. 27, terzo comma, ha previsto che "*I riferimenti al regolamento abrogato si intendono fatti al presente regolamento e si leggono secondo la tavola di concordanza di cui all'allegato VI*".

Le tipologie di autorizzazioni previste dalla normativa italiana sono:

(i) autorizzazione specifica individuale;
(ii) autorizzazione globale individuale;
(iii) autorizzazione generale nazionale;
(iv) autorizzazione generale comunitaria.

Le menzionate autorizzazioni dovranno essere richieste all'Autorità competente che l'Italia, ai sensi degli artt. 9, comma 6, lett. (a), e 10, comma 4, del Regolamento, ha individuato nel Ministro dello Sviluppo Economico, conferendogli, altresì, poteri ispettivi e di controllo.

I principali adempimenti che dovranno essere completati per richiedere le relative autorizzazioni all'esportazione di beni a duplice uso possono essere così sintetizzati:

(i) *Autorizzazione specifica individuale*

L'autorizzazione specifica individuale, può essere richiesta all'Autorità competente per l'esportazione dei beni a duplice uso elencati negli Allegati I e IV del Regolamento e può essere rilasciata ad un singolo esportatore, per tipi o categorie di beni a duplice uso e per uno specifico utilizzatore finale. Tale autorizzazione, previo parere obbligatorio - ma non vincolante, del comitato consultivo – emesso entro 60 (sessanta) giorni dalla ricezione di detta richiesta[1077], è rilasciata per un periodo di tempo determinato, salva la facoltà di richiedere una proroga entro e non oltre 30 (trenta) giorni prima della scadenza dell'autorizzazione stessa.

La domanda per tale autorizzazione dovrà essere presentata all'Autorità competente su apposito modulo comunitario, sottoscritta da un legale rappresentante dell'esportatore, avendo cura di comunicare tempestivamente ogni cambiamento intervenuto dopo la presentazione della domanda. Inoltre, alla domanda dovrà

[1077] Al comitato consultivo, istituito presso l'Autorità competente, è data facoltà di chiedere una proroga al termine di rilascio del proprio parere, qualora ritenga necessario espletare ulteriori attività istruttorie.

essere allegata una dichiarazione dell'utilizzatore finale, che – ove richiesto dall'Autorità competente – dovrà essere autenticata dalla competente autorità amministrativa straniera e/o diplomatica italiana, contenente:

(a) l'esatta indicazione della denominazione o della ragione sociale, della sede legale e dell'attività svolta;
(b) la descrizione dei beni importati, la loro quantità e valore, gli estremi del contratto di riferimento o una copia dello stesso;
(c) l'indicazione dello specifico uso civile dei beni e dell'esatto luogo di destinazione;
(d) l'impegno espresso a non utilizzare tali beni in applicazioni militari o esplosive nucleari, in attività civili nucleari in impianti non coperti da salvaguardia A.I.E.A. (Agenzia Internazionale per l'Energia Atomica) o in applicazioni collegate allo sviluppo e/o produzione di altre armi di distruzione di massa e di missili che possano essere utilizzati come vettori di tali armi;
(e) l'impegno espresso a non riesportare, trasferire o dirottare, durante il viaggio, i beni importati oggetto dell'autorizzazione.

L'Autorità competente nell'esecuzione dei propri poteri di verifica e controllo ha facoltà di (*i*) chiedere all'esportatore documentazione integrativa e (*ii*) condizionare l'autorizzazione a particolari condizioni e adempimenti a carico dell'esportatore.

Tutta la documentazione relativa alle esportazioni effettuate in regime di tale autorizzazione dovrà essere conservata presso la sede legale dell'esportatore per un periodo non inferiore a 3 (tre) anni a decorrere dalla fine dell'anno civile nel quale le operazioni hanno avuto luogo, affinché possa essere esibita su richiesta dell'Autorità competente.

(ii) *Autorizzazione globale individuale*

L'autorizzazione globale individuale, può essere richiesta all'Autorità competente per l'esportazione dei beni a duplice uso elencati negli Allegati I e IV del Regolamento e può essere rilasciata ad un singolo esportatore, non occasionale, per tipi o categorie di beni a duplice uso e per uno o più Paesi di destinazione specifici.

Tali autorizzazioni sono rilasciate, previo parere del comitato consultivo, con validità non superiore a 3 (tre) anni e con possibilità di richiedere una proroga, che dovrà essere presentata almeno 30 (trenta) giorni prima della scadenza dell'autorizzazione stessa. Del rilascio dell'autorizzazione viene data comunicazione al Ministero dell'economia e delle finanze - Agenzia delle dogane.

La domanda per tale autorizzazione dovrà essere presentata all'Autorità competente su apposito modulo comunitario, sottoscritta da un legale rappresentante dell'esportatore, avendo cura di comunicare tempestivamente ogni cambiamento intervenuto dopo la presentazione della domanda. Inoltre, alla domanda dovrà essere allegata una dichiarazione dell'esportatore, con cui si obbliga formalmente a rispettare, all'atto di ogni esportazione, le seguenti condizioni:

(a) utilizzare l'autorizzazione ottenuta esclusivamente per i beni a duplice uso e per i Paesi di destinazione in essa indicati;
(b) riportare sulle fatture e sui documenti di trasporto la seguente stampigliatura: «*Autorizzazione globale individuale (numero e data del provvedimento)*»;

(c) richiedere in sede di conclusione del contratto ovvero di accettazione della proposta contrattuale una dichiarazione di impegno del committente estero e/o dell'utilizzatore finale a non riesportare, trasferire o dirottare, durante il viaggio, i beni a duplice uso oggetto del contratto stesso o dell'ordinativo e ad utilizzarli esclusivamente per scopi civili.

L'esportatore che beneficia di tale autorizzazione dovrà, entro 30 (trenta) giorni dalla fine di ogni semestre, trasmettere all'Autorità competente, per posta, e-mail o fax, una lista riepilogativa delle operazioni effettuate in regime di autorizzazione globale individuale contenete (*i*) gli estremi della fattura e del contratto, (*ii*) la quantità e il valore dei beni spediti, (*iii*) le categorie e le sottocategorie di riferimento, (*iv*) le voci doganali corrispondenti, (*v*) il Paese di destinazione, (*vi*) le generalità del destinatario e dell'utilizzatore finale, (*vii*) la data di spedizione e (*viii*) il tipo di esportazione (definitiva, temporanea o transito).

Tutta la documentazione relativa alle esportazioni effettuate in regime di tale autorizzazione dovrà essere conservata presso la sede legale dell'esportatore per un periodo non inferiore a 3 (tre) anni a decorrere dalla fine dell'anno civile nel quale le operazioni hanno avuto luogo, affinché possa essere esibita su richiesta dell'Autorità competente.

(iii) *Autorizzazione generale nazionale*

L'autorizzazione generale nazionale (o "AGN") può essere richiesta all'Autorità competente per l'esportazione dei beni a duplice uso elencati negli Allegati I e IV del Regolamento limitatamente ai beni ed ai Paesi di destinazione indicati con decreto del Ministero delle Attività Produttive del 4 agosto 2003, ovvero Antartide (Base Italiana), Argentina, Corea del Sud e Turchia[1078].

Tale autorizzazione è valida in tutti gli Stati Membri dell'Unione europea e per tutti i prodotti a duplice uso specificati nelle categorie riportate nell'Allegato I, eccezion fatta per:

(a) quanto previsto nell'Allegato II *octies* del Regolamento;

(b) i beni e i paesi compresi nelle nuove autorizzazioni generali dell'Unione europea, previste con agli Allegati II, da *bis* a *septies*, del Regolamento.

La domanda per ottenere l'AGN, sottoscritta da un legale rappresentante dell'esportatore, deve contenere l'indicazione della denominazione o ragione sociale, della sede e dei legali rappresentanti dell'esportatore ed è indirizzata all'Autorità competente, che provvede entro 60 (sessanta) giorni. Il nominativo dell'esportatore che intende operare attraverso l'AGN, se ottenuta, viene iscritto in un apposito registro denominato «*registro dei soggetti che operano con autorizzazione generale nazionale*» e, a quest'ultimo, viene attribuito un numero di ordine progressivo. Del rilascio dell'autorizzazione viene data comunicazione al Ministero dell'economia e delle finanze - Agenzia delle dogane.

I documenti di viaggio che accompagnano i beni a duplice uso esportati sulla base dell'AGN devono riportare la seguente stampigliatura: «*La merce oggetto della presente esportazione è esportata con autorizzazione generale nazionale che può essere utilizzata solamente per le seguenti destinazioni:* [indicare destinazioni]. *La*

[1078] Si veda decreto del 4 agosto 2003, pubblicato nella Gazzetta ufficiale n. 202 del 1 settembre 2003.

merce non può essere inviata ad altre destinazioni senza approvazione delle autorità italiane e può essere riesportata secondo le normative nazionali» (*cfr.* allegato I del d.lgs. n. 96/2003).
L'esportatore che beneficia di tale autorizzazione dovrà, entro 30 (trenta) giorni dalla fine di ogni semestre, trasmettere all'Autorità competente, per posta, e-mail o *fax*, una lista riepilogativa delle operazioni effettuate in regime di AGN contenete (*i*) gli estremi della fattura e del contratto, (*ii*) la quantità e il valore dei beni spediti, (*iii*) le categorie e le sottocategorie di riferimento, (*iv*) le voci doganali corrispondenti, (*v*) il Paese di destinazione, (*vi*) le generalità del destinatario e dell'utilizzatore finale, (*vii*) la data di spedizione e (*viii*) il tipo di esportazione (definitiva, temporanea o transito).

(iv) *Autorizzazione generale dell'Unione europea (già autorizzazione generale comunitaria)*

La normativa italiana prevede, inoltre, che l'esportazione di beni a duplice uso può avere luogo con le autorizzazioni generali dell'Unione europea (o "AGEU") limitatamente ai beni ed ai paesi di destinazione elencati negli allegati da Allegato II *bis* ad Allegato II *septies* del Regolamento.
In particolare, si evidenzia che:

(a) l'Allegato II *bis*, detta i criteri per ottenere il rilascio da parte della Commissione europea dell'autorizzazione generale di esportazione dell'Unione denominato "EU001" per le esportazioni verso Australia, Canada, Giappone, Nuova Zelanda, Norvegia, Svizzera compreso il Liechtenstein e Stati Uniti d'America di tutti i prodotti a duplice uso di cui a una delle voci riportate nell'Allegato I del Regolamento, a eccezione di quelli elencati nell'Allegato II *octies*; l'uso di tale autorizzazione dovrà essere segnalato nel documento amministrativo unico tramite l'apposizione del riferimento X002 nella casella 44;
(b) l'Allegato II *ter*, detta i criteri per ottenere il rilascio da parte dell'Unione europea dell'autorizzazione generale di esportazione dell'Unione denominato "EU002" per le esportazioni verso Argentina, Croazia, Islanda, Sud Africa, Corea del Sud e Turchia di determinati prodotti a duplice uso; l'uso di tale autorizzazione dovrà essere segnalato nel documento amministrativo unico tramite l'apposizione del riferimento X002 nella casella 44, specificando il codice EU002;
(c) l'Allegato II *quater* (*'Esportazione dopo riparazione/sostituzione'*), detta i criteri per ottenere il rilascio da parte dell'Unione europea dell'autorizzazione generale di esportazione dell'Unione denominato "EU003" per le esportazioni verso Albania, Argentina, Bosnia-Erzegovina, Brasile, Cile, Cina (Hong Kong e Macao compresi), Croazia, ex Repubblica iugoslava di Macedonia, Territori francesi d'oltremare, Islanda, India, Kazakhstan, Messico, Montenegro, Marocco, Russia, Serbia, Singapore, Sud Africa, Corea del Sud, Tunisia, Turchia, Ucraina ed Emirati Arabi Uniti di tutti i prodotti a duplice uso di cui a una delle voci riportate nell'Allegato I del Regolamento, a eccezione di alcuni espressamente indicati nello stesso, ivi inclusi i prodotti delle sezioni "D" ed "E" nonché di quelli elencati nell'Allegato II *octies*, qualora detti prodotti siano esportati dopo riparazione/sostituzione entro un periodo di

5 (cinque) anni dalla data di rilascio dell'autorizzazione di esportazione originale; l'uso di tale autorizzazione dovrà essere segnalato nel documento amministrativo unico tramite l'apposizione del riferimento X002 nella casella 44, specificando il codice EU003 e l'esportatore dovrà fornire – su richiesta – giustificativi relativi alla data di importazione dei prodotti nell'Unione, della manutenzione, delle riparazioni o delle sostituzioni dei prodotti effettuate nell'Unione e della restituzione dei prodotti all'utilizzatore finale e al paese dai quali sono state importati nell'Unione;

(d) l'Allegato II *quinquies* (*'Esportazione temporanea per mostre o fiere'*), detta i criteri per ottenere il rilascio da parte dell'Unione europea dell'autorizzazione generale di esportazione dell'Unione denominato "EU004" per le esportazioni verso Albania, Argentina, Bosnia-Erzegovina, Brasile, Cile, Cina (Hong Kong e Macao compresi), Croazia, ex Repubblica iugoslava di Macedonia, Territori francesi d'oltremare, Islanda, India, Kazakhstan, Messico, Montenegro, Marocco, Russia, Serbia, Singapore, Sud Africa, Corea del Sud, Tunisia, Turchia, Ucraina ed Emirati Arabi Uniti di tutti i prodotti a duplice uso di cui a una delle voci riportate nell'Allegato I del Regolamento, a eccezione di quelli elencati nell'Allegato II *octies*, nell'Allegato I, sezione D (con minime eccezioni per eventuale software necessario alle apparecchiature di dimostrazione), sezione E nonché altri specifici prodotti, a determinate condizioni[1079] e che siano reimportati, entro 120 (centoventi) giorni dall'esportazione, integralmente e senza modifiche; l'uso di tale autorizzazione dovrà essere segnalato nel documento amministrativo unico tramite l'apposizione del riferimento X002 nella casella 44, specificando il codice EU004;

(e) l'Allegato II *sexies* (*'Telecomunicazioni'*), detta i criteri per ottenere il rilascio da parte dell'Unione europea dell'autorizzazione generale di esportazione dell'Unione denominato "EU005" per le esportazioni verso Argentina, Cina (Hong Kong e Macao compresi), Croazia, India, Russia, Sud Africa, Corea del Sud, Turchia e Ucraina di prodotti a duplice uso di cui all'Allegato I del Regolamento, appartenenti alla categoria 5, parte 1, e precisamente le voci 5A001b2 e 5A001c e d, 5B001 e 5D001 (laddove trattasi di apparecchiature di collaudo, di ispezione, di produzione e *software*) nonché la voce 5E001a; l'uso di tale autorizzazione dovrà essere segnalato nel documento amministrativo unico tramite l'apposizione del riferimento X002 nella casella 44, specificando il codice EU005;

[1079] Per l'utilizzo legittimo di tale AGEU è necessario che l'esportatore rispetti determinate condizioni, quali ad esempio, che i prodotti (i) siano esportati temporaneamente nel quadro di un'esposizione o di una fiera, (ii) non siano classificati come prodotti di sicurezza nazionale di categoria equivalente a CONFIDENTIAL UE/EU CONFIDENTIAL o superiore, (iii) non confluiscano in un processo di produzione e che l'esportatore possa garantire la loro restituzione nello stato originario, senza che alcun componente o ***software*** **sia stato rimosso, copiato, diffuso**.

(f) l'Allegato II *septies* (*'Sostanze chimiche'*), detta i criteri per ottenere il rilascio da parte dell'autorizzazione generale di esportazione dell'Unione denominato "EU006" per le esportazioni verso Argentina, Croazia, Islanda, Corea del Sud, Turchia e Ucraina di taluni prodotti a duplice uso di cui all'Allegato I del Regolamento identificati dalle voci 1C350, 1C450a e 1C450b; l'uso di tale autorizzazione dovrà essere segnalato nel documento amministrativo unico tramite l'apposizione del riferimento X002 nella casella 44, specificando il codice EU006.

Tuttavia, è doveroso rilevare che le richiamate AGEU non possono essere utilizzate se l'esportatore abbia conoscenza, diretta o indiretta[1080], che detti prodotti potrebbero essere utilizzati per (a) lo sviluppo, la produzione, la movimentazione, il funzionamento, la manutenzione, la conservazione, l'individuazione, l'identificazione o la disseminazione di armi chimiche, biologiche o nucleari o di altri congegni esplosivi nucleari oppure lo sviluppo, la produzione, la manutenzione o la conservazione di missili che possano essere utilizzati come vettori di tali armi; (b) a scopi militari, come definiti all'articolo 4, comma 2, del Regolamento, in un paese soggetto a un embargo sugli armamenti imposto da una decisione o una posizione comune adottata dal Consiglio o con una decisione dell'Organizzazione per la sicurezza e la cooperazione in Europa o ad un embargo sugli armamenti imposto da una risoluzione vincolante del Consiglio di sicurezza delle Nazioni Unite; (c) ad essere utilizzati come parti o componenti di prodotti militari figuranti nell'elenco dei materiali di armamento nazionale che sono stati esportati dal territorio dello Stato membro in questione senza autorizzazione o in violazione dell'autorizzazione prevista dalla legislazione nazionale dello stesso Stato membro.

Inoltre, è opportuno evidenziare come le predette AGEU non possono essere utilizzate se i prodotti interessati sono esportati verso una zona franca o un deposito franco situato in una destinazione contemplata dalle presenti autorizzazioni.

Inoltre, appare opportuno evidenziare che, a norma della circolare n. 79931 del 29 marzo 2012, tutti gli esportatori nazionali che operino in regime di AGEU dovranno, a mezzo posta, PEC o *fax*:

(i) notificare all'Autorità competente l'intenzione di servirsi di una AGEU nei 30 (trenta) giorni prima del primo uso della medesima, ossia della presentazione in dogana dei documenti di esportazione;

(ii) inoltrare all'Autorità Competente, entro 30 (trenta) giorni dalla fine di ogni semestre, una lista riepilogativa delle operazioni effettuate in regime di AGEU contenete (*i*) gli estremi della fattura e del contratto, (*ii*) la quantità e il valore dei beni spediti, (*iii*) le categorie e le sottocategorie di riferimento, (*iv*) le voci doganali corrispondenti, (*v*) il Paese di destinazione, (*vi*) le generalità del destinatario e dell'utilizzatore finale, (*vii*) la data di spedizione.

[1080] Per conoscenza diretta si intende l'ipotesi in cui l'esportatore sia a conoscenza di un dato rilevante ai fini della qualificazione (uso e destinazione) del prodotto, mente per conoscenza indiretta si intende l'ipotesi in cui l'esportatore sia informato dalle autorità competenti dello stato membro in cui è stabilito.

Infine, tutte le autorizzazioni sopra elencate e descritte potranno essere negate, annullate, revocate, sospese o modificate, sentito il parere del comitato consultivo (eccezion fatta per l'autorizzazione generale nazionale che non lo richiede), secondo quanto stabilito dall'art. 8 della normativa italiana.

Le sanzioni applicabili

La normativa europea – così come quella italiana di applicazione – prevedono, inoltre, delle sanzioni amministrative e finanche penali per chi abbia violato il divieto di intrattenere relazioni commerciali con soggetti dichiarati internazionalmente pericolosi, ovvero per chi abbia deciso di esportare prodotti "*dual use*" senza le predette autorizzazioni.

Le sanzioni possono variare, a seconda della violazione, da un minimo di Euro 10.000,00 a un massimo di Euro 250.000,00 con riferimento alle sanzioni amministrative, e da un minimo di anni 2 (due) a un massimo di anni 6 (sei) di reclusione, fermo restando la confisca dei beni oggetto delle operazioni e/o il sequestro del sito contenente le informazioni riferibili a qualsiasi titolo allo sviluppo, produzione o utilizzazione dei beni di cui agli Allegati I e IV del Regolamento.

Si evidenzia, inoltre, che nell'ambito della cooperazione diretta e dell'impegno assunto da ciascuno stato membro dell'Unione europea verrà attuato uno scambio di informazioni tra le autorità competenti al fine di rendere più efficace il regime comunitario di controllo delle esportazioni comunicando (*i*) dati particolareggiati relativi agli esportatori che, in conseguenza di sanzioni nazionali, sono stati privati del diritto di usare AGN o AGEU, nonché (*ii*) dati relativi a utilizzatori finali sensibili, soggetti implicati in attività di approvvigionamento sospette e, se disponibili, gli itinerari seguiti per il compimento delle proprie attività.

Conclusioni

Per quanto finora analizzato, appare chiaro come, a seguito dell'aggiornamento del Regolamento operato il 22 ottobre 2014, il *software* di intrusione rientri pienamente nel paniere dei prodotti classificati a duplice uso. Conseguentemente, la normativa prevede che sia necessaria un'autorizzazione all'esportazione da parte dell'Autorità competente secondo i modelli sopra delineati.

Pertanto, qualora un operatore intendesse esportare, trasferire, fungere da intermediario o agevolare il transito per un prodotto (o parte di esso) qualificabile come *software* di intrusione, dovrà applicare la normativa regolamentare europea, nonché la normativa italiana per i prodotti c.d. "*dual use*", al fine di compiere legittimamente la propria attività senza il rischio di incorrere nelle predette sanzioni che, oltre ad avere carattere amministrativo, potranno assumere anche la veste di veri e propri reati, comportando in tale ipotesi anche una pena detentiva.

Pertanto, appare opportuno effettuare un'indagine preventiva su ogni singolo prodotto (ivi compresa la natura e la genesi dello stesso) e, se del caso, "frazionare" il medesimo in più "*sub*-prodotti", al fine di stabilire se il *software*, il suo codice o parte di esso ricadano nella qualificazione di prodotto duale e siano quindi assoggettabili alla disciplina finora richiamata.

Per quanto sopra, le aziende esportatrici di beni con possibile carattere duale hanno il compito di svolgere un'analisi attenta dei propri prodotti e dell'eventuale

corrispondenza degli stessi con quelli elencati nel Regolamento anche per evitare i rischi connessi all'attività commerciale e ai relativi impegni che è chiamata ad adempiere in forza di un contratto.
L'analisi preventiva, infatti, dovrà essere effettuata anteriormente rispetto alla conclusione dei contratti con i clienti esteri, poiché l'eventuale procedimento autorizzativo potrebbe far ritardare o finanche precludere – in caso di diniego di autorizzazione – la possibilità di adempiere all'obbligazione contrattuale. Ciò, anche al fine di evitare una possibile richiesta di risarcimento di eventuali danni asseritamente patiti dalla controparte rimasta insoddisfatta.

Privacy e tutela dei dati personali

Avv. Giuliana Degl'Innocenti

Il diritto alla privacy, strutturato dalla dottrina statunitense alla fine dell'Ottocento, nel corso di oltre cento anni ha manifestato una radice composita, variegata, capace di plasmarsi di pari passo con l'avvicendarsi dei costume e con il rapido progresso tecnologico.

Un ruolo chiave in questo percorso di costituzione della privacy come diritto fondamentale, è stato rivestito dalle convenzioni internazionali sui diritti umani: rammentiamo a tal proposito la Dichiarazione Universale dei Diritti dell'Uomo, del 1948 (art.12), la Convenzione Europea per la salvaguardia dei Diritti dell'Uomo e delle Libertà Fondamentali, del 1950 (art. 8), la Dichiarazione dei Diritti dell'Uomo in relazione ai mezzi di comunicazione di massa, del 1970 (art.1).

Sotto l'influsso delle innovazioni tecnologiche, al concetto di "privacy intimacy" nel quale ci si imbatte nei documenti sopra detti, si è andata velocemente affiancando la nozione di "informational privacy", appunto il diritto dell'individuo di limitare e controllare la raccolta, la registrazione e l'utilizzazione (soprattutto da parte di terzi) dei dati a carattere personale. E in tal senso si sono orientate l'Unione Europea (Direttiva 95/46), il Consiglio d'Europa (Convenzione Dati – 1981) e i singoli stati, questi ultimi per lo più in attuazione degli impegni transnazionali.

A seguito della cospicua disciplina comunitaria in materia di privacy succedutasi negli ultimi anni, l'Unione Europea è oggi l'area geografica con il più elevato tasso di protezione dei dati personali al mondo.

Si annota, però, che il notevole sviluppo degli strumenti di comunicazione e trasmissione telematica, nonché principalmente, di Internet, sta col tempo rendendo obsolete la regolamentazione normativa nazionale e internazionale per tutelare il trattamento dei dati personali.

Internet è a tutti gli effetti una rete telematica che coinvolge tutto il pianeta, composta da milioni di computer interconnessi fra loro tramite i normali canali di telecomunicazione; viene usata costantemente da miriadi di utenti i quali inviano una quantità stratosferica di dati.

A tal proposito sarà utile analizzare i principali caratteri della "Rete delle Reti", i quali risultano essere:

- l'assenza di un Sistema di organizzazione dei dati telematici centralizzato;
- l'agevole e libero accesso da ogni parte alla Rete con facili procedure.

Da ciò si ricava pertanto senza sforzo, come sia davvero impensabile ritenere di poter controllare l'enorme numero di passaggi e accessi compiuti via Internet giornalmente.

La Rete non risulta essere però una dimensione tecnologica "asettica": sul punto si osserva, infatti, come Intenet, permettendo una comunicazione globale fra i soggetti, è diventato un ambiente sociale, economico, politico, fortemente simbolico, il quale favorisce nuove forme di espressione culturale, artistica e influisce pertanto, sulle identità dei singoli, imponendo quindi ad ognuno la necessità di rivedere le proprie categorie mentali.

La rapida e agevole acquisizione e gestione dei dati riguardanti soggetti che viene garantita attualmente da Internet permette un uso degli stessi "qualitativamente

differente" rispetto alla semplice addizione aritmetica che i precedenti sistemi consentivano, originando così un'influenza nella sfera giuridica dell'individuo al quale le notizie si riconducono, nel passato davvero impensabile.
Al fine di poter realizzare una ricerca precisa in riferimento alle nuove modalità con le quali attraverso la rete si può violare la altrui privacy, occorre badare ai vari tipi di dati in circolazione, i quali possono venire così classificati:
Dati riguardanti gli abbonati a un provider - Posto che un "provider" rappresenta un fornitore di accesso a Internet, ogni provider gestisce sia i dati identificativi dei propri abbonati, sia quelli riferiti alla trasmissione dei medesimi (c.d. transactional data).
I "transactional data" sono praticamente simili al traffico telefonico e sono compresi nella normative dettata dalla direttiva CEE 97/66 e dale norme nazionali attuative (in Italia, il D.Leg.vo n. 171/1988). Quindi vanno mantenuti nel log (specie di registro elettronico del provider) per il periodo strettamente necessario alle necessità di fatturazione.[1081]
Al contrario, i dati identificativi degli abbonati sono una effettiva banca dati, sottoposta alla disciplina di cui alla direttiva 95/46/CE e alla regolamentazione nazionale attuativa di questa (in Italia, la L. 675/1996).
L'analisi del traffico sul nodo di un provider permette di individuare tutti i siti ai quali un certo utente si è connesso e, de plano, di ottenere con accurata precisione tutte le sue preferenze e i suoi interessi (personali, politici, morali, professionali).
La posta elettronica - La comunicazione di e-mail rappresenta attualmente la trasmissione di dati più diffusa sulla rete e, contestualmente, uno degli aspetti più vulnerabili del Sistema.
Sul piano sostanziale la posta elettronica e la posta tradizionale trovano la stessa tutela (tutela della corrispondenza).
E' utile, tuttavia, precisare come nelle forme di organizzazione privata della posta elettronica la messaggistica venga indirizzata direttamente al server (computer centrale che raccoglie e smista i messaggi) i quali vi restano, sino al momento della loro lettura.
Online i dati passano da un server all'altro, fin quando arrivano al destinatario, tutto ciò aumenta l'alea di rischio che le predette comunicazioni vengano intercettate durante la trasmissione.
Dato che ogni e-mail, anche se criptata racchiude in chiaro l'indirizzo del mittente e quello del soggetto destinatario, la scienza informatica ha studiato delle misure difensive approntando gli *anonymous remailers*, appunto specifici server dotati di un preciso programma, che permette di spedire la posta elettronica in modo anonimo.
Tuttavia, si annota come neanche la previsione dei remailers anonimi consente di far si che la comunicazione sia totalmente al sicuro in quanto, analizzando il traffico del remailer, è possibile accertare un legame tra i messaggi in arrivo e quelli in uscita, in questa maniera scoprendo il reale autore della comunicazione in uscita.

[1081] P. SAMMARCO, *Il regime giuridico dei nomi a dominio*, Milano, Giuffré, 2002, pg. 102.

I newsgroups – A fianco di Internet, ha preso avvio la rete Usanet, la quale è appunto adoperata dai gruppi di discussione o newsgrroups.
Coloro che prendono parte a un gruppo di discussione, spediscono dei messaggi, nei quali figurano il mittente, la provenienza geografica, la data, l'ora e il contenuto.
Giova, tuttavia, rammentare che in considerazione del fatto che le comunicazioni dei gruppi di discussione sono costituite da messaggi pubblici, esse sono suscettibili di venire conosciute da qualunque curioso interessato a vedere cosa pensa e cosa scrive un certo individuo o un determinato gruppo.
Ad esempio negli Stati Uniti d'America questi dati subiscono un trattamento e una elaborazione da parte di specifiche società, che poi mettono in vendita i risultati delle indagini a scopi commerciali.[1082]
I servizi gratuiti – Navigando in Rete è possibile imbattersi in svariati servizi (ad esempio la fornitura di programmi, la messa a disposizione gratuita di pagine Web, ecc.) cosiddetti gratuiti, ma che tali assolutamente non sono, in quanto per garantire l'accesso, viene domandata a ogni utente la trasmissione di dati personali, che pertanto divengono una effettiva *merce* di scambio.
I links – Solitamente all'interno delle pagine Web si trovano anche dei messaggi pubblicitari, scaricati da specifici server, i quali pagano il gestore del sito per inserire gli avvisi. Pertanto, qualora nel visionare una pagina, l'utente *clicchi* sopra una finestra di un messaggio pubblicitario, nella maggior parte dei casi lo scarica all'interno del prioprio computer e avvia delle applet java. A causa di tale meccanismo, il gestore del server in cui è memorizzato il messaggio pubblicitario viene così a conoscenza sia della tipologia di client (programma che permette all'utente di navigare in internet) usato dal soggetto, sia dell'indirizzo IP relativo al server attraverso il quale l'utente si è collegato alla Rete, nonché dell'indirizzo del sito Web attraverso il quale è stato letto l'annuncio pubblicitario.
I cookies – Spesso accade che durante la visita a un sito Web, il server di questo invii al client dell'utente e da tale programma al suo hard disk, un insieme di dati con diverse informazioni (come la specificazione del server mittente, una scadenza ecc.). Successivamente, quando capita di effettuare nuove visite, il server del sito Web domanda al client del predetto utente di trasmettergli, in virtù delle istruzioni fornite in passato, dei file di testo di modeste dimensioni, chiamati *cookies*. I suindicati files sotto il profilo tecnico rivestono la funzione di accelerare il caricamento delle pagine Web, agevolando il riconoscimento del visitatore. In questo modo i cookies permettono al server che li richiede di organizzare i dati sui siti precedentemente visionati dall'utente, facendo sì che possano venire riscostruite le abitudini e le preferenze del visitatore.
In definitiva, ciò rappresenta un'effettiva schedatura senza che l'interessato ne sia al corrente, tesa nella maggior parte dei casi ad aumentare il *direct marketing*, ma peraltro totalmente confliggente con la tutela della privacy.
Il commercio elettronico rappresenta l'ambito dove maggiormente si affronta la battaglia della tutela della privacy.

[1082] G. CASSANO, *Diritto delle nuove tecnologie dell'informazione e dell'internet,* Milano, Ipsoa, 20012, pg. 30.

L'e-commerce è stato indicato dalla commissione UE nella Comunicazione: "Un'iniziativa europea in materia di commercio elettronico" ovvero come "*lo svolgimento di attività commerciali e di transazioni per via elettronica e comprende attività diverse, quali: la commercializzazione di beni e servizi per via elettronica; la distribuzione online dei contenuti digitali; l'effettuazione per via elettronica di operazioni finanziarie e di borsa; gli appalti pubblici per via elettronica ed altre procedure di tipo transattivo delle Pubbliche Amministrazioni*".
Il concetto risulta molto esteso, includendo non solo le comunicazioni effettuate tra computer connessi in Internet, ma tutte le ipotesi che comportano l'uso di apparecchi elettronici, a prescindere dalle modalità e dalle tecniche seguite.
Le-commerce non è circoscritto al contatto tra venditore e acquirente, bensì si allarga agli stadi della trattativa e della negoziazione, della stipulazione del contratto e della corresponsione del prezzo dei prodotti o servizi acquistati e – nelle fattispecie relative alla vendita di beni immateriali (come software, informazioni e altri servizi) – anche alla loro consegna.
Regolare il commercio elettronico con interventi normativi nazionali è pressoché impossibile, perché il traffico segue itinerari differenti, riguardo ai contratti stipulati dai venditori con i vari provider e da questi ultimi con altri provider ancora.
Sovente i navigatori della Rete non sono neppure consapevoli del fatto che il server al quale si collegano sia situato in Italia oppure all'estero, posto che una pagina Web può essere realizzata da frammenti che derivano da server sparsi in tutto il mondo. Tuttavia, qualora si intendesse applicare una disciplina nazionale per tutelare i dati personali, questa potrebbe essere agilmente elusa dall'acquirente, posizionando il proprio server in un Paese in cui vige una legislazione più lassista e pertanto più adatta ai propri bisogni.
In base a una ricerca avviata dall'IBM, negli Stati Uniti la paura più diffusa della stragrande maggioranza dei compratori di beni e servizi attraverso l'e-commerce è proprio la difettevole e lacunosa tutela della privacy.
E in conseguenza della predetta preoccupazione negli USA si è verificato un calo degli acquisti pro capite attraverso la Rete.
In considerazione di quanto siamo andati finora esponendo, si comprende come la tutela della privacy approntata nel modo più idoneo diviene, quindi, una necessità che, originatasi nella dimensione individuale e sociale, attualmente assume consistenti implicazioni anche nel settore economico.
Più o meno tutti avvertono in modo sempre più pressante il bisogno di misure idonee e pronte, in grado di donare nuovamente fiducia, anche sul presupposto che il crimine organizzato è sempre più attivo sulla Rete.
A tal proposito recenti indagini giornalistiche riferiscono la presenza di un fenomeno molto insidioso, quello appunto degli "*ID thieves*" ovvero ladri di identità.
In buona sostenza il caso concerne criminali che carpiscono tutti i dati personali di un soggetto (riferimenti di conto corrente, carta di credito e ogni elemento che possa identificare un individuo), per rivestirne l'identità nei riguardi di istituti di credito, assicurazioni, esercizi commerciali e accendere così prestiti o mutui, contrarre

debiti, efftuare acquisti impunenmente (negli Stati Uniti si registrano circa 30.000 casi nell'ultimo anno).[1083]

La salvaguardia dei dati personali sulla Rete costituisce una condizione imprescindibile per il commercio elettronico ed è stata riconosciuta dal Gruppo per la tutela delle persone in riferimento al trattamento dei dati personali già nel febbraio 1999.

Posto che Internet rappresenta una dimensione eterogenea e policentrica, si segnala come la previsione della disciplina sui dati personali e sulle telecomunicazioni meramente applicate nei riguardi degli utenti della Rete comporta degli inconvenienti che tuttavia risultano superabili.

Sul punto si osserva come, logicamente, fintanto che le comunicazioni in Internet si sostanziano in modo esclusivo all'interno di uno stato, dovrà applicarsi la normativa nazionale relativa alla protezione dati di quel determinato paese.

Ma detta ipotesi risulta assolutamente eccezionale, dato che, nella stragrande maggioranza dei casi, il trasferimento dei dati si verifica (magari pure inconsapevolmente) servendosi di nodi ubicati addirittura in altre aree del pianeta.

In considerazione di quanto appena esposto si comprende quindi, che questa circostanza incrina molti concetti contenuti nella disciplina internazionale e nazionale, relativa appunto alla tutela dei dati, come ad esempio quelli di responsabile del trattamento, di trasferimento dei dati all'estero, della persona alla quale spedire l'informativa riguardante l'elaborazione dati, ecc..

Il nodo quindi ancora da sciogliere è costituito dal fatto che al contrario degli accessi a Internet i quali sono agevoli e contraddistinti da modalità di connessione estremamente facili, la Rete risulta sprovvista di efficaci meccanismi di controllo.

Sul versante della normativa statale si osserva come attualmente la stessa debba necessariamente integrarsi con l'autoregolamentazione dei protagonisti dei servizi comunicativi; su quello della cooperazione internazionale tra gli Stati si segnala, invece, l'opportunità di far rispettare gli interessi pubblici all'interno di un'area per la gran parte governata dall'iniziativa privata. Da questa interazione può trovare scaturigine una efficace disciplina della Rete delle Reti, la nuova *cyberlaw*.

Su detta circostanza la preferenza deve essere accoradata alla cooperazione internazionale, la quale, attraverso i trattati, permette di:

- realizzare apparati di controllo efficaci per evitare e reprimere ogni violazione;
- stabilire la regolamentazione della tutela applicabile ai casi specifici che via via si presentano.

Si tratta, in pratica, del percorso più battuto dall'UE, che attraverso le direttive ha voluto influire sia nel settore delle fonti sovranazionali, sia in quello dei singoli diritti nazionali.

Da quanto esposto si ricava, dunque, che la predetta disciplina di cornice dovrà fissare le seguenti linee guida:

- individuare la legge da applicare per stabilire il luogo nel quale è stato commesso il fatto, indicando, de plano, la giurisdizione e pertanto la competenza di questo o quel giudice nazionale, in relazione quindi anche al tempo della condotta;

[1083] G. VACIAGO, *Internet e responsabilità giuridiche,* Piacenza, La Tribuna, 2002, pg. 151 e ss.

- sancire delle regole procedurali di base relative alla rilevanza e alla tipologia delle prove;
- stabilire quali azioni devono essere ritenute in ogni caso dannose o vietate, anche al di là di quanto contemplato dalle legislazioni nazionali;
- fissare i riferimenti giuridici per poter mettere in esecuzione un'eventuale condanna nei riguardi di uno straniero.

A questa fonte, di scopo integrativo, deve essere affiancata la creazione di codici di autodisciplina, strutturati in modo da essere aggiornati rapidamente (come le netiquettes statunitensi), per fare idoneamente fronte ai problemi sempre nuovi che l'uso delle tecnologie avanzate va ingenerando di volta in volta.

Risulta essere questa la soluzione che prediligono negli Stati Uniti, paese – giova ricordarlo – che sopra ai codici di autoregolamentazione ha edificato il suo apparato di tutela della privacy informatica, ancorché in modo spesso ricco di vuoti legislativi e pertanto non del tutto efficiente.

Tuttavia, soltanto da questo sforzo congiunto, attraverso l'impeigo dello strumento dei trattati internazionali e quello dei codici di autodisciplina può sorgere la corretta regolamentazione, per trasformare Internet in una dimensione sicura e controllata.

A questo punto risulta opportuno soffermarsi su alcune tecnologie di sorveglianza elettronica, attraverso le quali vengono poste in essere delle misure di controllo politico sui sistemi di telecomunicazione.

La Omega Foundation di Manchester, ha effettuato uno studio sul punto presentato allo STOA – Scientific and Technological Options Assessment in data 18 dicembre 1997 ed alla Commissione sulle libertà civili e gli affari interni in data 27 gennaio 1998 nel quale vengono sviscerati vari argomenti, che possono così sintetizzarsi:

Sviluppo delle tecnologie di sorveglianza: si sottolinea appunto il potenziamento di nuove tecnologie, dalle lenti a visione notturna ai microfoni parabolici capaci di recepire le conversazioni a voce ad oltre un chilometro di distanza, dai sistemi di sorveglianza televisiva a circuito chiuso a quelli automatici di individuazione dei veicoli attraverso il numero di targa, dai computer mobili in condizione di captare le conversazioni effettuate da telefoni cellulari in una determinate area, alla camera stroboscopica danese Jai, capace di scattare centinaia di forto in pochi secondi, per ritrarre individualmente tutti i partecipanti di una competizione podistica.

Da precisare come dette tecnologie, studiate per la Difesa e il settore dell'intelligence, si sono celermente estese ai servizi di salvaguardia dell'ordine pubblico e pure all'ambito privato.

Sistemi di intercettazione delle comunicazioni nazionali e internazionali: esistono due sistemi mondiali d'intercettazione: il primo si chiama "ECHELON" (e include attività di reparti di intelligence USA, come la NASA e la CIA e inglesi, come GCHQ e M16) mentre il secondo risponde al nome di EU –FBI (e include diverse agenzie di ordine pubblico, come FBI e polizie di Stato dell'UE).

ECHELON beneficia di strumenti di ascolto e sorveglianza sparsi in tutto il mondo, i quali formano appunto un'apparecchiatura centrata su tutti i satelliti chiave Intelsat, usati come infrastrutture di comunicazione satellitare per il traffico telefonico, Internet, posta elettronica, fax e telex.

Da segnalare come dall'insieme delle informazioni raccolte vengono estrapolati gli aspetti rilevanti attraverso l'uso di meccanismi di intelligenza artificiale come Memex, tramite appunto l'impiego di parole chiave.

I dati raccolti, poi, riguardano non solo eventuali attività terroristiche, ma anche quelle di stampo economico.
In base ad alcune fonti giornalistiche, diverse società USA avrebbero ricevuto un vantaggio per determinate forniture dall'estero attraverso l'uso di notizie riservate ottenute mediante ECHELON.
Per quanto concerne, invece, il Sistema EU – FBI, esso è stato costituito in segreto nel dicembre del 1996 dall'Unione Europea e dagli USA, dietro richiesta americana, per migliorare il Sistema ECHELON.
In pratica si sostanzierebbe in una rete internazionale di postazioni d'ascolto telefoniche nel raggio d'azione del "terzo pilsatro" relative[1084] al trattato di Maastricht riguardante la cooperazione internazionale nel campo giuridico e dell'ordine pubblico.
La disamina degli argomenti che siamo andati esponendo ci ha permesso di individuare nuove esigenze di tutela in riferimento all'aumento delle tecnologie informatiche e di Internet. E infatti lo sviluppo tecnologico necessita di una rinnovata cura nei riguardi della privacy, sul presupposto della costituzione di sempre nuovi e invasivi meccanismi di intrusione nella dimensione privata di ognuno.
La privacy, definita all'inizio come *right to be let alone* (privacy-property), si è trasformata attualmente nel *diritto di controllare l'uso che altri facciano delle informazioni che mi riguardano* (informational privacy), trovando spesso agile attuazione:
- l'uso persecutorio dei dati stessi;
- l'alterazione distorta dell'identità sociale del soggetto, tale da pregiudicarne le relazioni con i soggetti frequentati quotidianamente;
- la comunicazione indiscriminata di notizie, che precludono al soggetto stesso di effettuare scelte in modo autonomo.
Ebbene, un'efficace tutela di questa dimensione può essere garantita solo se viene riconosciuta l'esistenza di un vero e proprio diritto alla privacy, che trova scatutrigine nei trattati internazionali (Dichiarazione universale dei diritti dell'uomo, Convenzione europea per la salvaguardia dei diritti dell'uomo e delle libertà fondamentali) e contestualmente se aumenta la produzione normativa (sia a livello istituzionale, sia a livello spontaneo, come i codici di autoregolamentazione) nell'ambito della tutela del trattamento dei dati personali, poiché le nuove tecnologie risultano capaci di costituire sempre più insidiose invasioni, senza che gli individui ne abbiano consapevolezza e senza che i singoli stati siano capaci di procedere di pari passo con questa continua evoluzione.
In pratica ciò è rappresentato dai seguenti profili, tra loro complementari e imprescindibili: risulta dunque privo di significato ragionare di protezione dei dati personali se non si tiene in considerazione il valore giuridico fondamentale da tutelare, ovverosia la privacy stessa. Contemporaneamente, la privacy non può essere concepita correttamente e adeguatamente in tutte le necessarie implicazioni

---

[1084] S. McCLURE, J. SCAMBRAY E G. KURTZ, *Hacker! 3.0 – nuove tecnologie di protezione dei sistemi,* Apogeo, pg. 40 e ss.

riguardo alla società attuale, se non si raggiunge la consapevolezza della necessità di tutelare i dati personali.
Nello svolgimento della nostra indagine all'interno dello scenario della tutela della privacy e dei dati personali, non possiamo esimerci, dal ricordare in ultima analisi e sia pure a brevi linee, la recente sentenza del dicembre 2016, pronunciata dalla Corte di Giustizia europea, la quale ha dichiarato la norma del Data Retention Investigatory Powers Act inglese, incompatibile con la direttiva sul trattamento dei dati personali nella parte in cui afferma un obbligo generalizzato, in capo agli internet provider, di conservare i dati del traffico telematico degli utenti per non meno di un anno.[1085]
In buona sostanza per la Corte risulta illegale e contro i principi della democrazia la "data retention" indiscriminata, applicata da alcuni Stati europei contro il terrorismo. La statuizione in oggetto, concerne l'obbligo degli operatori telefonici di conservare – nell'ottica di futuri eventuali procedimenti di indagine – i dati dei propri utenti (ecco il significato di "data retention") per dodici mesi. Detta sentenza bersaglia in modo specifico la nuova legge inglese sulle misure anti-terrorismo, appunto la Investigatory Powers Act 2016, appena approvata, la quale estende in modo considerevole l'ambito della data retention. Tuttavia questa pronuncia è destinata ad influire anche su normative allo studio in altri Stati soprattutto in considerazione dei recenti episodi terroristici. Secondo il parere degli esperti pure la vigente disciplina italiana risulta a rischio.
Sul punto, giova rammentare, come già nel passato la Corte si fosse pronunciata contro la data retention, in particolare con la sentenza a cause congiunte (C-293/12 e C-594/12, anche chiamato DRI judgment, Digital Right Ireland and Sietlinger) con la quale invalidava la Data Retention Directive (Direttiva 2006/24/Ce, c.d. Direttiva Frattini). Con essa si stabiliva una tutela effettiva nell'UE della protezione dei dati personali in qualità appunto di diritto fondamentale, da ciò si ricavava che la conservazione massiva dei dati inerenti il traffico telefonico e telematico risultava legittima soltanto se la disciplina comunitaria prevedeva puntuali garanzie necessarie per la tutela di tutti i cittadini, senza queste garanzie si dovevano ritenere violati i limiti sanciti dal principio di proporzionalità che governa la legislazione comunitaria.
Tuttavia il quadro attuale, alla luce della statuizione del dicembre 2016, appare contraddistinto da una cornice restrittiva più marcata, la quale determina una limitazione maggiormente severa circa l'uso dei dati. Più specificatamente, la Corte contempla un concetto nuovo, ovverosia quello del rispetto della privacy dei cittadini, in riferimento alla data retention, il quale risulta avere collocazione nella gerarchia delle fonti, a livello comunitario sovranazionale. Da ciò si deduce che i principi sulla data retention sanciti dall'UE debbono essere rispettati anche dale disposizioni normative interne agli Stati. Seguendo il ragionamento dellla Corte, infatti, si ricava che i Paesi membri possono stabilire, " a titolo preventivo" , la conservazione dei dati soltanto "contro gravi fenomeni di criminalità" Pure in detta ipotesi, però, la conservazione deve essere "limitata allo stretto necessario per

[1085] H. HAHN, *Internet Insecurity,* Pearson education Italia, 2002, pg. 55.

quanto riguarda le categorie di dati da conservare, i mezzi di comunicazione interessati, le persone implicate, nonché la durata di conservazione prevista". Attualmente, al contrario, la data retention, anche nel nostro Paese, si attua in maniera indiscriminata, pure per la lotta contro il crimine commune. Infatti si osserva come il PM può chiedere, anche nel caso di reati non aventi finalità terroristiche, di accedere ai dati realtivi al traffico telefonico e telematico degli utenti. I gestori conservano a titolo preventivo diversi riferimenti connessi al sopracitato traffico nell'ottica appunto di eventuali future richieste come la sopra menzionata. La conservazione precauzionale non riguarda ovviamente i contenuti delle telefonate, per i quali risulta necessaria una intercettazione decisa a posteriori; tuttavia già le informazioni generali sulle comunicazioni forniscono dati sufficienti e potenzialmente pregiudizievoli per la privacy (come affermato nelle precedenti sentenze della Corte).
Da rilevare, altresì, come secondo la lettera della recente pronuncia della Corte di Giustizia europea, l'accesso degli enti o degli organi nazionali ai dati conservati "deve essere assoggettato a condizioni, tra cui in particolare un controllo preventivo da parte di un'autorità indipendente e la conservazione dei dati nel territorio dell'Unione". Situazione la predetta, che attualmente non si verifica. Il nostro Paese, come evidenziano gli esperti in materia, risulta infatti, avere una legislazione sulla data retention che appare decisamente a rischio di violazione dei diritti civili. Su detta circostanza si osserva, come l'Italia ha prorogato fino al 2017 la conservazione dei dati attraverso una norma transitoria indicata con la denominazione: "decreto mille proroghe", inoltre le ragioni che giustificano la raccolta riguardano i reati in senso generale rendendo pertanto la previsione troppo generica, mentre la disciplina europea e pure i provvedimenti della Corte di Giustizia invitano gli Stati a contemplare la data retention in caso di reati gravi.
Secondo quanto siamo andati esponendo, quindi e soprattutto in considerazione dell'adeguamento alle pronounce della Corte europea sopra menzionate che si è andato strutturando negli altri Stati membri, nonché allo scopo di evitare che insorgano contenziosi anche in Italia sulla violazione di tale diritto, risulterebbe dunque auspicabile una modifica della regolamentazione nazionale che conduca l'art. 132 del Codice della Privacy ad una conformità con i principi delineati dalla Corte, coordinando la predetta operazione legislativa con le linee guida della Commissione europea e con le indicazioni del Garante per la protezione dei dati personali.

Bibliografia

P. SAMMARCO, *Il regime giuridico dei nomi a dominio,* Milano, Giuffrè, 2002.
G. VACIAGO, *Internet e responsabilità giuridiche,* Piacenza, La Tribuna, 2002.
G. CASSANO, *Diritto delle nuove tecnologie dell'informazione e dell'Internet,* Milano, Ipsoa, 2002.
S. McCLURE, J. SCAMBRAY E G. KURTZ, *Hacker! 3.0 – Nuove tecnologie di protezione dei sistemi,* Apogeo, 2002.
H. HAHN, *Internet Insecurity,* Pearson Education Italia, 2002.

Internet non dimentica: riflessioni sulla privacy storica nella società trasparente

Avv. Barbara Carrara

"Stava dilatando a dismisura il concetto di traccia.
Voleva non solo sparire, lei, adesso, a sessantasei anni,
ma anche cancellare tutta la vita che si era lasciata alle spalle"
Elena Ferrante, L'amica geniale, volume primo.

Premessa

Alcuni recenti e purtroppo tragici fatti di cronaca hanno nuovamente riacceso il dibattito in tema di diritto all'oblio anche sulla rete, inteso – in questa prospettiva - come la pretesa individuale al controllo dei propri dati.

Si tratta tuttavia di una questione ben più complessa di quanto non appaia ad un primo approccio, ove solo si consideri che il web rappresenta un non-luogo, ove ciascuno può accedere liberamente a notizie od informazioni di ogni genere su chiunque ed altrettanto liberamente può inserirvi dati di qualsiasi tipo[1086]; poiché quindi nel mondo digitale l'informazione in quanto tale rappresenta il valore più prezioso, è del tutto evidente come sia ben ragionevole porsi l'interrogativo se l'utente possa effettivamente scomparire in maniera del tutto definitiva dalla memoria collettiva, oppure gli sia almeno consentito di eliminare in maniera duratura alcune informazioni oramai datate e non più rispondenti al suo profilo ed alla sua personalità sociale; non a caso, una delle questioni più scottanti della società informatica sembra infatti essere proprio il diritto all'identità digitale[1087],

---

1086 In questo senso, si condivide l'osservazione per cui "*Internet ha fondamentalmente intaccato il sostanziale monopolio delle fonti di informazione, e ciò in senso bidirezionale, potendo il grande pubblico raccogliere direttamente le informazioni, ed i produttori di queste (protagonisti della politica e dell'economia, formazioni sociali e tutti i portatori di interessi anche debolmente rappresentati) di comunicare direttamente con il pubblico medesimo* " cfr. P. COSTANZO, *Il fattore tecnologico e le sue conseguenze*, Relazione al convegno annuale AIC, Salerno, 23-24 novembre 2012; del medesimo tenore anche F. DI CIOMMO: "*Oggi non è più realmente possibile distinguere chi fa informazione e chi fruisce di informazioni, giacchè in Rete ciascuno può immettere, e normalmente immette, informazioni, anche di carattere personale, riguardanti sè od i terzi*" *in Quello che internet non dice. Internet ed oblio in "Danno e Responsabilità"12/2014 pag.1103*

1087 Sul diritto alla identità personale su Internet, G. FINOCCHIARO, *Identità personale su internet, il diritto alla contestualizzazione dell'informazione*, in *Diritto dell'Informazione e dell'Informatica,* A. XXVIII Fasc. 3, 2012, pp. 383 ss; *La memoria della rete ed il diritto all'oblio*, in *Riv. Dir. Inf.*, n.3 2010, ag. 391; *Il diritto all'oblio nel quadro dei diritti della personalità* in "*Il diritto all'oblio su Internet dopo la sentenza Google Spain* "a cura di G. RESTA, V.ZENO ZENCOVICH; G.B. FERRI *Diritto all'informazione e diritto all'oblio* in *Riv. Dir. Civ.*, 1991, n.1, 802.

Rileva anche M. De Marzio come in un mondo dove la tecnologia non permette all'individuo alcun tipo di volontario isolamento, il diritto ad essere lasciati soli (right to be alone) si sia poi intesa come pretesa della persona ad ottenere una corretta rappresentazione sulla rete della propria individualità attraverso la rettifica, la contestualizzazione, l'aggiornamento progressivo nonché la deindicizzazione e la cancellazione dei propri dati.[1088]

Non è ovviamente casuale che da tempo si parli di responsabilità Data protection[1089] per la violazione del patrimonio informativo elettronico di cui è portatore ciascuno sulla rete, ossia di una violazione che viene appunto realizzata tramite la manipolazione dell'identità.[1090]

In una intervista rilasciata nel 2015, Viktor Mayer-Schönberger rimarcò il ruolo basilare svolto dalla memoria nel mondo digitale: "*Ma dimenticare svolge anche un'altra importante funzione: mantenere la nostra memoria "pulita" dalle informazioni che non sono più rilevanti per noi, consentendoci di concentrarci sul presente e guardare avanti, al futuro. La questione legale del "diritto all'oblio "non risolve il problema del ricordare e del dimenticare, ma avvia una discussione, un dibattito, nella società e questo è molto importante. Migliaia e migliaia di giovani scelgono oggi Snapchat oltre che Facebook (Snapchat è una piattaforma social digitale che consente la cancellazione automatica dei contenuti - ndr) perchéé essi comprendono l'importanza del dimenticare*".[1091]

Opportuno appare tuttavia partire, prima di ogni considerazione, da alcune precisazioni volte a delineare la natura della pretesa, poiché il diritto all'oblio ben rappresenta uno di quei "diritti senza legge" che nascono nell'ambito più generale

---

trasformato in una definizione funzionale della privacy, ossia nel diritto ad avere il controllo sui propri dati (M. DE MARZIO, *Il diritto all'oblio,* in *Persona e Danno,* 2.7.2006).

1088 Secondo Cass. Civ. 55525/12 si tratta di un *Diritto alla conservazione della propria attualità digitale,* in *Altalex,* 16.04.2012 con nota di M. IASELLI.

Sul tema: M. MEZZANOTTE, *Il diritto all'oblio. Contributo allo studio della privacy storica,* Napoli, 2009; G. FINOCCHIARO, *La memoria della rete e il diritto all'oblio,* in *Dir. informaz. e informatica,* 2010, pp. 391-404, F. PIZZETTI (a cura di), *Il caso del diritto all'oblio,* Torino, 2013, oltre che V. M. SCHONBERGER, *Delete: the virtue of forgetting in the digital age,* Princeton, 2009, nella versione italiana *Delete. Il diritto all'oblio nell'era digitale,* Milano, 2010.

Importante e completa la raccolta *Il diritto all'oblio su Internet dopo la sentenza Google Spain* a cura di G. RESTA, V.ZENO ZENCOVICH, Roma, 2015.

1089 D.BIANCHI, *Sinistri Internet: Responsabilità e risarcimento,* 2016; l'A. specifica come, nell'ambito più generale della responsabilità digitale, intesa come conseguenza ad una condotta dolosa o colposa lesiva dei diritti della persona sulla rete e che cagioni ad altri un danno ingiusto ex art 2043 e 20159 c.c., si ponga invece una tipologia di responsabilità oggettiva quale quella Data Protection, che ovviamente prescinde dagli elementi del dolo e della colpa, poiché l'art.15 del Codice della Privacy richiama il disposto dell'art 2050 c.c. (Art. 15. Danni cagionati per effetto del trattamento 1. Chiunque cagiona danno ad altri per effetto del trattamento di dati personali è tenuto al risarcimento ai sensi dell'articolo 2050 del codice civile. 2. Il danno non patrimoniale è risarcibile anche in caso di violazione dell'articolo 11.")

1090 D.BIANCHI, *L'inalterabilità della persona-patrimonio informativo viene ripristinata nelle ipotesi di manipolazione dell'identità con rimozione dei contenuti lesivi e nei casi di diritto all'oblio con l'adozione di misure di sicurezza Data Protection come l'aggiornamento, la contestualizzazione, l'anonimizzazione,* op. cit., pag. 9.

1091 www.espresso.repubblica.it.

dei diritti alla riservatezza e quindi della personalità, ma per il quale dottrina e giurisprudenza hanno poi delineato una precisa autonomia funzionale e concettuale. Dobbiamo il termine *droit a l'oubli* alla dottrina francese[1092]: in Italia, a dire il vero sin dal 1958 la Suprema Corte riconobbe l'esistenza di un *diritto al segreto del disonore,* che già tuttavia riportava in nuce gli elementi del moderno diritto all'oblio[1093]; ciò nonostante, la stessa giurisprudenza di legittimità non avrebbe poi compiutamente affrontato il tema se non negli anni successivi alla intervenuta elaborazione dottrinale sia del diritto alla riservatezza che dei diritti della personalità generalmente intesi e così tutelati dall'art 2 della Costituzione [1094].
Mentre la dottrina aveva da tempo iniziato a porsi diversi interrogativi circa le conseguenze del tempo connesse al diritto alla riservatezza, il primo provvedimento che, pur senza parlare propriamente di diritto all'oblio, affrontò comunque direttamente l'argomento individuando la pretesa all'oblio come un qualcosa di peculiare e diverso rispetto al diritto alla riservatezza fu una decisione del Tribunale di Roma del 2005 [1095] in tema di modalità di esercizio del diritto di cronaca; in quella occasione che, sulla scia delle innovazioni normative sia italiane che comunitarie, si precisò che non costituiva legittimo esercizio del diritto di cronaca, per mancanza di interesse pubblico della notizia, la riproposizione, nell'ambito di un gioco a premi promozionale, della prima pagina di un noto quotidiano romano già pubblicata al tempo degli originari avvenimenti e dove veniva riportata la notizia della confessione di un omicidio; il giudice romano ritenne che la nuova pubblicazione della prima pagina del quotidiano - a distanza di circa trent'anni dall'accaduto ed in totale assenza di utilità sociale della informazione nuovamente riproposta per motivi diversi - avesse effettivamente comportato una lesione a mezzo stampa della reputazione dell'interessato che, nel frattempo, aveva ottenuto un provvedimento di grazia dal Presidente della Repubblica[1096] ; nel principio ribadito dal Giudice di primo grado si precisava appunto come il diritto di stampa, tutelato dall'art.21 della Costituzione, trovi

---

1092 G. LYON CAEN, *Nota a Trib.gr.inst. Seine*, 4.10.1965 in *Semaine Juridique*, 1966, pp. 14482-14486.

1093 Cass. Civ. 13.05.1958 n.1563 su *Foro Italiano,* 1958, I, p. 1116: il fatto in esame concerneva la vicenda del questore di Roma Pietro Caruso e la strage delle Fosse Ardeatine.
Sul tema del diritto al segreto del disonore, si veda ampiamente T.A. AULETTA, *Diritto alla riservatezza e droit à l'oubli*, in G. ALPA, M. BESSONE, L. BONESCHI e G. CAIAZZA (a cura di), *L'informazione e i diritti della persona,* Napoli, 127-132 1983, 29; M. DI MARZIO, *Il diritto all'oblio,* op. cit.

1094 M. DI MARZIO, op cit., ove si riporta con ampiezza il contrasto dottrinale tra tesi monista e dualista in tema di diritti della personalità; una ampia rassegna della giurisprudenza sul tema è in M. MEZZANOTTE *Il Diritto all'oblio,* p. 100 e ss.

1095 In Foro Italiano, I, 1996, 2566 con nota di P. LAGHEZZA; lo stesso provvedimento è pubblicato su *Il diritto di famiglia e delle persone*, 1998, pp. 76 e ss. con nota di G. CASSANO: *Il diritto all'oblio esiste: è il diritto alla riservatezza.*
Si veda anche G. NAPOLITANO, *Il diritto all'oblio esiste (ma non si dice),* in *Dir. Inf.,* 1996, p. 432.

1096 Sul requisito della utilità sociale, nel complesso bilanciamento fra diritto di cronaca e diritti della personalità, si veda la compiuta analisi riportata nella nota di P. LAGHEZZA al provvedimento di cui in *Foro Italiano,* 1996, op. cit.

comunque il suo necessario limite e temperamento nel rispetto della pari dignità sociale riconosciuta ad ogni cittadino dalla stessa Costituzione nell'art. 3.
Ben più dirette nel definire i contorni del diritto all'oblio sono poi state alcune note ordinanze, sempre del giudice romano, emesse in controversie ancora una volta attinenti il conflitto tra interesse del singolo alla riservatezza su fatti della vita privata e interesse del pubblico alla divulgazione: si trattava, specificatamente, di trasmissioni televisive centrate su casi di cronaca giudiziaria di sicuro rilievo ma risalenti nel tempo: si tratta della ordinanze del Tribunale di Roma del 27.11.1996 (caso Vulcano), del 20.11.1996 (caso Vulcano est. Olivieri), del 20.11.1996 (caso Vulcano, est. Attenni), 8.11.1996 (caso Braibanti) [1097]
Nel 1998, sarà poi il giudice di legittimità ad esprimersi direttamente in tema di diritto all'oblio, precisando definitivamente come il presupposto del diritto all'oblio poggi sostanzialmente sull'effetto che il tempo riflette sull'interesse pubblico, tanto da far sì che quest'ultimo, a distanza di anni dall' accaduto, non possa che trasformarsi in niente di più che un mero interesse privato: *"la divulgazione a mezzo stampa di notizie che arrecano pregiudizio all'onore e alla reputazione altrui deve, in base al diritto di cronaca, considerarsi lecita quando ricorrono tre condizioni, la verità oggettiva della notizia pubblicata, l'interesse pubblico alla conoscenza del fatto (cosiddetta pertinenza) e la correttezza formale dell'esposizione (cosiddetta continenza). (...) La sentenza impugnata ha ulteriormente specificato il contenuto dei limiti del diritto di cronaca, aggiungendo quello dell'attualità della notizia, nel senso che non è lecito divulgare nuovamente, dopo un consistente lasso di tempo, una notizia che in passato era stata legittimamente pubblicata.*
Non si tratta soltanto di una pacifica applicazione del principio della attualità dell'interesse pubblico alla informazione, dato che tale interesse non è strettamente collegato all'attualità del fatto pubblicato, ma permane finché resta o quando ridiventa attuale la sua rilevanza pubblica.
Viene invece in considerazione un nuovo profilo del diritto di riservatezza recentemente definito anche come diritto all'oblio inteso come giusto interesse di ogni persona a non restare indeterminatamente esposta ai danni ulteriori che arreca al suo onore e alla sua reputazione la reiterata pubblicazione di una notizia in passato legittimamente divulgata.[1098]
Non si è mancato di rilevare come l'affermazione del diritto all'identità personale, come d'altro canto anche dello stesso diritto alla riservatezza, da parte delle corti di merito e di legittimità sia stata estremamente cauta, trattandosi d'altro canto di un diritto di matrice non codicistica: [1099] ciò nonostante la giurisprudenza di merito ha

---

1097 In *Giustizia civile*, I, 1997, pp.1979 ss, con nota di L. CRIPPA.
1098 Cass. Civile, sez. III, 9.04.1998, n. 3679 in *Foro Italiano*, con nota di P. LAGHEZZA: *Il diritto all'oblio esiste (e si vede)*.
1099 Una lettura aperta dei "diritti inviolabili dell'uomo" tutelati dall'art 2 Cost., ritenuto clausola generale ed aperta dalla dottrina orientata verso una interpretazione evolutiva, ha permesso a questa di superare la teoria pluralista dei diritti della personalità per aderire invece alla teoria monista, per cui il valore unitario protetto dall'ordinamento è la persona umana nel suo complesso; i diritti soggettivi ed assoluti della personalità quindi non sarebbero un numero chiuso, bensì ogni e qualsiasi interesse che si riveli essenziale per lo sviluppo della natura

delineato con chiarezza le peculiarità proprie del diritto all'oblio rispetto al diritto alla riservatezza: "*la situazione giuridica della quale si invoca la tutela cautelare appare identificabile in quello che nei paesi anglosassoni è definito come "right to be let alone" e dalla giurisprudenza d'oltralpe come "droit a la oubli" (diritto all'oblio). Il diritto all'oblio, pur rientrando nel generale ambito di tutela riservata alla vita privata (privacy) che trova fondamento nell'art 2 Cost., assume spiccata pecualiarità rispetto al dirito alla riservatezza (...) in quanto, a differenza di questo, non è volto ad impedire la divulgazione di notizie e e fatti appartenenti rispetto al diritto alla riservatezza, non è volto ad impedire la divulgazione di notizie e fatti appartenenti alla sfera intima dell'individuo e tenuti sino ad ora riservati, ma ad impedire che fatti già resi di pubblico dominio (e quindi sottratti al riserbo) possono essere rievocati - nonostante il tempo trascorso ed il venir meno del requisito della attualità - per richiamare su di essi (e sui soggetti, altrimenti dimenticati, coinvolti in tali vicende) "ora per allora", l'attenzione del pubblico - sollecitato a fornire apprezzamenti e giudizi critici. - proiettando l'inidividuo, all'improvviso e senza il suo consenso, verso una notorietà indesiderata (e ciò indipendentemente dal contenuto positivo o negativo che - in relazione ai fatti narrati - può assumere la considerazione sociale.*"[1100]
L'autonomia della pretesa all'oblio rispetto alla riservatezza, è quindi - come si è già visto - strettamente legata al fattore tempo: la privacy storica è la pretesa dell'individuo a non veder nuovamente pubblicate informazioni attinenti a vicende che siano già legittimamente state rese note, ma per le quali sia tuttavia trascorso un lasso di tempo tale da non rendere più attuale l'interesse pubblico alla loro divulgazione e per le quali quale prevalga infine il diritto dell'interessato ad avere il controllo dei propri dati[1101] e di rientrare, appunto, nell'oblio.
Si deve pertanto osservare come la privacy storica si muova allora in ambiti effettivamente differenti rispetto alla tutela della riservatezza, poiché opera a fronte di una notizia che è già stata data: l'oblio significa pertanto il diritto di non essere rammentati una seconda volta quando questo non sia necessario e, più propriamente, poter ottenere la cancellazione di una informazione già rilasciata ma non più attuale.
Il giudice di legittimità ha poi infine precisato, in un provvedimento del 2009, anche i riflessi del diritto all'oblio nell'ambito della norma incriminatrice della diffamazione, [1102]riconducendo tuttavia la pretesa al diritto alla riservatezza ed all'onore e non, quindi, ad una autonoma categoria concettuale.

---

umana, pur non essendo riportati in una norma specifica. Si veda, in tal senso, D. MESSINETTI, *Personalità (diritti della)* in *Enc. dir.*, XXXII, Milano, 1983, pp. 335 ss.
Per la dottrina a favore della interpretazione monista dei diritti della personalità, G. GIAMPICCOLO, *La tutela giuridica della persona umana ed il c.d. diritto alla riservatezza* in *Riv. trim. dir. proc. civ.*, 1958, pp. 465.ss. Per la corrente pluralista, si veda invece A. DE CUPIS, *I diritti della personalità*, in *Trattato di diritto civile e commerciale*, IV, Milano 1982.
1100 Trib. Roma, 21.11.1996, in *Dir. Inf.*, 1997, pp. 336-337.
1101 La definizione è di S.RODOTA', *Tecnologie e diritti*, Bologna, 1995, p. 101.
1102 Cass. pen. V, 24.11.2009 n. 45051, in *Cassazione Penale,* 2010, pp.1060 e ss., con nota di S. PERON *La verità della notizia tra attualità ed oblio.*

Ad avviso, invece, del Garante della Privacy, sono gli art. 7 ed 11 comma 1 lettera e) del d.gls. 196/2003 (Codice della Privacy) a definire nella sua pienezza la pretesa ad essere dimenticati, ove specificano che i dati oggetto di trattamento devono essere "*conservati in una forma che consenta l'identificazione dell'interessato per un periodo di tempo non superiore a quello necessario agli scopi per i quali essi sono stati raccolti o successivamente trattati*"[1103].

Occorre infine menzionare un altro importante testo normativo di riferimento in tema di privacy storica, ossia il Codice di deontologia relativo al trattamento dei dati personali nell'esercizio della professione giornalistica, deliberato dal Consiglio Nazionale dell'Ordine dei Giornalisti [1104]e pubblicato sulla G.U. del 3.08.1998 n.179 per disposizione del Garante Privacy.[1105]

La tutela del diritto all'oblio sul web

Ogni questione già affrontata sul tema del tormentato rapporto fra diritto di stampa e privacy storica, una volta trasposta sulla rete diviene, ovviamente, immensamente più complessa; giacché, come rilevato da più parti, - appare chiaro come si tratti non più di un semplice problema di pubblicazione o di ripubblicazione dell'informazione, quanto bensì di permanenza della stessa nella infinita memoria di Internet.

Poiché la rete è, sostanzialmente, una banca dati di banche dati [1106]sono senza dubbio gli algoritmi di indicizzazione dei motori di ricerca ad assumere il ruolo di grandi navigatori in questo oceano di informazioni.

Con un provvedimento del 2012 in Italia venne adottata dal Giudice di legittimità una posizione estremamente innovativa in tema di privacy storica, poiché il diritto all'oblio veniva inquadrato in una dimensione dinamica, ossia finalizzata al controllo ed all'utilizzo dei dati e quindi in una prospettiva di salvaguardia della *proiezione sociale dell'identità personale.*

Nel caso giunto all'esame della Suprema Corte, un esponente politico lamentava la lesione al suo diritto alla identità personale digitale dovuta dalla persistenza

---

1103 Garante della Privacy, decisione 7.07.2005 in relazione alla liceità della nuova diffusione, a distanza di diversi anni (sedici), di immagini riprese nel corso di un dibattimento penale.

"*Alla luce della normativa in materia di protezione dei dati personali intervenuta dopo la prima trasmissione del 1988, la tutela invocata dalla segnalante trova un giusto fondamento anche nel diritto della segnalante di non essere più ricordata pubblicamente, anche a distanza di molti anni (cd. diritto all'oblio;* art. 11, comma 1, lett. e) del Codice*).*

La riproposizione di una delicata vicenda giudiziaria e personale -già a suo tempo oggetto di un'ampia attenzione da parte del pubblico e dei mezzi di informazione- ha leso il diritto dell'interessata di veder rispettata la propria rinnovata dimensione sociale e affettiva così come si è venuta definendo successivamente alla vicenda stessa, anche in relazione al proprio diritto all'identità personale e al diritto alla protezione dei dati personali", in http://www.garanteprivacy.it/web/guest/home/docweb/-/docweb-display/docweb/1148642.

1104 www.garanteprivacy.it.

1105 Sulla giurisprudenza del Garante della Privacy, si veda M. MEZZANOTTE, op. cit. p. 179.

1106 La definizione è di F. DI CIOMMO, *Quel che Internet non dice. Internet ed Oblio*, secondo cui occorre appunto rimeditare l'intera categoria del diritto all'oblio sulla rete.

nell'archivio on line di un noto quotidiano a diffusione nazionale di alcuni articoli, già pubblicati in occasione di una vicenda giudiziaria che lo aveva visto suo malgrado protagonista: un ulteriore aspetto controverso veniva rilevato nel fatto che nell'archivio non venisse effettivamente data in alcun modo contezza al lettore del positivo epilogo della vicenda stessa .
Dinanzi al diniego del Garante della Privacy[1107], cui aveva richiesto la rimozione dei dati giudiziari ovvero lo spostamento dell'articolo, oramai datato, in un area di un sito web non indicizzabile dai motori di ricerca, il difensore dell'interessato denunciò alla Suprema Corte la violazione degli artt. 2,7,11, 99, 102, 150,152 D.lgs. n.196 del 2003 nonché 3, 5,7 del Codice di deontologia e buona condotta per i trattamenti di dati personali per scopi storici (G.U. n. 50 del 5 aprile 2001).
Nel provvedimento di accoglimento il Giudice di legittimità prevenne così alla nozione dinamica di diritto alla riservatezza, rappresentata quindi come il controllo dell'uso e del destino dei propri dati da parte dell'interessato; nel quadro normativo in tema di privacy - ove ruolo fondamentale viene assunto dal bilanciamento tra il diritto alla protezione dei dati personali con il diritto di ed alla informazione, e quindi con i diritti di cronaca, di critica, di satira e di caricatura – questi diviene direttamente compartecipe nell'utilizzo dei propri dati; tale bilanciamento, ad avviso della Corte, trovava in realtà il proprio fondamento direttamente nel principio di correttezza, quale generale principio di solidarietà sociale, per cui "*L'interessato ha diritto a che l'informazione oggetto di trattamento risponda ai criteri di proporzionalità, necessità, pertinenza allo scopo, esattezza e coerenza con la sua attuale ed effettiva identità personale o morale (c.d. principi di proporzionalità, pertinenza e non eccedenza) (D.Lgs. n. 196 del 2003, art. 11).*
Gli è pertanto attribuito il diritto di conoscere in ogni momento chi possiede i suoi dati personali e come li adopera, nonché di opporsi al trattamento dei medesimi, ancorché pertinenti allo scopo della raccolta, ovvero di ingerirsi al riguardo, chiedendone la cancellazione, la trasformazione, il blocco, ovvero la rettificazione, l'aggiornamento, l'integrazione (D.Lgs. n. 196 del 2003, art. 7)."
Così, il diritto all'informazione (art. 21 Cost.) trovava il suo contrappeso nel diritto fondamentale alla riservatezza (artt. 21 e 2 Cost.) ed al titolare dei dati veniva così correlativamente attribuito il diritto all'oblio (v. Cass., 9/4/1998, n. 3679) volto appunto ad impedire la ulteriore diffusione di notizie ormai dimenticate o ignote alla

---

1107 *Archivi storici on line dei quotidiani: accoglimento dell'opposizione dell'interessato alla reperibilità delle proprie generalità attraverso i motori di ricerca - 11 dicembre 2008. In questo provvedimento si descrive il metodo di bilanciamento da applicare quando vi sia contrasto fra diritto all'oblio e diritto all'informazione.*
http://www.garanteprivacy.it/web/guest/home/docweb/-/docweb-display/docweb/1583162.
Si veda anche, http://garanteprivacy.it/web/guest/home/docweb/-/docweb-display/docweb/2339483, *Archivi giornalistici on line sempre aggiornat*i con cui Garante privacy ha ordinato a un gruppo editoriale di aggiornare alcuni articoli presenti nell'archivio storico on line di un suo quotidiano, imponendo all'editore di individuare modalità che segnalino al lettore l'esistenza di rilevanti sviluppi delle vicende che riguardano i due interessati (ad esempio, con un link, un banner o una nota all'articolo), così da garantire alle persone il rispetto della propria identità, così come si è evoluta nel tempo, consentendo al lettore di avere un'informazione attendibile e completa.

generalità dei consociati: "*Atteso che il trattamento dei dati personali può avere ad oggetto anche dati pubblici o pubblicati (v. Cass., 25/6/2004, n. 11864), il diritto all'oblio salvaguarda in realtà la proiezione sociale dell'identità personale, l'esigenza del soggetto di essere tutelato dalla divulgazione di informazioni (potenzialmente) lesive in ragione della perdita (stante il lasso di tempo intercorso dall'accadimento del fatto che costituisce l'oggetto) di attualità delle stesse, sicché il relativo trattamento viene a risultare non più giustificato ed anzi suscettibile di ostacolare il soggetto nell'esplicazione e nel godimento della propria personalità.*
Il soggetto cui l'informazione oggetto di trattamento si riferisce ha in particolare diritto al rispetto della propria identità personale o morale, a non vedere cioè "travisato o alterato all'esterno il proprio patrimonio intellettuale, politico, sociale, religioso, ideologico, professionale" (v. Cass., 22/6/1985, n. 7769), e pertanto alla verità della propria immagine nel momento storico attuale."
Qualora tuttavia fosse rimasto l'interesse pubblico alla permanenza del dato in quanto fatto storico rilevante, questo poteva essere sicuramente essere riutilizzato per uno scopo diverso e compatibile rispetto a quello iniziale, ma garantendo ogni cautela nella gestione del dato stesso, spostandolo in un archivio diverso rispetto a quello originario e trattandolo comunque in modo lecito e secondo correttezza.
Per quanto atteneva poi le concrete le modalità operative per la protezione dell'identità sociale della persona interessata, il provvedimento evidenziava come occorresse assicurare la contestualizzazione e l'aggiornamento della notizia di cronaca, mediante il collegamento dell'informazione stessa alle successive evoluzioni della vicenda, tale che il quadro generale fosse esaustivo e completo. A tal fine, veniva delineata la differenza - fondamentale nella rete - tra archivio e memoria: se per archivio si intendeva un gruppo di informazioni connesse fra di loro così da essere accessibili e consultabili e maniera più rapida ed agevole, la memoria del web non si poteva allora ritenere un semplice archivio, bensì un complessivo deposito di archivi, intesi come fonte dell'informazione (o siti sorgente) cui possono accedere i singoli utenti.
In questo contesto si poteva allora comprendere perché il ruolo del motore di ricerca si fermasse quindi alla mera intermediazione telematica: "*Esso è un mero fornitore del servizio di fruizione della rete, limitandosi a rendere accessibili sul sito web i dati dei c.d. siti sorgente, assolvendo ad un'attività di mero trasporto delle informazioni (ad eccezione dell'ipotesi in cui compia un'attività di trasformazione delle medesime, a tale stregua divenendone anch'esso produttore diretto, con conseguente assoggettamento a responsabilità in caso di illecito D.Lgs. n. 70 del 2003, ex art. 14 e ss., fonte di recepimento della Direttiva 2000/31/CE). In particolare, come posto in rilievo nella giurisprudenza di merito, Google è notoriamente un motore di ricerca che si limita a offrire ospitalità sui propri server a siti internet gestiti dai relativi titolari in piena autonomia, i quali negli stessi immettono e memorizzano le informazioni oggetto di trattamento (cfr. Trib. Milano, 24/3/2011).*"
Al fine di preservare al meglio la proiezione sociale del soggetto, qualora l'interesse pubblico alla notizia remota fosse comunque ancora persistente, questa poteva essere legittimamente spostata in un archivio storico solo dopo essere stata opportunamente aggiornata, così da mantenere i necessari caratteri di verità ed esattezza, e conseguentemente, di liceità e correttezza, dovendo a tal fine

provvedere direttamente il titolare del sito sorgente: "*In ipotesi, come nella specie, di trasferimento D.Lgs. n. 196 del 2003, ex art. 11, comma 1, lett. b), di notizia già di cronaca (nel caso, relativa a vicenda giudiziaria di personaggio politico) nel proprio archivio storico, il titolare dell'organo di informazione (nel caso, la società Rcs Quotidiani s.p.a.) che avvalendosi di un motore di ricerca (nel caso, Google) memorizza la medesima anche nella rete internet è tenuto ad osservare i criteri di proporzionalità, necessità, pertinenza e non eccedenza dell'informazione, avuto riguardo alla finalità che ne consente il lecito trattamento, nonché a garantire la contestualizzazione e l'aggiornamento della notizia già di cronaca oggetto di informazione e di trattamento, a tutela del diritto del soggetto cui i dati pertengono alla propria identità personale o morale nella sua proiezione sociale, nonché a salvaguardia del diritto del cittadino utente di ricevere una completa e corretta informazione, non essendo al riguardo sufficiente la mera generica possibilità di rinvenire all'interno del "mare di internet" ulteriori notizie concernenti il caso di specie, ma richiedendosi, atteso il ravvisato persistente interesse pubblico alla conoscenza della notizia in argomento, la predisposizione di sistema idoneo a segnalare (nel corpo o a margine) la sussistenza di un seguito e di uno sviluppo della notizia, e quale esso sia stato (nel caso, dei termini della intervenuta relativa definizione in via giudiziaria), consentendone il rapido ed agevole accesso da parte degli utenti ai fini del relativo adeguato approfondimento, giusta modalità operative stabilite, in mancanza di accordo tra le parti, dal giudice di merito.*"
In sintesi, secondo la pronuncia della Suprema Corte il diritto all'oblio poteva essere opportunamente tutelato rivolgendosi al gestore del sito sorgente per ottenere direttamente un aggiornamento delle notizie, così da ottenere un preservamento della sua identità digitale.
È quindi in questo stesso contesto che occorre infine necessariamente rammentare la sentenza n.5107 del 2014, con cui la III sezione della Cassazione penale pose fine al noto caso "Vivi Down", specificando ancora come non sussistesse un obbligo generale di controllo da parte dell'hosting provider sui contenuti di qualsiasi natura caricati da terzi ed escludendo quindi che il gestore del servizio di host potesse essere considerato responsabile del trattamento dei dati personali[1108].

Il caso Google Spain: il diritto di non essere reperiti
La posizione della giurisprudenza italiana, tuttavia, ha dovuto prendere atto di una ben diversa prospettiva del diritto all'oblio, resa nota dalla oramai famosa sentenza Google Spaini: si tratta della decisione della Corte di Giustizia Europea intervenuta nella causa Google Spain SL e Google Inc. c. Agencia Espanola de Protecciòn de Datos e Costeja Gonzales (sent. 13.05.2014, causa c-131/12)[1109] con cui si è

1108 Cass. Penale III n. 5107 del 3.02.2014, in *Foro Italiano,* 2014, II, 364, con commento di F. DI CIOMMO, *Google Vivi Down, atto finale: l'hosting provider non risponde quale titolare del trattamento dei dati.*

1109 La letteratura sulla sentenza Google Spain è pressoché sterminata: si citano, ex multis, *Il diritto all'oblio su Internet dopo la sentenza Google Spain* a cura di G. RESTA, V. ZENO ZENCOVICH; A. PALMIERI, R.PARDOLESI *Dal diritto all'oblio all'occultamento in rete: traversie dell'informazione ai tempi di Google* in *Nuovi Quaderni del Foro Italiano*, n.1., Maggio 2014; M. D'ARIENZO, *I Nuovi scenari della tutela della privacy nell'era della*

stabilito invece il diverso principio per cui il gestore di un motore di ricerca su Internet viene considerati responsabile del trattamento da esso effettuato dei dati personali che appaiono su pagine web pubblicate da terzi.
Pertanto, nel caso in cui, a seguito di una ricerca on line effettuata a partire dal nome di uno specifico individuo, ne risulti un link verso una pagina web che contenga informazioni sulla persona in questione, la stessa potrà rivolgersi direttamente al gestore oppure, qualora questi non dia seguito alla sua domanda, adire le autorità competenti per ottenere, in presenza di determinate condizioni, la soppressione di tale link dall'elenco di risultati.
Questa, in breve, la controversia dalla quale si è pervenuti a questa nuova impostazione: con ricorso del 5 marzo 2010, presentato contro La Vanguardia Ediciones SL oltreché contro Google Inc., società madre del gruppo Google con sede negli USA e contro Google Spain SL (la filiale spagnola del gruppo dotata di personalità giuridica autonoma ed operante come agente commerciale preposta alla vendita a terzi di spazi pubblicitari generati sullo stesso sito di Google), il signor Costeja Gonzaeles si rivolgeva alla AEPD (Agenzia Espanòla de Protection de Datos, il Garante iberico per la protezione dei dati personali) al fine di ottenere la cancellazione oppure la deindicizzazione - sia da parte del quotidiano on line che dal motore di ricerca - di una pagina web ove, a distanza di anni, ancora compariva il suo nome nell'ambito di vecchi annunci per una procedura di pignoramento.
Con decisione del 30.07.2010 l'AEPD respingeva il ricorso del sig. Costeja Gonzales per quanto concerneva il quotidiano, mentre si pronunciava favorevolmente per la richiesta di deindicizzazione nei confronti del motore di ricerca, ordinando quindi a Google Inc. di adottare le misure necessarie sia per rimuovere dai propri indici alcuni dati personali riguardanti l'interessato che per impedire in futuro l'accesso a tali dati.
Google Inc. e Google Spain presentavano allora ricorso alla Audiencia Nacional, che, a sua volta, ai sensi dell'art 267 TFUE, proponeva domanda di pronuncia pregiudiziale alla Corte di Giustizia Europea per la corretta interpretazione degli articoli 2) lettere b) e d), 4, paragrafo I, lettera a) e c), 12 lettera b) e 14, primo comma della lettera a) della direttiva 95/46/CE del Parlamento Europeo e del Consiglio, attinente alla tutela delle persone fisiche con riguardo al trattamento dei dati personali ed alla libera circolazione di tali dati, nonché dell'art. 8 della Carta dei diritti fondamentali della UE.[1110]
La posizione difensiva di Google Inc venne argomentata ribadendo ancora una volta la neutralità del motore di ricerca rispetto ai contenuti indicizzati, memorizzati in realtà nel sito sorgente: si sosteneva cioè che l'attività automatica di indicizzazione (ranking) e pubblicazione dei link effettuata dal motore di ricerca sulla rete non poteva in alcun modo essere qualificata di trattamento nel senso inteso della Direttiva CEE.

---

digitalizzazione alla luce delle recenti pronunce sul diritto all'oblio in *Federalismi.it*, Focus TMT 29.06.2015; F. DI CIOMMO, Quello *che Internet non dice. Internet ed oblio,* op. cit.
1110 http://curia.europa.eu/juris/document/document.jsf?docid=152065&doclang=IT.

Il sorprendente decisum della Corte, che ha parzialmente disatteso le conclusioni dell'Avvocato Generale Jaaskinen del 25.06.2013, si è invece attestato su tre punti fondamentali:

- sulla questione relativa all'ambito di applicazione territoriale della direttiva 95/46/CE e della legislazione nazionale di recepimento (art. 4. par. 1 lett.a dir. 95/46) al paragrafo n.60 della decisione, la Corte ha statuito che deve essere applicata la normativa del paese dove opera l'impresa che gestisce il motore di ricerca, qualora apra in uno stato membro una succursale od una filiale destinata alla promozione ed alla vendita degli spazi pubblicitari proposti da tale motore di ricerca e l'attività della quale si dirige agli abitanti di detto stato membro: "*L'articolo 4, paragrafo 1, lettera a), della direttiva 95/46 deve essere interpretato nel senso che un trattamento di dati personali viene effettuato nel contesto delle attività di uno stabilimento del responsabile di tale trattamento nel territorio di uno Stato membro, ai sensi della disposizione suddetta, qualora il gestore di un motore di ricerca apra in uno Stato membro una succursale o una filiale destinata alla promozione e alla vendita degli spazi pubblicitari proposti da tale motore di ricerca e l'attività della quale si dirige agli abitanti di detto Stato membro.*"
- in tema di trattamento dei dati personali, il Giudice di Lussemburgo, disattendendo completamente la posizione dell'Avvocato Generale, ha stabilito che i motori di ricerca sono a tutti gli effetti titolari del trattamento dei dati personali: "*L'articolo 2, lettere b) e d), della direttiva 95/46/CE del Parlamento europeo e del Consiglio, del 24 ottobre 1995, relativa alla tutela delle persone fisiche con riguardo al trattamento dei dati personali, nonché alla libera circolazione di tali dati, deve essere interpretato nel senso che, da un lato, l'attività di un motore di ricerca consistente nel trovare informazioni pubblicate o inserite da terzi su Internet, nell'indicizzarle in modo automatico, nel memorizzarle temporaneamente e, infine, nel metterle a disposizione degli utenti di Internet secondo un determinato ordine di preferenza, deve essere qualificata come «trattamento di dati personali», ai sensi del citato articolo 2, lettera b), qualora tali informazioni contengano dati personali, e che, dall'altro lato, il gestore di detto motore di ricerca deve essere considerato come il «responsabile» del trattamento summenzionato, ai sensi dell'articolo 2, lettera d), di cui sopra.*"
- nel terzo punto, quindi relativo al diritto alla rimozione dei contenuti pregiudizievoli on line e quindi propriamente al diritto all'oblio, la Corte ha riconosciuto il pieno diritto all'interessato - qualora non risulti, per ragioni peculiari, che l'ingerenza nei suoi diritti fondamentali sia giustificata dall'interesse preponderante del pubblico suddetto ad avere accesso all'informazione che lo stesso voglia rimuovere - a che il gestore di un motore di ricerca sopprima dall'elenco di risultati che appare a seguito di una ricerca effettuata a partire dal nome di una persona, dei link verso pagine web pubblicate da terzi e contenenti informazioni relative a questa persona, anche nel caso in cui tale nome o tali informazioni non vengano previamente o simultaneamente cancellati dalle pagine web di cui trattasi, e ciò eventualmente anche quando la loro pubblicazione su tali pagine web sia di per sé lecita.

Nel provvedimento della Corte viene quindi ribadito come l'attività di indicizzazione dei dati tramite algoritmi non sia di per sè neutrale, ma si svolga

invece attraverso criteri impostati dagli stessi motori di ricerca secondo i propri interessi, per esempio dando la precedenza a siti sponsorizzati.[1111]
Pertanto se il motore di ricerca è a tutti gli effetti un titolare del trattamento è a questo che l'utente potrà rivolgersi direttamente per ottenere il blocco del collegamento ai dati che si trovano presso il sito sorgente che ha pubblicato l'informazione on line, ai sensi dell'art 12 lettera b) della direttiva 95/46, qualora la divulgazione dei dati possa arrecare allo stesso pregiudizio oppure semplicemente desideri che le informazioni vengano dimenticate.
Poiché l'applicazione della direttiva è subordinata alla condizione che il trattamento dei dati sia incompatibile con la direttiva stessa, questa incompatibilità potrà derivare dal fatto che i dati stessi siano inadeguati, non pertinenti o d eccessivi rispetto alle finalità del trattamento realizzato dal gestore del motore di ricerca.
Una pregevole dottrina ha rilevato come la Corte abbia alla fine operato una sostantivizzazione del diritto all'oblio, in quanto ancorato al combinato disposto degli artt. 7 (rispetto della vita privata) ed 8 (diritto della protezione dei dati personali) della Carta dei diritti fondamentali di Nizza del 12.12.2007; gli art.12 e 14 della Direttiva CEE 95/46, secondo il provvedimento, poiché disciplinano il trattamento di dati personali che potrebbero arrecare pregiudizio alle libertà fondamentali, devono essere interpretate secondo quei diritti fondamentali che formano oramai parte integrante dei principi generali del diritto di cui è garantita l'osservanza [1112] [1113]
Una diversa linea di pensiero ritiene invece il diritto all'oblio non abbia una sua propria autonomia rispetto al diritto all'identità, poiché si tratterebbe di un diritto strumentale al diritto alla identità personale od al diritto della protezione dei dati personali [1114]: secondo questa prospettazione, comunque si intenda il diritto

---

1111 *«La base di tutto è il riconoscimento che il motore di ricerca, indicizzando i dati accessibili in rete in base a modalità decise autonomamente dal gestore, muta anche il contenuto comunicativo e informativo dei dati che tratta, rendendoli tutti parte di una informazione attuale che, in virtù della loro aggregazione e della loro indicizzazione, è comunque diversa da quella che ciascuno di essi separatamente, e in quanto accessibile consultando direttamente i siti fonte, fornisce»;* F. PIZZETTI, *Le autorità garanti per la protezione dei dati personali e la sentenza della Corte di Giustizia sul caso Google Spain: è tempo di far cadere il velo di Maya, in Il diritto all'oblio su Internet dopo la sentenza Google Spain,* op. cit.

1112 *"Si viene a configurare marcatamente in siffatta maniera, attraverso la lettura collegata degli art. 7 ed 8 della Carta e 12 e 14 della direttiva 95/46, il diritto all'oblio, non espressamente previsto nell'ordinamento comunitario, ne' in quello degli stati membri, frutto di creazione dottrinaria e giurisprudenziale, nelle sedi giudiziarie europee ed in quelle delle Alte corti Nazionali" in* F. GIULIMONDI, *La giurisprudenza della Corte dell'Unione Europea fra il diritto all'oblio e damnatio memoriae* in *Foro Europa* 2014.

1113 Sul punto, O. POLLICINO, *Un digital right to privacy preso (troppo) sul serio dai giudici di Lussemburgo? Il ruolo degli art. 7 ed 8 della Carta di Nizza nel reasoning di Google Spain* in *Il diritto all'oblio su Internet dopo la sentenza Google Spain*, op. cit., p.7.

1114 G. FINOCCHIARO, *Il diritto all'oblio rispetto ai diritto della personalità* in *Diritto dell'Informazione e dell'informatica*, Anno XXIX, fasc. 4-5, 2014, p. 599; contra, M. MEZZANOTTE, per cui *"Tra il diritto alla riservatezza ed il diritto alla identità personale vi è uno spazio in cui si sviluppa quel diritto che risente della caratteristiche di entrambi, ma che*

all'oblio, ovvero quale diritto alla cancellazione, al congelamento dei dati ad all'opposizione del trattamento (quindi l'accezione individuata dalla Corte di Giustizia UE), oppure al già visto diritto a non vedere ripubblicata una informazione od ancora il diritto alla ricontestualizzazione della informazione, non può non essere evidenziato come in ciascuno di questi casi il bene giuridico tutelato sia sempre l'identità personale, nelle sue molteplici forme; pertanto, il diritto all'oblio potrebbe essere un diritto in sé, bensì una diversa forma di diritto all'identità.[1115]
Il Gruppo di Lavoro ex art 29 Direttiva 95/46 (organismo consultivo e indipendente istituito dall'art. 29 della direttiva 95/46, composto da un rappresentante delle autorità di protezione dei dati personali designate da ciascuno Stato membro, dal GEPD (Garante europeo della protezione dei dati), nonché da un rappresentante della Commissione) nel mese di novembre 2014 ha poi redatto delle linee guida per l'applicazione dei criteri indicati nella decisone CGUE Costeija 13.05.2014[1116]: "GUIDELINES ON THE IMPLEMENTATION OF THE COURT OF JUSTICE OF THE EUROPEAN UNION JUDGMENT ON "GOOGLE SPAIN AND INC V. AGENCIA ESPAÑOLA DE PROTECCIÓN DE DATOS (AEPD) AND MARIO COSTEJA GONZÁLEZ" C-131/12: in questo documento, preso atto delle molteplici variabili che possono presentarsi nella fattispecie concreta, si raccomanda sempre l'uso del criterio del bilanciamento di interessi quale primario strumento di equilibrio per poter ponderare i contrapposti diritti della persona interessata con l'interesse del motore di ricerca; questo pur considerando che, come regola generale, i diritti della persona solitamente tendono a prevalere sull'interesse economico del motore di ricerca e sui diritti degli utenti di internet all'accesso alle informazioni, ma il risultato finale del bilanciamento può sempre dipendere anche dalla natura e dalla sensibilità degli interessi trattati e dall'interesse del pubblico ad avere accesso alle informazioni.[1117] [1118]

---

appare del tutto autonomo e distinto da questi ultimi (...) la distinzione con l diritto alla identità personale è alquanto labile: in questo, infatti il titolare vuole solo la corrispondenza al suo stato attuale; nell'altra, invece, il soggetto pretende di far tornare nel dimenticatoio situazioni rese pubbliche nel passato e che se fossero riproposte attualmente all'attenzione del pubblico ne deformerebbero i caratteri agli occhi della collettività." in *Il Diritto all'oblio*, op. cit. p. 81.

1115 Sul punto, di estremo interesse la sentenza del Tribunale di Milano n.10374 del 28.09.2016 in www.altalex.com ed ancora Tribunale, Roma, sez. I, sentenza 03/12/2015 n. 23771 in www.altalex.com.

1116 In http://194.242.234.211/documents/10160/3815091/WP225+Guidelisne+Implementation+Judgement+Google+Spain.pdf.

1117 Come rilevato da più parti, le conclusioni dell'avvocato Generale Jaaskinen nel caso Google Spain avevano richiamato il parere del WP 29 n.148, adottato il 4 aprile 2008, dedicato proprio ad esaminare gli aspetti della protezione dei dati connessi ai motori di ricerca, ove per quanto attiene alla qualificazione del gestore del motore di ricerca come responsabile del trattamento, il WP29 aveva invece preferito analizzare "partitamente e separatamente" i diversi tipi di trattamento di dati che possono essere oggetto dell'attività dei gestori dei motori di ricerca ed indicare prescrizioni specifiche per la quasi generalità dei diversi tipi di trattamento individuati, escludendo però nella maggior parte di questi casi la possibilità di

Il 28 luglio 2014 in Italia, è stata istituita in sede parlamentare la Commissione di studio sui diritti e doveri relativi ad Internet[1119], che il 28 luglio 2015 ha approvato la Dichiarazione dei Diritti in Internet[1120]: obiettivo del documento è *"Individuare i principi e i diritti tipici della dimensione digitale, sottolineando non solo le loro specificità, ma il modo in cui essi contribuiscono in via generale a ridefinire l'intera dimensione dei diritti [...]»*. [1121] Nel testo, il diritto all'oblio viene definito nell'art.11[1122] come il diritto di ottenere la cancellazione dagli indici dei motori di

---

qualificare il gestore del motore di ricerca come responsabile del trattamento consistente nel ranking dei dati.

1118 In www.ilsole24ore.com.

1119 In www.camera.it.

1120 In www.camera.it.

1121 La definizione è di S. Rodotà.

1122 Art. 5 (Tutela dei dati personali)

1. Ogni persona ha diritto alla protezione dei dati che la riguardano, per garantire il rispetto della sua dignità, identità e riservatezza.
2. Tali dati sono quelli che consentono di risalire all'identità di una persona e comprendono anche i dati dei dispositivi e quanto da essi generato e le loro ulteriori acquisizioni e elaborazioni, come quelle legate alla produzione di profili.
3. Ogni persona ha diritto di accedere ai dati raccolti che la riguardano, di ottenerne la rettifica e la cancellazione per motivi legittimi.
4. I dati devono esser trattati rispettando i principi di necessità, finalità, pertinenza, proporzionalità e, in ogni caso, prevale il diritto di ogni persona all'autodeterminazione informativa.
5. I dati possono essere raccolti e trattati con il consenso effettivamente informato della persona interessata o in base a altro fondamento legittimo previsto dalla legge. Il consenso è in via di principio revocabile. Per il trattamento di dati sensibili la legge può prevedere che il consenso della persona interessata debba essere accompagnato da specifiche autorizzazioni.
6. Il consenso non può costituire una base legale per il trattamento quando vi sia un significativo squilibrio di potere tra la persona interessata e il soggetto che effettua il trattamento.
7. Sono vietati l'accesso e il trattamento dei dati con finalità anche indirettamente discriminatorie.

Art. 6 (Diritto all'autodeterminazione informativa)

1. Ogni persona ha diritto di accedere ai propri dati, quale che sia il soggetto che li detiene e il luogo dove sono conservati, per chiederne l'integrazione, la rettifica, la cancellazione secondo le modalità previste dalla legge. Ogni persona ha diritto di conoscere le modalità tecniche di trattamento dei dati che la riguardano.
2. La raccolta e la conservazione dei dati devono essere limitate al tempo necessario, rispettando in ogni caso i principi di finalità e di proporzionalità e il diritto all'autodeterminazione della persona interessata.

Art. 11. (Diritto all'oblio)

1. Ogni persona ha diritto di ottenere la cancellazione dagli indici dei motori di ricerca dei riferimenti ad informazioni che, per il loro contenuto o per il tempo trascorso dal momento della loro raccolta, non abbiano più rilevanza pubblica.
2. Il diritto all'oblio non può limitare la libertà di ricerca e il diritto dell'opinione pubblica a essere informata, che costituiscono condizioni necessarie per il funzionamento di una società democratica. Tale diritto può essere esercitato dalle persone note o alle quali sono affidate funzioni pubbliche solo se i dati che le riguardano non hanno alcun rilievo in relazione all'attività svolta o alle funzioni pubbliche esercitate.

ricerca dei riferimenti ad informazioni che, per il loro contenuto o per il tempo trascorso dal momento della loro raccolta, non abbiano più rilevanza pubblica.
Il legislatore sembra quindi aver accolto la nozione di diritto all'oblio come diritto a non essere rintracciato, più che propriamente essere dimenticato e la pretesa può essere fatta valere nei confronti dei motori di ricerca piuttosto che verso i siti sorgente[1123].
In ambito sovranazionale, la direttiva 95/46 è stata invece finalmente sostituita dal Regolamento europeo in materia di protezione dati personali n. 2016/679 – il quale si inserisce all'interno di quello che, insieme alla Direttiva 2016/680, è stato definito "Pacchetto europeo protezione dati" – entrato in vigore il 24 maggio 2016, che ha aggiornato e modificato i principi sanciti dalla direttiva.
Il Regolamento è entrato in vigore il 24.05.2016, ma troverà applicazione negli Stati solo a partire dal 25 maggio 2018; è stato previsto un periodo di assestamento piuttosto ampio per consentire sia ai titolari del trattamento di adeguarsi alle nuove disposizioni che ai singoli Stati dell'unione di provvedere alla normativa integrativa per adattare le disposizioni alle singole situazioni di ogni Stato membro.[1124]
Si tratta, come evidenziato da più parti, di un tema che coinvolge non solo questioni giuridiche ma anche tematiche più propriamente economiche, poiché l'obiettivo del Regolamento è fornire le regole necessarie per dare ordine all'economia digitale, privilegiando per esempio gli aspetti sostanziali rispetto agli adempimenti formali: il regolamento è costituito da un testo articolato che si compone di ben 173 "considerando" e 99 articoli ed il cui esordio sottolinea senza esitazioni che "La protezione delle persone fisiche con riguardo al trattamento dei dati di carattere personale è un diritto fondamentale."
Ciò nonostante, nel regolamento non si manca di ribadire comunque come il diritto alla protezione di tali dati debba essere considerato alla luce della sua funzione sociale e contemperato con altri diritti fondamentali, in ossequio al principio di proporzionalità. "Il presente Regolamento" — recita il considerando n. 4 – "rispetta tutti i diritti fondamentali e osserva le libertà e i principi riconosciuti dalla Carta, sanciti dai trattati, in particolare il rispetto della vita privata e familiare, del domicilio e delle comunicazioni, la protezione dei dati perso- nali, la libertà di pensiero, di coscienza e di religione, la libertà di espressione e d'informazione, la libertà d'impresa, il diritto a un ricorso effettivo e a un giudice imparziale, nonché la diversità culturale, religiosa e linguistica.".
Per quanto attiene propriamente il diritto all'oblio, nonostante la presenza del diritto all'oblio in tre "Considerando" del Preambolo[1125], non appare tuttavia che

---

3. Se la richiesta di cancellazione dagli indici dei motori di ricerca dei dati è stata accolta, chiunque può impugnare la decisione davanti all'autorità giudiziaria per garantire l'interesse pubblico all'informazione.
1123 Sul punto, C. FUSCO, *Dalla sentenza "Google Spain" al Regolamento 2016/679, passando per la Carta dei diritti fondamentali di Internet: l'itinerario del diritto all'oblio lungo i sentieri del Web,* in *Ratio Iuris*, 1.09.2016.
1124 In http://eur-lex.europa.eu.
1125 (65) Un interessato dovrebbe avere il diritto di ottenere la rettifica dei dati personali che la riguardano e il «diritto all'oblio» se la conservazione di tali dati violi il presente regolamento o il diritto dell'Unione o degli Stati membri cui è soggetto il titolare del trattamento. In

particolare, l'interessato dovrebbe avere il diritto di chiedere che siano cancellati e non più sottoposti a trattamento i propri dati personali che non siano più necessari per le finalità per le quali sono stati raccolti o altrimenti trattati, quando abbia ritirato il proprio consenso o si sia opposto al trattamento dei dati personali che lo riguardano o quando il trattamento dei suoi dati personali non sia altrimenti conforme al presente regolamento. Tale diritto è in particolare rilevante se l'interessato ha prestato il proprio consenso quando era minore, e quindi non pienamente consapevole dei rischi derivanti dal trattamento, e vuole successivamente eliminare tale tipo di dati personali, in particolare da internet. L'interessato dovrebbe poter esercitare tale diritto indipendentemente dal fatto che non sia più un minore. Tuttavia, dovrebbe essere lecita l'ulteriore conservazione dei dati personali qualora sia necessaria per esercitare il diritto alla libertà di espressione e di informazione, per adempiere un obbligo legale, per eseguire un compito di interesse pubblico o nell'esercizio di pubblici poteri di cui è investito il titolare del trattamento, per motivi di interesse pubblico nel settore della sanità pubblica, a fini di archiviazione nel pubblico interesse, di ricerca scientifica o storica o a fini statistici, ovvero per accertare, esercitare o difendere un diritto in sede giudiziaria.
(66) Per rafforzare il «diritto all'oblio» nell'ambiente online, è opportuno che il diritto di cancellazione sia esteso in modo tale da obbligare il titolare del trattamento che ha pubblicato dati personali a informare i titolari del trattamento che trattano tali dati personali di cancellare qualsiasi link verso tali dati personali o copia o riproduzione di detti dati personali. Nel fare ciò, è opportuno che il titolare del trattamento adotti misure ragionevoli tenendo conto della tecnologia disponibile e dei mezzi a disposizione del titolare del trattamento, comprese misure tecniche, per informare della richiesta dell'interessato i titolari del trattamento che trattano i dati personali.
(156) Il trattamento di dati personali a fini di archiviazione nel pubblico interesse, di ricerca scientifica o storica o a fini statistici dovrebbe essere soggetto a garanzie adeguate per i diritti e le libertà dell'interessato, in conformità del presente regolamento. Tali garanzie dovrebbero assicurare che siano state predisposte misure tecniche e organizzative al fine di garantire, in particolare, il principio della minimizzazione dei dati. L'ulteriore trattamento di dati personali a fini di archiviazione nel pubblico interesse, di ricerca scientifica o storica o a fini statistici è da effettuarsi quando il titolare del trattamento ha valutato la fattibilità di conseguire tali finalità trattando dati personali che non consentono o non consentono più di identificare l'interessato, purché esistano garanzie adeguate (come ad esempio la pseudonimizzazione dei dati personali). Gli Stati membri dovrebbero prevedere garanzie adeguate per il trattamento di dati personali per finalità di archiviazione nel pubblico interesse, per finalità di ricerca scientifica o storica o per finalità statistiche. Gli Stati membri dovrebbero essere autorizzati a fornire, a specifiche condizioni e fatte salve adeguate garanzie per gli interessati, specifiche e deroghe relative ai requisiti in materia di informazione e ai diritti alla rettifica, alla cancellazione, all'oblio, alla limitazione del trattamento, alla portabilità dei dati personali, nonché al diritto di opporsi in caso di trattamento di dati personali per finalità di archiviazione nel pubblico interesse, per finalità di ricerca scientifica o storica o per finalità statistiche. Le condizioni e le garanzie in questione possono comprendere procedure specifiche per l'esercizio di tali diritti da parte degli interessati, qualora ciò sia appropriato alla luce delle finalità previste dallo specifico trattamento, oltre a misure tecniche e organizzative intese a ridurre al minimo il trattamento dei dati personali conformemente ai principi di proporzionalità e di necessità. Il trattamento dei dati personali per finalità scientifiche dovrebbe rispettare anche altre normative pertinenti, ad esempio quelle sulle sperimentazioni cliniche. In http://eur-lex.europa.eu.

siano state apportate sostanziali novità rispetto alla giurisprudenza delle Corti Europee.[1126]

Articolo 17

Diritto alla cancellazione («diritto all'oblio»)

1 L'interessato ha il diritto di ottenere dal titolare del trattamento la cancellazione dei dati personali che lo riguardano senza ingiustificato ritardo e il titolare del trattamento ha l'obbligo di cancellare senza ingiustificato ritardo i dati personali, se sussiste uno dei motivi seguenti:

a) i dati personali non sono più necessari rispetto alle finalità per le quali sono stati raccolti o altrimenti trattati;

b) l'interessato revoca il consenso su cui si basa il trattamento conformemente all'articolo 6, paragrafo 1, lettera a), o all'articolo 9, paragrafo 2, lettera a), e se non sussiste altro fondamento giuridico per il trattamento;

c) l'interessato si oppone al trattamento ai sensi dell'articolo 21, paragrafo 1, e non sussiste alcun motivo legittimo prevalente per procedere al trattamento, oppure si oppone al trattamento ai sensi dell'articolo 21, paragrafo 2;

d) i dati personali sono stati trattati illecitamente;

e) i dati personali devono essere cancellati per adempiere un obbligo legale previsto dal diritto dell'Unione o dello Stato membro cui è soggetto il titolare del trattamento;

f) i dati personali sono stati raccolti relativamente all'offerta di servizi della società dell'informazione di cui all'articolo 8, paragrafo1.

2. Il titolare del trattamento, se ha reso pubblici dati personali ed è obbligato, ai sensi del paragrafo 1, a cancellarli, tenendo conto della tecnologia disponibile e dei costi di attuazione adotta le misure ragionevoli, anche tecniche, per informare i titolari del trattamento che stanno trattando i dati personali della richiesta dell'interessato di cancellare qualsiasi link, copia o riproduzione dei suoi dati personali.

3. I paragrafi 1 e 2 non si applicano nella misura in cui il trattamento sia necessario:

a) per l'esercizio del diritto alla libertà di espressione e di informazione;

b) per l'adempimento di un obbligo legale che richieda il trattamento previsto dal diritto dell'Unione o dello Stato membro cui è soggetto il titolare del trattamento o per l'esecuzione di un compito svolto nel pubblico interesse oppure nell'esercizio di pubblici poteri di cui è investito il titolare del trattamento;

c) per motivi di interesse pubblico nel settore della sanità pubblica in conformità dell'articolo 9, paragrafo 2, lettere h) e i), e dell'articolo 9, paragrafo 3;

d) a fini di archiviazione nel pubblico interesse, di ricerca scientifica o storica o a fini statistici conformemente all'articolo 89, paragrafo 1, nella misura in cui il diritto

---

1126 Rileva A.MANTELERO come sia a tutti noto che sul testo dell'art 17, inizialmente rubricato come right to be forgotten) le lobbies abbiano esercitato una forte azione di contrasto; per cui il messaggio della Corte con Google Spain potrebbe essere inteso come un segnale per migliorare l'art 17 attraverso una migliore definizione delle sue modalità operative.

A. MANTELERO, *Il futuro regolamento EU sui dati personali e la valenza politica del caso Google: ricordare e dimenticare nella digital economy."*

di cui al paragrafo 1 rischi di rendere impossibile o di pregiudicare gravemente il conseguimento degli obiettivi di tale trattamento; o
e) per l'accertamento, l'esercizio o la difesa di un diritto in sede giudiziaria.
Quindi, qualora ne ricorrano i presupposti, l'interessato si potrà rivolgere al titolare del trattamento per ottenere la cancellazione dei dati personali e la rinuncia ad una ulteriore diffusione degli stessi.
Nei sei presupposti indicati dalla norma, in effetti, non si rinviene nessuna novità di rilievo rispetto al quadro preesistente.
Il bilanciamento dei contrapposti interessi, tuttavia, in questa sede viene realizzando anche permettendo al titolare del trattamento ed ai terzi di conservare i dati per consentire l'esercizio del diritto alla libertà di espressione, oppure per motivi di interesse pubblico nel settore della sanità pubblica, od ancora per finalità storiche, statistiche e di ricerca scientifica ed infine per adempiere un obbligo legale di conservazione di dati personali previsto dal diritto dell'Unione o dello Stato Membro cui il titolare è soggetto.
La novità è nell'obbligo di comunicazione che viene imposto al titolare del trattamento che abbia pubblicato o trasferito dati ad altri di attivarsi affinché sia garantita all'interessato anche la cancellazione presso i titolari di differente trattamento e terzi a cui siano pervenuti questi dati. Questo obbligo di comunicazione va attuato tenendo conto della tecnologia disponibile e dei costi di attuazione, così da poter avvisare gli altri titolari di trattamento dell'obbligo di cancellare il collegamento verso dati personali.
Una novità di rilievo, invece è la procedura di valutazione di impatto sulla protezione dei dati prevista dall'art. 35, ovvero una procedura di impatto Privacy imposta al titolare del trattamento per valutare i rischi in tema di privacy cui è soggetta la propria attività; un esempio potrebbe essere proprio la testata on line, che dovrebbe munirsi di una procedura automatica grazie alla quale la notizia non più di attualità venga spostata nell'archivio.[1127]
È chiaro come il periodo di adattamento prevista per la normativa del Regolamento sia una assoluta necessità: tenendo infatti conto che il regolamento ha adeguato una normativa degli anni '90, è di tutta evidenza come l'obiettivo della Unione Europea sia stato l'armonizzazione normativa in tema di trattamento dei dati personali, per agevolare un mercato unico europeo digitale in un campo ove i colossi d'oltreoceano si muovono senza reali competitors.
Tuttavia, per verificarne effettivamente la portata sulle realtà aziendali, bisognerà attendere delle norme primarie nazionali che ne dispongano l'effettivo coordinamento con la disciplina nazionale previgente.
A tutt'oggi, i riscontri sulla operatività delle aziende in Europa ed in Italia, per quanto attiene la gestione dei dati personali, non sembrano essere confortanti[1128], ove si consideri che solo il 52% delle aziende in Europa sembra essere in grado di rimuovere tutti i dati in modo efficiente nel caso venga esercitato il diritto individuale all'oblio.

1127 È l'ipotesi di D.BIANCHI, op.cit.pag.14.
1128http://www.ilsole24ore.com/art/tecnologie/2016-09-13/nuovo-regolamento-ue-privacy-piu-due-terzi-aziende-europa-non-rispettano-163212.shtml?uuid=AD7ClhJB.

Appare quindi ancora più condivisibile l'obiezione di chi sostiene che parlare di diritto all'oblio sul web non sia obiettivamente possibile: l'informazione entrata sulla rete certamente mai più ne uscirà ed, in fin dei conti, è proprio questa la prerogativa della rete, ossia di rappresentare una grande ed unica memoria ove l'unica possibilità, per l'utente, non è propriamente scomparire quanto rendere estremamente difficili essere rintracciati possibilità, per l'utente, non è propriamente scomparire quanto rendere estremamente difficili essere rintracciati.

Bibliografia

T. A. AULETTA, *Diritto alla riservatezza e droit à l'oubli*, in G. ALPA, M. BESSONE, L. BONESCHI, G. CAIAZZA, *L'informazione e i diritti della persona*, Napoli, 1983.
D. BIANCHI, *Sinistri Internet: Responsabilità e risarcimento*, Milano, 2016.
G. CASSANO, *Il diritto all'oblio esiste: è il diritto alla riservatezza*, in *Il diritto di famiglia e delle persone*, 1998.
P. COSTANZO, *Il fattore tecnologico e le sue conseguenze*, Relazione al convegno annuale AIC, Salerno, 23-24 novembre 2012.
L. CRIPPA, *Il diritto all'oblio: alla ricerca di una autonoma definizione, in* "Giustizia civile", I, 1997.
M. D'ARIENZO, *I Nuovi scenari della tutela della privacy nell'era della digitalizzazione alla luce delle recenti pronunce sul diritto all'oblio* in *Federalismi*, Focus TMT 29.06.2015.
A. DE CUPIS, *I diritti della personalità*, Giuffrè, Milano, 1982.
M. DE MARZIO, *Il diritto all'oblio*, in *Persona e Danno*, 2.07.2006.
F. DI CIOMMO, *Quello che internet non dice. Internet ed oblio* in *Danno e Responsa*bilità 12/2014 - *Google Vivi Down, atto finale: l'hosting provider non risponde quale titolare del trattamento dei dati. Nota a Cass. Pen. III^ n. 5107 del 3.02.2014, in Foro Italiano*, II, 2014.
G.B. FERRI, *Diritto all'informazione e diritto all'oblio* in *Riv. Dir. Civ.*, 1991, n.1.
G. Finocchiaro, *Documento informatico e firma digitale, CeI*, 1998.
G. FINOCCHIARO, *Il diritto all'oblio nel quadro dei diritti della personalità in* G. RESTA, V. ZENO ZENCOVICH, *Il diritto all'oblio su Internet dopo la sentenza Google Spain*, 2015, Roma. –
G. FINOCCHIARO, *La memoria della rete ed il diritto all'oblio* in *Diritto dell'Informazione e dell'Informatica*, 2010, Fasc.3.
G. FUSCO, *Dalla sentenza "Google Spain" al Regolamento 2016/679, passando per la Carta dei diritti fondamentali di Internet: l'itinerario del diritto all'oblio lungo i sentieri del Web*, in *Ratio Iuris*, 1.09.2016.
G. GIAMPICCOLO, *La tutela giuridica della persona umana ed il c.d. diritto alla riservatezza* in *Riv. trim. dir. proc. Civ.*, 1958.
F. GIULIMONDI, *La giurisprudenza della Corte di Giustizia dell'Unione Europea fra diritto all'oblio e damnatio memoriae* in *Foro Europa*, 2014.
M. IASELLI, *Diritto all'oblio, la Cassazione ne conferma il riconoscimento* in *Altalex*, 16.04.2012.
P. LARGHEZZA, *Il diritto all'oblio esiste (e si vede)* in *Foro Italiano*, I, 1998.
G. LYON CAEN, *Nota a Trib.gr.inst. Seine 4.10.1965* in *Semaine Juridique*, 1966.

A. MANTELERO, *Il futuro regolamento EU sui dati personali e la valenza politica del caso Google: ricordare e dimenticare nella digital economy* in *Il diritto all'oblio su Internet dopo la sentenza Google Spain* (a cura di) G. RESTA, V. ZENO ZENCOVICH , 2015, Roma.

D. MESSINETTI, *Personalità (diritti della)* in *Enc. dir.*, XXXII, Milano, 1983.

M. MEZZANOTTE, *Il diritto all'oblio. Contributo allo studio della privacy storica,* Napoli, 2009.

G. NAPOLITANO, *Il diritto all'oblio esiste (ma non si dice),* in *Diritto dell'Informazione e dell'Informatica,* 1996.

A. PALMIERI, R. PARDOLESI, *Dal diritto all'oblio all'occultamento in rete: traversie dell'informazione ai tempi di Google* in *Nuovi Quaderni del Foro Italiano,* n.1, 27 Maggio 2014.

S. PERON, *La verità della notizia tra attualità ed oblio,* in *Responsabilità civile e previdenza,* fasc.5, 2010.

F. PIZZETTI, *Le autorità garanti per la protezione dei dati personali e la sentenza della Corte di Giustizia sul caso Google Spain: è tempo di far cadere il velo di Maya* in Il diritto all'oblio su Internet dopo la sentenza Google Spain (a cura di) G. RESTA, V. ZENO ZENCOVICH, Roma, 2015.

F. PIZZETTI, *Il caso del diritto all'oblio,* Torino, 2013.

O. POLLICINO, *Un digital right to privacy preso (troppo) sul serio dai giudici di Lussemburgo? Il ruolo degli art. 7 ed 8 della Carta di Nizza nel reasoning di Google Spain,* in Il diritto all'oblio su Internet dopo la sentenza Google Spain, (a cura di) G. RESTA, V. ZENO ZENCOVICH, Roma, 2016.

L. RATTIN, *Il diritto all'oblio*, in *Archivio civile,* 2000.

G. RESTA, V. ZENO ZENCOVICH, *Il diritto all'oblio su Internet dopo la sentenza Google Spain* Roma, 2015.

S. RODOTA', *Tecnologie e diritti,* Bologna, 1995.

M. SOFFIENTINI, *Privacy – Protezione e Trattamento dei dati,* Milano, 2015.

Giochi on line

Avv. Luciana Tomasello

Premessa

L'Italia risulta essere tra i paesi precursori per quanto riguarda la liberalizzazione in materia di scommesse e giochi. Ciò non è un caso. L'Italia è il Paese che gioca di più in Europa dopo Stati Uniti e Giappone. Il gioco, le scommesse anche on line di anno in anno sono in continua crescita. Oggi si può giocare nei casinò, alle nei bar, nella ricevitoria o, più comodamente, rimanere a casa propria, se si dispone di un collegamento internet e di una carta di credito, o anche solo di un cellulare attraverso le App. I nuovi giochi d'azzardo, segnati da una vera e propria evoluzione tecnologica, definiscono un nuovo modo di giocare: solitario, decontestualizzato a bassa soglia di accesso, con un pubblico di utenti eterogeneo che va da giocatori incalliti a adolescenti, professionisti o pensionati.

Il quadro normativo di riferimento in materia di giochi e scommesse

Nel nostro paese la normativa che regola le scommesse e il gioco d'azzardo è molto ampia. In particolare le scommesse organizzate, tra cui quelle pubbliche, sono la tipologia più importante sul piano giuridico. Queste sono disciplinate dal Codice Civile, dalle leggi speciali, da diversi decreti e dal Testo Unico delle leggi di pubblica sicurezza. Il codice civile del 1942 disciplina il gioco e le scommesse con gli artt. 1933, 1934 e 1935, insieme a alla normativa contenuta nel codice penale (artt. 718 e s c.p.) queste costituiscono una disciplina di carattere generale del settore, per cui devono essere coordinate con la legislazione specialistica in materia.
Fino al 1948 la normativa vigente ammetteva un monopolio statale assoluto per ciò che concerneva le scommesse e i giochi, ed era evitato quindi il rilascio di licenze per l'esercizio di scommesse, ad eccezione di quelle ippiche, tutto ciò in ottemperanza dell'articolo 88 del Testo Unico delle Leggi di Pubblica Sicurezza T.U.L.P.S. (Regio Decreto 18 giugno 1931, n. 773). Fu grazie al Decreto legislativo 14 aprile 1948, n. 496, seguito dal regolamento di esecuzione, DPR 18 aprile 1951, n. 581, che venne introdotta la possibilità di ricorrere a concessionari diversi dallo stato per l'organizzazione e l'esercizio delle attività di gioco. È con la legge 18 ottobre 2001, n. 383 T.U.L.P.S. che viene effettuato un massiccio riordino della disciplina. Con questa modifica decade il divieto di esercitare scommesse su eventi sportivi e viene introdotto il sistema di affidamento in concessione a soggetti pubblici e privati della gestione di giochi e lotterie, previa autorizzazione statale.
Con il Decreto del Presidente della Repubblica 24 gennaio 2002, n. 33 viene stabilito invece che le funzioni statali in materia di giochi di abilità, concorsi pronostici e la gestione delle relative entrate vengono esercitate dal Ministero dell'Economia e delle Finanze per mezzo dell'Amministrazione autonoma dei monopoli di Stato (AAMS), alla quale vengono poi trasferite le funzioni di regolazione, indirizzo, coordinamento e controllo del gioco pubblico relative ai giochi, alle scommesse ed ai concorsi pronostici connessi alle manifestazioni sportive, con il decreto legge 8 luglio 2002, n 138, convertito in legge 8 agosto 2002, n. 178.

Un'importante svolta, nel senso di un esplicito riconoscimento e regolamentazione del gioco on line, si è avuta con il decreto del Ministero dell'Economia e delle Finanze del 31 maggio 2002, che disciplina l'accettazione telefonica e telematica delle scommesse sportive in attuazione del decreto ministeriale 15 febbraio 2001, n. 156. Con questo decreto è consentito scommettere per via telematica sugli eventi sportivi, previa stipula di un contratto tra scommettitore e concessionario. Inoltre, è intervenuta anche la l. n. 289 del 2002 (finanziaria 2003), la quale, con l'art. 22, disciplina il trasferimento delle concessioni, preoccupandosi della idoneità dei locali e della razionale distribuzione degli stessi nel territorio, e stabilisce espressamente che alle procedure concorrenziali di affidamento delle concessioni possono partecipare anche le società di capitali.
Il codice civile disciplina il gioco e le scommesse dando nozioni di carattere generale. Innanzi tutto occorre distinguere il gioco dalle scommesse. Il primo è definito come una competizione con finalità ricreativa e di svago che si conclude con la vittoria di singoli o di gruppi secondo determinate regole prestabilite, le seconde invece sono definite come la promessa di una somma di denaro o di altro bene a chi preveda esattamente un evento futuro ed incerto. In quest'ultimo caso la somma è dovuta nel caso di previsione dell'evento e non come premio per la vittoriosa partecipazione all'attività del gioco, come accade appunto nel gioco diverso dalla scommessa.
Si tratta di contratti aleatori nei quali vi è incertezza della prestazione in capo ad entrambe le parti. Quindi all'atto della stipula è ignota l'entità del sacrificio o del vantaggio cui si espone ciascuna parte. Pertanto, a tali contratti non si applicano gli istituti della rescissione per lesione (art.1448 cc) e della risoluzione per eccessiva onerosità (1469 cc.).
La Corte di Cassazione ha tradizionalmente distinto tra aleatorietà di tipo assoluto, ove l'esito del gioco dipende solo dalla fortuna, e di tipo relativo a ove l'esito del gioco dipenda anche dalle abilità del giocatore.[1129]
Il gioco e la scommessa, alla luce della disciplina codicistica, hanno storicamente ricevuto, proprio a cagione dell'alea artificialmente creata al fine di conseguire la possibilità di maturare un lucro, un trattamento improntato alla cautela, ciò nella consapevolezza che essi possono generare dipendenza con conseguenze devastanti non solo di ordine patrimoniale. Il giuoco e i suoi effetti, dunque, sono stati tradizionalmente affidati alla spontaneità del comportamento dei consociati. Ciò con l'obiettivo non solo di impedire forme di coazione dell'adempimento nei confronti del giocatore perdente, ma anche di generare consapevolezza in ogni giocatore/scommettitore che all'atto della stipulazione del contratto si ripromette evidentemente la vincita circa il fatto che l'ordinamento non riveste di giuridicità la relativa pretesa.[1130]
Più precisamente, la scommessa lecita ed autorizzata è tutelata dagli artt. 1934, 1935 del codice civile, quella tollerata o non proibita invece è disciplinata dall'art. 1933c.c., infine quella illecita è soggetta alla disciplina dell'art. 718 ss. del codice

[1129] Cass. per, sez VI, 27.02.1980.
[1130] L. BALESTRA, *Il giuoco e la scommessa nella categoria dei contratti aleatori*, in *Riv. trim. dir. proc. civ.*, fasc.3, 2011, p. 665.

penale. Gli articoli dedicati al gioco e alla scommessa sono il 1933,1934 e 1935c.c. La scommessa è un contratto con il quale le prestazioni patrimoniali dei giocatori sono poste in relazione al verificarsi di un evento futuro ed incerto. Autorevole dottrina[1131] ritiene che la disciplina in materia sia da considerarsi neutrale in quanto posta prescindendo da valutazioni di tipo morale o di illiceità. Ammettendo tuttavia la sussistenza di una tripartizione tra giochi vietati da disposizioni penalistiche (718sscp), giochi tollerati e giochi tutelati i quali danno origine a obbligazioni vere e proprie. All'interno di tale categoria si suole distinguere tra scommesse bilaterali, nelle quali ogni partecipante è vincolato nei confronti di un unico scommettitore, e plurilaterali nelle quali si crea un unico rapporto tra gli scommettitori rimanendo estraneo l'organizzatore che assume la qualità di mandatario nelle operazioni di svolgimento del gioco-scommessa.
Ai sensi dell'art. 1933: "Non compete azione per il pagamento di un debito di giuoco o di scommessa, anche se si tratta di giuoco o di scommessa non proibiti". Ciò vuol dire che non è prevista alcuna azione per il pagamento di un debito di gioco e che lo scommettitore non può chiedere la restituzione della somma versata in caso di sconfitta, ad eccezione del verificarsi di una frode nei suoi confronti. Questa fattispecie riguarda i giochi e le scommesse che non hanno ad oggetto competizioni sportive o lotterie nazionali, che quindi non comportano rapporti giuridicamente vincolanti. Questi ultimi invece sono espressi negli artt. 1934 e 1935. Il primo prevede che: "Sono eccettuati dalla norma del primo comma dell'articolo precedente, anche rispetto alle persone che non vi prendono parte, i giochi che addestrano al maneggio delle armi, le corse di ogni specie e ogni altra competizione sportiva. Tuttavia il giudice può rigettare o ridurre la domanda, qualora ritenga la posta eccessiva". L' art. 1935 stabilisce che: "Le lotterie danno luogo ad azione in giudizio, qualora siano state legalmente autorizzate". Le lotterie quindi producono effetti giuridici solo se legalmente autorizzate, in quanto la loro pubblicità le rende valide e con delle garanzie per chi gioca.
Differentemente la scommessa meramente tollerata determina il sorgere di un'obbligazione naturale alla corresponsione della vincita per la quale non è prevista alcuna azione legale a favore del creditore, pur essendone stabilita l'irripetibilità di quanto spontaneamente pagato dal debitore. Viceversa la ripetibilità di quanto spontaneamente pagato in esito ad una scommessa proibita è oggetto di dibattito tra chi esclude ogni effetto civilistico compresa la *soluti retentio*[1132] in casi di violazione di norme penali e coloro che negano che la violazione di una norma penale implichi il venir meno di un dovere morale e sociale al pagamento.[1133]

[1131] G. CHINÈ, M. FRATINI, A. ZOPPINI, *Manuale di Diritto Civile, Nel Diritto Editore*, Roma, 2016.

[1132] L'espressione indica il diritto di trattenere la prestazione che sia stata spontaneamente adempiuta dal debitore capace di agire, il quale pertanto non può ottenere la restituzione. Questo diritto può essere fatto valere solo quando si tratti di prestazioni fatte in esecuzione di doveri morali o sociali, c.d. obbligazioni naturali, per le quali nessuna disposizione normativa esige l'adempimento. Quindi in caso di inadempimento da parte del debitore il creditore non ha diritto di agire in giudizio per tutelare le proprie ragioni.

[1133] C. A. FUNAIOLI, *Il giuoco e la scommessa,* in *Trattato di diritto civile,* diretto da Vassalli, Torino, 1961.

Anche se il Codice Civile contempla il gioco insieme alla scommessa, è quest'ultima ad essere oggetto di disciplina, poiché secondo parte della dottrina il gioco non è suscettibile di regolamentazione giuridica bensì sociale. Pertanto non è il gioco che rileva in quanto tale ma come oggetto della scommessa.[1134]
Tuttavia in assenza di una espressa definizione del legislatore la dottrina ha chiarito che vi è gioco d'azzardo quando il giocatore intenda perseguire un vantaggio economicamente valutabile e l'esito del gioco dipenda dalla sorte.[1135]
Per ragioni di completezza è opportuno segnalare una pronuncia recente della Suprema Corte n.14288/2015 che ha qualificato le scommesse e le lotterie autorizzate contratti del consumatore, superando quell'orientamento giurisprudenziale che negava tale qualificazione, non ravvisando nei contratti di gioco quella esigenza di tutela che informa la disciplina consumeristica. Ciò sul presupposto che, la disciplina di protezione tutelerebbe esclusivamente la parte debole di un rapporto il cui oggetto consista in una operazione della vita che soddisfi esigenze, se non primarie, comunque importanti. Impostazione, peraltro, ormai anacronistica, sia per l'enorme diffusione e rilevanza sociale assunta dal fenomeno, sia perché a farsi promotore, e garante, di scommesse e lotterie organizzate è lo Stato. E se può senz'altro convenirsi che le esigenze erariali fanno ormai premio su sempre più flebili esigenze morali, non può non prendersi atto della realtà di detto fenomeno e della sua diffusione anche online. La proliferazione anche a mezzo internet e il suo estrinsecarsi con diverse nuove modalità di gioco, elevando l'ammontare dei premi a cifre enormi, non può che condurre alla medesima tutela di tutti i contratti leciti.
D'altro canto in applicazione del principio di primazia del diritto comunitario non può non essere evidenziato che da tempo la Corte di Giustizia ha sancito che laddove le autorità di uno Stato membro inducano ed incoraggino i consumatori a partecipare alle lotterie, ai giuochi d'azzardo o alle scommesse affinché il pubblico erario ne benefici sul piano finanziario, le autorità di tale Stato non possono invocare l'ordine pubblico sociale con riguardo alla necessità di ridurre le occasioni di giuoco per giustificare provvedimenti repressivi (*ex multis:*Corte giust. UE, 6.11.2003, n. 243, infra, sez. III) ovvero restrittivi che non trovino fondamento nel rischio di reati e di frode, nella lotta alla criminalità e, più in generale, in esigenze di tutela dell'ordine pubblico e di esigenze imperative di interesse generale al fine di esercitare un controllo preventivo e successivo, attenendo pertanto allo scopo di tutela dei consumatori contro il rischio di dipendenza, di frode e di criminalità.[1136]

La normativa italiana sul gioco online

Il primo parametro normativo al quale bisogna prestare attenzione per quanto riguarda il gioco con partecipazione a distanza è il Decreto del Presidente della Repubblica n.169/98 che stabilisce norme riguardanti il riordino della disciplina dei giochi e delle scommesse ippiche, che possono essere effettuate anche per mezzo

---

[1134] F. GAZZONI, *Manuale di Diritto Privato,* Edizioni Scientifiche italiane, Napoli, 2015.
[1135] G. P. ACCINI, *Gestione e offerta al pubblico via internet di giochi d'azzardo e profili di responsabilità penale,* in *Riv. trim. Dir. pen , econ.,* 2002.
[1136] Corte giust. UE, 8.9.2009, n. 42.

telefonico o telematico. Dunque può asserirsi che per effetto del suddetto decreto vi è un esplicito riconoscimento normativo sulle concessioni a distanza.
Con il Decreto del Ministero delle Finanze n.156/01 l'accettazione delle scommesse a distanza viene allargata a tutti i giochi.
Nei primi anni del 2003 l'AAMS (Amministrazione Autonoma dei Monopoli di Stato) avvia la raccolta in via sperimentale delle scommesse telefoniche o telematiche per mezzo di autorizzazioni concesse ai richiedenti. Per cui è nel biennio 2003/2005 che il gioco online comincia a richiamare una grande attenzione su di sé, dando vita ad una miriade di novità che ruotano intorno al mondo del gioco, come ad esempio i nuovi metodi di pagamento cash in per ricaricare i conti gioco, altra novità, o le carte prepagate emesse dai maggiori istituti finanziari.
Come sempre l'incessante diffusione di un fenomeno sociale dirompente spinge le istituzioni a regolamentarlo in tutte le sue sfaccettature. Infatti, la crescente attenzione per il gioco online si è trasferita nel mondo legislativo, in quale è in continua evoluzione per poter disciplinare ogni nuova fattispecie creata dal mondo del gioco telematico.
Con il Decreto Direttoriale del 21 marzo 2006, l'AAMS ha stabilito le misure per la regolamentazione non solo delle scommesse ma anche del bingo e delle lotterie.
Da una lettura sistematica e da una interpretazione sinergica della normativa fin qui delineata norme emerge che in Italia il gioco a distanza deve rispettare alcuni principi cardine. Prima di tutto è necessaria un'autorizzazione dell'esercizio di gioco rilasciata da AAMS, al fine di contrastare l'offerta estera irregolare; il gioco a distanza riguarda tutta l'offerta dei giochi AAMS e non più solo le scommesse ippiche come avveniva fino al 2000; restano esclusi i giochi di casinò a distanza e l'apertura di un conto gioco. Ogni concessionario deve avvalersi di un provider secondo il decreto direttoriale n. 22503/06. Il provider serve a gestire l'attività di collegamento e trasporto delle informazioni dai concessionari al totalizzatore nazionale. In definitiva i giochi a distanza che fanno parte del palinsesto AAMS sono i giochi numerici a quota fissa, come il Lotto, come il Superenalotto, scommesse sportive e non sportive, scommesse ippiche, il bingo e i nuovi giochi di abilità o skill games.
Il concessionario dovrà attenersi a quanto riportato nello schema di convenzione e sarà è tenuto a versare il canone di concessione. Relativamente alle attività e funzioni connesse alla raccolta delle scommesse telematiche il concessionario è tenuto ad adottare tutti gli adempimenti previsti dalle disposizioni in materia. Qualora poi, , per lo svolgimento di dette attività e funzioni, il concessionario si avvalga di soggetti terzi risponde, nei confronti di AAMS e degli scommettitori in via esclusiva, dei servizi resi a tal fine dagli stessi per suo conto.
Si badi bene come la gestione in capo all' AAMS, istituita originariamente, nel 1927 allo scopo di eseguire i servizi di monopolio nel settore dei tabacchi monitorandone anche la relativa produzione, lavorazione e vendita, ed è stata estesa al gioco del Lotto, al Bingo e pian piano a tutti gli attuali giochi casino on line come poker, blackjack, videoslots e roulette.
L' avvento di AAMS ha permesso in primo luogo di rendere legale un mondo fino ad allora oscuro come quello dei casino online che purtroppo presentavano un'infinità di trappole per i giocatori italiani inserendoli in circuiti illeciti, così creando l'humus per lo sviluppo della criminalità organizzata. Di guisa che

originariamente gli utenti dei giochi on line erano privi di qualsiasi forme di tutela con riferimento alla loro persona in quanto tale, alla privacy, alla salute a causa della dipendenza che potevano e posso creare, nonchè all'assenza di sicurezza nelle transazioni in denaro.
Dunque é doveroso sottolineare quindi come l'acquisizione dei casinò da parte di AAMS abbia cambiato radicalmente la situazione dei giochi on line.
Invero, l'obbligo di dover ottenere la licenza è una prerogativa indispensabile introdotta naturalmente da AAMS al fine di garantire il lancio soltanto di quei casino italiani online capaci di rispondere a tutti i requisiti richiesti dalla legge al fine di giocare nell'alveo della assoluta legalità.
L' unico strumento che permette di poter usufruire dei giochi e delle scommesse a distanza è il conto gioco in ottemperanza di quanto stabilito dall'art. 4 del decreto direttoriale del 21 marzo 2006. Questo è subordinato alla stipula di un contratto tra il concessionario ed i giocatore. Tale conto è ricaricabile e permette di accedere a tutta l'offerta AAMS. Il contratto viene concluso per via telematica ed è disciplinato dal codice civile come qualsiasi altro tipo di contratto, per cui ai sensi dell'art. 1326 codice civile, il contratto è concluso nel momento in cui il proponente viene a conoscenza dell'accettazione dell'altra parte contraente. Il contratto è inviato alla casella di posta elettronica del contraente. Il giocatore per ottenere un proprio conto gioco deve essere maggiorenne e può aprire un solo conto che deve essere gratuito. La legge comunitaria 2008, approvata dalla Camera il 23 giugno 2009, recante "Disposizioni per l'adempimento degli obblighi derivanti dall'appartenenza dell'Italia alle Comunità Europee", ha potenziato il divieto di utilizzazione del conto di gioco di un giocatore per la raccolta o l'intermediazione di giocate altrui. Il giocatore deve comunicare al concessionario le sue generalità e alla conclusione del contratto segue l'attivazione del conto di gioco sul quale il giocatore, previa registrazione sul sito del titolare di sistema, versa denaro e preleva le vincite. Il conto è protetto da un codice pin come stabilito dall'art. 5, del decreto direttoriale del 21 marzo 2006: "Il titolare di sistema attiva il conto di gioco all'atto della trasmissione al giocatore del codice identificativo e del codice personale." Inoltre lo stesso articolo al comma 3 stabilisce che "Il titolare di sistema è tenuto a controllare i conti di gioco ed effettuare verifiche costanti circa il corretto utilizzo degli stessi, segnalando immediatamente ad AAMS, con le modalità da essa definite, violazioni delle norme vigenti, nonché anomalie di utilizzo del conto di gioco corrispondenti ai profili indicati da AAMS stessa. Il titolare di sistema è tenuto a rendere disponibili ad AAMS, con le modalità da essa definite, i rapporti dei conti di gioco dei giocatori prevedendone opportuna clausola nel contratto di conto di gioco". L' art. 6 del suddetto decreto stabilisce inoltre che l'importo delle giocate non deve essere superiore all' ammontare del credito disponibile sul propri conto ed elenca dei requisiti che devono essere rispettati dalle operazioni di gioco: l'accettazione della giocata è subordinata alla convalida ed attribuzione del codice univoco, da parte del sistema di registrazione, controllo e convalida nazionale previsto dal regolamento specifico del gioco;la giocata convalidata è immediatamente contabilizzata sul conto di gioco del giocatore mediante la registrazione del codice univoco e di tutti gli ulteriori elementi identificativi della giocata, nonché mediante l'addebito del relativo importo; l'esito della giocata, é immediatamente contabilizzato mediante registrazione sul conto di gioco e contestuale pagamento con accredito dell'importo

dell'eventuale vincita o rimborso; l'avvenuto pagamento della vincita o del rimborso, mediante accredito sul conto di gioco, e' immediatamente comunicato al sistema di registrazione, controllo e convalida nazionale.
Il Decreto direttoriale del 2006 in conclusione stabilisce anche i doveri del concessionario che possono essere cosi riassunti: egli è responsabile del corretto esercizio del gioco, deve comunicare immediatamente al titolare del sistema l'avvenuta giocata, nonché dell'esito della stessa. Egli inoltre è responsabile della corretta ed immediata conferma, al sistema di registrazione, controllo e convalida nazionale, del pagamento della vincita o del rimborso, avvenuto mediante accredito sul conto di gioco del giocatore, da parte del titolare di sistema.
Il titolare di sistema è, invece, responsabile della corretta ed immediata conferma al concessionario autorizzato della contabilizzazione della giocata e dell'avvenuto accredito della vincita o del rimborso sul conto di gioco del giocatore.
E' bene rilevare che, nonostante la precisione della suddetta normativa, la disciplina non si presentava esaustiva a causa della diffusione di altri comportamenti irregolari elusivi della legge. Sicché in ottica di prevenzione e contrasto del fenomeno l'AAMS ha adottato il decreto direttoriale del 25 giugno 2007, stabilendo che l'attività di commercializzazione può essere svolta solo in locali in cui l'attività prevalente è diversa dalla commercializzazione stessa. In questi punti ai sensi dell'art. 4 della legge n.401/89 è assolutamente vietato accettare scommesse di qualsiasi genere per via telefonica, telematica o fisica. Il concessionario paga al titolare del punto un ammontare variabile in base alle ricariche effettuate in base all' art. 9 comma 13 del D.D. del 25 giugno 2007. Tuttavia, questo decreto è stato annullato con sentenza del TAR del Lazio del 7 maggio 2008, pertanto la normativa di riferimento in tema di punti di commercializzazione torna ad essere il D.D. del 21 marzo 2006. Nel caso di specie sono ricorsi al TAR contro il D.D. del 25 giugno 2007 alcuni concessionari ed un Service Provider lamentando un eccesso di potere da parte di AAMS, in quanto si voleva limitare la raccolta a distanza delle scommesse, in evidente contrasto con quanto previsto dai legislatori precedenti che invece auspicavano alla massima espansione del settore dei giochi.
Infine, il decreto direttoriale del 17 settembre 2007, n. 186, disciplina l'esercizio dei giochi di abilità a distanza con vincita in denaro nei quali il risultato dipende, in misura prevalente rispetto all'elemento aleatorio, dall'abilità dei giocatori. Contiene una disciplina precisa e puntuale vietando la partecipazione ai minorenni e specificando le condizioni ed i requisiti indispensabili cui ogni concessionario dovrà attenersi, pena la perdita dell'autorizzazione.
L'AAMS ai sensi dell'articolo 15 del suddetto decreto esercita i poteri di vigilanza e di controllo sul concessionario, anche mediante controlli ed ispezioni con accesso, decisi unilateralmente ed attuati senza preavviso, presso le sedi del concessionario stesso nonché', per quanto riguarda i sistemi informatici, anche presso gli eventuali fornitori terzi, con specifico riferimento all'esecuzione di tutte le attività e funzioni di esercizio dei giochi di abilità.
Con la Legge 220/2010 viene revisionato lo schema di convenzione tipo per le concessioni al fine di contrastare la diffusione del gioco irregolare ed illegale, e per tutelare la sicurezza e l'ordine pubblico ed i consumatori, specie i minori di età.

Ancora il Decreto Direttoriale del 10 gennaio 2011 detta norme in materia di giochi di abilità, giochi di sorte a quota fissa e giochi di carte organizzati in forma diversa dal torneo con partecipazione a distanza.
Con l'articolo 24 del D.L. n. 98 del 2011 sono state adottate numerose disposizioni in materia di giochi, sotto l'aspetto del prelievo fiscale, quali la liquidazione automatica dell'imposta unica dovuta sulle scommesse e sui giochi a distanza o la determinazione forfettaria del prelievo erariale unico e viene altresì istituito il Bingo a distanza.
Il D.L. n. 138 del 2011 ha attribuito all'AAMS il compito di emanare con propri decreti entro il 12 ottobre 2011 disposizioni in materia di giochi pubblici utili al fine di assicurare maggiori entrate all'erario.
Con la legge di stabilità per il 2011 si è inteso rafforzare l'azione di contrasto al gioco gestito e praticato in modo illegale a tutela dei consumatori, in particolar modo dei minori di età e, al contempo, recuperare base imponibile e gettito a fronte di fenomeni di elusione e di evasione fiscale
Con il Decreto Balduzzi (D.l.n. 158/2012 convertito in legge n. 189/2012) si prevede l'aggiornamento dei livelli essenziali di assistenza con riferimento alle prestazioni di prevenzione, cura e riabilitazione rivolte ai soggetti affetti da ludopatia. Si vieta la sponsorizzazione e promozione pubblicitaria di giochi con vincite in denaro. Sorge l'obbligo di avvertimenti sui rischi di dipendenza del gioco nei punti vendita scommesse e nei siti internet destinati a fungere da piattaforme per i giochi on line. È stato introdotto un divieto per la messa a disposizione, presso qualsiasi pubblico esercizio, di apparecchiature che, attraverso la connessione telematica, consentano ai clienti di giocare sulle piattaforme di gioco messe a disposizione dai concessionari on line, da soggetti autorizzati all'esercizio dei giochi a distanza, ovvero da soggetti privi di qualsiasi titolo concessorio o autorizzatorio rilasciato dalle competenti autorità. È vietato, infatti, offrire gioco con totem (terminali per il gioco on line), palmari, Ipad, telefonini messi a disposizione del cliente dall'esercente ma il cliente può comunque accedere ad Internet tramite il suo cellulare. Ciò a inevitabilmente aperto la via a zone grigie borderline tra illecito e lecito, senza peraltro prevedere delle sanzioni specifiche.
La legge di stabilità per il 2016 disciplina e sanziona e sanzionata per la prima volta anche l'offerta tramite totem dei giochi promozionali che possono essere definiti giochi che trasformano i punti vinti in un valore per l'acquisto di beni e servizi ovvero per l'intrattenimento tramite giochi disponibili sulla piattaforma.
L'offerta dei giochi promozionali quale forma di commercio elettronico implica il richiamo alla Direttiva del Parlamento Europeo e del Consiglio (8/06/2000 n. 2000/31/Ce), con la conseguenza che è sufficiente l'autorizzazione dello Stato membro in cui è stabilito il prestatore del servizio e non di quello in cui il servizio è offerto.
In particolare il comma 923 della finanziaria introduce una nuova sanzione amministrativa di 20mila euro in caso di violazione della norma che vieta l'installazione negli esercizi pubblici dei totem (apparecchiature che, attraverso la connessione telematica, consentono ai clienti di giocare sulle piattaforme di gioco messe a disposizione dai concessionari on-line, da soggetti autorizzati all'esercizio dei giochi a distanza, ovvero da soggetti privi di qualsiasi titolo concessorio o autorizzatorio rilasciato dalle competenti autorità). La sanzione si applica al titolare

dell'esercizio e al proprietario dell'apparecchio. La sanzione, da 50 mila a 100 mila euro, si applica anche nell'ipotesi di offerta di giochi promozionali connessi via web.
La finanziaria per il 2017 ha previsto che al fine di garantire la tutela degli interessi pubblici nelle attività di raccolta del gioco, nel rispetto dei principi di cui alla direttiva 2014/23/UE del Parlamento europeo e del Consiglio, del 26 febbraio 2014, sull'aggiudicazione dei contratti di concessione, nonché dell'articolo 30 del decreto legislativo 18 aprile 2016, n. 50, la gestione di tali attività è affidata a uno o più soggetti scelti mediante procedure aperte, competitive e non discriminatorie. La procedura è indetta alle seguenti condizioni essenziali: durata della concessione di nove anni, non rinnovabile; selezione basata sul criterio dell'offerta economicamente più vantaggiosa, versamento del prezzo indicato nell'offerta del concorrente risultato primo in graduatoria, nella misura del 50 per cento all'atto dell'aggiudicazione e della quota residua all'atto dell'effettiva assunzione del servizio del gioco da parte dell'aggiudicatario; aggio per il concessionario pari al 5 per cento della raccolta con offerta al ribasso; facoltà per il concessionario aggiudicatario di utilizzare la rete di telecomunicazioni per prestazioni, dirette o indirette, di servizi diversi dalla raccolta del gioco, previa autorizzazione dell'Agenzia delle dogane e dei monopoli in ragione della loro compatibilità con la raccolta stessa; e obbligo di aggiornamento tecnologico del sistema della rete e dei terminali di gioco secondo standard qualitativi che garantiscano la massima sicurezza e affidabilità.

Il gioco d'azzardo on line

Il gioco on line rappresenta la principale trasformazione nell'attività ludica. Infatti muta la funzione sociale del gioco da fattore di socialità a gioco alienante e individuale dinnanzi a un pc o un telefono. La dimensione rilevante del fenomeno ha indotto le istituzioni ad occuparsi del gioco d'azzardo in termini di patologia cd GAP, al fine di prevenirlo e reprimerlo essendo fonte di gravi disagi per l'individuo come singolo ed in ambito familiare, lavorativo finanziario. Non a caso nel settore dei giochi la criminalità organizzata ha spesso effettuato ingenti investimenti. Tra le tipologie di gioco on line più diffuse ricordiamo: le lotterie lottomatica Spa; i giochi numerici a totalizzatore Sisal Spa; i giochi di abilità, le carte, sorte a quota fissa con pluriconcessionario telematico; il gioco a base sportiva con pluriconcessionario; il bingo con pluriconcessionario; il gioco a base ippica con pluriconcessionario.
Si è già detto che l'attore principale in materia di giochi è l'AAMS, ora confluita nell'Agenzia delle dogane ai sensi dell'articolo 23-quater del D.L. n. 95 del 2012, la quale regola il comparto del gioco pubblico attraverso una verifica costante dell'operato dei concessionari. Questi sono imprese private che, a seguito di gara pubblica, ricevono da AAMS la concessione per la conduzione della rete telematica e ne assicurano l'operatività.
Per il rilascio della licenza vengono previsti requisiti diversi a seconda della tipologia di gioco. I giochi numerici a quota fissa (Lotto e 10 e Lotto). Sono affidati in monoconcessione a Lottomatica Spa, che ne gestisce l'organizzazione centralizzata insieme con AAMS. La distribuzione avviene attraverso una rete di punti vendita, denominati ricevitorie del Lotto, individuata da AAMS sulla base di determinati criteri prestabiliti che garantiscono il rilascio di una licenza.

I giochi numerici a totalizzatore nazionale (Superenalotto, Win for Life). La società monoconcessionaria di tali giochi è Sisal Spa, che determina liberamente la struttura della rete di distribuzione (tabacchi, bar, edicole, aree di servizio autostradali, phone center, agenzie ecc).
La distribuzione di giochi di abilità, carte e sorte a quota fissa avviene esclusivamente mediante il canale telematico. Sono autorizzati alla vendita a distanza i titolari di concessioni che si impegnano a garantire la sicurezza del gioco, la trasparenza nonché la riservatezza delle informazioni trattate. Il rilascio delle autorizzazioni è, come già detto, subordinato alla verifica di conformità della piattaforma di gioco e del singolo gioco alle prescrizioni normative. L'AAMS autorizza l'offerta on line ai concessionari e ad altri soggetti, i quali utilizzano i network facenti capo ai concessionari che svolgono il ruolo di service providers, suddivisi in titolari di sistema e skin. I primi godono di minore autonomia dal momento che utilizzano la piattaforma di gioco del concessionario. I secondi gestiscono un proprio sito e godono di ampia autonomia nella pianificazione delle politiche di marketing. I canali telematici attraverso i quali è veicolata l'offerta di gioco sono molteplici. A Internet, che costituisce il canale principale, si affiancano le applicazioni mobile per cellulari, smartphone, Ipad e Iphone.

Il quadro normativo comunitario

Il diritto comunitario non gode di una legislazione specifica in materia di giochi d'azzardo. Tuttavia una base normativa in materia di giochi o scommesse può riscontrarsi nell'art 49 TFUE e nel 56 TFUE rispettivamente relativo il primo al diritto dei cittadini di stabilire in modo permanente in uno Stato diverso da quello di appartenenza lo svolgimento di un'attività di lavoro autonomo, e il secondo alla libertà di prestazione di servizi.
Dunque, i giochi d'azzardo rientrano nella nozione di servizio e quindi nell'ambito di applicazione dell'articolo 56 del TFUE e sono disciplinati dalle norme sulla prestazione dei servizi. Questo termine comprende un'ampia gamma di attività di servizi a cui le singole persone possono accedere direttamente, come ad esempio: le scommesse on line; i giochi da casinò; poker on line, i giochi multimediali.
La Commissione[1137] individua obiettivi di interesse pubblico che possono essere validi per gli Stati membri in termini di politica nazionale in materia di gioco d'azzardo: mediante strumenti elettronici e telematici. In particolare si riferisce alla tutela dei consumatori e dell'ordine pubblico al fine di prevenire frodi, pratiche sleali nonché il riciclaggio di danaro sporco.
La Commissione in una raccomandazione del 2014 in tema di gioco d'azzardo on line ha stabilito che gli Stati membri sono invitati a tutelare i consumatori con particolare attenzione ai soggetti più deboli. Ne deriva un espresso divieto di gioco ai minori, la necessità di una adeguata informativa a favore di chi si approcci al mondo dei giochi on line, con fissazione altresì di un limite massimo di spesa.
E' evidente che l'organo comunitario nel fissare obiettivi in materia di gioco on line, ha allo stesso tempo considerato il gioco on line come una attività economicamente

[1137] Libro verde sul gioco d'azzardo on line della Commissione europea, marzo 2011.

rilevante, estrinsecazione della libertà di stabilimento e prestazione di servizi con il solo limite della tutela della sicurezza e dell'ordine pubblico.
La necessità di contemperare gli obiettivi di liberalizzazione delle attività economiche e di tutela dell'ordine pubblico ha avuto un importante riflesso sulla giurisprudenza della Corte di Giustizia.
In particolare, nella pronuncia dell'8 settembre 2009 causa C-42/07 ha posto l'accento sulla necessità di derogare alla normativa in materia di servizi per esigenze di tutela dei consumatori e prevenzione delle frodi. Ha altresì precisato ulteriormente la portata del suo orientamento nella sentenza del 3 giugno 2010 causa C-258/08. In tale caso la Corte ha escluso che il mero rilascio di una autorizzazione per l'erogazione di servizi e giochi on line da parte di uno Stato membro costituisca garanzia sufficiente a tutela di consumatori di altro Stato membro. Ferma restando dunque l'autonomia regolamentare dei singoli Stati in materia.
La Corte di Giustizia nella sentenza Gambelli del 6 novembre 2003 si è occupata della compatibilità tra la normativa italiana, e libertà di stabilimento e libertà di prestazione del servizio. In particolare, venivano in rilievo le sanzioni penali previste per l'esercizio abusivo dell'attività di raccolta di scommesse in via telematica (commi 4 bis e ter dell'art. 4 legge n. 401/89). L'introduzione di questa fattispecie, solo nel 2000, aveva comportato, nel silenzio serbato precedentemente dal legislatore nella legge dell'89, sulla rilevanza penale dello svolgimento transfrontaliero di tale attività, la penalizzazione della costituzione da parte di operatori stranieri dei centri di trasmissione dati (CTD).
La questione è stata oggetto di rinvio pregiudiziale alla Corte di Giustizia la quale ha ritenuto che la normativa italiana in materia di rilascio di concessioni per lo svolgimento di attività di scommesse e le relative sanzioni pensali violassero la libertà di stabilimento e di prestazione di servizi. Il problema si è posto perché la normativa italiana prevede che l'attività in oggetto sia riservata allo Stato e ai titolari di regolare titolo abilitativo (art.88 T.U.L.P.S.) ed è penalmente sanzionata ove venga esercitata in assenza di concessione o autorizzazione ai sensi dell'art 4 della legge n. 401/89. Secondo la Corte le restrizioni poste dal legislatore italiano non potevano essere ricondotte alle limitazioni delle libertà fondamentali previste dai trattati, né si basavano su motivi di sicurezza o ordine pubblico e neanche rientravano nella categoria generale delle esigenze imperative connesse all'interesse generale, che per la Corte di Giustizia possono giustificare misure restrittive di qualsiasi libertà fondamentale. Inoltre, la Corte sottolineava l'incoerenza del legislatore italiano che da un lato incoraggiava il gioco d'azzardo per finalità fiscali, se gestito da concessionari nazionali, dall'altro lo rendeva impraticabile ed impossibile per gli operatori stranieri.[1138]
Nonostante le chiare interpretazioni dei giudici di Lussemburgo la Corte di Cassazione a sezioni unite con la pronuncia n. 23271/2004 stabiliva che la normativa in oggetto persegue finalità di controllo per motivi di ordine pubblico

---

[1138] C. PARODI, *La Corte di Giustizia UE dichiara, una volta ancora, incompatibile con il diritto europeo la vigente disciplina italiana in materia di scommesse*, in *Diritto penale contemporaneo,* 27 marzo 2012.

tese a contenere il rischio di infiltrazioni mafiose. Sicché la Corte di Giustizia con la sentenza Placanica ed altri del 6 marzo 2007 asseriva che l'obiettivo di scongiurare l'infiltrazione di associazioni mafiose e fraudolente nel settore dei giochi e scommesse non giustificava l'esclusione dai bandi di operatori costituiti sotto forma di società di capitali con azioni quotate nei mercati regolamentati, sanzionandoli penalmente per aver svolto attività telematica di raccolta di scommesse in assenza di concessione o autorizzazione proprio perché queste società non potevano ottenere le suddette autorizzazioni e concessioni.
Dopo il monito della Corte di Giustizia il legislatore nazionale col decreto Bersani dispone il rilascio di nuove concessioni e la possibilità di esercizio dell'attività di raccolta del gioco anche da parte di operatori di altri Stati, purché in possesso dei requisiti prestabiliti e definiti dall'Amministrazione autonoma del monopolio di Stato. Ciò nonostante costituiva ipotesi di decadenza dalla autorizzazione quella in cui il concessionario commercializzasse anche attraverso siti telematici giochi assimilabili ai giochi pubblici gestiti dall'AMS o vietati dall'ordinamento italiano.
Successivamente la Corte di Giustizia con la pronuncia Costa&Cifone del 16 febbraio 2012 ha ancora una volta dichiarato l'incompatibilità tra la normativa italiana in materia di scommesse sportive e le libertà fondamentali dell'Unione Europea di stabilimento (art. 43 CE, oggi art. 49 TFUE) e di prestazione dei servizi (art.49 CE, oggi art. 56 TFUE).
Fermo restando che spetti al legislatore nazionale dettare la disciplina giuridica per rimediare alla illegittima esclusione di operatori stranieri dai bandi per l'ottenimento di concessioni, ciò non può avvenire in violazione del diritto comunitario, né tale normativa debba essere meno favorevole di quella applicabile a situazioni analoghe di natura interna (principio di equivalenza). Inoltre non devono violare il principio di effettività rendendo impossibile o difficile l'esercizio dei diritti conferiti dall' ordinamento giuridico unionale. Ancora precisa che le deroghe al principio della parità di trattamento ammissibili sono se giustificati da motivi imperativi di interesse generale, non possano avere motivi di carattere economico come la protezione dell'investimento effettuato da alcuni operatori a danno di altri. Invero in virtù del principio di proporzionalità l'esclusione dal mercato da parte di operatori stranieri deve essere funzionalizzata e proporzionata all'obiettivo della lotta contro la criminalità. Ciò, ad avviso della Corte, può avvenire nel solo caso in cui l'esclusione sia fondata su una sentenza avente autorità di giudicato, riguardante un delitto sufficientemente grave. Ne deriva che la sanzione dell'esclusione di operatori stranieri dal mercato potrebbe essere considerata proporzionale a condizione di prevedere forme di tutela giurisdizionali nonché la possibilità di ottenere un risarcimento del danno subito qualora successivamente si accerti l'abnormità del provvedimento ingiustificato di esclusione.
È bene sottolineare che nonostante il diritto vivente unionale, emerge la necessità, a causa del proliferare del fenomeno del gioco on line illecito, di un intervento tempestivo del legislatore europeo al fine di coordinare ed armonizzare le disposizioni derogatorie al principio di libera prestazione del servizio in vista del bene superiore dell'ordine pubblico, della tutela dei consumatori, della sanità e della pubblica sicurezza.
Inoltre volgendo lo sguardo alla normativa dei singoli Stati membri si ravvisa una notevole eterogeneità dei quadri normativi relativi al mercato dell'UE del gioco

d'azzardo (tradizionale e online). Basti pensare che in venti Stati membri dell'UE, compresa l'Italia, il gioco d'azzardo online è consentito, in sette è vietato (tra cui Germania, Paesi Bassi e Grecia). Ancora, tredici Stati membri, inclusa l'Italia, hanno un mercato liberalizzato, sei presentano monopoli di Stato (tra cui Spagna e Svezia), mentre l'Austria ha autorizzato un monopolio privato. Pertanto, sino a che il legislatore comunitario non interviene a porre regole comuni, ciascuno Stato membro, in conformità al principio di sussidiarietà, ha il diritto e l'interesse a regolamentare e controllare i propri mercati del gioco d'azzardo conformemente alle proprie tradizioni e culture, al fine di proteggere i consumatori dalla dipendenza, dalla frode, dal riciclaggio di denaro sporco, in mancanza di regole comuni. Conseguentemente gli Stati sono liberi di tutelare i consumatori secondo le proprie tradizioni, ma devono farlo rispettando il diritto comunitario.
In attesa di una normativa ad hoc, oggi gli operatori del gioco d'azzardo devono osservare la legislazione dello Stato membro in cui forniscono i propri servizi e in cui risiedono i consumatori. Tale legislazione potrà essere più o meno restrittiva, a seconda dello Stato la cui legislazione si applica nel caso di specie. Di fronte ad una situazione così eterogenea, le Istituzioni europee sono particolarmente attente nel verificare se gli Stati membri adottano regole conformi al diritto comunitario. La Commissione ha già attivato numerose procedure d'infrazione (attualmente sono in corso procedure contro dieci Stati membri, tra cui l'Italia), mentre la Corte di Giustizia, come già detto, è stata più volte chiamata a pronunciarsi sulla compatibilità delle legislazioni nazionali che limitano l'offerta transfrontaliera di servizi di gioco d'azzardo online con la libertà di circolazione.
Ciò nonostante non mancano interpretazioni da parte del giudice italiano probabilmente in parte manipolative e fuorvianti rispetto alle decisioni del giudice comunitario.
Invero, a pochi mesi di distanza dalla sentenza Costa&Cifone della Corte di Lussemburgo la Suprema Corte con la sentenza n.18767/2012 ritorna sui rapporti tra la normativa penale nazionale e comunitaria in materia di scommesse sportive in via telematica. Asserendo che la Corte di Lussemburgo afferma l'illegittimità della normativa italiana solo qualora essa produca l'effetto di limitare le libertà fondamentali dal trattato senza che la restrizioni sia giustificata da esigenze di interesse pubblico ragionevoli, proporzionate, coerenti e non discriminatorie.
In sintesi la Corte di Cassazione interpreta restrittivamente i principi espressi dalla Corte di Giustizia negli ultimi anni sostenendo che, qualora non si tratti di società illegittimamente esclusa in Italia dalla gara per l'assegnazione delle concessioni, la normativa nazionale in materia di scommesse non viole le norme dei trattati essendo invece finalizzata alla tutela di interessi di ordine pubblico, alla limitazione del gioco d'azzardo, all'impedimento delle infiltrazioni della criminalità organizzata e al contrasto delle attività di riciclaggio[1139].

Gambling on line e cenni di diritto penale

Il gambling on line (GO) consiste nella predisposizione e messa a disposizione di una piattaforma tecnologica hardware e software che consente a chi gioca di

---

[1139] R. GAROFOLI, *Manuale di diritto penale,* Nel Diritto Editore, Roma, 2016.

effettuare le puntate a distanza tramite la rete internet o altra rete di telecomunicazione.[1140]
E' chiaro che una tale piattaforma possa rientrare nella nozione di apparecchi automatici regolamentati dall'art.110 del Testo Unico delle leggi di Pubblica Sicurezza (T.U.L.P.S.). Ne deriva che gestire un locale pubblico o aperto al pubblico, come una rete o un sito web, in cui si offre la possibilità di usufruire di prestazioni in assenza dei prescritti provvedimenti amministrativi, equivale a gestire una casa da gioco abusiva.
A tal proposito configurano l'ipotesi del gioco d'azzardo e dell'alea, concretando il divieto di cui al comma 7 bis dell'art.110 del r.d. n. 773 del 1931(T.U.L.P.S.), le macchine da gioco che consentano la selezione dell'opzione "poker room" e distribuiscano premi, ancorché sotto forma di punti spendibili on line, atteso che costituisce vincita in denaro anche quella che comporta un risparmio sull'acquisto di un prodotto, mentre il fine di lucro che caratterizza il gioco illecito non deve necessariamente tradursi in una somma di denaro, essendo sufficiente che si tratti di un guadagno economicamente apprezzabile.[1141]
Relativamente all'esercizio di gioco d'azzardo, la Consulta con la pronuncia n.185/2004 ha sancito la ragionevolezza dell'art. 718 cp, in quanto è espressione della discrezionalità del legislatore, di cui godono le autorità nazionali, come anche ampiamente affermato più volte la Corte di Lussemburgo. In particolare, gli art. 718 ss cp rispondono all'interesse della collettività a vedere tutelate la sicurezza e l'ordine pubblico in presenza di un fenomeno che costituisce sovente l'habitat di attività criminali. In altri termini ciò che rende illegale il gioco d'azzardo è la modalità concreta in cui è praticato.
La nozione di gioco d'azzardo è data dalla fattispecie contravvenzionale di cui all'art. 721cp che stabilisce che sono tali quelli nei quali ricorre il fine di lucro e la vincita o la perdita è interamente o quasi aleatoria. Sicché per aversi giuoco d'azzardo è necessario il concorso di due elementi l'uno di carattere oggettivo, l'aleatorietà della vincita o della perdita, inerente al gioco stesso, l'altro di carattere soggettivo, il fine di lucro dei partecipanti.[1142]
Ci si chiede se le fattispecie previste dal legislatore nel codice penali possano applicarsi anche ai giochi on line. Per rispondere a tale quesito è opportuno precisare che il principio di tassatività impone il divieto di estendere la disciplina contenuta nelle norme incriminatrici oltre i casi in esse espressamente previsti. In tale ottica da tale principio si ricava il divieto di analogia in materia penale, altresì contenuto nell'art. 14 delle disposizioni preliminari al codice civile. Per analogia legis si intende l'operazione intesa ad assegnare alla previsione normativa un significato più ampio rispetto a quello risultante dalla portata letterale della stessa. Per analogia iuris ci si riferisce invece a quella diversa attività interpretativa mediante la quale, sulla base di un parametro di somiglianza, si utilizzano i principi dell'ordinamento per estendere l'applicabilità della disposizione.

[1140] A. MONTI, P. PERRI, *La concessione di giochi d'azzardo e del cd gioco lecito on line*, in *Ciberspazio e Diritto*, vol. 6, 4 dicembre 2005.
[1141]Cass. civ. Sez. VI , 07/01/2016, n. 101.
[1142] Cass. pen, Sez. III, n.1738/1983.

Giova distinguere l'analogia dalla interpretazione estensiva in quanto la prima è vietata dall'ordinamento giuridico penale, la seconda è invece consentita e ammessa nell'ordinamento nazionale.
Orbene, l'interpretazione estensiva è un'operazione consistente nell'attribuire, ad un termine o ad un sintagma, un significato più ampio di quello proprio delle parole che appare da una lettura "epidermica" della norma, facendo rientrare nel suo campo di applicazione anche altre fattispecie, seppur rimanendo all'interno della cornice letterale della norma. Differentemente tramite l'operazione analogica la disposizione si estende oltre i suoi limiti, al di là del tenore letterale della norma, applicandola a casi da essa non previsti. Ciò al fine di colmare una lacuna e disciplinare una materia non regolamentata. Quindi l'interpretazione estensiva ha la funzione di spiegare e dichiarare il significato della legge, viceversa l'analogia è uno strumento volto a colmare le lacune del diritto positivo.
A tal proposito in una recente pronuncia della giurisprudenza di legittimità si legge che integra il reato di cui all'art. 660 c.p. l'invio di messaggi molesti, "postati" sulla pagina pubblica di Facebook della persona offesa, trattandosi di luogo virtuale aperto all'accesso di chiunque utilizzi la rete e quindi di "luogo aperto al pubblico".[1143] Pertanto, attraverso una interpretazione estensiva ed evolutiva di "luogo pubblico o aperto al pubblico", può asserirsi che nella nozione rientri anche un luogo immateriale, senza incorrere in alcun divieto di analogia in materia penale. In altre termini dai recenti approdi della Suprema Corte potrebbe evincersi che per luogo pubblico o aperto al pubblico debba intendersi anche qualsiasi sito web a cui può accedere qualunque utente. Di guisa che potrebbe applicarsi anche ai giochi on line la disciplina contravvenzionale prevista dal codice penale agli articoli 718, 719, 720, 721,722 trattandosi di casi nei quali come recita un noto brocardo *lex minus dixit quam voluit.*
Tuttavia è opportuno rilevare che secondo parte della dottrina al gambling on line non sono applicabili le disposizioni di cui agli art.718 ss c.p. Poiché, in tal caso non si tratterebbe di una casa da gioco bensì di un offerta di un servizio della società dell'informazione regolato dalla direttiva 31/00/CE, e in Italia dal D.lgs. n. 70/2003.[1144] Le norme richiamate subordinano la libertà di prestazione del servizio alla non contrarietà all'ordine pubblico, da accertare caso per caso in rapporto alle concrete modalità di erogazione del servizio.
È chiaro che non mette in pericolo l'ordine pubblico una piattaforma di gambling on line che garantisce l'identificazione di giocatori, la certezza delle transazioni con limitazioni a giocate e vincite e con meccanismi di prevenzione e controllo antiriciclaggio.
Dunque un operatore che apra un centro scommesse che attraverso la rete giri le puntate ad un raccoglitore straniero a cui è affiliato deve osservare le disposizioni previste dal T.U.L.P.S. e quelle sull'uso dei messi telefonici o telematici previsti dalla legge 409/89. Indi, come già ampiamente detto, affinché una ricevitoria sia in

---

[1143]Cass. pen. Sez. I, 11/07/2014, n. 37596.
[1144]A. MONTI, P. PERRI, *La concessione di giochi d'azzardo e del cd gioco lecito on line,* in *Ciberspazio e Diritto*, vol. 6, 4 dicembre 2005.

regola ed operi in una sfera di assoluta liceità è necessaria l'autorizzazione dell'autorità di pubblica sicurezza e quella del Ministero delle Comunicazioni.
È bene evidenziare che secondo la giurisprudenza di legittimità l'esercizio di giochi d'azzardo mediante apparecchi elettronici come video poker, vietati dall'art.110 T.U.L.P.S., configura il reato di cui all'art.718 c.p. e non anche quello di cui all'art.4 l. 13 dicembre n.401/89,[1145] che incrimina l'esercizio abusivo di attività di gioco e scommessa anche nei casi di condotta posta in essere per via telefonica o telematica. Integra, invece, il reato previsto dal all'art. 4 l. 13 dicembre n. 401/89 la raccolta di scommesse su eventi sportivi da parte di un soggetto che, privo della licenza di cui all'art. 88 T.U.L.P.S. compia attività di intermediazione per conto di un allibratore straniero privo di concessione. Tuttavia, poiché le autorizzazioni di polizia sono rilasciate unicamente ai titolari di una concessione, eventuali irregolarità commesse nell'ambito della procedura di rilascio di queste ultime vizierebbero anche quella volta al rilascio dell'autorizzazione di polizia, la cui mancanza non potrebbe perciò essere addebitata a soggetti che non siano riusciti ad ottenerla per il fatto che il rilascio di tale autorizzazione presuppone l'attribuzione di una concessione, di cui i detti soggetti non hanno potuto beneficiare in violazione del diritto dell'Unione. Ne consegue che, in mancanza della concessione e della licenza, per escludere la configurabilità della fattispecie incriminatrice, occorre la dimostrazione che l'operatore estero non abbia ottenuto le necessarie concessioni o autorizzazioni a causa di illegittima esclusione dalle gare o per effetto di un comportamento comunque discriminatorio tenuto dallo Stato nazionale nei confronti dell'operatore comunitario. In siffatti casi, il Giudice nazionale, anche a seguito della vincolante interpretazione data alle norme del trattato dalla Corte di giustizia CE, dovrà disapplicare la normativa interna per contrasto con quella comunitarie.[1146]
Inoltre, è necessario analizzare, per ragioni di completezza il rapporto sussistente tra le fattispecie previste dai commi 4 bis e 4 ter dell'art. 4 della l. n. 401/89, introdotti dalla l. n. 388/2000. Più precisamente il comma 4 bis sanziona penalmente chi non ha la licenza per l'esercizio delle scommesse, il 4 ter chi non ha l'autorizzazione del Ministero delle Comunicazioni. Tra le due fattispecie penali non c'è alternatività, trattandosi di reati che hanno diversa materialità e diversa oggettività giuridica possono altresì formalmente concorrere nel caso in cui con la stessa condotta vengano violate entrambe le disposizioni normative.[1147] Di conseguenza l'art. 4 della l. n.401/89 costituisce un caso di disposizione a più norme.
Alla luce di quanto detto fin'ora, il gioco on line è lecito se rispetta i requisiti di legge previsti per analogo gioco che si estrinseca con diverse modalità. Tuttavia un problema si pone in riferimento agli apparecchi riconosciuti leciti ex art. 110 comma 7 T.U.L.P.S. con riferimento all'obbligatorietà dell'introduzione di una moneta metallica al fine di iniziare la partita. Ciò nonostante considerato che in diversi Stati membri il gambling on line è assolutamente lecito, nonostante la normativa italiana limiti il suo esercizio, nella parte in cui fa espresso riferimento

---

[1145]Cass. pen. Sez. III, n. 8043/2007.
[1146] Cass. pen. Sez. III, , n. 14991/20015.
[1147] Cass. pen., Sez. Un., n. 23272/2004.

alla moneta metallica, non è stata ancora sottoposta al vaglio degli organi comunitari.
Ma vi è di più. L'obbligatoria presenza di moneta impedirebbe la possibilità di prestazione di servizi via internet costringendo gli operatori a dotarsi solo in Italia di una costosa rete di esercenti che dovrebbero ospitare le macchine da gioco.[1148] Ciò diventa infatti uno scoglio insuperabile per il gioco on line che si basa su moneta virtuale. Probabilmente si potrebbe creare un sistema di gioco basato su schede acquistate con moneta metallica che attribuiscano un corrispondente virtuale di gettoni giocabili.
Invero, nel febbraio 2015 l'Unità di Informazione finanziaria della Banca d'Italia (U.I.F.) ha lanciato un monito sull'utilizzo anomalo delle valute virtuali precisando che le transazioni effettuate con valuta virtuale devono essere esaminate in relazione al profilo soggettivo del cliente, al coinvolgimento di Paesi o territori a rischio e alle eventuali ulteriori informazioni disponibili. Inoltre, tutte le operazioni "sospette" dovranno essere segnalate con la massima tempestività.
In effetti, le valute virtuali sono utilizzate soprattutto nel per l'attività di gioco on line, per cui il loro utilizzo può esporre a rischi di riciclaggio e finanziamento del terrorismo, come messo in evidenza da Autorità internazionali ed europee, quali il Gruppo d'Azione Finanziaria Internazionale (Financial Action Task Force, FATF), l'Autorità Bancaria Europea (European Banking Authority, EBA) e la Banca Centrale Europea (European Central Bank, ECB)[1149]. Le valute virtuali consentono, infatti, a chi le utilizza di mantenere l'anonimato. Inoltre, il rischio di riciclaggio è favorito da un vuoto normativo. Nessuno dei soggetti che operano nel settore delle criptovalute rientra in modo evidente nelle categorie previste dal d.lgs. 231/07, emanato in attuazione della direttiva 2005/60/CE concernente la prevenzione dell'utilizzo del sistema finanziario a scopo di riciclaggio dei proventi di attività criminose e di finanziamento del terrorismo. Di conseguenza in assenza di una norma specifica prolifera il fenomeno del riciclaggio attraverso moneta virtuale utilizzata in giochi on line.
Nessun odore di illiceità presentano invece quei giochi on line che non costituiscono giochi d'azzardo e che riducono l'assolutezza dell'alea, poiché privilegiano l'intrattenimento e l'abilità del giocatore. Trattasi di giochi basati sulla sola abilità fisica, mentale o strategica, che non distribuiscono premi, per i quali la durata della partita può variare in relazione all'abilità del giocatore e il costo della singola partita può essere superiore a 50 centesimi di euro, elementi che ai sensi del T.U.L.P.S. sono alla base del gioco lecito. A tal proposito l'Agenzia delle Dogane e dei Monopoli con un provvedimento del 23 gennaio 2014 ha disposto, in relazione all'utilizzo di tablet da parte del pubblico presso un esercizio commerciale, l'archiviazione e l'annullamento della sanzione amministrativa pecuniaria, poiché tali apparecchi non sono ascrivibili alla categoria di apparecchi previsti dall'art.110 comma 7 T.U.L.P.S. Invero, sempre più frequentemente i locali ed esercizi commerciali si dotano di tablet e Ipad come servizio aggiuntivo secondario e

---

[1148] S. SBORDONI, *Giochi concessi e giochi on line,* Istituto Poligrafico dello Stato, 2010.

[1149] S. SBORDONI, *Bit-coin nel gioco on line*, in *Gioco Pubblico*, 14 ottobre 2015.

gratuito rispetto alla propria attività principale; gli esercenti in questi casi devono avere l'accortezza di disabilitare gli apparecchi dalla possibilità di scaricare applicazioni di giochi on line, e di consentire solo alcuni specifici utilizzi leciti come la consultazione di siti di quotidiani.
Il caso sopra richiamato evidenzia come il quadro normativo relativo al Testo unico delle Leggi di Pubblica Sicurezza sia ancorato a disposizioni obsolete che non sono più adeguate con la velocità, il progresso tecnologico e la competitività del mondo attuale.
Orbene, al fine di non incorrere il rischio che il canale lecito del gioco pubblico diventi un canale vuoto, con tutte le conseguenze del caso in termini di incremento del gioco illecito manovrato dalla criminalità organizzata, di perdita di controllo, di sicurezza e di entrate erariali, è più che auspicabile e manifesta l'urgenza, di una maggiore sensibilizzazione del legislatore sulla materia del gambling on line, così da poter individuare la più corretta e precisa regolamentazione che distingua anche in maniera netta la posizione dei concessionari da coloro che operano senza concessione inasprendo pene e sanzioni da irrogare a quest'ultimi.

Bibliografia

G. P. Accini, *Gestione e offerta al pubblico via internet di giochi d'azzardo e profili di responsabilità penale,* in *Riv. trim. Dir. Pen., Econ.,* 2002.
L. BALESTRA, *Il giuoco e la scommessa nella categoria dei contratti aleatori,* in *Riv. trim. dir. proc. civ.*, fasc.3, 2011.
G. Chinè, M. Fratini, A. Zoppini, *Manuale di Diritto Civile, Nel Diritto Editore*, Roma, 2016.
C. A. Funaioli, *Il giuoco e la scommessa,* in *Trattato di diritto civile,* diretto da Vassalli, Torino, 1961.
R. Garofoli, *Manuale di diritto penale,* Nel Diritto Editore, Roma, 2016.
F. Gazzoni, *Manuale di Diritto Privato,* Edizioni Scientifiche italiane, Napoli, 2015.
A. Monti, P. Perri, *La concessione di giochi d'azzardo e del cd gioco lecito on line*, in *Ciberspazio e Diritto*, vol. 6, 4 dicembre 2005.
C. Parodi, *La Corte di Giustizia UE dichiara, una volta ancora, incompatibile con il diritto europeo la vigente disciplina italiana in materia di scommesse*, in *Diritto penale contemporaneo,* 27 marzo 2012.
S. Sbordoni, *Giochi concessi e giochi on line,* Istituto Poligrafico dello Stato, 2010.
S. Sbordoni, *Bit-coin nel gioco on line*, in *Gioco Pubblico*, 14 ottobre 2015.

Il Telelavoro

Avv. Livia Cherubino

Il Telelavoro è una modalità di esecuzione della prestazione lavorativa in cui l'attività viene prestata al di fuori della tradizionale sede di lavoro, attraverso l'utilizzo di strumenti, informatici o telematici, che garantiscono il collegamento funzionale con la struttura aziendale.

Il telelavoro è stato introdotto, dapprima, nelle Pubbliche Amministrazioni attraverso l'articolo 4 della legge n. 191/1998, <<*allo scopo di razionalizzare l'organizzazione del lavoro*>>, e, successivamente, anche nel settore privato attraverso l'Accordo-Quadro europeo sul c.d. *Telework* stipulato a Bruxelles il 16 luglio 2002[1150].

State la definizione adottata a livello comunitario, <<*il telelavoro costituisce una forma di organizzazione e/o di svolgimento del lavoro che si avvale delle tecnologie dell'informazione nell'ambito di un contratto o di un rapporto di lavoro, in cui l'attività lavorativa, che potrebbe anche essere svolta nei locali dell'impresa, viene regolarmente svolta al di fuori dei locali della stessa*>> (v. art. 1 Accordo-Quadro).

Tale modalità di esecuzione della prestazione, dunque, è idonea a realizzare un "decentramentro" dell'attività produttiva attraverso la "smaterializzazione" della sede di lavoro.

Le forme di "decentramento" operabili sono svariate e danno origine ad altrettante tipologie di telelavoro, in particolare abbiamo:

a) il telelavoro *domiciliare* (c.d. *home office*), quando il lavoratore esegue la prestazione prevalentemente dal proprio domicilio[1151];

b) il *telecentro* (o ufficio satellite), dove parte dell'attività è svolta in un ufficio diverso e distaccato dalla sede centrale, ma che mantiene con quest'ultima un collegamento telematico costante e tale da permettere all'impresa di essere presente, con il proprio personale, in aree diverse e distanti tra loro;

c) il *lavoro mobile*, in cui l'attività non è prestata in un luogo fisso, essendo necessario che il lavoratore la svolga lì dove ce ne sia necessità ed è, dunque, esercitata attraverso l'ausilio di computer portatili, in posti di lavoro "itineranti" di volta in volta opportunamente attrezzati;

d) la *teleimpresa*, ossia l'impresa che opera esclusivamente (o comunque in prevalenza) attraverso la rete poiché fornisce prodotti o servizi immateriali a clienti a distanza attraverso i canali di comunicazione;

e) il *centro di lavoro comunitario* (o *telecottage*), consistente in una struttura comune a più aziende e a disposizione dei lavoratori, realizzata nella duplice ottica

---

[1150]*Tale Accordo-Quadro è stato è stato recepito nell'ordinamento interno attraverso l'Accordo interconfederale del 09 giugno 2004 relativo al settore privato.*

[1151]*A tal riguardo è importante fare una precisazione: il* telelavoro *non è da confondere con il* lavoro a domicilio. *Difatti, il* telelavoro *può essere svolto anche in luoghi diversi dal domicilio e, quantunque si presenti nella forma di* telelavoro domiciliare, *non sempre coincide con il* lavoro a domicilio *perché quest'ultimo (al contrario del primo) può ben essere svolto senza l'ausilio di strumenti informatici o telematici.*

di ripartire, tra le imprese che vi fanno parte, i costi degli impianti e ridurre i tempi e i costi di spostamento dei prestatori.
Negli ultimi anni si è assistito ad un incremento degli interventi normativi volti ad incentivare tale modalità di realizzazione della prestazione lavorativa[1152], principalmente nell'ottica di favorire la conciliazione dei tempi di vita e lavoro (c.d. *work-life balance*).
Invero, è innegabile che rispetto ad alcune situazioni personali e/o familiari il telelavoro sia l'unica modalità possibile per lavorare e, più in generale, per non essere tagliati fuori dal mondo del lavoro, arginando il dilagare dei fenomeni di esclusione sociale.
Tuttavia, se calato in realtà meno estreme in cui non emergono tali necessità – ove, dunque, tale modalità non si configuri come l'unica possibilità per bilanciare le esigenze di vita e lavoro - il telelavoro mostra anche l'altra faccia della medaglia, che è il motivo per cui ha trovato ridotta diffusione.
Il lavoro "da remoto", infatti, innesca problematiche che investono entrambe le parti del rapporto di lavoro.
Dal punto di vista del datore, il telelavoro si intreccia con il problema dell'effettività della prestazione da parte del dipendente: volendo esemplificare, le chiavi di identificazione previste per l'accesso al sistema informatico o telematico non sono idonee ad impedire che, in un momento successivo, il lavoratore non si faccia sostituire da altri nell'esecuzione della prestazione. L'unica misura attuabile è la fiducia del datore nella correttezza e responsabilità del dipendente.
Dal punto di vista del lavoratore, invece, la problematica più avvertita consiste nel pericolo dell'emarginazione e, dunque, nel rischio di isolamento. Il luogo di lavoro comunemente inteso, quale sede di confronto e di interscambio reale tra dipendenti, datore e terzi, è senz'altro una delle formazioni sociali più importanti in cui si esprime la personalità dell'individuo ed è l'unico idoneo a garantire a pieno l'effettiva partecipazione dei lavoratori all'organizzazione economica e sociale del Paese. Da tale punto emerge la reale problematica del telelavoro: gli strumenti informatici, che garantiscono la connessione con l'azienda, in realtà rischiano di disconnettere il lavoratore da tutto il resto.

[1152] *Da ultimo, è possibile richiamare l'art. 23 del D.Lgs. n. 80/2015: in attuazione del* Jobs Act *il Legislatore è intervenuto per favorire l'applicazione del telelavoro attraverso la previsione normativa in base alla quale è possibile escludere i telelavoratori dal computo dei limiti numerici previsti da leggi e contratti collettivi per l'applicazione di norme e istituti (si pensi alla disciplina applicabile in caso di licenziamento).*

La Pubblica Amministrazione digitale

Avv. Alberto Eramo

Premessa e caratteri generali

La norma di riferimento in materia di informatizzazione della pubblica amministrazione è il Codice dell'Amministrazione digitale (d.lgs. 7 marzo 2005 n. 82 - CAD), recentemente modificato nella sua ispirazione ed in un notevole numero di disposizioni, rispetto alla formulazione originale, dal d.lgs. 26 agosto 2016, n. 179.

Tale ultima disposizione normativa trova a sua volta origine nell'art. 1 della l. 7 agosto 2015 (cd. Legge Madia) con cui il Governo è stato delegato a modificare e integrare l'originario testo del CAD "al fine di garantire ai cittadini e alle imprese, anche attraverso l'utilizzo delle tecnologie dell'informazione e della comunicazione, il diritto di accedere a tutti i dati, i documenti e i servizi di loro interesse in modalita' digitale, nonche' al fine di garantire la semplificazione nell'accesso ai servizi alla persona, riducendo la necessita' dell'accesso fisico agli uffici pubblici".

La linea direttrice delle nuove norme del CAD, dettata dalla necessità di armonizzazione alla normativa europea, e più in particolare al Regolamento comunitario noto come "e-IDAS"[1153] - se per un verso, ha inteso confermare l'originaria finalità del CAD[1154] - si è comunque indirizzata verso la razionalizzazione degli strumenti di coordinamento e collaborazione tra le pubbliche amministrazioni, la razionalizzazione dei meccanismi e delle strutture della digitalizzazione, la semplificazione dei procedimenti di adozione delle regole tecniche, la definizione delle competenze dell'ufficio dirigenziale generale unico (art. 17, 1 c. CAD).

In questa ottica rientrano le disposizioni per garantire il superamento della situazione attuale, in cui ogni pubblica amministrazione richiede proprie modalità di registrazione e di utilizzo dei servizi; la codifica (art. 3 CAD) del diritto di utilizzare gli strumenti del CAD nei rapporti con le P.A.; l'obbligo della P.A. di gestire i procedimenti amministrativi in modo da consentire, al cittadino di verificare, anche con mezzi telematici, i termini previsti ed effettivi per lo specifico procedimento e il relativo stato di avanzamento, nonché di individuare l'ufficio ed il funzionario responsabile del procedimento[1155]; il diritto dei cittadini e delle imprese

---

1153 Regolamento e-IDAS n. 910/2014 del 23 luglio 2014 (electronic IDentification Authentication and Signature (eTS electronic Trust Services). In esso sono indicate le modalità di riconoscimento reciproco nella identificazione elettronica, le regole comuni per le firme elettroniche, l'autenticazione web ed i relativi servizi fiduciari per le transazioni elettroniche in materia di identificazione elettronica.

1154 CAD, art. 2, 1° comma "Lo Stato, le Regioni e le autonomie locali assicurano la disponibilità, la gestione, l'accesso, la trasmissione, la conservazione e la fruibilità dell'informazione in modalità digitale e si organizzano ed agiscono a tale fine utilizzando con le modalità più appropriate e nel modo più adeguato al soddisfacimento degli interessi degli utenti le tecnologie dell'informazione e della comunicazione".

1155 Vedi anche art. 1, lett. b) l.124/15: ridefinire e semplificare i procedimenti amministrativi, in relazione alle esigenze di celerita', certezza dei tempi e trasparenza nei

all'assegnazione di un'identità digitale; la costituzione del Sistema pubblico d'identità digitale (SPID) (art. 64 CAD), attraverso il quale i cittadini possono accedere ai servizi pubblici con un unico username e una sola password, etc..

L'ambito di applicazione

Secondo quanto disposto dall'art. 2 CAD, esso si applica alle pubbliche amministrazioni di cui all'articolo 1, comma 2, del decreto legislativo 30 marzo 2001, n. 165.

Sono ricomprese in questa categoria tutte le amministrazioni dello Stato, ivi compresi gli istituti e scuole di ogni ordine e grado e le istituzioni educative, le aziende ed amministrazioni dello Stato ad ordinamento autonomo, le Regioni, le Province, i Comuni, le Comunità montane e loro consorzi e associazioni, le istituzioni universitarie, gli Istituti autonomi case popolari, le Camere di commercio, industria, artigianato e agricoltura e loro associazioni, tutti gli enti pubblici non economici nazionali, regionali e locali, le amministrazioni, le aziende e gli enti del Servizio sanitario nazionale l'Agenzia per la rappresentanza negoziale delle pubbliche amministrazioni (ARAN) e le Agenzie di cui al decreto legislativo 30 luglio 1999, n. 300.

Il CAD si applica inoltre alle società a controllo pubblico, come definite nel decreto legislativo adottato in attuazione dell'articolo 18 della legge n. 124 del 2015, escluse le società quotate come definite dallo stesso decreto legislativo adottato in attuazione dell'articolo 18 della legge n. 124 del 2015.

Le disposizioni relative al capo II[1156], agli articoli 40 (Formazione di documenti informatici), 43 (Riproduzione e conservazione dei documenti) e 44 (Requisiti per la gestione e conservazione dei documenti informatici) del capo III, nonché alla trasmissione dei documenti (capo IV), si applicano ai privati ai sensi dell'articolo 3 del decreto del Presidente della Repubblica 28 dicembre 2000, n. 445, e successive modificazioni[1157].

Infine le disposizioni concernenti l'accesso ai documenti informatici e la fruibilità delle informazioni digitali si applicano anche ai gestori di servizi pubblici ed agli organismi di diritto pubblico.

Si è pertanto verificato un ampliamento dell'ambito di applicazione soggettivo ed oggettivo del CAD, in confronto con la formulazione originaria dell'art. 2 CAD, dal momento che sono ora ricomprese nel novero dei soggetti anche le società a controllo pubblico.

Vanno da ultimo sottolineate due specificità.

---

confronti dei cittadini e delle imprese, mediante una disciplina basata sulla loro digitalizzazione e per la piena realizzazione del principio «innanzitutto digitale» (digital first), nonche' l'organizzazione e le procedure interne a ciascuna amministrazione".

1156 Ossia le norme relative al documento informatico e firme elettroniche; trasferimenti, libri e scritture.

1157 Art. 3, 1° comma del Testo unico delle disposizioni legislative e regolamentari in materia di documentazione amministrativa (TUDA): "Le disposizioni del presente testo unico si applicano ai cittadini italiani e dell'Unione europea, alle persone giuridiche, alle societa' di persone, alle pubbliche amministrazioni e agli enti, alle associazioni e ai comitati aventi sede legale in Italia o in uno dei Paesi dell'Unione europea".

Per un verso, una specifica eccezione è rappresentata con riferimento all'esercizio delle attività e funzioni ispettive e di controllo fiscale, di ordine e sicurezza pubblica, difesa e sicurezza nazionale, polizia giudiziaria e polizia economico-finanziaria e consultazioni elettorali.
Per altro verso, le disposizioni del CAD si applicano al processo civile, penale, amministrativo, contabile e tributario, in quanto compatibili e salvo che non sia diversamente disposto dalle disposizioni in materia di processo telematico.
Tale ultima disposizione rende evidentemente la materia del processo telematico un genus differente da quello previsto dal CAD.

E-government, Carta della cittadinanza digitale, Identità digitale

L' e-government[1158] consiste nell'utilizzo delle tecnologie digitali e della rete per ottimizzare i processi interni e le interazioni dell'amministrazione pubblica verso: i cittadini e la società civile; le imprese; le altre amministrazioni[1159].
Il termine lascia quindi chiaramente intendere che non si è in presenza di una semplice introduzione di tecnologie informatiche o di una automazione dei procedimenti e delle procedure, poiché si tratta ormai di una irreversibile evoluzione dell'amministrazione pubblica in presenza di una modificazione dell'azione pubblica.
Con la citata legge 124/2015 (art.1) si è fatto luogo alla figura della Carta della Cittadinanza digitale, ossia al diritto per i cittadini e le imprese di accedere a tutti i dati, i documenti e i servizi di loro interesse in modalità digitale, nonche' al fine di garantire la semplificazione nell'accesso ai servizi alla persona, riducendo la necessità dell'accesso fisico agli uffici pubblici.
Si tratta evidentemente della configurazione di uno *status*, ossia della costituzione di un complesso di diritti e di doveri all'utilizzo delle tecnologie dell'informatica nella relazione tra cittadini/imprese e la pubblica amministrazione.
Tale opzione si esprime nel CAD attraverso: il diritto all'uso delle tecnologie (art.3 CAD); il diritto all'utilizzo di sistemi di pagamento elettronico (art.5 CAD); l'obbligo di presentazione di istanze, dichiarazioni, dati e lo scambio di informazioni e documenti, anche a fini statistici, tra imprese e amministrazioni pubbliche mediante utilizzo delle tecnologie dell'informazione e della comunicazione (art. 5-bis); l'utilizzo della Posta Elettronica Certificata, nelle modalità e nei termini di cui agli artt. 6 e 6-bis CAD; l'obbligo per le pubbliche amministrazioni di rendere disponibili agli utenti presso i propri uffici idonee risorse di connettività ad Internet in modalità wi-fi (art. 8-bis del CAD); l'obbligo delle P.A. a garantire la cd. partecipazione democratica elettronica (art.9 CAD)[1160]; il diritto al ricevimento delle

---

1158 Il termine è normalmente tradotto in "Amministrazione digitale".
1159 http://egov.formez.it/sites/all/files/e-government.pdf.

1160 Le P.A. devono favorire ogni forma di uso delle nuove tecnologie per promuovere una maggiore partecipazione dei cittadini, anche residenti all'estero, al processo democratico e per facilitare l'esercizio dei diritti politici e civili e migliorare la qualità dei propri atti, anche attraverso l'utilizzo, ove previsto e nell'ambito delle risorse disponibili a legislazione vigente, di forme di consultazione preventiva per via telematica sugli schemi di atto da adottare.

comunicazioni elettroniche; la facoltà di non dover conservare documenti, che per legge devono essere conservati dalle pubbliche amministrazioni.
3) Il Legislatore, all'art. 1, 1 c. lettera "u-quater CAD, definisce l'identità digitale come "rappresentazione informatica della corrispondenza tra un utente e i suoi attributi identificativi, verificata attraverso l'insieme dei dati raccolti e registrati in forma digitale secondo le modalità fissate nel decreto attuativo dell'articolo 64" (con specifico rinvio allo SPID), attribuendo il diritto per tutti i cittadini e le imprese ad averne una (art. 3 CAD).

Il documento Informatico

L'art. 1, 1°c. lett. p) CAD, definisce come documento informatico: "il documento elettronico che contiene la rappresentazione informatica di atti, fatti o dati giuridicamente rilevanti".
Tale formulazione è volta a salvaguardare la specificità del documento giuridicamente rilevante rispetto alla documentazione elettronica in generale e garantisce il coordinamento della disciplina nata dal combinato disposto del CAD novellato ed il Regolamento eIDAS con il dettato dell'art. 2712 del c.c.
Questa ultima disposizione, come noto, conferisce efficacia di piena prova, se il soggetto contro il quale sono prodotte non ne disconosce la conformità ai fatti o alle cose medesime, alle riproduzioni fotografiche, informatiche e cinematografiche, le registrazioni fonografiche ed ogni altra riproduzione meccanica di fatti o cose.
È opportuno compiere una classificazione dei documenti informatici giuridicamente rilevanti:
- i documenti informatici contenenti rappresentazioni e riproduzioni non rappresentati in un testo grafico, disciplinati dall'art. 2712 c.c.;
- i documenti informatici contenenti un testo, disciplinatati dall'art. 20 del CAD qualora privi di sottoscrizione. In questo caso (art. 20, c. 1-bis CAD), l'idoneità del documento informatico a soddisfare il requisito della forma scritta e il suo valore probatorio sono liberamente valutabili in giudizio, in relazione alle sue caratteristiche oggettive di qualità, sicurezza, integrità e immodificabilità.[1161]
- i documenti informatici contenenti un testo, disciplinati dall'art. 21 del CAD, se sottoscritti con firma elettronica. Occorre però distinguere in questa evenienza:
a) il documento informatico, cui è apposta una firma elettronica, soddisfa il requisito della forma scritta e sul piano probatorio è liberamente valutabile in giudizio, tenuto conto delle sue caratteristiche oggettive di qualità, sicurezza, integrità e immodificabilità.
Va notato tuttavia che la figura di firma elettronica rappresenta la configurazione più ampia del genere e, pertanto, sarà il tipo di firma utilizzato che determinerà il valore giuridico del documento.

1161 [....]comma 3. Le regole tecniche per la formazione, per la trasmissione, la conservazione, la copia, la duplicazione, la riproduzione e la validazione (...) dei documenti informatici, nonche' quelle in materia di generazione, apposizione e verifica di qualsiasi tipo di firma elettronica (...), sono stabilite ai sensi dell'articolo 71. La data e l'ora di formazione del documento informatico sono opponibili ai terzi se apposte in conformità alle regole tecniche sulla validazione temporale.

b) il documento informatico sottoscritto con firma elettronica avanzata, qualificata o digitale, formato nel rispetto delle regole tecniche di cui all'articolo 20, comma 3, ha altresì l'efficacia prevista dall'articolo 2702 c.c. ed esso fa quindi piena prova fino a querela di falso.
L'utilizzo del dispositivo di firma elettronica qualificata o digitale si presume riconducibile al titolare, salvo che questi fornisca prova contraria.
c) le scritture private di cui all'art. 1350, 1° c. nn. 1-12 c.c., salvo il caso di sottoscrizione autenticata, se fatte con documento informatico, sono sottoscritte, a pena di nullità, con firma elettronica qualificata o con firma digitale, mentre gli atti di cui all'art. 1350, numero 13) del codice civile, redatti su documento informatico o formati attraverso procedimenti informatici sono sottoscritti, a pena di nullità, con firma elettronica avanzata, qualificata o digitale.
d) ogni altro atto pubblico redatto su documento informatico, fatto salvo quanto previsto dal decreto legislativo 2 luglio 2010, n. 110[1162] è sottoscritto dal pubblico ufficiale a pena di nullità con firma qualificata o digitale.
Le parti, i fidefacenti, l'interprete e i testimoni sottoscrivono personalmente l'atto, in presenza del pubblico ufficiale, con firma avanzata, qualificata o digitale ovvero con firma autografa acquisita digitalmente e allegata agli atti.

Il documento amministrativo informatico

Secondo il disposto dall'art. 22, comma 1, lett. d), della Legge 7 agosto 1990, n. 241, per documento amministrativo, si intende "ogni rappresentazione grafica, fotocinematografica, elettromagnetica o di qualunque altra specie del contenuto di atti, anche interni o non relativi ad uno specifico procedimento, detenuti da una pubblica amministrazione e concernenti attività di pubblico interesse, indipendentemente dalla natura pubblicistica o privatistica della loro disciplina sostanziale".
Questa definizione è stata riformulata dal Testo unico delle disposizioni legislative e regolamentari in materia di documentazione amministrativa, c.d. TUDA (DPR 445/2000), dove all'art. 1, c. 1, lett. a), viene stabilito che per documento amministrativo si deve intendere "ogni rappresentazione, comunque formata, del contenuto di atti, anche interni, delle pubbliche amministrazioni o, comunque, utilizzati ai fini dell'attività amministrativa".

Il procedimento amministrativo informatico

Il CAD prevede che la pubblica amministrazione debba gestire i procedimenti di propria competenza mediante la tecnologia informatica.
E' questo quanto previsto dalla legge (art. 1 l.124/15) ove si prevede la necessità di "ridefinire e semplificare i procedimenti amministrativi, in relazione alle esigenze di celerità, certezza dei tempi e trasparenza nei confronti dei cittadini e delle imprese, mediante una disciplina basata sulla loro digitalizzazione e per la piena realizzazione del principio «innanzitutto digitale» (digital first), nonché l'organizzazione e le procedure interne a ciascuna amministrazione.

1162 Disposizioni in materia di atto pubblico informatico redatto dal notaio, a norma dell'articolo 65 della legge 18 giugno 2009, n. 69.

Essa rappresenta la regola per tutti i procedimenti amministrativi, ossia l'insieme di atti, fatti e attività, tutti fra loro connessi in quanto concorrono, nel loro complesso, all'emanazione del provvedimento stesso[1163].
E, poiché l'azione della pubblica amministrazione avviene mediante i procedimenti, discende logicamente che il procedimento di digitalizzazione non si riduce alla sola informatizzazione degli atti.
Il CAD, come si è visto, con l'art. 2 ha disposto che lo Stato, le Regioni e le autonomie locali assicurano la disponibilità, la gestione, l'accesso, la trasmissione, la conservazione e la fruibilità dell'informazione in modalità digitale e si organizzano ed agiscono a tale fine utilizzando con le modalità più appropriate e nel modo più adeguato al soddisfacimento degli interessi degli utenti le tecnologie dell'informazione e della comunicazione.
Il CAD, lungi dal limitarsi a mere regole di principio, contiene diverse disposizioni che comportano per gli Enti l'obbligo di gestione informatica dei procedimenti amministrativi.
Anzi (art. 3, 1-quater CAD), la gestione dei procedimenti amministrativi è attuata in modo da consentire, mediante strumenti informatici, la possibilità per il cittadino di verificare anche con mezzi telematici i termini previsti ed effettivi per lo specifico procedimento e il relativo stato di avanzamento, nonche' di individuare l'ufficio e il funzionario responsabile del procedimento.
Devono quindi essere sottolineati alcuni importanti aspetti:
a) l'art. 12 CAD dispone che "Le pubbliche amministrazioni nell'organizzare autonomamente la propria attività utilizzano le tecnologie dell'informazione e della comunicazione per la realizzazione degli obiettivi di efficienza, efficacia, economicità, imparzialità, trasparenza, semplificazione e partecipazione nel rispetto dei principi di uguaglianza e di non discriminazione, nonche' per l'effettivo riconoscimento dei diritti dei cittadini e delle imprese (...)";
b) le pubbliche amministrazioni formano gli originali dei propri documenti, inclusi quelli inerenti ad albi, elenchi e pubblici registri, con mezzi informatici secondo le disposizioni del CAD e le regole tecniche di cui all'articolo 71 (art. 40 CAD);
c) la protocollazione della comunicazioni in entrata e in uscita deve avvenire attraverso un sistema automatizzato (art. 40-bis CAD, art. 50 dpr 445/2000);[1164]
d) le pubbliche amministrazioni, come detto, devono gestire i procedimenti amministrativi utilizzando le tecnologie dell'informazione e della comunicazione, quindi per ciascun procedimento amministrativo di loro competenza, esse forniscono gli opportuni servizi di interoperabilità e cooperazione applicativa (art. 41 CAD);
e) i documenti delle P.A., anche se in origine cartacei, possono essere riprodotti e conservati su supporti informatici (art. 43)[1165]

1163 E. CASETTA, Manuale di diritto amministrativo, Milano, 2015, p.385.

1164 Art. 40-bis. Formano comunque oggetto di registrazione di protocollo ai sensi dell'articolo 53 del decreto del Presidente della Repubblica 28 dicembre 2000, n. 445, le comunicazioni che pervengono o sono inviate dalle caselle di posta elettronica di cui agli articoli 6-ter, comma 1, 47, commi 1 e 3, nonche' le istanze e le dichiarazioni di cui all'articolo 65 in conformità alle regole tecniche di cui all'articolo 71.

f) le comunicazioni di documenti tra le pubbliche amministrazioni avvengono mediante l'utilizzo della posta elettronica (art. 47);
g) la trasmissione telematica di comunicazioni che necessitano di una ricevuta di invio e di una ricevuta di consegna avviene mediante la posta elettronica certificata (art. 48);

Il fascicolo informatico
La gestione dei procedimenti amministrativi come prevista dal CAD è attuata mediante il fascicolo informatico: il Legislatore ha infatti disposto che la pubblica amministrazione titolare del procedimento non solo deve raccogliere in un fascicolo informatico gli atti, i documenti e i dati del procedimento medesimo da chiunque formati, ma anche che il fascicolo informatico è realizzato garantendo la possibilità di essere direttamente consultato ed alimentato da tutte le amministrazioni coinvolte nel procedimento.
Le modalità di costituzione, identificazione e utilizzo del fascicolo sono conformi ai principi di una corretta gestione documentale ed alla disciplina della formazione, gestione, conservazione e trasmissione del documento informatico.
Il fascicolo, inoltre, è formato in modo da garantire la corretta collocazione, la facile reperibilità e la collegabilità, in relazione al contenuto ed alle finalità, dei singoli documenti; è inoltre costituito in modo da garantire l'esercizio in via telematica dei diritti previsti dalla legge n. 241 del 1990.
In ogni caso, il fascicolo informatico deve indicare:
a) l'amministrazione titolare del procedimento, che cura la costituzione e la gestione del fascicolo medesimo;
b) le altre amministrazioni partecipanti;
c) il responsabile del procedimento;
d) l'oggetto del procedimento;
e) l'elenco dei documenti contenuti, sebbene esso possa contenere aree a cui hanno accesso solo l'amministrazione titolare e gli altri soggetti da essa individuati;
e-bis) l'identificativo del fascicolo stesso.
Evidentemente, avranno diritto alla consultazione del fascicolo informatico solo i soggetti che vi abbiano titolo, ai sensi del d..lgs. n. 196/2003.

SPID, Sistema Pubblico di Identità Digitale
Il sistema SPID assume un ruolo centrale nel CAD. Esso viene definito (art. 64, c. 2-ter CAD) come un insieme aperto di soggetti pubblici e privati che, previo

---

1165 Art. 43. I documenti degli archivi, le scritture contabili, la corrispondenza ed ogni atto, dato o documento di cui è prescritta la conservazione per legge o regolamento, ove riprodotti su supporti informatici sono validi e rilevanti a tutti gli effetti di legge, se la riproduzione e la conservazione nel tempo sono effettuate in modo da garantire la conformità dei documenti agli originali, nel rispetto delle regole tecniche stabilite ai sensi dell'articolo 71, 1-bis. Se il documento informatico è conservato per legge da uno dei soggetti di cui all'articolo 2, comma 2, cessa l'obbligo di conservazione a carico dei cittadini e delle imprese che possono in ogni momento richiedere accesso al documento stesso.

accreditamento da parte dell'AgID, secondo modalità definite con specifico decreto ministeriale, identificano gli utenti (P.A, cittadini, imprese, etc.) per consentire loro l'accesso ai servizi in rete.
L'intento perseguito dal Legislatore è finalizzato a superare lo scarso coordinamento in materia, nonché la situazione attuale di frazionamento, in forza del quale le singole amministrazioni pubbliche richiedono ciascuna proprie modalità di accesso per l'utilizzo dei servizi in rete.
Lo SPID è quindi un insieme di credenziali per accedere in rete a tutti i servizi della pubblica amministrazione e consente agli utenti di avvalersi di gestori dell'identità digitale e di gestori qualificati.
Il sistema SPID si articola in tre livelli di sicurezza, conseguentemente al crescere dell'indice di rischio nell'effettuazione dell'operazione telematica corrisponde l'aumento delle credenziali richieste.

Bibliografia
E. CASETTA, Manuale di diritto ammininistrativo, Milano, 2015.

Il documento informatico e le firme elettroniche

Avv. Giustino Valeriano Agostinone

Premessa

Nel precedente capitolo si è trattato del Codice dell'amministrazione digitale, d'ora in poi denominato CAD, D.Lgs. 7 marzo 2005, n. 82. Adesso si tratterà del documento amministrativo e delle firme elettroniche. Il primo che è disciplinato all'art. 40, rubricato "*Formazione di documenti informatici*", introduce un innovativo e fondamentale precetto: "*Le pubbliche amministrazioni formano gli originali dei propri documenti con mezzi informatici secondo le disposizioni di cui al presente codice e le regole tecniche di cui all'articolo 71*".

La disposizione enunciata prevede un preciso obbligo: i documenti delle pubbliche amministrazioni devono essere prodotti esclusivamente in modalità informatica. La dematerializzazione dei flussi documentali all'interno delle pubbliche amministrazioni non costituisce solo un'opportunità o un percorso volto al raggiungimento di livelli di maggior efficienza, efficacia, trasparenza, semplificazione e partecipazione, ma rappresenta anche un preciso ed improrogabile precetto normativo[1166].

Al centro di questo scenario si colloca il documento informatico definito all'art. 1, comma 1, lett. p), del CAD come "*la rappresentazione informatica di atti, fatti o dati giuridicamente rilevanti*". A tal riguardo per identificare una più completa definizione di documento amministrativo informatico, è indispensabile rintracciare quanto disposto dall'art. 22, comma 1, lett. d), della Legge 7 agost 1990, n. 241[1167], laddove è previsto che per documento amministrativo, si recepisce "*ogni rappresentazione grafica, fotocinematografica, elettromagnetica o di qualunque altra specie del contenuto di atti, anche interni o non relativi ad uno specifico procedimento, detenuti da una pubblica amministrazione e concernenti attività di pubblico interesse, indipendentemente dalla natura pubblicistica o privatistica della loro disciplina sostanziale*". Questa nozione è stata poi rivista dal Testo unico delle disposizioni legislative e regolamentari in materia di documentazione amministrativa, c.d. TUDA[1168], dove all'art. 1, comma 1, lett. a), viene rilevato che per documento amministrativo si deve carpire "*ogni rappresentazione, comunque formata, del contenuto di atti, anche interni, delle pubbliche amministrazioni o, comunque, utilizzati ai fini dell'attività amministrativa*".

In realtà quello che contraddistingue il documento informatico è la sua forma elettronica (rappresentazione informatica). Solo in questa forma quindi, il documento informatico può essere formato, acquisito, sottoscritto, trasmesso e conservato.

[1166] Agenzia per l'Italia digitale, *Linee guida sulla conservazione dei documenti informatici*.

[1167] Nuove norme in materia di procedimento amministrativo e di diritto di accesso ai documenti amministrativi (GU n.192 del 18-8-1990).

[1168] Decreto del Presidente della Repubblica 28 dicembre 2000, n. 445 Testo unico delle disposizioni legislative e regolamentari in materia di documentazione amministrativa. (Testo A). (GU n.42 del 20-2-2001 - Suppl. Ordinario n. 30).

Cos'è il documento informatico

Ai sensi dell'art. 20, comma 1-*bis*, del CAD, *"L'idoneità del documento informatico a soddisfare il requisito della forma scritta e il suo valore probatorio sono liberamente valutabili in giudizio*[1169]*, tenuto conto delle sue caratteristiche oggettive di qualità, sicurezza, integrità ed immodificabilità, fermo restando quanto disposto dall'articolo 21".* Pertanto, il documento informatico è finalizzato a produrre effetti giuridici diversi sulla base dei requisiti che possiede.

La sua gestione all'interno di un sistema di gestione documentale *ex* art. 3, comma 4, lett. d), del DPCM 13 novembre 2014[1170] costituisce la prerogativa necessaria affinché il documento informatico integri le caratteristiche di qualità e sicurezza. A tal riguardo, bisogna fare riferimento all'art. 52 del D.P.R. 28 dicembre 2000, n. 445, che identifica le peculiarità che un sistema di gestione. informatica dei documenti deve avere, prevedendo che questo deve assolutamente essere idoneo di: "*a) garantire la sicurezza e l'integrità del sistema; b) garantire la corretta e puntuale registrazione di protocollo dei documenti in entrata e in uscita; c) fornire informazioni sul collegamento esistente tra ciascun documento ricevuto dall'amministrazione e i documenti dalla stessa formati nell'adozione dei provvedimenti finali; d) consentire il reperimento delle informazioni riguardanti i documenti registrati; e) consentire, in condizioni di sicurezza, l'accesso alle informazioni del sistema da parte dei soggetti interessati, nel rispetto delle disposizioni in materia di trattamento dei dati personali; f) garantire la corretta organizzazione dei documenti nell'ambito del sistema di classificazione d'archivio adottato*"[1171].

La gestione dei documenti informatici all'interno del sistema di gestione documentale dell'ente, realizzato secondo le prescrizioni del D.P.R. 28 dicembre 2000, n. 445, del DPCM 3 dicembre 2013 in tema di protocollo informatico[1172] e del DPCM 13 novembre 2014 in tema di documento informatico, è quindi in grado di assicurare il controllo generale e sistematico della documentazione amministrativa e, al contempo, assegnare ai documenti amministrativi informatici quelle caratteristiche di qualità e sicurezza.

[1169] Art. 116, c.p.c. – Valutazione delle prove - Il giudice deve valutare le prove secondo il suo prudente apprezzamento, salvo che la legge disponga altrimenti. Il giudice può desumere argomenti di prova dalle risposte che le parti gli danno a norma dell'art. seguente, dal loro rifiuto ingiustificato a consentire le ispezioni che egli ha ordinate e, in generale, dal contegno delle parti stesse nel processo.

[1170] Recante "Regole tecniche in materia di formazione, trasmissione, copia, duplicazione, riproduzione e validazione temporale dei documenti informatici nonché di formazione e conservazione dei documenti informatici delle pubbliche amministrazioni ai sensi degli articoli 20, 22, 23-bis, 23-ter, 40, comma 1, 41, e 71, comma 1, del Codice dell'amministrazione digitale di cui al decreto legislativo n. 82 del 2005", (G.U. n.8 del 12-1-2015).

[1171] Si v. Decreto del Presidente della Repubblica 20 ottobre 1998, n. 428 *(Gazz. Uff. n. 291 del 14.12.1998)* Regolamento recante norme per la gestione del protocollo informatico da parte delle amministrazioni pubbliche.

[1172] Recante "Regole tecniche per il protocollo informatico ai sensi degli articoli 40-bis, 41, 47, 57-bis e 71, del Codice dell'amministrazione digitale di cui al decreto legislativo n. 82 del 2005". (GU n.59 del 12-3-2014 -Suppl. Ordinario n. 20).

Il profilo qualitativo può essere considerato anche come la capacità del documento di rendere fruibili le informazioni in esso contenute. Il documento informatico deve essere in grado di garantire la "leggibilità"[1173] del suo contenuto, posto che questa deriva dalla possibilità e dalla capacità di interpretare ed elaborare correttamente i dati binari che rappresentano il documento, secondo le regole stabilite dal formato con cui esso è stato costituito, la scelta dei formati risulta estremamente importante e, dal punto di vista della leggibilità dei documenti informatici, decisiva.
A tal riguardo "*Qualsiasi oggetto digitale (ad es. un documento informatico) viene registrato sotto forma di file, ovvero come una sequenza di bit "0" o "1", considerati come un'entità unica dal punto di vista logico e fissati con una certa organizzazione fisica su un supporto di memorizzazione. Il documento informatico, come insieme di bit, sussiste dunque solo in merito ad un sistema informatico in grado di visualizzarlo o di trasferirne il contenuto su un supporto materiale (stampa), in modo che un essere umano possa prendere conoscenza del suo contenuto. A tal riguardo, ad esempio, le informazioni contenute in un file realizzato con una data applicazione (word, excel, writer, calc, ecc.) vengono memorizzate secondo un particolare formato*"[1174].
Pertanto lo stesso formato deriva dall'applicazione usata nella fase di formazione del documento, di conseguenza, una determinata applicazione può interpretare correttamente e operare solo su *file* il cui formato è noto all'applicazione stessa. Viceversa la sequenza di *bit* memorizzata non avrebbe alcun significato e non sarebbe in alcun modo intelligibile se non se ne conoscesse il relativo formato[1175].
In realtà il formato di un *file* è indicato mediante la sua estensione; trattasi di una serie di lettere, unita al nome del *file* mediante un punto (ad esempio [nome del file].doc identifica un formato sviluppato dalla Microsoft). Al di là dell'estensione, sussistono altri metodi per individuare il formato di un *file*, tra cui i più impiegati sono i metadati espliciti, l'indicazione "*application/msword*" inserita nei tipi MIME che indica un *file* testo realizzato con l'applicazione word di proprietà della Microsoft, e il *magic number*, i primi *byte* presenti nella sequenza binaria del *file*, ad esempio 0xffd8 identifica i *file* immagine di tipo .jpeg[1176].

[1173] Per leggibilità deve intendersi l'insieme delle caratteristiche in base alle quali le informazioni contenute nei documenti informatici sono fruibili durante l'intero ciclo di gestione dei documenti.
[1174] Agenzia per l'Italia digitale, *Linee guida sulla conservazione dei documenti informatici.*
[1175] Agenzia per l'Italia digitale, *Linee guida sulla conservazione dei documenti informatici.*

[1176] Si riporta una sommaria catalogazione dei più diffusi formati, secondo il loro specifico utilizzo:
- Testi/documenti (DOC, HTML, PDF,...);
- Calcolo (XLS, ...)
- Immagini (GIF, JPG, BMP, TIF, EPS, SVG, ...);
- Suoni (MP3, WAV, ...);
- Video (MPG, MPEG, AVI, WMV,...);
- Eseguibili (EXE, ...);
- Archiviazione e Compressione (ZIP, RAR, ...);
- Formati email (SMTP/MIME, …).

A tal riguardo per la rappresentazione delle immagini sono disponibili diversi formati, che possono essere distinti secondo la grafica utilizzata.
Inoltre la grafica *raster*, dove l'immagine digitale è formata da un insieme di piccole aree uguali (*pixel*), ordinate secondo linee e colonne. I formati più diffusi sono il .tiff (usato dai fax), il .jpg, e il .bmp[1177].
La grafica vettoriale è una tecnica utilizzata per descrivere un'immagine mediante un insieme di primitive geometriche che definiscono punti, linee, curve e poligoni ai quali possono essere attribuiti colori e anche sfumature. I documenti realizzati attraverso la grafica vettoriale sono quelli utilizzati nella stesura degli elaborati tecnici, come, ad esempio progetti di edifici. Attualmente i formati maggiormente in uso sono: DWG, un formato proprietario per i *file* di tipo *Computer aided design (CAD)*, di cui non sono state rilasciate le specifiche; - DXF, un formato simile al DWG, di cui sono state rilasciate le specifiche; Shapefile, un formato vettoriale proprietario per sistemi informativi geografici (GIS) con la caratteristica di essere interoperabile con i prodotti che usano i precedenti formati; SVG, un formato aperto, basato su XML, in grado di visualizzare oggetti di grafica vettoriale, non legato ad uno specifico prodotto.
Per determinate tipologie di documenti informatici sono utilizzati specifici formati. In particolare in campo sanitario i formati più usati sono:

- DICOM (immagini che arrivano da strumenti diagnostici);
- HL7 ed in particolare la CDA2 (*Clinical Document Architecture*) che contiene la sua stessa descrizione o rappresentazione.

Le seguenti caratteristiche sono fondamentali nel valutare la scelta dei formati e di conseguenza le applicazioni che li gestiscono:

a) La diffusione, ossia il numero di persone ed organizzazioni che li adotta;
b) La portabilità, ancor meglio se essa è indotta dall'impiego fedele di standard documentati e accessibili;
c) Le funzionalità che l'utente ha a disposizione per elaborare l'informazione e collegarla ad altre (ad esempio gestione di *link*);
d) La capacità di gestire contemporaneamente un numero congruo (in funzione delle esigenze dell'utente) di formati;
e) La diffusione di visualizzatori che consentono una fruibilità delle informazioni in essi contenute indipendentemente dalla possibilità di rielaborarle;
f) La capacità di occupare il minor spazio possibile in fase di memorizzazione (a questo proposito vanno valutati, in funzione delle esigenze dell'utente, gli eventuali livelli di compressione utilizzabili);
g) La possibilità di gestire il maggior numero possibile di metadati, compresi i riferimenti a chi ha eseguito modifiche o aggiunte.

Poi vi sono formati idonei alla conservazione, oltre al soddisfacimento delle caratteristiche sopra descritte, che devono essere strumentali affinché il documento

---

[1177] Agenzia per l'Italia digitale, *Linee guida sulla conservazione dei documenti informatici*.

assuma le caratteristiche di immodificabilità[1178] e di staticità[1179] previste dalle regole tecniche. È pertanto necessario privilegiare formati che siano standard internazionali (preferibilmente *de jure*) o, quando necessario, formati proprietari le cui specifiche tecniche siano pubbliche.
I formati per la conservazione adottati per le diverse tipologie di documenti informatici come previsto dall'allegato 2 al DPCM 3 dicembre 2013 in materia di sistema di conservazione[1180], che riguarda i "Formati" possono essere così sintetizzati: PDF, PDF/A (da preferire rispetto al PDF), TIFF, JPG, Office Open XML (OOXML), Open Document Format (ODF), XML, TXT.
Per preservare l'autenticità dei messaggi di posta elettronica, lo standard a cui fare riferimento è RFC 2822/MIME.
La laboriosità dei diversi formati esistenti porta a dover avvalersi di solo formati indipendenti dalle applicazioni utilizzate per la formazione di documenti, tant'è che sembra necessario quindi limitarsi ad utilizzare formati che non siano implicitamente definiti dall'applicazione proprietaria che li adotta, ma che siano invece supportati da una molteplicità di applicazioni e per cui esista una documentazione così completa ed esaustiva da permettere a chiunque ed in qualsiasi momento la realizzazione di un'applicazione per la loro corretta interpretazione e visualizzazione[1181].
In tale fase il manuale di gestione ha un'importanza fondamentale non solo per le indicazioni in esso contenute, tipicamente rivolte agli operatori interni all'ente impegnati nella produzione dei documenti informatici, ma anche perché, in quanto documento pubblico, consente di rendere edotti i terzi (cittadini, imprese, professionisti, ecc.), su quali formati possono – e devono – essere usati nella produzione dei documenti da indirizzare alla pubblica amministrazione. In questo modo, l'ente destinatario ricevendo solo documenti prodotti con "formati ammessi", non si vedrà costretto ad intraprendere complesse operazioni di conversione dei documenti ricevuti (e prodotti) in formati considerati inidonei alla loro conservazione a lungo termine[1182].
In conclusione di questo paragrafo una questione da non trascurare riguarda la formazione dei formati prescelti, poiché costituisce un fattore importante nella gestione documentale di un ente. Per semplificare le operazioni di produzione dei *file* è necessario optare una conformità blanda (cioè di livello non elevato) allo

---

[1178] Caratteristica che rende il contenuto del documento informatico non alterabile nella forma e nel contenuto durante l'intero ciclo di gestione e ne garantisce la staticità nella conservazione del documento stesso.
[1179] Caratteristica che garantisce l'assenza di tutti gli elementi dinamici, quali macroistruzioni, riferimenti esterni o codici eseguibili, e l'assenza delle informazioni di ausilio alla redazione, quali annotazioni, revisioni, segnalibri, gestite dal prodotto software utilizzato per la redazione.
[1180] Recante "Regole tecniche in materia di sistema di conservazione ai sensi degli articoli 20, commi 3 e 5-*bis*, 23-*ter*, comma 4, 43, commi 1 e 3, 44, 44-*bis* e 71, comma 1, del Codice dell'amministrazione digitale di cui al decreto legislativo n. 82 del 2005". (GU n. 59 del 12-3-2014 - Suppl. Ordinario n. 20).
[1181] Agenzia per l'Italia digitale, *Linee guida sulla conservazione dei documenti informatici.*
[1182] Agenzia per l'Italia digitale, *Linee guida sulla conservazione dei documenti informatici.*

standard, scelto "il livello di conformità", prima di inserire il documento in archivio, è fondamentale verificarne la conformità allo standard di riferimento che, si conferma, dovrà essere reso pubblico in una delle modalità sopra descritte. In sostanza, in concomitanza dell'ingresso di documenti informatici nel sistema documentale dell'ente, i *file* dovranno essere sottoposti ad un "processo di validazione" durante il quale saranno effettuati tutti i controlli di conformità alle specifiche dichiarate; all'esito di tale processo corrisponderà l'accettazione o (eventualmente) il rifiuto del documento[1183].

I processi di formazione del documento informatico

Le norme concernenti la creazione dei documenti informatici, contenute nel DPCM 13 novembre 2014, sono in vigore dall'11 febbraio 2015. La creazione del documento informatico e del documento amministrativo informatico è disciplinata, rispettivamente, dagli articoli 3 e 9 del DPCM e il documento amministrativo informatico può essere classificato come una particolare *species* del documento informatico. L'importanza che acquista il momento di formazione dei documenti informatici è fondamentale, poiché solo una corretta formazione del documento è in grado di assicurare un'efficace gestione e una valida conservazione a lungo termine. In ambito digitale infatti, la conservazione dei documenti informatici non può essere ritenuta un'attività *ex-post*, ma deve assolutamente rappresentare una componente irrinunciabile della fase di formazione dei documenti stessi. Nella fase di formazione dei documenti si dovranno scegliere tutti gli accorgimenti e gli strumenti opportuni per la loro corretta produzione, anche in ragione delle diverse tipologie documentali, della loro differente natura e contenuto o della loro destinazione. A tal riguardo dovrà essere assicurata la loro integrità, immodificabilità, identificazione, classificazione, fascicolazione, leggibilità, memorizzazione e conservazione in conformità alle norme e alle regole tecniche che presidiano la corretta tenuta e gestione dei documenti di una Pubblica Amministrazione.
A norma dell'art. 3, del DPCM 13 novembre 2014[1184], il documento informatico può essere formato mediante una delle seguenti quattro modalità: redazione, acquisizione, registrazione informatica di informazioni o dati e generazione o raggruppamento di un insieme di dati o registrazioni.
La creazione del documento informatico mediante la sua redazione tramite l'uso di appositi strumenti *software*, costituisce oggi la principale modalità di produzione di documenti informatici da parte di una Pubblica Amministrazione; trattasi della più tradizionale modalità di formazione di un documento che interviene usando applicazioni di *office automation* deputate, il più delle volte, alla redazione di documenti contenenti testo.
Una volta registrato nel suo formato originale di produzione, il documento informatico potrà essere rafforzato in una o più versioni, sino ad arrivare alla sua versione definitiva, ossia la versione che non affronterà alcuna ulteriore modifica di contenuto da parte del suo autore. Solo dopo questa fase, il documento acquisterà

[1183] *Ibidem.*
[1184] Pubblicato in GU n. 146 del 26-6-2014.

anche una forma definitiva o, meglio, un formato definitivo in grado di rendere immodificabile il suo contenuto e, ove necessario, predisposto per una eventuale sottoscrizione digitale. Immodificabilità e staticità sono, quindi, due caratteristiche essenziali che devono essere obbligatoriamente garantite.
Le caratteristiche di immodificabilità e di integrità sono determinate da una o più delle seguenti operazioni:
1) la sottoscrizione con firma digitale ovvero con firma elettronica qualificata;
2) l'apposizione di una validazione temporale;
3) il trasferimento a soggetti terzi con posta elettronica certificata con ricevuta completa;
4) la memorizzazione su sistemi di gestione documentale che adottino idonee politiche di sicurezza;
5) il versamento ad un sistema di conservazione.
Il documento è formato mediante acquisizione:
- di un documento informatico per via telematica o su supporto informatico;
- della copia per immagine su supporto informatico di un documento analogico;
- della copia informatica di un documento analogico.
Fra le diverse modalità di formazione dei documenti informatici vi è anche quella di cui all'art. 3, comma 1, lett. c), del DPCM 13 novembre 2014, che si realizza attraverso la *"registrazione informatica delle informazioni risultanti da transazioni o processi informatici o dalla presentazione telematica di dati attraverso moduli o formulari resi disponibili all'utente". Con riferimento ai moduli e formulari, è opportuno richiamare quanto precisato nella circolare AgID del 29 marzo 2013, n. 61, rubricata "Accessibilità siti web e documenti amministrativi"*. Ai sensi dell'art. 9, comma 4, del DPCM 13 novembre 2014, le istanze, le dichiarazioni e le comunicazioni, se giunte all'ente per mezzo di moduli o formulari, devono essere identificate e trattate nel sistema di gestione informatica dei documenti come i documenti amministrativi informatici ovvero, se soggette a norme specifiche che prevedono la sola tenuta di estratti per riassunto, memorizzate in specifici archivi informatici dettagliatamente descritti nel manuale di gestione.
Il documento informatico, infine, può essere realizzato tramite la generazione o il raggruppamento anche in via automatica di un insieme di dati o registrazioni, provenienti da una o più basi dati, anche appartenenti a più soggetti interoperanti, secondo una struttura logica predeterminata e memorizzata in forma statica (art. 3, comma 1, lett. c), del DPCM 13 novembre 2014).
In entrambe le modalità da ultimo commentate *"Registrazione informatica di informazioni o dati e generazione o raggruppamento di un insieme di dati o registrazioni"* di cui, rispettivamente, alle lettere c) e d), comma 1, dell'art. 3, del DPCM 13 novembre 2014, le caratteristiche di immodificabilità e di integrità sono determinate dalle operazioni di registrazione dell'esito della medesima operazione e dall'applicazione di misure per la protezione dell'integrità delle basi di dati e per la produzione e conservazione dei log di sistema ovvero con la produzione di una estrazione statica dei dati e il trasferimento della stessa nel sistema di conservazione.
Relativamente ai documenti amministrativi informatici, le caratteristiche di immodificabilità e di integrità, oltre che con le modalità sopra descritte, possono essere ottenute anche con la loro registrazione nel registro di protocollo, negli

ulteriori registri, nei repertori, negli albi, negli elenchi, negli archivi o nelle raccolte di dati contenute nel sistema di gestione informatica dei documenti di cui al Capo IV del D.P.R. 28 dicembre 2000, n. 445. In ogni caso, al termine della sua formazione, il documento informatico dovrà possedere le seguenti cinque caratteristiche fondamentali:

1. staticità;
2. integrità;
3. immodificabilità;
4. leggibilità;
5. autenticità.

A tal ragione, il documento informatico dovrà essere indicato in modo univoco e persistente e dovrà essere memorizzato in un sistema di gestione informatica dei documenti. L'art. 3, comma 9, del DPCM 13 novembre 2014 stabilisce, infatti, che *"al documento informatico immodificabile vengono associati i metadati che sono stati generati durante la sua formazione"*. I metadati[1185] altro non sono che un insieme di dati (informazioni) associati ad un documento informatico, o a un fascicolo informatico, o ad un'aggregazione documentale informatica per identificarlo e descriverne: contesto, contenuto e struttura, nonché per permetterne la gestione nel tempo nel sistema di conservazione.

Il DPCM 13 novembre 2014, individua un insieme minimo di metadati da associare ad ogni documento informatico, in particolare il comma 9, dell'art. 3, stabilisce che tale insieme è costituito dalle seguenti informazioni:

a) l'identificativo univoco e persistente;
b) il riferimento temporale (data di chiusura);
c) l'oggetto;
d) il soggetto che ha formato il documento;
e) l'eventuale destinatario;
f) l'impronta del documento informatico.

Il successivo art. 9, comma 7, dello stesso DPCM, stabilisce che i metadati "minimi" da associare ad un documento amministrativo informatico di cui all'art. 53 del D.P.R. 28 ottobre 2000 n. 445:

- numero di protocollo del documento generato automaticamente dal sistema e registrato in forma non modificabile;
- data di registrazione di protocollo assegnata automaticamente dal sistema e registrata in forma non modificabile; - mittente per i documenti ricevuti o, in alternativa, il destinatario o i destinatari per i documenti spediti, registrati in forma non modificabile;
- oggetto del documento, registrato in forma non modificabile;
- data e protocollo del documento ricevuto, se disponibili;

[1185] Nella letteratura tecnica il metadato viene semplicemente e genericamente definito come un "dato su un (altro) dato", ossia sono informazioni che descrivono un insieme di dati, possono far parte del dato (ergo, documento) o possono essere archiviati come oggetti esterni al data a cui si riferiscono.

- l'impronta del documento informatico, se trasmesso per via telematica, costituita dalla sequenza di simboli binari in grado di identificarne univocamente il contenuto, registrata in forma non modificabile.
Per quanto concerne i documenti informatici rilevanti ai fini delle disposizioni tributarie, l'art. 3, comma 1, lettera b), del Decreto del Ministero dell'Economia e delle finanze del 17 giugno 2014, "Modalità di assolvimento degli obblighi fiscali relativi ai documenti informatici ed alla loro riproduzione su diversi tipi di supporto"[1186], prevede che per questa particolare tipologia di documenti (ad esempio, registri IVA, fatture di vendita, fatture di acquisto, ecc.) siano presenti almeno i seguenti metadati:
- cognome, nome o denominazione;
- codice fiscale;
- partita IVA;
- data del documento o associazioni logiche di questi ultimi, laddove tali informazioni siano obbligatoriamente previste.

A prescindere dalla quantità e dalla tipologia di metadati utilizzati, l'importante è che queste informazioni siano costantemente aggiornate in ragione degli eventi che coinvolgono il documento informatico nel corso del suo ciclo di vita. Infine, è importante ricordare che l'allegato 3, al DPCM 13 novembre 2014, rubricato "Standard e specifiche tecniche", individua nello standard ISO 15836:2009 - *Information and documentation - The Dublin Core metadata element set*, il modello di metadati da adottare per la conservazione, in quanto compatibile con lo standard OAIS, utilizzato come modello di riferimento per i sistemi di conservazione digitale in Italia.

Le firme elettroniche

Nel presente paragrafo si tiene conto dell'attuale normativa nazionale e del Regolamento (UE) n. 910/2014 del Parlamento Europeo e del Consiglio del 23 luglio 2014 "in materia di identificazione elettronica e servizi fiduciari per le transazioni elettroniche nel mercato interno e che abroga la direttiva 1999/93/CE", (c.d. Regolamento eIDAS)[1187].
In ragione di quanto stabilisce il nostro sistema giuridico, l'imputabilità di una determinata rappresentazione ad un soggetto, nella maggior parte dei documenti, è assicurata dalla sottoscrizione; per il documento informatico si è reso indispensabile elaborare una sottoscrizione elettronica in grado di assicurare il legame tra il firmatario e il documento informatico. La sottoscrizione elettronica non comporta semplicemente un atto ma trattasi di un processo, un processo informatico basato su algoritmi crittografici che consentono di costituire un insieme di dati in forma elettronica, allegati oppure connessi tramite associazione logica ad altri dati

[1186] Pubblicato in GU n. 146 del 26-6-2014.
[1187] Pubblicato in G.U.U.E. L 257 del 28.8.2014, p. 73.

elettronici (documento informatico), utilizzati come metodo di identificazione informatica[1188].

Il CAD all'art. 1, comma 1, lettere q), q-bis), r), s), indica e regola quattro diverse tipologie di sottoscrizione elettronica:

a) firma elettronica: l'insieme dei dati in forma elettronica, allegati oppure connessi tramite associazione logica ad altri dati elettronici, utilizzati come metodo di identificazione informatica;
b) firma elettronica avanzata: insieme di dati in forma elettronica allegati oppure connessi a un documento informatico che consentono l'identificazione del firmatario del documento e assicurano la connessione univoca al firmatario, creati con mezzi sui quali il firmatario può conservare un controllo esclusivo, connessi ai dati ai quali detta firma attiene in modo da consentire di rilevare se i dati stessi siano stati successivamente modificati;
c) firma elettronica qualificata: un particolare tipo di firma elettronica avanzata che sia basata su un certificato qualificato e realizzata mediante un dispositivo sicuro per la creazione della firma;
d) firma digitale: un particolare tipo di firma elettronica avanzata basata su un certificato qualificato e su un sistema di chiavi crittografiche, una pubblica e una privata, correlate tra loro, che consente al titolare tramite la chiave privata e al destinatario tramite la chiave pubblica, rispettivamente, di rendere manifesta e di verificare la provenienza e l'integrità di un documento informatico o di un insieme di documenti informatici.

Evidentemente, l'efficacia giuridica delle firme elettroniche sopra richiamate è diversa in ragione delle caratteristiche possedute da ognuna di esse. Da questo punto di vista, i documenti informatici possono essere distinti in tre categorie:

- documenti non sottoscritti (di cui ci siamo già occupati nel capitolo precedente);
- documenti sottoscritti con firma elettronica;
- documenti sottoscritti con firma elettronica avanzata, qualificata o digitale.

L'art. 21, comma 1, del CAD, stabilisce che *"il documento informatico, cui è apposta una firma elettronica, sul piano probatorio è liberamente valutabile in giudizio, tenuto conto delle sue caratteristiche oggettive di qualità, sicurezza, integrità e immodificabilità"*. Con questo tipo di firma, detta anche "debole" o "leggera", il documento informatico non acquista quelle caratteristiche in grado di assicurare provenienza e completezza; la capacità probatoria del documento informatico così sottoscritto è, quindi, interamente rimessa alla libera valutazione del giudice. In altri termini, il documento informatico non dà alcuna garanzia circa eventuali alterazioni e/o contraffazioni del suo contenuto informativo intervenute dopo la sua formazione.

[1188] Tale definizione è modificata dal Regolamento n. 910/2014 e IDAS che descrive la firma elettronica come dati in forma elettronica, acclusi oppure connessi tramite associazione logica ad altri dati elettronici e utilizzati dal firmatario per firmare.

Il documento informatico per avere una maggiore capacità probatoria ha bisogno di ricorrere ad una delle seguenti tre firme, tutte appartenenti alla famiglia delle firme c.d. avanzate: firma avanzata (semplice), firma qualificata o firma digitale. Il comma 2, dell'art. 21 del CAD stabilisce che *"Il documento informatico sottoscritto con firma elettronica avanzata, qualificata o digitale, formato nel rispetto delle regole tecniche di cui all'articolo 20, comma 3, che garantiscano l'identificabilità dell'autore, l'integrità e l'immodificabilità del documento, ha l'efficacia prevista dall'articolo 2702 del codice civile. L'utilizzo del dispositivo di firma elettronica qualificata o digitale si presume riconducibile al titolare, salvo che questi dia prova contraria".*

Le tipologie di firma elettronica

Il Codice dell'Amministrazione Digitale, nel quale le firme elettroniche trovano la loro più completa disciplina, distingue ben quattro tipologie di firme informatiche[1189].

Con l'espressione firma elettronica si può parlare di un insieme di dati in forma elettronica, ricollegabili all'autore (anche di tipo: log identificativo, indirizzo mail , ecc.), allegati oppure collegati ad atti o fatti giuridicamente rilevanti compresi in un documento informatico, usati come metodo di identificazione informatica. La firma elettronica quindi, più che a una vera e propria firma, dà vita ad un processo di autenticazione cui sono riferibili minori requisiti di sicurezza rispetto alle altre firme (le c.d. forti).

La normativa attribuisce alla firma elettronica «*un valore probatorio: la firma è liberamente valutabile dal giudice i n fase di giudizio, in base a caratteristiche oggettive di qualità e sicurezza*»[1190].

La firma elettronica avanzata è un particolare tipo di firma elettronica che, allegando oppure connettendo un insieme di dati in forma elettronica ad un documento informatico, garantisce integrità (consentendo di rilevare se i dati sono stati successivamente modificati), autenticità del documento sottoscritto. La sua creazione presuppone l'utilizzo di mezzi sui quali il firmatario mantiene il controllo esclusivo. Quest'ultimo elemento assicura la connessione
univoca con il firmatario e quindi la paternità giuridica del documento[1191].

La firma elettronica avanzata presenta dei caratteri peculiari che la differenziano marcatamente rispetto alle altre tipologie di firma. In primo luogo, la normativa non vincola la firma elettronica avanzata a particolari standard tecnici o determinati *software*.

Conseguentemente non esiste uno standard di firma elettronica avanzata, ma sono ipoteticamente possibili soluzioni di firma anche molto diverse tra loro, purché rispettino i requisiti richiesti dalla legge:

1) capacità di assicurare integrità ed autenticità del documento sottoscritto;
2) controllo esclusivo del dispositivo di firma da parte del firmatario.

[1189] In argomento un'ampia ricostruzione su http://egov.formez.it/sites/all/files/3_firme_elettroniche_16_07_2013.pdf.

[1190] http://egov.formez.it/sites/all/files/3_firme_elettroniche_16_07_2013.pdf.

[1191] http://egov.formez.it/sites/all/files/3_firme_elettroniche_16_07_2013.pdf.

Gli strumenti più diffusi sono quelli che usano nei processi di sottoscrizione le parole d'ordine temporanee (*one time* password-OTP) e i dati biometrici, tra cui acquistano un posto importante le soluzioni di firma grafometrica.
In secondo luogo, l'offerta di soluzioni di firma elettronica avanzata, che non richiede alcuna autorizzazione preventiva, è possibile da parte di tutti i soggetti che intendono utilizzarla nei rapporti con terze parti per motivi istituzionali, societari o commerciali e dalla pubblica amministrazione.
Questi soggetti possono:
– erogare direttamente soluzioni di firma elettronica avanzata realizzate in proprio;
– mettere a disposizione dei propri interlocutori di soluzioni di firma acquistate sul mercato.
Il documento informatico sottoscritto con firma elettronica avanzata, formato nel rispetto delle regole tecniche, «*è riconosciuto valido fino a querela di falso. Pertanto, questa tipologia di firma comporta l'inversione dell'onere della prova: chi intende disconoscere la sottoscrizione di un documento dovrà provare che l'apposizione della firma è riconducibile ad altri e che tale apposizione non è imputabile a sua colpa*»[1192].
Appare importante sottolineare come il legislatore abbia deciso di limitare l'ambito di validità della firma elettronica avanzata ai soli rapporti intercorrenti tra il sottoscrittore e il soggetto l'erogatore della soluzione di firma.
La firma qualificata è un particolare tipo di firma elettronica avanzata basato su un certificato "qualificato" (che garantisce l'identificazione univoca del titolare, rilasciato da certificatori accreditati) e realizzato mediante un dispositivo sicuro per la generazione della firma che soddisfa particolari requisiti di sicurezza; il certificato può contenere limitazioni relative alla tipologia di atti da sottoscrivere o a tetti di spesa.
La firma digitale è un particolare tipo di firma elettronica avanzata basato su un certificato qualificato e su un sistema di doppia chiave crittografica, una pubblica (contenuta nel certificato qualificato) ed una privata (custodita dal mittente) che, nel loro uso congiunto, servono a garantire e a verificare la provenienza e l'integrità di un documento informatico o di un insieme di documenti informatici.
Il documento informatico sottoscritto con firma elettronica qualificata o firma digitale, formato nel rispetto delle regole tecniche, è riconosciuto valido a tutti gli effetti di legge e soddisfa il requisito della forma scritta, secondo quanto previsto dall'art. 1350 c.c., punti 1-12. Le elevate garanzie di sicurezza connesse comportano, anche per queste tipologie di firme, l'inversione dell'onere della prova, per cui chi intende disconoscere la sottoscrizione di un documento dovrà provare che l'apposizione della firma è riconducibile ad altri e che detta apposizione non è imputabile a sua colpa.
Per quanto concerne il profilo tecnico-operativo, le operazioni da compiere per apporre la firma ad un documento informatico possono variare in base al software di firma utilizzato. I tratti fondamentali, però, sono «*comuni a tutti gli applicativi utilizzati:*

[1192] http://egov.formez.it/sites/all/files/3_firme_elettroniche_16_07_2013.pdf.

- *il software di firma richiede di selezionare il documento da sottoscrivere e di inserire la smart card nel lettore o la "chiavetta" nella porta USB;*
- *successivamente il software chiede l'inserimento del codice PIN e salva il documento sottoscritto e pronto per esse re utilizzato. Nel caso i n cui il processo di firma interessi un numero elevato di documenti è possibile automatizzare le procedure di sottoscrizione purché l'operazione di firma automatizzata si svolga nel rispetto della normativa tecnica vigente. La firma digitale deve riferirsi in maniera univoca ad un solo soggetto ed al documento o all'insieme di documenti cui è apposta o associata*»[1193].

L'apposizione ad un documento informatico di una firma digitale o di un altro tipo di firma elettronica qualificata fondata su un certificato elettronico revocato, scaduto o sospeso corrisponde a mancata sottoscrizione.

La revoca o la sospensione, comunque motivate, hanno effetto dal momento della pubblicazione, salvo che il revocante, o chi chiede nuovamente la sospensione, non provi che essa era già a conoscenza di tutte le parti interessate.

Rispetto ai documenti informatici su cui è apposta firma digitale si pone, quindi, il problema della verifica della firma digitale. In riferimento, occorre verificare che:

- il documento non sia stato modificato dopo la firma;
- il certificato del sottoscrittore sia garantito da una Autorità di Certificazione (CA) inclusa nell'Elenco Pubblico dei Certificatori;
- il certificato del sottoscrittore non sia scaduto;
- il certificato del sottoscrittore non sia stato sospeso o revocato.

Il CAD, all'art. 25, regola, inoltre, la firma elettronica autenticata. L'autenticazione della firma elettronica, anche mediante l'acquisizione digitale della sottoscrizione autografa, o di qualsiasi altro tipo di firma elettronica avanzata, consiste nell'attestazione, da parte del pubblico ufficiale (es. Notaio), che:

- la firma è stata apposta in sua presenza dal titolare, previo accertamento della sua identità personale;
- l'eventuale certificato elettronico utilizzato risulta valido;
- il documento sottoscritto non è in contrasto con l'ordinamento giuridico.

Questa firma è equiparata, ai fini di legge, alla sottoscrizione autenticata dal notaio o da altro pubblico ufficiale.

Gli strumenti di sottoscrizione elettronica assumono «*un autonomo rilievo anche nell'attività dell'amministrazione, sia sul fronte interno sia nel rapporto con l'utenza.*

In merito all'attività delle amministrazioni, l'art. 23-ter prevede che i documenti costituenti atti amministrativi, con rilevanza interna al procedimento amministrativo, sottoscritti con firma elettronica avanzata, fanno piena prova fino a querela di falso»[1194].

A ben vedere nel rapporto delle Amministrazioni con l'utenza la firma digitale del pubblico ufficiale, oltre ad integrare un requisito necessario di forma (la sottoscrizione del pubblico ufficiale che redige l'atto) integra e sostituisce (art. 24

[1193] http://egov.formez.it/sites/all/files/3_firme_elettroniche_16_07_2013.pdf.

[1194] http://egov.formez.it/sites/all/files/3_firme_elettroniche_16_07_2013.pdf.

CAD) l'apposizione di sigilli, punzoni, timbri, contrassegni e marchi di qualsiasi genere ad ogni fine previsto dalla normativa vigente.

Bibliografia

U. Bechini, *Contiene atto notarile: per la data di scadenza vedere sul tappo*, in *Federnotizie*, maggio 2001.

G. Capozzi, *Temporalità e norma nella critica della ragione giuridica*, Napoli, 1968.

K. Engish, *Die Zeit im Recht*, in *Vom Weltbild des Juristen, Heidelberg*, 1965.

G. Husserl, *Diritto e tempo. Saggi di filosofia del diritto*, tr. it., Milano, 1998.

M. Leone, *Il tempo nel diritto penale sostantivo e processuale*, Napoli, 1974.

E. Moscati, voce *Tempo (Diritto civile)*, in *Noviss. dig. it.*, vol. XVIII, Torino, 1971.

S. Patti, *Documento*, in *Dig. disc. priv. – sez. civ.*, Torino, 1991.

U. Santucci, *Tempo reale e tempo virtuale*, in *www.apogeonline.com.*

A. Stoppani, *Certificazione*, in *Enc. dir.*, vol. VI, Milano, 1969.

R. Zagami., *Il fattore tempo: la marcatura temporale. Firme Elettroniche*, in *Questioni ed esperienze di diritto privato*, Milano, 2003.

Bibliografia

AA.VV., *Commentario alla formazione, archiviazione e trasmissione di documenti con strumenti informatici e telematici (D.P.R. n. 513/1997)*, a cura di C.M. BIANCA e altri, in *Nuove leggi civ. comm.*, 2000.
AA.VV., *E-commerce, in vigore le nuove regole per i negozi online,* in www.leggioggi.it.
AA.VV., *Il commercio elettronico,* in www.biblioteche.unibo.it.
AA.VV., *Il commercio elettronico nell'unione europea,* in www.cr.piemonte.it.
AA. VV., *Inside Attack, tecniche di intervento e strategie di prevenzione del computer crime*, Roma, Nuovo Studio Tecna, 2005.
G. P. Accini, *Gestione e offerta al pubblico via internet di giochi d'azzardo e profili di responsabilità penale,* in *Riv. trim. Dir. pen , econ.,* 2002.
L. ALBERTINI, *Osservazioni sulla conclusione del contratto tramite computers e sull'accettazione di un'offerta in Internet*, in Giustizia civile, 1997.
M. ALMA, C. PERRONI, *Riflessioni sull'attuazione delle norme a tutela dei sistemi informatici*, in *Diritto Penale e Processo*, 1997.
A. ALU', *Il delitto di diffamazione: fattispecie criminosa e condotte configurabili su internet,* 13.5.2016, in www.diritto.it.
G. AMATO, *Costituzionalismo, diritto costituzionale e la bussola dei diritti,* Roma, 2013.
G. AMBORISINI, *Le nuove norme sulla violenza sessuale,* Utet, 1997.
AMERICAN PSYCHIATRIC ASSOCIATION (2000), DSM-IV-TR. *Diagnostic and Statistical Manual of Mental Disorderes, Fourth Edition, text revision Washington and London, DC. trad. it. Manuale diagnostico e statistico dei disturbi mentali*, DSM-IV-Tr. Text Revision , Masson, Milano, 2001.
D. Amor, *Aste on line. Il commercio dinamico di beni e servizi,* Milano, 2001.
G. ANSALONE, *Minacce alla sicurezza: cyberspazio e nuove sfide,* saggio, in *Rivista italiana di intelligence,* vol. 3, anno 2012.
G. ANSALONE, *Cyberspazio e nuove sfide*, in Rivista Italiana di Intelligence, n. 3, 2012.
f. Antolisei, *Manuale di diritto penale, Parte speciale*, Vol. I, Torino, Giuffrè Editore, 2003.
s. ATERNO, *Aspetti problematici dell'art. 615 quater c.p.*, in *Cassazione penale*, 2000.
S. ATERNO, D. CACCAVELLA, P. MAZZOTTA, *La perizia e la consulenza tecnica*, CEDAM, 2006.
T. A. AULETTA, *Diritto alla riservatezza e droit à l'oubli*, in G. ALPA, M. BESSONE, L. BONESCHI, G. CAIAZZA, *L'informazione e i diritti della persona,* Napoli, 1983.
G. AZZARITI, *Internet e Costituzione,* 6.10.2011 in *Costituzionalismo.it,* fascicolo 2, 2011.
L. BALESTRA, *Il giuoco e la scommessa nella categoria dei contratti aleatori,* in *Riv. trim. dir. proc. civ.*, fasc.3, 2011.
E. C. BANFIELD, *The Moral Basis of a Backward Society,* 1958, traduzione italiana *Le basi morali di una società arretrata*, Editore il Mulino, Milano, 1976.

W. BARNABY, *L'incubo dell'untore, guerra e terrorismo biologico,* Fazi, Roma, 2003.
S. Bartolomucci, *La propagazione del virus Cryptolocker: le implicazioni ex D.Lgs 231/2001 del riscatto richiesta dai cybercriminali,* www.rivista231.it, 2014.
Z. BAUMAN, *Globalizzazione e glocalizzazione,* Armando, Roma, 2005.
Z. BAUMAN, *Liquid Modernity*, traduzione italiana *Modernità liquida*, Editore Laterza, Roma-Bari, 2002.
U. Bechini, *Contiene atto notarile: per la data di scadenza vedere sul tappo*, in *Federnotizie*, maggio 2001.
D. BEETHAM, *La teoria politica di Max Weber,* Bologna, Il Mulino, 1989.
H. S. BECKER, *Outsiders* (1963), traduzione italiana editore Abele, Torino, 1987.
P. BELLUCCI, *A onor del vero. Fondamenti di linguistica giudiziaria,* Ed. Utet, Torino, 2002.
S. BELTRANI, R. MARINO, *Le norme sulla violenza sessuale- commento sistematico alla l. 15.2.96 n.66*, Simone 1996.
P. M. BERINETTO, E. MANGO CALDOGNETTO, *Ritmo e intonazione*, in A. Sobrer (a cura di) Introduzione all'italiano contemporaneo. Le strutture, editore La Terza, Bari, 1991.
G. BERRUTO, *Corso elementare di linguistica generale,* Utet editore, Torino, 1997.
H. BEY, *TAZ: Temporary Autonumus Zone, ontological anarchy, poetic terrorism,* Autonomedia new autonomy series, paperback, 2003.
A. M. BENEDETTI, *Autonomia privata procedimentale. La formazione del contratto tra legge e volontà delle parti*, Giappichelli, Torino 2002.
F. BERGHELLA, R. BLAIOTTA, *Diritto penale dell'informatica e beni giuridici*, in *Cassazione penale*, 1995.
G. BERRUTO, *Corso elementare di linguistica generale*, UTET Editore, Torino, 1997.
G. BERRUTO, *Fondamenti di sociolinguistica*, Editori Laterza, Roma, 2003.
S. BETTI, *Le armi del diritto contro il terrorismo*, Franco Angeli, Milano, 2008.
M. BETZU, *Regolare Internet. La libertà di informazione e di comunicazione nell'era digitale,* Giappichelli, 2012.
C.M. BIANCA, *Il diritto civile, il Contratto*, 200, e C.M. BIANCA, voce *Condizioni generali del contratto (tutela dell'aderente)* in *Digesto*, Sez Civ III, Torino, 1988.
D. BIANCHI, *Sinistri Internet: Responsabilità e risarcimento*, Milano, 2016.
W. Bigiavi, *La Proprietà*, Torino, 1968.
a. Biryukov, d. Khovratovich, i. Pustogarov, *Deanonymisation of Clients* in *Bitcoin P2P Network,* 2014.
L. BONANATE, *Terrorismo internazionale,* Giunti, Roma, 2002.
A. BONFANTI, *La Model Law, Lo sviluppo del diritto del commercio internazionale nei lavori dell'uncitral dalla xxxvi alla xxxviii sessione*, in *Rivista di diritto internazionale private*, Anno XLII, aprile maggio, 2006.
J. L. BORGES, *Finzioni*, Milano, 1974.
R. Borruso, *La tutela del documento e dei dati*, in R. Borruso, D. Buonomo, G. Corasaniti, G. D'Aietti, *Profili penali dell'informatica*, Milano, 1994.
M. BOSCHI, *La violenza politica in Europa: 1969-1989,* Yema editore, 2005.

G. BRANCA, *Commentario della Costituzione*, Zanichelli, 2014.
L. Bressan, *Le aste on line*, in AA. VV., (a cura di) G. Cassano, *Commercio elettronico e tutela del consumatore*, Milano, 2003.
P. BRETON, *L'utopia della comunicazione, il mito del "villaggio planetario"*, UTET, Torino, 1995.
V. BUONOCORE, *Contratti del consumatore e contratti d'impresa*, in Riv. dir. civ., 1995.
D. Buonomo, *Metodologia e disciplina delle indagini informatiche*, in R. Borruso, D. Buonomo, G. Corasaniti,
P. CALAMANDREI, *Elogio dei giudici scritto da un avvocato*, Ponte alle Grazie editore, Firenze, 1959.
M. CAMMARATA, *Le trappole nei contratti di hosting*, in www.interlex.it.
M. CAMMARATA, *Troppe norme occorre un testo unico*, in www.interlex.it.
T. CANTELMI, E. LAMBIASE, A. SESSA, *Quando il sesso fa male. La dipendenza sessuale*. In V. CARETTI, LA BARBERA (a cura di) *Le dipendenze patologiche. Clinica e psicopatologia*, Raffaello Cortina Editore, Milano, 2005.
S. Capaccioli, *Criptovalute e Bitcoin, Analisi Giuridica*, Edizioni Giuffré, 2015.
S. CAPECCHI, E. RUSPINI, *Media, corpi, sessualità. Dai corpi esibiti al cyber sex,* Franco Angeli editore, Milano, 2009.
G. CAPOGRASSI, *Il diritto dopo la catastrofe,* in *Scritti giuridici in onore di F. Carnelutti,* Milano, 1950.
G. Capozzi, *Temporalità e norma nella critica della ragione giuridica*, Napoli, 1968.
V. CARETTI, G. CRAPARO, A. SCHIMMENTI, *Gli esiti psicopatologici della dissociazione*, in *Psichiatria & Psicoterapia,* 26, 1, 2005.
V. CARETTI, T. CANTELMI, *Pscicodinamica della trance dissociativa da videoterminale*, Piccin Editore, Padova, 2000.
P. CARNES, *Don't call it love. Recovery from sexual addiction.* Bantam Books, New York, 1991.
E. CASETTA, *Manuale di diritto amministrativo,* Milano, 2015.
G. CASSANO, *Diritto delle nuove tecnologie dell'informazione e dell'Internet*, Ipsoa, Milano, 2002.
G. CASSANO, *Il diritto all'oblio esiste: è il diritto alla riservatezza.* in *Il diritto di famiglia e delle persone,* 1998.
G. CASSANO, *La responsabilità civile,* Milano, 2012.
G. CASSANO, A. CONTALDO, *La natura giuridica e la responsabilità civile degli Internet Service providers (ISP): il punto sulla giurisprudenza,* in *Corriere giuridico,* 9/2009.
G. CASSANO, G. SCORZA, G. VACIAGO, *Diritto di internet. Manuale operativo, casi legislazione e giurisprudenza,* Cedam, Milano, 2012.
F. G. Catullo, *Il caso Vierika: un'interessante pronuncia in materia di virus informatici e prova penale digitale. I profili sostanziali*, in *Diritto dell'Internet,* 2006, pp. 160 ss.
M. CENTINI, *I Serial killer*, Xenia Edizioni, Milano, 2001.
L. CHIMENTI, *Il software*, in L. CHIMENTI, *Il diritto d'autore oggi, Il Software e La Sua Pubblicità Legale,* in www.dirittodautore.it, 3.1.2014.

G. Chinè, M. Fratini, A. Zoppini, *Manuale di Diritto Civile, Nel Diritto Editore*, Roma, 2016.
L. D. Cerqua, *Accesso abusivo e frode informatica: l'orientamento della Cassazione,* in *DPS*, 2000.
L. CERRATO, A. PAOLONI, *La situazione comunicativa nelle intercettazioni ambientali*, Fondazione Ugo Bordoni Roma, s.d.
L. CERRATO, A. PAOLONI, *Sulla trascrizione di intercettazioni ambientali,* Fondazione Ugo Bordoni, Roma, s.d.
A. CHIANTA, *Temi di diritto dell'informatica con l'introduzione e un saggio di Francesca Panuccio Dattola,* Giuffrè, Milano, 2010.
G. Ciacci, *L'ordinamento giuridico e le fonti del diritto dell'informatica,* in *A.A.V.V., Manuale del diritto dell'informatica,* Valentina Daniele, a cura di, Roma, 2011.
E. CICONTE, V. MACRÌ, F. FORGIONE, *Osso, Mastrosso e Carcagnosso. Immagini, miti e misteri della 'ndrangheta*, Rubettino editore, Catanzaro, 2010.
R. CIOFI, D. GRAZIANO, *Giochi pericolosi? Perché i giovani passano ore tra videogiochi on-line e comunità virtuali*, Franco Angeli, Milano, 2003.
A. CLOWARD e L. OHLIN, *Delinquency and Opportunity: A Theory of Delinquente Gangs* (1960) in F. P. Williams III, Md. Mc Shane, Criminology Theory, Anderson Publishing Co., Cincinnati OH, 1993-1998.
D. COPPOLA, *Parlare, comprendersi, interagire. Glottodidattica e formazione interculturale*, Felici editore, San Giuliano Terme, 2009.
P. CORBETTA, *Metodologia e tecniche della ricerca sociale*, Il Mulino editore, Bologna, 1999.
G. CORASANITI, *Il vero problema del falso informatico,* in *Interlex,* 21.11.1997.
G. Corrias Lucente, *I reati di accesso abusivo e danneggiamento informatico*, Relazione al seminario su I reati informatici, Roma, 15-16.12.2000, in www.giustizia.it.
P. COSTA, G. COSTA, *L'iva nelle operazioni con l'estero,* Maggioli, Santarcangelo di Romagna (RN), 2016.
P. COSTANZO, *Ascesa (e declino?) di un nuovo operatore telecomunicativo* (Aspetti giuridici dell'Internet Service Provider), DRT, 1999.
P. COSTANZO, *Il fattore tecnologico e le sue conseguenze*, Relazione al convegno annuale AIC, Salerno, 23-24 novembre 2012.
A. COUYOUMDJIAN, R. BAIOCCO, C. DEL MIGLIO, *Adolescenti e nuove dipendenze*, Giunti, Firenze, 2006.
L. CRIPPA, *Il diritto all'oblio: alla ricerca di una autonoma definizione, in* "Giustizia civile", I, 1997.
V. CUFFARO, *Codice di consumo,* Giuffrè, Milano, 2012.
V. CUFFARO, *Nuovi diritti per i consumatori: note a margine del D.Lgs. 21 febbraio 2014, n. 21*, in *Corriere giur.*, 2014.
B. Cunegatti, *La qualificazione giuridica dell'opera multimediale.*
L. CUOMO, B. IZZI, *Misure di sicurezza e accesso abusivo ad un sistema informatico o telematico*, in *Cassazione Penale*, 2002.
A. CUTOLO, *Sulla tutelabilità dei diritti connessi alla protezione del software,* in www.notiziariogiuridico.it.

V. CUZZOLA, A. NOCERA, *Guida all'avviamento e gestione di un negozio. Gli adempimenti amministrativi, contabili e fiscali per avviare un'attività commerciale,* Halley, Matelica, 2007.
G. D'AIETTI, *La tutela dei programmi e dei sistemi informatici*, in R. Borruso, G. Buonomo, G. Corasaniti, G. D'Aietti, *Profili penali dell'informatica*, Milano, 1994.
G. D'aietti, *Profili penali dell'informatica*, Milano, 1994.
G. D'AIUTO, L. LEVITA, *Reati informatici. Disciplina sostanziale e questioni processuali*, Milano, Giuffré, 2012.
L. D'AMBROSIO, P. L. VIGNA, *La pratica di Polizia Giudiziaria*, Cedam editore, Milano, 1998.
M. D'ARIENZO, *I Nuovi scenari della tutela della privacy nell'era della digitalizzazione alla luce delle recenti pronunce sul diritto all'oblio* in *Federalismi,* Focus TMT 29.06.2015.
G. D'IPPOLITO, *La libertà informatica e il diritto di accesso ad internet,* 7.4.2014 in *Jei-Jus e Internet.*
R. D'ORAZIO, *Profili di responsabilità contrattuale e aquiliana nella fornitura di servizi telematici,* in *Riv. Dir. Inf.,* 1990.
A. DE CUPIS, *I diritti della personalità,* Giuffrè, Milano, 1982.
G. DE LEO, P. PATRIZI, *Psicologia della devianza*, Carocci Editore, Roma, 2002.
E. DE MARCO, *Introduzione alla eguaglianza digitale,* in *Federalismi.it*, 27/04/2008.
M. DE MARZIO, *Il diritto all'oblio,* in *Persona e Danno*, 2.07.2006.
G. DE MINICO, *Internet Regola e anarchia,* Napoli, 2012.
D. DE NATALE, *La responsabilità dei fornitori di informazioni in Internet per i casi di diffamazione on line,* in Riv. Trim. dir. Pen. Econ., 2009.
D. DE NATALE, *Responsabilità penale dell'internet service provider per omesso impedimento e per concorso nel reato di pedopornografia*, in G. GRASSO, L. PICOTTI, R. SICURELLA (a cura di), *L'evoluzione del diritto penale nei settori d'interesse europeo alla luce del Trattato di Lisbona*, Giuffrè, 2011.
G. DE NOVA, F. DELFINI, *La direttiva sul commercio elettronico: prime considerazioni,* in *Rivista di Diritto Privato,* 2000.
M. De Ruggiero, *Istituzioni di Diritto Privato,* Principato, Roma, 1949.
A. DEL ROBBIO *La tutela giuridica delle banche dati nel diritto d'autore e nei diritti connessi in ambito internazionale, comunitario e nazionale,* in http://eprints.rclis.org.
B. DEL VECCHIO, *Riflessioni sul valore giuridico della sottoscrizione elettronica*, in *Rivista del notariato,* 1991.
F. DI CIOMMO, *Quello che internet non dice. Internet ed oblio* in *Danno e Responsa*bilità 12/2014 - *Google Vivi Down, atto finale: l'hosting provider non risponde quale titolare del trattamento dei dati. Nota a Cass. Pen. III^ n. 5107 del 3.02.2014, in Foro Italiano*, II, 2014.
d. Di Francesco Maesa, *Anonimity Mechanisms for Digital Currencies: A Bitcoin Perspective,* Ph.D. Proposal, 2015.
M. DI STEFANO, *Intelligence tra sociologia e spending review nel processo penale,* Altalex quotidiano di informazione giuridica, articolo del 17.4.2014.
M. DI STEFANO, *La sociologia giuridica ed i bambini*, Altalex quotidiano di informazione giuridica, articolo del 13.11.2013.

M. DI STEFANO, *Sociologia della comunicazione come strumento d'indagine*, Altalex quotidiano di informazione giuridica, articolo del 2.5.2013.
M. DI STEFANO, *La verbalizzazione complessa di dichiarazioni*, Altalex quotidiano di informazione giuridica, articolo del 16.1.2014.
M. DI STEFANO, *Il perito trascrittore nelle intercettazioni giudiziarie*, Altalex quotidiano di informazione giuridica, articolo del 26.2.2014.
M. DI STEFANO, *Intelligence e privacy nella macroaree: un approccio COMINT/OSINT*, Altalex quotidiano di informazione giuridica, articolo del 20.11.2014.
M. DI STEFANO, B. FIAMMELLA, *Intercettazioni: remotizzazione e diritto di difesa nell'attività investigativa (profili d'intelligence),* Altalex editore, Montecatini Terme, 2015.
M. DI STEFANO, B. FIAMMELLA, *Profiling: tecniche e colloqui investigativi. Appunti d'indagine*, Altalex editore, Montecatini Terme, 2013.
M. DI STEFANO, *Il concetto di "Patria e del giuramento di fedeltà",* Corriere della Piana del Tauro, n. 36, anno 2015.
M. DI STEFANO, L. REITANO, E. SACCHI, *Terrorismo e comunicazione: introduzione alla bioetica, alle investigazioni open sources e alle Geoscienze Forensi*, Altalex quotidiano di informazione giuridica, articolo del 21.03.2016.
M. DI STEFANO, F. FEDERICI, *New addiction da cyber sex: tra sociologia, devianze e profili criminogeni,* Altalex quotidiano di informazione giuridica, articolo dell' 11.05.2017.
S. DI STEFANO, *La tecnologia, la realtà virtuale e la donna*, in *Quaderni Collegio Ludovicianum,* Milano, 2003-2010.
B. DONATO, *La responsabilità dell'operatore di sistemi telematici*, in *Riv. Dir. Inf.,* 1996.
J.E. DOUGLAS, M. OLSHAKER, *Mindhunter,* Arow books, London, 1995.
U. DRAETTA, *Internet e commercio elettronico nel diritto internazionale dei privati,* Milano, 2001.
U. ECO, *Apocalittici e integrati,* Bompiani, Roma (1964) riedizione, 2001.
K. Engish, *Die Zeit im Recht*, in *Vom Weltbild des Juristen, Heidelberg*, 1965.
C. EUSTACE, *Classical tour through Italy*, Vol. III, London, 1814.
E. Falletti, *La Corte di Cassazione alle prese con le cd. aste on-line: persa la prima occasione per fare chiarezza*, in *Giurisprudenza italiana*, 2007, n. 1.
M. FARINA, *Introduzione all'e-commerce il panorama normativo italiano e comunitario,*in www.massimofarina.it.
F. FERRARESI, *Il fantasma della comunità. Concetti politici e scienza sociale in Max Weber*, Franco Angeli, Milano, 2003.
G. B. FERRI, *Diritto all'informazione e diritto all'oblio* in *Riv. Dir. Civ.,* 1991, n.1.
G. FIANDACA, C. VISCONTI, *Il concorso esterno come persistente istituto "polemogeno"*, Archivio Penale, maggio–agosto 2012 fascicolo 2 anno LXIV.
L. FILIPPI, *in Codice procedura penale commentato*, a cura di Giarda e Spangher, IPSOA, II, 2001.
G. Finocchiaro, *Documento informatico e firma digitale, CeI,* 1998.
G. FINOCCHIARO, *Il diritto all'oblio nel quadro dei diritti della personalità in* G. RESTA, V. ZENO ZENCOVICH, *Il diritto all'oblio su Internet dopo la sentenza Google Spain*, 2015, Roma. –

G. FINOCCHIARO, *La memoria della rete ed il diritto all'oblio* in *Diritto dell'Informazione e dell'Informatica*, 2010, Fasc.3.
G. FINOCCHIARO, *La tutela dei consumatori nel commercio elettronico nella normativa dell'unione europea,* in *Resp. Comunicaz. Impresa,* 2003.
G. FINOCCHIARO, F. DELFINI, *Diritto dell'informatica,* UTET Giuridica, Milano 2014.
R. FLOR, *Brevi riflessioni a margine della sentenza del* Bundesverfassungsgericht *sulla c.d. Online Durchsuchung* in *Riv. trim. dir. pen. econ.*, 2009.
F. FLOR, *Phishing, identity theft e identity abuse. Le prospettive applicative del diritto penale vigente*, in *Rivista italiana di diritto e procedura penale*, 2007.
R. FLOR, *Tutela penale e autotutela tecnologica dei diritti d'autore nell'epoca di internet,* Milano, Giuffrè, 2010.
L. FOLLIERI, *Il contratto concluso in Internet*, Napoli, 2005.
D. Fondaroli, *La tutela penale dei "beni informatici"*, in *Diritto dell'informazione e dell'informatica*, 1996.
G. FORNASSARI, *Tutela penale e autotutela tecnologica dei diritti d'autore nell'epoca di internet*, Milano, Giuffrè, 2010.
R. FORTNER, *International communication: history, conflict, and control of the global metropolis*, Wadsworth, Belmont, 1993.
C. A. Funaioli, *Il giuoco e la scommessa,* in *Trattato di diritto civile,* diretto da Vassalli, Torino, 1961.
G. FUSCO, *Dalla sentenza "Google Spain" al Regolamento 2016/679, passando per la Carta dei diritti fondamentali di Internet: l'itinerario del diritto all'oblio lungo i sentieri del Web.* in *Ratio Iuris*, 1.09.2016.
A. GAITO, A. BARGI, *Codice di Procedura Penale annotato con la giurisprudenza*, UTET Giuridica editore, Torino, 2007.
P. GALDIERI, *Teoria e pratica nell'interpretazione del reato informatico*, Milano, 1997.
V. GALLESE, *Intentional attunement: a neuropsycological perspective on social cognition and its diruption in autism*, Brain research, 2006.
A.M. GAMBINO, *L'accordo telematico*, Milano, 1997.
R. Garofoli, *Corso di Magistratura – Penale, Capitolo IV, Divieto di analogia in materia penale*, Secondo Volume, Dicembre/Gennaio, Neldiritto Editore, 2013.
R. Garofoli, *Manuale di diritto penale,* Nel Diritto Editore, Roma, 2016.
F. Gazzoni, *Manuale di Diritto Privato,* Edizioni Scientifiche italiane, Napoli, 2015.
C .GEERTZ, *The interpretation of cultures: Selected Essays*, Basic Books, New York, 1973.
M. GENTILI, *In Digito ergo sum. Internet e digitale: una sfida decisive per la crescita dell'impresa,* Airone, Roma, 2007.
A. Gervais, O. Karame, D. Gruber, S. Capkun, *On the Privacy Provisions of Bloom Filters* in *Lightweight Bitcoin Clients,* 2014.
G. GHIRARDINI, G. FAGGIOLI, *Computer forensics,* Milano, Apogeo, 2007.
C. GIACCARDI, *La globalizzazione non è un destino. Mutamenti strutturali ed esperienze soggettive nell'età contemporanea,* Laterza, Roma/Bari, 2001.
M. GIACOMARRA, *Al di qua dei media,* Meltemi, Roma, 2000.
A. GILARDINI, A. BRUNETTI, *La regolamentazione del commercio elettronico*, in *Rivista Commercio Internazionale*, Torino, n. 15-16/2006, www.alexgilardini.it.

G. GIAMPICCOLO, *La tutela giuridica della persona umana ed il c.d. diritto alla riservatezza* in *Riv. trim. dir. proc. Civ.,* 1958.
E. Giannantonio, *Manuale del diritto dell'informatica,* Padova, 2001.
A. GIDDENS, *Il mondo che cambia. Come la globalizzazione ridisegna la nostra vita,* Bologna, Il Mulino, 2000.
S. GIOVA, *La conclusione del contratto via Internet*, Napoli, 2000.
D. GLASER, *Crime in our changing society*, Holt , Rinehart and Wiston, New York, 1978.
G. GIUDICI, *Giovanni Sartor, Il diritto digitale come prova generale di un diritto post-liberale*, saggio consultabile all'indirizzo: http://gabriellagiudici.it.
F. GIULIMONDI, *La giurisprudenza della Corte di Giustizia dell'Unione Europea fra diritto all'oblio e damnatio memoriae* in *Foro Europa,* 2014.
T. Giuntella, *La Rete influenza chi non la vive*, in *L'Huffington Post.*
E. GOFFMAN, *On face work* (1955; trad. it. *Giochi di faccia* in Goffman 1971a) e *Alienation from interaction*(1957; trad. it. *Alienazione dall'interazione* in Goffman 1971a); *Encounters* (1961; trad. it. *Espressione e identità* 2003); *Behavior in Public Places* (1963; trad. it. *Il comportamento in pubblico*, 1971b); *Interaction ritual* (1967; trad. it. 1971a); *Strategic Interaction* (1969; trad. it. *Interazione strategica* 1988); *Relations in Public* (1971c; trad. it. *Relazioni in pubblico* 1981).
N. GRATTERI, F. NICASIO, *Fratelli di sangue*, Luigi Pellegrini Editore, Cosenza, 2007.
M. D. GRIFFITHS, *Exercise addiction: A case study*. Addiction Research, 1997.
V. Grippo, *Analisi dei dati personali presenti su Internet. La legge n. 675/1966 e le reti telematiche,* in *Riv. crit. dir. priv.*, 1997.
M. GUERNELLI, *Il commercio elettronico e la firma digitale*, in *Giurisprudenza commerciale*, n. 1, 2003.
C. GUERRESCHI, *Il gioco d'Azzardo Patologico*, Ed. Kappa, Roma, 2003.
C. GUERRESCHI, *New addictions. Le nuove dipendenze*, San Paolo Edizioni, Milano, 2005.
E. Guidotti, *Dove ci porta Internet. Una crisi annunciata e molte opportunità*, Franco Angeli, Milano.
G. GULOTTA, *L'investigazione e la cross-examination*. Competenze e sfide per il processo penale moderno, Giuffrè Editore, Milano, 2003.
H. HAHN, *Internet Insecurity*, Pearson Education Italia, 2002.
E.T. HALL, *The silent language*, 2^ ed. Facwcett World Library, New York (1966), traduzione italiana, *Il linguaggio silenzioso*, Garzanti editore, Milano, 1972.
E.T. HALL, *La dimensione nascosta. Vicino e lontano: il significato delle distanze tra le persone*, Editore Bompiani, Milano, 2002.
F. HEISBOURG, *Sugli aspetti sociali e sulle strategie di contrasto al terrorismo: la nuova guerra*, Meltemi Editore, 2002.
D. HYMES, *Verso un'etnografia della comunicazione: l'analisi degli eventi comunicativi,* in P. GIGLIOLI, *Linguaggio e società*, Editore il Mulino Bologna, 1972.
R. M. HOLMES, *Profiling Violent Crimes, Sage, Thousand Oaks,* 1996.
J. HOPKINS, *Festival! The Book of American Music Celebrations,* Macmillan Publishing, New York, 1970.

M. HORKHEIMER, W. ADORNO, *Dialettica dell'Illuminismo,* Amsterdam 1947, traduzione italiana, Einaudi, 1966.
R. A. HUDSON, *Sociolinguistics* II ed., Cambridge University press (1996) - *Sociolinguistica,* Editore Il Mulino, 1998.
G. Husserl, *Diritto e tempo. Saggi di filosofia del diritto*, tr. it., Milano, 1998.
M. IASELLI, *Diritto all'oblio, la Cassazione ne conferma il riconoscimento* in *Altalex*, 16.04.2012.
G. IEMMA, *E-commerce e Direttiva 2000/31/CE: scenari attuali e prospettive future*, in www.diritto.it.
A. INGRASSIA, *Il ruolo dell'isp nel ciberspazio: cittadino, controllore o tutore dell'ordine? Risposte attuali e scenari futuribili di una responsabilità penale dei provider nell'ordinamento italiano,* saggio pubblicato nel volume internet provider e giustizia penale. Modelli di responsabilità e forme di collaborazione processuale, L. LUPÁRIA (a cura di), Milano, Giuffrè, 2012.
F. IOVENE, *Le c.d. perquisizioni online tra nuovi diritti fondamentali ed esigenze di accertamento penale*, in www.penalecontemporaneo.it.
H. JENKINS, *Convergence Culture. Where Old and New Media Collide,* New York University Press, New York e Londra, 2006.
D. LA BARBERA, *Le dipendenze tecnologiche. La mente dei nuovi scenari dell'addiction "Tecnomediata"*. In: V. CARETTI, D. LA BARBERA (a cura di) *Le dipendenze patologiche. Clinica e psicopatologia*, Raffaello Cortina Editore, Milano, 2005.
P. LARGHEZZA, *Il diritto all'oblio esiste (e si vede)* in *Foro Italiano*, I, 1998.
E. LEAR *Diario di un viaggio a piedi: Reggio Calabria e la sua provincia*, Parallelo 38, 1973.
G. LEOCANI, *La Direttiva UE sul commercio elettronico: cenni introduttivi,* in *Europa e Dir. Priv.,* 2000.
M. Leone, *Il tempo nel diritto penale sostantivo e processuale*, Napoli, 1974.
L. LESSING, *Code and Other Laws of Cyberpsace,* New York, 1999.
L. LINDBOM, *Speech production and speech modeling*, Kluwer Academic Publishers, 1990.
L. LISI, *Il negozio telematico. I profili giuridici di un e-shop,* Halley, Matelica, 2007.
F. LOCURCIO, *Gli uffici d'intelligence in Italia: cooperazione internazionale nella lotta al terrorismo,* La Sapienza Editrice, Roma, 2005.
C. LOMBROSO, *Tre mesi in Calabria*, in "Rivista contemporanea", 1863.
C. LUCARELLI, M. PICOZZI, *Serial killer. Storie di ossessione omicida*, Mondadori Editore, Milano, 2003.
L. LUPARIA, *Sistema penale e criminalità informatica*, Milano, Giuffrè, 2009.
D. LUSITANO, *In tema di accesso abusivo a sistemi informatici o telematici*, in *Giurisprudenza Italiana*, 1998.
G. LYON CAEN, *Nota a Trib.gr.inst. Seine 4.10.1965* in *Semaine Juridique,* 1966.
G. Maccaboni, *La profilazione dell'utente telematico fra tecniche pubblicitarie on line e tutela della privacy*, in Riv. *Il diritto dell'informazione e dell'informatica*, Anno XVII, n. 3, Maggio-Giugno 2001, Giuffrè.
M. MAGATTI, *La globalizzazione non è un destino. Mutamenti strutturali ed esperienze soggettive nell'età contemporanea*, Laterza, Roma/Bari, 2001.

S. MAGRA, *I delitti di falso documentale: elemento soggettivo e limiti di ammissibilità del c.d. "falso per omissione"*, in Overlex, 09.09.2005.
C. MAIOLI, E. SANGUEDOLCE, *I "nuovi" mezzi di ricerca della prova fra informatica forense e L. 48/2008*, in www.altalex.com.
N. MAIORANO, *sub* art. 615 *ter*, in *Cod. pen. Padovani.*
A. MANNA, *Beni della personalità e limiti della protezione penale,* Cedam, 1989.
A. MANNA, *Commento all'art. 734 bis c.p.c.,* a cura di A. CADOPPI, Cedam, 2006.
A. MANNA, *Considerazioni sulla responsabilità penale dell'internet provider in tema di pedofilia,* in *Riv. Dir. Inf.,* 2001, pag. 145 e ss;
A. MANNA, *I soggetti in posizione di garanzia*, in *Riv. Dir. Inf.,* 2010.
A. MANTELERO, *Il futuro regolamento EU sui dati personali e la valenza politica del caso Google: ricordare e dimenticare nella digital economy* in *Il diritto all'oblio su Internet dopo la sentenza Google Spain* (a cura di) G. RESTA, V. ZENO ZENCOVICH , 2015, Roma.
R. MARAGLIANO, *Ringiovanire la scuola dentro la multimedialità*, Intervento al seminario Telecom sulla scuola in rete, Venezia, 1997.
S. MARCOLINI, *Le cosiddette perquisizioni on line,* in L. PICOTTI, F. RUGGERI, *Nuove tendenze della giustizia penale di fronte alla criminalità informatica. Aspetti sostanziali e processuali*, Torino, Giappichelli, 2011.
A. MARINELLI, *Struttura dell'ordine e funzione del diritto. Saggio su Parsons,* Angeli, Milano, 1988.
S. MC CLURE, J. SCAMBRAY E G. KURTZ, *Hacker! 3.0 – Nuove tecnologie di protezione dei sistemi*, Apogeo, 2002.
T. MCFADDEN, *Note sulla struttura del Cyberspazio e sul modello balistico ad attori*, a cura di M. Benedikt, Cyberspace, tr. it., ed. Muzzio, Padova, 1993.
M. MCLUHAN, *Gli strumenti del comunicare,* Il Saggiatore, Milano, 1967.
M. MC LUHAN, *The Gutenberg galaxy: the making of typography man*, Toronto University, 1962.
M. MC LUHAN, B. R. POWERS, *The global village, Oxford University* Press, 1989.
M. MC LUHAN, *Understanding media: the extensions of man*, Gingko Press, 1964.
E. MC REID, *Electropolis: Communication and Community on Internet Relay Chat*, paper, 1991.
D. MESSINETTI, *Personalità (diritti della)* in *Enc. dir.*, XXXII, Milano, 1983.
M. MEZZANOTTE, *Il diritto all'oblio. Contributo allo studio della privacy storica,* Napoli, 2009.
M. MINOTTI, *Responsabilità penale: il provider è tenuto ad attivarsi?,* in www.interlex.it.
G. MODESTI, *Banche dati: la tutela giuridica nella giurisprudenza della Corte di Giustizia,* in www.altalex.com, 1.7.2013.
R. J. MOLENKAMP, L. M. SAFFIOTI, *Dipendenza da Cybersesso*, Human Development e Regis University, Denver, Colorado, in Human Development n. 1, 2001.
M. P. MONACO, *sub art. 615 ter*, in Crespi, Forti, Zuccalà (a cura di), *Commentario al codice penale*, Padova, 2009.

A. Monti, P. Perri, *La concessione di giochi d'azzardo e del cd gioco lecito on line*, in *Ciberspazio e Diritto*, vol. 6, 4 dicembre 2005.
B. MORTARA GARAVELLI, *Le parole e la giustizia. Divagazioni grammaticali e retoriche su testi giuridici italiani*, Editore Einaudi, Torino, 2001.
E. Moscati, voce *Tempo (Diritto civile)*, in *Noviss. dig. it.*, vol. XVIII, Torino, 1971.
F. Mucciarelli, *Commento all'art. 4 della legge 547 del 1993*, in *Legislazione penale*, 1996.
P. MUSARO', P. PARMIGGIANI, *Media e migrazioni,* Franco Angeli, Roma, 2004.
G. NAPOLITANO, *Il diritto all'oblio esiste (ma non si dice),* in *Diritto dell'Informazione e dell'Informatica,* 1996.
N. NAPPI, *La tutela del software nell'Unione Europea e il Caso Oracle: una forte scossa al Diritto d'autore* in www.diritto.it, 27.7.2015.
E. NAVARRETTA, *Il danno non patrimoniale*, Milano, 2010.
A. C. NAZZARO, *"Informatica e diritto", Vol. XIX, 2010, n. 1-2, Riflessioni sulla conclusione del contratto telematico,* in www.ittig.cnr.it.
J. D. Nick, *Data-Driven De-Anonymization* in *Bitcoin*, 2015.
M. NOVAC, *Architetture liquide nel cyberspazio*, in M. BENECIKT, a cura di, *Cyberspace,* tr. it., ed. Muzzio, Padova, 1993.
A. NUCARA, *Ovunque io vada muore qualcuno*, Luca Rossella Editore, Roma, 2003.
M. Nunziata, *La prima applicazione giurisprudenziale del delitto di "accesso abusivo ad un sistema informatico"*, in *Giurisprudenza di Merito*, 1998, 71148.
J. JR NYE, *The Future of Power*, Public Affairs, New York, 2011.
M. OROFINO, *La libertà di espressione tra Costituzione e Carte europee dei diritti. Il dinamismo dei diritti in una società in continua trasformazione,* Torino, 2014.
S. PAGLIANTINI, *La riforma del codice del consumo ai sensi del D.Lgs. 21/2014: una rivisitazione (con effetto paralizzante per i consumatori e le imprese?),* in Contratti, 2014.
C.E. PAGLIERO, *Il principio di effettività del diritto penale*, in Riv. it. dir. proc. pen., 1990.
P. PALLARO, *Libertà della persona e trattamento dei dati personali nell'Unione Europea,* Milano, 2002.
E. PALLOTTA *Insegnamento di Diritto dei mezzi di comunicazione,* Pegaso Università Telematica, 23.5.2006.
A. PALMIERI, R. PARDOLESI, *Dal diritto all'oblio all'occultamento in rete: traversie dell'informazione ai tempi di Google* in *Nuovi Quaderni del Foro Italiano,* n.1, 27 Maggio 2014.
M. PANATO, *"Carta di Internet" e diritto alla comunicazione: il riconoscimento dell'accesso alla rete internet quale diritto fondamentale della persona e rapporto con gli enti pubblici,* 4.9.2015 in *Diritto.it.*
R. PANI, R. BIOLCATO, *Le dipendenze senza droghe*, UTET - De Agostini Novara, 2006.
A. PAOLONI, D. ZAVATTARO, *Intercettazioni telefoniche e ambientali*, Centro Scientifico Editore, Torino, 2007.
A. PAOLONI, *Le indagini foniche*, Fondazione Ugo Boldoni Roma, s.d.

P. PARISE, *La tutela della riservatezza della persona offesa dai reati di violenza sessuali*, in *I reati sessuali*, a cura di F. COPPI, Giappichelli, 2000.
L. Parisio, *Meccanismi d'asta*, Roma, 1999.
C. Parodi, *La Corte di Giustizia UE dichiara, una volta ancora, incompatibile con il diritto europeo la vigente disciplina italiana in materia di scommesse*, in *Diritto penale contemporaneo,* 27 marzo 2012.
C. Parodi, *Profili penali dei virus informatici*, in *Dir. pen. e processo*, 2000, pp. 632 ss.
C. PARODI, A. CALICE, *Responsabilità penali e internet*, Milano, 2001.
S. Patti, *Documento*, in *Dig. disc. priv. – sez. civ.*, Torino, 1991.
F. PAZIENZA, *In tema di criminalità informatica: l'art. 4 della legge 23 dicembre 1993, n. 547,* in *RIDPP*, 1995.
C. PECORELLA, *Il diritto penale dell'informatica*, Milano, 2006.
c. PECORELLA, *sub art. 615 ter e art. 615 quater*, in L. Marinucci, E. Dolcini (a cura di), *Codice penale Commentato,* Milano, 2015.
D. PETRINI, *La responsabilità penale per i reati via internet*, Napoli, Jovene, 2004.
R. PELLINO, *Il commercio elettronico: normativa e adempimenti di Tipologie, normativa e aspetti fiscali della nuova frontiera del commercio nel terzo millennio. Tratto dalla Guida "commercio elettronico: aspetti gestionali e operativi"*, in www.fiscoetasse.com, 24.12.2014.
M. PELISSERO, *Bondage e sadomasochismo: i limiti della responsabilità penale tra fine di piacere e libero consenso*, in *Diritto penale e processo* (n. 3/2017)**,** Ipsoa, in *Altalex,* 27.4.2017.
M. PENNASILICO, *La conclusione dei contratti on-line tra continuità e innovazione*, in *Diritto dell'informazione e dell'informatica*, n. 6, 2004.
S. Pepe, *Investire Bitcoin,* Flaccovio Dario Editore, 2014.
P. Perlingieri, *L'informazione come bene giuridico,* in *Rass. dir. civ.*, 1987, p. 33.
P. PERLINGIERI, *La personalità umana nell'ordinamento giuridico,* Napoli, 1972.
P. PERLINGIERI, *La persona e i suoi diritti,* Napoli, 2005.
S. PERON, *La verità della notizia tra attualità ed oblio,* in *Responsabilità civile e previdenza,* fasc.5, 2010.
G. PICA, *Diritto penale delle tecnologie informatiche*, Torino, 1997.
G. Pica, *Reati informatici e telematici, Dig. Pen. Agg.*, 2000.
G. PICA, S. ALEO, *Diritto Penale. I reati del codice penale e le disposizioni collegate*, Cedam, Padova 2011.
L. PICCOTTI, *Fondamento e limiti della responsabilità penale dei service-providers in internet*, in *Dir. Pen. Proc.,* 1999.
L. Picotti, *Sistematica dei reati informatici, tecniche di formulazione legislativa e beni giuridici tutelati*, in *Il diritto penale dell'informatica nell'epoca di Internet*, Padova, 2004.
M. PICOZZI, A. ZAPPALÀ, *Criminal profiling. Dall'analisi della scena del delitto al profilo psicologico del criminale*, Mondadori Editore, Milano, 2002.
G. PINO, *Assenza di un obbligo generale di sorveglianza a carico degli Internet Service Providers sui contenuti immessi da terzi in rete*, in www1.unipa.it.
G. PINO, *Tra anarchia e caccia alle streghe. Alterne vicende della libertà di manifestazione del pensiero in Internet*, in *Ragion pratica*, n. 17, 2001.

R. PISA, *L'accesso ad internet: un nuovo diritto fondamentale?*, 7.1.2010, in *Enciclopedia Treccani.*
R. G. PISCITELLI, *Negoziazione in rete e contratti tra computer*, in *Diritto dell'informazione e dell'informatica*, n. 6, 2002.
F. PIZZETTI, *Le autorità garanti per la protezione dei dati personali e la sentenza della Corte di Giustizia sul caso Google Spain: è tempo di far cadere il velo di Maya* in Il diritto all'oblio su Internet dopo la sentenza Google Spain (a cura di) G. RESTA, V. ZENO ZENCOVICH, Roma, 2015.
F. PIZZETTI, *Il caso del diritto all'oblio,* Torino, 2013.
P. POLIFEMO, *Incontro di formazione del 10 febbraio 2013*. Corte D'Appello di Roma, in www.giustizia.lazio.it.
O. POLLICINO, *Un digital right to privacy preso (troppo) sul serio dai giudici di Lussemburgo? Il ruolo degli art. 7 ed 8 della Carta di Nizza nel reasoning di Google Spain,* in Il diritto all'oblio su Internet dopo la sentenza Google Spain, (a cura di) G. RESTA, V. ZENO ZENCOVICH, Roma, 2016.
G. POMANTE, *Internet e criminalità*, Torino, 1999.
K. R. POPPER, *Conoscenza oggettiva. Un punto di vista evoluzionistico*, Armando, Roma, 1975.
K. R. POPPER, *La società aperta e i suoi nemici*, Armando, Roma, 2002.
M. PRATELLESI, *Ecco la Carta dei nostri diritti nell'era di Internet,* Espresso, 28.7.2015.
F. PROSPERI, *Rilevanza della persona e nozione di status,* Civilistica.com 4/2013, Milano, 2013.
S. Pugliatti, *Cosa (teoria generale)*, in *Enc. dir., V*, Milano, 1959.
G. PUOPOLO, L. LIGUORI, *La direttiva 2000/31/CE e la responsabilità del provider,* in *Interlex,* 7.9.2000.
V. PUNZI, *Io, Pornodipendente, sedotto da internet*. Ed. Costa & Nolan, 2007.
c. Rabazzi, *Il reato di diffusione di virus informatici nella dottrina e nella giurisprudenza nazionale,* in *Giur. merito* 2006, pp. 1227 ss.
L. RATTIN, *Il diritto all'oblio*, in *Archivio civile,* 2000.
R. RAZZANTE, *I tanti dubbi sul diritto all'oblio,* Milano, 2014.
L. REITANO, *Esplorare Internet. Manuale di investigazione digitale e Open Source Intelligence*, Minerva edizioni, Bologna, 2014.
G. RESTA, V. ZENO ZENCOVICH, *Il diritto all'oblio su Internet dopo la sentenza Google Spain* Roma, 2015.
V. RIBBENI, *Visionare materiale pedopornografico è reato ai sensi della legge 38/06?*, in Overlex, 23.05.2007.
A. RICCI, *Il diritto alla reputazione nel quadro dei diritti delle personalità,* 2014.
G.M. Riccio, *Commercio elettronico, aste telematiche, ADR e tutela dei consumatori,* in *www.comparqzionedirittocivile.it.*.
I. RIGGIU, *Il giudice antropologo. Costituzione e tecniche di composizione dei conflitti multiculturali,* Franco Angeli editore, Milano, 2012.
M. RINALDI, *Sesso virtuale a pagamento: è prostituzione*, Altalex, pubblicato il 16.11.2010.
D. RODÀ, *La lingua mozzata. Gli ultimi grecanici della vallata dell'Amendolea*, Keleidon Editore, Reggio Calabria, 2006.
S. RODOTÀ, *Il diritto di avere diritti,* Roma – Bari, 2013.

S. RODOTÀ, *Il mondo nella rete. Quali diritti, quali vincoli,* Bari, 2014.
S. RODOTÀ, *La vita e le regole, Milano,* 2006.
S. RODOTÀ, *Tecnologie e diritti,* Bologna, 1995.
S. RODOTÀ, *Un articolo 21 bis per internet,* 2.12.2010 in www.articolo21.org.
S. RODOTÀ, *Verso una Dichiarazione dei diritti di Internet,* 2015, in www.camera.it.
G. ROHLFS, *Studi e ricerche su lingue e dialetti d'Italia*, Firenze, 1972.
M. ROMANI, D. LIAKOPOULOS, *La globalizzazione telematica: regolamentazione e normative nel diritto,* Giuffrè, Milano, 2009.
B. ROMANO, *Delitti contro la sfera sessuale della persona,* Giuffrè, 2009.
B. ROMANO, *Globalizzazione del commercio e fenomenologia del diritto,* Torino, 2001.
B. ROMANO, *Sistemi biologici e giustizia. Vita animus anima,* Torino, 2009.
L. ROMITO, R. LIO, P. F. PERRI, S. GIORDANO, *Stabilità dei parametri nello Speaker Recognition: la variabilità del parlatore F0, durata e articulation rate*. Atti del convegno "5° Convegno AISV.
C. ROSSELLO, *Commercio elettronico. La Governance di Internet tra diritto statuale, autodisciplina, soft law e lex mercatoria,* Milano, 2006.
A. ROSSI VANNINI, *La criminalità informatica: le tipologie di computer crimes di cui alla L. 547/1993 dirette alla tutela della riservatezza e del segreto*, in *Rivista Triestrale di Diritto Penale dell'economia*, 1994.
N. Rossignoli, *Appunti di cultura digitale. Informazione, Comunicazione, Tecnologie,* Lampi di stampa, Milano, 2008.
G. ROSSINI, *Il tramonto dei costituzionalismi e la tentazione del giudizio antropologico*, Altalex, 11.5.2016.
E. RUGGERI, *I contratti telematici nel codice del consumo in particolare la conclusione*, in www.giustizialazio.it.
B. SAETTA, *Contratto on-line e profili probatori*, in www.brunosaetta.it.
C. SALLUSTIO, *Commercio elettronico diretto e imposizione sui redditi Beni digitali, beni immateriali e "dematerializzazione" dell'attività d'impresa,* Aracne, Roma, 2012.
R. Samarajiva, *Interactivity As Tough Privacy Mattered*, in *Agre-Rotem-Berg, Technology and Privacy: The New Landscape,* Massachusetts, 1977.
P. SAMMARCO, *Il regime giuridico dei nomi a dominio*, Milano, Giuffrè, 2002.
L. SANDRI, *Il decreto legislativo n. 70 del 9 aprile 2003, attuazione della direttiva 2000/31/CE relativa ad alcuni aspetti giuridici dei servii della società di informazione del mercato interno, con particolare riferimento al commercio elettronico*, in www.sandrilameri.it.
B. SANTACROCE, S. FICOLA, *Il commercio elettronico. Aspetti giuridici e regime fiscale con CD ROM*, Maggioli, Santarcangelo di Romagna (RN), 2015.
M. SANTAROSSA, *La direttiva europea sul commercio elettronico*, in *Contratto e impresa/Europa,* 2000.
V. SANTONI, *Muro di casse*, Laterza editore, Milano, 2015.
U. Santucci, *Tempo reale e tempo virtuale*, in www.apogeonline.com.
C. SARZANA DI SANT'IPPOLITO, *Documento informatico: aspetti penalistici – Unisi.it.*
S. Sbordoni, *Giochi concessi e giochi on line,* Istituto Poligrafico dello Stato, 2010.

S. Sbordoni, *Bit-coin nel gioco on line*, in *Gioco Pubblico*, 14 ottobre 2015.
S. Schaff, *La nozione di informazione e la sua rilevanza giuridica*, in *Dir. inf.*, 1987.
V.M. SCHONBERGER, *Delete: the virtue of forgetting in the digital age,* Princeton 2009, nella versione italiana *Delete. Il diritto all'oblio nell'era digitale,* Milano, 2010.
S. Sica, *Atti che devono farsi per iscritto, Art. 1350*, Milano, 2003.
U. SIEBER, *Responsabilità penali per la circolazione di dati nelle reti internazionali di computer*, in *Riv. trim. dir. pen. eco.,* 1997.
G. SIMON, *I buoni lo sognano, i cattivi lo fanno*, Editore Cortina, Milano, 1996.
R. SIMONE, *La terza fase*, Editore Laterza, Bari, 2000.
M. SINISI, G. CARBONE, G.CHIESI, G. FINI, *Icodici operativi OP1 Codice Civile operativo,* II Edizione Annotato con dottrina e giurisprudenza, Edizioni Giuridiche Simone, 2010.
M. SOFFIENTINI, *Privacy – Protezione e Trattamento dei dati,* Milano, 2015.
V. SPAGNOLETTI, *La responsabilità del provider per i contenuti illeciti in internet*, in Giur. mer., 2004.
A. SPATARO, *La responsabilità dell'Internet Service Provider (ISP),* in www.dirittodellinformatica.it, 18.6.16.
A. Stoppani, *Certificazione*, in *Enc. dir.*, vol. VI, Milano, 1969.
G. STALLA, *L'accesso abusivo ad un sistema informatico o telematico,* in www.penale.it.
R. STELLA, *Eros, cybersex, neopom. Nuovi scenari e nuovi usi in rete.* P.A.S.T.I.S. Padova Science Technology and Innovation Studies, 2011.
E. SULLEROT, *Desiderio e tecnologia. Il problema dell'identità nell'era di Internet,* Feltrinelli, Milano, 1995.
S. TAGLIAGAMBE, *Epistemologia del cyberspazio*, ed. Demos, Roma, 1993.
S. TAGLIAGAMBE, *Epistemologia del confine*, ed. Il Saggiatore, Milano, 1997.
M. TIBERI, *L'istradamento delle telefonate straniere: una prassi discutibile*, in Cass. pen., 2004.
TIM BERNERS-LEE: *L'architettura del nuovo web*, Editore Feltrinelli, Milano, 2001.
E. TOSI, *Diritto privato dell'informatica e di internet,* Milano, 2006.
Università Roma tre, Dipartimento di Informatica ed Automazione, *Storia di Internet,* s.d.
E. TOSI, *Il contratto virtuale. Procedimenti formative e forme negoziali tra tipicità e atipicità,* Giuffrè, Milano, 2005.
E. TOSI, *I contratti informatici, telematici e virtuali, nuove forme e procedimenti,* Giuffrè, Milano, 2010.
E. TOSI, *La dematerializzazione della contrattazione: il contratto virtuale con i consumatori alla luce della recente novella al codice del consumo di cui al d. lgs. 21 febbraio 2014, n. 21*, in *Contratto e Impresa,* 2006.
D. TRENTACAPILLI, *Accesso abusivo ad un sistema informatico e adeguatezza delle misure di protezione,* in *Diritto penale e processo*, 2002.
E. M. TRIPODI, F. SANTORO, S. MISSINEO, *Manuale di commercio elettronico*, Giuffré, Milano, 2000.

E. M. TRIPODI, *La nuova disciplina dei diritti dei consumatori. Brevi note sul D.Lgs. 21 febbraio 2014, n. 21*, in *Discipl. Comm. e Servizi*, n. 2, 2014.
E. M. TRIPODI, *E-commerce: tutela dei consumatori, obblighi informativi, recesso e garanzie,* in *Altalex*, 2.9.2015.
A. TULLIO, *Il contratto per adesione*, Milano 1997.
S. TURKLE, *La vita sullo schermo*, a cura di B. Parrella, Apogeo, Milano, 1997.
A. F. URICCHIO, *Frontiere dell'imposizione tra evoluzioni tecnologiche e nuovi assetti istituzionali,* Cacucci, Bari, 2010.
G. VACIAGO, *Internet e responsabilità giuridiche*, Piacenza, La Tribuna, 2002.
P. VALENTE, F. ROCCATAGLIA, *Internet, aspetti giuridici e fiscali del commercio elettronico,* Roma, 2001.
G. VATTIMO, *Oltre l'interpretazione*, Laterza editore, Roma, 1994.
A. VELE, *Le intercettazioni nel sistema processuale penale. Tra garanzie e prospettive di riforma*, CEDAM Editore, Padova, 2011.
H. VELENA, *Dal cybersex al trans gender*, Castelvecchi editore, Roma, 2003.
V. I. VERNADSKIJ, *Pensieri filosofici di un naturalista*, trad, it. a cura di S. Tagliagambe, Roma, 1994.
V. I. VERNADSKIJ, *La biosphère*, Librairie Félix Alcan, Paris, 1929.
T. WIGAND ROLF, *L'uso diffuso dei personal computer, associato alla proliferazione di reti di telecomunicazione e di Internet, oltre che la loro reciproca integrazione hanno reso il commercio paper-free una realtà anche per il cittadino comune Commercio elettronico: definizione, teoria e contesto,* in http://static.gest.unipd.it/labtesi/eb-didattica/GIA/giaold/wigand.pdf.
A. WOOTTON abd P. DREW (a cura di), *Erving Goffman: Exploring the Interaction Order.* Cambridge: Polity Press, 1988.
K. S. YOUNG, *Psychology of computer use: XL. Addictive use of the Internet: a case that breaksthe stereotype, Psychol. Rep. n. 79,* 1996.
K. S. YOUNG, *Presi nella rete, intossicazione e dipendenza da internet*, 1998. Trad. it. a cura di T. Cantelmi, Calderini, Bologna, 2000.
R. Zagami, *Il fattore tempo: la marcatura temporale. Firme Elettroniche*, in *Questioni ed esperienze di diritto privato*, Milano, 2003.
A. ZAINA, *Videoregistrazioni di comportamenti non comunicativi in ambito domiciliare*, in *Altalex,* 20.10.2006.
G. ZARANTONELLO, *La responsabilità degli Internet Service Provider,* in www.gianluigizarantonello.it.
V. ZENO ZENCOVICH, *I rapporti tra responsabilità civile e responsabilità penale nelle comunicazioni su Internet (riflessioni preliminari)*, in *Dir. Informazione e Informatica,* 1999.
V. ZENO Zenovich, *Informazione (Profili civilistici),* Estratto dal Digesto, IV Edizione, vol. IX Civile, UTET.
V. ZENO ZENCOVICH, *La tutela del consumatore nel commercio elettronico,* in *Dir. Informazione e Infomratica,* 2000.
V. ZENO ZENCOVICH, *Note critiche sulla nuova disciplina del commercio elettronico dettata dal D.lgs. 70/2003,* in *Diritto dell'informazione e dell'informatica*, Giuffrè, Milano, 2003.
V. ZENO ZENCOVICH, *Profili di responsabilità contrattuale e aquiliana nella fornitura di servizi telematici*, in *Riv. Dir. inf.,* 1990.

G. ZICCARDI, *Hacker: il richiamo della libertà*, ed. Marsilio, Milano, 2010.
G. ZICCARDI, P. PERRI, S. MARTINELLI, *L'impresa e il commercio elettronico: opportunità normativa, sicurezza,* in www.mi.camcom.it.

GLI AUTORI

Giustino Valeriano Agostinone, classe 1985, è avvocato del Foro di Foggia, cultore della materia di Diritto amministrativo e Contabilità di stato e degli enti pubblici presso il Dipartimento di Giurisprudenza di Foggia. Collabora con la cattedra di diritto presso il Dipartimento di Scienze Motorie dell'Università degli studi di Foggia. Giurista, specializzato in professioni legali e notarili (S.S.P.L.) e componente del comitato Scientificodella rivista giuridica bimestrale *Ratio Legis*, collabora con numerose riviste giuridiche ed è Autoredi saggi giuridici.

Angela Allegria, avvocato e pubblicista, dopo la maturità classica si è iscritta presso l'Università degli Studi di Catania dove si è laureata prima in Scienze Giuridichee poi in Giurisprudenza. Ha conseguito i master in mediazione familiare, diritto bancario e finanziario, criminologia, sicurezza e intelligence e partecipato a corsi di specializzazione in mediazione civile e amministrazione di sostegno. È direttore della rivista *Nuove Frontiere del Diritto.* Collabora con diverse testate nazionali e riviste giuridiche.

Valentina Aragona, avvocato, si è laureata con lode in giurisprudenza presso l'Università della Calabria, discutendo una tesi in diritto penale dal titolo "*La disciplina penale sui rifiuti. Dalle questioni di effettività alla lotta all'ecomafia*", pubblicata per il particolare merito. Nella stessa università ha subito intrapreso l'attività di ricerca, divenendo cultrice della materia e collaboratrice volontaria presso la cattedra di diritto penale. Nel 2016 ha conseguito un Master/L.L.M. *in law and government of european union* presso la Luiss Guido Carli.

Barbara Carrara, avvocato del Foro di Roma, patrocinante in Cassazione, si occupa prevalentemente di diritto penale. Collabora con la Rivista *Nuove Frontiere del Diritto* ed ha partecipato come relatore a diversi convegni nell'ambito dei diritti delle nuove tecnologie.

Livia Cherubino, avvocato, ènata a Pompei il 18.10.1988 ed è iscritta all'Albo a far data dal 13.01.2016.
Ha iniziato la sua attività a Firenze collaborando con uno Studio di diritto amministrativo, specializzandosi nell'ambito del pubblico impiego non contrattualizzato e delle Forze Armate e di Polizia. Attualmente, vive e lavora a Milano dove collabora per uno Studio legale che si occupa esclusivamente di diritto del lavoro, in particolare, della risoluzione di problematiche aziendali di diritto del lavoro e della previdenza sociale, svolgendo sia attività di consulenza stragiudiziale che di assistenza giudiziale su tutto il territorio nazionale.

Filomena Agnese Chionna, esperta nel settore giuridico, ha conseguito la laurea magistrale in giurisprudenza, e s ha partecipato alla scuola di specializzazione per le professioni legali e a Corsi di alta formazione giuridica.Ha assunto l'incarico di giurista esperto esterno presso un istituto comprensivo. Ha svolto la formazione teorico pratica presso gli uffici giudiziari. Collabora con la rivista giuridica *Nuove Frontiere del Diritto.*

Mariarosaria Coppola, nata a Napoli nel 1985 consegue nel 2012 la laurea magistrale in Giurisprudenza presso l'Università Federico II di Napoli con votazione 110/110 e lode. Nel 2014 ottiene il diploma di specializzazione nelle professioni legali. Prima nel 2014 presso il Dipartimento di Scienze Economiche e Statistiche e poi nel 2015 e nel 20156 presso il Dipartimento di Economia Management e Istituzioni dell'Università Federico II di Napoli svolge attività di docenza in qualità di Professore a contratto in Istituzioni di Diritto pubblico, materia in cui viene nominata cultore della materia.

Luca D'Amico, avvocato, laureato in giurisprudenza con la votazione di 110/110 *magnacum laude* e tesi in Diritto Amministrativo.Diplomato presso la Scuola di Specializzazione per le Professioni Legali dell'Università di Catanzaro. LL.M in *Law and Government of the European Union*, conseguito alla *School of Government* della LUISS Guido Carli in Roma, con tesi in materia di *"EU Administrative Law"*. Ha svolto la pratica forense presso l'Avvocatura dello Stato. Ha perfezionato le conoscenze nell'ambito del diritto civile, penale ed amministrativo, anche frequentando un corso biennale per la preparazione al concorso per Magistrato ordinario.

Marino D'Amore, laureato in Scienze della Comunicazione e Scienze Politiche, è Professore Ph.d. in Criminologia presso laL.U.de.S. H.E.I Foundation di Lugano-Malta. Si occupa di criminologia, comunicazione e mass media. È giornalista pubblicista, vicedirettore della rivista di geopolitica internazionale *AtlasOrbis*, caporedattore della rivista criminologica *Nous: giustizia sociale e democrazia* e collabora con *Nuove Frontiere del Diritto.*

Paolo Dal Checco, dottore di Ricerca in Informatica ha fondato insieme al Dott. Dezzani il *Digital Forensics Bureau* di Torino, Professore a Contratto del corso di Sicurezza Informatica per l'Università degli Studi di Torino, nel C.d.L. in Scienze Strategiche, socio IISFA, CLUSIT, AIP e Tech& Law è tra i fondatori dell'Osservatori Nazionale per l'Informatica Forense ONIF e dell'Associazione senza fini di lucro DEFT, che sviluppa gratuitamente la piattaforma DEFT Linux e DART per acquisizioni e analisi forensi. Specializzato in computer, mobile e network forensics, estende la sua attività anche su attività di OSINT, audio e video forensics.

Giuliana Degl'Innocenti, nata a Pisa il 16 febbraio 1975 esercita la professione di avvocato ed insegnante di diritto presso il Centro studi Aforisma. Collabora dal 2015 con la rivista giuridica telematica *Nuove Frontiere del Diritto.* Nel 2014 è uscito il suo romanzo di esordio, *Il Percorso* ed. Galassia Arte e nel 2016 *Il tempo della caramella* ed. L'Erudita.

Domenico Di Leo, avvocato del foro di Trani, si occupa di diritto civile e diritto penale. È cultore di Criminologia generale, penitenziaria e minorile presso il Dipartimento di Bioetica dell'Ateneo di Bari, ha conseguito il titolo di Conciliatore accreditato presso il Ministero della Giustizia, in data 30/06/2011. Collabora con diversi siti giuridici ed è membro del comitato scientifico di *Nuove Frontiere del Diritto*.

Michelangelo Di Stefano, laureato in giurisprudenza, scienze delle pubbliche amministrazioni e comunicazione internazionale, è un appartenente alla Polizia di Stato con esperienza trentennale presso i Ministeri della Difesa, Tesoro ed Interno. Criminologo, si interessa di tecniche investigative e forensi avanzate. Collabora con più università, riviste giuridiche ed è autore di diverse pubblicazioni scientifiche, articoli giuridici e di *intelligence*.

Aurora Di Mattea, avvocato del foro di Catania, ha conseguito Master in Diritto Minori e Famiglia e diploma di specializzazione in professioni legali presso l'Università di Catania, rispettivamente nel 2007 e nel 2008. Collabora con la rivista *Nuove Frontiere del Diritto.*

Alberto Eramo,patrocinante dinanzi alle Magistrature Superiori, esperto in diritto amministrativo.

Federica Federici,romana, 47 anni. Laureata in Scienze Politiche, Indirizzo internazionale e in Giurisprudenza presso La Sapienza di Roma. Ha conseguito un Master in Contract Management, in Neuroscienze PGSF – Psicologia giuridica e scienze forensi e in Project Management. È avvocato presso il Foro di Roma e ha svolto la pratica notarile. Appassionata di ricerca e di studio in campo giuridico, cultore universitario di materie giuridiche e politologiche. Per circa 15 anni ha lavorato in aziende come Manager in varie aree (Commerciale, Acquisti & Logistica, Gare & Legale, Project Management) e come Legal manager nel Contract Management, Sicurezza sul Lavoro, Appalti, Subappalti e Fidejussioni. Parla 5 lingue e si è formata per lunghi anni all'estero (Stati Uniti, UK, Germania, Francia, Olanda, Spagna, Portogallo e Irlanda). Collabora con varie riviste di settore ed è autrice e coautrice di libri giuridici e concorsuali. È difensore di ufficio presso tutte le magistrature ordinarie e militari, incluse quelle dei minori. È curatore processuale dei minori nei procedimenti civili. È custode giudiziario presso il Tribunale di Roma. È commissario liquidatore presso il MISE. È responsabile della Comunicazione della Rivista Diritto e Scienza. È membro di varie Associazioni e Camera Penale. A parte del direttivo di Azione Legale. Consulente legale per varie Pubbliche Amministrazioni. Iscritta all'albo docenti dell'ISSP (Istituto Superiore di Studi Penitenziari – Ministero Grazia e Giustizia). Docente a contratto presso la LUISS Guido Carli di Roma cattedre di diritto amministrativo, diritto penale, diritto commerciale e diritto privato. Docente in diritto amministrativo alla SSPL LUISS Guido Carli. Docente e correttore atti per *Altalex.* Organizzatrice, relatrice e moderatrice di numerosi convegni giuridici su tutto il territorio nazionale. Ha fondato ed è Presidente di *Nuove Frontiere del Diritto.*

Valentina Filippini, laurea in Giurisprudenza presso l'Università Statale di Milano nel 2009, nel 2013 consegue il titolo di avvocato e di Dottore di Ricerca in Diritto Civile presso l'Ateneo milanese.Cultore della materia per le cattedre di Diritto

Civile e Informatica Giuridica dell'Università statale di Milano e consulente legale aziendale di Consorzio Netcomm, è redattrice per diverse testate giuridiche, tra le quali *Nuove Frontiere del Diritto, Altalex, SalvisIuribus*e *Ratio Famiglia.*

Rossana Fornicola, classe 1990, praticante presso lo Studio legale Federici sito in Roma, viale delle milizie n.140, iscritta all'albo degli avvocati di Paola. Laureata in Giurisprudenza all'Università la Sapienza di Roma nel Dicembre 2014. Ho sostenuto l'esame da Avvocato nel Dicembre 2016.

Paolo Galdieri, avvocato, docente di Informatica Giuridica presso la Facoltà di Giurisprudenza dell'Università Luiss – Guido Carli, coordinatore didattico del Master in "Diritto dell'Informatica" presso l'Università degli Studi, La Sapienza di Roma. Autore di più di cinquanta pubblicazioni in materia di Informatica giuridica e Diritto Penale dell'informatica, segretario generale dell'Andig.

Barbara Maria Grana, avvocato, è nata a Roma. Dopo la maturità classica, si è laureata in giurisprudenza presso l'Università degli Studi La Sapienza di Roma, discutendo una tesi in diritto amministrativo. Ha frequentato il corso di aggiornamento professionale per i difensori di ufficio e dei minorenni, conseguendone l'abilitazione e ha conseguito il diploma di Master di II livello in *International Business Law* presso la facoltà di Economia dell'Università La Sapienza di Roma. Assistente volontario presso la cattedra di Comparazione giuridica e Diritto dell'Unione Europea presso la facoltà di Scienze Politiche Roma 3. Autrice di articoli, e saggi su riviste giuridiche.

Giulio La Barbiera, nato a Napoli in data 02 Marzo 1981, attualmente *Abogado* presso il Consiglio dell'Ordine degli Avvocati di Santa Cruz De la Palma (Spagna) dal 14-01-2015 ed Avvocato Stabilito presso il COA di Santa Maria Capua Vetere dall'11 Settembre 2015. Scrive per *Altalex, Nuove Frontiere del Diritto* e *www.concorsoinmagistratura.it.*

Catia Maietta, laureata in Giurisprudenza presso l'Università degli Studi di Napoli Federico II, ha conseguito, sempre presso la medesima Università, la specializzazione in Diritto e Procedura Penale. Dottore di ricerca in Sistema Penale e Processo, abilitata all'esercizio della professionale legale, collabora con alcune riviste giuridiche ed è autrice di varie pubblicazioni.

Stefano Mele, è *'of Counsel'* di Carnelutti Studio Legale Associato dove è il Responsabile del Dipartimento di Diritto delle Tecnologie, Privacy, Sicurezza Cibernetica e Intelligence. Dottore di ricerca presso l'Università degli Studi di Foggia, collabora presso le cattedre di Informatica Giuridica e Informatica Giuridica Avanzata della Facoltà di Giurisprudenza dell'Università degli Studi di Milano. E' Presidente del "*Gruppo di lavoro sulla cyber-security*" della Camera di Commercio americana in Italia (AMCHAM) ed è socio fondatore e Presidente dell'Associazione CyberPARCO. Nel 2014, la NATO lo ha inserito nella lista dei suoi *Key Opinion Leaders for Cyberspace Security*. Nel 2014, la rivista americana Forbes lo ha inserito tra i 20 migliori *Cyber Policy Experts* al mondo da seguire in Rete.

Paolo Piccinini è nato a Catanzaro nel 1977, dopo il conseguimento della Laurea Specialistica in Giurisprudenza e l'abilitazione alla professione forense, è iscritto all'Ordine degli Avvocati di Catanzaro; ha altresì conseguito l'abilitazione alla professione di Consulente del Lavoro. Esercita la professione di Avvocato nel settore penale, tributario, civile e lavoro. Fa parte della Camere Penale Distrettuale "A. Càntafora" di Catanzaro, della Camera Penale Minorile Distrettuale, ricopre l'incarico di segretario dell'Associazione Forense "Diritto di Difesa" di Catanzaro.

Valeria Rinaldi, penalista del Foro di Trani,è avvocato e consulente legale presso il Centro Antistalking ed Antiviolenza di genere "SAVE" della sua città e segretario nonché componente del comitato giuridico dell'Ass. R.E.S.S. dell'Università degli Studi di Bari. Collabora con varie riviste di settore fra le quali *Diritto e Processo, Il diritto per i concorsi, Nuove Frontiere del Diritto.*

Fabio Squillaci, avvocato, specializzato in Professioni Legali e legislazione alimentare è stato allievo del Corso Galli in Napoli. Ha svolto con profitto lo stage ex art. 73 D.L. 69/13 presso il Tribunale di Cosenza. Ha collaborato con attività di ricerca sulle interazioni tra diritto e altre scienze. Autore di varie pubblicazioni giuridiche ha di recente pubblicato per Key Editore la monografia *Il diritto storto.*

Agata Luciana Tomasello, avvocato, laureata col massimo dei voti in giurisprudenza e scienze politiche indirizzo Scienze delle Pubbliche Amministrazioni, ha conseguito il diploma di Scuola di specializzazione legali, ha frequentato i migliori corsi di alta formazione e superato il concorso pubblico per titoli ed esami a 30 posti per l'accesso alla qualifica iniziale della carriera prefettizia indetto con D.M. 10 ottobre 2012.

SOMMARIO

Printed by Amazon Italia Logistica S.r.l.
Torrazza Piemonte (TO), Italy